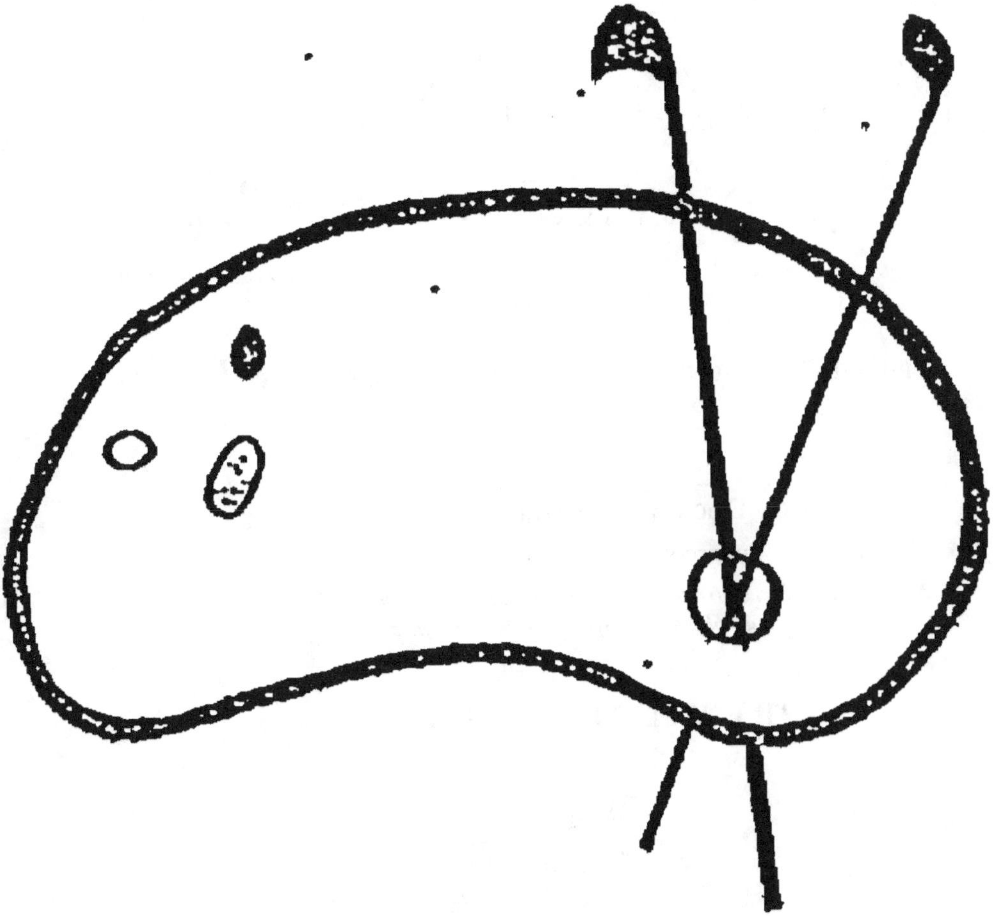

ORIGINAL EN COULEUR
NF Z 43-120-8

CARTULAIRE
DE
L'UNIVERSITÉ
D'AVIGNON

(1303-1791)

PUBLIÉ AVEC UNE INTRODUCTION ET DES NOTES

PAR

Le Docteur Victorin LAVAL

MÉDECIN-MAJOR AU 10e DRAGONS

*Membre de la Société française d'archéologie, de l'Académie de Vaucluse
et de plusieurs autres Sociétés savantes.*

PREMIÈRE PARTIE

AVIGNON
SEGUIN FRERES, IMPRIMEURS-ÉDITEURS
13, rue Bouquerie, 13

1884

CARTULAIRE

DE

L'UNIVERSITÉ D'AVIGNON

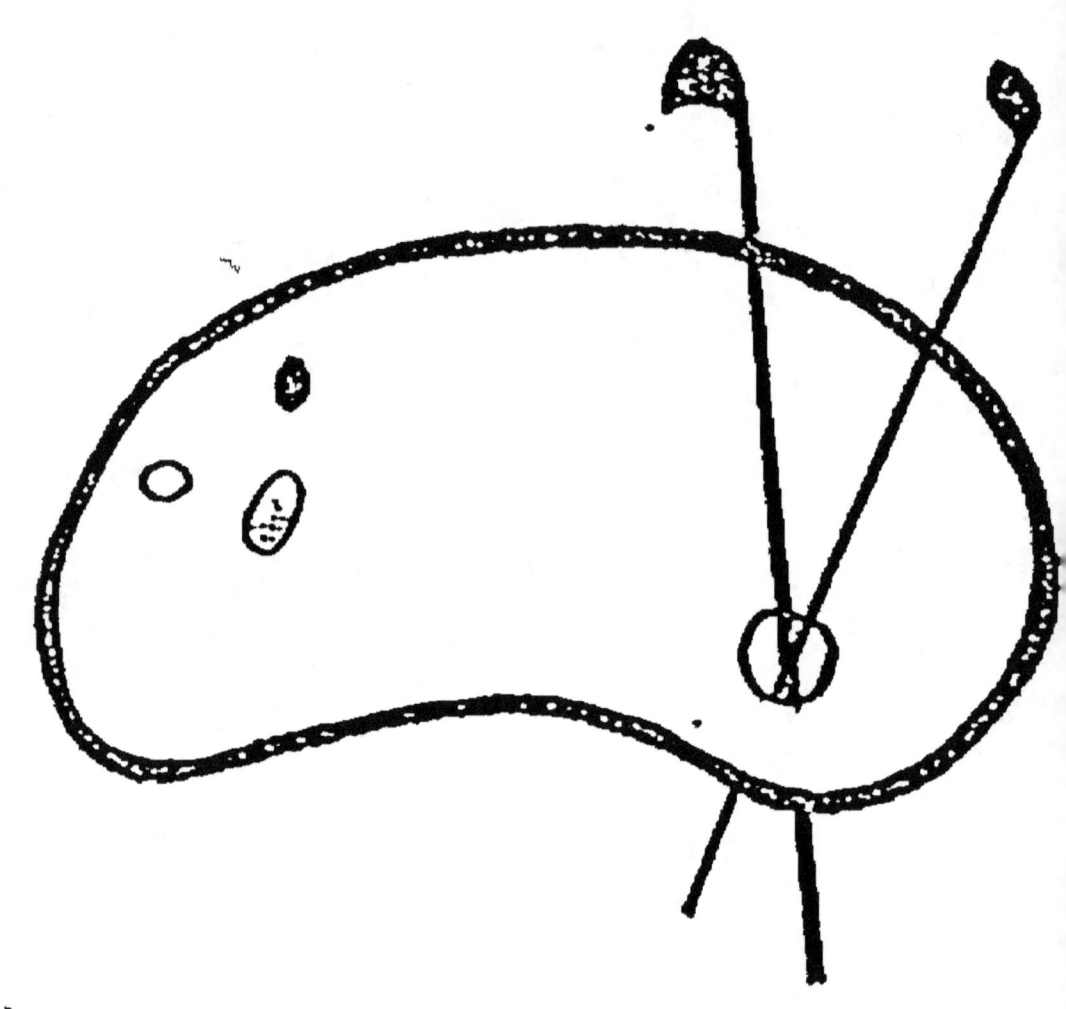

ORIGINAL EN COULEUR
NF Z 43-120-8

CARTULAIRE

DE

L'UNIVERSITÉ

D'AVIGNON

(1303-1791)

PUBLIÉ AVEC UNE INTRODUCTION ET DES NOTES

PAR

Le Docteur Victorin LAVAL

MÉDECIN-MAJOR AU 10ᵉ DRAGONS

*Membre de la Société française d'archéologie, de l'Académie de Vaucluse
et de plusieurs autres Sociétés savantes.*

PREMIÈRE PARTIE

AVIGNON
SEGUIN FRERES, IMPRIMEURS-ÉDITEURS
13, rue Bouquerie, 13
—
1884

A M. LÉOPOLD DUHAMEL

Archiviste du département de Vaucluse,
Correspondant du Ministère de l'Instruction publique pour les travaux historiques et archéologiques,
Officier de l'Instruction publique, etc , etc.

Non seulement vos conseils et votre expérience m'ont facilité l'exécution de cet ouvrage, mais vous avez bien voulu aussi revoir et collationner la plupart des textes qui le composent. Je vous dois encore la copie d'un grand nombre de pièces d'une lecture trop difficile pour mes faibles connaissances paléographiques.

En vous dédiant mon œuvre toute entière, je ne fais donc que m'acquitter d'une dette de reconnaissance ; trop heureux si vous voulez voir aussi dans cet hommage un témoignage sincère de mon estime pour votre caractère et de ma profonde sympathie pour votre personne.

Tarascon, le 15 décembre 1883.

Docteur V. LAVAL.

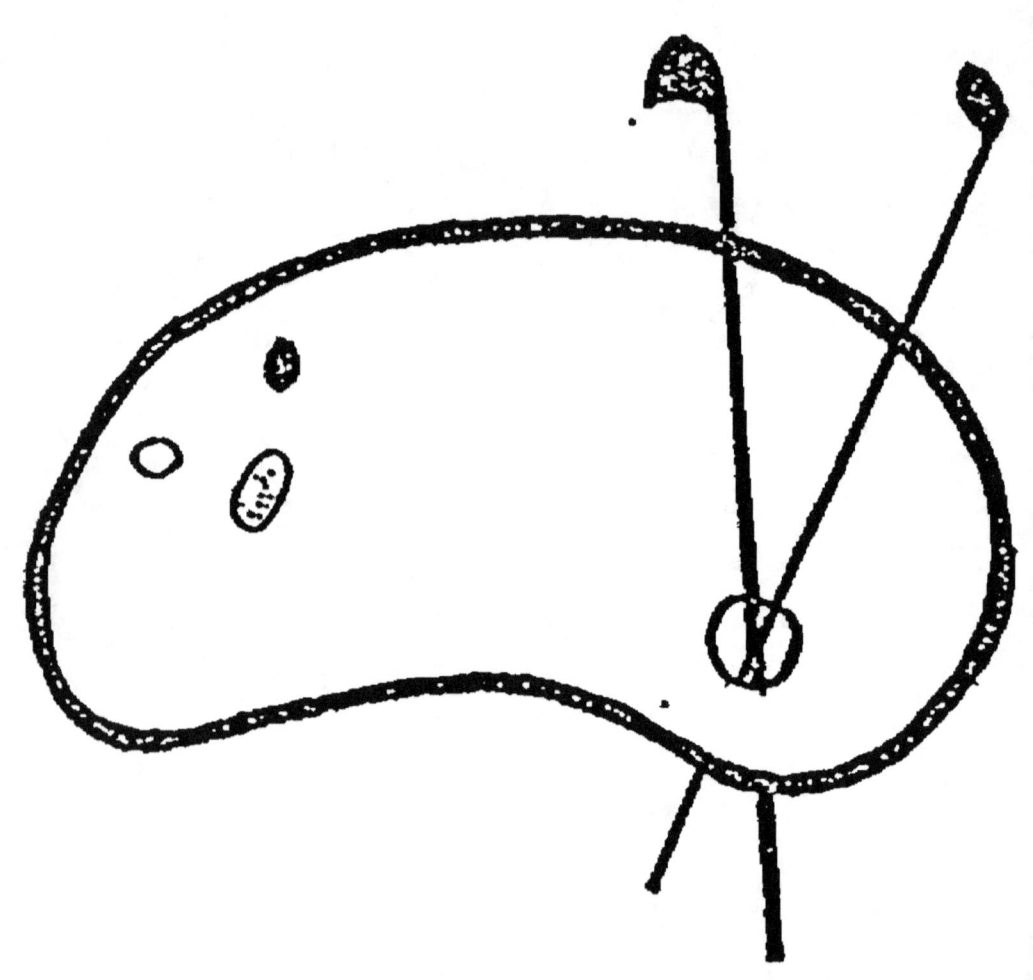

ORIGINAL EN COULEUR
NF Z 43-120-8

INTRODUCTION

I

> Cæterum, eo magis inducebamur ut incœptum libellum perficeremus, quo magis cupidine agebamur noscendi, quæ pontificiæ illius et *ultramontanæ*, ut aiunt, universitatis in partibus Galliarum positæ, et undique regali potentia quasi circumdatæ, fata fuerint.
> Léon Bardinet : *Universitatis Avenionensis historica adumbratio.*

Dans une ville qui, dès le VIe siècle, avait la réputation d'être lettrée entre toutes, où abondaient les sophistes et les philosophes, où, plus tard, les troubadours avaient encore augmenté le goût de l'étude, et dans laquelle enfin une école de droit civil brillait depuis le milieu du VIIIe siècle, d'un éclat incomparable, tant par la réputation de ses professeurs, que par le mérite des légistes qu'elle formait, Boniface VIII, dans le triple intérêt de la science, de la morale et de la religion, eut l'idée aussi heureuse que naturelle, d'y développer les études supérieures en les centralisant dans une grande institution (1).

---

(1) Cambis-Velleron : *Annales d'Avignon*, t. II, *passim.*

Par bulle pontificale datée d'Anagni, des kalendes de juillet 1303, l'académie d'Avignon, fut érigée en Université qui put conférer les dignités et titres de maîtrises et doctorats, en droits civil et canonique, en médecine et es-arts libéraux (1).

Mais à coté des motifs avoués, cette transformation répondait encore à un but politique plus élevé.

En effet, quand, à la suite de la fameuse bulle *Clericis laïcos*, la mésintelligence fut devenue définitive entre Boniface VIII et Philippe-le-Bel, l'Université de Paris, oubliant ce qu'elle devait à la papauté et foulant aux pieds ses traditions, adhérait publiquement à l'appel formulé par le roi du pape présent au concile général, et au vrai et légitime pape futur, tandis qu'un de ses docteurs publiait, en son nom, un écrit dans la forme scholastique où était discutée la question du pouvoir des papes sur le temporel des rois, et dont la conclusion toute gallicane consacrait hautement l'indépendence des princes séculiers dans tout ce qui touchait au temporel.

Telle devait être désormais la doctrine de l'Université de Paris, à laquelle cette fille aînée des rois, comme l'appelle déjà Charles V, demeurera si inviolablement attachée qu'un de ses régents pourra écrire vers la fin du XVIIIᵉ siècle, qu'elle est le fléau des théologiens et des canonistes flatteurs de la cour de Rome !

Cependant l'exemple de l'Université de Paris avait entraîné l'adhésion à l'appel du roi de France, d'un grand nombre d'églises et de chapitres du royaume et, pour ainsi parler, de la nation toute entière.

Boniface VIII la rendit non sans quelque raison, responsable de ces désertions, et, tandis que Philippe-le-Bel, qui en avait besoin dans sa lutte contre la papauté, la comblait de privilèges, lui au contraire, en poursuivit dès ce jour la ruine avec une opiniâtre persistance.

Voulant d'abord tarir les doctrines françaises jusque dans leurs

(1) Voy. Bulle I.

sources, il jeta l'interdit sur cette Université par sa bulle du 16 août 1303, qui défendait à tous ceux qui, dans l'étendue du royaume de France, avaient le pouvoir de donner le droit d'enseigner, tout exercice de ce pouvoir dans les facultés de théologie et de droit canonique et civil, jusqu'à ce que le roi fût venu à résipiscence. L'Université de Paris ne pouvant plus par ce fait même couronner les études de ses écoliers, de la concession d'un privilège qui constituait, à lui seul, le but principal qu'ils poursuivaient en venant y étudier, était radicalement atteinte dans son fonctionnement et dans sa vitalité.

L'institution de l'Université d'Avignon ayant lieu au même moment et précédant la fameuse bulle de quelques jours à peine, fut, d'autre part, le premier acte du plan habilement combiné par Boniface VIII.

La création d'une école dont le but avoué était de semer la bonne doctrine pour en recueillir les fruits salutaires « *ad multiplicanda doctrinæ semina et germina salutaria producenda* » comme s'exprime Boniface VIII lui-même dans la bulle de fondation ; création faite dans un pays non soumis à l'autorité du roi de France et pourtant à la porte de son royaume, dans une ville qui de tout temps avait donné des marques probantes de la pureté de sa foi et de son attachement inviolable au Saint-Siège, touchant aussi au Comtat-Venaissin, qui était la propriété de l'Église et d'où il serait si facile d'établir une rigoureuse surveillance sur l'orthodoxie de son enseignement, répondait merveilleusement au but poursuivi par le pape.

C'était plus que des représailles à l'égard de l'Université de Paris, dont il était permis d'espérer que les écoliers se porteraient désormais en foule à Avignon, c'était surtout une digue que la papauté élevait contre l'impiété naissante, et bien faite pour arrêter le torrent des nouvelles doctrines, à une époque où la royauté tentait de se soustraire au joug séculaire de l'Église, et où les docteurs de France commençaient à se départir, vis-à-vis d'elle, de ce respect traditionnel qui avait dominé jusque là les intelligences les plus hardies.

Pontificale d'origine, l'Université d'Avignon s'affirma bientôt comme telle d'esprit et de doctrine. C'est un de ses anciens régents, Pierre Bertrand, qui, devenu évêque d'Autun (1323), soutint si vigoureusement dans une assemblée de barons et en présence du roi de France, Philippe de Valois, les droits de la juridiction ecclesiastique contre les hérétiques ; lutte mémorable dont cet évêque, plus tard cardinal, nous a gardé le souvenir dans un écrit contre Pierre Cugnier et dans son traité des *deux pouvoirs*.

Et d'ailleurs, ce titre d'Université pontificale, elle l'aura de fait et de nom le jour peu éloigné où Clément VI aura fait l'acquisition, au nom de la papauté, de la ville d'Avignon et de son territoire. Bien plus, elle sera bientôt la seule à le posséder de ce côté des Alpes, car désormais à chaque création d'Université nouvelle, le roi de France aura soin de réserver expressément les droits de l'autorité séculière et de maintenir l'intégrité de la puissance royale. C'est notamment ce qui arriva pour l'Université d'Orléans (1). Clément V l'avait érigée en 1306, sur le modèle de celle d'Avignon, œuvre exclusive de la papauté ; mais immédiatement, prenant prétexte d'une querelle futile née entre écoliers et bourgeois de cette ville, Philippe supprime d'emblée cette université, irrité en réalité contre une institution pontificale faite pour ainsi dire de haute lutte au cœur même de ses états. Toutefois, comme en définitive il ne peut contester l'utilité de la fondation de Clément V, il reprend pour son propre compte l'œuvre de ce pontife, rétablit dans le moment même ce qu'il vient de détruire, et institue une Étude générale *(studium generale)* par voie de création nouvelle et non de simple approbation, confirmant séparément et en détail les principaux privilèges que le pape avait accordés aux maîtres et écoliers d'Orléans.

Ce fait est bien significatif, il explique et justifie à lui seul le

---

(1) La bulle de fondation de l'Université d'Orléans, reproduit textuellement celle de Boniface VIII pour l'Université d'Avignon. *Bimbenet* la donne dans son *Histoire de l'académie des lois d'Orléans*.

but de la création de l'Université d'Avignon et consacre l'antagonisme entre celle-ci et les Universités de France ; antagonisme qui dans l'avenir sera de tous les instants et éclatera sans merci dans toutes les occasions.

Le destin lui-même se chargea d'ailleurs de donner une approbation éclatante à cette grande pensée de Boniface VIII, en faisant sortir du sein même de cette Université d'Avignon, dès le premier siècle de sa fondation, deux papes, succcesseurs presque immédiats de Boniface VIII ; l'un, Innocent VI, qui fut le restaurateur de la discipline ecclésiastique; l'autre, Urbain V, dont Pétrarque a dit, rendant hommage à la sainteté de sa vie, à ses grandes vertus, à l'énergie de son caractère non moins qu'à ses vastes connaissances, qu'il avait été appelé à la papauté non par les hommes, mais par Dieu lui-même (1).

Le premier avait pris ses grades à Avignon ; le second y enseigna le droit pendant seize ans.

Or le caractère d'Université exclusivement pontificale et dans le sens que nous venons d'indiquer domine tout entier l'histoire de cette grande institution avignonaise, et lui donne une importance capitale au point de vue du rôle qu'elle a jouée à travers les siècles, dans une foule de questions où d'évènements qui passionnèrent leurs époques.

Quand Philippe IV voulut exiger de Clément V, qu'il notât d'infamie la mémoire de Boniface VIII, l'Université fit cause avec le pontife, dans sa résistance à la volonté royale ; elle approuva la conduite du même pape dans l'affaire des Templiers; elle défendit les opinions de Jean XXII, sur la *vision béatifique*, même contre l'Université de Paris ; elle combattit Guillaume Occam et se prononça résolument contre Louis de Bavière, et l'anti-pape Pierre de Corbières (2) ; elle prit aussi fait et cause pour Benoît XIII, et cela avec d'autant plus de zèle que l'Uni-

---

(1) Voy. dans le Bulletin historique et archéologique de Vaucluse, année 1882, notre étude sur *Urbain V, docteur-régent de l'Université d'Avignon*.

(2) Etienne Baluze : *Vitæ paparum Avenionensium*, etc..... T. I.

versité de Paris le combattait avec plus d'acharnement. Cette conduite lui valut la reconnaissance de Pierre de Luna, qui invité à déposer la tiare, consentit à s'en remettre là dessus à l'avis des docteurs d'Avignon (1395); après avoir du reste l'année précédente déjà donné une autre preuve de sa haute estime pour l'Université de cette ville, en envoyant en députation au roi de France, Gilles de Bellamera, qui en était le chancelier (1). Et qu'on ne s'y trompe point, en se prononçant ainsi et de bonne foi pour Benoît XIII, l'Université combattait en réalité pour le principe d'autorité et l'unité de l'Église, car elle ne pouvait oublier que l'élection de Pierre de Luna au souverain pontificat, avait été sincère, et que, malgré la cour de France, il restait le seul pape vrai et légitime. Plus tard, quand, abandonné de tous, Benoît XIII n'eut plus qu'une ombre de pouvoir, force fut à l'Université d'Avignon de se détacher de lui, non sans conserver cependant encore dans son sein des partisans convaincus de l'anti-pape, à qui ils pardonnaient ses fautes, ne voyant en lui avant tout, que l'adversaire résolu du roi de France (2).

Tant d'énergie grandit du reste l'importance de notre Université. Et dans le grand schisme, les papes et les conciles ne cessèrent de se disputer ses suffrages. Mais toujours et tout entière dévouée à la papauté, elle affirma constamment la suprématie du pape, même sur les décisions des conciles œcuméniques, et tandis que l'Université de Paris, de concert avec les autres Universités de France, se prononçait pour le concile de Bâle, contre Eugène IV, celle d'Avignon, se déclarait hautement pour le pape

---

(1) Joseph Fornery : *Histoire ecclésiastique et civile du Comté-Venaissin et de la ville d'Avignon*. Ms aux bibliothèques d'Avignon et de Carpentras.

(2) Voy. Fornery : *loco citato* ; André Valladier : *Orationes latinæ circa antiquitates Avenionenses ; oratio sexta : de antiqua et veteri academia Avenionensium*, Mss au museum Calvet d'Avignon ; — Cambis-Velleron : *loco citato* ; — Fransoy : *Histoire d'Avignon* T. IV. Mss au museum Calvet d'Avignon ; — Fantoni : *Istoria della citta d'Avignione* etc. passim.

contre le concile et proclamait dès ce jour, l'infaillibilité absolue du chef de l'Église (1).

Cette doctrine, elle la professera à toutes les époques de son histoire dans toute sa rigueur et sans compromission d'aucune sorte. Ultramontaine dans toute l'acception du mot, elle se constitue, ainsi que l'écrira plus tard un de ses régents, la gardienne et la sentinelle avancée par delà les monts de la foi romaine,

(1) — « Tantam existimationem tantamque auctoritatem Universitas nostra tum adepta erat, ut ejus suffragium et gratiam et Eugenius IV et Patres concilii Basiliensis simul ambierint. Exstant adhuc summi Pontificis litteræ. Anno 1437 Eugenius IV doctoribus et magistris Universitatis Avenionensis scripsit ut legatos ad concilium Ferrariense mitterent. Quorum ut studium accenderet, gravissimas res a Concilio tractatum iri pollicebatur : etenim agendum erat primum de utriusque Latinæ Græcæque Ecclesiæ conjunctione, deinde de clericorum emendatione, tertio denique de christianæ reipublicæ concordia. Dum doctores Avenionenses summo Pontifici digni videbantur qui tanti momenti rebus interessent, a Patribus synodi Basiliensis etiam invitabantur, ut Concilii generalis auctoritatem et jura tuerentur adversus Eugenium IV, qui et Ecclesiæ reformationem et propriam emendationem vitandi causa, sanctam synodum primum dissolvere et Ferrariam deinde transferre conatus erat. Patres huic facinori sese obstitisse confessi, tenorem solennis decreti cum purgatione calumniarum, quæ de ipsis falso vulgabantur, Universitati mense Novembris anni 1437 transmiserunt. Paulo post, anno 1438, altera ad eam scripta epistola, in obstinatum et perfidum summi Pontificis animum invecti, qui et sacro Concilio parere recusaverat et Græcorum legatos ad se, magno conjunctionis detrimento, Ferrariam adducere tentaverat (quapropter illi, ut aiebant, jure papali imperio interdixerant), orabant ut ad synodum Basiliensem nuntios mitti curaret, omisso Ferrariensi conventiculo. At Patribus, quamvis Avenionem elegissent, quâ in urbe de conjunctione optatissima Græcorum cum Latinis ageretur, in quam concordiam civitas ipsa septuaginta mille ducatos seu florenos aureos contulerat, Academia Avenionensis novis summi Pontificis litteris eodem anno (1438) allecta, respondit *id fieri non posse sine licentia Eugenii IV. Itaque summo Pontifici parere maluit, præsertim præstantissimis a viris impulsa, Paulo de Cario, episcopo Gladavensi et Pontio de Sadone, episcopo Vasionensi, qui ambo professores clarissimi Eugenio IV obsequi et auxiliari contra publicum Avenionis concilium obstinate voluerunt. Nostra igitur Universitas magnum de iis, qui libertatis Gallicanæ doctrinam Avenionem inducere et concilio generali Pontificem submittere nitebantur, victoriam retulit.* Inde maxima in eam Eugenii

Vienne alors le protestantisme et la guerre qu'il engendra entre papistes et huguenots, et dont le Comtat-Venaissin ne fut pas le théâtre le moins sanglant, et notre Université non seulement fera des prières publiques pour le triomphe des armes catholiques, mais elle contribuera aussi de son or et de ses subsides au triomphe de François-Fabrice Serbelloni, généralissime des armées de sa Sainteté contre les huguenots. Et si un jour elle découvre parmi les siens quelques rares partisans de la religion nouvelle, elle les chassera honteusement de son sein et les abandonnera sans remords à une vengeance sans merci.

Tel fut le sort de deux de ses étudiants. Convaincus d'hérésie, ils furent condamnés, au rapport des historiens, à être conduits au devant des principales paroisses de la ville, en chemise, tête et pieds nus, tenant en main une croix, pour y faire amende honorable, demander publiquement pardon à Dieu et abjurer l'erreur ; ce qu'ils firent une dernière fois sur un échafaud dressé au devant de l'église métropolitaine ; puis les juges les condamnèrent à une prison perpétuelle et à un jeûne rigoureux au pain et à l'eau, trois jours de la semaine jusqu'à leur mort.

Une défection plus retentissante eut aussi un châtiment plus exemplaire. C'est celle de Perrinet Parpaille, qui avait été primicier de l'Université d'Avignon, et qui, devenu chef des hugue-

---

IV benevolentia, qui eam hortatus est anno 1439 ut supplicationibus ipsa celebraret promissam ab Armeniis Ecclesiæ Romanæ obedientiam. Patres vero concilii Basiliensis, eam quum sibi adsciscere frustra tentavissent, terrere voluerunt ; denuntiaverunt se e Pontificatû Eugenium dejecisse. Is vero, ut eam in fide constantem agnovit, magis ac magis colere cœpit, eique in ostentationem amicitiæ, per oratores Pontificios Avenione residentes, librum circa acta concilii Basiliensis misit examinandum atque approbandum Quin illud fecerit Universitas Avenionensis minime profecto dubitamus, quum ea quidem Eugenium nunquam deseruerit, eique obedientiam atque venerationem, vel post Felicis V electionem, continuaverit.... etc· » (Léon Bardinet : *Universitatis Avenionensis historica adumbratio* — 1880). Voy. aussi sur ce sujet : Cadecombe : *Nova disquisitio legalis* etc. ; et dans la IIIe partie du Cartulaire un certain nombre de pièces et les notes qui les accompagnent.

nots d'Orange, fut fait prisonnier au moment où il se disposait à marcher sur Avignon. Transféré dans cette ville, il y eut la tête tranchée le 9 septembre 1562, après avoir été exposé pendant quelques jours à la risée du peuple, enfermé dans une cage de bois. Sa maison fut ensuite rasée, et sur son emplacement fut créée une place, qui porte encore le nom de place Pie, du nom du pape Pie IV, alors régnant (1).

Mais l'Église catholique, apostolique et romaine, était à peine sortie victorieuse des grandes luttes de la Réforme, que l'erreur essayait encore de l'attaquer dans l'intégrité de ses dogmes et de sa discipline. Un prêtre, Corneille Jansénius, évêque d'Ypres, publiait, en l'année 1638, un livre intitulé l'*Augustinus*, dans lequel sous prétexte d'expliquer les matières du libre arbitre et de la grâce selon les doctrines de St-Augustin, il émettait, en réalité, les principes les plus contraires aux dogmes de l'Église, détruisant la liberté de l'homme en le mettant successivement dans la nécessité de faire le bien ou le mal, selon que les impressions de la grâce ou de la cupidité, par lesquelles ce novateur prétendait qu'il était toujours entraîné d'une manière inévitable et invincible, étaient plus ou moins fortes en lui.

Ce système, qui était « le renversement de toute l'espérance chrétienne, de toute morale raisonnable, de toute liberté dans l'homme et de toute justice dans Dieu », avait été bientôt condamné avec le livre de Jansenius par le Saint-Siège; mais il n'avait pas moins pris un grand crédit en France, et ses partisans appelés désormais *Jansénistes*, étaient devenus chaque jour plus nombreux, même au sein de l'Université de Paris. C'est alors, que, voulant couper court à toute fausse interprétation et mettre un terme aux procédés dilatoires employés par les Jansénistes, dans le but de garder leurs erreurs sans rompre ouvertement néanmoins avec le St-

---

(1) P. Boudin : *Histoire des guerres excitées dans le Comté-Venaissin, par les Calvinistes du XVIe siècle;* — Chambaud : *Manuscrit*, t. III; — Teyssier : *Histoire d'Avignon* t. II ; — Barjavel : *Dictionnaire historique, biographique, du département de Vaucluse.*

Siège, le pape Innocent X, envoya le texte du formulaire de foi contre les cinq propositions de Jansénius que devaient désormais signer tous les ecclésiastiques et tous les étudiants et professeurs des diverses Universités de France. Nous n'avons pas à raconter ici quel fut le sort de ce formulaire en France et dans les diverses Universités de ce pays, ni les oppositions qu'il y souleva ; la conduite que tint notre Université tant au sujet de la bulle *Unigenitus*, que du formulaire et du Jansénisme en général, doit seule nous intéresser, et cette conduite, hâtons-nous de le dire, fut telle qu'on devait l'attendre d'une institution aussi profondément catholique, apostolique et romaine. Non seulement, tous ses membres signèrent individuellement et en corps le formulaire et prêtèrent serment contre les cinq propositions, mais ils se portèrent caution de la foi de leurs successeurs et jurèrent sur les saints-évangiles *(nemine penitus atque penitus discrepante)* de faire observer aveuglément la volonté du Saint-Père, non seulement dans cette circonstance, mais encore « pour toute autre qu'il plaira à Sa Sainteté ordonner à la dite Université (1). » De ce jour aussi s'organisa, au sein même de cette Université et du consentement de tous, une sorte de ligue contre la contagion de cette nouvelle doctrine et dont un des effets fut que chacun exerçat vis-à-vis des autres une surveillance rigoureuse à laquelle ne pût échapper aucun de ses membres. Malheur alors au maître ou à l'écolier qui, sur ces matières, aurait eu une opinion non pas seulement hétérodoxe, mais même donnant quelque prise à des interprétations douteuses et ambiguës. Le P. Barbat, religieux dominicain et titulaire de la chaire de philosophie de l'Université, en fit en son temps la périlleuse expérience.

Dans les examens d'un doctorat en théologie, ce religieux avait dans sa harangue au nouveau docteur, loué publiquement les oratoriens d'Arles, chez qui le candidat avait étudié pendant deux ans, et qu'on savait notoirement être appelants au futur

---

(1) Voy. *Fonds départ.* ; archives de l'Université : D. 47, fol. 103.

concile de la constitution *Unigenitus*. Ce fut pour l'Université tout entière un grand scandale, et, le Primicier n'hésita point à rappeler publiquement au professeur, qu'un pareil éloge était d'autant plus déplacé dans sa bouche, qu'il ne devait pas ignorer que, d'après la bulle *Pastoralis officii*, etc., les appelants étaient *ipso facto* séparés de la communion des fidèles.

Le père Barbat, ne se rendant pas à cette observation et soutenant avec persistance que la séparation de communion contenue dans la bulle pontificale n'était que *comminatoire*, et que, d'ailleurs celle-ci n'avait pas été rendue officielle par ordonnance de l'archevêque, le Primicier usa de tous les arguments pour le faire rentrer dans le devoir ; mais lorsqu'il vit que rien ne pouvait vaincre l'obstination du régent, il leva la séance en déclarant qu'il le contraindrait à retracter publiquement son erreur.

L'exécution suivit en effet de près la menace. Non seulement le Primicier informa immédiatement la congrégation d'Avignon de ce qui venait de se passer, mais encore, de l'avis unanime du collège, il rendit une ordonnance (18 septembre 1719) par laquelle le père Barbat était interdit de ses fonctions de docteur agrégé en la faculté de théologie, et de professeur de philosophie jusqu'à ce qu'il eut publiquement rétracté les propositions qu'il avait avancées. En même temps, pour rendre toute surprise impossible, les scellés furent mis à la porte de la classe de philosophie et la serrure changée.

Cependant rentré en lui-même et devant les exhortations de ses supérieurs et les instances de ses amis attristés, le dominicain finit par reconnaître sa faute et se déclara prêt à désavouer publiquement son erreur. En effet, le 27 octobre 1719 on le vit en plein collège « faire la rétraction suivant la forme qu'il en avait donnée et de mot à mot » (1). Bien plus, quelques jours après, le

---

(1) En voici le texte : « Memini me die decima octava mensis præteriti dixisse excommunicationem contentam in litteris SS^{mi}, quæ incipiunt *Pastoralis officii*, esse solum comminatoriam At ubi paucis his diebus sententiam hac in re mutavi et oppositam professus sum contra detrectantes

père Barbat, sur l'ordre de la congrégation d'Avignon, comparaissait devant l'inquisiteur général, et, en présence de huit docteurs en théologie choisis comme témoins, déclarait à genoux et tête nue « que les appelants au futur concile et notamment les « communautés des pères de l'Oratoire et plus particulièrement « encore celle du séminaire d'Arles, qui étaient appelantes de la « constitution *Unigenitus,* au futur concile étaient formelle- « ment excommuniées ; que les ordres et décrets du St-Siège, « pour être censés publiés n'avaient besoin d'autres publications « que celles qui se faisaient à Rome, aux lieux accoutumés, et, « qu'en conséquence de cette déclaration, il rétractait tout ce « qu'il avait avancé de contraire le 18 septembre passé (1) ».

Alors seulement, le professeur fut réintégré dans sa chaire de philosophie, tandis qu'une fois encore l'Université méritait bien de l'Église et de la papauté.

Les libertés de l'Église gallicane ne trouvèrent pas en elle plus de complaisance ; elle les combattit avec une égale ardeur, dût-elle par cela seul, voir à certaines époques ses chaires désertées par les étudiants français attachés à ces mêmes libertés. Elle les combattit encore, alors même qu'il était plus impolitique pour elle de le faire, quand par exemple elle poursuivait d'autre part auprès de la cour de France, la reconnaissance de ses privilèges et de sa qualité de *regnicole.*

Plus tard, enfin, quand l'esprit français développé par les oc-

---

se submittere constitutioni *Unigenitus* ; sic et nunc profiteor iterum me credere prædictam excommunicationem in iis litteris contentam esse veram realem, et effectivam, non autem comminatoriam solum ; fateor etiam me existimare et credere bullas summorum Pontificum non pendere in sui valore ab acceptatione et mandato episcoporum : quæ omnia mea sponte meaque electione libens profiteor. »

(1) Pour plus amples détails sur cette affaire, consultez au *Fonds département. de Vaucluse : Archives de l'Université*, les n°s D. 40 et D. 223, et à la bibliothèque du *museum - Calvet* d'Avignon, les volumes manuscrits intitulés : *Université d'Avignon,* t. I, *Hist.* et *Mémoires sur l'Université.*

cupations successives de 1662-1668 et 1768, envahit Avignon et le Comtat, toujours une dans sa foi et dans son dévouement à la papauté, elle resta malgré tout et quand même romaine et pontificale.

Les Avignonais et les Comtadins gallicans n'eurent pas alors d'adversaire plus redoutable. Aussi bien, les temps arrivèrent où elle devait payer de son existence son zèle ultramontain, car, à mesure que le parti français grossit à Avignon et dans le Comtat, son importance et son autorité diminuèrent de plus en plus, en même temps que disparut le crédit dont elle avait joui jusqu'alors dans les conseils de la cité, jusqu'au jour où la réunion de la province pontificale à la France étant devenue définitive, cette grande institution qui avait été pendant tant de siècles l'honneur et la gloire du pays, fut frappée la première en souvenir d'un passé désormais odieux.

Le corollaire naturel et logique de ce dévouement inaltérable de notre Université à la papauté, est son caractère profondément religieux. A l'encontre de l'Université de Paris, elle ne s'en départit pas un seul instant pendant toute la durée de son histoire. Ce caractère, elle l'étale au grand jour, dans toutes ses cérémonies et dans toutes ses fêtes. Il éclate aux yeux de tous dans cette messe qui se dit chaque jour avant l'ouverture des leçons, dans la chapelle du collège St-Eutrope, et qui est annoncée par la cloche universitaire dite la *Doctoresse*, placée au clocher de l'église paroissiale de St-Didier ; dans les anniversaires religieux qu'elle célèbre, soit dans cette paroisse qui est la sienne, soit dans le couvent de St-Martial ; dans cette confrérie de *l'Annonciation*, dont font partie tous les docteurs et qui a son siège dans la chapelle des Cordeliers (1) ; dans cette autre congrégation de *St-Sébastien* (2), qui réunit tous les écoliers dans un but de pieuse confraternité ; dans tous ces exercices religieux, processions,

(1) Voy. les statuts de cette confrérie dans la IIe partie du *Cartulaire*.
(2) Nous les donnons aussi dans le *Cartulaire* IIe partie.

prières publiques, salutssolennels, *Te Deum* et dévotions de toutes sortes, auxquelles elle se rend en corps et pour lesquelles tout est prétexte dans le cours de l'année scolaire. Il est plus manifeste encore dans ce fait que l'archevêque d'Avignon est, de par la bulle de Boniface VIII, le chancelier-né de l'Université (1); que pour cette raison a lieu chez lui et en sa présence l'élection du Primicier chef de l'Université, que, de concert avec les docteurs, il dresse les statuts de ce grand corps et peut les modifier par sa seule volonté (2); qu'il convoque les professeurs pour procéder avec eux à l'examen des aspirants au doctorat et à la maîtrise, après leur avoir assigné lui-même, en pleine église métropolitaine et dans la chapelle du *Pardon*, les points sur lesquels ils auront à argumenter; que seul il a qualité pour

(1) A Paris, ce n'est pas l'archevêque qui est le chancelier de l'Université, mais seulement le chancelier du chapitre de Notre-Dame qui exerce cette charge. — L'Université de Paris eut même deux chanceliers, mais ils ne furent jamais institués par le pape. — Sans doute, aussi, le chancelier, qui dans le principe était une sorte de notaire chargé de rédiger, de sceller et d'expédier les actes du chapitre, vit ses pouvoirs sur l'Université augmentés dans la suite des temps, et notamment par Philippe-Auguste, au point d'exercer, en vertu de son pouvoir de donner *la licence*, l'autorité la plus absolue sur les maîtres et les étudiants de Paris. Mais, ayant abusé d'une situation exceptionnelle qu'il devait à des empiètements successifs, il vit bientôt l'Université tout entière se lever en masse pour secouer le joug de sa domination, et, dès le XIIIe siècle, à la suite d'un accord, véritable charte de l'Université de Paris, passé entre les maîtres et le chancelier, sous la médiation de l'évêque et du doyen de Troyes (1213) et confirmé en 1215 par le Légat Robert de Courçon, les chanceliers perdirent toute autorité sur l'Université. Voy. Charles Thurot : *De l'organisation de l'enseignement dans l'Université du Paris, au moyen-age*. Paris 1850.

A Avignon, au contraire, rien de pareil : l'évêque ou archevêque chancelier garde, depuis la bulle de Boniface VIII jusqu'à la fin de l'Université, les mêmes pouvoirs, et, représentant accrédité du pape auprès d'elle, ne cesse de contrôler ses doctrines, son enseignement et d'avoir la haute main sur tout ce qui touche à son orthoxie religieuse et politique.

(2) Voy. dans la IIe partie du *Cartulaire* les statuts successivement donnés à l'Université d'Avignon, par les évêques Bertrand Aymini, Ægidius, Guido, Alanus, etc., en leur qualité de chanceliers.

délivrer la licence (*licentiam docendi*) aux écoliers reconnus capables; et qu'enfin, le bonnet doctoral, consécration officielle et couronnement des études, se donne dans la grande salle basse de l'archevêché par l'archevêque lui-même, et, en cas d'absence ou de vacance du siège, par le prévôt de Notre-Dame des Doms remplissant l'office de chancelier,..., etc., etc.

Aussi, en récompense de la pureté de sa foi, de son zèle pour l'Église, la religion et le St-Siège, les papes à l'envie la comblent d'immunités et de privilèges.

Tous ceux qui ont pris des grades à Avignon peuvent lire et enseigner dans le monde entier : Boniface VIII (*bulle* I), Urbain V (1366), Jean XXIII (1413), Innocent VIII (1488), Léon X (1514), Clément VII (1523), Clément X (1671), Benoît XIV (1745), la confirment successivement dans la jouissance de tous ses droits (1). Jean XXIII, en la gratifiant de tous les privilèges et immunités dont les Universités de Toulouse et d'Orléans, se trouvaient investies par les concessions apostoliques ou par celles des princes séculiers, l'assimile par le fait, au point de vue de ces avantages, à l'Université de Paris, puisque Urbain V, en fondant l'Université de Toulouse, lui avait concédé les mêmes droits et privilèges que ceux dont jouissait l'Université de Paris (2). Tous ceux qui appartiennent à l'Université d'Avignon sont de droit exempts des impôts de la ville (3). Aucun de ses membres ne peut être jugé hors de son enceinte, et, pour garantie des privilèges, on a le serment du viguier entrant en charge, des juges spéciaux et des *conservateurs* dans l'abbé du monastère de St-André-les-Avignon, le Prévôt de la cathédrale, le doyen de l'église collégiale de St-Pierre d'Avignon, et, plus tard, le Primicier (4). Les gradués de cette Université sont préférés, dans les états pontificaux, en la collation des bénéfices, dignités ou offices

---

(1) Voy. bulles et brefs IV, XIV, XXXIV, XLIII, XLIX, LXIV, LXXIII.
(2) Voy. bulle XIII.
(3) Voy. bulles XXI, XXIII, XLI, XLVII, LI, LII, LIII, LVI, LVII.
(4) Voy. bulles VIII, XVII, XVIII, XXII, XXXII, XXXIII, XLIII, XLVI

quelconques, en concurrence des autres personnes égales en degrés, mais appartenant à une autre Université ; tandis que ceux qui y étudient, outre de nombreux privilèges, ont encore celui de pouvoir, s'ils sont possesseurs de bénéfices, les faire régir par procureurs et, quoique absents, jouir pendant sept ans de tous leurs revenus sans prendre d'autres ordres que le sous-diaconat (1), Jean XXII n'en avait pas tant accordé à l'Université de Paris.

Bien plus ! Les rois de France eux-mêmes, malgré ses doctrines la protègent, et, après l'avoir déclarée *regnicole*, la mettent sur le même pied que les Universités françaises, au point de vue de l'obtention des bénéfices, de la pratique de la médecine et des fonctions du barreau (2). En vain les Universités voisines la jalousent et se liguent contre elle ; grâce à de puissants appuis elle sort triomphante des procès que lui suscitent tour à tour celles de Valence, de Besançon, d'Aix et d'Orange (3). Charles-Emmanuel, duc de Savoie, imite la bienveillance de Louis XIV pour notre Université, et, par lettres-patentes fait participer dans ses états tous les gradués de l'Université avignonaise aux privilèges dont jouissent les gradués des Universités de son propre duché (4).

La ville à son tour rivalise de générosité avec les papes et les princes en faveur de son Université, et si, pour augmenter le salaire des régents, Sixte IV incorpore à l'Université les greffes du Comtat, l'office et les émoluments de la Vice-Gérence, etc. (5); elle vote de son côté les fonds pour l'établissement d'écoles générales, les appointements et le logement des maîtres-ès-arts libéraux. Le conseil de ville envoie même des députés en Italie pour

---

(1) Voy. bulles XXVIII, XL, XLV, L, LXIII et III, VI, IX, XI, XV, XIX, XX.
(2) Voy. Lettres-patentes LVIII, LXI, LXXIV.
(3) Voy.   id.   LXV, LXVIII, LXIX.
(4) Voy. Lettres-patentes LIX.
(5) Voy. bulles et brefs XXVII, XXIX, XXXI, XXXIV, XXXIX, XLIII XLIX.

appeler les plus grands jurisconsultes, et consacre des sommes énormes à les retenir ; s'il est vrai qu'Alciat recevait à Avignon, 600 écus d'or par an soit, 10,000 francs de notre monnaie, et Émile Ferreti le double environ.

L'Université, d'ailleurs, remplissait la cité tout entière. Le premier qui occupa la charge si importante de vice-gérant fut un de ses membres, Hugues de Gennasio. Dans les tribunaux, c'étaient ses docteurs qui occupaient les sièges de juges. Le tribunal suprême de la Rote, à l'exception de l'auditeur général, qui était toujours italien, ne se composa lui-même que de docteurs agrégés ou de gradués de l'Université d'Avignon. Parmi eux, on compta Gilles de Bellamere, le flambeau de cette Université qui, après avoir été auditeur de Rote, fut fait évêque d'Avignon. C'étaient eux encore qui plaidaient au barreau, qui remplissaient les emplois d'avocat fiscal, de dataire et bulliste de la légation.

Du premier au dernier échelon de l'échelle sociale, toujours et partout apparaît l'influence de l'Université. Elle animait et vivifiait le pays tout entier. Ses docteurs, légistes ou théologiens, inspirèrent les décisions des conciles tenus à diverses époques à Avignon (1).

Constituant sans conteste le plus grand corps de l'état avignonais, son rôle politique n'était pas d'une moindre importance. L'archevêque d'Avignon, le Vice-Légat la consultaient dans toutes les affaires difficiles ; elle en était à la fois le conseil et la lumière. Et quand il s'agissait d'une mission à l'extérieur, le Légat choisissait toujours dans son sein ses représentants ou ses ambassadeurs (2). Son Recteur, appelé Primicier, pris toujours dans la

---

(1) Paul de Cadecombe: *De primæva Universitatis erectione.* Mss du museum Calvet, contenu dans le vol. Mss. *Univ. d'Avignon*; t. I, fol. 47.

(2) « In amplissimis legationibus atque maximi momenti rebus adhibiti sunt doctores Avenionenses. Cardinalis de Fuxo, legationi Avenionensi præpositus, Philippo Gervasio in gravissimis negotiationibus feliciter usus est. Idem Rodolphum Rollandi et quemdam ejus collegam nomine Rosergue auxiliarios habuit in illo congressu cum Alphonso, Aragonensium rege, Valentiæ anno 1427 habito. Quorum opera ita fuit contentus, ut eosdem

faculté de droit, recevait le lendemain de son élection la visite du Viguier et des consuls en chaperon. Sa haute situation s'affirmait encore dans les cérémonies publiques, où il prenait place

> secum in alterum cum eodem Principe colloquium anno 1429 aduxerit. Doctores etiam Avenionenses jura summi Pontificis adversus Francorum regem, qui sibi Rhodani fluminis dominium vindicabat, tanta eloquentia tantaque calliditate tuiti sunt, ut ad suam sententiam Legatum Regis Guillelmum *Le Turc* anno 1431 traxerint. Quod, quum compertum habuit Carolus VII, negligentiæ Guillelmum increpuit et quidquid ab eo actum fuerat a Parlamento abrogari anno insequenti jussit. Eam tamen litem in longum productam, anno 1500 summus Pontifex et Francorum rex, iterum componere conati sunt. Quamobrem a summo Pontifice missi Joannes Casaletti, Petrus Baudon et Guillelmus Meynerius, jurisperiti Avenionenses, causam Sanctæ Sedis omni conatu sine dubio egerunt. A Prolegatis, duo Belli Ludovicus et Gabriel, amplissimis etiam provinciis ornati sunt. Ludovicum enim Montorius, anno 1605, « sibi nominat adsessorem in generali illa redditione rationum, quæ a *reliquatoribus communitatum* hujus status exigebatur; necnon sui muneris vicarium destinat in illis, quæ ad observationem bullæ *De bono regimine* pertinerent; septimo autem anno (1607) disceptatorem cognitoremve delegat controversiæ inter nostrates et Villanovanos, occasione trajectus Rhodanici motæ. Ferrerius, assessoris provinciam a Montorio jam ante delatam, eodem anno adserit, ampliatque. Eminentissimus Philonardus eum [Ludovicum] una cum comitatus Rectore nominat arbitrum ad illam consultationem percelebrem, quæ anno sæculi currentis XIII super antiqua hæreticorum lite bona ob hæresim publicata atque proscripta, recipere ac redhibere satagentium habita et acerrimis agitata animis est supra pontem in æde D. Nicolao sacra, Cardinali et marescharcho *d'Esdiguières* præsentibus; in quâ vix capit fides, quam strenue sese atque excellenter habuerit et æquitate, quam tuebatur causæ et propria virtute munitus; nam quum in aliis consultationibus quibus adhibebatur frequentissime.... vix æquales invenerit, in ista satis constat, se ipso superiorem quodammodo exstitisse. Cumque anno XVIII gravis controversia, Avenionem inter et locum Novarum excitata fuisset, ratione Druentiæ, eum eminentissimus cardinalis a Balneo, cum suo auditore nominavit arbitrum qui de ea cum regiis administris cognosceret ac pronuntiaret. » Gabrielis quoque solertia et judicio usi sunt eminentissimi Cardinales Georgius de Armeniaco, Octavius de Aquaviva, Carolus de Comitibus, Philippus Philonardus, et Joannes Franciscus de Balneo, qui per illa tempora legatorum apud Avenionenses vices agebant. Etenim Gabriel cum Ludovico interfuit et controversiæ quam Avenionenses cum incolis pagi Novarum agitabant, et colloquio in sacello divi Nicolai ad Rhodanum habito. » (Léon Bardinet : *Loco citato*).

à la droite du Vice-Légat (1). Il avait droit, quand il allait seul, à une escorte fournie par la garde Suisse. Dans le conseil de ville, il prenait la place la plus distinguée, et l'on ne pouvait délibérer sur les affaires majeures, qu'en sa présence et celle des députés de l'Université (2).

C'était aussi un spectacle véritablement imposant que de voir au son de la cloche universitaire de St-Didier, le corps tout entier se mettre en marche pour une cérémonie publique. Les écoliers, leur abbé en tête, un cierge à la main, marchaient devant les docteurs et le Primicier, celui-ci, précédé du secrétaire-bedeau avec sa masse d'argent, et regardaient avec complaisance la ville se porter sur les pas de la brillante et somptueuse procession (3).

Après cela, l'influence que les docteurs exerçaient sur les écoliers et ceux-ci sur le peuple faisaient de l'Université une véritable puissance, et comme un état dans l'État. A cette puissance nul n'osait s'attaquer, et, pour employer l'expression d'un auteur comtadin, c'était l'arche sainte de l'époque, devant laquelle s'inclinaient les pouvoirs publics et tous les grands corps de l'É-

---

(1) Plusieurs bulles sur les préséances du corps universitaire ont été données par les papes ; *voy.* notamment les bulles et brefs XXIX, XXX, XXXVI et les notes qui s'y rapportent.

(2) Voy. note du bref LVI.

« Demum etiam circa politicum regimen civitatis Avenionensis sic emicat ejusdem Primicerii dignitas ac præminentia, ut nullum concilium publicum vel privatum publici præparatorium congregari valide possit et multo minus quidquam illi deliberari nisi ipse cum deputatis de collegio intersit ; quod in eam utilitatem publici compendii cedit, ut in arduis, quæ sæpe accidunt, civitas (absit verbo invidia) saniora ejus consilia quotidie experiatur ; imo nulla mandata de solvendo a Consulibus expedita per thesaurarium civitatis solvi possunt, nisi ab eodem Primicerio et deputatis collegii approbata et manu propria subscripta ; nulla pariter « *afficluum* » vel operum ad regimen civitatis spectantium licitatio, aut deliberatio fieri potest, nisi ipsis Primicerio et deputatis præsentibus aut vocatis ; denique nullus contractus nomine civitatis a Consulibus stipulari, nisi ipso subscripto cum uno vel pluribus deputatis collegii. » — Paul Cadecombe : *Nov. disq. leg.* page 61.

(3) Charles Perrin : *États pontificaux de France au XVIᵉ siècle.* Paris 1847.

tat (1). Que si quelqu'un eût osé attenter à ses immunités ou à ses privilèges, l'Université s'en serait vengée en suspendant les cours, en ameutant les écoliers et en mettant les coupables en interdit, jusqu'à ce qu'ils eussent accordé une réparation éclatante. Les annales d'Avignon fournissent plusieurs exemples de ces mouvements séditieux de la basoche. Ainsi, vers le milieu du XVIe siècle, Roger de Saint-Lary, écolier de l'Université, était obligé de quitter la ville, compromis dans une querelle qui avait amené la mort d'un de ses camarades. Il entra au service militaire et devint maréchal de France en 1574, sous le nom de maréchal de Bellegarde.

Il faut le reconnaître néanmoins, la basoche, ou mieux la corporation des étudiants, fut à Avignon moins puissante et moins despotique qu'ailleurs ; ce qui tient à la place différente que les étudiants occupaient dans l'Université.

Paris et Bologne en effet, comme le remarque Savigny (2), servirent au moyen-âge de type aux nombreuses Universités qui se formaient. Or, tandis qu'à Paris les professeurs composaient à eux seuls la corporation, exerçaient tous les pouvoirs, et que les étudiants membres de ce petit état n'en étaient que les sujets ; à Bologne, au contraire, la souveraineté était aux mains des étudiants, qui se nommaient un chef auquel les professeurs eux-mêmes étaient tenus d'obéir. L'Université d'Avignon adopta le premier système (3) ; ce qui, disons-le incidemment, prouve une fois de plus, qu'instituée pour combattre celle de Paris dans ses doctrines et son esprit, elle sut néanmoins lui emprunter ce qui dans son organisation lui parut devoir être profitable à ses propres intérêts ; et ce fait est ici d'autant plus significatif, que toutes les Universités de France prirent, à l'instar de celles d'Italie, non

---

(1) Jules Courtet : *De l'état ancien de l'instruction publique dans Vaucluse*, in Bulletin historique et archéologique de Vaucluse, 1879.

(2) *Histoire du droit romain au moyen-âge*, tome III, page 116.

(3) Les bulles V et VII sont instructives à cet égard.

l'Université de Paris pour modèle, mais bien celle de Bologne.

Non moins grande était la situation que l'Université s'était faite dans le Comtat, par les Recteurs qu'elle lui donnait et parmi lesquels nous citerons Philippe de Cabassole, Jean Casaletti, Clément de la Rovere, Jean de Lopis, Jean de Tulle, qui fut aussi évêque d'Orange, François de Suarès, Denis-François-Régis de Valoris, Étienne Bertrand.

Elle tenait encore ce pays par les greffes des judicatures dont elle avait les revenus, par les pensions nombreuses qu'elle possèdait sur la plupart des communautés, qui étaient ainsi ses tributaires ; par son clergé, dont les membres avaient presque tous étudié à Avignon, et dont la tête compta, à toutes les époques, des Primiciers et des docteurs agrégés, assis sur les sièges épiscopaux de Carpentras, d'Apt, de Cavaillon et de Vaison, tels Jean Payer et Jean de Tullia à Orange, Pons de Sade, les deux Suarès et François Genet à Vaison, Agricol de Panisse à Apt, ou occupant les premières charges dans les chapitres des diverses collégiales ; enfin par la noblesse, dont un grand nombre de familles ne tiraient que de l'Université, et des charges que leurs membres vivants ou leurs aïeux y avaient remplies, leurs titres et leurs parchemins(1).

De si grandes faveurs, une situation si exceptionnelle attirèrent, de tous les points de l'Europe, sur les bancs de l'Université un concours si considérable d'écoliers, que lors, par exemple, de l'arrivée du pape Clément V, la ville et l'Université durent faire taxer

---

(1) En vertu de cet article du Code romain qui veut que la science du droit civil rende *très noble* celui qui la possède : « *Meritum scientiæ juris civilis reddit ipso jure peritum nobilissimum* », reconnu et confirmé par les papes non seulement le doctorat à l'Université d'Avignon conférait la noblesse personnelle à Avignon et dans le Comtat, et faisait réputer nobles aussi les descendants d'un docteur, si son fils avait eu également ce titre, mais encore Benoît XIII par bulle du 17 septembre 1728, avait attaché au *Primicerial* un titre primordial de noblesse transmissible aux enfants à perpétuité, tant pour le passé que pour l'avenir, et dont la validité était reconnue en France, dans le duché de Savoie et dans tous les états pontificaux. (Voy. bulles et brefs LXXII, LXXVIII, LXXIX).

par leurs délégués respectifs le prix des logements des élèves étrangers, et, que pour pourvoir à une instruction rendue trop onéreuse dans une ville de commerce si opulente et si active, la munificence éclairée des princes de l'Église et même des simples particuliers, créa des collèges où les écoliers recevaient, sous un Recteur, la nourriture, le logement, l'entretien et toutes les choses nécessaires à la vie matérielle, tandis que l'instruction qu'ils étaient venus chercher, leur était donnée par l'Université (1).

Celle-ci eut d'ailleurs encore un puissant moyen d'attirer dans son sein une multitude d'étudiants venus de tous les point de l'Europe, c'était la juste réputation de ses professeurs.

L'enseignement de la jurisprudence surtout y brilla du plus grand éclat, soit sous des savants venus de France, d'Italie, d'Espagne et de Portugal, soit sous des professeurs nés dans le pays même.

Parmi les premiers, on compte Guillaume de Grimoard, qui fut plus tard Urbain V ; le légiste espagnol Antoine Comarcy ; Oldrade, le conseiller de Jean XXIII, dont les décisions, même en matière d'impôts, étaient des arrêts pour le Comtat ; le fameux Barthole, disciple du précédent ; Balde, le confident et l'oracle de Grégoire VI ; Paul de Castro, surnommé le second Barthole, auteur de plusieurs ouvrages pour lesquels Cujas voulait qu'on vendît sa tunique « *qui non habet Paulum tunicam vendat et emat* », et le fondateur de la *jurisprudence Avignonaise* qui fit école ; André Alciat ; Ripa de Sennazar, Emile Ferreti, au bas de la chaire duquel l'Université fit mettre plus tard en souvenir de sa gloire : « *Peritum orno, imperitum dedecoro*, et dont Philibert Bugnon, aussi grand littérateur que profond légiste, et Bertand Maure furent les disciples ; Cujas lui-même ; Aymond Cravetta ; Bertrand de Columbario ; François Balderchi ; Ph.

---

(1) Nous renvoyons, au sujet des *collèges pontificaux*, aux notes des pages 82, 110, 148, 154, 209, etc., de la première partie du *Cartulaire* et à la table générale contenue à la fin du deuxième volume de cet ouvrage.

Dece ; J.-A. Fachineti ; Antoine Govea ; J. de Bellamera, dont ce distique a consacré la renommée :

> *Deditus hic studio, permulta volumina legit ;*
> *Condidit et nostro multa legenda seclo ;*

Jean Hugonetti ; Jean-Ange Papius, sur qui Jacques de Novarins a porté ce jugement :

> *De Papio breviter si vis quod sentio dicam,*
> *Illo nil tellus Itala majus habet ;*

François Ubalde de Pérouse, etc., etc.

Nous citerons parmi les seconds : Pierre Bertrand, l'adversaire heureux de Pierre Cugnier ; les Belli ; les Benoît ; les Boniface de Garrons ; les Crozet ; les Gérard ; les des Laurents ; les Panisse ; les Payen, et dans cette famille, François Payen, à la fois astronome et jurisconsulte, le fondateur de *l'académie des Bartholistes*, l'ami des savants Kircher et Peiresc qui furent aussi ses collaborateurs ; les Nicolai ; les Novarins ; Olivier Rollands, qui a écrit un traité *De facultatibus Legationis Avenionensis ;* les Suarès ; les Jean Payer ; les deux Maynier, Guillaume et Accurse ; Jean Isnard ; Dragonet et Pierre Girard d'Aubres ; les François de Merle ; Jérôme de Laurent, la lumière et le restaurateur de l'Université ; Pierre-François Tondutti de St-Léger ; Joseph de Poulle ; les Seguin ; les de Salvador, etc., etc.

Parmi les huit cents auditeurs qui, au dire de Peruzzis (1), se pressaient autour des chaires des légistes étrangers, on distingue les papes Innocent VI, Innocent IX ; les cardinaux Pierre Bertrand ; de Brogniac, fondateur du collège des *Savoyards*, à Avignon ; Philippe de Cabassole, un instant recteur du Comtat-Venaissin ; Gérard Pétrarque, le frère du chantre de Laure ;

---

(1) Peruzzis : *Troisième discours des guerres de la Comté de Venaissin ;* original à la bibliothèque de Carpentras, copie à celle d'Avignon.

Clément de la Rovère, neveu de Sixte IV et cousin-germain de Jules II, primicier de l'Université après en avoir été l'élève, puis évêque de Mende, recteur du Comtat et enfin cardinal; le Toulousain Joseph Bellon ; le Portugais Antoine Govea, l'adversaire du philosophe Ramus, etc., etc.

Ce serait sortir des limites de cet aperçu sommaire sur l'Université d'Avignon, que de nous étendre sur la valeur de l'enseignement donné par la faculté de droit, et sur l'influence que de tels professeurs durent exercer sur le développement de la science juridique, et sur la gloire qui en rejaillit sur l'Université à laquelle ils appartenaient. Nous ne pouvons cependant passer sous silence, que la jurisprudence de l'école avignonaise, fondée par les *prælectiones Avennicæ* de Paul de Castro (1), développée par Louis de Belli, dans ses *Consilia* (2), et par Jérôme des Laurents dans ses *Decisiones rotæ sacri Palatii Avenionensis* (3), approuvée à diverses reprises par la suprême Rote romaine, devint le code des tribunaux de l'Europe entière, et, comme une autorité infaillible dans tous les points controversés (4).

Nous devons rappeler aussi que c'est à cette même jurispru-

---

(1) Paul de Castro (Paulus CASTRENSIS) : *Prælectiones Avennicæ* à la *bibliothèque du museum Calvet d'Avignon*.

(2) Ludovicus de Belli (Louis Beau) : *Consilia posthuma*, Genève 1635, in fol. où l'on trouve l'éloge de l'auteur, par son neveu et élève, Louis Crozet. Voy. *bibliothèque du museum Calvet*.

(3) Hieronymus de Laurentiis : *Decisiones Rotæ sacri Palatii Avenionensis* in 4°, Genève, 1589 ; autre édition à Lyon 1600 in fol. Voy. *bibliothèque du museum Calvet d'Avignon*.

(4) « ...... quantum litteræ, jura in primis, quantum huicce debeant Academiæ hinc conjicite quod non una tantum vice, abstrusiores magisque lubricas juris quæstiones enodandi causâ, ad eam confluxerint nedum Italici, sed et Hispanici et Gallici senatus. Unum pro mille sit judicium illud super *detractione præambula legitimæ in favorem liberorum primi thori*, quod etiam nunc vocatur *judicium Avenionense*, quodque gratulabunda recepit Rota Romana et omnia propre Europæ tribunalia, magno cum applausu fecerunt suum » (*Epistola nuncupatoria* dans thèse soutenue devant la faculté de théologie d'Avignon, le 9 avril 1709, par Ange ROBERTY, religieux minime. *Imprimée à Avignon, chez Charles Chastanier*, 1709.)

dence de l'école avignonaise, que les juifs d'Avignon et du Comtat durent un adoucissement à la dure législation à laquelle ils étaient soumis dans les états pontificaux. Ce sont ses professeurs, les jurisconsultes illustres Oldrade, Balde de Ubaldis et Gilles de Bellamera, qui personnifient l'enseignement de cette Université au XIVe siècle, dont les idées larges et généreuses et les principes véritablement humains, mitigèrent dans l'application les rigueurs du code Romain en leur endroit.

C'est là un grand titre de gloire pour notre Université, car sa doctrine sur ce point, une fois acceptée par les gouvernements et les municipalités, n'eut pas seulement pour effet d'arracher fréquemment les Israëlites à une mort certaine, mais aussi de propager dans les classes de la société ces principes de tolérance, sauvegarde de la liberté individuelle, et d'habituer les ennemis nés de cette race, le clergé et le peuple, à les supporter à côté d'eux sans trop les molester.

C'est aussi grâce à l'application libérale des doctrines de l'Université, que ces mêmes juifs avignonais et comtadins jouirent de la faveur, peu commune au moyen-âge dans les autres états de l'Europe, d'avoir avec le droit de cité, la liberté de conscience, le libre exercice de leur culte, et le droit à la protection des lois (1).

Mais ce n'est pas seulement pour l'enseignement du droit et de la jurisprudence, que l'Université d'Avignon a compté dans son histoire de longues périodes de prospérité.

Ecole de plein exercice, alors que les Universités de France se cantonnaient généralement chacune dans une spécialité: celle de Paris, dans la théologie ; celle d'Orléans, dans le droit ; celle de Montpellier dans la médecine et un certain nombre dans les arts libéraux, notre Université avignonaise embrassait avec un égal succès les diverses branches des sciences humaines.

---

(1) L. Bardinet : *Condition civile des Juifs du Comtat-Venaissin* in Revue historique, 1880.

Chacune de ses facultés a compté des illustrations et formé des sujets remarquables.

En médecine, on compte Arnauld de Villeneuve, le grand alchimiste qui nous a donné l'alcool ; Jean d'Alesto ou d'Alais, qui avait été chancelier de la faculté de médecine de Montpellier, tous deux savants hommes, dont les noms figurent dans une bulle du pape Clément V, réglant la manière de conférer les grades en médecine ; Guy de Chauliac, l'auteur de la *Grande chirurgie*; Chalin de Vinario, que l'on regardait comme l'un des praticiens les plus distingués d'Avignon ; Philippe Guillien, dont Laurent Joubert a dit dans la préface de sa traduction de la *Grande chirurgie* : « J'ai eu le livre des quatre maistres de M. Philippe Guillien docteur de ceste Université (Montpellier), pratiquant et regentant pour le jourd'huy en Avignon lieu de sa nativité, homme très humain, curieux, diligent et scavant » ; André du Laurens, plus tard médecin du roi Henri IV; Pierre Richer de Belleval, titulaire en 1593, de la chaire de botanique à la faculté de Montpellier ; Claude Bonnet ; Charles de Lafont, dont le traité sur la *peste*, fut longtemps tenu en singulière estime; Michel de Ribere ; Honoré Bouche, dont les ouvrages eurent à leur époque une grande vogue ; Pierre Richard, qui, dans sa thèse de doctorat, soutint le premier que le cœur est bien *l'ultimum moriens*; Alexandre-Joseph de Sarrepuy, professant un cours d'anatomie pathologique à l'Université d'Avignon, cinquante ans avant l'apparition du livre immortel de Morgagni : *De sedibus morborum per anatomen indagatis*; J.-B. Gastaldy, l'auteur des *Institutions de médecine physico-anatomique*, qui enseignait la doctrine *iatro-mécanicienne* dans toute sa pureté ; Louis-François Manne, à qui l'on doit des *observations* remarquables de chirurgie, et qui fut un opérateur de premier ordre; Martin, élève de François Chicoyneau, spiritualiste en philosophie, naturiste en médecine, auteur d'un traité de *phlébotomie et d'artériotomie*, dans lequel il combat avec une verve pleine d'entrain le mécanicien Quesnay et ses essais de physiologie ; Joseph Brun, sieur de la Martinière; J.-B. Bonhomme, cité avec éloge dans les

Mémoires de l'Académie royale de chirurgie, pour ses divers travaux ; Esprit-Claude-François Calvet, le fondateur à Avignon du musée qui porte son nom, à la fois médecin, naturaliste, numismate et antiquaire ; Voullonne, enfin, dont les écrits ont encore une haute valeur et qui furent comme le chant du cygne de la faculté de médecine d'Avignon (1).

De même que la faculté de droit avait continué la tradition glorieuse de l'ancienne académie des lois, de même la faculté de théologie peut être considérée à bon droit comme l'héritière légitime quoique éloignée de cette école de théologie fondée à Avignon, après la guerre des Albigeois (1226), par le cardinal de St-Ange (2). Dès cette époque, les ordres religieux, établis en grand nombre à Avignon, s'étaient particulièrement adonnés à cette science, et, c'est de leurs écoles privées qu'étaient sortis ces théologiens dont Valladier nous vante le savoir et la réputation, et parmi lesquels il cite Guillaume Arnaud, Thomas Anglus, Nicolaus Pratensis, Jean de Morlandinis, Gui de Perpignan, Gérald de Bologne, Albert de Padoue, Bartholomée d'Urbin, Auguste d'Ancône, Gérard ou Léonard de Ghifono, etc.

A peine créée, la faculté de théologie eut la bonne fortune de recevoir l'impulsion féconde de Martial Auribelli, dominicain illustre dans les annales de l'ordre (3), dont l'esprit s'appliqua si

---

(1) Sur la faculté de médecine d'Avignon, voy. : F. Ecoiffler : *Recherches historiques sur la faculté de médecine d'Avignon ;* thèse de doctorat. Montpellier 1877, et G. Bayle : *Les médecins d'Avignon au moyen-âge.* Avignon 1882.

(2) Valladier : *Loco citato ;* — Fantoni : *Id.* t. II, pag. 99.

(3) Naquit à Avignon au commencement du XVᵉ siècle et y mourut le 20 septembre 1473. Il fut le grand promoteur de la canonisation de St Vincent Ferrier. On trouve au *Fonds départemental* : ARCHIVES DE L'UNIVERSITÉ D'AVIGNON, D. 160, une lettre manuscrite de ce personnage, en réponse aux observations qui lui avaient été adressées de la part de l'Université d'Avignon, au sujet de certains grades en théologie qu'il avait conférés. Nous aurons l'occasion de revenir sur cette lettre, dans le cours de l'ouvrage.

fort à donner une nouvelle vigueur aux études théologiques et à la réforme de l'enseignement. Il prit le bonnet de docteur à Avignon, en 1438.

Il faut bien le reconnaître néanmoins, l'enseignement théologique donné par l'Université souffrit dès le début de la concurrence qui lui était faite par les écoles que les ordres religieux continuaient à avoir dans leurs couvents; aussi au XVIe siècle n'y avait-il encore à l'Université qu'un seul régent en théologie, et les religieux préféraient-ils suivre les leçons de leurs professeurs spéciaux toujours choisis parmi les plus doctes de leur ordre. Ce n'est même, pour ainsi dire, que contraints qu'ils se décidèrent, en 1502, à fréquenter les cours de la faculté.

Un instant cependant on les vit se presser en foule autour d'une chaire qu'un évêque d'Apt, autrefois chanoine de l'église de Viviers, puis vice-légat d'Avignon, Jean Nicolaï, l'ami de Jacques Sadolet, évêque de Carpentras, avait fondée à Avignon avec le concours de plusieurs hommes de mérite, pour l'enseignement public des Épîtres de St Paul (1). Puis l'éclat de l'enseignement théologique se concentra de nouveau dans les monastères des Augustins, des Minimes, des Capucins et des Carmes. Alors la voix de l'Université sembla s'éteindre...... La guerre civile qui embrasait la cité était, d'ailleurs, peu faite pour y attirer des élèves et la rendre prospère. Un instant même elle dut fermer ses portes...... Quand elle les rouvrit, elle assista aux efforts de Genebrardus d'Auvergne, celui que Nostradamus loue comme ayant été si grand littérateur et si profond théologien, pour ranimer à Avignon les études théologiques (2), tâche dans laquelle il devait être, plus tard, si grandement aidé par quatre jésuites enfants d'Avignon, Jean Lorin, Jacques Salian, Jean Royer, Alexandre de Rhodes, appartenant tous quatre au collège que l'ordre possédait dans cette ville (3).

---

(1) Sadoleti., *epist.* 7, kalend. junii anno 1531.
(2) Nostradamus : *Histoire de Provence* ; passim.
(3) P. de Cadecombe : *De prim. Univ. erectione* ; loco citato.

A cette époque, la faculté de théologie fonctionnait régulièrement; non seulement les cours s'y faisaient très exactement, mais elle conférait les grades, et un jour quand la peste désolait Avignon et que toute réunion d'hommes était interdite dans la cité, on la vit se transporter en corps à Montfavet et y procéder à la réception au doctorat de plusieurs candidats.

Mais la période incontestablement la plus brillante de cette faculté, est celle qui commence en l'année 1655, pour ne finir qu'à la chute de l'Université elle-même. Pendant cette période d'un siècle et demi, son enseignement est des plus florissants, grâce aux libéralités de Dominique de Marinis, archevêque d'Avignon, qui y fonde et y dote deux nouvelles chaires, l'une de théologie et l'autre de philosophie (1), et à celles d'un modeste prêtre, Etienne Millaret, curé secondaire de la petite ville de Valréas qui y ajouta de ses propres deniers, une chaire de théologie morale pour y enseigner points par points le corps de morale composé par François Genet, docteur agrégé et professeur de théologie à l'Université d'Avignon, avant de devenir évêque de Vaison (2).

C'est dans ces chaires concédées à perpétuité aux Dominicains qu'enseignèrent les PP. Bancel, Joseph Patin, Lambert Gaud, Goudin, Ricard et une foule d'autres bien connus dans les annales de l'ordre.

Quant à l'enseignement didactique de la théologie, il était donné dans la chaire proprement dite de la faculté, dont l'institution remonte au pape Jean XXIII, et à l'année 1413 (3). De cette faculté relevèrent aussi au XVIIIe siècle, les écoles de théologie, que les Minimes et les autres ordres religieux avaient dans leurs couvents d'Avignon, aussi bien que celles des collèges

---

(1) Voy. ces deux actes de fondation, *pièces* LX et LXII.
(2) Voy. *Acte de fondation* LXXI.
(3) Voy. *Bulle* XII.

pontificaux et des séminaires de St-Charles de la Croix et de Sainte-Garde (1).

A la faculté des arts, Guillaume Imbert, docteur célèbre de Montpellier, a enseigné la physique et la philosophie ; Achates Long, fameux rhétoricien, la grammaire, la rhétorique et la poësie. A ce dernier, succéda Gilles Bernardin, auteur du premier ouvrage connu qui soit sorti des presses Avignonaises, le *Luciani Palinurus* (2). La ville faisait à ce lettré des appointements annuels de cent cinquante florins. Vers le même temps (1497), Barthélemi de Riquetis fondait, sous les auspices de l'Université dans le couvent même des Dominicains, un collège pour vingt-trois novices de l'ordre, étudiant la grammaire, les arts libéraux, le chant et la théologie (3). César Nostradamus étudiait en 1520 à l'école des arts d'Avignon.

Plus tard (1596), quand après les guerres de religion s'ouvrit le collège des Jésuites, c'est sous le contrôle de l'Université et de la faculté des arts, dont il relevait plus particulièrement, que cet établissement enseigna les sciences et les lettres, avec un tel succès, qu'à certaines époques il compta jusqu'à 1600 et 2000 élèves, parmi lesquels un grand nombre de jeunes gens qui plus tard professèrent avec éclat à l'Université même : tels Simon de Reboulet, auteur d'une *histoire de Louis XIV*, d'une *Vie du pape Clément XI*, de l'*Histoire des Filles de l'enfance*, et des *Mémoires de M. de Forbin*; Thomas Teyssier, qui a écrit une *Histoire ms. des papes qui ont siégé à Avignon*, digne d'être imprimée,

---

(1) Voy. *Brefs* LXXVI, LXXVII.

(2) Le titre complet de l'ouvrage est : « *Luciani Palinurus. Scipionis Romani carmina heroica in amorem. Apuleii Asinus aureus. Bruti et Diogenis Cynici epistolæ ; omnia latine.* GELLIUS BERNARDINUS MARMITA PARMENSIS, DEDICAT CLEMENTI DE RUVERE, EPISCOPO MIMATENSI AC AVINIONIS VICE-LEGATO. — *Impensa Nicolai Lepe, civis Avinionensis, idib, octobris* 1497 : *Avinione, in-4°.*

(3) Jean Mahuet : *Prædicatorium Avenionense, seu historia conventus Avenionensis fratrum Prædicatorum*. Avenione 1678.

etc., etc. Comme écoliers, il a compté encore Pierre Gassendi, le littérateur Jean Soulavie, le fameux Peiresc, Jean Columbi, historien remarquable.... Les maîtres y furent de tout temps dignes de pareils élèves avec Antoine Possevin, brillant orateur, Jean Balmesse, les deux frères Louis et Gérard Gerardin, Antoine Morelot, Antoine Columbat, Kircher, André Valladier, Henri Albi, Antoine Michaëlis, Pierre-Ludovic de Camaret.

Les succès des Jésuites excitant l'émulation des autres communautés religieuses d'Avignon, ont vit bientôt les Minimes ouvrir dans leur couvent deux classes, l'une de physique, l'autre de métaphysique, et, le concours des auditeurs qui s'y portèrent alla jusqu'à 120 (1608).

En ce temps-là aussi, Jean-Antoine Rampalle enseignait chez les Carmes déchaussés la philosophie et la théologie, et Jean-Marie d'Olon, du même ordre, publiait son *lexicon hebraïco-chaldaïco-latino biblicum* ; tandis que quelques années plus tard, Joseph Galien, bien connu par ses recherches sur *la navigation aérienne*, faisait, au couvent des Dominicains, des cours très suivis de philosophie.

Des séminaires s'ouvrirent aussi à Avignon.

Celui des Oratoriens, institué en 1669 ; celui de St-Charles, fondé en 1702 ; celui de Ste-Garde, établi en 1710, et celui des Missions, qui occupait le local et jouissait des revenus des collèges unis de St-Nicolas et du Roure (1).

Au séminaire de St-Charles, l'abbé Rive (Joseph-Jean) professa la philosophie et la physique (1753-1754), et eut entre autres élèves Louis Mayeul Chardon de Valensoles, éditeur du *Nouveau dictionnaire historique de J.-B. Ladvocat* (imprimé pour la première fois à Avignon en 1766, 4 vol. in-8°) (2). Le plus brillant élève de ce séminaire, n'en fut pas moins le cardinal Maury, qui y étudia pendant cinq ans 1760-1765) les lettres et la théologie.

---

(1) Paul Achard : *Annuaire de Vaucluse de* 1854.

(2) Barjavel : *Dictionn. loco citato* a publié sur l'abbé Rive un très intéressant article biographique.

Aussi bien est-ce à ce brillant enseignement des lettres à Avignon et au goût qu'il développa à toutes les époques pour les choses de l'esprit, que nous devons ces littérateurs éminents, ces poètes et ces délicats qui eurent noms Gabriel Pupus, un des premiers qui fit des recherches historiques sur Avignon, sa ville natale; Benoît Bertrand, à qui l'on doit des *Mémoires manuscrits sur les guerres civiles du Comtat au XVIe siècle;* Louis de Péruzzis, dont la plume valut l'épée ; le jurisconsulte Sébastien Seguin, qui cultiva les lettres latines avec tant de talent, qu'il mérita d'être comparé à ses contemporains Sadolet et Muret, réputés les maîtres en l'art d'écrire dans cette langue; Antoine Fiancé, médecin et poète dont s'honore la faculté d'Avignon ; François-Gaspard Guilhermis de Gigognian, qui nous a laissé aussi une *Histoire d'Avignon;* Louis-Bernard Royer, un précurseur des *félibres* ; Petrone Mascaron, dont le cardinal Richelieu fut le Mécène; Jean de Saint-Geniès, poète latin, qui eut pour amis les cardinaux de Richelieu et Barberini ; Balzac, de l'académie ; l'abbé Ménage ; Jean Chapelain ; Balthazar-François de Merles, poète, peintre, musicien, astronome enfin, dont Cassini faisait le plus grand cas ; Joseph-Marie de Suarès, qui s'appliqua si fort à ranimer les études à Avignon, et à qui *l'Académie des émulateurs* dut en partie son établissement (1658).

Cette académie fut elle-même le point de départ de la rénovation de la faculté des arts (février 1675), qui quatre ans après, conférait, en une seule session, la maîtrise à 70 étudiants (1).

Que dirions-nous de plus ? Voilà plus de titres qu'il n'en faut pour justifier la singulière estime en laquelle on tenait l'Univer-

---

(1) L'Académie des émulateurs contribua beaucoup à rendre aux études littéraires le lustre qu'elles avaient perdu au milieu des dissensions qui pendant de longues années avaient désolé la cité. Nous avons fait nous-même l'histoire de cette Académie dans le *Bulletin historique et archéologique de Vaucluse :* année 1879. Elle compta dans son sein un grand nombre de membres de l'Université d'Avignon.

sité d'Avignon dans le monde savant de l'Europe. De cette estime, doublée de considération, un savant et bel esprit du XVIe siècle, Jean de Boyssonné, conseiller au parlement de Chambéry et professeur de droit à Toulouse, se faisait l'écho quand il écrivait à *Messieurs d'Avignon*, qui l'avaient reçu magnifiquement à son passage :

« J'estime bien ce palays et ce pont ;
« J'estime bien du Rhosne la rivière ;
« J'estime bien ces grands'dames qui ont
« Grâce, doulceur et beauté singulière ;
« J'estime bien cette muraille entière ;
« J'estime bien ces haultains bastiments ;
« J'estime bien ces riches fillements
« De soye ; mais je suis fort incité,
« Meu par raison et par droicts jugements,
« *D'estimer plus votre Université* (1). »

Et certes, contre cette louange méritée n'a jamais prévalu le trait de satire que décocha un jour à cette même Université un autre bel esprit plus frondeur qu'équitable, le médecin Guy Patin, écrivant quelque part : « On baille trop aisément du parchemin pour de l'argent à Angers, à Caen, à Valence, à Aix, et à *Avignon* ; c'est un abus qui mériterait châtiment, puisqu'il redonde au détriment du public ».

Ce qui ne l'empêche pas d'ailleurs, de conseiller à son ami Falconnet, de faire graduer son fils plutôt dans une de ces Universités, que dans celle de Montpellier, qu'il appelle un lieu de débauche.

Et maintenant comment ne pas nous étonner que cette Université, qui a eu une existence de près de cinq siècles ; dont les

---

(1) Extrait d'un manuscrit de *la bibliothèque de Toulouse*, communiqué par M de Blégiers à M. Ch. Perrin et cité par ce dernier auteur dans ses *États pontificaux*, etc... loco citato.

avis émis par ses juristes ou ses théologiens pesaient sur les décisions des conciles; du sein de laquelle partaient ses gradués pour aller occuper en France, en Italie et dans le monde entier les charges les plus brillantes ou les dignités ecclésiastiques les plus élevées, même le souverain pontificat ; comment enfin, disons-nous, ne pas nous étonner qu'une institution qui, a toutes les époques de son histoire, non seulement s'est trouvée intimement mêlée à tous les événements d'Avignon et du Comtat, mais qui, à l'instar de l'Université de Paris, a pris part aussi à toutes les actions qui marquèrent aux siècles passés, les grandes luttes de la papauté avec la puissance séculière, n'ait pas encore eu son historien ?

Car il est à remarquer que parmi tous les écrivains de mérite — et le nombre en est grand — qui ont voué leur plume à l'histoire d'Avignon ou du Comtat, aucun n'a consacré un travail de longue haleine à cette grande institution avignonaise. Ainsi c'est à peine si, parmi les auteurs des siècles passés, nous pouvons citer Paul de Cadecombe (1), André Valadier (2) et François de Ribiers, (3), qui chacun, à des points de vue différents, se soient occupés de notre Université, nous rappelant l'un ses immunités et ses privilèges, l'autre quelques-uns des hommes illustres qu'elle a donnés, celui-ci certains points de ses règlements ; mais aucun ne nous a rien laissé de complet ni sur ses études, ni sur son organisation intérieure, ni sur son rôle politique, etc. En revanche on trouve bien chez les modernes, dans P. Achard, Barjavel, Courtet, Joudou, l'abbé Granget, Ch. Perrin,

---

(1) *Nova disquisitio legalis*, etc... loco citato, et *De primæva Univ. Aven. erectione*, in vol. intitulé : *Pièces relatives à l'Univ. d'Avignon*, t. I, *Hist.* fol. 32. Bibliothèque du Muséum Calvet.

(2) *Orationes latinæ*, etc... loco citato : 6ª *Oratio de antiqua et veteri Acaaemia Avenionensium*.

(3) *Epitome privilegiorum graduatorum Universitatis Avenionensis*. Avenione apud Franciscum, Offray, 1710, et *Manuductio ad jurisprudentiam*, etc..., Avenione apud Franciscum, Offray, 1713.

etc., et disséminés dans leurs divers écrits, quelques notices sur cette Université, mais nulle part, il n'existe un travail d'ensemble, rien qui ressemble à une histoire. Ce sont la plupart du temps des traits rappelés d'une façon sommaire et comme accidentellement, de simples notes à titre de renseignements ou bien une courte monographie, sorte de nomenclature de quelques faits jetés au courant de la plume et desquels ne se dégage ni philosophie de l'histoire ni enseignement d'aucune sorte (1).

L'idée nous est venue de tenter de combler cette lacune, et nous avons consacré à cette tâche tout ce qu'il y avait en nous d'ardeur au travail et d'amour pour le sol natal.

Aujourd'hui, après plus de quatre années de recherches, incessantes et d'un travail assidu, nous offrons au public le premier volume du *Cartulaire* de cette Université, c'est-à-dire l'ensemble des bulles, brefs, édits, déclarations, lettres-patentes et autres actes pontificaux et royaux, etc., concernant l'organisation et les privilèges de l'Université. C'est à vrai dire la première partie du Cartulaire.

Le deuxième volume, actuellement sous presse, en contiendra les IIe et IIIe parties, savoir, d'une part, les divers statuts de l'Université avec les modifications subies dans la suite des temps, les procès verbaux des délibérations capitales, la formule des divers certificats, diplômes ou attestations qu'elle expédiait, etc., et de l'autre, la teneur des conventions ou contrats principaux, tour-à-tour souscrits par l'Université avec Avignon, le Comtat ou les particuliers et tous les documents enfin d'une certaine importance qui par leur nature, n'auront pu trouver place dans le cadre des deux premières parties. Grâce à cette division, à l'ordre adopté dans la distribution des pièces, aux notes qui les accompagnent, et à l'introduction que nous avons

---

(1) Parmi ces monographies, la meilleure et la plus développée est celle que nous a donnée sous forme de thèse pour le doctorat ès-lettres, M. Léon Bardinet, professeur de l'Université. Elle a pour titre : *Universitatis Avenionensis historica adumbratio*. Imprimée à Limoges, 1880.

placée en tête de chacun des deux volumes, ce Cartulaire constituera comme une véritable histoire de l'Université d'Avignon, du moins dans ses grandes lignes et dans ses traits essentiels.

Il nous reste maintenant à indiquer les différentes sources auxquelles nous avons puisé les matières de cet ouvrage. C'est en somme une *revue des archives de l'Université* que nous nous proposons de faire sous les yeux du lecteur, revue qui, à notre avis, est un préambule indispensable, aussi bien qu'un complément nécessaire à notre travail.

II

> Les archives..... « ces précieuses dépouilles du passé, uniques témoins restant aujourd'hui de tant de grandeur et les seuls qui permettent d'en retrouver les traces »
> L. DUHAMEL

Il est certain que les archives de l'Université commencèrent à se former du jour même où cette Université fut instituée, et qu'elles durent s'accroître dès cet instant et au fur et à mesure des évènements qui marquèrent son existence et sa marche à travers les siècles. L'école de droit à qui elle succédait, dut même lui constituer un premier dépôt riche d'une existence plusieurs fois séculaire. Et cependant, à part quelques bulles, quelques statuts et un fort petit nombre de documents originaux, il ne nous reste rien de ces premiers âges de l'Université. Nous ignorons même sur quel point du sol avignonais s'élevait l'édifice dont le toit abritait les maîtres et les écoliers. Ainsi ont disparu dans une commune ruine et les pierres de l'édifice et les parchemins, quelquefois plus durables, mais ici non moins éphémères, qui auraient pu transmettre jusqu'à nous les premières manifestations de la vie universitaire.

Il nous faut franchir le XIVe siècle tout entier et la moitié environ du XVe, pour arriver à posséder des données à la fois plus nombreuses et plus certaines. Aussi bien est-ce le moment où notre Université, peut-être errante jusqu'alors, se fixe définitivement et pour toujours, dans ce quartier de la ville qui a retenu, de ce fait, le nom de *rue et place des Études*. Quelques documents intéressants sur les constructions de ces nouvelles écoles, sont parvenus jusqu'à nous (1). Il semble d'ailleurs que la perte, probablement déjà faite dès cette époque, des archives anciennes en inspirant de vifs regrets aux docteurs actuels, a pour effet salutaire de leur faire comprendre la nécessité de veiller avec un soin plus jaloux sur la conservation de celes qu'il possèdent encore, et d'en enrichir le fonds de tous les documents de quelque prix. A cette époque-là aussi, peu d'années s'étaient écoulées depuis le jour où, légataire d'un de ses bacheliers qui fut aussi premier duc de Savoie et pape du concile de Bâle, sous le nom de Félix V, l'Université avait établi sa bibliothèque au couvent de St-Martial, dans un local que lui avait concédé à cet effet Fr. Oddo, général de l'ordre des Bénédictins de Cluny (1427). C'est dans cette bibliothèque, que depuis lors étaient placés ses manuscrits et le fonds de ses archives, tandis que pour les écritures courantes elle avait un coffre spécial confié à la garde d'un de ses membres (2). Et alors chaque primicier semble prendre la louable tâche d'augmenter ces précieuses archives, tant par le dépôt de toutes les bulles et autres actes pontificaux concernant l'Université, que par les transcriptions sur parchemin de ces mêmes actes ou des écritures intéressant le corps, telles que statuts, contrats, délibérations, etc., etc. (3).

(1) Voy. dans l'introduction du IIe volume, notre MÉMOIRE *sur les bâtiments de l'ancienne Université d'Avignon*.

(2) 20 *septembre* 1453 : « Fabrication d'un nouveau coffre pour déposer les écritures de l'Université. » (*Archives de l'Université d'Avignon*, D. 137 — *Fonds départ. de Vaucluse*).

(3) 1440 : Solvi (c'est le Primicier qui parle) pro emptione unius libri ad scribendum deliberationes dominorum doctorum : 3 gros » — 1449 : « Feci fieri copias tam indulti concessi illis de Comitatu Venayssino quam *conservatoriæ* nostræ Universitatis ; solvi : 4 gros » — 1442 : « Dominus decanus Sancti Petri locumtenens meus solvit pro certis copiis factis de statutibus per nos ordinatis quæ datæ fuerunt dominis doctoribus : 9 gros » ; — 1441 : « Pro scriptore qui scripsit in papyro statuta : 6 gros. (*Archives de l'Université*, D. 36 — *Fonds départ. de Vaucluse*).

D'ailleurs, chaque primicier nouvellement élu reçoit des mains de son prédécesseur, en présence de trois commissaires délégués par les docteurs :

Iº Les sommes dont le précédent primicier est redevable à l'Université pour l'apurement de ses comptes.

IIº Les deux sceaux d'argent (le grand et le petit) de l'Université.

IIIº Les clefs du coffre aux écritures.

IVº Le livre des statuts de l'Université.

Vº Les clefs de la bibliothèque et l'inventaire des livres qu'elle contient. (1).

Le 20 septembre 1453 on fabriqua, au prix de 20 gros, un nouveau coffre pour y déposer les papiers de l'Université; on le plaça sous la responsabilité directe du primicier en exercice.

Cette mesure ne suffit pas cependant pour assurer d'une façon effective la conservation des archives ; aussi voyons-nous qu'en l'année 1503 Dragonet Girard, primicier pour la 1re fois, prenait raison de la disparition de certains documents pour faire voter, le 4 juin de cette année, les mesures préventives qui suivent : « .....

... *fuit conclusum et deliberatum per dominos Doctores collegialiter congregatos, quod ab indè in antea non extrahantur ab archâ Universitatis aliqua privilegia seu indulta apostolica aut aliqua quæcumque perpetua dictam Universitatem tangentia, nec aliter expediantur illi qui petit et indiget, nisi prius manu suâ ipse aut notarii publici scribere, seu scribi faciat in uno libro ad hoc solum facto et deputato* (REGISTRE DES PRÊTS), *qualiter tali anno, mense, et die et pro tali causâ seu facto recepit tales litteras apostolicas, indultum, seu aliud documentum, seu instrumentum et ad utendum et producendum in tali sententia, seu coram tali domino vel officiario ; et promittat et juret illud seu illa postea restituere et reponere seu reponi facere in dicta*

---

(1) Archives de l'Université, D. 136 : *Liber graduatorum et computorum etc., ab anno* 1430 *ad* 1437 — Fonds départ. de Vaucluse.

archa seu archivio Universitatis » (1). Excellente délibération sans doute, mais dont Dragonet Girard constata lui-même encore toute l'inefficacité, à l'époque de son second primicériat (1511). Un de ses premiers actes fut en effet de dresser une inventaire général de toutes les archives du corps, ainsi que des livres qui étaient contenus dans la bibliothèque. C'est Henri de Suarès qui nous a conservé ces détails dans son *Avenio Christiana* (2); mais nous avons trouvé des renseignements plus précis encore à ce sujet dans les archives elles-mêmes de l'Université. Il s'agissait paraît-il, de faire des réparations à la bibliothèque dont le délabrement était extrême ; or, dans la visite faite sur les lieux par une commission de docteurs, on avait remarqué qu'un grand nombre de livres n'étaient plus à la place qui leur avait été primitivement assignée, que les chaînes qui les retenaient (*libri catenati*) étaient ou brisées ou enlevées et que les tringles de fer auxquelles ces chaînes étaient fixées avaient été elles-mêmes descelées pour la plupart.

Il y avait là ample matière à réflexions Déjà, quelques années auparavant, l'Université, ne considérant pas que ses livres fussent suffisamment en sûreté dans ce local, en avait retiré quelques-un des plus précieux, et parmi ceux-ci un manuscrit contenant en un seul volume tout le corps du droit civil, avec glose et commentaires, ouvrage d'une très grande valeur, dont on se souvenait avoir refusé jusqu'à septante ducats d'or (3). Depuis lors

---

(1) Vol. ms intitulé : Université d'Avignon, I, *à la bibliothèque du Museum-Calvet d'Avignon.*

(2) *L'Avenio politica et l'Avenio christiana* d'Henri Suarès, une des lumières de l'Université d'Avignon et plusieurs fois assesseur au consulat de cette ville, constitue deux manuscrits formant 10 volumes in-folio, déposés aujourd'hui à Paris à la bibliothèque nationale.

(3) François Payen, docteur agrégé de l'Université d'Avignon, s'exprime ainsi au sujet de ce manuscrit dans son PRODROMUS JUSTINIANÆUS, etc., pag. 370 : « *Non minoris authoritatis ac expugnatæ lectionis creditur* AVENICUM MS *antiquissimum Justinianæi codicis, ad quod editio Lugdunensis sub signo Salamandræ facta de anno* 1550, *se composuit et* ARCHION *nominavit ; quippe quod fere conformis in omnibus Irneriano autographo, in pluribus Ha-*

ce livre avait été mis sous la garde et la responsabilité du primicier. Mais ici autre inconvénient ; car, ainsi que le fit judicieusement observer Dragonet Girard au collège des docteurs agrégés, le primicier pouvait pour une raison ou pour une autre s'absenter de la ville, et confier son dépôt, aux mains de personnes étrangères à l'Université, si bien que, si, par accident, le premier venait à mourir ou à prolonger indéfiniment son absence, l'Université pourrait ne plus savoir à qui réclamer le dépôt confié et être sans recours contre la mauvaise foi du détenteur.

Cette considération jointe à l'état de délabrement de la bibliothèque portèrent Dragonet Girard à proposer, en manière de conclusion, de faire faire un coffre à trois serrures dans lequel serait déposé le livre du droit civil, ainsi que tous les papiers originaux que l'Université avait intérêt à conserver : «..... *in qua etiam capsa sive archâ possint poni scripturæ originales et privilegia et documenta principalia et originalia Universitatis ne amplius per varias et diversas (manus) inciderent.* » Le coffre devait ensuite être déposé dans une église de la ville, qu'une délibération ultérieure désignerait.

Cette fermeture à trois clefs était, en réalité, une garantie de conservation, que les états du Comtat avaient employée les premiers pour la sauvegarde des archives générales du pays, à

Ioandrinam editionem imitetur, et maximam æstimationem sibi vendicet, ad quam ÆMILIUS FERRETUS, GOVEANUS ; *aliique pro conciliatione legum recurrebant, exempli instar omnium est lectio ad* LEG. NUMISMATUM *ff.* DE USUFRUCT, et ad LEG. SI PATER FAMILIAS 40 *ff* DE HÆREDIBUS INSTITUENDIS ; *aliæque.*

Fuit hic codex archetypus MS a Cardinali Saluciano testamento relictus Universitati Avenicæ, quæ illum in archiviis suis in hunc diem religiose observat ; diciturque forte unus ex illis codicibus quos Tribonianus Justiniani jussu miserat ad provinciarum præsides. »

Ce précieux manuscrit fut plus tard donné en cadeau à Benoît XIV, en reconnaissance de la confirmation des privilèges de l'Université d'Avignon, par ce pape, en 1745 (voy. *Bulle* LXXIII), et doit se trouver actuellement encore à la bibliothèque du Vatican.

la suite d'une délibération de l'année 1452, où ils avaient décidé que ces archives seraient fermées à trois clefs, dont l'une serait gardée par l'évêque de Carpentras, l'autre par le représentant élu des seigneurs vassaux et la troisième par messieurs les consuls de Carpentras.

Nos docteurs firent ce qu'ils avaient résolu. Un inventaire général fut dressé de tous les livres de la bibliothèque, ainsi que de toutes les lettres apostoliques et royales, de tous les privilèges, libertés et indults apostoliques, concernant l'Université, de tous les instruments et actes dressés pas divers notaires, et qui, suivant l'expression d'un des docteurs, devaient être conservés « *ut pupilla oculi* ». Ces divers documents étaient renfermés dans quatre sacs.

Une fois dressé, ce double inventaire fut transcrit sur un *registre spécial*, par les soins de maître Pierre Boquini, notaire, qui y ajouta encore des actes notariés, touchant aux intérêts de l'Université, des consultations, des citations et autres procédures. On y coucha aussi les nouveaux statuts de l'Université approuvés par Galeotus de la Rovère, évêque de Savone et vice-légat. Le registre coûta un florin et un gros.

Cependant, un certain nombre de bulles ou lettres apostolique étaient sorties des archives et se trouvaient entre les mains de divers procureurs et avocats, qui avaient eu à poursuivre des instances au nom de l'Université. Le collège des docteurs, profita de la circonstance, pour charger le primicier de les faire réintégrer dans les archives et d'en dresser un *vidimus* en due forme, par devant le Vice-Gérent. En conséquence ces documents et tous les actes de même nature promulgués depuis l'origine de l'Université furent transcrits sur parchemin « attendu que le papier n'était pas d'une solidité suffisante pour des *actes perpétuels*. » On employa pour cette besogne *quatre douzaines de peaux rases*, qui coûtèrent en tout cinq florins, quatre gros. Maître Dalmas Cler, notaire de la cour apostolique, avait été dans le principe chargé de ce travail, mais, comme ses employés (*servitores*) et lui-même étaient surchargés de travail, vu la multitude de procès qu'il avait à suivre, on confia la confection du *vidimus* à ce même maître Pierre Boquini, que nous connaissons déjà, et qui l'exécuta avec une grande perfection calligraphique. La reliure de ce vidimus, faite il est vrai solidement et *proprement*, coûta sept gros (1512).

Telle est l'origine du *Bullaire* de l'Université, qui constitue, comme nous le verrons, le nº D. 3 de *l'Inventaire sommaire du fonds de l'Université* aux *archives départementales*. C'est un registre in-folio de 84 feuillets vélin. On trouve en tête du registre le procès verbal de la vidimation des pièces qu'il contient faite par le Vice-Gérent.

Le primiceriat de Dragonet Girard finit le 3 juin 1512 ; le 7 du même mois, Jean de Garons, son successeur, fut autorisé par le collège d'acheter un registre pour y transcrire les délibérations du corps. Nous l'avons sous le nº D. 34 du même inventaire ; son titre est en effet : « *Liber conclusionum Universitatis Avinionensis ab anno 1512 usque ad 1545*. Six ans plus tard (1518) et le 30 octobre, le primicier, assisté de François de Merles, déposait dans le coffre (*archa*) de l'Université le livre du droit civil, deux registres des anciennes immatriculations, le livre des anciens statuts, couvert de peau blanche, ainsi qu'un certain nombre de bulles récemment adressées à l'Université, concernant : 1º l'obligation imposée aux élèves des collèges pontificaux, (*collegiatis*) de prendre leurs grades devant l'Université d'Avignon et non ailleurs (1) ; 2º l'union des greffes du Comtat à l'Université (2) ; 3º les attributions du primicier (3) ; 4º l'ordre des préséances dans les cérémonies publiques (4) ; etc., etc., Tous ces documents étaient auparavant dans la maison de François de Merles (5).

---

(1) Voy. *litteræ* XL.
(2) Voy. *bullæ* XXIX, XXXI, XXXIV, XXXIX.
(3) Voy. *bulla* XLIII.
(4) Voy. *bullæ* XXVI, XXX, XXXVI.
(5) Archives de l'Université ; — *Fonds départemental*, D. 34.

Reste à élucider à qui était confiée la garde du coffre aux archives.

Nous savons que des mains de Dragonet Girard il passa dans celles du nouveau Primicier. Ainsi, dans une analyse du *liber graduatorum* cité plus haut, et qu'on peut lire dans un manuscrit du *Museum-Calvet*, d'Avignon, intitulé : *Université d'Avignon*, il est dit textuellement : « *M. Jean de Garronis ayant été élu primicier en 1512, ayant ouï les comptes de Dragonet Girard, confesse avoir reçu de lui la masse d'argent, les deux sceaux avec les plumes d'argent ; de plus le livre des statuts nouveaux, le livre en parchemin et vidimé des privilèges et documents de l Université ; ainsi qu'une petite caisse contenant deux livres de l'administration avec certaines autres moindres écritures.* »

En l'année 1520, c'était encore le Primicier qui en était le gardien, comme nous l'apprend une délibération du collège, en date du 15 juillet même année, portant que les clefs du grand coffre *qui est dans la maison du primicier* seront remises à trois docteurs du collège, savoir : l'une au primicier sortant de charge, l'autre au primicier en exercice et la troisième au plus ancien docteur agrégé.

C'est ce qui se pratiquait aussi trente trois ans plus tard, puisque le 21 novembre 1553, Pierre Isnard, rendant les comptes de son primicériat, déclarait que le coffre porté à la mort de Pierre Girard dans la maison de Pierre de Ricci était muni de la serrure à trois clefs, dont l'une était entre les mains de JeanMarie, actuellement primicier, l'autre dans celles de Ménalde Fogace, autre docteur, et la troisième dans celles d'Antoine Tertullia : « *Die 21 novembris in redditione computorum domini Petri Isnardi ex-primicerii in ecclesia majori et in domo Præpositi, magna archa quæ claudebatur tribus clavibus, dicitur a morte domini Petri Girardi reposita in domo Domini Petri de Riciis; ejusdem clavem dicit se habere dominus Johannis Marie tunc primicerius, alteram habet, inquit, dominus Menaldus de Fogacia, ultimam dominus Antonius Tertullius præpositus.* »

En 1565, au contraire, le collège se réunit tout exprès pour décider que désormais ce coffre sera porté dans la maison du doyen ou du plus ancien des docteurs. Jean Marie alors primicier porte même sur le livre des comptes de son primicériat une somme de six sols payée aux hommes qui ont fait ce transfert : *Pro portatu magnæ capsæ in domum egregii domini Antonii Parisii decani ex deliberatione collegii, dedi duobus portitoribus sex solidos.*» Mais nous ne voyons nulle part qu'elle ait jamais été déposée dans une église, ainsi qu'avait proposé de le faire Dragonet Girard.

Il est peu probable, d'autre part, que la bibliothèque de St-Martial ait jamais reçu ce précieux dépôt. Depuis son établissement et malgré des réparations incessantes, cette bibliothèque paraissait présenter peu de sécurité pour la conservation des livres et manuscrits, et la visite de Dragonet Girard n'avait fait en somme que constater un état de choses déplorable et tel depuis nombreuses années.

Du reste, vers l'an 1564, ou peut-être quelques années plus tard, l'Université abandonna définitivement ce local et transporta tous les livres ou papiers qu'il pouvait encore contenir dans la maison du Primicier. Le dernier d'avril 1580, l'abandon était définitif; de la Salle, primicier en exercice, le constate dans son livre de comptes. Les derniers livres qu'elle contenait encore avaient été vendus en 1578 (1).

En 1563 fut fait un inventaire général des papiers de l'Université. Nous le possédons sous le nº D. 1 de l'*Inventaire sommaire* déjà cité.

Sous le primicériat de Gabriel de Seguins, seigneur de Vassieux, l'Université obtint un monitoire contre tout détenteur de parchemins, ou de papiers appartenant à l'Université : « *Item pro literis monitorialibus*, lit-on dans l'état des dépenses se rapportant à ce primicériat, *et excommunicatione*

---

(1) Archives de l'Université ; — *Fonds départment.*, D. 67.

ab illustrissimo Vice-Legato ad instantiam Universitatis obtentis contra detentores scripturarum collegii, et prout apparet ex dicto monitorio ».

Le Primicier ne crut pas avoir d'autre moyen, pour recouvrer ces papiers disséminés en tous sens à force de passer de mains en mains.

Ce monitoire, une fois obtenu, fut publié en divers lieux; des copies en furent répandues dans toutes les localités du Comtat, et chaque docteur en reçut nominativement communication officielle. Il était permis d'espérer qu'en présence d'un tel acte de vigueur, de pareils abus cesseraient, car un monitoire n'était pas un mince évènement, à ces époques de foi vive où la parole du souverain spirituel était un véritable oracle, surtout lorsque son bras pouvait frapper avec une arme aussi redoutée que celle de l'excommunication.

Il est certain que cette crainte salutaire des foudres de l'Eglise, ne fut pas étrangère à la nouvelle délibération que le collège des docteurs agrégés, réuni au château de la Vice-Gérence, le 22 juin 1607, tint au sujet des mesures à prendre pour assurer la conservation des archives du corps. Il y fut décidé qu'à l'avenir, chaque primicier en rendant ses comptes remettrait aussi à son successeur un inventaire des meubles, livres, papiers et documents appartenant à l'Université qu'il aurait en garde ; que cet inventaire serait signé du nouveau et de l'ancien primicier, en même temps que du secrétaire-bedeau et reproduit dans les *livres de compte* des primiciers (1).

Toutes ces mesures sont une preuve du souci constant de l'Université pour la bonne tenue et la conservation de ses archives. Il ne fut cependant pas toujours suffisant pour déjouer les entreprises malveillantes ou criminelles dont elles furent quelquefois l'objet. Le fait suivant en est malheureusement une preuve sans réplique.

---

(1) Archives de l'Université : — *Fonds départ.*, D. 36.

Le 27 juin 1671, le Primicier vint exposer au collège qu'un père jésuite, étant venu le trouver quelques jours auparavant, lui avait dit avoir reçu en confession quatre bulles originales concernant l'Université avec un louis d'or, et avoir été chargé par le pénitent de restituer le tout à l'Université, dans la personne du Primicier.

Un pareil larcin était bien fait pour donner à réfléchir. Il montra combien il était urgent de prendre de nouvelles précautions, pour ne pas avoir à craindre de le voir se reproduire. Et alors Louis de Garcin et Jérôme Crivel furent désignés pour faire un nouvel inventaire des archives de l'Université (1).

Vers la même époque (délibération du collège du 27 mai 1675), ces archives s'enrichirent d'une copie de tous les documents la concernant, dont les originaux se trouvaient à l'hôtel-de-ville d'Avignon, et parmi lesquels un grand nombre de bulles ou brefs d'un très grand intérêt pour le corps.

Le 29 mars 1683, la question des archives revient à l'ordre du jour des délibérations du collège.

Ce sont toujours les mêmes plaintes et toujours aussi les mêmes décisions ! Cette fois encore, on croit apporter un remède au mal en votant la confection d'un nouvel inventaire général. Il est vrai que, comme surcroit de garantie, on vote aussi la fabrication *d'une armoire en bois de sapin solidement établie*, pour y renfermer le précieux fonds. Ce qui n'empêche pas que, lorsque dans le mois de mars 1698 on transporte les archives dans la maison de monsieur de Salvador, doyen des docteurs agrégés, on ne les trouve dans un tel désordre, qu'on est obligé de charger messire André Bernard, chanoine de l'église métropolitaine et frère du secrétaire de l'Université, d'en faire un inventaire raisonné et analogue « *au livre qu'il avait dressé de tous les papiers de la Métropole qui étaient merveilleusement bien rangés.* »

---

(1) Archives de l'Université ; — *Fonds départudepartement.*, D. 37.

Ce travail exigea un temps considérable et un labeur si grand, que, dans le mois d'avril de l'année suivante, notre chanoine fut forcé de demander au Primicier, qu'on voulût bien lui adjoindre un copiste, à l'effet d'abréger le travail matériel de l'inventaire, en le chargeant de transcrire, sous sa propre direction, et dans un registre *ad hoc*, le sommaire et l'index de toutes les lettres-patentes, bulles, brefs, documents et papiers de toute sorte. Le collège fit plus que d'acquiescer à cette demande, puisqu'il vota en même temps l'achat d'un placard supplémentaire (22 avril 1699), pour y déposer les archives.

Le XVIIIe siècle hérita de la sollicitude qu'avait toujours montrée l'Université pour ses archives.

Pendant toute sa durée, les délibérations prises par le collège à leur sujet abondent et témoignent toutes du prix que l'Université leur attache. La première eut lieu le 21 mai 1703, et voici à quelle occasion.

La sacrée congrégation d'Avignon, séant à Rome, s'était réservé le jugement du litige qui existait à cette époque, entre la ville d'Avignon et les deux corps du clergé et de l'Université, touchant les nouvelles impositions, que la ville avait frappées quelques années auparavant et dont le clergé et l'Université se disaient également exempts de droits ; or, dans l'intérêt de sa cause, le Primicier avait été obligé de rechercher dans les archives du corps certains titres nécessaires pour établir et justifier ces droits d'exemption, afin de les mettre sous les yeux du tribunal. Mais quel ne fut pas son douloureux étonnement en s'apercevant, au cours de ses investigations, qu'il manquait un certain nombre de pièces essentielles qu'elles contenaient autrefois, ainsi qu'en faisait foi un inventaire précédemment dressé. Cependant, grâce à d'actives et patientes recherches, il était parvenu à rentrer dans la possession de ces papiers ; il n'en était pas moins très urgent d'aviser, pour éviter dans l'avenir pareil accident, alors surtout que le Primicier avait pu se convaincre que tout le mal provenait de l'excessive liberté que chacun avait de puiser à sa guise dans les archives, et de la négligence extrême que l'on mettait à y rapporter les documents empruntés. Et à l'appui de son dire, le primicier citait ce fait « que les héritiers d'un certain nombre de ses prédécesseurs avaient trouvé parmi des papiers négligés et de rebut « *des bulles des papes et d'autres titres concernant l'advantage et l'honneur de cette Université, qu'ils avaient rendus ; et que si tous en avaient usé de même, elle n'aurait pas perdu d'autres titres qu'il n'y a plus d'espérance de revoir jamais.* »

Comme à ce moment le chanoine Bernard continuait son inventaire, le primicier, en manière de conclusion proposa, de le prier d'ajouter à son travail « *un livre de matricule* » où chaque primicier devrait rigoureusement à l'avenir inscrire en présence du plus ancien agrégé, toute pièce de quelque nature qu'elle fût qu'il en ferait sortir pour n'importe quel usage ; que de même, chaque nouveau primicier serait tenu, sous sa propre responsabilité, de faire rentrer les papiers que son prédécesseur en aurait extrait ; que si un agrégé avait besoin de son coté d'un document quelconque, il s'adresserait au primicier, qui lui en ferait donner communication, en entourant le prêt de toutes les formalités ou précautions qu'il jugerait utiles pour prévenir toute perte ou détérioration. Comme toujours, le collège applaudit à ces propositions.

A quelques années de là (14 décemb. 1713), nos docteurs conclurent derechef d'exercer la plus grande surveillance sur les archives et dans ce but d'en donner une clef au primicier, une deuxième au plus ancien régent et une troisième au doyen des agrégés.

C'était, comme on le voit, le rappel d'une décision prise antérieurement et tombée problablement en désuétude.

Mais à cette époque, et longtemps après encore, ces archives n'avaient pas de local qui leur fût exclusivement affecté, et la caisse qui les contenait était déposée tantôt chez l'un, tantôt chez l'autre de nos docteurs.

C'est ainsi que le 18 mars 1719, on pria M. de Salvador fils, de vouloir bien accepter ce dépôt dans sa maison, jusqu'à ce qu'on lui eût trouvé un local définitif, le doyen M. de Serpillon, ayant instamment prié qu'on le déchargeât de cette garde qu'il avait déjà depuis quelque temps. Ce local n'était pas encore trouvé en 1746 — il ne le fut même jamais — et, comme par le passé, les archives restèrent confiées au plus ancien docteur agrégé.

Entre temps, une délibération du 14 mars 1750, commet le secrétaire de l'Université pour la confection d'un nouvel inventaire, et prescrit de tenir désormais chez le doyen des docteurs agrégés en droit et le même qui a le dépôt, un registre dans lequel tous ceux qui « *tireront* » quelque pièce des archives seront tenus d'en inscrire récépissé et de la prendre en charge.

Enfin, le 6 mars 1779, il fut conclu qu'on placerait désormais les archives de l'Université dans la maisons du secrétaire, après avoir fait au préalable un inventaire général de tous les titres qu'elles renfermaient ainsi que de tous les livres *des actes des gradués, des matricules,* et *autres d'un usage journalier ;* qu'on distinguerait les titres originaux : tels que bulles, constitutions, actes et documents, qui seraient mis avec l'inventaire dans les grandes archives sous trois clefs ; que quant aux livres *des actes des gradués, des matricules* et *autres,* ils resteraient entre les mains du secrétaire. Il fut convenu d'ailleurs qu'on ferait un inventaire en double expédition de ces *archives secondaires* ; que l'un serait conservée dans les archives, et l'autre placée sous la responsabilité du secrétaire. Les deux inventaires devaient être signés, savoir : celui dont les titres seraient déposées dans la caisse à trois clefs, par le primicier, et le second par les mêmes auxquels seraient adjoint le secrétaire.

Désormais, enfin, il ne devait plus être permis de faire sortir aucun document, moins encore d'en donner des copies sans la permission expresse du primicier, et sans en faire un *chargement.*

Nous avons eu la bonne fortune de retrouver le premier de ces inventaires, c'est-à-dire, celui concernant les bulles et autres pièces originales. Il fait partie du volume manuscrit : *Université d'Avignon, Historique I.* de la collection de Requien, au *museum-Calvet d'Avignon* ; il a pour titre : « *Inventorium fonda-*

tionis et erectionis almæ Universitatis generalis studii Avenionensis, libertatumque, exemptionum, privilegiorum, et jurium ac aliorum documentorum et scripturarum quarumcunque ejusdem Universitatis, factum per illustrissimum et nobilissimum D. D. Carolum, Mariam Aubert, juris utriusque doctorem aggregatum, Primicerium iterum, Rectorem, judicem et privilegiorum conservatorem, et clarissimos D. D. Josephum Bruneau, presbyterum canonicum ecclesiæ parochialis et insignis collegiatæ Sancti Petri Aven. J. U. D. aggregatum, juris canonici antecessorem ordinarium et Josephum Gabrielem de Teste condominum locorum Venascæ et sancti Desiderii, etiam J. U. D. aggregatum ac institutionum Imperialium antecessorem et ad effectum præmissorum per collegium nob. D. D. doctorum utriusque juris aggregatorum deputatos, juxta conclusionem habitam die VI mensis Martii, 1779, et Dominico Chambaud, notario apostolico, Aven. ejusdemque Universitatis secretario scribente (1).

---

(1) Dans l'inventaire de 1779, les pièces, indépendamment de leur cote portent toutes une lettre de A à Z et étaient contenues dans des sacs. Le premier renfermait 16 pièces originales ou vidimus, pièces capitales concernant les fondations faites à l'Université et les privilèges accordés par les papes. Le deuxième en contenait 14, du n° 17 au n° 30 inclus. Ce sont des pièces de même ordre. Il en est de même pour le troisième sac, contenant seulement 4 pièces, du n° 31 au n° 34 inclus. Chacun de ces trois sacs est désigné par les lettres A. B. C. Un quatrième sac, portant la lettre D, portait la cote suivante : « *Saccus diversarum bullarum privilegiorum ad tempus concessorum*, et renfermait 25 pièces, du n° 35 au n° 60 inclus; outre les bulles des papes, il y avait encore dans ce sac un certain nombre d'actes en faveur de l'Université : « *Instrumenta perpetua in favorem Universitatis*. Le sac portant la lettre E *(saccus signatus E)*, allant du n° 1 au n° 67, contenait des actes d'achat de maison pour y bâtir les classes de l'Université; bails des greffes, achat de pensions ; testament de Pierre de Ricci en faveur de l'Université pièces concernant le procès entre l'Université d'Avignon et celle d'Aix ; autre pièce cotée : Promissio domini Bertrandi, medici Cabilonensis in favorem Universitatis Avenionensis solvendi omnes impensas in prosequendam litem intentam contra medicos Cabillonenses (1664). »

Dans les sacs F et G étaient : *Computa, quittantiæ et solutionestestorum*
Dans le sac H se trouvaient, d'après l'inventaire : « *Scripturæ quædam contra*

C'est la dernière fois qu'il est question dans les délibérations du collège des archives de l'Université. Bientôt d'ailleurs éclate la Révolution, et le même élan qui porta Avignon et le Comtat à s'unir à la grande nation, fut le même qui les poussa à imiter les actes les plus répréhensibles de cette période tourmentée. Alors périrent les monuments, alors disparurent les institutions, alors aussi furent brûlés ou jetés au vent, les papiers et les manuscrits rappelant un passé réputé odieux.

Puis survint l'annexion définitive et officielle de ces deux pays à la France, et la formation du département de Vaucluse, en vertu de la loi du 25 juin 1793.

Dès ce moment le dépôt d'archives, formé de tous les fonds qui avaient pu être réunis, suivit le sort commun et fut constitué par les même mesures et les même lois que ceux des autres départements de France. Les lois du 22 décembre 1789, 4 mars 1790 et 5 brumaire an V, sur la matière, lui furent notamment applicables, et c'est ainsi que les archives de l'ar-

---

communitatem Aven. in favorem Cleri et Universitatis; concordia cum Universitate Valentinensi; litteræ patentes ducis Sabaudiæ; conclusio capituli sancti Desiderii super pulsatione campanæ studii, etc. En tout, 64 pièces.

Dans les sacs I et K : liasses d'affaires concernant l'Université, mais d'une importance secondaire.

Vient ensuite dans l'inventaire l'énumération des documents contenus dans un certain nombre de sacs, tous renfermés dans une boîte en fer blanc. En voici les titres :

Notæ instrumentorum quæ sunt in capsa ductili signata BB, *et in sacco signato* AA : *Pièces concernant la juridiction du Primicier,* au nombre de 8.

Notæ, etc... *Quæ sunt in capsa ductili* BB, *et in sacco signato* CC : *Dépenses diverses,* 18 pièces.

Notæ, etc.... *Quæ sunt in capsa ductili* BB, *et in sacco signato* DD : *Fondations de Mgr de Marinis ; faculté de médecine,* etc., 29 pièces.

Notæ, etc ... *Quæ sunt in capsa ductili* BB, *et in sacco signato* EE : *Procès entre Universités d'Aix et d'Avignon,* 36 pièces.

Nous venons d'en dire suffisamment pour montrer l'économie de cet inventaire ; nous l'aurions même passé sous silence, si nous n'avions tenu à expliquer par avance la signification et l'origine des lettres et des chiffres que le lecteur qui parcourra le fond de l'Université aux *archives départementales,* rencontrera sur la plupart des pièces détachées qu'elles contiennent.

chevêché, des évêchés, des communautés religieuses, des confréries, etc., après avoir passé par des fortunes diverses, furent enfin réunies dans le local de l'ancien archevêché d'Avignon.

C'est là que ce qui restait des archives de l'Université, et dont on devait la conservation au zèle et au dévouement de Chambaud, son dernier secrétaire, furent entassées, pour être ensuite transportées avec les autres fonds, dans un local spécial qui leur avait été attribué par le département, dans la maison portant le n° 1 de la rue *Petite Fusterie*, isle 137.

Depuis cette époque et après une série de déménagements et d'installations successives, sitôt faites et sitôt abandonnées (1), ces archives errantes jusqu'ici viennent enfin de trouver un local digne d'elles.

Depuis longtemps il existait en effet, un projet grandiose qui répondait au vœu général, c'était de voir transporter toutes les archives aux palais des papes. Mais des difficultés de tout genre avaient empêché jusqu'ici son exécution. Il était réservé à M. Duhamel, le savant archiviste du département, de vaincre les obstacles et de mener ce projet à bonne fin. Il a été le promoteur de la restauration du Palais et, après avoir été le premier à signaler l'existence de la chapelle de Benoît XII dans cette partie du monument qui, jusqu'en 1871, avait servi de maison d'arrêt, il a pu, non seulement la sauver de la destruction, mais encore la voir, grâce à la puissante intervention de l'un des maîtres de l'archéologie provençale, relevée et restaurée pour contenir les archives départementales de Vaucluse. Aujourd'hui ce grand œuvre est terminé, et c'est là que désormais, à l'abri des injures du temps et, espérons-le aussi, de celles des hommes, seront conservées pour toujours « ces précieuses dépouilles du passé, uniques témoins restant aujourd'hui de tant de grandeur et les seuls qui permettent d'en retrouver les traces ». (2)

(1) Voy. rapport de M. L. Duhamel, sur les *Archives départementales de Vaucluse*, année 1878.

(2) L. Duhamel : *Les origines du Palais des Papes d'Avignon*. Tours, imprimerie Paul Bousrey, 1883.

C'est donc là aussi que sont déposées les archives de notre chère Université, là que pourront les consulter tous ceux qui auront à cœur d'en étudier l'histoire séculaire.

Elles sont comprises en entier dans la série D. des archives départementales et vont du n° 1 au n° 260 inclus.

Les n°s restants de la même série (261 à 513) sont consacrés aux archives des collèges pontificaux. Nous n'avons pas à nous en occuper ici, mais leur importance est telle, et l'intérêt qu'elles présentent si grand, qu'un jour elles tenteront, sans doute, quelque ami des lettres et de la patrie avignonaise d'écrire l'histoire de ces collèges, et de donner ainsi un complément précieux à nos travaux particuliers sur l'Université.

Il nous reste maintenant à examiner successivement les différents fonds qui constituent actuellement les *archives de l'Université*. Le principal, on le comprend, est celui qui fait partie du fonds général des *archives départementales de Vaucluse* et dont il vient d'être question.

Pour donner une idée au lecteur de son importance, nous allons mettre sous ses yeux un court résumé des numéros se rapportant à notre Université, le renvoyant, pour plus amples développements au texte même de l'*Inventaire-sommaire*, tel que l'a rédigé, dès l'année 1867, M. P. Achard, alors archiviste du département.

Le n° D. 2 doit nous occuper tout d'abord. Il se compose de 71 feuilles de parchemin de format variable, reliées *in plano* en forme de registre. C'est, à proprement parler, le *Cartulaire de l'Université*. Il comprend 72 pièces originales, dont 12 avec sceaux bien conservés et concernent la constitution et les privilèges de l'Université, les terrains acquis au XVe siècle pour les classes et la place qui était au devant ; les instances faites par le pape Eugène IV d'une part, et le concile de Bâle de l'autre, pour obtenir respectivement l'envoi de ses députés au concile. Nous donnons *in extenso* chacune de ces pièces dans le *Cartulaire* ; nous n'avons donc qu'à y renvoyer le lecteur. Mais nous devons reconnaître qu'une des pièces les plus importantes de ce numéro, après les bulles de fondation, est sans contredit une bulle de Pie II, non seulement parce quelle réorganise l'Université et prescrit le rang que les religieux doivent y tenir, mais surtout parce qu'elle crée et organise dans cette Université une faculté de médecine.

Car, il faut bien l'avouer, si l'Université instituée à Avignon par Boniface VIII en 1303, comprenait en principe, l'enseignement de la médecine, celui-ci, en réalité, resta lettre morte pendant un siècle et demi. D'ailleurs, les statuts de Bonifice VIII ne visaient que les candidats aux grades de « *docteur et de maître* » aspirant au titre de professeurs, ceux, en un mot, qui voulaient *lire*.

Quant aux simples praticiens, quel que fût leur titre, *médecins ou physiciens, chirurgiens* ou *barbiers*, ils recevaient sans doute leur licence des mains du viguier, comme le juif Mossé de Veltri, après un examen subi devant un jury institué par ce magistrat. Il paraît même que les prescriptions de certaines lettres-patentes de Charles II, sur la nécessité d'un examen à subir par les médecins devant le conseil et la cour royale avant d'être autorisés à pratiquer leur art (juin 1297) (1), n'étaient pas rigoureusement observées, et que les médeciens diplomés et assermentés souffraient complaisamment la concurrence de guérisseurs d'aventure et d'empiriques dépourvus de titres professionnels. D'autre part, l'évêque Bertrand Aymini, dans ses statuts et règlements de 1303, dit bien qu'ils ont été faits du consentement des docteurs en droit canon, en droit civil et en *médecine*, mais il n'ajoute rien qui implique l'existence d'une faculté de cet ordre. Quant aux nouveaux statuts édictés, soit en 1406 par l'évêque Gilles de Bellamera, soit en 1425 par l'évêque Guidon, ils sont approuvés par les docteurs en droit canon et en droit civil, mais il n'est pas question des

---

(1) Les lettres-patentes de Charles II, sur cet objet, se trouvent aux *Archives municipales d'Avignon ;* boîte 3.

docteurs en médecine. Seize ans plus tard, il est vrai, le 23 novembre 1441, un autre évêque, Alain de Coëtivi, réglemente de nouveau le régime intérieur de l'Université, et il est parlé cette fois des *maîtres en médecine* qui devront commencer leurs cours le quatrième jour après la St-Luc, au collège de St-Martial (1). Mais il faut croire que ces leçons eurent peu de succès et qu'elles furent bientôt interrompues, puisque quelques années plus tard, on voit les médecins d'Avignon solliciter instamment auprès des syndics de la ville l'établissement d'une Université de médecine. Le 28 octobre 1458, le conseil de ville fut en effet appelé à délibérer sur cette question et décida à l'unanimité des suffrages, que des instructions conformes au vœu des pétitionnaires, seraient données aux ambassadeurs qui devaient bientôt se rendre à Rome pour complimenter le nouveau pape Pie II sur son avénement au trône pontifical (2).

La députation fut d'autant mieux accueillie qu'elle apportait au pape, selon l'usage, un riche présent de vaisselle d'argent, et la chancellerie romaine s'affranchit en cette circonstance de ses lenteurs traditionnelles, pour donner une solution presque immédiate aux questions qui intéressaient l'Université d'Avignon (3).

Telle est l'origine de le bulle de Pie II, du 11 janvier 1453. On verra à la page 92 du premier volume de ce *Cartulaire* ce qu'il en advint ; ici nous devons nous borner à ajouter qu'à la faculté de médecine, comprise parmi les trois dont devait se composer l'Université, étaient attribués trois régents.

Les parchemins originaux formant le fonds principal des archives de l'Université ne se trouvent pas tous cependant dans le D. 2 ; les n^{os} D. 5, D. 6, D. 7, D. 8 et D. 9 en contiennent

---

(1) Voy. ces divers statuts et règlements dans la IIe partie du *Cartulaire*.
(2) Ces ambassadeurs étaient : Guillaume Cabassole *alias* de Réal, syndic des originaires ; Jacques Bisquerii, florentin, syndic des ultramontains et Jean Sextoris, syndic des citramontains.
(3) Gustave Bayle : *Les médecins d'Avignon au moyen-âge ;* loco citato.

aussi un certain nombre qui auraient pû trouver place dans le n° précédent. Parmi eux se trouvent notamment les originaux de plusieurs bulles ou lettres-patentes accordées à l'Université par les papes, les rois de France, le duc de Savoie, et autres souverains. Nous les publions à leur place.

Nous ne reviendrons pas non plus sur le *Liber bullarum et privilegiorum inclitæ Universitatis Avinionis*, qui constitue le n° D. 3, et dont nous avons déjà indiqué le contenu. Le registre suivant (D. 4), le complète et le continue pour ainsi dire. C'est également un in-folio de 75 feuillets papier, portant aussi pour titre : *Liber privilegiorum Universitatis Avinionis, vidimatorum coram domino Antonio de Castro, doctore et Vice-Gerente curiæ a Sancta Sede apostolica specialiter deputato* (1303-1648).

Entre autres documents, on y trouve la bulle de Clément VII, portant érection du collège St-Martial d'Avignon, des actes réglant le mode d'élection du bedeau de l'Université par l'assemblée des docteurs et ses attributions; les conditions auxquel' les la cloche de l'Université doit être placée dans le clocher de la collégiale de St.-Didier ; un extrait du testament d'Amédée, cardinal de Saluces, en ce qui concerne le legs de sa bibliothèque à l'Université ; un traité avec le collège de St-Martial pour l'emplacement de cette bibliothèque; codicille du testament du cardinal d'Annecy (Jean Alarmet de Brogniac) , portant fondation du collège St-Nicolas d'Avignon, etc., etc... Toutes ces pièces ne sont que des *vidimus* dont les originaux se trouvent dans les n° déjà cités ; de même aussi le registre porté sous le n° D. 1 n'est autre chose que l'inventaire des papiers de l'Université, fait en 1563 sous le primicériat de Jules de Tullia, et dont la plupart sont compris dans les mêmes numéros. Le titre de ce dernier registre mérite néanmoins d'être rappelé : *Inventorium fondationis et erectionis almæ Universitatis generalis studii Avinionensis, libertatumque, exemptionum, privilegiorum, et jurium ac aliorum documentorum et scripturarum quarumcumque ejusdem Universitatis, factum per magnificos et specta-*

biles dominos Julianum de Tullia juris utriusque doctorem, dominum de Sollelis, primicerium jamdictæ, Universitatis, Nicolaum Chartulium, dominum de Balneolis, et Petrum de Riciis dominum de Laneis, etiam uttriusque juris doctores et ad effectus præmissos per alios dominos doctores et collegium deputatos et commissarios, anno primiceriatus dicti domini de Tullia, millesimo quingentesimo tertio; et magistro Guilhermo de Marasiis notario, cive Avinionis et dictæ Universitatis secretario scribente. Mention y est faite de 53 lettres-patentes et de 28 transactions ou actes perpétuels concernant le corps, tels que, par exemple, le serment quel viguier de la ville entrant en charge doit prêter de faire observer les privilèges accordés à l'Université; le testament de Pierre de Ricci, instituant en 1560 l'Université, son héritière pour les deux tiers de sa succession et Françoise de Ricci, sa fille, pour le tiers restant. — Notons, à propos de ce testament, dont nous n'avons pû retrouver le texte dans les archives de l'Université, qu'au n° 20 est un cahier de 7 feuillets vélin qui est une transaction de 1575 entre l'Université d'une part, et les mariés noble Antoine de la Falèche et Françoise de Ricci, de l'autre, en vertu de laquelle l'Université abandonne à cette dernière les deux tiers des biens de Pierre, son père, qui lui étaient obvenus en vertu de son testament du 7 octobre 1560, et les mariés de la Falèche cèdent à l'Université les fruits qu'elle a tirés desdits biens pendant tout le temps qu'ils ont été en sa possession (*Jacques de Brye*, notaire à Avignon). — Cet inventaire de 1563 renferme aussi un état des pensions servies annuellement à l'Université par les communes de Velleron, Cavaillon, Entraigues, Pernes, Mornas, Lagnes, Avignon, Sarrians, Orange, Sorgues, Laroque-sur-Pernes et par la province du Venaissin. Les originaux se trouvent aux n°s D. 215, 226, 227 et 228 (1).

(1) Un certain nombre d'autres registres ou cartons des archives de l'Université contiennent les donations faites à son profit, postérieurement à l'inventaire de 1563. Voy. notamment les n°s D. 229, 237 et 238.

Après les actes pontificaux et royaux et les notes contenues dans le n° D. 12 qui s'y rapportent, viennent les documents concernant l'économie intérieure de l'Université et en première ligne les statuts qu'elle s'est successivement donnés et dont les premiers datent de 1303, l'année même de sa fondation.

Les archives de l'Université ne possèdent pas les originaux de ces statuts, qui durent disparaître dans une de ces nombreuses tourmentes dont ces mêmes archives nous ont gardé la mémoire. La copie la plus ancienne que nous ayons des divers statuts successivement adoptés de 1303 à 1503, année où furent promulgués ceux donnés par Galeot du Roure, évêque de Savone, vicaire général de son oncle Julien du Roure, archevêque d'Avignon, est du 17° siècle. Elle est contenue dans un registre in-folio de 50 feuillets papier (D. 15). On y trouve à la suite les uns des autres : Les statuts de 1303, œuvre de l'évêque Aymini ; autres statuts anciennement introduits, mais sans date précise; le texte de ceux adoptés dans l'église Ste-Claire le 21 juin 1366 ; ceux dressés en 1383, sous la présidence de Louis Piguet, primicier ; ceux de 1402 ; ceux donnés par Gilles de Bellamera, évêque d'Avignon, le 12 mars 1406 ; ceux de Guy Spifani, évêque d'Avignon, le 17 janvier 1425 ; ceux de Alain Coëtivi, le 25 novembre 1441; ceux enfin de Galeot de la Rovere. On trouve encore dans le même registre les statuts de la faculté de médecine, approuvés le 18 novembre 1577 ; ceux de la faculté de théologie, réformés par Firmin Girard, prieur de St-Augustin, doyen de cette faculté, et approuvés le 20 mai 1605 par l'archevêque Jean François Bordini (1). Le texte original des statuts que l'Université doit à Galeot, et les additions qui y ont été faites le 29 avril 1503, est parvenu jusqu'à nous. Il est écrit sur 24 feuillets in-folio vélin, formant livre, couvert en maroquin rouge, doré sur tranches, avec armes de l'Université sur les plats. « Un frontis-

---

(1) Nous donnons le texte complet de ces divers statuts dans la II° partie du *Cartulaire* et en notes la rubrique de chacun des articles qu'ils contiennent.

pice moderne fait connaître que ce volume a été rélié sous le primiceriat de Gabriël des Seguins le 30 avril 1622. En tête se trouve un calendrier avec rubriques et lettres ornées, du commencement du XVIe siècle. Il y est fait mention des fêtes spécialement chômées par l'Université et des vacances des cours. Le verso du folio 9 est décoré des armes du pape Jules II et de celles du cardinal de St-Pierre-ès-liens, qui sont toutes deux d'azur au chêne d'or. Le recto du folio suivant est richement encadré d'ornements peints, représentant des feuilles d'acanthe et différentes fleurs, parmi lesquelles on distingue des reines-marguerites, des églantines, des pensées, des coquelicots et des œillets. Les ornements du haut de la page ont été atteints par la rognure ; ceux du bas portent cinq écussons, savoir : au milieu celui du cardinal Julien de la Rovere, accompagné à gauche de celui de l'évêque Galeot, de la même famille, et à droite par celui de l'Université, qui *porte d'argent à un ange de gueules membré de six ailes* (1). Le premier écusson à gauche est celui d'Avignon et le dernier à droite est entièrement effacé. Toute cette page a considérablement souffert. Les couleurs détrempées par l'humidité ont souillé le texte. Le verso du folio 13 est aussi décoré de peintures sur trois de ses marges. En fait de lettres ornées, il y a deux J aux folios 13 et 15 et deux G aux folios 10 et 14 ; au milieu de ce dernier est encore peint un écusson aux armes de la Rovere. » *(Paul Achard)*.

A ces statuts de 1503 peut être rattaché le rescrit (1544) d'Antoine Trivulcé, milanais, légat d'Avignon, autorisant la réduction des droits que percevait l'Université pour la licence et le doctorat. Il constitue le n° D. 161 (2 pièces papier) « de l'*Inventaire-sommaire*. Le volume D. 16 contient aussi les statuts de la confrérie des docteurs.

Un autre registre in-folio, de 79 feuillets papier (D 17), est une copie des statuts de 1503. On y lit sur le premier feuillet : « *Li-*

---

(1) Voy. au frontispice de ce volume la gravure représentant ces armes de l'Université.

ber statutorum Universitatis Avenionensis qui cum vetustate convictus esset, concinnatus fuit, anno Domini 1602, die ultima aprilis, existente primicerio perillustri domino de Seguinis, domino de Vassieux, Venascæ et sancti Desiderii et consultore sancti officii legationis Avenionensis.

Au n° D. 174, est le bref original du cardinal Julien du Roure, évêque d'Ostie, légat et archevêque d'Avignon, portant approbation des statuts et règlement faits (1503) pour l'étude du droit canonique et du droit civil. A ces statuts se rattachent un certain nombre de pièces détachées et éparses çà et là dans les archives ; c'est, par exemple, la formule du discours tenu au récipiendaire avant l'admission au doctorat (D. 176) ; quelques programmes de thèses en droit canonique et en droit civil à soutenir (D. 178) ; etc. etc.

Nous n'avons rien dit jusqu'ici des statuts de la faculté des arts. Ils existent cependant et les archives de l'Université en possèdent même deux exemplaires, l'un, qui est l'original, est un simple registre in-folio de 13 feuillets papier, précieux surtout parce qu'il porte toutes les signatures autographes, le visa, etc. Il est de 1674, année où fut en effet renovée cette faculté, car les statuts de la faculté ancienne, si tant est qu'il y en ait jamais eu, ne sont pas parvenus jusqu'à nous. L'autre, formant registre grand in-4° de 24 feuillets vélin avec ce titre : « *Statuta celebris magistrorum liberalium artium facultatis civitatis Avenionis, condita a nobili et illustri domino Hieronimo de Crivelli de Villegarde, jurium doctore agregato, primicerio, rectore et privilegiorum Universitatis conservatore et a celeberrimo ejusdem Universitatis collegio nobilium et perillustrium dominorum doctorum agregatorum utriusque juris, anno 1674, die 24 octobris, juxta prædicti collegii deliberationem, existente cancellario Universitatis illustrissimo atque excellentissimo D.D. Hiacyntho Libello Archiepiscopo Avenionis,* » est l'édition officielle faite le 15 mai 1675 par Bernard, secrétaire de l'Université.

Il nous reste encore à parler de quelques autres statuts regardant plus spécialement la faculté de droit, surtout dans les rapports de son enseignement avec celui donné par les facultés françaises.

Tels sont les suivants : *Statuts pour l'étude du droit canonique etcivil à l'Université d'Avignon, dressés en conformité de l'édit réglementaire du roi, daté du mois d'avril 1679.*

Une copie sur parchemin, avec grand sceau en cire rouge de l'Université, est au D. 176 ; tandis qu'au D. 18 on trouve l'original de ces mêmes statuts sur trois feuillets papier et revêtu de l'approbation d'Hyacinthe Libelli. Au même n° D. 176 se trouve encore le texte d'articles nouveaux pour l'étude du droit dans cette même Université, dressés cette fois en exécution des déclarations du roi de 1679, 1682 et 17 novembre 1690.

Comment l'Université d'Avignon, si exclusive cependant dans les matières de son enseignement, fut-elle amenée à y introduire *ces nouveautés ?* Les documents contenus dans les n°s D. 174 et D. 175 sont là pour nous l'apprendre. On y trouve en effet : Edit du roi réglementant l'étude du droit canonique et civil ; nouveaux règlements pour le rétablissement des études du droit canonique et du droit civil dans les facultés de Paris et d'Aix ; arrêt du conseil d'État portant que ceux qui ont obtenu ou qui obtiendront à l'avenir les grades en droit canonique et civil à l'Université d'Avignon, ne pourront s'en servir, s'ils ne justifient par des attestations de l'archevêque, qu'ils ont rempli le temps d'études et les autres formalités requises par l'édit du mois d'avril 1679, la déclaration du 17 novembre 1690, etc. ; lettres de M. Tolomas, docteur d'Avignon, relatives aux négociations nouées par l'Université avec la chancelerie de France, pour obtenir la révocation de cet arrêt. En tout 14 pièces papier dont 9 imprimées.

Or, au cours de toute cette affaire, une délibération fut prise par le corps de l'Université sur les moyens à employer pour conserver l'intégralité de ses privilèges, en se conformant aux règlements faits par le roi de France pour l'étude du droit, et requête fut adressée à l'archevêque à l'effet d'être autorisée à introduire dans les statuts les modifications à ce nécessaires. Puis intervint une supplique à M. Bignon le Pelletier, conseiller d'État, commis pour examiner le projet de lettres-patentes présenté dans le but de régulariser sa soumission au règlement général fait par le roi pour l'étude du droit (D. 174).

Le n° D. 14 est le complément des précédents, bien qu'il occupe une autre place dans l'*Inventaire-sommaire*. C'est un recueil de titres, mémoires et factums, concernant les privilèges et les règlements de l'Université d'Avignon (1620-1675). Nous pouvons, au sujet de ces nouveaux documents, faire la même observation que pour ceux compris dans les n°ˢ 174 et 175. Eux aussi contribuent pour une large part à faire le jour sur le secret des modifications introduites par l'Université dans ses règlements et qui n'est autre que sa rivalité avec celle d'Aix (1).

Après avoir examiné les statuts de l'Université d'Avignon dans leur ensemble, il convient d'examiner séparément les documents se rapportant aux matières de leurs divers articles.

A tout seigneur tout honneur ! Les divers statuts organiques reconnaissent le primicier comme le chef et la tête de l'Université. Rien d'étonnant dès lors qu'un certain nombre de numéros lui soient plus particulièrement consacrés. Les documents qu'ils renferment, concernant ses attributions et ses privilèges, peuvent être rangés sous trois chefs principaux : 1° *Election du primicier* ; 2° *Ses droits de juridiction* ; 3° *Ses privilèges*.

Au premier se rapportent les n°ˢ D. 68, D. 69 et D. 70, dont une des pièces les plus importantes est sans contredit « la lettre au primicier et le mémoire des docteurs agrégés contre Henri Bonneau, docteur simple, qui prétendait que le primicier devait être élu par tous les docteurs agrégés ou non indistinctement. Ce procès eut un certain retentissement, car la revendication de Henri Bonneau ne tendait rien moins qu'à changer de fond en comble toute l'organisation intérieure de l'Université et à en bouleverser l'économie ; le pivot sur lequel reposait jusqu'alors

---

(1) Nous donnons dans le *Cartulaire* les pièces capitales de cette mémorable rivalité et des procès sans fin entre les deux Universités qui en furent la conséquence.

tout le gouvernement de cet état était déplacé, et l'Université devenait un corps absolument ouvert. Nous verrons au cours du Cartulaire comment il tourna à la confusion du dangereux novateur (1).

Au second, appartiennent les n°s D. 11 et D. 66. On y lira avec intérêt (D. 11) divers mémoires pour défendre les droits de juridiction du primicier contre les officiers de la légation d'Avignon.

De tous les privilèges attachés à certaines fonctions universitaires, celui du titre de noblesse qu'elles conféraient était assurément le plus recherché. Or l'exercice du primicériat, donnait en particulier un titre reconnu et accepté non seulement dans les États pontificaux mais dans les cours étrangères ; c'est ce que démontrent les bulles et lettres-patentes que nous reproduisons en leur lieu et dont on trouve les originaux ou les copies dans les n°s D. 44 et D. 45. Nous ajouterons incidemment que ces mêmes numéros ainsi que le suivant (D. 46) contiennent des documents non moins intéressants sur la noblesse résultant du doctorat, et dont nos docteurs poursuivirent, à diverses époques, la reconnaissance, non toujours avec succès, auprès de la cour de France.

Après les honneurs viennent aussi, pour le corps universitaire, les profits, sous forme de privilèges et d'immunités. De ces dernières, celle qui évidemment était la plus appréciée, consistait dans l'exemption de tous impôts et gabelles. C'est en vérité un privilège dont ne jouissait pas seulement à Avignon le primicier et les docteurs agrégés, mais encore leurs femmes et les étudiants. Les numéros consacrés à cette question sont les D. 21, D. 230, D. 231, D. 232, D. 234, D. 235 et D. 236. Du jour où, malgré ses exemptions, l'Université consentit à payer une part des gabelles de la ville, elle réclama aussi sa part de contrôle sur les finances de la cité, et dès ce jour elle eut ses représentants officiels dans les conseils de la commune.

---

(1) Voy. notamment bref LXVI.

Cette question est traitée avec les développements qu'elle comporte dans les notes correspondant aux *bulles* et *brefs* LII, LIII, LVI et LVII du *Cartulaire*.

Mais, si le Primicier est la tête de l'Université, les docteurs agrégés en sont bien véritablement le corps ; c'est, d'ailleurs, parmi eux seuls qu'est pris ce haut fonctionnaire, et chacun d'eux peut aspirer à cet honneur. Les docteurs agrégés constituent à vrai dire toute l'Université ; rien ne se fait sans leur approbation, tout se fait par eux ; réunis en collège, es décisions qu'ils prennent dans tout ce qui touche à l'Université sont souveraines : le Primicier lui-même est obligé de s'y soumettre et d'en assurer l'exécution. C'est également parmi les agrégés que sont pris exclusivement les professeurs. Dans cet ordre d'idées le n° D. 67 trouve sa place ici ; c'est le *liber in quo continentur nomina et cognomina perillustrium dominorum primiceriorum et clarissimorum dominorum doctorum aggregatorum tam in jure canonico quam civili, theologia quam medicina omniumque graduatorum in qualibet facultate.* » Dans ce registre de 292 feuillets mention est faite de 365 primiciers, 602 docteurs agrégés en théologie (leur liste s'arrête à 1709); 108 docteurs agrégés en médecine (leur liste s'arrête à 1678). — Il convient d'ajouter toutefois que, malgré son titre, le *liber* n'est consacré qu'accessoirement aux docteurs agrégés ou aux primiciers, et qu'il est rempli en partie par des annotations concernant les modifications introduites dans les usages et le régime de l'Université : solennités pour la réception des docteurs ; honneurs rendus à celui qui vient d'être nouvellement reçu ; extraits d'un certain nombre de délibérations du corps universitaire (1430 à 1490), etc. — Dans le n° D. 50 on lit une attestation du secrétaire de l'Université, portant qu'en 1679 le nombre des docteurs agrégés s'élevait à 106 et celui des docteurs non agrégés résidant dans la ville d'Avignon à 30 et qu'en 1733 le nombre des agrégés est descendu à 60 et celui des non agrégés est monté à 68.

Doivent encore se placer ici quelques autres pièces relatives aux agrégés : opposition de Gabriel-Guillaume Téste, docteur agrégé, à ce que la délibération prise en 1698 par le corps de l'Université au sujet de l'agrégation et de ses formalités soit rapportée ou modifiée (D. 70) ; forme des serments prêtés par les immatriculés et les agrégés (D. 67); rôle des agrégés (D. 71); attestations sur la manière dont il est pourvu à la vacance des chaires dans les différentes facultés de l'Université d'Avignon (D. 72) ; pénalité infligée à Jean Donon, marchand d'Avignon, qui avait requis l'incarcération de François de la Croix, l'un des docteurs agrégés de l'Université, à l'effet de le contraindre à lui payer une somme d'argent qu'il lui devait (D. 67). N'était-ce pas là une injure faite à la dignité de l'agrégation et aux droits de juridiction ? Attestations concernant les services universitaires de Joseph-Ignace-Vernety et d'Esprit-Benoît-Jean-Baptiste Levieux de la Verne (D. 73).

Passons aux revenus des agrégés et aux salaires des professeurs.

Nous verrons, à propos des comptes de l'Université, que quelques-uns de ces revenus leur étaient directement affectés, ceux notamment qui provenaient de l'argent versé par les nouveaux agrégés, mais ils percevaient encore d'autres droits : présence aux examens des docteurs et des licenciés ; présidence aux épreuves du baccalauréat ; part de la masse ; assistance à la procession de l'Ascension, à la messe de la St-Luc et à l'élection du primicier ; droits payés par les nouveaux reçus, dits des *Jeunes*, et distribués la seconde fête de la Pentecôte ; assistance aux services pour les morts, aux messes dites aux Cordeliers et à St-Didier. Deux numéros concernant tous deux le XVIIIe siècle (249 et D. 250) contiennent les relevés de ces droits de présence et autres revenant à des docteurs agrégés, dont les noms sont, quelques-uns, bien connus : de Charlet de Beauregard, de Chateaubrun, de Chasternet, de Guilhermis, Levieux de Laverne, Malière, chanoine, Michaëlis, Palun, de Pertuis, de Pézénas, Philip père et fils, de Pluvinal, abbé Poulle, de Reboulet, Spinardy, Tellus, Tempier, de Teste, Teyssier, Villars, de Vinay frères, etc., etc.

Quant à ceux des docteurs agrégés qui occupaient les chaires de l'Université, ils percevaient certains revenus spéciaux, qui leur étaient exclusivement affectés de par les bulles pontificales, c'est-à-dire les revenus des greffes du Comté-Venaissin. Plusieurs registres n'ont pas d'autre objet. Le premier va de 1552 à 1553, et ne contient que 169 feuillets. Il a pour titre : *Liber computorum et quittantiarum Universitatis Avinionis.* A part la mention de quelques menus frais avancés par le bedeau, il ne comprend que la recette des produits de ces greffes, des immatriculations et du sceau. On y trouve des acquits d'Antoine de Castro, d'Olivier Rollandi, de Cleret, de Jacques Nilly, de P. Parpaille, de Pierre Alberti, de Zanottis, de Pierre de Ricci, de Pierre de Forlivio, d'Antoine de Novarins, d'Elzéar Miolan, de François Saurin, professeurs de l'Université, pour leurs honoraires (D. 251). Dans le second (D. 252 : petit registre in-folio de 322 feuillets) sont contenus également les noms d'un certain nombre de primiciers et régents, avec les présents en gibier et volailles auxquels les greffiers étaient tenus envers eux ; la part revenant à l'Université dans les produits du sceau de la Vice-gérence et des acquits d'honoraires souscrits par différents professeurs ou régents à la décharge du primicier... etc.

Il va de 1583 à 1628.

Vient ensuite le registre D. 253, petit in-folio de 401 feuillets : « *Liber Universitatis Avinionensis in se continens recepta et exposita de censibus annuis tabulariorum comitatus Venaissini, qui debentur dominis regentibus ejusdem almæ Universitatis, inceptus anno Domini 1628, quo anno ego Gabriel de Bellis legum comes, dominus de Roayx, dictæque almæ Universitatis regens ordinarius in jure Cæsareo, fui electus in Primicerium et Rectorem præfatæ Universitatis die, II^a festi Pentecostes secundum antiquam consuetudinem* » Ce titre explique les matières qu'il contient. Il embrasse une période de 70 ans, de 1628 à 1698. Les deux que nous allons très brièvement analyser nous conduisent de 1698 à 1790, c'est-à-dire à la fin de l'Université. Ce sont tous deux (D. 254 et D. 255) deux petits registres in-folio, le 1er (1698 à 1761) de 322 feuillets, le second (1760 à 1790) de 103 feuillets seulement et portant tous deux le même titre : « *Liber receptorum et expositorum de censibus annuis tabulariorum comitatus-Venaissini, qui debentur clarissimis dominis antecessoribus almæ Universitatis generalis et antiquissimi studii civitatis Avenionis, etc.* » Ce sont des paiements faits par les greffiers de la cour de la rectorerie, de la cour ordinaire de Valréas, de la cour des appellations de Carpentras, des cours ordinaires de Pernes, de L'Isle, de Carpentras, de celles de Cavaillon, de Malaucène, de Monteux, et dont les sommes ont été distribuées aux professeurs, dont voici quelques noms : Tolomas, Olivier, Viau, Vernety, de Guilhermis, Galien, Gastaldy, Teste, de Ribiers, Saint-Laurent, Crozet, Teyssier, Faure, Roux, Estachon, Reboulet, etc. Incidemment répartition de l'argent provenant du droit du sceau de la Vice-gérence. Les acquits concernant ces derniers droits sont inscrits à l'opposé des premiers feuillets du volume.

C'est dans le second de ces registres qu'on lit cette note : « Le 11 juin 1768, Louis XV ayant réuni les États d'Avignon et du Comté-Venaissin au domaine de sa couronne, retira à l'Université, par l'article 12 de son édit du mois de mars 1769, la possession des greffes des cours de justice et lui assigna, en compensation, une pension de 1,540 livres 10 sols, payables par semestre, le 1er janvier et le 1er juillet de chaque année. Le pape ayant recouvré ses États, les greffes furent rendus à l'Université par décision du 25 avril 1774, émanée de François-Marie de Manzi, archevêque et commissaire général de Sa Sainteté dans la ville d'Avignon, etc. »

Cette note nous amène à signaler quelques autres numéros des archives de l'Université, dans lesquels il est plus particulièrement question des greffes et de leur union à la mense Universitaire. Deux numéros servent pour ainsi de préambule (D. 22 et D. 34) et contiennent des généralités, telles que des notes concernant le produit des différents greffes et la concession de ces greffes à l'Université. Puis viennent alors les n°ˢ D. 23, D. 24, D. 25, D. 26, D. 27, D. 28, D. 29, D. 30, D. 31, D. 32, consacrés par ordre de numéros aux greffes de la cour ordinaire de Carpentras, de la rectorerie de la même ville, des appellations, des cours de Cavaillon, L'Isle, Malaucène, Monteux, Pernes et Valréas.

Ces professeurs, dont nous venons de parler, étaient attachés à l'une des quatre facultés dont se composait l'Université. Chaque année, les matières de leur enseignement étaient annoncées par un programme imprimé et affiché à certains points désignés de la ville. Le n° D. 19 comprend la série de ces programmes annuels (1690-1790) de l'enseignement de l'Université dans ses facultés de théologie, jurisprudence, médecine et arts libéraux. La rotation pour les matières théologiques était de quatre ans, et de trois ans pour les matières du cours de philosophie. Mais il arrivait souvent que le professeur ne terminait pas lui-même le cours et se faisait remplacer par un coadjuteur (D. 177). La faculté de droit constituait, à vrai dire, au point de vue honorifique et des privilèges, presque toute l'Université; c'est par une école de droit, ne l'oublions pas, que l'enseignement supérieur avait commencé à Avignon, bien avant la fondation de l'Université. On peut donc dire que l'ensemble des archives la concerne presque tout entier. Les docteurs agrégés en droit gouvernent l'Université, et les étudiants de cette faculté, appelés *légistes*, forment la catégorie la plus nombreuse et la plus estimée de tous ceux qui viennent étudier à Avignon. Les autres facultés ne sont, pour ainsi dire, qu'un utile accessoire (1).

---

(1) Ce sont aussi les docteurs agrégés en droit et les professeurs de cette faculté qui ont laissé surtout des noms célèbres. Pour s'en convaincre, il suffit de parcourir au n° D. 182, l'opuscule imprimé de Paul de Cadecombe, intitulé : *Speculum illustrium juris interpretum qui publice per quatuor sæcula professi vel interpretati sunt in celebri ac famosa Universitate Avenionensi.*

Aussi les numéros des archives spécialement consacrés à ces dernières n'ont-ils pas une très grande importance et se rapportent-ils surtout à des détails d'organisation intérieure ou à des questions secondaires; tels surtout les n°⁵ D. 163, D. 172, D. 173 pour la faculté de théologie.

Le n° D. 168 qui, entre autres documents, renferme les fondations faites par Dominique de Marinis, archevêque d'Avignon, et Etienne Millaret, prêtre de Valréas, servent de transition pour passer des archives de la faculté de théologie à celles des arts libéraux, puisqu'elles se rapportent à l'une et à l'autre.

Toute l'histoire intérieure de cette dernière, sa fondation, son établissement, les tracasseries auxquelles quelques-uns de ses professeurs furent en butte; le mode d'examen et la forme de l'admission au baccalauréat et à la maîtrise-ès-arts; la requête du recteur du collège des jésuites pour l'agrégation à l'Université des classes de physique, mathématiques et logique de ce collège; la fameuse affaire du Père Barbat, qui avait soutenu que l'excommunication prononcée contre les appelants de la constitution *Unigenitus* n'était que comminatoire, etc., etc., est contenue dans les n°⁵ D. 220, D. 221, D. 222, D. 223, D. 169. Vient ensuite (D. 170) le *Liber matriculæ et inscriptionum D. D. studentium tam in theologia quam in philosophia in alma Universitate generalis et antiquissimi studii inclitæ civitatis Avenionensis.*

Dans ce registre d'inscriptions (in-folio de 396 feuillets papier) nous trouvons, entre autres noms bien connus, ceux de Pierre Paul Mignard, d'Avignon, et de Jean-Louis Soulavie, de l'Argentière, au diocèse de Viviers (celui-ci devint plus tard vicaire-général du diocèse de Chalons, et fut un littérateur érudit). Commençant en 1735 ce registre se termine en 1783. Le registre suivant en est la continuation jusqu'en 1790. Son titre diffère un peu du précédent, mais c'est une pure affaire de forme : le fond reste le même : *Nomina dominorum studentium sub reverendis patribus et magistris theologiæ et philosophiæ in alma Universitate Avenionensi professoribus, propria manu inscriptorum et matriculatorum.*

Parmi les noms qu'il contient, un nom nous a particulièrement frappé, c'est celui de Marie-Félix Faubert de Larcy, du Vigan, au diocèse d'Alais (D. 171).

Voici maintenant quelques numéros concernant exclusivement la faculté de médecine.

Dans les nᵒˢ D. 200 et D. 201 sont renfermés des règlements des diverses facultés de médecine de France, concernant l'exercice de l'art médical et les arrêts royaux au sujet de ce même exercice. On ne doit point s'étonner que l'Université d'Avignon ait gardé soigneusement dans ses archives ces divers documents ; le but qu'elle poursuivit de tout temps était de voir ses facultés mises sur le même pied que celles de France et jouir dans le royaume des mêmes droits et prérogatives ; de là son empressement à ne rester étrangère à aucune des mesures qui les intéressaient. Tant de zèle ne l'empêchait point cependant de se voir disputer souvent, avec un acharnement incroyable, par des facultés rivales le paisible exercice de ses droits incontestables. La faculté de médecine fut, de toutes celles qui composaient l'Université d'Avignon, la plus en butte aux tracasseries de toutes sortes des écoles françaises. Nul médecin n'eut à soutenir en France plus de procès, pour le libre exercice de son art, que celui qui avait été instruit à Avignon. Quatre numéros, les D. 202, D. 203, D. 204, D. 205, tous formés de liasses volumineuses, sont consacrés à ces procès sans nombre et sans fin, soutenus devant les parlements de Bourgogne, de Provence, de Bretagne, de Paris, du Languedoc, etc.

Difficile au dehors, la situation de la faculté de médecine ne l'était pas moins à Avignon, et au sein même de l'Université ; là encore tout conspirait contre son prestige ; elle avait à combattre l'exercice illégal de la médecine par les empiriques, les charlatans, les chirurgiens ou les apothicaires, dont quelques-uns étaient quelquefois couverts par la protection toute puissante des Vice-légats eux-mêmes; les médecins des facultés étrangères étaient quelquefois ostensiblement préférés à ceux qu'elle avait formés (D. 206 et D. 207). Sa tranquillité, son existence même étaient constamment menacées ; et cependant malgré ces conflits et ces attaques perpétuelles, elle ne s'abandonna pas un seul instant, et ne désespéra jamais, se consolant toujours de ses déboires par l'étude et poursuivant, sans relâche et avec une louable obstination, soit quelque amélioration à sa situation matérielle et morale, soit le développement de son ensei- et la prospérité de ses classes.

C'est, sans doute, pour la récompenser de ses persévérants efforts que la fortune eut quelquefois pour elle des semblants de faveurs, soit qu'on relève la situation morale des membres de cette faculté en leur donnant le droit de porter un chaperon de velours de soie noir, bordé et doublé de rose (D. 208) et en consacrant son droit exclusif à l'instruction des maîtres chirurgiens (D. 209) ; soit qu'on l'appelle aux délibérations du corps universitaire, à l'élection du primicier (D. 50), etc., etc.

Nous avons signalé les efforts que fit à toutes les époques la faculté de médecine pour se mettre à la hauteur de celles de France. La création d'un jardin botanique, au milieu de mille difficultés, en est une preuve toute à son honneur. Il suffira, pour s'en rendre compte, de parcourir les n°s D. 210, D. 211, D. 212, D. 213, D. 214, qui concernent cet objet (1).

Le D. 215 renferme quelques thèses latines, soutenues devant cette faculté, et qui témoignent de l'excellence de l'enseignement qui y était donné.

Les deux registres D. 216 (in-folio de 274 feuillets papier) et 217 sont consacrés aux inscriptions des étudiants en médecine et embrassent tout le XVIII° siècle. L'un a pour titre : *Liber matriculæ et inscriptionum dominorum studentium in facultate medicinæ in alma Universitate generalis et antiquissimi studii inclytæ civitatis Avenionensis;* l'autre est une copie à l'usage de l'archevêque-chancelier de l'Université de ces mêmes

---

(1) Les documents principaux sont reproduits dans la première partie du *Cartulaire*, pag. 363 et suivantes.

inscriptions et matricules. Comme pour les registres similaires des autres facultés, dont il a été précédemment question, on y trouve quelques noms d'une certaine notoriété, ou dont on retrouve encore les héritiers parmi les Avignonais et les Comtadins : ainsi des Rolland de Carpentras, des Bernardy de Pernes, des Gastaldy d'Avignon, des Morralès de Valréas, des Valeron Cambaud d'Avignon, des Nicolas-Dominique Pamard, d'Avignon, des Jacques Pennier de Longchamps (1), des Jean-César Poutingon d'Avignon, des Jean-Joseph Athenosy d'Avignon, des François Delametherie de Macon, des Louis-Pierre Manne d'Avignon, des Esprit-Claude-François Calvet d'Avignon, des Joseph-Jean Terris de Bonnieux, des François-Philippe Brouillard de L'Isle en Venaissin, des Jean-Baptiste-Laurent-Agricol Péru d'Avignon, des Philippe Roze de L'Isle en Venaissin, des Etienne-Dominique Crillon d'Avignon, des Pierre-François-Bénézet Pamard d'Avignon, etc., etc.

La méthode que nous avons suivie dans la rapide analyse des *archives de l'Université* appartenant au *fonds départemental* nous amène à examiner maintenant les numéros qui se rapportent aux étudiants fréquentant l'une ou l'autre des quatre facultés que nous connaissons.

Ces étudiants étaient de deux catégories.

Les uns, libres, vivaient en ville, à l'instar des étudiants de nos Universités modernes ; les autres appartenaient aux collèges pontificaux institués, à diverses époques, à Avignon. Ils y étaient entretenus et nourris sur les fonds laissés à ces établissements par leurs fondateurs ou de généreux donateurs. Mais les uns et les autres venaient suivre les cours de l'Université. Pour les motifs que nous avons déjà fait valoir, nous ne citerons que pour *mémoire* les quelques numéros des archives consacrés plus particulièrement aux collèges. Ce sont les n°s D. 67, D. 165 et D. 167.

---

(1) Un article biographique et bibliographique est consacré à ce médecin dans le *Dictionnaire des grands hommes de Provence*, d'Achard, et dans celui de Barjavel : *loco citato*.

Le D. 166 a, au contraire, un intérêt plus général et regarde la corporation tout entière des étudiants avec les épreuves du *bejaunage*, leur organisation en confrérie, leurs droits et immunités, etc., etc.

Mais, que les étudiants fussent libres ou qu'ils appartinssent aux collèges pontificaux, le but de leur séjour à Avignon était toujours et pour tous, l'obtention d'un diplôme de bachelier, de licencié ou de docteur, qui devait, suivant le cas, leur procurer la possession d'un bénéfice, l'entrée dans la magistrature ou le droit de pratiquer la médecine. On venait aussi de fort loin prendre des degrés, à Avignon, quelques-uns même, sans y faire aucune étude, ne demandant alors à l'Université d'autre faveur que la délivrance d'un diplôme, couronnement officiel d'études plus ou moins académiques. Car notre Université eut quelquefois auprès de certaines gens un étrange renom de complaisance, s'il faut en croire Guy Patin, dont nous avons rapporté en son lieu la mordante épigramme. En revanche, elle se montra toujours fort jalouse du droit qu'elle avait exclusivement, de conférer des grades et elle savait, quand il le fallait, le rappeler à ceux qui auraient été tentés de l'oublier, et cela quelque haut qu'ils fussent placés, fussent-ils même comtes palatins, général des Prêcheurs, cardinaux ou légats (D. 160. Voy. aussi à ce sujet le *bref* L avec les notes qui l'accompagnent, dans la première partie du *Cartulaire*) ; à plus forte raison sévit-elle lorsqu'un de ses suppôts est le délinquant (D. 162).

Quoiqu'il en soit, les *actes des gradués* constituent une des séries les plus importantes des archives et ne se composent pas de moins de 19 gros registres in-folio, allant seulement de 1651 à 1790. Que serait-ce si les registres des époques précédentes étaient parvenus jusqu'à nous !

Cette série (1) est suivie de 57 diplômes sur parchemin, dont

---

(1) D. 139, registre in-folio, 200 feuillets papier (1651-1668).
D. 140, registre in-folio, 379 feuillets papier (1668-1686).
D. 141, registre petit in-folio, 192 feuillets papier (1686-1695).

46 munis de leurs sceaux ; ce sont des diplômes de divers grades conférés par l'Université d'Avignon, ou déposés à son secrétariat et non retirés par les titulaires. Le plus ancien est de 1656 ; quelques-uns sont du XVII⁰ siècle, mais les plus nombreux appartiennent aux dernières années du XVIII⁰ siècle. Ils sont tous renfermés dans un carton, coté D. 158,

A la même série appartient encore le D. 159, puisque ce petit registre in-folio, de 16 feuillets papier, renferme surtout les formules des diplômes de bachelier, licencié, maître ès-arts et docteur, qui ont certainement servi pour la rédaction des diplômes précédents. Il est bon d'ajouter toutefois qu'il contient encore un document très important ; c'est la liste des docteurs en droit, médecine et théologie vivant en 1597.

Mais revenons aux registres proprement dits des *actes des gradués*. Ceux-ci ne sont pas intéressants seulement par la nomenclature des grades conférés à tels ou tels, mais surtout par les annotations de toutes sortes qu'ils renferment et relatives à la juridiction du Primicier, à l'offrande d'un cierge de 12 livres à St-Dominique de Surianne, pour obtenir, par son intercession, le rétablissement de la paix entre la noblesse et le peuple d'Avi-

D. 142, registre grand in-folio, 254 feuillets papier (1698-1702).
D. 143, registre grand in-folio, 265 feuillets papier (1703-1709).
D. 144, registre grand in-folio, 260 feuillets papier (1709-1715).
D. 145, registre grand in-folio, 468 feuilles papier (1715-1724).
D. 146, registre grand in folio, 468 feuilles papier (1724-1731).
D. 147, registre in-folio, 336 feuillets papier (1724-1740).
D. 148, registre in-folio, 537 feuillets papier (1740-1745).
D. 149, registre in-folio, 527 feuillets papier (1745-1750).
D. 150, registre in-folio, 600 feuillets papier (1750-1757).
D. 151, registre in-folio, 672 feuillets papier (1757-1767).
D. 152, registre in-folio, 465 feuillets papier (1767-1773).
D. 153, registre in-folio, 686 feuillets papier (1773-1779).
D. 154, registre in-folio, 630 feuillets papier (1779-1783).
D 155, registre in-folio, 727 feuillets papier (1779-1787).
D. 156, registre in-folio, 740 feuillets papier (1787-1790).
D. 157, registre in-folio, 71 feuillets papier (XVIII⁰ siècle).

gnon ; à l'occupation française de 1662-1663 ; aux funérailles du pape Alexandre VII; ou concernant les changement des archevêques et des vice-légats, les inondations, l'adhésion donnée à M. de Villegarde, docteur, pour faire éloigner de son voisinage un serrurier, comme exerçant une profession trop bruyante ; la description des funérailles de François Sébatien Calvet, mort dans l'exercice du Primicériat ; ordonnance du Primicier défendant aux étudiants d'assister aux leçons avec l'épée au côté; notes concernant la suspensions des études occasionnées par la peste de 1721, les quarantaines, les mesures de désinfection ; le titre de comte aux lois conféré à M. de Laverne ; visite faite par le corps à Loup de Salières de Fosseran, ancien primicier, préconisé évêque de Vaison ; confirmation d'un étudiant en médecine en qualité d'abbé des étudiants ; profession de foi faite par les greffiers avant leur entrée en fonctions ; ordre donné le 12 février 1791, par la municipalité d'Avignon au Primicier, d'enlever les armes posés au-dessus de sa porte.

— On voit à la bibliothèque du *Museum Calvet* d'Avignon, appendus aux murs de la salle de lecture, deux panonceaux en bois, peints aux armes de l'Université qui avaient primitivement la destination ci-dessus. — etc., etc.

Cinquante-deux autres numéros des archives de l'Université d'Avignon (du n° D. 75 au n° D. 127 de l'*Inventaire-sommaire*) peuvent encore être rattachés à la précédente série. Ils sont en effet formés des certificats d'études, de catholicité, de baptême et des autres pièces que les candidats avaient à produire avant de se présenter aux examens ou pour être admis à suivre les cours. La période qu'ils embrassent va de 1699 à 1789. Il serait sans intérêt de nous attarder plus longtemps sur ces pièces. D'ailleurs ces numéros se suivant par lettre alphabétique des noms, qu'ils renferment, il sera toujours facile à celui qui aurait des recherches à faire, d'arriver promptement à ses fins, au moyen du tableau de concordance suivant :

Noms commençant par les lettres : A n° 75 à 79 inclus
— — B 80 à 90 —

—	—	C	90	à	99 —
—	—	D	99	à	103 —
—	—	E	103	à	» —
—	—	F	103	à	107 —
—	—	G	107	à	111 —
—	—	H	111	à	112 —
—	—	L	112	à	114 —
—	—	M	114	à	» —
—	—	N	114	à	» —
—	—	O	114	à	115 —
—	—	P	115	à	120 —
—	—	R	120	à	122 —
—	—	T	122	à	125 —
—	—	V	125	à	126 —

Le n° 127 est un recueil de certificats collectifs d'études délivrés à des étudiants de l'Université, de 1625 à 1789, disposés non plus par ordre alphabétique, mais chronologiquement. Certains curieux trouveront aussi intérêt à le consulter.

C'est certainement au moyen de ces bulletins individuels, dont en somme, un fort petit nombre sont parvenus jusqu'à nous qu'ont pu être formés les registres D. 191 à D. 199 inclus, dont le titre indique bien l'objet : « *Nomina, cognomina et patria dominorum studentium juribus canonico, civili et Gallico, in auditorio legum almæ Universitatis Avenionensis* (1).

Mais le D. 127 peut encore être considéré comme le premier numéro d'une nouvelle série de registres dits des *attestations*

---

(1) D. 191, registre in-4°, 305 feuillets papier (1703-1720).
D. 192, registre in-4°, 344 feuillets papier (1720-1738).
D. 193, registre petit in-folio, 393 feuillets papier (1739-1744).
D. 194, registre petit in-folio, 349 feuillets papier (1745-1750).
D. 195, registre petit in-folio, 382 feuillets papier (1751-1759).
D. 196, registre petit in-folio, 361 feuillets papier (1760-1768).
D. 197, registre petit in-folio, 484 feuillets papier (1769-1775).
D. 198, registre petit in-folio, 421 feuillets papier (1776-1782).
D. 199, registre petit in-folio, 221 feuillets papier (1782-1791).

d'études, série qui ne se continue, à vrai dire, qu'avec le D. 130. Les deux numéros intermédiaires, D. 128 et D. 129, sont en effet destinés encore aux inscriptions prises par les étudiants. Il faut ajouter d'ailleurs que le D. 128 *(une pièce papier)* n'est lui-même, qu'un feuillet détaché d'un des registres d'inscriptions du XV⁰ siècle et que nous l'aurions passé sous silence s'il ne contenait les noms de Louis de Merle, de Louis de Faret, et d'Antoine Lartessuti, qui occupèrent à cette époque la charge éminente de primiciers. Plus important sans doute est le D. 129, bien que ce ne soit aussi, qu'un registre in-folio de 37 feuillets seulement. Celui-ci est le livre des inscriptions prises par les étudiants à l'Université pendant les années 1788-1789. On voit en le parcourant que, même à cette époque déjà profondément troublée et où les nouvelles idées cherchent à saper les institutions anciennes, l'Université d'Avignon jouit encore en France d'un grand crédit. Il n'est pas un diocèse qui n'y compte plusieurs étudiants ; mais ceux de Lyon, de Vienne, de Montpellier, du Puy, d'Uzès, de St-Flour, de Carcasonne, d'Aix, de Paris, d'Orange, de Bourges, de Clermont, de Toulouse et même celui de St-Dominique, dont relève l'île d'Haïti, y sont particulièrement représentés.

Nous avons dit, que la série des registres des *attestations d'études* se continuait avec le n⁰ D. 130 ; ajoutons qu'elle se termine avec le D. 135 (1) et qu'elle va sans interruption de 1698 à 1791. Il est malheureusement regrettable, que les attestations correspondant aux époques qui ont précédé le XVIᵉ siècle manquent absolument, que le XVIᵉ lui-même, n'y soit représenté que par un seul cahier (D. 130) in-folio, de 12 feuillets, embrassant seulement la période de 1504 à 1512, et que le

---

(1) D. 131, registre in-folio, 168 feuillets papier (1698-1719).
D. 132, registre in-folio, 189 feuillets papier (1719-1741).
D. 133, registre in-folio, 282 feuillets papier (1741-1775).
D. 134, registre in-folio, 255 feuillets papier (1777-1789).
D. 135, registre in-folio, 43 feuillets papier (1783-1791).

XVIIe siècle, ne nous donne ces *attestations* qu'à partir de 1698 (D, 131). Faut-il répéter ici que ces registres sont surtout remarquables par la multitude des noms qu'ils renferment, la variété des lieux de naissance des étudiants, la diversité de leur situation sociale, tous renseignements qui mettent bien en évidence le grand concours d'écoliers venus, non seulement de France, mais même sans hyperbole, de toutes les parties du monde, qui se fit de tous temps, autour des chaires de l'Université d'Avignon ? La noblesse du pays et des provinces voisines n'est du reste pas la moins empressée à venir s'asseoir sur ses bancs. On y rencontre les Antoine Pézenas de Pluvinal, d'Avignon; les Honoré Ignace de Porcellet, de Beaucaire ; les Joseph-François de Jarente, d'Avignon; les Augustin-François de Carmejane, de Menerbes ; les Antoine Gilles de Félix, d'Avignon ; les Charles de Tringuelague, d'Uzès; les Etienne Hubert de Cambacères, de Montpellier ; les de Cohorn, de Carpentras; les François de Salignac de la Mothe Fénelon, archidiacre d'Avignon, neveu de l'illustre archevêque de Cambrai ; les Louis d'Inguimbert, de l'Isle en Venaissin; les Louis Gabriel Romillon, de Bollène; les François de Fabry de Château-Brun d'Avignon ; les Joseph Maximilien de Seguier de Nîmes; les Siffrein de Lopis de Lafare, de Carpentras; les Jean d'Hombres, d'Alais ; les Joseph André Ferrand de Rulmann, de Nîmes; les Louis Faubert de Larcy, du Vigan ; les Denis Barthélemy Tissot, de Carpentras ; les Pierre Sauvage d'Uzès, les Barcilon, les Barjavel, de Carpentras ; les Alexandre-Charles Montgolfier, d'Annonay ; les Folard, les Berton de Crillon, les Ciceri, les Bridayne, etc., etc., tous hommes illustres, par eux-mêmes, ou dont les familles jouissaient de la plus haute considération (1).

Ce n'est guère que de la fin du XVIIe siècle que date pour les

---

(1) On trouvera des notices historiques sur ces familles ou sur ceux de leurs membres illustres dans le *Dictionnaire des hommes illustres de Provence*, d'Achard, et dans les deux volumes de la *Biographie vauclusienne*, publiés par Barjavel.

étudiants de l'Université d'Avignon, l'obligation de prendre inscription et de se faire matriculer dans les registres de l'Université, et encore cette mesure ne fut-elle prise que pour obéir aux ordres de la cour de France qui faisait de cette obligation une condition *sine quâ non*, de la reconaissance et de la validité en France des grades pris à Avignon.

Aussi la série des registres *ad hoc* ne commence-t-elle qu'à l'année 1698. Jusqu'en 1734, ils portent le titre de *livre matricule des étudiants en droit canonique et civil à l'Université d'Avignon*. Il y en a trois :

D. 184. *Registre in-4° de 336 feuillets papier*, allant de 1698 à 1710.

D. 183. *Cahiers in-4° de 140 feuillets papier*. Il constitue pour ainsi dire un annexe du numéro qui va suivre. Ne va que de 1711 à 1723.

D. 185. *Grand in-folio de 411 feuillets papier*. C'est le plus important. Commençant à 1698, il ne finit qu'à 1734. Cette année-là (1734) commencent dans les registres universitaires, les inscriptions des étudiants en droit français parallèlement à celles des étudiants en droit canonique et en droit civil; c'est pour cela que le registre D. 186, (*in-folio de 422 feuillets papier*), qui est aussi la continuation des précédents, a changé de titre. C'est maintenant le *liber matriculæ et inscriptionum dominorum studentium juribus canonico, civili et Gallico, necnon institutionibus imperialibus, legum auditorio almæ Universitatis generalis et antiquissimi studii, inclytæ civitatis Avenionensis* 1734-1746) ; registre véritablement en règle et que l'Université pourrait montrer à quiconque douterait de son zèle à exécuter les volontés royales.

Trois autres registre D. 187 *in-folio*, *427 feuillets papier*, (1740 à 1761). D. 188, *grand in-folio 419 feuillets papier* (1761 à 1774, D. 189, *grand in-folio, 337 feuillets papier* (1774-1788), portent le même titre et peuvent servir au même but.

Voici maintenant un petit in-folio de 133 feuillets papier (D. 190, *registre*) qui a bien son intérêt, et duquel se dégage un vague parfum de complaisance et de favoritisme ; assurément celui-ci n'est plus fait pour le Roi de France, et d'ailleurs son titre l'indique assez : « *Livre des gradués en droit canonique et civil dans l'Université d'Avignon, qui ne sont pas sujets du Roi de France ou natifs de la ville d'Avignon, dressé ensuite de la délibération du 18 juin 1700, par laquelle ces étrangers étaient admis aux grades moyennant des droits réduits, soit 55 écus et 36 sous pour le doctorat et 2 écus pour la licence et le baccalauréat* (1700-1785). Ce sont presque tous des noms italiens, et parmi eux celui d'un François-Joseph Garibaldi, natif de Savone.

Tous ces registres, aussi bien ceux des *actes des gradués, des attestations d'études, des matricules et inscriptions*, que ceux dont il va être question plus loin, sont l'œuvre du secrétaire de l'Université en exercice. Cette observation nous conduit à dire un mot des fonctions de ce dernier, et à examiner les divers documents de nos archives qui concernent ce fonctionnaire, véritable moteur de tout le système Universitaire.

A Avignon, le secrétaire réunit en lui les attributs d'une triple personne, puisqu'il est encore le bedeau et le trésorier de l'Université.

Comme secrétaire, il a la rédaction, sous le contrôle du Primicier, des délibérations du collège des agrégés ; il inscrit le procès-verbal des diverses élections ; c'est lui qui expédie les attestations d'études et les diplômes ; qui écrit et contresigne les mandements et les cédules du Primicier ; qui tient à jour les divers registres cités plus haut, etc., etc...

Comme bedeau, il est chargé de maintenir le bon ordre au sein de l'Université, et de faire exécuter les instructions du Primicier. Il précède ce dernier dans toutes les cérémonies publiques et porte la masse d'argent; il indique à chacun sa place dans les examens ou les processions ; convoque les professeurs, réunit le collège, publie le jour et l'heure des disputes, l'ordre des questions, les matières qui y seront traitées; avertit les écoliers, par affiches, du commencement et de la fin des vacances, des jours fériés, de l'ouverture des cours extraordinaires, de l'arrivée des profes-

étrangers. Il est enfin, dans toutes les solennités religieuses ou autres, le maître de cérémonies du corps universitaire.

En sa qualité de trésorier, il perçoit les revenus de l'Université, en solde les dépenses, distribue les jetons de présence, paie les professeurs, tient en un mot toute la comptabilité du corps, sous la responsabilité du Primicier.

A côté de cela, il est quelquefois chargé de missions extérieures, aussi délicates qu'importantes, si l'on en juge, entre autres exemples, par la procuration qui fut donnée le 23 janvier 1669 à Jean Bernard, secrétaire en exercice, pour aller poursuivre, à Paris, Dijon et autres lieux, tous les procès que l'Université avait pendants contre les autres Université ou les particuliers.

Avec de telles prérogatives et des attributions aussi nombreuses et aussi absorbantes, le secrétaire, pour être à la hauteur de ses fonctions, avait besoin d'auxiliaires sûrs et dévoués. Il les trouvait dans un certain nombre de registres où nous voyons consignées les grandes lignes de ses obligations, marquées tout exprès pour soulager sa mémoire, et qui sont destinés à lui servir en toutes circonstances, comme d'*agendas et de memorandums*. Tel le registre D. 13 (*in-folio, de 194 feuillets papier*), qui, sous la rubrique : « *Statuts et privilèges de l'Université d'Avignon ; formules des diplômes, quittances et certificats et autres actes à délivrer ; tarifs des droits à acquitter par les gradués et pour l'aggrégation ; état nominatif des docteurs aggrégés ou autres*, etc., etc., » lui rappelle ce que lui ou ses prédécesseurs ont fait dans tel cas donné, et dans lequel il trouve aussi des modèles ou des règles de conduite pour le cas où les mêmes circonstances ou des conditions similaires se représenteraient. De là la grande diversité de documents réunis dans ce registre. A côté des brefs, bulles ou lettres-patentes des papes et des rois, des arrêts des cours de parlements, des contrats, des obligations qui touchent à l'existence même de l'Université, une foule de notes comme celles-ci : « L'archevêque ne peut prendre un vice-chancelier en dehors du corps des docteurs agrégés ; les étudiants et gradués ne peuvent être cités en justice hors d'Avignon ; le Primicier et le collège ont le droit de nommer le secrétaire de l'Université sans l'assentiment de l'archevêque ; ce que doit payer un gradué qui a perdu son diplôme pour en obtenir un duplicata ; des attestations les plus variées, l'une du Primicier, portant que la famille de Benoît est d'ancienne noblesse, qu'elle est agrégée à la faculté de droit de l'Université depuis environ 150 ans, et que les membres de cette famille ont occupé avec distinction, depuis plus d'un siècle, la charge de Primicier, d'auditeur de rote et toutes autres charges principales de robe ; attestation du secrétaire de l'Université au sujet de l'organisation intérieure de l'Université ; le mode d'immatriculation d'un docteur étranger à l'Université d'Avignon, et comme modèle celle de Jean-Charles de Veras, docteur de l'Université de Rome ; forme du certificat à délivrer au Prieur des étudiants ; formule de l'agrégation de noble Henri de Félix, docteur de l'Université de Valence, à celle d'Avignon, etc., etc.

Nous avons dit plus haut, en parlant des divers registres analysés jusque là, qu'ils étaient dus aux divers personnages qui s'étaient succédés dans les fonctions de secrétaire de l'Université. Ils appartiennent tous, depuis 1621, à la famille, ou mieux à la dynastie des Bernard [1]. L'un d'eux, Jean Bernard, mérite une mention spéciale. Celui-ci, après avoir contribué, comme secrétaire-coadjuteur, à la rédaction du registre D. 139, devenu titulaire de l'emploi, se donna tout entier aux devoirs de sa charge, et il nous apparaît, dans toute son œuvre, comme le type et le modèle du genre. C'est à son zèle méthodique que nous devons la confection de cette longue série de registres très propres, très travaillés, limés en quelque sorte, avec tables et rubriques, et dont les annotations qu'on trouve à chaque page constitueraient, si elles étaient soudées les unes à la suite des autres, comme des mémoires écrits au jour le jour et par un

---

[1] On trouvera dans le IIe volume du *Cartulaire* un ensemble de notes sur la succession chronologique des secrétaires de l'Université, depuis sa fondation jusqu'à l'époque où elle fut supprimée.

témoin oculaire, sur tout ce qui faisait bruit à Avignon, dans le monde de la ville ou de l'Université.

Le premier des registres, dus tout entier à la plume de ce brave secrétaire, est le D. 140. Son titre en fait foi : « *Liber graduatorum almæ Universitatis generalis studii Avenionensis, inchoatus per me Joannem Bernardum civem Avenionis, jurium baccalaureum, notarium apostolicum, dictæque Universitatis bidellum generalem et secretarium subsignatum.* »

Ajoutons que ses successeurs ont dignement continué son œuvre, comme le prouve la suite des registres.

C'est également à la même famille que nous devons la rédaction des procès-verbaux des *délibérations* du collège. Ces registres ne le cèdent en rien, comme intérêt et bonne tenue, à ceux que nous venons de signaler précédemment. On en jugera, mais auparavant disons un mot de quelques cahiers plus anciens, qui malheureusement sont les seuls qui nous aient conservé quelques faits se rattachant à la vie intérieure des premiers temps de l'Université.

Ce sont d'abord trois pièces *papier*, formant le n° D. 33 et contenant : Abrégé des principales délibérations prises par les docteurs de l'Université et contenues dans les *trois registres* (portés dans l'inventaire sommaire, sous les n°s D. 33, D. 34 et D. 35) ; vote de l'achat d'un registre pour y inscrire désormais les procès-verbaux des délibérations ; réclamation de Boniface, étudiant du collège de St-Nicolas, que le viguier, sans égards pour la juridiction du Primicier, avait fait incarcérer, sous la prévention de l'enlèvement d'une femme mariée, dite la belle mercière.

Le D. 34 a pour titre : *Liber deliberationum seu conclusionum collegii dominorum doctorum Universitatis Avinionis*. Il est assez intéressant et nous apprend, entre autres choses, que les étudiants, suivant l'usage établi dès les premières années du XVe siècle, avaient vacance depuis la veille de l'Assomption jusqu'à la St-Luc ; que le doyen de théologie élu jadis à vie le serait désormais tous les ans ; qu'une amende d'un florin frapperait tous les docteurs qui n'assisteraient pas aux processions de l'Université. Puis ça et là on trouve dans ce registre mention de certains faits de l'ordre de ceux indiqués déjà dans les registres des *gradués,* et qui pourraient concourir pour une part à ce que nous appellerions volontiers le *Journal de l'Université.* C'est l'envoi d'une députation à Sorgues, ou plutôt au pont de Sorgues, comme on appelait alors cette localité, pour féliciter le légat Alexandre Farnèse de son heureux avènement ; les grades en droit canonique et civil conférés à Girard de Cornilhan, recteur du Comtat, avec remise des droits, etc., etc.

Le D. 35 est le dernier des trois registres mentionnés. Il contient peu de choses, aussi n'y relèverons-nous que l'élection, au primicériat du fameux Perrinet-Parpaille.

Plus complets sont les registres concernant les deux siècles suivants, et ils font, comme nous l'avons dit, le plus grand honneur aux Bernard.

1603-1648. *Liber conclusionum et deliberationum Collegii almæ Universitatis Avenionensis.* (D. 36, registre in-folio, de 249 feuillets papier).

1648-1674. *Conclusiones et deliberationes venerabilis collegii almæ Universitatis generalis et antiquissimi studii inclytæ civitatis Avenionensis.* (D. 37 registre in-folio, de 288 feuillets papier).

1674-1693. *Conclusiones et delibrationes* ut supra... (D. 38 registre in-folio, de 249 feuillets papier).

1693-1718. *Conclusiones et deliberationes* ut supra... (D. 39 registre in-folio, de 394 feuillets papier).

1718-1745. *Conclusiones et deliberationes* ut supra.. (D. 40 registre de 419 feuillets papier).

1745-1766 *Conclusiones et deliberationes* ut supra... (D. 41 registre in folio, de 426 feuillets papier).

1766-1791. *Conclusiones et déliberationes* ut supra... (D. 42 registre in-folio de 363 feuillets papier).

Ces sept registres renferment l'histoire tout entière de l'Université pendant les deux derniers siècles. Toutes les délibérations du collège y sont soigneusement inscrites ; et il suffira de parcourir le texte de l'*Inventaire-sommaire* de P. Achard, aux numéros correspondants, pour juger de tout l'intérêt qu'ils présentent.

Nous savons que le Primicier était le grand comptable de l'Université ; qu'il était même responsable pécuniairement des sommes qu'il engageait au nom du corps, au cas où la dépense n'aurait pas été autorisée par le collège et qu'en conséquence il devait, à l'expiration de sa charge, *rendre ses comptes*. De là le soin que mettait chacun d'eux à la conservation des pièces justificatives de ses dépenses. Nous en avons entre autres preuves un procès verbal (1612) d'ouverture de la caisse dans laquelle se trouvaient renfermés les comptes de gestion d'un certain nombre d'entre eux (D. 240). Mais, si le Primicier en exercice avait la haute main sur les finances de l'Université, le secrétaire était bien en réalité son fondé de pouvoir. Il acquittait les notes, vérifiait les dépenses et était chargé de la tenue des registres de comptabilité. La collection considérable de ces registres est parvenue jusqu'à nous, ainsi qu'un certain nombre de documents justificatifs, de quittances et de pièces à décharge. Nous avouons même que nous avons pris à leur lecture un plaisir extrême ; car c'est là aussi, l'histoire intime de l'Université, vue cette fois dans ses petit détails, qui se déroule à travers ces folios ou ces feuilles volantes. Nous ne doutons pas que le lecteur n'éprouve comme nous, un grand charme à parcourir cette riche collection.

C'est d'abord le registre in-4° (D. 136, de 169 feuillets papier) intitulé : « *Liber computorum et graduatorum dominorum Primiceriorum almæ Universitatis Avinionis*. Il embrasse une période de 16 ans et comprend les frais d'inscriptions et de diplômes perçus et les dépenses ou recettes effectuées successivement sous les 16 primicériats, de 1430 à 1447.

Le registre suivant (D. 137 in-4°, 370 feuillets papier) comprend la gestion de 31 primiciers de 1448 à 1478. Nous y voyons qu'en 1457 il y eut 35 inscriptions, 12 bacheliers, 6 licenciés en droit, 11 licenciés en théologie, 18 maîtres-ès-arts.

Le 3ᵉ registre (D. 138 in-4° de 263 feuillets papier) embrasse une période de 34 ans (1478 à 1512).

La partie principale de ces divers registres est consacrée, comme nous l'avons dit, aux relevés des recettes provenant des grades conférés ; le répertoire des noms est, on ne saurait trop le répéter, des plus riches et des plus étendus, mais accessoirement, on y trouve une multitude d'annotations du genre de celles que nous avons signalées précédemment :

Ce qu'il y a de fâcheux, c'est que les archives ne possèdent point les registres de la même série concernant les XVIᵉ, XVIIᵉ siècles et le commencement du XVIIIᵉ, mais nous avons raconté précédemment les différentes phases par lesquelles ont passé dans la suite des temps, les archives de l'Université et qui n'expliquent que trop comment bon nombre des documents qu'elles renfermaient ont pu disparaître à une époque ou à un autre. Ceci dit ; nous allons signaler les numéros dans lesquels sont réunies un certain nombre de pièces qui, malgré leur petit nombre, peuvent cependant diminuer en quelque chose la lacune dont nous venons de parler.

D. 241 : *carton contenant 39 pièces papier* (1445-1599).
D. 242 : *carton contenant 42 pièces papier* (1604-1660).
D. 243 : *carton contenant 60 pièces papier* (1661-1747).
D. 244 : *carton contenant 90 pièces papier* (1750-1774).
D. 245 : *carton contenant 62 pièces papier* (1774-1779).
D. 246 : *carton contenant 54 pièces papier* (1780-1783).
D. 247 : *carton contenant 64 pièces papier* (1783-1786).
D. 248 : *carton contenant 56 pièces papier* (1786-1789).

Avec le n° D. 256 nous reprenons la série des registres de comptes des Primiciers (rédigés par le secrétaire). Ils portent à peu près le même titre que les précédents : *Liber collegii Universitatis Avenionis*. Le premier donne la série chronologique des Primiciers, de 1730 à 1767, et leurs gestions.

On y voit la recette produite par les grades en droit conférés à *Antoine Guizot* de St-Geniès-de-Malgloire au diocèse d'Uzès, (*registre grand in-folio, de 646 feuillets papier.*)

Le second ; (D. 257, *registre grand-infolio, de 395 feuillets papier*, est conçu d'après même plan et se rapporte aux années 1766 à 1789.

Le D. 258 (*registre in-folio de 255 feuillets, papier*) trouve sa place naturelle à la suite du D. 257, bien qu'il n'appartienne pas en entier à la même série. C'est aussi un livre d'état de comptes et recettes de l'Université avec les pensions qu'on lui sert ou qu'elle-même a à servir ; accessoirement s'y rencontrent quelques attestations de grades, d'agrégation, de décanat et même d'orthodoxie catholique, telle, par exemple, celle délivrée à André Gaufridi, religieux Augustin, suspecté de jansénisme ; des formules pour les divers grades conférés par l'Université, selon que le récipiendaire est de nationalité française ou étrangère, l'analyse de quelques anciennes délibérations concernant le serment de fidélité à prêter au roi de France par ceux qui prennent leurs grades. Ces notes jetées, pour ainsi dire, au hasard entre l'inscription de deux dépenses, semblent n'avoir été mises là que pour mémoire et ne doivent pas nous faire perdre de vue la destination première et capitale de ce registre qui, commencé en 1717, ne se termine qu'en 1791.

Jusqu'ici, nous nous sommes occupé surtout de la vie intérieure de l'Université, du mécanisme de son fonctionnement, de ses lois et de ses usages intimes et spéciaux ; c'est maintenant le moment d'aborder cette partie des archives qui a trait à ce que nous appellerons ses relations extérieures.

Nous avons déjà signalé, à propos de l'immunité des gabelles et impôts dont elle jouissait, la place qui lui fut faite dans l'administration municipale et dans les conseils de la cité ; les documents qui suivent vont nous montrer comment d'une part elle se comportait au dehors avec les Universités de France, par exemple, et au dedans avec les représentants de l'autorité, les grands corps de la cité, les corporations, etc., etc.

Un numéro (D. 43, *carton renfermant 92 pièces papier*) est consacré à la correspondance de l'Université d'Avignon avec celles d'Aix, Angers, Besançon, Paris, Bordeaux, Dijon, Douai, Montpellier, Nancy, Pau, Poitiers, Rennes, Toulouse et Valence de 1671 à 1789. On y relève des avis de vacances de chaires et de places d'agrégés, des affiches annonçant ces vacances et des programmes de concours; des attestations de l'Université d'Aix, portant qu'elle admet les étudiants en médecine aux examens du baccalauréat, après deux années d'études ; une circulaire de l'Université d'Angers, au sujet de sa résistance aux prétentions du fermier des francs-fiefs contre les professeurs de la faculté de droit ; une lettre imprimée des étudiants en droit de l'Université de Bordeaux au garde des sceaux, au sujet de l'exil du parlement ; une lettre du recteur de la même Université à celle d'Avignon, demandant de lui faire connaître la part qui est faite à celle-ci dans l'administration municipale de la ville, avec la minute de la réponse; des lettres de M. Serres, professeur de droit français à l'Université de Montpellier, demandant quel est le mode suivi à l'Université d'Avignon pour l'élection du recteur ; de l'Université de Nancy, au sujet de la préséance qui est disputée à ses chefs par ceux du Présidial, et demandant de quelle manière les choses se pratiquent à Avignon ; communication de l'Université de Poitiers, au sujet d'un plan d'éducation à soumettre par les Universités à l'adoption des États-Généraux ; lettre du recteur de l'Université de Toulouse s'opposant à l'arrêt du parlement, qui assujettit les ecclésiastiques, étudiant en droit canonique, à prendre deux leçons par jour ; lettre de l'Université de Valence, refusant de s'associer aux démarches de celle d'Avignon, pour faire réprimer les abus qui existaient à l'Université d'Orange, etc., etc.

Plût au ciel que les relations de l'Université d'Avignon avec celles de France eussent toujours été empreintes de l'affectueuse cordialité qu'on rencontre généralement dans cette correspondance ; nous n'aurions pas alors à relever toute une série de documents, que contiennent nos archives Universitaires, à propos de procès engagés ou soutenus par l'Université d'Avignon contre ses rivales d'Aix, de Besançon, d'Orange et de Valence, entre autres !

De ces procès, assurément le plus important, tant par sa durée que par les intérêts en jeu, est celui qu'elle eut avec l'Université d'Aix (1). Il occupe neuf numéros de nos archives :

D. 51 : *carton contenant 27 pièces papier, 4 pièces parchemin (1620-1665).*

D. 52 : *carton contenant 3 pièces papier, 1 pièce parchemin (1645-1663).*

D. 53 : *carton contenant 44 pièces papier, 1 pièce parchemin (1664-1674).*

D. 54 : *carton contenant 27 pièces papier, 1 pièce parchemin (1674-1675).*

D. 55 : *carton contenant 82 pièces papier, 1 pièce parchemin (1676-1677).*

D. 56 : *carton contenant 46 pièces papier, 8 pièces parchemin, 4 sceaux (1677-1704).*

D. 57 : *carton contenant 2 pièces parchemin, 2 sceaux (1675).*

D. 58 : *carton contenant 8 pièces papier, 7 pièces parchemin, 2 sceaux (1674-1775).*

D. 59 : *carton contenant 2 pièces papier, 3 pièces parchemin, 2 sceaux (1709).*

Les procès de l'Université d'Avignon avec celles de Besançon et de Valence, — nous allons indiquer ci-dessous les numéros qui s'y rapportent — ne sont que la conséquence de la lutte séculaire entre l'Université d'Avignon et celle d'Aix. Ils en découlent naturellement, et il nous sera facile de démontrer en son lieu, avec pièces à l'appui, comment cette dernière fut toujours l'instigatrice de tous leurs démêlés.

D. 60 : *carton contenant 9 pièces papier (1678-1723).*

D. 61 : *carton contenant 6 pièces papier, 9 pièces parchemin, 2 sceaux (1698).*

Avec l'Université d'Orange, plus vive encore est la lutte, et

---

(1) Voy. au sujet de ce procès les indications données en notes précédemment.

surtout beaucoup plus longue qu'avec celles de Besançon et de Valence. Elle se complique ici d'une question de religion et d'orthodoxie, car la *prétendue* Université d'Orange, comme la qualifie celle d'Avignon, a le malheur de compter parmi ses professeurs et ses élèves un certain nombre de protestants. Aussi trouve-t-on dans le n° D. 164, qui concerne les démêlés des deux facultés (1475-1695, *douze pièces originales papier, 1 sceau*), une lettre du cardinal Grimaldi, archevêque d'Aix, au P. Icard, inquisiteur général à Avignon, approuvant de l'opposition qu'il a mise à la réception de certains religieux, qui étaient allés prendre leurs grades à l'Université d'Orange, et ajoutant qu'il fallait pour en agir ainsi n'avoir aucun souci de la pureté de sa foi et de ses mœurs, et qu'il ne manquera pas de s'employer pour que ceux qui auront pris leurs grades dans cette Université ne soient pas reconnus docteurs en Provence.

Notre Université eut aussi à soutenir des procès contre les parlements, comme nous l'avons vu à propos de la faculté de médecine, et contre les municipalités, comme nous le montre le D. 179 (1733-1734, *carton contenant 7 pièces papier, 1 pièce parchemin*), réservé aux mémoires, lettres et autres pièces concernant l'affaire soutenue par l'Université d'Avignon contre les échevins de Douai, qui refusaient de reconnaître le diplôme de licencié en droit, délivré à Amé Bourdon d'Héryes.

A ces procès du dehors ne se bornaient pas, d'ailleurs, les tribulations de notre Université, et à toutes les époques de son histoire, nous la voyons se débattre dans des difficultés intérieures, nées de la rivalité jalouse de certaines personnalités puissantes dans le gouvernement de l'État ou de la ville ; quelquefois même elle use sa vitalité dans des luttes intestines des facultés entre elles. De là des procès sans nombre, qui se terminent quelquefois à son avantage, mais desquels résulte souvent pour elle un affaiblissement matériel et moral : prétentions des docteurs simples contre les docteurs agrégés; conflit avec les consuls pour les droits de préséance ; procès contre l'auditeur général, au sujet des privilèges de juridiction ; contestation avec le prévôt de la cathédrale pour des questions honorifiques.

Le procès soutenu en cour de Rome contre Henri Bonneau, docteur de l'Université d'Avignon, qui prétendait que les docteurs simples devaient jouir des mêmes prérogatives que les docteurs agrégés, eut un grand retentissement. On employa de part et d'autre les avocats les plus fameux de Rome. L'affaire est rapportée tout au long avec les détails de la procédure dans les n°s :

D. 10 (1599-1680 : *4 pièces papier, dont 3 imprimées*).

D. 62 (1683-1684 : *25 pièces papier*).

D. 63 (1684 : *4 pièces parchemin, 1 sceau*).

Dans cette affaire, gain de cause fut finalement donné au corps des docteurs agrégés.

Mais autrement important fut le procès que soutint l'Université contre l'auditeur général de la légation, au sujet de la juridiction du Primicier et des conservateurs des privilèges sur les agrégés, les docteurs, les étudiants et suppôts. Les pièces principales de cette lutte mémorable sont contenues dans le D. 64 (1413-1745 : *38 pièces papier*) et le D. 65 (1593-1745 : *23 pièces papier.*)

Ici c'est l'auditeur général qui triomphe (1) sur presque tous les points contestés, ce qui n'empêche pas l'Université de faire contre mauvaise fortune bon cœur, et de se montrer non seulement satisfaite mais encore reconnaissante. Le n° D. 46 contient un témoignage non équivoque de cette reconnaissance. C'est une lettre du cardinal Valenti, secrétaire d'État au Primicier et à l'Université d'Avignon, écrite sur l'ordre de Benoît XIV, au sujet du monument en pierre que celle-ci se propose d'élever en mémoire des bienfaits de ce souverain, et des livres dont ce corps lui a fait hommage, parmi lesquels le fameux manuscrit du droit civil, dont il a été déjà parlé page XL de cette Introduction.

Bientôt, en effet, le monument fut élevé dans la *salle des*

---

(1) Voy. *Cartulaire*, 1re partie, bulle LXXIII.

actes de l'Université (1) ; il consistait en une niche superbe avec sculptures et riches ornementations ; dans la niche fut placé le buste en marbre de Benoît XIV et au-dessous cette inscription :

BENEDICTO XIV
P. O. M
SCIENTIARUM PARENTI
OB RESTITUTA ET ASSERTA
ACADEMIÆ JURA
P. P POS.
ANNO MD.CCXLVI, 5º IDUS JANUARII
PRIMICERIO
NOB. JOSEPHO DE BARTHELEMY

La question des préséances est une de celles qui a toutes les époques passionnèrent le plus l'Université et pour laquelle elle rompit de nombreuses lances. Trois numéros de l'*Inventaire-sommaire* des archives y sont consacrés. L'un (D. 48 : *une pièce parchemin ; trois pièces papier*) concerne la querelle de préséance entre l'Université et les consuls et quelquefois la noblesse.

Les deux autres se rapportent à la mémorable contestation sur la préséance au conseil de ville qui s'éleva entre le primicier et le prévôt de l'église métropolitaine.

Il était normalement réglé que le primicier avait le pas sur le prévôt, mais Elzéar de la Baume ayant été investi de la dignité d'évêque d'Halicarnasse *in partibus*, obtint de Rome, le 20 août 1735, une décision qui, eu égard à sa qualité d'évêque, lui donnait le pas sur le viguier et partant sur le primicier. De là, querelle et procès, comme l'indiquent les textes des nos D. 49 : *18 pièces papier* (1735-1738) et D. 50 : *petit registre in-folio, de 282 feuillets papier* (1735-1745).

(1) Ce monument a été reproduit par le dessin dans la *Provence artistique et pittoresque*, nº du 11 août 1883. On en trouvera également la reproduction dans le IIe volume du *Cartulaire*.

L'Université eut aussi maille à partir avec le Recteur du Comtat-Venaissin, comme on pourra le voir par le document que nous donnons *in extenso* à la page 51 (*note*) de la Ire partie du *Cartulaire*.

Mentionnons encore les démêlés des docteurs agrégés avec les corps des avocats et des notaires.

En ce qui regarde les premiers, nous avons l'opposition de l'Université à la formation d'un corps d'avocats plaidants à Avignon, etc., D. 180 : *onze pièces papier; une pièce parchemin; 2 sceaux* (1759).

D'autre part, l'Université juge l'exercice des fonctions du notariat incompatible avec la dignité du titre de docteur. C'est pourquoi on lit au D. 181 : (*une pièce papier original, sceau plaqué 1671*), un commandement fait de la part du Primicier à Robert Barbeirassy, de Vaison, de ne recevoir ni signer aucun acte en qualité de notaire, à peine de déchéance des honneurs et prérogatives qu'il tient de sa qualité de docteur.

La mésintelligence date d'ailleurs de plus loin encore, témoin ces lettres d'Artus Borreau, dit le cardinal de Clermont, légat à Avignon, contre certains notaires et greffiers qui donnaient des citations sous ombre des privilèges de l'Université (D. 15 : 1520).

Nous en aurons fini avec notre *Inventaire-sommaire* [1], si nous signalons maintenant les quelques numéros se rapportant aux divers bâtiments affectés aux classes de l'Université, à sa chancellerie, à sa chapelle, etc. Nous en avons fait l'objet d'un mémoire spécial intitulé les *Bâtiments de l'Université*, que l'on trouvera *in extenso*, en tête du tome IIe du *Cartulaire*. Il ne s'agit donc plus ici que d'indiquer les n^{os} correspondants. Ce sont :

1° SOL ET BATIMENTS DES CLASSES : D. 239 : *quatorze pièces papier; un plan* (1611-1764) et aussi D. 260 : *cinq pièces papier*.

---

[1] Nous aurons en effet passé en revue les 260 numéros dont se composent les archives de l'Université au *fonds départ. de Vaucluse*, à l'exception de quelques-uns qui bien que rangés dans cette série, sont par le fait assez étrangers à notre sujet. Ainsi des n^{os} D. 47 ; D. 74 et D. 214.

2° Chapelle de l'Université : D. 259 : *grand in-folio de huit feuillets papier* (1388-1603) et D. 260, *loco citato*.

3° Cloche appelée la doctoresse. Elle était placée dans le clocher de l'église paroissiale de St-Didier ; D. 260, *loco citato* (1534-1666).

4° Salle de la chancellerie : D. 42, *loco citato*.

5° Bibliothèque de l'Université : D. 4, *loco citato*. (1)

Des archives départementales, nous allons passer à une deuxième source de documents à laquelle nous avons également largement puisé, tant pour nos travaux historiques sur l'Université d'Avignon que pour notre Cartulaire ; cette source n'est autre que le fonds des *archives communales* de la ville d'Avignon.

Lors de la formation des dépôts d'*archives départementales*, on laissa aux villes le soin de veiller à leurs propres archives et la propriété leur en fut abandonnée, à la condition de les mettre et de les conserver à l'abri de toutes causes de perte ou de destruction : de là l'existence à Avignon d'un dépôt d'*archives communales* complètement distinct comme local et comme administration du fonds départemental (2). Un inventaire général de tous les documents originaux : bulles, brefs, lettres-patentes, pactes et accords, etc., etc..., appartenant à la ville, fait au siècle dernier par l'archiviste Pintard, a servi de base à l'établissement de l'*inventaire-sommaire des archives communales* (antérieures à 1790) *d'Avignon*, dont M. P. Achard, l'archiviste actuel, poursuit la publication. Grâce à cet inventaire, nous avons pu retrouver les originaux d'une foule de documents dont les archives de l'Université n'avaient que des *vidimus* ou des copies. Il serait aussi

---

(1) Voy. dans la IIIe partie du *Cartulaire*, les documents que nous donnons *in extenso*, concernant les bâtiments de l'Université, sa chapelle, sa cloche, sa bibliothèque, etc.

(2) Ces archives, placées actuellement dans la tour de l'hôtel-de-ville, ont un conservateur spécial, c'est l'archiviste de la ville.

long que fastidieux de signaler ici tous nos emprunts, d'autant qu'en tête de chacune des pièces qui composent notre Cartulaire, nous avons indiqué fidèlement leur origine et qu'il deviendra ainsi facile au lecteur au fur et à mesure de ses recherches, de faire la part de nos obligations envers l'hôtel de ville et de contrôler ensuite, s'il le juge utile, l'exactitude de nos indications.

Mais les archives départementales de Vaucluse et celles de l'hôtel de ville d'Avignon ne sont pas les seules qui nous aient fourni les éléments de nos travaux, et cette étude sur les archives de l'Université serait absolument incomplète, si nous ne mentionnions les résultats de nos recherches dans deux bibliothèques publiques, où *a priori*, nous étions certain de recueillir quelques épaves intéressantes de l'institution séculaire, dont nous avons entrepris d'écrire l'histoire : nous avons nommé la bibliothèque du Museum-Calvet d'Avignon et celle de la ville de Carpentras.

La bibliothèque du Museum-Calvet, en raison de la richesse de ses collections manuscrites, en raison surtout de ce que son fondateur même fut un des plus brillants professeurs que compta notre Université, dans sa faculté de médecine, fut l'objet de nos premières investigations. Ne savions-nous pas d'ailleurs, que Chambaud, son dernier secrétaire, avait fait don à cette bibliothèque, dans les premières années du siècle, des papiers et autres objets, appartenant à l'Université, qu'il avait pu sauver de la tourmente révolutionnaire, et entre autres d'un certain nombre de sceaux de diverses époques, servant à la sigillation des diplômes, lettres et autres actes de l'Université ?

Inutile d'ajouter que nous n'avons pas été déçu dans nos prévisions, et que, comme on va le voir, nous avons fait dans cette bibliothèque une ample moisson.

Manuscrits Calvet. — Et puisque nous avons prononcé le nom de Calvet, nous signalerons tout d'abord, les importants manuscrits que nous lui devons.

Esprit-Claude-François Calvet, né à Avignon, le 24 novembre 1728, docteur en médecine de cette ville (1745), et bientôt après docteur agrégé, fut successivement chargé, pendant une période de dix-sept années (1756-1771), de l'enseignement de l'anatomie, de la physiologie, de la thérapeutique et de la pathologie, à la faculté de médecine. Ses leçons y eurent un grand succès et étaient suivies assidument par de nombreux élèves et aussi par des savants étrangers, avec lesquels il conserva pendant toute sa vie des relations d'amitié. Son cours de physiologie était surtout apprécié pour la méthode qu'il avait adoptée de faire précéder chacune des leçons de l'anatomie comparée des animaux et de l'analyse de leurs fonctions. Ce travail, comme il le dit lui-même (1), étendit sa réputation et le fit connaître avantageusement comme médecin. Elles attirèrent à l'Université d'Avignon un grand nombre d'élèves. Plusieurs étudiants quittèrent même Montpellier pour venir l'entendre. Nous devons ajouter que le plus grand honneur en rejaillit sur l'Université à laquelle il appartenait et des doctrines médicales de laquelle il reste le représentant le plus autorisé pour le XVIIIe siècle. C'est à ce dernier titre qu'il y aura profit pour le lecteur de consulter parmi ses manuscrits (2) ceux se rapportant plus particulièrement à l'Université et à son enseignement médical.

Parmi ceux-là on trouve entre autres : 1° *Laudatio funebris D. Jos. Gasp. Gautier, facult. med. doctor. aggr.* 2° *Hippocratis et Sydenhami similitudo.* 3° *Gratulatio ad D. J. B. Jos. Gastaldy pro sua in doctorum collegium cooptatione.* 4° L'éloge funèbre de ce même Gastaldy et divers discours sur la réception de plusieurs docteurs, tels que Longchamp, Vicary, Pancin, Belgarric, Voullonne. 5° Divers écrits sur l'histoire de la médecine, les connaissances que doit posséder le médecin, sur les charla-

---

(1) Voy. son *autobiographie* publiée en 1825, par J. Guérin, à Avignon, chez Seguin aîné.

(2) Les manuscrits de Calvet forment six gros volumes tous déposés à la bibliothèque dont il est le fondateur.

tans et les empiriques, le parallèle entre les anciens et les modernes, l'insuffisance de l'uroscopie dans les maladies, l'allaitement maternel, plusieurs sujets de physiologie et de pathologie, sur le formulaire pharmaceutique usité dans l'hôpital d'Avignon, le choix raisonné des saignées dans la médecine pratique; sur une épidémie qui régna à Villeneuve-les-Avignon; sur l'arthritis, les hémorhagies internes, la sécrétion de la lymphe, sa nature et ses usages, sur la fièvre intermittentes, le fluide nerveux, l'action musculaire en général, la circulation du sang et le mécanisme de la respiration. Enfin, citons ses nombreuses lettres, consultations et observations de médecine, sans oublier les « *nomina candidatorum qui, me præside, gradus obtinuere in hâcce facultate nostra* », ni « *l'historia abdicati muneris professoris primarii* » suivi de « *diploma pontificum medicis Aven. perhonorificum*: documents dans lesquels on trouve de nombreuses notes sur l'état de la faculté de médecine d'Avignon, en 1772, le nombre de ses élèves, la nature et l'esprit des leçons, etc., etc.

La plupart des mémoires de Calvet sur la médecine ou sur l'Université d'Avignon sont écrits en latin. C'est une langue qu'il parlait avec une grande facilité, beaucoup d'élégance, et dans laquelle il faisait presque toutes ses leçons. Il l'estimait même si utile pour l'étude de la médecine, qu'il n'hésite pas à attribuer la décadence de la faculté de médecine, survenue après la chute des jésuites, à ce fait que la plupart des étudiants qui vinrent désormais y prendre des grades ne savaient pas le latin.

COLLECTION REQUIEN. — Passons maintenant à un autre fonds de la bibliothèque du Museum-Calvet, celui qui constitue l'importante collection manuscrite dite de Requien (1). Cette collec-

(1) REQUIEN (Esprit), né à Avignon, le 6 mai 1788, botaniste éminent, aussi bon citoyen, dit Barjavel, dans la notice biographique, qu'il lui consacre, que savant désintéressé, a enrichi le Musée-Calvet de ses précieuses collections de livres, de manuscrits, de dessins, etc. Depuis lors, tous les manuscrits intéressant Avignon et le Comtat, acquis par le Musée, ont été placées dans cette collection qui, à cette heure, se compose non seulement du fonds qu'on lui doit, mais encore de ceux laissés par Moutte, Calvet, etc.

tion, si riche en documents de toute sorte sur l'histoire politique, religieuse et littéraire d'Avignon et du Comtat, renferme des manuscrits d'une grande valeur, concernant notre Université, et surtout une série portant pour titre : *Recueil sur l'Université*, divisé en six volumes :

Historique.	1 vol.
Documents divers.	2 vol.
Objets divers ; procès, etc.	1 vol.
Discours latins prononcés dans les assemblées du corps ou cérémonies publiques.	1 vol.
Discours pour présentation de candidats au doctorat, etc.	1 vol.
Total. . . .	6 volumes.

Le premier de ces volumes contient, en effet, le *sommaire* des délibérations de l'Université de l'année 1437 aux premières années du XVIIIe siècle. Il n'est pas nécessaire d'en dire davantage pour montrer son utilité capitale. Mais on trouve dans ce volume, et en guise d'appendice, ce qu'on pourrait appeler le *cérémonial de l'Université*, ou plutôt le guide du bedeau, dans toutes les circonstances où ses fonctions universitaires peuvent le placer : ce qu'il doit faire par exemple lorsqu'un candidat se présente au doctorat; comment il doit porter la masse; en quels endroits de la ville il doit faire placarder les programmes des cours de l'Université. Que faut-il faire l'avant-veille de la Noël ? le jour des Rois ? pour l'élection de l'abbé des écoliers ? pour la procession de la Fête-Dieu ? pour l'ouverture des cours ? l'élection du Primicier ? Rien n'est omis, ni grands, ni petits détails ; le secrétaire nous apprend, minute par minute, ce qu'il a l'habitude de faire en pareille circonstance ; il ne nous fait grâce de rien, pas même de ses impressions intimes.

Le tome II est une réunion de pièces détachées, se rapportant à notre Université, des copies de bulles, de lettres-patentes, des mémoires, des suppliques au pape, quelques discours académiques, des lettres, etc., etc. ; le tout agrémenté de menus détails, dont quelques-uns ne manquent pas de saveur. Les tomes III et IV sont la continuation du précédent, et renferment des pièces de même ordre. Parmi les plus intéressantes nous citerons, dans le III⁰ vol., les dossiers concernant certains procès ou contestations entre l'Université et les corps des notaires et des avocats de la ville d'Avignon, avec mémoires, factums et contre-mémoires. A la suite vient une supplique adressée au pape par la faculté de médecine, à l'effet d'obtenir son assimilation aux autres facultés de l'Université, au point de vue des droits et des honneurs.

Dans le IV⁰ sont réunies un grand nombre de listes des primiciers, doyens, docteurs agrégés, docteurs simples des trois facultés, avec les noms de ceux qui jurèrent l'observation des statuts dressés en 1405, et des notices sur un grand nombre de docteurs. Il contient aussi le journal de l'élection au primicériat de Joseph de Tolomas, et un manuscrit très curieux de Louis de Garcin, intitulé : « *Histoire de mon second Primicériat* (1705) » à la suite de laquelle se trouve toute sa correspondance, pendant la durée de sa charge. On y lira encore avec un certain intérêt une lettre du cardinal Torrigiani, sur les abus qui se sont introduits dans l'Université d'Avignon. Elle porte la date du 30 mars 1763.

Nous ne dirons qu'un mot des tomes V et VI, série presque tout entière écrite en latin et remplie de discours, de panégyriques, de compliments, etc. Il y en a pour tous les goûts et pour toutes les circonstances de la vie et des actes universitaires.

COLLECTION MASSILIAN. — En l'année 1840, Charles-Agricol Moutte, un érudit doublé d'un collectionneur, fit don au Musée-Calvet entre autres ouvrages manuscrits, des riches cahiers formés au siècle dernier par le chanoine Massilian, et qui forment aujourd'hui les deux riches collections ayant pour titre, l'une : *Notes chronologiques pour l'histoire civile et ecclésiastique de la ville et diocèse d'Avignon, du Comté-Vénaissin et de la prin-*

cipauté d'Orange, *8 vol. mss. in-fol.*, et l'autre : *Fragments historiques ou pièces diverses concernant l'histoire civile et ecclésiastique de la ville d'Avignon..., du Comté-Vénaissin et de la principauté d'Orange. 7 vol. mss. in-fol.*, contenant 567 pièces. Le premier de ces recueils, que Massilian avait faits pour son propre usage, avait pour but d'indiquer à ceux qui, après lui, voudraient écrire l'histoire d'Avignon, les sources où ils pourraient puiser ; nous y avons en effet nous-même trouvé de précieuses indications concernant certaines bulles et un assez grand nombre d'actes authentiques relatifs à notre Université. Elles se trouvent toutes dans le premier volume de cette collection, sous le titre générique de : *Notice sur l'Université établie dans cette ville:*

Dans la collection n° 2, au contraire, les quelques copies de pièces que nous avons consultées sur l'Université sont comprises dans le tome XVIIe. Elles sont loin, disons-le sincèrement, d'avoir l'importance des documents de la collection n° 1.

MANUSCRIT HENRI DU LAURENS. — Un volume manuscrit d'un très grand intérêt qui existe à la bibliothèque du Museum-Calvet d'Avignon, est celui qui a pour titre :

« *Gesta mei Primiceriatus tam primi quam secundi de annis 1644-1645 et 1655-1656. Henri du Laurens* ».

C'est le journal des primiceriats de Henri du Laurens. On y trouve des choses fort intéressantes, entre autres, sous le titre de « *Mémoires de nostre famille du Laurens* », une courte notice sur les de Laurens qui furent membres de l'Université ; puis viennent les discours, harangues, lettres, que notre Primicier prononça ou écrivit, pendant son premier exercice de 1644-1645 où furent reçus : 17 médecins ;

7 théologiens ;

8 bacheliers ;

Ce qui rapporta pour droit de la masse : 119 liv. 56 sols.

Au folio 68, du manuscrit, commence le journal de son second primicériat ; il porte pour titre :

« *Memoria gestorum meorum de tempore mei secundi Primiceriatus, an. 1655, sedente pontifice maximo Alexandro VII° et anno illius I. et existente Pro-legato, Aven. D. Augustino Franchiotti, archiepiscopo Trapezuntino, archiepiscopo ante Avenionensi, et cancellario D. D. Dominico de Marinis ordinis prædicatorum.*
     Ad maiorem Dei et B. V. M. gloriam.
     Henricus de Laurens, Rotæ auditor,
       secundum Primicerius
        1655. »

Cette année-là, il y avait à l'Université 114 docteurs agrégés *in utroque*. Henri du Laurens fait suivre cette annotation d'une série de cinq lettres composant la correspondance qu'il échangea avec la duchesse de Savoie au sujet des privilèges de l'Université d'Avignon (voy., dans ce premier vol. du *Cartulaire*, lettres-patentes LIX) et avec le président du Sénat de Chambéry, à propos du collège pontifical de St-Nicolas d'Annecy ; vient ensuite l'expression des nombreux témoignages de fidélité donnés au pape Alexandre VIII à son avènement au pontificat, et particulièrement un certain nombre de lettres écrites à Rome à ce sujet par l'Université ;

En 1656, l'Université reçut :
    16 docteurs aux lois ;
    5 docteurs en théologie ;
    22 docteurs en médecine ;
    39 bacheliers ;
soit pour la masse : 122 livres 4 sols.

Henri du Laurens nous donne aussi les divers discours prononcés par lui, soit lorsque son fils prit ses grades universitaires, soit au moment où lui-même déposa la charge du Primicériat. Détails intimes autant qu'honorifiques et sur lesquels il s'étend avec complaince : Henri du Laurens fut trois fois de suite nommé régent pour une série de trois ans, ayant d'ordinaire à ses leçons de 50 à 60 écoliers. Il put gagner pendant ce temps là environ deux mille écus, y compris ce que lui rapportèrent ses lectures particulières qu'il faisait de tout temps, chez lui et les droits qu'il percevait, soit comme présentateur aux grades, soit en conférant le bonnet de docteur. Ses lectures commencèrent en 1622, année même de son doctorat, et il professa à la place de son père, dès cette époque et jusqu'à la mort de ce dernier, où il fut fait régent en titre. En 1650, il se désista de sa chaire à cause de ses affaires domestiques, et de ses fonctions particulières au tribunal de la Rote. Curieuses aussi sont les descriptions qu'il donne de la fête du recteur, ou abbé des écoliers, et de la cérémonie de l'agrégation de Georges-Dominique du Laurens, âgé de 16 ans ! Que dire encore du menu et de la dépense du dîner de la fête-Dieu, qu'il offrit aux docteurs agrégés, et de mille autres détails, sur les hommes et les choses de son Primiceriat, qui remplissent ce précieux manuscrit, et auxquels nous devons pour ne pas multiplier à l'infini nos citations, renvoyer le lecteur ? Nous ne pouvons pas cependant ne pas signaler les deux inscriptions, qu'Henri du Laurens fit mettre au dessus des portes des facultés de droit et de médecine. Nous reproduisons l'une et l'autre, dans notre mémoire sur *les bâtiments de l'Université*.

Manuscrits Moutte. — Parmi les manuscrits donnés au Musée par M. Moutte, existe dans la collection de ce nom, et sous le n° 17, un volume tout entier consacré à notre Université. Il nous suffira de donner le sommaire de quelques-uns des articles qu'il renferme, pour inspirer au lecteur le désir de le consulter : noms des primiciers de l'Université d'Avignon ; *idem*, des doyens de la faculté de théologie. — Extraits des anciens statuts de l'Université. — Protestations faites par le Primicier et les docteurs, relativement aux funérailles de Clément VII. — Supplique du Primicier au Légat, relative aux troubles qu'occasionne chaque année l'élection de l'abbé et du Prieur des écoliers (1565). — Procès du Primicier et des Docteurs avec les consuls, relativement à ce que ces magistrats avaient voté avant eux dans le conseil de ville. — Liste de réception des gradués pendant le primicériat de François de Félix. — État des revenus de l'Université en 1610. — Épitaphe de Louis de Benoît, docteur agrégé :

> HIC JACET
> LUDOVICUS DE BENOIST
> SAGAX LEGUM INTERPRES,
> FACUNDIA PRÆSTANS,
> MUSIS CARISSIMUS,
> QUI MORUM PROBITATEM MENTIS DOTIBUS ADDIDIT ;
> CLARUS SCIENTIA, VIRTUTE CLARIOR,
> UTRAQUE AVITÆ NOBILITATIS
> UTRAQUE AMPLIORIS FORTUNÆ DIGNUS.
> QUO PERIIT SYMPTOMATE TER A DEO MONITUS,
> REPENTINA MORTE, NON IMPROVISA, RAPTUS EST.

Stances sur la mort de M. de Crozet, régent. — Liste des gradués reçus pendant le primicériat d'Henry de Félix. — Dépenses faites par le même pour l'Université pendant toute cette période. — Mémoire de l'Université au roi de France, pour lui demander la confirmation de ses privilèges (1649). — Liste des gradués reçus pendant le primicériat de Gabriel de Vedeau (1663). — Liste des docteurs agrégés en 1717 ; *idem.* des docteurs agrégés en médecine. — Bulle d'Alexandre VI de 1493, relative au Vice-Gérent et aux professeurs de l'Université (c'est le bref XXXIX de notre *Cartulaire.* — etc., etc.

MANUSCRIT VALLADIER. — Dans cette énumération des manuscrits concernant l'Université d'Avignon, que possède la bibliothèque du Museum-Calvet, nous ne devons pas passer sous silence celui du jésuite André Valladier, intitulé : *Orationes latinæ circa antiquitates Avenionenses*, qu'il prononça pendant qu'il enseignait au collège d'Avignon. Le manuscrit original contenant neuf discours est dans la bibliothèque du Vatican, où l'évêque de Vaison, J. M. Suarès, en fit faire une copie en 1634 : celle-ci, qui ne contient que sept de ses *discours*, passa aux mains du marquis d'Aulan, et c'est d'après elle qu'a été exécutée par Moisset en 1700, celle in-4° de 499 pages, que possédait M. X. Moutte, qui en a fait don au Musée-Calvet, en 1840 (*H. Barjavel :— Dictionn. histor. au mot* Valladier). Le discours VII° est celui qui nous intéresse : *De antiqua et veteri academia Avenionensium*. Il fut prononcé le 3 mai de l'année du primicériat de Joseph de Suarès.

MANUSCRIT BRUNEAU. — Ce manuscrit contient aussi sur l'Université d'Avignon des notes pour la période de 1707 à 1762.

MANUSCRIT LEVIEUX DE LAVERNE. — Dans la même collection il faut citer encore un petit manuscrit portant en tête : *Levieux de Laverne* : DISCOURS ET PIÈCES DIVERSES. Ce sont, surtout des discours de primiceriat, de réceptions aux grades, des suppliques, des notes et des pièces diverses, écrites la plupart de la main du primicier Levieux de Laverne. Ce volume est formé de papiers de la famille de ce nom, donnés à la bibliothèque du Museum-Calvet, par le docteur Alfred Pamard, le 8 novembre 1874. Il y a bon nombre de discours français.

MANUSCRIT TOLOMAS. — Du manuscrit précédent se rapproche beaucoup comme fonds celui de Joseph de Tolomas, magnifique livre, de 416 pages, d'une superbe écriture, à grandes marges, dont le titre indique bien l'objet : « *Josephi Ignatii Alexandri Tolomæi de Coppola, juris utriusque doctoris in alma Universitate Avenionensi aggregati, necnon omnium quarumcumque bullarum ac aliarum litterarum apostolicarum legationis Avenionensis correctoris : orationes diversæ, ratione Universitatis, variis in locis habitæ ab anno Domini MDCCXIX ad annum MDCCLX.*

Ces deux manuscrits nous donnent une idée de la littérature

des docteurs agrégés et des mœurs académiques de notre Université (1).

Manuscrit Deveras. — *Deveras (Jean-Raymond)*, mort le 4 septembre 1785 à Avignon, sa patrie, où il était chanoine de la collégiale de St-Pierre, est l'auteur d'un *ms.* in-4° de plus de 476 pages, intitulé : *Recueil des épitaphes et inscriptions, qui sont dans les églises d'Avignon, avec un abrégé de la fondation des dites églises, 1760*. Une note qu'on lit en tête, datée du 25 août 1785, atteste que l'auteur fit don de son recueil au séminaire de N.-D. de Ste-Garde, où il avait été élevé dès 1719. Il devint ensuite la propriété d'E.-C.-F. Calvet, et se trouve aujourd'hui au musée fondé par celui-ci.

Ces lignes, que nous avons lues dans le *Dictionnaire historique, biographique*, etc., de C.-F.-H. Barjavel, nous ont donné l'idée de consulter le *mst* en question. Bien nous en a pris, puisque nous y avons trouvé une foule d'inscriptions nous intéressant, notamment celles qui existaient dans la salle de la chancellerie de l'Université, au palais archiépiscopal, ainsi qu'un assez grand nombre d'épitaphes concernant nos docteurs les plus illustres. On trouvera les unes et les autres au cours de notre ouvrage et chacune en son lieu. Comme de plus Deveras a fait précéder les inscriptions de chaque église ou communauté

---

(1) Comme complément de l'ouvrage de Tolomas, on trouve encore à la bibliothèque du Museum-Calvet (n° 4360 A — Histoire) : « *Collectio thesium pro variis gradibus in Universitate Avenionensi assequutis, promotore Josepho Ignatio-Alexandro de Tolomas J. U. D. aggregato, atque juris canonici in Universitate prædicta antecessore ordinario.* » C'est une collection de 122 programmes de thèses de licence, mais surtout de baccalauréat en droit, allant de février 1729 au 28 novembre 1769. Ces programme étaient apposés sur les murs de l'école quelques jours avant la soutenance ; mais ici il n'y a que la moitié inférieure du placard. On a coupé la feuille par le milieu et la partie supérieure qui contenait les armes de l'Université, le nom du primicier, la dédicace, etc., a été supprimée ; le nom seul du président *(promotor)*, qui est Tolomas, et celui du candidat sont conservés *(Registre oblond in-folio)*.

religieuse d'un petit aperçu sur leur fondation ou les personnages les plus remarquables qui en sont sortis, ce manuscrit nous a été d'un précieux secours dans nos recherches historiques. Nous en rendons grâce aux mânes de notre érudit chanoine !!.

Manuscrit Teste. — Un manuscrit fort intéressant aussi est celui donné en 1823, par M. Tempier, conseiller de préfecture, et qui, d'après une note écrite à la page 2 de l'ouvrage, serait une copie d'un manuscrit original, œuvre de M. de Teste de Venasque, docteur agrégé de l'Université. Son titre est bien justifié par son contenu : « *Notes sur l'Université d'Avignon et sur les familles qui s'y sont faites agréger, avec la filiation et la date de leur agrégation et de leur Primicériat, depuis sa fondation en 1303 jusqu'en 1791 qu'elle a été détruite, lors de la Révolution Française.*

On y trouve en effet :

1º Une liste des docteurs agrégés en droit civil et canonique, depuis la fondation de l'Université jusqu'en 1791, époque de sa suppression ;

2º Une liste assez complète des Primiciers ;

3º Un état des docteurs agrégés existant en 1791, avec la date de leur agrégation et de leur primicériat ;

4º Une liste des docteurs agrégés qui ont été évêques et Primiciers ;

5º Une liste des docteurs agrégés envoyés en ambassade à une époque ou à une autre ;

6º Une liste des docteurs en médecine agrégés ou non appartenant à l'Université.

Dans ce même volume se trouvent également des copies d'un grand nombre de bulles, brefs ou lettres-patentes, parmi lesquels nous ne signalerons que ceux concernant le titre primordial de noblesse transmissible aux descendants, attribué à la charge du Primicériat. Pour éviter que les descendats des Primiciers ne s'enorgueillissent par trop de leur noblesse, notre agrégé a cru devoir consigner à la suite de ces copies ces vers du chevalier d'Acailly :

> D'Adam nous sommes tous enfants :
> La preuve en est connue ;
> Et que tous nos premiers parents
> Ont mené la charrue ;
> Mais las de cultiver enfin
> Leur terre labourée :
> L'un a dételé le matin
> L'autre l'après-dînée !!

Rimes riches peut-être à défaut de vers harmonieux, mais qui n'en dénotent pas moins un malin scepticisme, sous la plume d'un docteur agrégé qui, lui aussi, fut primicier à son tour.

Et cette autre boutade, en prose cette fois, et dont la paternité appartient tout entière à notre agrégé : « On a remarqué comme un grand éloge pour l'Université, le silence de Rabelais dans le chapitre V du II° livre de *Gargantua*, dans lequel, faisant parcourir à son jeune héros les diverses Universités du royaume et les satirisant presque toutes, il ne dit mot de celle d'Avignon ».

Apparemment que, pour le docteur Teste de Venasque, si le parler est d'argent le silence est bien véritablement d'or ; malheureusement il oublie Guy. Patin et ses invectives contre les Universités de province, dans lesquelles cette fois celle d'Avignon n'est pas épargnée.

Quoi qu'il en soit, le passage du manuscrit cité plus haut nous remet en mémoire ce qu'écrivait dans un numéro de l'*Echo de Vaucluse* du 22 février 1829, à propos de la noblesse du Primicériat, M. Martial de Ribiers, dont la famille avait compté de nombreux membres parmi les docteurs agrégés et les primiciers : « Noblesse honorable, puisqu'elle n'était due ni à la faveur, ni à la fortune, mais au savoir de l'élu et surtout à l'estime de ses pairs. Un marchand, un notaire, un orfèvre acquérait des richesses, son fils étudiait en droit ; passait docteur, devenait *Primicier* ; il était noble et transmettait sa noblesse à ses enfants. Un peu plus tôt, un peu plus tard, la majeure partie de la noblesse avignonaise a commencé de la sorte ; aussi chaque noble devrait souvent jeter un regard en arrière, pour que le souvenir de son grand-père ou de son bisaïeul, lui fît estimer ce qui est estimable et le préservât de l'orgueil, de la hauteur et de l'impertinence ».

Nous voici, par suite de notre digression, assez loin du manuscrit du Dʳ Teste et de la bibliothèque du Museum-Calvet, aussi ne reviendrons-nous ni à l'un ni à l'autre, parce que, d'une part, nous ne saurions prolonger outre mesure l'examen d'un ouvrage que chacun a la liberté de consulter et dont nous avons indiqué les documents principaux, et que, de l'autre, ayant signalé les principaux manuscrits du Museum-Calvet intéressant notre Université, il serait sans grand profit pour le lecteur de vouloir énumérer tous les documents la touchant de près ou de loin, que l'on trouve disséminés dans les diverses collections manuscrites de cette riche bibliothèque et dont la plupart d'ailleurs font double emploi avec des textes cités ailleurs.

Du Museum-Calvet, nous passerons à la *bibliothèque de Carpentras,* qui elle aussi contient un certain nombre de papiers sur notre Université. A vrai dire, cette bibliothèque ne nous a pas été d'un très grand secours, car les pièces manuscrites qui auraient pu nous intéresser, ne sont pour la plupart que des doubles possédés déjà soit par les *Archives départementales* de Vaucluse, soit par le *Museum-Calvet* d'Avignon. Cependant le volume X de la *Collection manuscrite de Tissot,* est tout entier consacré à l'Université d'Avignon, et ne contient pas moins de 804 feuilles in-folio, renfermant des extraits des délibérations de l'Université d'Avignon, des notes sur ses privilèges, sur son organisation intérieure, sur ses procès, etc., etc. ; on y lira surtout avec plaisir les inscriptions qui se trouvaient sur les portes des trois faculté de droit, théologie et médecine, et sur celle de la salles des actes. Nous connaissions déjà celles de la médecine et de la théologie par le *Journal du Primicériat de Henri du*

Laurens, mais nous avions vainement cherché celles du droit et de la salle des actes ; aussi doit-on s'imaginer la véritable satisfaction que nous avons éprouvée, lorsque ces inscriptions si vivement désirées nous sont tombées sous les yeux. Nous reproduisons les unes et les autres dans notre mémoire sur les *Bâtiments de l'ancienne Université d'Avignon*.

Dans cette même *Collection Tissot* on trouvera encore quelques documents intéressant sur l'Université d'Avignon dans les tomes VII et XXIX.

Nous devons regretter toutefois que le riche fonds légué à la bibliothèque de Carpentras par le *docteur Barjavel*, ne soit point encore complètement catalogué et mis à la disposition du public ; car il est certain qu'au milieu de ces véritables richesses manuscrites concernant l'histoire d'Avignon et du Comtat, laissés par le donataire, nous eussions pu faire nous-même une ample moisson ; nous en avons une certitude d'autant plus grande que, grâce à l'extrême obligeance de monsieur Barrès, le conservateur actuel de la bibliothèque, nous avons pu consulter un précieux parchemin du XIVᵉ siècle, écrit sur deux colonnes avec lettres ornées, majuscules et titres en rouge, l'original probable des premiers statuts de l'Université, ainsi que l'indique cette note qu'on lit à la fin des statuts : « *Extractus fuit hic liber antiquorum statutorum almæ Universitatis generalis et antiquissimi studii civitatis Avenionensis ex archiviis ejusdem civitatis, de mandato nobilissimi et perillustris domini Josephi Dominici de Garcin J. U. D. aggregati, sancti officii consultoris, die decima sexta maii anni 1740.*

Telles sont les sources principales auxquelles nous avons puisé les éléments de l'ouvrage, dont nous commençons aujourd'hui la publication. Il a nécessité de notre part de longues et laborieuses recherches : au lecteur de décider de la valeur de notre œuvre et de juger si le résultat répond aux efforts : *Sub judice lis est !*

CARTULARIUM

ALMÆ UNIVERSITATIS GENERALIS STUDII

AVENIONENSIS

LIBERTATUM, EXEMPTIONUM, PRIVILEGIORUM,
STATUTORUM, JURIUM, ALIORUMQUE DOCUMENTORUM
ET QUARUMCUMQUE SCRIPTURARUM EJUSDEM
UNIVERSITATIS

IN TRES PARTES DIVISUM

PARS PRIMA

I

Bulla Bonifacii papæ octavi, fundationis et erectionis studii generalis sive Universitatis in Civitate Avinionis, in qualibet licita, facultate (1).

(Kalend. julii 1303).

Original parchemin scellé d'une bulle de plomb sur lacs de soie jaune et rouge : Fonds de l'Archevêché d'Avignon: Bullarium ecclesiæ Avenionensis, folio 6 ;—deux vidimus sur parchemin, mais dépourvus du sceau dont ils étaient munis et dressés, l'un en 1377, et l'autre en 1412 : Archives de l'Université, D. 2 ; — autre vidimus, signé Jean Galte (janvier 1405) : Archives municipales d'Avignon, boîte 5, pièce 1 ; — Voir aussi des copies : Archives de l'Universite, D.3, fol. 3 ; D. 13, fol. 105. — Nouguier : Histoire chronolog. de l'Eglise, evesques et archevesques d'Avignon, *pag. 31. —* Bullarium civitatis Aven.*, constitutio LI, page 56. — etc., etc.*

BONIFACIUS Episcopus, servus servorum Dei. Ad perpetuam rei memoriam : Conditoris omnium immensa benignitas, rudem hominem quem post perceptionem mortiferi gustus ad perfectionem discretionis vix efferre naturalis ratio poterat, scientiarum artiumque, decrevit dogmatibus erudiri ; sicque, dono dato divinitus plurium

(1) Si l'on en croit Valadier *(Novem orationes latinæ à N. P. Andrea Valaderio, societat. Jesu sacerdote, circa antiquitates Avenionenses, Avenione publicatæ 1600 : oratio sexta de veteri academia Avenionensium),* l'étude des lettres et des sciences florissait à Avignon, bien avant la fondation de son Université Entre autres preuves, il cite une loi tirée des statuts de la ville de 1243, et disant : *Statuimus ad conservandam libertatem civitatis, quod quilibet possit libere in hac civitate legere et tenere scholas artis grammaticæ et quascumque alias et si aliqua persona ausu temerario contra hoc statutum venire tentaverit, vel aliquid machinari, arbitrio curiæ puniatur.*

Dès cette époque de la République avignonaise, et peu après la

ydiomata nationum sub diversarum linguarum varietate diffusa in unum conveniunt loquendi commercium latinitatis ordine litteralis ; sic gesta patrum et principum redacta sunt et rediguntur in munimenta librorum ; sic veri et falsi certamina certis rationibus et argumentis probabilibus dirimuntur ; sicque generationis et corruptionis corporum uni-

---

guerre des Albigeois, le cardinal Sancti-Angeli ordonna, à la suite du siège de 1226, que la ville prendrait annuellement sur ses fonds la somme de *80 livres tournois*, qui seraient donnés annuellement à un docteur en théologie qui enseignerait publiquement la science des choses divines ; une autre somme était mise à la disposition de l'évêque pour entretenir douze auditeurs en théologie, pauvres et sans ressources (voir Fantoni, *Istoria d'Avignone*, tom. II, p. 99). Nul doute que dès lors aussi la ville n'eût ses chaires de droit, de philosophie et d'éloquence, qui en somme n'étaient, à cette époque, que les humbles servantes de la théologie, mais sans lesquelles cette dernière ne pouvait, à proprement parler, exister.

C'est à cette même période que se rapporte un document que l'on trouve dans les *preuves* de l'histoire de Provence, de Papon, tome II, et qui fait voir qu'Avignon avait alors des jurisconsultes et des théologiens éminents. Ce document, qui porte la date du 22 juillet 1235, indique, à propos des erreurs des Albigeois, *quels sont ceux, de l'avis des jurisconsultes d'Avignon, que l'on doit regarder comme hérétiques*. Les jurisconsultes et les théologiens cités dans cette pièce, sont : frère Jean, prieur des Frères Prêcheurs d'Avignon, Bertrandus Gavallius, Bertrandus Guillelmi, Guillelmus Ysnardi. Tous les quatre y sont qualifiés de *jurisperiti*.

Sous Charles II, Avignon possédait des chaires de jurisprudence et une *académie de droit civil,* dans laquelle professait Pierre de Belle-Perche, savant jurisconsulte, qui fut plus tard garde des sceaux de Philippe-le-Bel. A ce moment aussi, les Avignonais avaient pour évêque Jean d'Ossa (le futur Jean XXII), théologien éminent, et qui fut véritablement l'ami de la science et des savants, comme on l'appelait. Boniface VIII trouva donc un terrain admirablement préparé pour ériger l'Académie d'Avignon sur de nouvelles bases et la transformer en *Université.*

Si l'on s'en rapportait aux registres mêmes de l'Université, la véritable date de cette bulle serait des calendes de Juillet 1302. On lit en effet en marge de cette bulle reproduite au D. 15 : *Bonifacius VIII fuerat creatus in vigilia Nativitatis 1294 ;* ce qui donnerait bien 1302 pour l'année 9e du pontificat de ce pape.

versorum implicitas, elementorum qualitate discernitur ; sic etiam vocum sonoritas pari concordia prodit in jubilum et e documento colligitur, qualiter in divinis obsequiis modulacione musica, Domino serviatur; sic terminorum extrema scolastica doctrina metitur quaslibet longitudinis et latitudinis, sublimitatis et profundi distancias punctorum, seu mensurarum connumeratione distinguens; sic de supernorum essenciâ corporum, prout moventur et consistunt, in ordine philosophiæ perscrutatio arte nititur habere noticiam : licet sit res intellectu difficilis et aciem rationis humanæ transcendat; sic datur juris utriusque cognitio, querella jurgiosa dirimitur et quod suum est reditur unicuique ; sic quoque ad sacrarum acceditur altitudinem scripturarum et elicitur vivificans spiritus de littere visceribus occidentis. Expedit igitur singulis regionibus orthodoxis, ut in eis viri habeantur industres, litterarum decori, scienciis et virtutibus presigniti, ut singula sic ipsorum consiliis providis et consulta providencia dirigantur, quod earum incolæ sub rectitudinis observancia gloriosi vivant et regnent et quietis beatitudine gratulentur Tales siquidem viros infusa eis cœlitus gracia litterale studium efficit, parvulos suavitatis lactans dulcedine, cibans adultos uberius, et provectos majoris ubertatis delectatione fecundans, dum circa ipsam studiosa sedulitate versantur. De hiis profecto non indigne accipitur quod refulcit sol in clipeos aureos, quia sunt justiciæ defensores, facta causarum ambigua dirimentes, qui suæ deffensionis viribus in rebus publicis et privatis lapsa erigunt, fatigata reparant, nec minus humano generi per scienciarum cooperationem provident, quam si preliis atque vulneribus patriam, parentesque salvarent ac justiniana sanctio non solum illos imperio militare decrevit qui gladiis, clipeis et thoracibus muniuntur, sed alios qui presidio gloriosi muniminis laborantium spem, vitam, posterosque defendunt, ne potentiorum manus validior afficiat humiliores injuriis, prematque jacturis clipeo justiciæ non adjutos, tales utique clipeos aureo titulo merito presignivit auctoritas; cum per aurum virtutum nobilitas, et per scutum fortitudo fidei designentur. Habet enim sciencia incomparabiles thesauros deliciarum, omniumque bonorum gratiam largitur ad plenum.

Nos itaque profectibus publicis ex debito pastoralis officii cui, dante Domino, presidemus, efficacibus studiis intendentes, ingenti utique desiderio ducimur et cura propentioris solicitudinis excitamur, ut studia litterarum per quæ scientiarum thesaurus acquiritur ac ad spiritualis et temporalis gaudii gloriam pervenitur, laudabilibus incrementis dirigantur ubilibet ac propensius invalescant, et in illis potissime locis et partibus quæ idonea et accommoda fore noscuntur *ad multiplicanda doctrinæ semina et germina salutaria producenda.*

Cum itaque Avinionensis civitas ob ipsius commoditates et conditiones quam plurimas habilis et apta non modicum hujusmodi studio censeatur : Nos pro utilitate publica credentes multipliciter expedire, ut in civitate predicta cultores sapientiæ inserantur, fructum uberem, largiente Domino, in tempore producturi, presentium auctoritate concedimus ut in civitate prefata sit et habeatur de cetero *litterarum studium generale* in quo magistri doceant et scolares libere studeant et audiant in quavis licita facultate, ac si qui processu temporis in eodem studio fuerint qui scientiæ bravium assecuti, sibi docendi licentiam ut alios licenter erudire valeant, petierint exhiberi, sancimus ut in *jure canonico et civili* ac in *medicina* et *liberalibus artibus* examinari possint ibidem et in facultatibus ipsis dumtaxat, *magisterii titulo* decorari. Statuentes ut quotiens ad id aliqui fuerint promovendi, *presententur Avinionensi episcopo* pro tempore existenti, qui magistris facultatis illius in qua examinatio fuerit facienda in eodem studio presentibus convocatis, eos gratis et difficultate sublata qualibet, de scientia, facundia, modo legendi, et aliis quæ in promovendis ad doctoratus seu magisteriatus officium requiruntur examinare studeat diligenter, et illos quos ydoneos repererit, petito *secrete* magistrorum eorumdem consilio, quod utique consilium in ipsorum consulentium dispendium vel jacturam revelari quomodolibet sub divinæ maledictionis interminatione, districtius prohibemus, approbet et admittat, eisque petitam licenciam largiatur: Alios minus ydoneos penitus repellendo, postpositis omnino gratia, odio vel timore. Ceterum, ne *vacante sede* Avinionense contingat volentes promoveri ad magisterium impediri, volumus ut promovendi hujusmodi vacationis tempore, *præposito Avinionensis ecclesiæ* præsententur qui eos examinet et examinatos approbet vel reprobet secundum modum in episcopo prætaxatum. Illi autem qui in civitate predicta examinati et approbati fuerint ac docendi licenciam obtinuerint, ut est dictum, ex tunc absque examinatione vel approbatione alia regendi et docendi ubique, in facultate illa in qua fuerint approbati plenam et liberam habeant facultatem nec a quoquam valeant prohiberi. Sane, ut rite in jamdictis examinationibus procedatur, præcipimus ut magistri regere in eodem studio cupientes, antequam incipiant, *prestent publice juramentum* quod ipsi vocati ad examinationes easdem, *personaliter venient, nisi fuerint legitimo impedimento detenti et gratis, sine difficultate, odio et amore postpositis, dabunt examinatori fidele consilium ut de examinatis digni approbari debeant et indigni merito reprobari.* Qui vero juramentum hujusmodi prestare noluerint, nec ad legendum nec ad examinationes easdem nec etiam ad aliqua universitatis ipsius studii commoda vel beneficia ullathenus admittantur ; ut autem doctores et scolares predicti eo liberius valeant intendere studio ac proficere in eodem, quo se munitos agnoverint, gratia et favore eis, auctoritate predicta, concedimus, ut dum hujusmodi studio, docendo vel audiendo, duxerint insistendum, *omnibus privilegiis, libertatibus et immunitatibus concessis doc-*

toribus et scolaribus in studiis generalibus commorantibus gaudeant et utantur. Nulli ergo omnino hominum liceat hanc paginam nostræ concessionis, sanctionis, statuti, voluntatis et præcepti infringere, vel ei ausu temerario contraire. Si quis autem hoc attemptare presumpserit, indignationem omnipotentis Dei et beatorum Petri et Pauli apostolorum eius se noverit incursurum.

Datum Anagniæ kalendarum julii, pontificatus nostri anno nono.

II

Regiæ litteræ Karoli secundi, Regis Jerusalem et Siciliæ, fundationis ac concessionis privilegiorum et libertatum Universitatis studii Avinionis (1).

(5 maii, anno 1303)

Original parchemin scellé d'un sceau de cire rouge sur lacs de soie jaune et rouge : Archives municipales, *boîte 5*. — Vidimus parchemin, mais dépourvu du sceau qui y était appendu : Archives de l'Université, *D. 2*. — Vidimus sur parchemin, dressé en *1412* : Id. *D. 2*. — Simples copies : Archives de l'Université, *D. 3, fol. 5, et D. 13, fol. 106*. — Bullarium civitatis Aven., constitutio LII, *pag. 58*.

Carolus secundus, Dei gratia Rex Jerusalem et Siciliæ, ducatus Apuliæ et principatus Capuæ, Provinciæ et Forcalquerii comes, universis presens privilegium inspecturis tam presentibus quam futuris : intellectualis virtus. Optanda scientia si naturaliter ut profectum animæ rationabilis appetitur, ex consequentia studium prudenter amatur, per cu-

---

(1) Le *Bullaire* d'Avignon indique cette charte à la date du 5 mai 1033 ; c'est une erreur typographique qu'il suffit de signaler pour la faire disparaître. Certains auteurs, Fantoni entre autres (tom II, pag. 122), admettent, au contraire, celle du 5 mai 1304, sous prétexte que, si la charte était réellement du 5 mai 1303, comme le portent généralement les diverses copies de ce document, elle aurait précédé l'érection de l'Université par Boniface VIII. M. Courtet fait même remarquer, pour justifier l'opinion de Fantoni (Jules Courtet, *De l'état ancien de l'instruction publique dans Vaucluse*. — *Bulletin historique et archéologique de Vaucluse*, pag. 453, année 1879), que cette pièce étant datée du 5 mai 1re indiction, 19e année du règne de Charles II, correspond bien à l'année 1304, ce prince ayant commencé à régner en 1285.

Nous ne pouvons nous ranger à cet avis. Outre qu'on s'accorde généralement à faire commencer le règne de Charles II à l'année 1284, la

jus solertes tramites ipsius meta virtutis attingitur, et regulatur provide humanorum actuum lucida disciplina. Sane, ut in Avinionense studio ad cujus augmentum plenis aspiramus affectibus, crescant fecunda propagine virtutum filii et doctrinæ, ad supplicationis instantiam, consilii et communis civitatis Avinionensis ac universitatis doctorum et scolarium studii memorati per Bertrandum de Montiliis militem et familiarem et magistrum Bernardum de Vallebona decretorum doctorem, dilectos fideles nostros ambassatores eorum, devotius nobis factam, subscripta eis presentis privilegii tenore, *concedimus et volumus in eodem studio inviolabiliter observari videlicet : quod in lectura utriusque juris ordinaria, baccalarii cum doctoribus in ipso studio non concurrant. Quodque hospicia dictæ terræ locanda doctoribus et scolaribus studii memorati, taxentur per tres viros ydoneos et expertos, quorum unus per universitatem civitatis ipsius, alius per universitatem doctorum et scolarium eorumdem, et tertius per nostram curiam statuantur, cujus*

charte originale que nous avons eue entre les mains, et que possèdent les Archives municipales, porte en toutes lettres la date du 5 mai 1303, année 19º du règne de Charles II De plus, l'authenticité de cette date devient évidente par ce fait que déjà en 1302 les consuls d'Avignon, afin d'avoir de bons lecteurs dans leur Académie, obtinrent de ce même roi une première charte par laquelle les écoliers d'Avignon pourraient prendre de l'argent à intérêt des marchands, malgré l'edit qu'il venait de donner contre les prêteurs à intérêt. La guerre de Naples, dit Papon, ayant rendu l'argent très-rare en Provence, le roi Charles II, qui avait fait un edit contre les usuriers, permet aux écoliers de l'Université d'Avignon de choisir un banquier de concert avec les professeurs, qui eut seul le droit de leur prêter à intérêt (Voir Nostradamus, *Histoire de Provence*, pag. 316 — Id Papon, tom. III. pag. 103). Or cette charte rapportée dans Papon aux *Preuves*, chap. XXX porte la date non contestée du 21 octobre 1302 et de l'année 18º du règne de Charles II. Reste à savoir maintenant si l'on veut adopter avec l'Université la date de 1302 comme étant celle de sa création par Boniface VIII; auquel cas l'objection de Fantoni et autres historiens tomberait *ipso facto*.

tertii arbitrio sive dicto, aliis duobus forsitam discordantibus, in taxationibus hujusmodi stetur indubie et efficaciter pareatur. Et ut dicti scolares intendant liberius, vacentque quietius studio memorato expressa et inviolabili jussione mandamus quod : *nullus officialis curiæ nostræ vel civis ejusdem terræ, scolares et stationarios ac scriptores eorum et quoslibet alios alienigenas ratione, seu causa scolarium morantes ibidem trahat, vel compellat improbe ad angariam vel exactionem, quistam vel taliam, seu servitium personale pro negociis nostræ curie vel civitatis ipsius, nec de rebus quæ transmittuntur per nuntios vel venduntur scolaribus pro usibus et necessitatibus eorumdem : jus aliquod pedagii, sextaralagii aud lesde solvatur* Ut autem ad idem studium ad quod, exceptis romane ecclesie et nostris hostibus, invitamus placide et attente universos scolares et singulos de partibus quibuscumque, *accessus et recessus securus habeatur et liber comitatuum nostrorum Provinciæ et Forcalquerii, gremium atque protectionem, undecumque venire voluerint et quandocumque reverti, scolaribus et accedentibus omnibus cum rebus, peccunia et supellectilibus ad eosdem in omnibus ingressibus et regressibus* tam benigne quam liberaliter aperimus, favoris et protectionis nostræ presidium pollicentes eisdem. Et quia indulta principum decet esse mansura, decernimus quod quicunque pro tempore fuerit in *vicarium Avinionensem* assumptus, in ingressu ejusdem officii *juret servare et observari facere, quantum ad ejus spectabit officium, privilegia omnia et singula per nostram curiam dicto studio jam concessa et in anthea concedenda.* Subvicarius vero et alii nuncii curiæ Avinionensis jurent singulis annis in principio studii in manibus vicarii memorati, presentibus doctoribus et aliquibus ex scolaribus antedictis quod *doctores et scolares ipsos in personis et rebus eorum aliquathenus indebite non offendant, nec eis minus juste inferant injuriam, molestiam vel gravamen ;* jurent-

que similiter illis servare privilegia singula supradicta et quod contra illorum seriem nihil penitus attemptare presumant. Quod si forte in hiis transgressores extiterint, vicarius dictæ terræ trangressores hujusmodi, eorum privet officiis, et alios ipsorum loco subroget sufficientes et ydoneos, sicut decet. Presentis igitur privilegii nostri auctoritate, decernimus et mandamus expresse omnibus officialibus et personis aliis comitatuum predictorum, quod contra predicta, vel aliqua predictorum, quæ accurata volumus diligentia omnino servari, temerariis ausibus nullus penitus obviet, vel venire presumat. Quod qui fecerit, tamquam sacræ ordinationis nostræ transgressor, ut sacrilegii reus, obnoxius meritæ penæ subjaceat, et ab arbitrali mulcta principis se sentiat non expertem ; in cujus rei testimonium, futuramque memoriam et cautelam presens privilegium nostrum exinde fieri et pendenti majestatis nostræ sigillo jussimus communiri.

Datum Neapoli per manus Bartholomei de Capua militis logothete (1) et prothonotarii Regni Siciliæ, anno Domini millesimo trecentesimo tercio, die quinto maii, primæ indictionis ; regnorum nostrorum anno decimo nono.

(1) Logotheta id est protosecretarius. Cf. Ducange.

III

Bulla domini Urbani papæ quinti, directa consulibus et populo civitatis Avinionensis de fructibus beneficiorum percipiendis a studentibus in Universitate etsi a beneficiis sint absentes et hoc per quinquennium (1).

(VII Kalend. aprilis 1366).

Original parchemin, scellé d'une bulle de plomb sur lacs de soie jaune et rouge : Archives municipales. *boîte 5.*

URBANUS episcopus servus servorum Dei. Dilectis filiis, communi et populo civitatis Avinionensis salutem et apostolicam benedictionem. Singularis devotionis affectus quem ad nos et Romanam geritis ecclesiam, promeretur ut vos et civitatem Avinionensem, ad nos et eamdem ecclesiam nullo medio pertinentem, in qua generale studium vigere dinoscitur, gratiis et favoribus attollamus et quæ ad utilitatem et commodum in studio ipso studentium redundare valeant, affectu benivolo concedamus. Hinc est quod nos, volentes vos et civitatem ipsam apostolicis favoribus honorare ac personis in eodem studio studentibus, ut studium ipsum, auctore Domino, continuum suscipiat incremen-

---

(1) Un autre original de la même bulle, mais adressée cette fois aux doyens des chapitres de St-Agricol et de St-Pierre, se trouve également ment aux *Archives municipales,* boîte 5.
On trouve encore, même boîte, une autre bulle d'Urbain V, de juillet 1366, renouvelant en faveur des écoliers, étudiants en droit, et possédant bénéfices, l'autorisation de percevoir les fruits de leurs bénéfices et d'en jouir pendant tout le temps qu'ils liront ou étudieront à Avignon, pourvu qu'ils ne soient pas prêtres. Cette bulle est, à peu de choses près, la reproduction de celle que nous donnons ici.

tum, gratiam impertiri, vestris supplicationibus inclinati, omnibus magistris, doctoribus et scolaribus in eodem studio studentibus concedimus ut *usque ad quinquennium* a data presentium computandum, *fructus, redditus et proventus omnium beneficiorum suorum ecclesiasticorum, quæ obtinent in quibusvis ecclesiis sive locis vel infradictum quinquennium obtinebunt etiam si canonicatus et prebendæ ac dignitates, personatus vel officia existant et curam habeant animarum,* cum ea necessitate hujusmodi studio insistendo, licite percipere valeant, cotidianis distributionibus dumtaxat exceptis, cum quas illi perciperent, si in dictis ecclesiis vel locis personaliter residerent, nec ad residendum in eis aliquatenus teneantur, neque ad id a quoquam inviti valeant coarctari, non obstantibus si dicti magistri doctores vel scolares in dictis ecclesiis seu locis primam non fecerint personalem residentiam consuetam, seu aliis quibuscunque statutis et consuetudinibus ecclesiarum ipsarum in quibus beneficia hujusmodi forsan fuerint, contrariis juramento, confirmatione apostolica vel quacumque firmitate alia roboratis, etiam si de illis servandis et non impetrandis litteris apostolicis et ipsis litteris non utendo, etiam ab alio vel aliis impetratis, prefati magistri doctores seu scolares prestiterint vel eos prestare contigerit in posterum forsitan juramentum ; seu si locorum ordinariis ab eadem sit sede concessum vel in posterum concedi contingat quod, canonicos et personas ecclesiarum suarum civitatum et diocesum etiam dignitates, personatus vel alia quecunque beneficia ecclesiastica in eis obtinentes per substrationem suorum ecclesiasticorum proventuum vel alias compellere valeant ad residendum personaliter in eisdem, aut si eisdem ordinariis et dilectis filiis capitulis dictarum ecclesiarum vel quibusvis aliis, communiter vel divisim a prefata sit sede indultum, vel forsan in posterum indulgeri contingat quod, canonicis et personis eorumdem ecclesiarum etiam dignitates, personatus seu alia beneficia inibi obtinentibus et non residentibus vel qui hujusmodi primam in eisdem ecclesiis seu locis non fecerint personalem residentiam consuetam, fructus, redditus et proventus canonicorum et prebendarum ac dignitatum, personatuum et beneficiorum suorum ministrare, in absentia minime teneantur et ad id compelli non possint per litteras apostolicas, non facientes plenam et expressam ac de verbo ad verbum de indulto hujusmodi mentionem, et quibuslibet privilegiis et litteris apostolicis generalibus vel specialibus quorumcumque tenorum existant per quæ presentibus non expressa vel totaliter non inserta, effectus hujusmodi nostræ gratiæ impediri valeat quomodolibet, vel differri et de quibus quorumcumque totis tenoribus in nostris litteris habenda sit mentio specialis, proviso quod beneficia hujusmodi debite interim non fraudentur obsequiis et animarum cura in eis quibus illa imminent, nullatenus negligatur, sed per bonos et sufficientes vicarios, quibus de beneficiorum ipsorum proventibus necessaria congrue ministrentur, utiliter exerceatur et deserviatur inibi laudabiliter in divinis.

Nulli ergo omnino hominum liceat hanc paginam nostræ concessionis infringere vel ei ausu temerario contraire. Si quis autem hoc attemptare presumpserit indignationem omnipotentis Dei et beatorum Petri et Pauli Apostolorum ejus se noverit incursurum.

Datum Avinione, VII kalendarum aprilis, Pontificatus nostri anno quinto.

IV

Bulla domini Urbani papæ quinti confirmationis omnium libertatum et exemptionum, secularium exactionum per Pontifices, Reges et principes concessorum Universitati Avinionensi.

(Kalend. aprilis 1366).

Original parchemin scellé d'une bulle de plomb sur lacs de soie jaune et rouge : Archives municipales, *boîte 5, pièce 136 ;* — vidimus parchemin (*15 février 1412*) : Archives de l'Université, D. 2 ; — copie papier : Mêmes archives, D. 13, *fol. 126 ;* — *id.* Bullarium civitatis Aven. constitutio LVI, *pag. 63.*

URBANUS Episcopus, Servus servorum Dei. Dilectis filiis universis doctoribus et scolaribus in studio Avinionense convenientibus : salutem et apostolicam benedictionem. Cum a nobis petitur quod justum est et honestum, tam vigor equitatis, quam ordo exigit rationis ut id per sollicitudinem nostri officii ad debitum perducatur effectum. Ea propter, dilecti in Domino filii, vestris justis supplicationibus grato concurrentes assensu, *omnes libertates et immunitates a predecessoribus nostris romanis pontificibus, sive per privilegia, sive per alias indulgentias vobis et generali studio Avinionensi concessas, necnon libertates et exemptiones secularium exationum a Regibus et principibus et aliis Christi fidelibus vobis et studio predicto indultas : Vobis et per nos eidem studio auctoritate apostolica et certa sciencia confirmamus, et presenti scripti patrocinio communimus.* Nulli ergo omnino hominum liceat hanc paginam nostræ confirmationis et communicationis infringere vel ei ausu temerario contraire. Si quis autem hoc attemptare presumpserit indignationem omnipotentis Dei et beatorum Petri et Pauli apostolorum ejus se noverit incursurum.

Datum Avinione septimo kalendarum aprilis, pontificatus nostri anno quinto.

V

Bulla domini Urbani papæ quinti, contra satagentes et habere volentes Rectorem, pro confirmatione primicerii.

(15 Kalend. aprilis 1367.)

Original parchemin sans bulle : Archives municipales, *boîte 5.* — *Vidimus parchemin sans sceau (28 février 1446) :* Archives de l'Université, D. 2. — *Copie :* Mêmes archives, D. 13, *fol. 126, verso.* — *Autre copie :* Archives départementales, *Liber homagiorum,* B. 7, *fol. 46, recto.*

URBANUS Episcopus servus servorum Dei. Venerabili fratri Philipo, patriarchæ Jerosolimitano pro nobis et Ecclesia Romana, civitatis Avinionensis rectori, salutem et apostolicam benedictionem. Cum, sicut fideli relatione percepimus, inter dilectos filios doctores et scolares studii Avinionensis ex eo, questio sit exorta quod : doctores per unum ex eis primicerium appellatum, secundum antiquam consuetudinem dicti studii, scolares vero prefati per unum ex ipsis appellandum rectorem et per ipsos eligendum, sicut fit in nonnullis aliis studiis, asserunt debere regi studium prelibatum. Nos hujusmodi concertationem ex qua studium perturbatur et deterioratur prefatum tolli celeriter cupientes, nec volentes ejusdem studii consuetudinem immutare : fraternitati tuæ per apostolica scripta mandamus, *quathenus antiquam consuetudinem dicti studii super hoc facias inviolabiliter observari*, contradicentes per censuram ecclesiasticam appellatione postposita compescendo. Non obstantibus si aliquibus communiter vel divisim a sede apostolica indultum existat, quod interdici, suspendi vel excommunicari non possit, per litteras apostolicas non facientes plenam et expressam ac de verbo ad verbum de indulto hujusmodi mentionem.

Datum Rome apud sanctum Petrum, decimo quinto kalendarum aprilis, pontificatus nostri anno sexto. De curia, G. Morus.

VI

Bulla domini Gregorii papæ undecimi, de fructibus beneficiorum præter distributiones quotidianas, ab ecclesiasticis etiam curam animarum habentibus, in absentia percipiendis, dummodo Avinione studeant vel legant, et hæc per quinquennium (1).

(IX Kalendarum julii 1371)

Original parchemin scellé d'une bulle de plomb sur lacs de soie rouge et jaune : Archives municipales, *boîte 5.*

GREGORIUS Episcopus, Servus servorum Dei. Dilectis filiis priori Sancti Orientii Auxitanensis et preposito majori ac decano Sancti Agricoli Avinionensium ecclesiarum salutem et apostolicam benedictionem. Dum attente considerationis indagine perscrutamur quod per litterarum studia, cooperante illo a quo universorum carismatum dona manant, viri efficiuntur scientiis eruditi, per quas equum ab iniquo discernitur, erudiuntur rudes, provecti ad altiora concrescunt et fides catholica roboratur, libenter non

---

(1) On trouve dans la même boîte :
Bulle de Grégoire XI adressée au prévôt et doyen de St-Agricol et à l'archiprêtre de St-Didier, portant que les ecclésiastiques étudiants à l'Université jouiront du fruit de leurs bénéfices pendant douze ans. — *Original parchemin* (10 Kalend. de Septembre 1379).
Autre bulle du même pape adressée aux susdits, conseil et communauté d'Avignon, portant que les ecclésiastiques étudiants à l'Université jouiront des fruits de leurs bénéfices pendant cinq années. — *Original parchemin* (10 Kalend. de Septembre 1379).
Ces bulles, semblables à celle que nous donnons, n'en diffèrent que par la durée de la concession du privilège.

solum loca ubi hujusmodi pollent studia, sed studentes in eis munimus gratiis et libertatibus apostolicis roboramus. Dilectorum itaque filiorum universorum doctorum, magistrorum et scolarium studii Avinionensis supplicationibus inclinati, ipsis et eorum singulis, auctoritate litterarum nostrarum indulsimus ut *in dicto studio Avinionensi legendo vel studendo, fructus, redditus et proventus beneficiorum suorum ecclesiasticorum quæ tunc obtinebant et,'in posterum ipsos contingeret obtinere, etiam si canonicatus et prebendæ ac dignitates, personnatus aut officia existerent et curam haberent animarum dummodo in cathedralibus, post pontificales majores et in collegiatis ecclesiis principales dignitates, hujusmodi non existerent, usque ad quinquennium a data ipsarum nostrarum litterarum computandum, cum ea integritate libere percipere valerent, cotidianis distributionibus dumtaxat exceptis, cum qua, illas perciperent si in ecclesiis in quibus beneficia ipsa consistunt personaliter residerent, et ad residendum interim in eisdem ecclesiis minime tenerentur, neque ad id a quoquam valeant coarctari inviti.* Non obstantibus si in dictis ecclesiis, primam non fecerint personalem residentiam consuetam et quibuscumque statutis et consuetudinibus ipsarum ecclesiarum contrariis, juramento, confirmatione apostolica, vel quacumque alia firmitate vallatis ; etiam si de illis servandis et non impetrandis litteris apostolicis contra ea, et ipsis litteris non utendo etiam ab eis vel alio seu aliis impetratis aut alias quovismodo concessis, per ipsos vel procuratores suos prestiterint, vel ipsos in posterum prestare contigerit forsitan juramentum ; seu si locorum ordinariis a sede apostolica sit indultum vel interim indulgeri contingat quod canonicos et personas ecclesiarum suarum, civitatum et diocesum, etiam in dignitatibus vel personatibus, seu officiis constitutos, per substractionem proventuum suorum ecclesiasticorum vel alias compellere valeant ad residendum personaliter in eisdem ; aut si eisdem ordinariis et dilectis filiis capitulis earumdem ecclesiarum, vel quibusvis aliis communiter vel divisim, a prefata sede indultum existat, vel, medio tempore, contigerit indulgeri, quod ipsarum ecclesiarum canonicis et personis, etiam in dignitatibus vel personatibus, seu officiis constitutis non residentibus in eisdem, vel qui hujusmodi primam in eis residentiam non fecissent, fructus, redditus et proventus canonicatuum et prebendarum ac dignitatum, personatuum, officiorum et aliorum beneficiorum suorum dictarum ecclesiarum, ministrare mimine teneantur et ad id compelli non possint per litteras apostolicas non facientes plenam et expressam ac, de verbo ad verbum, de indulto hujusmodi mentionem et quibuscumque privilegiis, indulgentiis et litteris apostolicis generalibus vel specialibus, quorumcumque tenorum existant, per quæ litteris nostris non expressa vel totaliter non inserta effectus earum impediri valeat quomodolibet, vel differri, et de quibusquorumque totis tenoribus plena et expressa habenda sit in eisdem litteris nostris mentio specialis ; proviso quod beneficia hujusmodi debitis interim non fraudentur obsequiis et animarum cura in eis, quibus illa imminet, nullatenus negligatur, sed per bonos et sufficientes vicarios quibus de beneficiorum ipsorum proventibus necessaria congrue ministrentur, diligenter exerceatur et deserviatur inibi laudabiliter in divinis. Quocirca discretioni vestræ, per apostolica scripta mandamus, quatenus vos-vel duo aut unus vestrum, per vos vel alium seu alios eisdem doctoribus, magistris et scolaribus, vel procuratoribus suis eorum nomine, dictos fructus, redditus et proventus faciatis juxta hujusmodi concessionis nostræ, tenorem per dictum quinquennium integre ministrari. Non obstantibus omnibus supradictis, seu si eisdem ordinariis et capitulis vel quibusvis aliis communiter vel divisim ab eadem sit sede indultum quod interdici, suspendi vel excommunicari non possint per litteras apostolicas non facientes plenam et expressam ac, de verbo ad verbum, de indulto hujusmodi mentionem, contradictores auctoritate nostra, appellatione postposita, compescendo. Nulli ergo omnino hominum liceat hanc paginam nostræ concessionis infringere vel ei ausu temerario contraire. Si quis autem hoc attemptare presumpserit, indignationem omnipotentis Dei et Beatorum Petri et Pauli Apostolorum ejus se noverit incursurum.

Datum Avinione nono kalendarum julii, pontificatus nostri anno secundo.

VII

Bulla domini Gregorii, papæ undecimi, confirmatoria bullæ domini Urbani papæ quinti, pro primicerio, quod sit caput Universitatis contra, habere volentes Rectorem (1).

(10 Kalend. septembris 1376).

Vidimus parchemin dépourvu de sceau, du *28 février 1446*: Archives de l'Université, D. 2 ; — *copies :* Mêmes archives, D. 3, *fol. 8, et* D. 13, *fol. 127.*

GREGORIUS Episcopus, servus servorum Dei. Venerabili fratri Johanni episcopo Sabiniensi, in civitate nostra Avinionensi et nonnullis aliis locis nostris, nostro et pro Romana ecclesia, in temporalibus, vicario generali salutem et apostolicam benedictionem. Cum, sicut fideli rela-

(1) On lit dans Cadecombe *(Nova disquisitio legalis, etc. ; caput XXIII de privilegiata jurisdictione, § 37)* : « Orta controversia circa electionem primicerii scholares inter et doctores de collegio, illam ad doctores de collegio pertinere declaravit (Urbanus V), constitutione sub dat. X kalend. aprilis, pontificatus anno VI. Quæ controversia renovata sub Gregorio XI, ejus successore, de qua mentionem facit *Castrens. in libr. fin. 6 de jurisdict.*, fuit terminata per aliam constitutionem Gregorii XI, sub dat. kal. sept, pontificatus anno VI, in qua primicerius collegii declaratur caput Universitatis contra volentes rectorem. »

Dans la plupart des Universités, c'était en effet au recteur qu'appartenait l'autorité souveraine. C'était lui qui, premier membre du corps, avait la préséance sur les docteurs, licenciés, bacheliers et suppôts, quels que fussent leur état, leur condition, leur dignité, leur grade et leurs privilèges ; il fixait l'ordre et le lieu des exercices, la durée des leçons de chaque professeur ; il devait veiller au bon ordre et au bon régime de l'Université, tant au point de vue financier que moral,

tione percepimus, inter dilectos filios doctores et scolares studii Avinionensis ex eo questio sit exorta quod : doctores per unum ex eis primicerium appellatum, secundum antiquam consuetudinem dicti studii, scolares vero prefati per unum

disposant des deniers communs, ayant juridiction de première instance sur tous les membres, et étant seul chargé de la police intérieure. C'était lui enfin qui pourvoyait aux offices inférieurs, nommait le garde des sceaux, le secrétaire, les bedeaux de l'Université. Or, ce recteur, chef incontesté de l'Université ne pouvait être élu que parmi les écoliers. Voilà ce que voulaient aussi les écoliers d'Avignon ; mais il est facile de comprendre les abus et les scandales qui devaient résulter d'une pareille organisation. Qu'on nous permette à ce sujet de citer quelques passages du livre de l'abbé Nadal, sur l'Université de Valence, Université dont le recteur, en vertu des statuts rédigés en 1490, par Adhemar de l'Orme, et rendus obligatoires, était nommé par les écoliers et pris parmi eux :

« C'était là sans doute, dit l'abbé Nadal, pour les nombreux jeunes gens qui suivaient les cours universitaires, un honneur, un témoignage de confiance, mais ce fut aussi pour eux fréquemment une source d'abus et de désordre, car l'intrigue, la corruption « *par argent et butin* » élevèrent parfois à la dignité de recteur des candidats qui n'avaient aucune des capacités exigées par les statuts. » L'abbé Nadal cite encore à l'appui de son dire l'extrait suivant d'une délibération des docteurs, en date du 1er décembre 1657 : « Le doyen propose que l'Université a reconnu depuis longues années le préjudice que le rectorat, qui a esté conféré d'après les statuts à un escholier, a rapporté à ladicte Université, et les maux et désordres en ont été si grands, qu'ils ont entièrement fait déserter lesdits écholiers, ainsi qu'il est notoire. » Le même auteur reproduit encore une supplique adressée le même jour au Parlement de Grenoble, dans laquelle on voit que l'Université avait enfin résolu « d'empêcher le désordre dont plusieurs plaintes avaient esté portées pour la création d'un recteur escholier, laquelle donnait toujours aux étudiants l'occasion de faire des débauches et détournait ceux qui avaient dessein d'y venir pour faire leurs études. » (Abbé Nadal : *Histoire de l'Université de Valence ;* Valence, Marc Aurel, éditeur, 1861).

Ce qui se passait à Valence avait aussi lieu dans les autres universités ; il ne tiendrait qu'à nous de multiplier les preuves. Aussi les Papes, éclairés sans doute par l'expérience, firent-ils sagement de ne pas vouloir exposer une Université, qui était plus particulièrement leur œuvre, à de pareils dangers pour son existence et sa prospérité.

ex ipsis appellandum rectorem et per ipsos eligendum sicut fit in nonnullis aliis studiis, asserunt debere regi studium prelibatum. Nos hujusmodi concertacionem ex qua studium perturbatur et deterioratur prefatum tolli celeriter cupientes, nec volentes ejusdem studii consuetudinem immutare, ad instar felicis recordationis Urbani papæ quinti, predecessoris nostri, fraternitati tuæ, per apostolica scripta mandamus *quatenus antiquam consuetudinem dicti studii super hoc facias inviolabiliter observari*, contradictores per censuram ecclesiasticam, appellatione postposita, compescendo, non obstantibus si aliquibus communiter vel divisim a sede apostolica indultum existat, quod interdici, suspendi vel excommunicari non possint per litteras apostolicas non facientes plenam et expressam ac, de verbo ad verbum, de indulto hujusmodi mentionem.

Datum Avinione, decimo kalendarum septembris, pontificatus nostri anno sexto. G. Quintini.

VIII

Bulla domini Gregorii papæ undecimi, episcopo Sabiniensi, et Guillelmo, cardinali sancti Vitalis, pro omnibus causis Avinionensium civium tam ecclesiasticis quam laicis per illos examinandis et judicandis (1).

(15. Kalend. octobris 1376).

Original parchemin scellé d'une bulle de plomb sur lacs de soie rouge et jaune : Archives municipales, *boîte 13, pièce 440.*

GREGORIUS Episcopus, servus servorum Dei. Venerabili fratri Johanni, episcopo Sabiniensi, in civitate nostra Avinionensi et nonnullis aliis locis nostris, pro nobis et Romana ecclesia, in temporalibus, vicario generali ac dilecto filio Guillermo, tituli sancti Vitalis, presbytero cardinali, salutem et apostolicam benedictionem. Cum vobis et vestrum cuilibet plures et diversas causas per nos vel alios audiendas, decidendas et, sine debito, terminandas et etiam exequendas duxerimus committendas, Nos, ut causæ ipsæ tam premissæ quam vobis committendæ, donec ad partes accesserimus Italiæ commodius terminari valeant, volumus ac, tenore presentium, concedimus, *quod omnes et singulas causas tam motas quam movendas, auctoritate apostolica, coram vobis, ecclesiasticas videlicet, clericis discretis, quamvis dignitates vel personatus non obtineant,*

---

(1) L'Université d'Avignon a déjà porté ses fruits ; elle a fourni des jurisconsultes et des docteurs, et ce seront eux qui, désormais, auront à juger les causes mues ou à mouvoir entre laïcs, docteurs et écoliers. C'est en réalité le premier pas vers la *juridiction du primicier de l'Université.*

nec sint canonici ecclesiæ cathedralis, alias vero seculares causas, secularibus sive laicis doctoribus, aut aliis in jure peritis, reservata tamen vobis ecclesiastica censura, committere possitis, et in causis ipsis, remissiones ad partes, pro testibus examinandis et aliis probationibus recipiendis per vos vel alios facere et, in causis beneficialibus, lata una sententia, perinde fructus facere sequestrari, ac si ipsa sententia apud sedem apostolicam lata esset, quodque si a nobis seu a commissariis vel delegatis nostris sive ab definitiva sententia sive ab interlocutoria ac alio quocunque gravamine, semel vel pluries ad sedem contigerit apostolicam appellari alter ex vobis, a quo primo appellatum non fuerit, ipsarum appellationum causas in civitate predicta Avinionensi, tandiu aliquibus discretis committat, donec causæ ipsæ finem debitum habeant et etiam consequantur. Et insuper nostras et delegatorum nostrorum sententias executioni debitæ demandare valeatis, felicis recordationis Bonifacii papæ VIII, predecessoris nostri, ac aliis constitutionibus apostolicis contrariis quibuscunque. Nulli ergo omnino hominum liceat hanc paginam nostræ voluntatis et concessionis infringere, vel ei ausu temerario contraire. Si quis autem hoc attemptare presumpserit, indignationem omnipotentis Dei et Beatorum Petri et Pauli Apostolorum ejus se noverit incursurum.

Datum Sallone, Arelatensis diocesis, quinto decimo kalendarum octobris, pontificatus nostri anno sexto.

IX

Bulla domini Clementis papæ septimi continens quod doctores et scolares Universitatis Avinionensis, per septennium, possint fructus suorum beneficiorum percipere, nonobstantibus omnibus in contrarium faciendis (1).

(Kalend. augusti 1387)

Original parchemin, dépourvu de la bulle de plomb dont il était muni : Archives de l'Université, D. 2, n° 37. — *Deux autres originaux également dépourvus de bulle* : Mêmes archives, n°s 35 et 37 bis.

CLEMENS Episcopus, servus servorum Dei. Dilectis filiis primicerio et collegio doctorum utriusque juris generalis studii nostræ civitatis Avinionensis, salutem et apostolicam benedictionem. Sincera devotio quam ad nos et Romanam geritis Ecclesiam, necnon uberes et pretiosi scientiarum fructus quos studium Avinionense, quasi toti orbi terrarum in antea, ut verisimiliter creditur, producet, mentem nostram excitat et inducit ut petitiones vestras in his presertim quæ ipsius studii et ibidem studentium liberalitatem et utilitatem respiciunt ad exauditionis gratiam admittamus. Hinc est quod nos vestris in hac parte supplicationibus inclinati, vobis *usque ad duodecim annos, a data presentium computandos, auctoritate apostolica indulgemus quod doctores, magistri et scolares dicto Avinionensi studio insistentes, per septennium dumtaxat infra hujusmodi duodecim*

---

(1) Ce Clément VII (Robert de Genève), est le premier antipape du grand schisme d'Occident. Il n'avait que trente-six ans lorsqu'il fut opposé à Urbain VI. Il vint établir son siège à Avignon en juin 1379, après avoir été couronné à Fondi le 20 septembre précédent.

annos fructus, redditus et proventus omnium beneficiorum suorum ecclesiasticorum quæ nunc obtinent et in posterum obtinebunt, etiam si dignitates, personatus aut officia existant et curam habeant animarum, dummodo in cathedralibus post pontificales majores vel in collegiatis ecclesiis, principales dignitates hujusmodi non existant, cum ea integritate libere percipere valeant, cotidianis distributionibus duntaxat exceptis, cum qua illos perciperent, si in ecclesiis, in quibus beneficia ipsa consistunt, personaliter residerent et ad residendum interim in eisdem ecclesiis minime teneantur; neque ad id a quoquam inviti valeant coarctari. Non obstantibus si dictæ personæ in dictis ecclesiis non fecerint primam personalem residentiam consuetam et quibuscumque constitutionibus tam apostolicis quam provincialibus et synodalibus, necnon statutis et consuetudinibus ecclesiarum, in quibus hujusmodi beneficia fuerint contrariis, juramento, confirmatione apostolica, seu quacumque alia firmitate vallatis, etiam si dictæ personæ de illis servandis et non impetrandis litteris apostolicis contra ea et ipsis litteris non utendo, etiam ab aliis impetratis seu alio quovismodo concessis, per se vel procuratores suos prestiterint, vel eos in posterum prestare forsitan contigerit juramentum; seu si locorum ordinariis a sede apostolica sit indultum vel interim indulgeri contingat quod canonicos et personas ecclesiarum suarum civitatum et diocesum, etiam in dignitatibus seu officiis constitutos, per substractionem proventuum suorum ecclesiasticorum vel alias compellere valeant, ad residendum personaliter in eisdem; aut si eisdem ordinariis et dilectis filiis capitulis earumdem ecclesiarum vel quibusvis aliis, communiter vel divisim, a prefata sede indultum existat, vel, medio tempore, contigerit indulgeri quod canonicis et personis earumdem ecclesiarum etiam in dignitatibus vel personalibus seu officiis constitutis non residentibus in eisdem, vel qui hujusmodi in eis residentiam non fecerint, fructus, redditus et proventus prebendarum ac dignitatum, personatuum et officiorum et beneficiorum aliorum predictorum ministrare minime teneantur, quodque ad id compelli non possint per litteras apostolicas non facientes plenam et expressam ac, de verbo ad verbum, de indulto hujusmodi mentionem sive quibuscumque indulgentiis, privilegiis et litteris apostolicis generalibus vel specialibus quorumcumque tenorum existant, per quæ presentibus non expressa vel totaliter effectus non inserta, hujusmodi gratiæ impediri valeat quomodolibet vel differri et de quibus quorumque totis tenoribus de verbo ad verbum habenda sit in nostris litteris mentio specialis ; proviso quod interim beneficia hujusmodi debitis interim obsequiis non fraudentur et animarum cura in eis quibus illa imminet nullatenus negligatur, sed per bonos et sufficientes vicarios quibus de beneficiorum ipsorum proventibus necessaria congrue ministrentur, diligenter exerceatur et deserviatur inibi laudabiliter in divinis. Nulli ergo omnino hominum liceat hanc paginam nostræ concessionis infringere vel ei ausu temerario contraire. Si quis autem hoc attemptare presumpserit, indignationem omnipotentis Dei et beatorum Petri et Pauli apostolorum ejus se noverit incursurum.

Datum apud Castrumnovum Avinionensis diocesis, kalendarum augusti, pontificatus nostri anno decimo. Joannes de Neapoli. Joannes de Trulhacio.

X

Litteræ cardinalium Johannis, episcopi Tusculanensis, et Guilhelmi tituli sancti Stephani in Celiomonte, Universitati Avinionis super relaxatione juramenti, in favorem baccalaureorum et scholarium ejusdem Universitatis, super eo quod dicti scholares juraverant non intrare scholas doctorum legentium nec quemquam illorum audire (1).

(4 novembris 1393).

Original archemin dépourvu des sceaux des deux cardinaux ; Archives de l'Université, D. 2.

MISERATIONE divina, Johannes, episcopus Tusculanensis et Guilhelmus tituli sancti Stephani in Celiomonte presbiter sanctæ Romanæ ecclesiæ, cardinales.

(1) On l'a vu par les bulles V et VII, les écoliers constituaient déjà à cette époque un véritable pouvoir dans l'école. Fortement organisés en corporation, ayant pour eux la force numérique, ils tentèrent souvent d'avoir l'autorité et le droit, et ce ne fut pas trop de l'intervention directe des souverains pontifes eux-mêmes pour les réduire dans leurs prétentions. Hier ils réclamaient au lieu d'un primicier un recteur qu'ils nommeraient eux-mêmes à l'élection, et par deux fois les papes Urbain V et Grégoire XI sont dans la nécessité d'opposer leur *veto*. Aujourd'hui, c'est bien autre chose. Pour une cause quelconque, futile peut-être, nos écoliers ont juré de déserter les chaires de leurs régents et de faire le vide autour de leurs leçons. Peut-être que le premier mouvement de colère passé, se repentent-ils de leur conduite et regrettent-ils leur précipitation, mais leur serment n'existe pas moins et tout serment lie aux yeux de l'église. Aussi devant les écoles vides, le pape Clément VII est-il, pour ainsi dire, obligé de composer et de délier nos imprudents de leur *jurement* téméraire (Voir sur la corporation des écoliers d'Avignon la deuxième partie de ce *Cartulaire*).

Dilectis nobis in Christo licenciatis, bacallariis et scholaribus tam nobilibus quam aliis, utriusque juris studii Avenionensis salutem in eo qui est vera salus. Romani pontificis provida benignitas attente considerans quod per viros in juribus eruditos, sancta mater ecclesia multipliciter decoratur et justicia defensatur, jurium hujusmodi studiis cupientium insistere, quantum potest, salubriter occurrit dispendiis, et eorum intendit profectibus, ac materiam et impedimenta quæ possent ipsorum obviare commodis, suarumque conscienciarum lædere puritatem, et eosdem a studio subtrahere, libenter summovet atque tollit. Hinc est, quod nuper exposito sanctissimo domino nostro, domino Clementi divina providentia papæ septimo, quod vos aut aliqui vestrum, occasione cujusdam dissentionis quæ, forsan satore *zizaniæ* procurante, noviter inter vos et ejusdem studii doctores fuerat exorta, prestitistis hactenus aut fecistis juramentum quod *doctorum ipsorum ordinarie vel extraordinarie legentium in eodem studio lecturam nullatenus audiretis, nec scolas in quibus legerent intraretis ipsorum lectura durante; quodque predicti vel aliorum occasione prædicta prestitorum juramentorum, minime per vos, vel alium directe, vel indirecte relaxationem, vel super illis dispensationem, vel absolutionem peteretis aut impetraretis.* Idem dominus noster attendens quanta possint si dicta juramenta per vos observarentur, dispendia dampnaque vel incommoda pervenire vobis ac vestrum cuilibet : oraculo vivæ vocis predicta juramenta quæcumque qualiacumque et qualitercumque prestita fuerunt, nobis presentibus, die data presentium, apostolica remisit auctoritate; vosque liberavit et absolvit ab eisdem, ac voluit, et vobis eadem auctoritate concessit quod ad eorum observationem non teneremini nec observare deberetis eadem, dispensacionem etiam et relaxationem super hiis, si quæ sint oportune, liberaliter concedendo ; ac omnem perjurii reatum et infamiæ maculam atque notam, si quibus propter juramenta predicta et non observationem eorumdem, nunc vel imposterum notari possetis, penitus abolendo. Pro quorum liberacionis, absolutionis et concessionum ipsius domini nostri et aliorum premissorum significatione, vobis et aliis quorum interest et potest interesse, facienda : de speciali dicti domini nostri mandato, facto nobis super hoc oraculo vivæ vocis, presentes nostras literas fieri fecimus et eas jussimus nostrorum sigillorum appensionibus communiri.

Datum Avinione, quarta die mensis novembris anno a nativitate domini millesimo trecentesimo nonagesimo tertio, indictione prima, secundum morem curiæ Romanæ, Pontificatus prefati domini nostri, papæ anno sexto decimo.

XI

Bulla domini Benedicti, papæ decimi tertii, quod doctores licentiati et scholares Universitatis Avinionis ad duodecim annos possint percipere fructus suorum beneficiorum (1).

(15 Kalend. octobris 1404).

Original parchemin dépourvu de la bulle de plomb dont il était muni: Archives de l'Université, D. 5.

BENEDICTUS Episcopus, servus servorum Dei, dilectis filiis Majoris et sancti Desiderii prepositis, ac decano sancti Agricoli, Avinionensium ecclesiarum, salutem et apostolicam benedictionem. Dum, attente considerationis indagine, perscrutamur quod per litterarum studia, cooperante illo, a quo universorum carismatum dona manant, viri efficiuntur scientiis eruditi, per quod equum ab iniquo discernitur, erudiuntur rudes, provecti ad altiora concrescunt, et fides catholica roboratur, libenter, non solum

---

(1) A l'envie, papes et antipapes comblent l'Université de leurs faveurs. Après Clément VII, c'est encore l'antipape Benoît XIII (Pierre de Luna), son successeur dans le schisme, qui veut s'assurer sa reconnaissance et peut-être son appui, en se déclarant son protecteur. Il n'y réussit point, et l'Université d'Avignon, malgré ce qu'il avait fait pour elle, fut une des premières à se tourner contre lui et à le déclarer schismatique. « Anno 1403, (Paul de Cadecombe : *Speculum illustriorum juris interpretum qui publice per quatuor sæcula professi vel interpretati sunt in celebri ac famosa Universitate Avenionensi)* secuta Avenionensium armis expulsione Petri de Luna, dicto in sua obedientia Benedicto XIII, statim collegium doctorum congregatum, solemni decreto declaravit, obediendum fore Romano pontifici, quæ declaratio cæteros civitatis et circumvicinos ad obedientiam traxit, ut

loca, in quibus hujusmodi pollent studia, sed studentes in eis munimus gratiis et libertatibus apostolicis roboramus. Hinc est, quod nos dilectorum filiorum Primicerii et Collegii doctorum studii civitatis nostræ Avinionensis, in ea parte, supplicationibus inclinati, eis, *usque ad duodecim annos*, a data presentium computandos, auctoritate apostolica, *indulsimus ut doctores, magistri et scholares, in dicta civitate litterarum studio insistentes, per septennium, dumtaxat infra hujusmodi duodecim annos comprehensum, fructus, redditus et proventus beneficiorum suorum, ecclesiasticorum, quæ obtinent et, in posterum, obtinebunt*, etiamsi dignitates, personatus vel officia existerent et curam haberent animarum, dummodo dignitates ipsæ in cathedralibus post pontificales majores vel in collegiatis ecclesiis principales non forent, cum ea integritate cotidianis distributionibus, dumtaxat exceptis, libere percipere valerent, tam quam illos perciperent si, in ecclesiis, in quibus beneficia ipsa consistunt, personaliter residerent, et ad residendum interim in eisdem ecclesiis minime tenerentur, neque ad id a quoquam inviti valerent coarctari, non obstantibus si doctores, magistri et scholares in dictis ecclesiis non fecerint primam residen-

notat Sebast. Fantoni, *Historia Avenionen.*, lib. I, caput 5, n° 10, pag. 33. »

On lit encore à ce même sujet dans le *Compte-rendu moral* du diocèse d'Avignon, pour l'année 1708, adressé au pape par l'archevêque de Gonteriis (*Fonds de l'Archevêché*, registre 105 bis; Archives départementales) : « Universitas Avenionensis de ecclesia romana utique benemerita, ita immensis privilegiis ac titulis honorata est. Ipsa enim inter alia, fidei in sanctam sedem atque devotionis grande præstitit documentum, quando per solemnem declarationem Petrum de Luna, schismaticum, qui se Benedictum XIII nominabat, tanquam intrusum a prætensa expulit sede ac obliterari ex albo pontificum voluit; in cujus rei gratiam longo tempore, romani pontifices, statim ac pontificatum erant assumpti, suæ assumptionis Universitatem hanc scriptis certam faciebant, ut clare patet ex lectura bullarum seu brevium quæ habentur in archivio. » (Voyez la troisième partie de ce *Cartulaire*).

tiam personalem consuetam et quibuscunque constitutionibus apostolicis ac provincialibus et synodalibus, necnon statutis et consuetudinibus ecclesiarum in quibus hujusmodi beneficia fuerint contrariis, juramento, confirmatione apostolica vel quacunque alia firmitate vallatis, etiamsi doctores, magistri et scholares de illis servandis et non impetrandis litteris apostolicis contra ea et ipsis litteris non utendo etiam ab aliis impetratis, seu alias quovis modo concessis per se vel procuratores suos prestiterint,' vel eos imposterum prestare forsitan contigerit juramentum, seu si locorum ordinariis a sede apostolica sit indultum vel interim indulgeri contingat quod canonicos et personas ecclesiarum suarum, civitatum et diocesum etiam in dignitatibus, personatibus seu officiis constitutos, per subtractionem proventuum suorum ecclesiasticorum vel alias compellere valeant ad residendum personaliter in eisdem, aut si eisdem ordinariis et dilectis filiis capitulis earumdem ecclesiarum, vel quibusvis aliis communiter, vel divisim a prefata sede indultum existat; vel medio tempore contigerit indulgeri quod canonicis et personis earumdem ecclesiarum etiam in dignitatibus, personatibus seu officiis constitutis non residentibus in eisdem, vel qui primam hujusmodi in eis residentiam non fecerint, fructus, redditus et proventus canonicatuum, prebendarum, ac dignitatum, personatuum et officiorum, ac beneficiorum aliorum predictorum ministrare minime teneantur et ad id compelli non possint per litteras apostolicas non facientes plenam et expressam ac, de verbo ad verbum, de indulto hujusmodi mentionem et quibuscunque privilegiis et litteris apostolicis generalibus, vel specialibus quorumque tenorum existant per quæ nostris litteris non expressa, vel totaliter non inserta effectus earum impediri valeat quomodolibet, vel differri et de quibusquorumque totis tenoribus de verbo ad verbum habenda sit in eisdem nostris litteris mentio specialis. Proviso quod beneficia hujusmodi debitis interim obsequiis non fraudentur et animarum cura in eis quibus illa imminet, nullatenus negligatur, sed per bonos et sufficientes vicarios quibus de beneficiorum ipsorum proventibus necessaria congrue ministrentur, diligenter exerceatur et deserviatur inibi laudabiliter in divinis.

Quocirca discretioni vestræ, per apostolica scripta mandamus quatenus vos, vel duo aut unus vestrum per vos, vel' alium seu alios facitis, auctoritate nostra, eisdem doctoribus, magistris et scholaribus dictos fructus, redditus et proventus per hujusmodi septennium juxta hujusmodi concessionis nostræ tenorem integre ministrari, non obstantibus omnibus supradictis seu si eisdem ordinariis et capitulis, vel quibusvis aliis communiter, vel divisim a prefata sede indultum existat quod interdici, suspendi, vel excommunicari non possint, per litteras apostolicas non facientes plenam et expressam ac de verbo ad verbum de indulto hujusmodi mentionem, contradictores auctoritate nostra, appellatione postposita, compescendo.

Datum apud Castrumnovum (1), Avinionensis diocesis, quinto decimo kalendarum octobris, pontificatus nostri anno nono.

---

(1) Ce « *Castrumnovum* » doit s'entendre de la petite ville du Comtat (départ. de Vaucluse), appelée aujourd'hui encore *Châteauneuf-du-Pape* ou *Châteauneuf-Calcernier*, dans laquelle l'obstiné Benoît XIII s'était un instant réfugié dans le cours de sa longue pérégrination à travers les villes de la Provence et du Comtat, qui suivit son évasion du palais d'Avignon (1403).

XII

Bulla domini Johannis, papæ vigesimi tertii, fundationis et institutionis facultatis theologiæ, in alma Universitate Avinionensi.

(8 Id. septembris 1413).

Original parchemin dépourvu de la bulle de plomb dont il était muni : Archives de l'Université, D. 2 ; — *copies :* Mêmes archives, D. 13, *fol. 107;* — *Nouguier :* Histoire chronolog. de l'Église, Evesques et archevesques d'Avignon ; — Bullarium civitatis Aven., constitutio LIII. — *Etc., etc.*

JOHANNES Episcopus, servus servorum Dei ad perpetuam rei memoriam. Dum attentæ considerationis intuitu in mente revolvimus, quod thesaurus cujuscumque scientiæ, quo magis in alios studiose diffunditur, eo studii diligentia in docente copiosius augmentatur, quodque quasi lucerna fulgens in monte, scilicet in civitate nostra Avinionensi studii disciplina, ut illic ad vitæ fructum rationalis creatura præsertim doctrina theologicæ facultatis ducat effectum, ne in gustu terrenorum desideriorum vetita veteris prævaricationis illecebra seducatur. Cum itaque sicut exhibita nobis pro parte Primicerii et Universitatis studii dictæ civitatis petitio continebat in eodem studio artium, medicinæ, et utriusque juris facultates, juxta præfati studii fundationem dumtaxat, legantur et audiantur ; desiderentque ipsi Primicerius et Universitas quod in eodem studio etiam theologica facultas legatur et audiatur ; pro parte ipsorum Primicerii et Universitatis fuit nobis humiliter supplicatum, ut super hoc eis et eidem studio providere de benignitate apostolica dignaremur. Nos igitur cupientes dictæ theologiæ studium ampliari, hujusmodi supplicationibus inclinati, *statuimus ac etiam ordinamus quod in ipso Avinionensi studio dicta theologiæ facultas deinceps, sicut una aliarum facultatum hujusmodi, legi, doceri et audiri ac in ea quicumque actus scholastici exerceri, necnon baccallariatus, licentiæ gradus et magisterii insignia, ad instar aliarum facultatum tradi et concedi ac recipi;* quodque magistri, doctores, licentiati, baccallarii et studentes in eadem theologiæ facultate in præfato Avinionensi studio degentes pro tempore, omnibus et singulis privilegiis, libertatibus, immunitatibus, concessionibus et gratiis, quibus magistri, doctores, licentiati, baccallarii ac studentes in eisdem aliis facultatibus utuntur, et gaudent, ac uti et gaudere possunt et poterunt in futurum, similiter uti et gaudere possint, debeant et valeant libere et licite; quodque in dicto studio hujusmodi theologiæ, decretorum, legum, medicinæ et artium facultates in studio prædicto, de cætero unicam Universitatem faciant et unum corpus, cujus sit caput Primicerius, secundum antiqua statuta ipsius studii eligendus existat, ac præfati magistri, licentiati, baccallarii ac studentes in eadem theologia statutis rationabilibus studii prædicti factis, et per eosdem doctores jurium prædictorum canonice faciendis, ita quod ipsi magistri in theologia, in hiis, quæ dictam tangent theologiæ facultatem, una cum præfatis doctoribus possint et debeant interesse, subsint ea, quæ observare debeant et etiam teneantur. In contrarium facientibus nonobstantibus quibuscumque. Nulli ergo omnino hominum liceat hanc paginam nostri statuti et ordinationis infringere vel ei ausu temerario contraire. Si quis autem hoc attemptare præsumpserit, indignationem omnipotentis Dei et Beatorum Petri et Pauli Apostolorum ejus se noverit incursurum.

Datum apud sanctum Antonium extra muros Florentinos octavo Id. septembris, pontificatus nostri anno quarto. De Pistorio.

XIII

Bulla domini Johannis, papæ vigesimi tertii, quod Universitas studii generalis Avinionensis gaudeat omnibus privilegiis Universitatibus Tholosanæ et Aurelianensi tam per principes ecclesiasticos quam seculares quomodocumque concessis (1).

(8 Id. septembris 1413).

Original parchemin dépourvu de la bulle de plomb dont il était muni : Archives de l'Université, D. 2 ; — *copies :* Mêmes archives, D. 13, *fol. 116 ;* — Bullarium civitatis Aven., constitutio LIV, *pag. 61 ;* — Manuductio ad jurisprudentiam, etc. *(auctore Petro Francisco de Ribiers, in Universitate Avenionis professore), pag. 501 ;* — etc., etc.

JOHANNES Episcopus, servus servorem Dei ad perpetuam rei memoriam. Personas dilectorum filiorum primicerii ac universorum magistrorum doctorum, licenciatorum, baccallariorum et scholarium universitatis

---

(1) C'est évidemment par erreur que quelques-uns datent cette bulle des Ides de septembre 1320, et l'attribuent ainsi au pape français Jean XXII (Jacques d'Euse), qui siégea à Avignon de 1316 à 1334. Nous n'en voulons pour preuve que ce fait que cette bulle est datée de St-Antonin-hors-les-murs, à Florence, alors que Jean XXII, second pape d'Avignon, n'a jamais quitté cette dernière ville pendant tout son pontificat. On sait, au contraire, que Jean XXIII (Balthazar Cossa), qui en est réellement l'auteur, après avoir été sacré à Rome, en 1410, fut forcé de quitter cette ville, en 1413, par le roi de Naples, Ladislas, qui soutenait Grégoire XII, et auquel il opposait vainement Louis II d'Anjou, et que ce pape se trouvait en effet à Florence en 1413 ; ce qui correspond bien à l'année quatrième de son pontificat, date que porte cette bulle.

Cette bulle est d'ailleurs d'une importance capitale, car en gratifiant l'Université d'Avignon de tous les privilèges, prérogatives et

studii civitatis nostræ Avinionensis nobis et apostolicæ sedi devotas precipua begnivolencia prosequentes, votis eorum, hiis presertim quæ ipsorum et dicti studii Universitatis statum, quietem et commodum respiciunt, quantum cum Deo possumus, favorabiliter annuamus ut, quanto magis sedem apostolicam in ipsorum et dicti studii honoris augmentum favorabilem invenerint et benignam, tanto magis, eam studeant devotius revereri. Hinc est quod nos, ipsorum in hac parte supplicationibus inclinati, Primicerio, magistris, doctoribus licenciatis, baccallariis et scholaribus dicti studii qui nunc in eodem studio resident, necnon pro tempore residebunt, ut *similibus privilegiis, libertatibus, prærogativis et immunitatibus, in omnibus et per omnia quæcunque et qualiacunque fuerint, et quæ presentibus haberi volumus pro expressis et specialiter declaratis, uti possint et gaudeant quibus dilecti filii magistri, doctores, licenciati, baccallarii et scholares Tholosani et Aurelianensis studiorum universitatum per sedem apostolicam, seu seculares principes ipsis, sub quibuscunque tenoribus, aut verborum forma con-*

immunités, dont les universités de Toulouse et d'Orléans se trouvaient investies par les concessions apostoliques ou par celles des princes séculiers, Jean XXIII l'assimilait par le fait au point de vue de ces avantages à l'Université de Paris, puisque de son côté, Urbain IV, en fondant celle de Toulouse, lui avait concédé les mêmes privilèges dont jouissait celle de Paris.

Et ainsi se trouve justifiée cette assertion de Riolan, à savoir « que : les papes, voulant ériger d'autres universités, les ont, par leurs bulles, fondées sur celle de Paris. » (Riolan : *Curieuses recherches sur les Escholes de médecine de Paris et Montpellier*. Paris, 1651).

Les plus importants de ces privilèges étaient l'exemption de toutes charges et impôts, des tailles, des octrois, du logement des gens de guerre, etc , etc.

Une copie de la bulle de fondation de l'Université de Toulouse, par Urbain IV (12. Kalend. de février 1263), se trouve aux archives de l'Université d'Avignon, D. 2. Nous n'avons pas cru qu'il fut utile de la reproduire ici. Voyez au surplus la bulle XXI.

cessis gaudent et etiam potiuntur ac etiam uti possunt quomodolibet et gaudere auctoritate apostolica et ex certa sciencia tenore presentium de speciali gracia indulgemus. Nulli ergo omnino hominum liceat hanc paginam nostræ concessionis infringere vel ei ausu temerario contraire. Si quis autem hoc attemptare presumpserit, indignationem omnipotentis Dei et beatorum Petri et Pauli apostolorum ejus se noverit incursurum.

Datum apud sanctum Antonium, extra muros Florentinos, octavo Id. septembris, pontificatus nostri anno quarto. B. de Monte ; P. de Pistorio.

XIV

Bulla domini Johannis, papæ vigesimi tertii, confirmatoria omnium libertatum et privilegiorum, per quoscumque Romanos Pontifices, reges ac alios Christi fideles concessorum Universitati Avinionis.

(8 Id. septembris 1413).

Original parchemin dépourvu de la bulle de plomb dont il était muni : Archives de l'Université, D. 2; — *copies :* Mêmes archives, D. 3 et D. 13; — Etc , etc.

Johannes Episcopus, servus servorum Dei, ad perpetuam rei memoriam. Cum a nobis petitur quod justum est et honestum, presertim illud quod litterarum studiis insudantium quietem et pacem respicere dignoscatur, tam vigor equitatis quam ordo exigit rationis, ut id per solicitudinem officii nostri ad debitum perducatur effectum. Hinc est, quod nos dilectorum filiorum primicerii ac universorum magistrorum, doctorum, licenciatorum, baccallariorum et scholarium Universitatis studii civitatis nostræ Avinionensis justis postulationibus grato concurrentes assensu, omnes libertates a Romanis pontificibus sive per privilegia generalia vel specialia, seu alias indulgentias ipsis ac studio Universitatis dictæ civitatis et in eo pro tempore degentibus magistris doctoribus, licenciatis baccallariis et scolaribus concessas ; *necnon libertates, privilegia et exemptiones secularium exactionum et alia quecunque a regibus et principibus et aliis Christi fidelibus rationabiliter eis indulta quæ presentibus haberi volumus pro expressis et specialiter declaratis,* non obstantibus si eisdem libertatibus, privilegiis ac exemptionibus vel aliquibus eorumdem usi non fuerint aut per consuetudinem seu alias commodocumque ipsis in aliquo fuerit derogatum. Primicerio, magistris, doctoribus, licenciatis, baccallariis et scholaribus et per eos eidem studio auctoritate apostolica ex certa scientia *tenore presentium confirmamus et presentis scripti patrocinio communimus.* Nulli ergo omnino hominum liceat hanc paginam nostræ confirmationis et communionis infringere, vel ei ausu temerario contraire. Si quis autem hoc attemptare presumpserit, indignationem omnipotentis Dei et Beatorum Petri et Pauli Apostolorum ejus se noverit incursurum.

Datum apud sanctum Antonium, extra muros Florentinos, octavo Id. septembris, pontificatus nostri anno quarto. B. de Monte ; P. de Pistorio.

XV

Bulla domini Johannis, papæ vigesimi tertii, quod commorantes in studio generali Avinionensi non teneantur per septennium diaconatum vel presbyteratum suscipere, pretextu quorumcumque beneficiorum.

(8 Id, septembris 1413).

Original parchemin dépourvu de la bulle de plomb dont il était muni: Archives de l'Université, D. 2 ; — *copies:* Mêmes archives, D. 13, *fol. 143* ; — Bullarium civitatis Aven., constitutio LV, *pag 62* ; — Manuductio ad jurisprudentiam, etc., *pag. 592* ; — etc., etc.

JOHANNES Episcopus, servus servorum Dei ad perpetuam rei memoriam. Magnæ devotionis affectus, quem dilecti filii primicerius, magistri, doctores, licenciati, baccallarii et scholares universitatis studii civitatis nostræ Avinionensis, ad nos et romanam ecclesiam gerunt, non indigne meretur, ut votis eorum, illis præsertim, per quæ ipsis commoda acquiruntur, quantum cum Deo possumus, favorabiliter annuamus. Hinc est, quod nos eorum in hac parte supplicationibus inclinati : cum omnibus et singulis magistris, doctoribus, licentiatis, baccallariis et scolaribus secularibus et regularibus ordinum quorumcunque qui in studio universitatis civitatis predictæ, actu degunt et in futurum degent, ut ratione quorumcumque beneficiorum ecclesiasticorum cum cura vel sine cura, etiam si parrochiales ecclesiæ existant quæ obtinent et pro tempore obtinebunt residendo in dicto studio, *ad diaconatus ac presbiteratus ordines usque ad septennium a tempore pacificæ adeptionis eorumdem beneficiorum dicto studio insistendo, dummodo magistri, doctores licenciati, baccallarii et scolares predicti infra annum quo fuerint beneficia hujusmodi assecuti, ad subdiaconatus ordinem promoti fuerint, se facere promoveri minime teneantur*, nec ad id a quoquam inviti valeant coarctari ; Lateranensis et Ludugnensis conciliorum et quibuscunque aliis constitutionibus et ordinationibus apostolicis, necnon statutis et consuetudinibus ecclesiarum in quibus hujusmodi beneficia forsam fuerint, ac voluntatibus fundatorum eorumdem, etiam juramento, confirmatione apostolica vel quavis firmitate alia roboratis, ceterisque contrariis nequaquam obstantibus, auctoritate apostolica, tenore presentium de speciali dono gratiæ dispensamus. Proviso quod beneficia hujusmodi debitis interim non fraudentur obsequiis et animarum cura in eis quibus illa imminet nullathenus negligatur. Nulli ergo omnino hominum liceat hanc paginam nostræ dispensationis infringere, vel ei ausu temerario contraire. Si quis autem hoc attemptare presumpserit, indignationem omnipotentis Dei et Beatorum Petri et Pauli Apostolorum ejus se noverit incursurum.

Datum apud sanctum Antonium, extra muros Florentinos, octavo Id. septembris, pontificatus nostri anno quarto. B. de Monte; P. de Pistorio.

XVI

Bulla domini Johannis, papæ vigesimi tertii, quod omnes et quæcunque personæ prohibitæ possint audire leges et physicam et in eisdem doctorari et quoscunque gradus recipere.

(8 Id. septembris 1413).

Original parchemin dépourvu de la bulle de plomb dont il était muni: Archives de l'Université, D. 2 ; — *copies:* Mêmes archives, D. 3, *fol. 10*, et D. 13, *fol. 148*.

JOHANNES Episcopus, servus servorum Dei, ad perpetuam rei memoriam. Sinceræ ac singularis devotionis affectus quem dilecti filii Primicerius ac universitas studii civitatis nostræ Avinionis ad nos et romanam gerunt ecclesiam promeretur ut illa eis libenter concedamus quæ a rationis tramite non discordant. Nos igitur eorumdem Primicerii ac universitatis in hac parte supplicationibus inclinati ut quæcunque personæ ecclesiasticæ dignitates, personatus aut alia beneficia ecclesiastica cum cura vel sine cura, aut prebanatus seu prepositatus, vel parrochiales ecclesias pro tempore obtinentes aut in presbiteratus ordine constitutæ, *leges et physicam in dicto studio per decennium legere et audire et in eis quoscunque actus scolasticos exercere ac etiam baccallariatus et licenciatus gradus et doctoratus ac magisterii insignia recipere ac ipsis hujusmodi gradus et insignia dari et concedi valeant libere et licite.* Felicis recordationis Honorii papæ III, predecessoris nostri et aliis constitutionibus apostolicis ; necnon statutis et consuetudinibus ecclesiarum in quibus hujusmodi beneficia forsan fuerint, contrariis juramento confirmatione apostolica vel quacunque firmitate alia roboratis et aliis contrariis nequaquam obstantibus, eisdem clericis et personis auctoritate apostolica, tenore præsentium de speciali dono gratiæ indulgemus. Nulli ergo omnino hominum liceat hanc paginam nostræ concessionis infringere, vel ei ausu temerario contraire. Si quis autem hoc attemptare præsumpserit, indignationem omnipotentis Dei et Beatorum Petri et Pauli Apostolorum ejus se noverit incursurum.

Datum apud sanctum Antonium (1) extra muros Florentinos octavo Id. septembris, pontificatus nostri anno quarto. B. de Monte ; P. de Pistorio.

(1) On voit que toutes les bulles de Jean XXIII sont datées de St-Antoine-hors-les-murs, à Florence. C'est que, Ladislas étant entré dans Rome, ce pape s'était d'abord retiré à Florence; mais comme il y avait deux partis dans cette ville, l'un à sa dévotion et l'autre à celle de Ladislas, il avait été obligé d'en sortir et de se retirer au faubourg St-Antoine, où l'évêque avait son palais. (Voy. *Journal historique et recherches*, pour servir à l'histoire d'Avignon, depuis l'année 1177 jusques et inclus celle de 1740, par J.-Laurent Drapier, docteur ès-droit, citoyen d'Avignon, 2 vol. in-8° manuscrits ; *bibliothèque* du Museum-Calvet d'Avignon, *fonds* Requien).

XVII

Bulla domini Johannis, papæ vigesimi tertii, pro conservatoria Universitatis Avinionis, id est deputatio judicum et conservatorum auctoritate apostolica delegatorum ad omnes causas præsentes et futuras, tam agendo quam defendendo, adversus ecclesiasticas personas, religiosas aut seculares, vel etiam dignitate pontificali fulgentes et laicos quoscumque pro Universitate Aven., doctoribus, baccallariis et scholaribus ejusdem (1).

(8 Id. septembris 1413).

Original parchemin dépourvu de la bulle de plomb dont il était muni : Archives de l'Université, D. 2 ; — *deux* vidimus *sur parchemin, mais dépourvus du sceau dont ils étaient munis, et dressés, l'un le 16 décembre 1414, et l'autre, le 28 mai 1512 :* Archives de l'Université, D. 2 ; — *copie, papier :* Mêmes archives, D. 13, *fol. 128 ;* — *id.,* Bullarium civitatis Aven., constitutio LXV, *pag. 77 ;* — *id.,* Manuductio ad jurisprudentiam, *etc. ;* — Etc., etc.

JOHANNES Episcopus, servus servorum Dei : Dilectis filiis abbati monasterii sancti Andreæ prope Avinionem et præposito majoris, ac decano sancti Petri Avinionis ecclesiarum, salutem et apostolicam benedictionem.

(1) Par une bulle du 11 des kalend. de janvier 1412, Jean XXIII venait d'établir à Avignon le tribunal du vice-gérent, devant lequel devaient être portées désormais les causes des docteurs et écoliers de l'Université d'Avignon, qui jusque-là ressortissaient, suivant le cas, soit au tribunal du viguier, soit à celui des juges de St-Pierre, mais malgré cette mesure, il n'en subsistait pas moins encore une certaine confusion ; la bulle n'était pas, en ce qui concerne l'Université, suffisamment explicite, de telle sorte que, en raison de la concurrence des divers tribunaux entre eux, qui à un moment donné réclamaient la connaissance des

Quasi lignum vitæ in paradiso Dei, et quasi lucerna fulgens in domo Domini, sic studii quod viget in civitate nostra Avinionensi disciplina refulget, hoc quippe velut fecunda eruditionis parens ad irrigandum sterilis orbis faciem fluminis de fontibus sapientiæ salvatoris, cum impetu foris mittens, ubique terrarum Dei lætificat civitatem, et in refrigerium ani-

causes universitaires, soit en première instance, soit en appel, les membres et suppôts de l'Université se voyaient en fin de compte forcés d'en appeler en cour de Rome, ce qui éternisait quelquefois le procès et était, dans tous les cas, une cause de frais énormes pour les parties.

C'est pour remédier à cet état de choses, que Jean XXIII désigne pour l'Université des juges et conservateurs spéciaux, tant pour les causes présentes que pour celles de l'avenir ; juges qui auront à connaître de tous les procès concernant les docteurs, gradués ou écoliers, mais avec l'obligation aussi de défendre et de sauvegarder leurs droits présents et futurs.

Cette bulle XVII est donc d'une importance capitale. Elle est désignée sous le nom de *bulla generalis conservatoriæ*; elle sera la base de toutes les revendications de l'Université, lorsque plus tard le vice-gérent, l'auditeur général ou autre intéressé essaiera d'attaquer la juridiction spéciale du corps universitaire.

On lit à ce sujet dans le *Liber graduatorum et computorum*, DD. primiceriorum (ab anno 1430 ad 1446), archives département. ; fonds de l'Université, D. 136. C'est le primicier Paul de Cario qui parle :

« Quarta augusti (1438), dominus Christophorus Bottini et syndicus Universitatis una cum magistro Philippo de Moregiis iverunt Carpentoractum ad intimandum conservatoria Universitatis domino Rectori et ejus locumtenenti et thesaurario et litteras dominorum conservatorum. Ob quod exposui quæ sequuntur :

« 1º Pro pergameno et scriptura litterarum conservatorum. III gros.

« 2º Pro copia dictarum litterarum in conservatione.... III gros.

« 3º Pro loquerio equorum... .... X gros. »

Il s'agit là de la première revendication officielle et éclatante, faite par les conservateurs de l'Université, du privilège qu'ils tiennent de Jean XXIII ; voici la copie du cartel en question (*litteræ inhibitoriæ conservatorum*) prise sur l'original (*parchemin muni de trois sceaux sur cire rouge*, archives départementales, *fonds* de l'Université, D. 6):

Nos Johannes de Borbonio, Dei gratia abbas sancti Andreæ, prope Avinionem, Poncius de Sadone decretorum doctor, prepositus majoris

marum siti flagrantium justitiæ aquas dividit publice in plateis, ubi dat Dominus sponsæ suæ, et sapientiam, ac linguam justitiæ eloquiis eruditam, cui resistere nequit adversitas improborum ; quibus in arcanis nostræ mentis sæpius recensitis, merito inducimur, ut ea quæ dilecti filii primicerius, magistri, doctores, licentiati, baccallarii, et scolares Universita-

ecclesiæ Avinionis, Ludovicus de Frassengiis decretorum doctor, decanus Sancti Petri civitatis predictæ, conservatores privilegiorum et immunitatum per sanctam sedem apostolicam : domino primicerio, magistris, doctoribus licenciatis, baccallariis Universitatis almæ studii generalis dictæ civitatis, reverendo in Christo fratri domino Rogerio episcopo Adurensi rectori comitatus Venissini cum omni recomandatione et promptitudine complacendi, ejusque locumtenenti et domino Johanni de Puteo dicti comitatus thesaurario, salutem. Quia ex injuncto nobis officio tenemur pervigiles adhibere labores ut quæ nobis conmissa sunt viriliter manuteneamus, preceptaque adimpleamus precipue quæ a sede apostolica emanant cui habemus famulari. Cum itaque rei evidencia evocaet, temporibus preteritis, vos seu aliqui ex vobis, vigore cujusdam indulti apostolici habitantibus infra comitatum Venissini concessi, cujus conservatores et protectores vos asseritis contra et adversus potestatem nobis actributam, multa gravamina, turbaciones, impedimenta et vexaciones prebuisse, avellantes privilegia universitatis, juridicionemque nostram in quantum vobis possibile fuit erradicare, et penitus tollere, non verentes contra mandatum apostolicum venire; et cum per nos talia non sint tolleranda, præcipue quia plus facto quam jure usi estis, nam vestrum indultum in nullo prebere potest nostre juridictioni impedimentum ymo intelligenti sublatum est per conservatoriam nostram. Cupientes itaque providere super futuro tempore de remedio opportuno, instante domino primicerio, dominoque Christophoro Botini in legibus baccalario et sindico universitatis vobis et cuilibet vestrum auctoritate apostolica qua fungimur, precipimus et mandamus quatenus vigore dicti indulti per dominum Johannem bonæ memoriæ, concessi : vos nec aliquis vestrum per vos vel alium directe nec indirecte nostram turbetis juridictionem, nec impedimentum aliquod prebeatis quominus infra comitatum Venissini libere uti valeamus comminutim et divisim, et si per vos aliqua fuerint concessa jussa vel mandata in prejudicium et ennervacionem dictorum privilegiorum nostræque juridictionis, confestim illa revocetis. Intimantes vobis et cuilibet vestrum in quantum vos tangit, quod si precepta nostra adimplere neglexeritis contra vos et quemlibet vestrum

tis studii Avenionensis, a nobis rationabiliter postulant eis liberaliter concedamus.

Sane prædictorum primicerii, magistrorum, doctorum licentiatorum, baccallariorum, scolarium et Universitatis viriliter procedemus auctoritate apostolica secundum potestatem nobis actributam, cujus potestatis copiam ne ignorantiam pretendere valeatis, per sindicum dictæ universitatis presentium portitorem vobis dari ordinavimus una cum copia presentium nostrarum licterarum ipsis penes presentantem remanentibus.

Datum Avinione sub sigillis nostris, die quarta mensis Augusti anno Domini millesimo quatercentesimo tricesimo octavo. De Cruce.

Ce fut le lendemain, 5 août, que ces inhibitions furent signifiées à qui de droit, par Christophore Bottinus, qui en fit faire lecture par maître Philippe de Moregiis, notaire. Le procès-verbal de cette séance se trouve sur le revers de l'exploit, mais nous ignorons le résultat définitif.

En 1523, nouveau cartel des conservateurs adressé cette fois encore au recteur du Comtat, à la suite de la délibération suivante de l'Université :

« Die 28 novembris (1523), fuerunt congregati in domo mei primicerii videlicet domini doctores sequentes, videlicet Franciscus Meruli, Baltazar Meruli, Michael de Sancto Sixto, Johannes Marie, Perinetus Parpalia, Jacobus Valterre, Nicolaus Lodini, Petrus Girardi, Joachinus de Sadone, ex eo et super eo quod dominus Joachinus de Sadone dominus de Masano, instante quodam homine de Masano, fuit citatus et tractus in judicium coram domino rectore, tamquam judici incompetenti contra dictum Joachinum de Sadone, hiis tamen non obstantibus dictus dominus rector ordinavit dictum de Masano sortiri debere forum coram eo. Cui ordinationi dictus de Masano non consentit, sed ad decanum conservatorem rediit et inhibitiones novas sibi concedi petiit, qui decanus conservator, loco conservationis privilegiorum universitatis, ordinavit quod dictus dominus Joachinus de Sadone sortiretur forum coram dicto domino rectore, quæ ordinatio fuit confirmata per dominum conservatorem in prejudicium privilegiorum universitatis. Quibus auditis et intellectis omnes supradicti doctores et totum collegium deliberaverunt et concluserunt quod premissa sic non transeant et quod expensis universitatis ista causa prosequatur. (*Voir* arch. départ., *fonds de l'Université*. D. 34).

Nous aurions encore à citer mille autres témoignages du soin jaloux que les conservateurs, ou à leur défaut, les docteurs agrégés, mirent à défendre à toutes les époques les privilèges de l'Université, mais nous reviendrions plus tard sur ce sujet.

conquestione percepimus quod nonnulli archiepiscopi, episcopi, aliique ecclesiarum prælati e clerici ac ecclesiasticæ personæ, tam religiosæ quam seculares, necnon duces, marchiones, comites, barones, nobiles, milites, et laici, communia civitatum, Universitatis, oppidorum, castrorum, villarum, et aliorum locorum, et aliæ singulares personæ civitatum et diœcesum, ac aliarum partium diversarum occuparunt et occupari fecerunt castra, villas, et alia loca, terras, domos, possessiones, jura et jurisdictiones, necnon fructus, census, redditus, et proventus ipsorum Primicerii, magistrorum, doctorum, licentiatorum, baccallariorum, et scolarium, et Universitatis, et nonnulla alia bona mobilia et immobilia, spiritualia, et temporalia, ad Primicerium, magistros doctores, licentiatos, baccallarios, scolares, et Universitatem prædictos communiter vel divisim spectantia, et ea detinent indebite occupata, seu ea detinentibus præstant auxilium, consilium, vel favorem ; nonnullæ etiam aliæ personæ civitatum, ac diœcesum, ac partium prædictarum, quæ nomen Domini in vanum recipere non formidant, eisdem Primicerio, magistris, doctoribus, licenciatis, baccallariis, scolaribus, et Universitati super prædictis castris, villis et locis aliis, terris, domibus, possessionibus, juribus et jurisdictionibus, fructibus, censibus, redditibus et proventibus eorumdem, et quibusdam aliis bonis mobilibus et immobilibus, spiritualibus et temporalibus, et aliis rebus ad eosdem Primicerium, magistros, doctores, licenciatos, baccallarios, et scolares, et Universitatem, conjunctim vel divisim spectantibus, multiplices molestias et injurias inferunt et jacturas. Quare dicti Primicerius, magistri, doctores, licenciati, baccallarii, scholares, et Universitas nobis humiliter supplicarunt, ut, cum ipsis valde reddatur difficile pro singulis querelis ad sedem apostolicam habere recursum, providere ipsis super hoc paterna diligentia curaremus.

Nos igitur adversus occupatores, detentores, præsumptores, molestatores, et injuriatores hujusmodi, illo volentes eisdem Primicerio, magistris, doctoribus, licentiatis, baccalariis, scolaribus et Universitati remedio subvenire, per quod ipsorum compescatur temeritas, et aliis aditus committendi similia præcludatur : discretioni vestræ per apostolica scripta mandamus, quatenus vos vel duo aut unus vestrum per vos, vel alium, seu alios, etiamsi sint extra loca in quibus deputati estis conservatores et judices, præfatis Primicerio, magistris, doctoribus, licentiatis, baccallariis, scolaribus, et Universitati efficacis defensionis præsidio assistentes, non permittatis eosdem super iis, et quibuslibet aliis bonis et juribus ad *Primicerium, magistros, doctores, licentiatos, baccallarios, scolares, ac 'Universitatem prædictos spectantibus, ab eisdem, vel quibusvis aliis quacumque dignitate etiam Pontificali privilegio, statuto, vel quavis exemptione prædictis, indebite molestari, vel eis gravamina seu damna, vel injurias irrogari, facturi, dictis primicerio, magistris, doctoribus, licentiatis, baccallariis, scolaribus et Universitati; cum ab eis, vel procuratoribus suis, aut eorum aliquo fueritis requisiti de prædictis et aliis personis quibuslibet super restitutione hujusmodi castrorum, villarum, terrarum, et aliorum locorum jurisdictionum, jurium, et bonorum mobilium et immobilium, reddituum quoque et proventuum, et aliorum quorumcumque bonorum, necnon de quibuslibet molestiis, injuriis atque damnis præsentibus et futuris, in illis quæ judicialem requirunt indaginem summarie et de plano sine strepitu et figura judicii; in aliis vero prout qualitas eorum exigerit justitiæ complementum. Occupatores seu detentores, præsumptores, molestatores et injuriatores hujusmodi, necnon contradictores quoslibet et rebelles cujuscumque dignitatis, status et ordinis, vel conditionis extiterint quandocumque vel quotiescumque expedierit, auctoritate apostolica per censuram ecclesiasticam appellatione postposita compescendo, invocato ad hoc si opus fuerit auxilio brachii secularis*. Nonobstantibus tam. fælicis recordationis Bonifacii papæ VIII (1), prædecessoris nostri, in quibus cavetur ne aliquis extra suam civitatem et diœcesim, nisi in certis exceptis casibus, et in illis ultra unam dietam a fine suæ diœcesis ad judicium evocetur, seu ne judices et conservatores a sede deputati prædicta extra civitatem et diœcesim in quibus deputati fuerint contra quoscumque procedere, sive alii, vel aliis vices suas committere, aut aliquos ultra unam dietam a fine diœcesis eorumdem trahere præsumant, et de duabus dietis in Concilio generali, dummodo aliquis authoritate præsentium ultra quatuor dietas à fine suæ diœcesis non trahatur, seu quod de aliis quæ de manifestis inju-

---

(1) La bulle de Boniface VIII, à laquelle il est ici fait allusion, se trouve dans le *Bullarium privilegiorum comitatus Venaissini*, pag. 3. Elle fut confirmée successivement par Clément VI, Urbain V et Jean XXIII, mais sans préjudice des intérêts de l'Université d'Avignon. Ces bulles confirmatives se trouvent aussi dans le même bullaire, pag. 5, 7 et 19. Ajoutons que la concession d'un tel privilège était plus de la part des papes qu'un don gracieux, c'était encore un acte politique, car il ne faut point oublier qu'un des griefs du Comtat Venaissin contre la domination papale, et un grand sujet de mécontentement pour ses habitants, était de voir presque toutes les affaires évoquées à Rome ; c'est pourquoi Boniface VIII, qui eut conscience du danger que courait son pouvoir dans ces conditions, se désista pour lui et ses successeurs de ces sortes d'évocations.

Ce furent, sans doute, des considérations analogues qui portèrent les papes Urbain V (1367), Martin V (1417), Alexandre VI (1492), et Clément VII (1527), à accorder aux habitants d'Avignon le même privilège qu'à ceux du Comtat, (Voy. *Bullarium civitatis Avenionensis*, constitut. III, IV, V, VI, VIII). Mais ici les papes ne firent par le fait que confirmer un édit de Robert, roi de Sicile et comte de Provence, du 13 janvier 1310, qui avait prohibé lui-même les appels des causes d'Avignon hors de cette ville, tandis que jusqu'au règne de ce prince les sentences, tant civiles que criminelles, rendues par le viguier et dont on appelait étaient portées suivant le cas devant le juge-mage qui siégeait à Aix ou devant le sénéchal de Provence. (Voy. *Notice sur l'organisation judiciaire dans l'ancien Comtat Venaissin*, par Chambaud, documents historiques inédits, publiés par Champollion Figeac, tome III, Paris, 1847).

riis et violentiis, et aliis quæ judicialem requirunt indaginem pœnis in eos si secus egerint, et in id procurantes adjectis conservatores se nullatenus intromittant, quam aliis quibuscumque constitutionibus a prædecessoribus nostris Romanis Pontificibus, tam de judicibus delegatis, et conservatoribus, quam personis ultra certum numerum ad judicium non vocandis, aut aliis editis quæ vestræ possint in hac parte jurisdictioni aut potestati ejusque libero exercitio quomodolibet obviare ; seu si aliquibus communiter, vel divisim a dicta sit sede indultum quod excommunicari, suspendi, vel interdici ; seu extra certa loca ad judicium evocari non possint per literas apostolicas non facientes plenam et expressam, ac de verbo ad verbum de indulto hujusmodi, et eorum personis locis, et nominibus propriis mentionem, et qualibet alia dictæ sedis indulgentia generali, vel speciali cujuscumque tenoris existat, et per quam præsentibus non expressam, vel totaliter non insertam nostræ jurisdictionis explicatio in hac parte valeat quomodolibet impediri, et de qua cujusque, toto tenore de verbo ad verbum in nostris literis habenda sit mentio specialis.

Ceterum volumus et apostolica authoritate decernimus, quod quilibet vestrum prosequi valeat articulum, etiam per alium inchoatum quamvis idem inchoans nullo fuerit impedimento canonico præpeditus; quodque, a data præsentium sit vobis et unicuique vestrum in præmissis omnibus et eorum singulis cœptis et non cœptis præsentibus et futuris perpetuata potestas et jurisdictio attributá, ut eo vigore eaque, firmitate, possitis, præmissis omnibus cœptis, et non ceptis in præsentibus et futuris, et pro prædictis procedere ac si prædicta omnia et singula eorum vobis cœpta fuissent, et jurisdictio vestra et cujuslibet vestrum in prædictis omnibus et singulis per citationem, vel modum alium perpetuata legitimum extitisset, constitutione prædicta super conservatoribus, et alia qualibet in contrarium edita nonobstantes, præsentibus in perpetuum valituris.

Datum apud Sanctum Antonium, extra muros Florentinos, octavo Id. septembris, pontificatus nostri annno quarto. B. de Monte ; P. de Pistorio.

XVIII

Bulla domini Johannis, papæ vigesimi tertii, quod nullus doctor, licenciatus, baccallarius vel scholaris possit, extra presentem civitatem Avinionensem quavis ratione extrahi per quoscunque judices ordinarios vel delegatos aut conservatores, pro causa sive civili, sive criminali (1).

(8 Id. septembris 1413).

Original parchemin dépourvu de la bulle de plomb dont il était muni : Archives de l'Université, D. 2 ; — *copies :* Mêmes archives D. 3, *fol. 12, et* D. 13, *fol. 128 ;* — Etc., etc.

Johannes Episcopus, servus servorum Dei, ad perpetuam rei memoriam. Singularis devotionis affectus quem dilecti filii Primicerius, magistri, doctores, licenciati, baccallarii et scolares Universitatis studii civitatis nostræ Avinionensis ad nos et Romanam Ecclesiam gerere, comprobantur, non indignè meretur ut votis eorum illis presertim per quæ quietem et pacem consequi valeant, quantum

---

(1) Jean XXIII venait par la bulle précédente de concéder à l'Université trois conservateurs, l'abbé du monastère de Saint-André, près Avignon, le prévôt de l'église métropolitaine d'Avignon et le doyen de Saint-Pierre, avec les plus amples pouvoirs de connaître de toutes les causes des docteurs, gradués et écoliers, causes tant spirituelles que temporelles ; mais cette bulle n'était explicite qu'en ce qui concernait les causes *civiles;* les causes criminelles étaient laissées dans le doute quant à leur juridiction, et c'est pour le lever que le même pape, par cette nouvelle bulle, donnée le même jour, déclare que ce pouvoir de juridiction s'entend aussi bien des causes criminelles que civiles, et que sous aucun prétexte, on ne pourra traduire les écoliers hors d'Avignon, tant que leurs conservateurs seront dans cette ville.

cum Deo possumus favorabiliter annuamus. Hinc est, quod nos ipsorum in hac parte supplicationibus inclinati, magistris, doctoribus, licenciatis, baccallariis et scolaribus qui in Universitate studii civitatis predictæ degent pro tempore, tenore presentium auctoritate apostolica indulgemus, *quod nullus eorum per litteras apostolicas, etiam si in illis de indulto hujusmodi generalis vel specialis mentio facta fuerit, seu conservatores a sede apostolica aut alios judices delegatos vel subdelegatos, deputatos, vel deputandos seu quoscunque locorum ordinarios, extra dictam civitatem, etiam si expresse et cum juramento alibi submissi sint vel fuerint, ratione delicti aut contractus, vel quasi vel rei de qua agitur ubicunque comitatur delictum, ineatur contractus aut quasi vel res ipsa consistat, trahi valeat. Dum tamen conservatores dicti studii in ipsa civitate pro tempore vobis ipsis in eadem civitate querulantibus, justitiam ministrare procurent.* Decernentes irritum et inane quidquid contra indultum nostrum hujusmodi a quoquam, quavis auctoritate scienter vel ignoranter contigerit attemptari. Nulli ergo omnino hominum liceat hanc paginam nostræ concessionis infringere, vel ei ausu temerario contraire. Si quis autem hoc hoc attemptare presumpserit, indignationem omnipotentis Dei et Beatorum Petri et Pauli Apostolorum ejus se noverit incursurum.

Datum apud sanctum Antonium, extra muros Florentinos, octavo Id. septembris, pontificatus nostri anno quarto. B. de Monte ; P. de Pistorio.

XIX

Bulla domini Johannis, papæ vigesimi tertii, de fructibus quorumcumque beneficiorum, distributionibus quotidianis exceptis, per scholares et quoscumque suppositos studii Avinionensis in absentia percipiendis (1).

(8 Id. septembris 1413).

Original parchemin dépourvu de la bulle de plomb dont il était muni : Archives de l'Université, D. 2 ; — *copies :* Mêmes archives, D. 13, *fol. 149.*

JOHANNES Episcopus, servus servorum Dei, ad perpetuam rei memoriam. Personas dilectorum filiorum Primicerii, magistrorum, doctorum, licentiatorum, baccallariorum et scolarium Universitatis studii nostræ ci-

---

(1) De tout temps l'église catholique a favorisé le développement et les progrès de l'instruction. Après avoir dans les *écoles épiscopales* sauvé de la barbarie le dépôt sacré des sciences et des lettres, elle continua l'œuvre de régénération intellectuelle si heureusement tentée par Charlemagne, et, comme le dit excellemment l'abbé Nadal (*Hist. de l'Université de Valence*, loco citato) ; elle put au XIIIe siècle, à une époque où la société religieuse était tout, réunir les savants entre eux, associer les efforts et les faiblesses des docteurs et de leurs disciples, et créer ainsi, sous la double autorité des papes et des rois, des *Universités*, qui étaient, au point de vue scientifique, ce qu'étaient les confréries au point de vue religieux et dans la société civile les corps de métiers et corporations de toute espèce.

Telle est l'origine de l'Université de Paris (1200), et successivement par ordre de dates de celles de Toulouse (1233), Montpellier (1289), Avignon (1302 ou 1303), Orléans (1306), etc., etc.

Mais en fondant des Universités, l'Église songea aussi à elle-même. De bonne heure, elle avait compris la nécessité qu'il y avait pour ses représentants d'être recommandables entre tous autant par leurs lu-

vitatis Avinionensis, ob singularia honestatis et scientiæ merita quibus nobis et apostolicæ sedi placabiles se ostendunt, paterna benevolentia prosequentes, illa eis benigne concedimus quæ suis commoditatibus fore conspicimus opportuna. Ipsorum itaque supplicationibus inclinati, auctoritate apostolica, tenore presentium indulgemus ut Primicerius, magistri, doctores, licentiati, baccallarii et studentes prædicti eorumque singuli qui sunt et erunt pro tempore, tam seculares quam regulares in prædicto litterarum studio insistendo, *fructus, redditus et proventus omnium et singulorum beneficiorum ecclesiasticorum cum cura et sine cura, etiamsi ad illam consueverint qui per electionem assumi quæ in quibusvis ecclesiis seu locis obtinent et in futurum obtinebunt, etiamsi prioratus conventuales dignitates, personatus, administrationes vel officia in metropolitanis aut cathedralibus seu collegiatis ecclesiis, et dignitates ipsæ in eisdem metropolitanis, vel cathedralibus post pontificales majores, seu in collegiatis ecclesiis hujusmodi principales fuerint, cum ea integritate, quotidianis distributionibus dumtaxat*

mières que par leurs vertus : *Oportet episcopum esse doctorem*, avait dit l'Apôtre.

Aussi, à peine ces Universités fonctionnent-elles, qu'elle fait tout au monde pour y attirer ses prêtres et ses clercs, et c'est le désir bien arrêté d'atteindre rapidement ce but qui, à l'origine de ces grandes institutions, dicte aux papes les nombreuses concessions de privilèges et d'immunités qu'ils accordent tant aux maîtres qu'aux écoliers. De ces privilèges, le plus grand à la fois et le plus recherché était, on le comprend sans peine, celui qui assurait aux étudiants des Universités la jouissance de leurs bénéfices — *pabulum vitæ* — malgré l'absence de résidence Il n'y a donc pas lieu de s'étonner si l'Université d'Avignon a été dans le premier siècle de sa fondation gratifiée à elle seule d'au moins sept bulles, relatives à ce sujet. (Bulles III, VI, IX, XI, XVI, XIX, XX du présent *Cartulaire*).

Plus tard, quand à la faveur de ces nombreux foyers de lumière, le niveau scientifique et intellectuel du clergé aura monté, l'Église n'aura plus à encourager tardivement ses bénéficiaires à suivre les cours universitaires et à y prendre leurs degrés, car la plupart des bénéfices

exceptis, percipere valeant, cum qua illos perciperent, si in eisdem ecclesiis sive locis personaliter residerent et ad residendum interim in ecclesiis sive locis hujusmodi minime teneantur, nec ad id inviti valeant coarctari, nonobstantibus, si Primicerius, magistri, doctores, licentiati, baccalarii et scholares præfati ut hujusmodi litterarum studio insistendo seu in romana curia aut aliquo beneficiorum hujusmodi residendo seu alias fructus redditus et proventus dictorum beneficiorum in perpetuum vel ad certum tempus jam vel nondum elapsum percipere possetis seu possint apostolica vel ordinaria auctoritate concessum fuerit; aut si præviam in eisdem ecclesiis sive locis non fecerint personalem residentiam consuetam et tam, felicis recordationis Bonifacii papæ VIII, predecessoris nostri per quam hujusmodi concessiones absque præfinitione temporis fieri prohibentur, quam quibuscumque generalibus per sedem apostolicam aut legato ipsius sive in provincialibus vel synodalibus conciliis editis constitutionibus, necnon quibusvis statutis et consuetudinibus

eux-mêmes ne pourront plus être dévolus qu'à des gradués, et ainsi des archevêchés et des évêchés, des dignités des cathédrales, des prébendes théologales, des pénitenceries, des dignités des collégiales, des cures des villes et principaux lieux.

Dès lors aussi les papes et les conciles proclameront tour à tour la nécessité absolue, pour quiconque voudra être bénéficiaire, d'avoir fait des études sérieuses et d'être muni de diplômes probants. C'est même pour rendre cette obligation inviolable que Sixte IV, en 1482, donnera une bulle spéciale, et qu'interviendra, en 1516, le fameux concordat entre Léon X et François Ier. Et quant à ce qui concerne plus spécialement Avignon et le Comtat Venaissin, c'est aussi pour s'assurer que les bénéficiaires sont réellement des hommes de science et que leurs titres indiscutables ont été conquis dans une Université *fameuse*, loin d'être dus à la complaisance ou à l'intrigue, que Sixte IV, par sa bulle de 1479, donnera le pas aux gradués d'Avignon sur ceux de toutes autres Universités, pour l'obtention des bénéfices, et qu'en 1531 Clément VII retirera *motu proprio* aux comtes palatins, aux cardinaux *a latere*, et même aux légats, le droit qu'ils possédaient de délivrer des diplômes.

ecclesiarum seu locorum in quibus hujusmodi beneficia forsan fuerint, contrariis juramento, confirmatione apostolica vel quavis firmitate vallatis; etiamsi idem Primicerius, magistri, doctores, licentiati, baccallarii et scolares de illis servandis et non impetrandis litteris apostolicis contra ea et ipsis litteris non utendo etiam ab alio vel aliis impetratis vel alias quovis modo concessis per eos vel procuratores suos præstiterint hactenus vel imposterum præstare contigerit forsitan juramentum; seu si locorum ordinariis a sede apostolica sit concessum vel in antea concedi contingat quod personas ecclesiarum suarum civitatum et diœcesum etiam in dignitatibus, personatibus, administrationibus vel officiis constitutas per substractionem proventuum suorum ecclesiasticorum aut alias compellere valeant ad residendum personaliter in eisdem ; aut si eisdem ordinariis vel dilectis filiis capitulis earumdem ecclesiarum vel quibusvis aliis communiter vel divisim ab eadem sit sede indultum vel imposterum indulgeri contingat quod personis earumdem ecclesiarum seu locorum etiam in dignitatibus, personatibus, vel officiis constitutis fructus, redditus et proventus beneficiorum suorum ecclesiasticorum in absentia ministrare minime teneantur et ad id compelli non possint per literas apostolicas non facientes plenam et expressam ac de verbo ad verbum de indulto hujusmodi mentionem, et quibuslibet aliis privilegiis, indulgentiis, et literis apostolicis generalibus vel specialibus quorumcumque tenorum existant, per quæ præsentibus non expressa vel totaliter non inserta effectus hujusmodi nostræ gratiæ impediri valeat quomodolibet, vel differri et de quibus quorumcumque totis tenoribus de verbo ad verbum debeat in nostris literis fieri mentio specialis ; proviso quod beneficia hujusmodi debitis obsequiis non fraudentur et animarum cura in eis quibus illa imminet nullatenus negligatur sed per bonos et sufficientes vicarios quibus de eorumdem beneficiorum proventibus necessaria congrue ministrentur, diligenter exerceatur et deserviatur inibi laudabiliter in divinis. Nulli ergo omnino hominum liceat hanc paginam nostræ concessionis infringere vel ei ausu temerario contraire. Si quis autem hoc attemptare præsumpserit, indignationem omnipotentis Dei et Beatorum Petri et Pauli Apostolorum ejus se noverit incursurum.

Datum apud sanctum Antonium extra muros Florentinos octavo Id. septembris, pontificatus nostri anno quarto. B. de Monte.

XX

Bulla domini Johannis, papæ vigesimi tertii, executorialis bullæ præcedentis de fructibus beneficiorum per scholares in absentia percipiendis (1).

(8 Id septembris 1413).

Original parchemin dépourvu de la bulle de plomb dont il était muni : Archives de l'Université, D 2, — *copie* · Mêmes archives, D. 13, *fol 150*

JOHANNES Episcopus, servus servorum Dei, dilectis filiis Abbati monasterii sancti Andræ prope Avenionem, ac preposito majoris, ac decano sancti Petri Avenio-

---

(1) Disons, une fois pour toutes, qu'au moyen-âge on appelait *bénéfices* dans la langue de l'Église, un certain nombre de charges ecclésiastiques, auxquelles était attaché un revenu spécial un archevêché, un evêché, une cure, un canonicat, un diaconat, une prebende, une abbaye, un prieuré, etc Le six premiers etaient dits *bénéfices sacerdotaux*, ils avaient charge d'âmes, et exigeaient par conséquent que les titulaires fussent dans les ordres. Les deux derniers, abbaye ou prieuré, n'etaient souvent que des *bénéfices simples*, n'entraînant que l'obligation du bréviaire. Dans le principe, ces charges ecclésiastiques étaient conférées par l'évêque ou les chapitres. Mais pendant l'anarchie des temps feodaux, les seigneurs temporels firent main basse sur elles et en trafiquèrent à leur façon. Grégoire VII et les papes, ses successeurs, combattirent cet abus avec énergie, et pour y remédier cherchèrent à reconquérir le droit de collation de tous ces bénéfices. C'est ce qui donna lieu en Allemagne à la guerre célèbre du sacerdoce et de l'empire. En France, la papauté triompha avec moins de résistance. Mais ce qu'on peut affirmer, c'est que dans les deux cas, sa victoire tourna au bien de la science, comme nous l'avons vu a propos de la bulle XIX (Voy. sur les bénéfices, Cheruel *Dict. hist. des institutions, mœurs et coutumes de la France* ; — Ch. Dezobry et T.-H. Bachelet. *Dict. général de biograph. et d'histoire*, etc.)

nensis ecclesiarum, salutem, et apostolicam benedictionem. Hodie, dilectis filiis, Primicerio, magistris, doctoribus, licentiatis, baccallariis ac scolaribus Universitatis studii nostræ civitatis Avinionensis, litteras nostras concessimus in hæc verba : « Johannes Episcopus, servus servorum Dei, ad perpetuam rei memoriam : personas dilectorum filiorum Primicerii, magistrorum, doctorum, licentiatorum, baccallariorum et scolarium Universitatis studii nostræ civitatis Avinionensis, ob singularia honestatis et scientiæ merita quibus nobis et apostolicæ sedi placabiles se ostendunt, paterna benevolentia prosequentes, etc., etc. *(ut in bulla precedenti).* »

Nos igitur ut hujusmodi concessio suum sortiatur effectum volentes eisdem Primicerio, magistris, licentiatis baccallariis et studentibus providere, discretioni vestræ per apostolica scripta mandamus quatenus, vos vel duo aut unus vestrum per vos vel alium seu alios, ipsis Primicerio, magistris, doctoribus, licentiatis, baccallariis et scolaribus, quandiu in eo institerint vel procuratoribus suis eorum nominibus faciatis auctoritate apostolica *fructus, redditus et proventus præfatos juxta hujusmodi nostræ concessionis tenorem integre ministrari, non permittentes eos prædictos ordinarios et capitula seu quoscumque alios ad residendum in dictis beneficiis vel alias contra hujusmodi concessionis nostræ tenorem, quomodolibet molestari*, nonobstantibus omnibus supradictis, necnon tam, felicis recordationis Bonifacii papæ VIII, prædecessoris nostri quibus cavetur ne quis extra suam civitatem et diocesim nisi in certis exceptis casibus et in illis ultra unam dietam a fine suæ diocesis ad judicium evocari, seu ne judices a sede deputati prædicta, extra civitatem et diocesim in quibus deputati fuerint, contra quoscumque procedere, sive alii vel aliis vices suas committere aut aliquos ultra unam dietam a fine diocesis eorumdem trahere præsunant, dummodo aliquis auctoritate præsentium, ultra duas dietas non trahantur q m aliis constitutionibus apostolicis contrariis quibuscumque; aut si eisdem ordinariis et capitulis, vel quibusvis aliis communiter vel divisim a præfata sede indultum existat quod interdici, suspendi vel excommunicari non possint, per literas apostolicas non facientes plenam et expressam ac de verbo ad verbum de indulto hujusmodi mentionem, contradictores per censuram ecclesiasticam, appellatione postposita, compescendo.

Datum apud sanctum Antonium extra muros Florentinos octavo Id. septembris, pontificatus nostri anno quarto. B. de Monte.

XXI

Bulla domini Johannis, papæ vigesimi tertii, quod doctores, licentiati et studentes in Universitate Avinionensi sint immunes et liberi a præstatione et solutione quarumcumque talhiarum, gabellarum et aliarum impositionum (1).

(8 Id. septembris 1413).

Original parchemin dépourvu de la bulle de plomb dont il était muni : Archives de l'Université, D 2 ; — *copies :* Mêmes archives, D 3, *fol. 12,* et D. 13, *fol. 128*

Johannes Episcopus, servus servorum Dei, dilectis filiis Primicerio ac universis magistris, doctoribus, licenciatis, baccallariis et scolaribus Universitatis studii civitatis nostræ Avinionensis, salutem et apostoli-

---

(1) Jean XXIII peut être considéré à bon droit comme le deuxième fondateur de l'Université d'Avignon.

Après l'avoir dotée d'une faculté de théologie, avec pouvoir de conférer les grades du baccalauréat, de la licence et de la maîtrise en la forme des autres facultés, et avoir déclaré que toutes ces facultés, théologie, droit, médecine et arts libéraux, ne font qu'un corps, ayant le primicier pour chef (Bulle XII), il confirme cette Université dans la jouissance de tous les privilèges, dont papes et rois l'ont gratifiée, l'assimile, en tant que prérogatives et immunités, aux Universités de Toulouse et d'Orléans, et par le fait même à celle de Paris. (Bulles XIII et XIV). Dérogeant ensuite par faveur spéciale aux conciles de Latran et de Lyon, et autres constitutions apostoliques, il autorise les écoliers ou gradués, réguliers ou séculiers, tous étudiant à Avignon, de ne prendre aucun ordre du diaconat ou de la prêtrise, avec ou sans charge d'âme pendant sept années à compter du jour où ils seront paisibles possesseurs de bénéfices, pourvu que dans l'année de la collation de ces bénéfices ils prennent le sous-diaconat (bulle XV) ; et comme

cam benedictionem. In apostolicæ dignitatis specula, licet immeriti, disponente Domino, constituti, ad cunctorum Christi fidelium præsentium literarum studio insudantium, statum prosperum et quietum adeo diligenter, ex debito pastoralis officii et fraterna sollicitudine vigilantes, eorum profectibus libenter intendimus, illa eis quæ ad dicti studii augmentum et eorumdem fidelium tranquillitatem fore conspicimus op-

corollaire a cette disposition, il permet, malgré les constitutions contraires du pape Honorius III qui, en 1220, non-seulement avait défendu d'enseigner le droit civil dans les Universités, notamment à Paris, n'y autorisant que l'étude du droit canon, mais encore avait interdit à tout clerc l'étude de la médecine (Honorius III. PP in V compilat. tit. 27, caput I, Matth., Paris, pag. 639), il permet, dis-je, à tout ecclésiastique, même prêtre, avec charge d'âme, de venir étudier pendant dix ans à Avignon, les lois, la médecine et les arts libéraux, aussi bien que la théologie et à y prendre dans l'une quelconque des quatre facultés le baccalauréat, la licence ou le doctorat (Bulle XVI). Ce n'est pas tout, il fonde pour ainsi dire l'autonomie de cette Université, en lui donnant une juridiction propre et des conservateurs spéciaux (bulle XVII) ; si bien que désormais nul, à quelque titre qu'il appartienne à ce corps, ne pourra être traduit devant d'autres juges (bulle XVIII). Puis, comme la possession d'un bénéfice demeure toujours un grand obstacle au séjour des étudiants à l'Université, il proclame une fois encore qu'à part les distributions journalières, tout autre revenu des bénéfices demeurera formellement acquis à ceux qui séjourneront à Avignon pour y suivre les cours (bulle XIX), et afin que nul n'en ignore, il signifie le même jour sa décision aux conservateurs qu'il lui a donnés, et les charge de veiller à l'exécution de sa volonté (Bulle XX). Enfin, il énumère dans une bulle spéciale (XXI) les immunités et exemptions dont il gratifie l'Université d'Avignon · tailles, gabelles, droit d'entrée, charges réelles et impositions, de quelque nature qu'elles soient, qui ont été ou qui seront établies par la révérende chambre ou par la ville, confirmant par cela même solennellement le contenu des bulles XIII et XIV, et en rendant l'exécution définitive et inviolable

C'est donc en tout dix bulles que Jean XXIII donna en faveur de cette Université. Mais ces largesses n'étaient peut-être pas tout à fait désintéressées. N'oublions pas, en effet, que Balthazar Cossa, après avoir été placé sur la chaire de Saint-Pierre par les cardinaux du Concile de Pise (mai 1410), avait senti la nécessité, pour affermir

portuna, favore begnivolo concedamus. Hinc est, quod nos vestris in hac parte supplicationibus inclinati, vos necnon magistros, doctores, licentiatos, baccallarios et scolares in Universitate studii civitatis nostræ Avinionensis pro tempore degentes, *a solutione et præstatione talhiæ, et gabellæ, introitus, indictionis necnon impositionis pro camera apostolica aut civitate prædicta, seu aliis civitatibus, villis et locis*

la tiare sur sa tête, de réunir un nouveau Concile à Constance, et que voulant gagner à sa cause l'Université d'Avignon. il lui avait adressé l'année précédente (nones de mars 1412) une bulle spéciale pour l'exhorter à y envoyer des députés Or, quoi de plus propre à se rendre ces députés favorables, et avec eux l'Université tout entière, que de combler cette dernière de riches faveurs ? Et peut-être ne dépendit-il pas de Jean Hugonetti, l'envoyé de cette Université à Constance, que Jean XXIII ne fût, en effet, déclaré seul pape légitime (Sebast. Fanton, *Istor. Avin.*, tom. Ier, liv. 3 ; — voir aussi 3e partie de ce *Cartulaire*, la bulle de Jean XXIII, à laquelle nous faisons allusion).

Quoi qu'il en soit, de pareilles munificences ouvrirent pour l'Université d'Avignon une ère de véritable prospérité On voit à partir de ce moment les étudiants y affluer, et parmi eux un grand nombre appartiennent à des familles bien connues à Avignon, tels que par exemple, les Matharonus (Matheron), de Bastida (de la Bastie), Laurenci (du Laurent), Albanelli (Aubanel), Lartessut (Lartissuti), Guillelmus Senheti (Guil. Sagneti, seigneur de Vaucluse), Peregrini (de Pèlerin), Pierre de Tullia, Joh de Fargia, etc , etc.

On rencontre d'autre part, dans les listes des gradués de cette époque, les plus grands noms du Comtat-Venaissin, de la Provence, du Languedoc et d'autres provinces. On vient de très-loin, des diocèses de Genève, de Lyon, de Vienne, de Bordeaux, d'Angoulême, d'Urgel, de Barcelone, etc., prendre ses grades devant l'Université d'Avignon. Les clercs et les religieux de tous les ordres y sont surtout très-nombreux

Nous relevons dans le *Liber graduatorum et computorum D D. primiceriorum ab anno 1430 ad 1446* (Archives département , fonds de l'Université, D. 136), les noms suivants :

« Die XVI mensis augusti 1432, nobilis Martinus de Brolio, scholarius in jure civili, accepit baccalaureatum sub Dno Anthonio Virronis. »

Le même Martin de Brolio prend la licence en droit (in facultate legali), le 10 mars 1437. Il est alors qualifié chanoine du diocèse de Clermont (fol 20)

« Die IX mensis maii 1433, dominus Concius de Sadone, heleemo-

ad Romanam ecclesiam spectantibus, impositarum et imponendarum quarumcumque, auctoritate apostolica eximimus et totaliter liberamus, ac nihilominus vobis et eisdem, magistris, doctoribus, licenciatis, bacallariis et scolaribus, *ut de victualibus et aliis rebus quibuslibet, quæ ad civitatem per terram seu aliquam quomodolibet vehi seu duci et quæ per*

sinarius ecclesiæ Avinionis et prior Balneolen., examinatus est pro baccal. in decretis . » (fol. 26)

« XIII octobris 1435, Johannes Tonduti, clericus Gebenensis diocesis, scolarius Dni Bonifacii Rancurelli utriusque juris doctor., juravit in forma solita » (fol. 37).

1437. N. Nicolas de Brancas est reçu au baccalauréat en droit fol. 47).

16 août 1437. « Religiosus vir dominus Jacobus de Foresta, ordinis, sancti Benedicti, diocesis Cabilonensis, fuit agregatus » (fol. 49.

1437. Noble Louis d'Astoaud est reçu bachelier es-loix.

Mais rien n'est éloquent comme les chiffres. Or, sous l'administration du primicier Paul de Cario, évêque de Glandèves (1438), furent reçus

Bacheliers en droit (in facultate legali) 9
— en droit civil 14
— en droit canon 14
— en théologie 3
— ès-arts 1
Docteurs (magisterium) 1
Furent admis :
A l'agrégation (pro agregatione) 14
A prêter serment 93
A subir un examen particulier 2

De leur côté, les professeurs de cette époque sont fameux et rappellent la célébrité des Oldrade, des Godefroy Salignac, des Balde, des Bellamera, des Paulus Castrensis, qui ont enseigné autrefois à Avignon. Ce sont les Jean Reynaud, les Etienne Bertrand, les Guillaume Meynier, les Alciat, etc., etc.

Et pendant ce temps, le cardinal Jean Alarmet de Brogniac, fonde le collège de St-Nicolas ou d'Annecy pour 24 écoliers étudiant en droit canonique et civil (23 juin 1424) ; tandis qu'au collège St-Martial, établi dès 1388 pour douze bénédictins étudiant en droit canon, on construit une bibliothèque (1427), à l'usage de l'Université, et dans laquelle sont déjà contenus les précieux manuscrits que lui a laissés en 1414 le cardinal Amédée de Saluces.

Etc., etc.

vos seu eosdem magistros, doctores, licentiatos, baccallarios et scolares aut vestrum aliquem pro victu aut aliis necessariis vestris juxta status cujuslibet exigentiam, emi seu conduci contigerit, nulla penitus onera sustinere seu subire aut munera præstare teneamini, et ad id a quoquam compelli minime valeatis, quibuscumque ordinationibus Cameræ et civitatum, villarum et locorum prædictorum, necnon privilegiis, indulgentiis ac literis apostolicis generalibus vel specialibus quorumcumque tenorum existant, etiamsi de illis et eorum totis tenoribus presentibus esset mentio facienda, nequaquam obstantibus, tenore presentium de speciali gratia indulgemus. Nulli ergo omnino hominum liceat hanc paginam nostræ dispensationis, liberationis et concessionis infringere, vel ei ausu temerario contraire. Si quis autem hoc attemptare presumpserit, indignationem omnipotentis Dei et Beatorum Petri et Pauli Apostolorum ejus se noverit incursurum

Datum apud sanctum Antonium, extra muros Florentinos, octavo Id. septembris, pontificatus nostri anno quarto. B. de Monte; P. de Pistorio.

XXII

Bulla domini Eugenii, papæ quarti, jurisdictionis Vicegerentis super religiosos, scholares, monetarios et clericos in civitate Avinionensi et partibus citramontanis (1).

(Kalend. junii 1445)

Copie imprimée de l'original perdu: Bullarium civitatis Aven., constitutio LXXII, *pag. 89.*

Eugenius Episcopus, Servus servorum Dei. Dilecto filio magistro Bartholomæo Angeli de Cingulo, auditori causarum curiæ cameræ apostolicæ, in civitate

---

(1) Les domaines citramontains du St-Siége comprenaient · 1º le Comté-Venaissin, borné au N. et au N. E. par le Dauphiné ; au S. par la Durance, à l'E par la Provence et à l'O par le Rhône et la principauté d'Orange. Il avait été cédé à l'Eglise après la guerre des Albigeois et par suite d'un traité de paix conclu à Paris, en 1228, entre Raymond VII, comte de Toulouse, Louis IX, roi de France, et Romain de St-Ange, légat du St-Siége. 2º L'État d'Avignon, soit la ville (*civitas*) et son territoire avec les confronts de Château-Neuf, Barbentane, Roquemaure, Rochefort et Saze. Clément VI l'avait acheté à la reine Jeanne, au prix de 80,000 florins d'or de Florence (1.600.000 francs), par contrat authentique passé le 3 juin 1348. 3º La terre de Valréas que Jean XXII avait acquise du Dauphin du Viennois et qu'il avait payée des subsides levés dans les communes du Venaissin sur les ecclésiastiques, les bénéficiers et les possédant fiefs, suivant l'avis du célèbre Oldrade, professeur à l'Université d'Avignon. 4º La place et le territoire pontifical de Caderousse, les communes de Bédarrides et de Châteauneuf-Calcernier, fiefs impériaux appartenant à l'archevêque d'Avignon et qui ne faisaient pas partie du Comtat, bien qu'ils y fussent enclavés : *in comitatu et non de comitatu.* Paul de Cadecombe : *Nova disquisit. legal*, caput 12 : *de statu Ecclesiastico extra partes Italiæ* ; — Charles Perrin : *États pontificaux de France au XVI*e *siècle* ; — Expilly. *Dictionnaire géographique* ; — Ch. Cottier : *Notes historiques concernant les recteurs du ci-devant Comté-Venaissin* ; etc., etc.

nostra Avinionensi et partibus citramontanis Vicegegerenti, salutem et apostolicam benedictionem. Ad Romani pontificis providentiam circumspectam sic sedis apostolicæ privilegiorum et indultorum moderatio pertinere dignoscitur, quod in eis materia malignandi nulli detur et vitiorum correctio in scandalum populorum minime proteletur. Sane nuper ad nostrum fide dignorum relatione pervenit auditum, quod licet tu, tam ratione officii Vicegerentis, auditoris causarum curiæ cameræ apostolicæ in civitate nostra Avinionensi, et partibus ultramontanis quod exerces, quam cujusdam per nos tibi desuper concessæ facultatis in diversas personas etiam exemptas in civitate, et partibus prædictis jurisdictionem tuam, tanquam judex ordinarius consueveris exercere, tamen nonnulli religiosi de diversis etiam mendicantium ordinibus (1), qui ex privilegiis tam sibi quam ordinibus suis, ecclesiis, monasteriis, domibus suis, locis ac studiis per sedem apostolicam concessis, ac etiam aliqui monetarii, et aliæ diversæ personæ, tam ecclesiasticæ quam seculares, et præsertim literarum studiis in locis in quibus illa vigent generalia (2) insistentes a quibuscumque judicibus sunt aut dicuntur exempti religionis aut ecclesiæ, aut cujusvis honestatis per eos laxatis habenis, diversa crimina excessus, seu delicta perpetrarunt, ac aliis diversis personis eorum bona contra juris dispositionem, retinendo, injurias atque molestias in-

---

(1) *Mendicantium ordines.* — Primitivement les ordres mendiants comprenaient seulement les Dominicains, les frères Mineurs et les Carmes. Ce ne fut qu'en 1567 que le pape Pie IV y ajoua les Augustins et les Servites.

(2) *Studium generale.* S'entend surtout des universités, mais quelquefois aussi des simples colléges Ainsi Mahuet. (*Prædicatorium Avenionense*, etc.) donne le nom de *studium generale* au college de Notre-Dame de la Pitié que Barthélemy Riquetis, religieux profés de l'ordre, fonda en 1457 dans le couvent des dominicains d'Avignon, pour les novices de cette maison ou de toute autre de l'ordre et qui fut agregé à l'université de cette ville.

ferre non verentes, jurisdictionem tuam in præmissis, dictarum exemptionum prætextu, subterfugere nituntur, ac dum crimina et excessus per tales religiosos perpetrantur, reprimere niteris, tibi faciunt per suos conservatores sub gravibus pœnis inhibere, asserentes te nullam in eos posse jurisdictionem exercere ac in litteris apostolicis super facultatibus tibi concessis prædictis habitis nullam, aut minus debitam de privilegiis, religionibus, ecclesiis, monasteriis, locis, studiis, monetariis et personis, ut præmittitur hujusmodi concessis facientem mentionem et propterea ipsorum crimina sæpissime remanent impunita, et major tribuetur eis audacia delinquendi. Nos igitur in præmissis prout ex debito tenemur pastorali officio, salubriter providere cupientes, motu proprio non ad tuam vel alterius pro te nobis super hoc oblatæ petitionis instantiam, sed de nostra mera deliberatione. ex certa scientia volumus, et apostolica tibi de quo in his et aliis specialem in domino fiduciam obtinemus. authoritate. tenore præsentium concedimus, *quod in omnes et singulos religiosos quorumcumque sancti Basilii (1), sancti Benedicti Cisterciensis, Cluniacensis (2), Præmonstratensis Sancti Augustini (3), Sanctæ Mariæ*

---

(1) *Sancti Basilii (ordo)*, ordre contemplatif de saint Basile, fondé vers 357, dans le Pont. Était très-répandu en Italie et en France au XVe siècle.

(2) *Sancti Benedicti (ordo), Cistercensis, Cluniacensis*. Benoît de Nursia en fut le fondateur au VIe siècle Le siège principal avait été établi par ce saint au mont Cassin Il acquit rapidement une grande prospérité, d'où de graves abus qui nécessitèrent des réformes, dont les plus remarquables furent au Xe siècle celles d'Eude de Cluny (*Cluniacencis*), de Robert de Champagne (*Cistercencis*), etc., etc.

Les Bénédictins de Cluny avaient un couvent à Avignon, celui de St Martial, ancien palais des rois de Mayorque, qui leur avait été donné, en 1363, par Urbain V, et dans lequel Jacques Causans, un de leurs abbés, avait fondé en 1374 un collège en faveur de douze moines de l'ordre étudiant en droit canon a l'Université.

(3) *Præmonstratensis sancti Augustini (ordo)*. Ce sont les Prémon-

Cruciferorum cum stella (1), S. Petri confessoris de Magella (2), Dominici sepulchri ordinis S. Augustini (3), Carthusiensis, Vallis-Umbrosæ, Camaldulensis, Grandmonstrensis, SS. Ebrardi Valliscolarum, Valliscolium (4),

trés : ordre réformé de chanoines réguliers de Saint-Augustin Saint Norbert, fondateur (1120). Les Premontrés avaient au XV° siècle une abbaye hors les murs de Marseille, à l'endroit où est le château Borely

(1) *Sanctæ Mariæ Crucifer orum cum stella (ordo).* Ces religieux, sortis de la Palestine pour venir en Europe, embrassèrent la règle de saint Augustin et s'adonnèrent au service des hôpitaux. Leur veritable nom est religieux Croisiers ou porte-croix avec l'étoile.

(2) *Sancti Petri confessoris de Magella* (ordo). Il s'agit ici des Célestins, congrégation de l'ordre de St-Benoît. Nommés primitivement ermites de St-Damien, ils ne prirent le nom de Célestins qu'après que leur fondateur, Pierre de Muron, eut été fait pape sous le nom de Célestin V. Le berceau de l'ordre fut le mont Magella, dans la Pouille, sur lequel le saint s'etait retiré avec deux de ses compagnons. Les Célestins furent appelés à Avignon par Clément VII et le roi de France Charles VI. Leur monastère y fut élevé sur le tombeau même du cardinal de Luxembourg, en 1393.

(3) *Dominici sepulchri ordinis sancti Augustini (ordo),* religieux du St-Sépulcre de l'ordre de St-Augustin, avaient plusieurs ermitages aux environs d'Avignon, notamment à Graveson et à Cavillargues, près Bagnols

(4) *Carthusiensis, Vallis-Umbrosæ, Camaldulensis, Grandmonstrensis, sanctorum Ebrardi, Valliscolarum, Valliscolium* (ordo). C'est encore de l'ordre de St-Benoît que sortirent aux XI° XII° et XIII° siècles, les congrégations de *Vallombreuse* et des *Camaldules*, en Toscane, de *Grandmont*, dans le Limousin, de *Fontevrault (fons Ebraldinus)*, du *Val-des-écoliers*, près de Langres, du *Val-des-choux*, près de Dijon, etc

Les Camaldules avaient au XIV° siècle quelques maisons en Provence, notamment au mont Ste-Victoire, non loin d'Aix.

L'ordre de Grandmont avait aussi à la même époque une abbaye à Montezargues, entre les villages de Rochefort et de Tavel, près Avignon.

Quant aux Chartreux (*Carthusiensis*) ; ils vinrent à Avignon, sous le pontificat de Jean XXII, qui les établit dans une commanderie occupée autrefois par les frères-pontifes, et après eux par les hospitaliers

Florentiæ humiliatorum (1), Guilhermi (2) Sancti Victoris (3), Montis Oliveti (4), Sanctæ Trinitatis ac Redemp-

de St-Jean. Leur couvent était situé à Bonpas, sur les bords de la Durance. Une maison du même ordre, mais plus importante, fut fondée par Innocent VI (2 juin 1356), à Villeneuve lez-Avignon (Voy. sur cette dernière . A. Coulondres: *Notices historiques sur la Chartreuse de Villeneuve-lez-Avignon*).

Ces deux Chartreuses avaient chacune un hospice ou *pied-à-terre* à Avignon, celle de Bonpas à la rue d'Amphoux, et celle de Villeneuve à la rue Limas.

(1) *Florentiæ Humiliatorum (ordo).* Confrérie religieuse organisée par S. Jean de Meda et s'adonnant à la fabrication des draps. Le premier couvent fut établi à Milan, vers 1134, mais, à partir de 1239, Florence devint le chef-lieu de l'ordre. Les Humiliés de Florence vivaient sous la règle de S. Benoît. Il est très-probable, bien que cependant nous n'en ayons aucune preuve directe, que les *Humiliés de Florence* avaient aussi à Avignon des représentants de leur congrégation à une époque surtout où, comme au XVe siècle, tout le commerce de cette ville et du Comtat était entre les mains des Florentins qui, à la suite des guerres civiles d'Italie et des révolutions de Toscane, avaient émigré en masse à Avignon, qu'ils couvraient de somptueux édifices d'hôpitaux et d'église et où les Médicis installaient une banque de change qui, plus d'une fois, eut à négocier les lettres de change de l'Université. L'institution à Avignon des pénitents noirs en 1488, par Ricasolli et autres réfugiés florentins, en mettant en évidence la piété de ces étrangers ne peut que rendre plus plausible notre supposition.

(2) *Guilhermi (ordo).* Congrégation instituée en 1153 par Guillaume de Maleval, et établie près de Sienne, s'introduisit en France en 1298. C'étaient également des Bénédictins, mais avec l'institut spécial de S. Guillaume. Les Guilhelmites d'Avignon (1261) furent unis plus tard aux Grands Augustins, un certain nombre d'entre eux cependant obtinrent du pape de rester indépendants (1256) à l'état de congrégation, mais ils durent néanmoins céder leur couvent aux Augustins et s'établir ailleurs

(3) *Sancti Victoris (ordo).* Les Bénédictins de l'abbaye de St-Victor de Marseille datent du XIIe siècle.

(4) *Montis Oliveti (ordo)*, congrégation de Notre-Dame du Mont-Olivet Les *Olivetains* furent fondés en 1313 sur le mont Olivet, près d'Arezzo, avec la règle de S. Benoît. Voy. au *Bullarium romanum* une bulle de Pie II concernant ces religieux. *Privilegia congregationis monochorum beatæ Mariæ montis Oliveti ordinis sancti Benedicti*,

tionis captivorum (1), Prædicatorum (2), Minorum (3), Heremitarum S. Augustini (4), Beatæ Mariæ de Monte

et autre bulle de Clément VI (1432) sur la même congrégation. Une de leurs premieres maisons fut fondée à Villeneuve-lez-Avignon dans un enclos montagneux qui porte encore le nom de Mont-Olivet (1319).

(1) *Sanctæ Trinitatis ac redemptionis captivorum* (ordo). Ordre religieux et militaire institué en 1198 par Jean de Matha et Félix de Valois, pour la délivrance des chrétiens captifs chez les infidèles Ce sont les *Trinitaires* appelés aussi *Mathurins*.

En 1353 Bernard de Rascas, gentilhomme limousin, chevalier et docteur en droit, fonda, de concert avec sa femme, le grand hôpital d'Avignon et le dota de dix mille florins d'or. L'année suivante, Rascas y ajouta un couvent destiné aux religieux chargés des soins spirituels et de l'administration des sacrements. Il y appela les Mathurins, qui y sont restés jusqu'à la Révolution française.

(2) *Prædicatorum* (ordo), les frères Prêcheurs ou Dominicains Leur couvent d'Avignon avait été fondé par St Dominique lui-même en 1227 et avait servi d'habitation à Clément V et à S. Vincent Ferrier. S. Thomas d'Aquin y avait été canonisé (Voy *Prædicatorium avenionense*, etc., auctore Joanne Mahuet).

(3) *Minorum* (ordo). Les Minorites ou Frères Mineurs, institués en 1208 par S. François d'Assise, étaient à Avignon dès 1227. Dans l'église de ces religieux, appelés aussi Cordeliers, se trouvait la chapelle de l'Université. (Voy. IIIe partie de ce *Cartulaire*).

(4) *Heremitarum sancti Augustini* (ordo). En 1256, Alexandre IV soumit à la règle de saint Augustin et réunit en communautés les ermites épars dont se composait primitivement cet ordre. Il naquit plus tard de cette réforme un grand nombre de communautés religieuses. (Voy. au *Bullarium romanum* une bulle du pape Eugene IV concernant les *Ermites de S. Augustin*) Ces religieux vinrent s'établir à Avignon au XIIIe siècle. On les appelait indistinctement Ermites de S Augustin ou les Augustins tout court Ils remplacèrent à Avignon soit les Guilhelmites, soit les Freres de la Penitence, dits du sac, dont les uns quittèrent la ville et les autres s'unirent à eux L'Université d'Avignon mentionne fréquemment l'existence des Augustins à Avignon On sait qu'outre les anniversaires religieux célébrés par celle-ci à diverses époques de l'année, une messe quotidienne était dite par un prêtre rétribué *ad hoc* dans l'église de St-Martial et dans la chapelle de l'hôpital de Jugon. Eh bien ! pendant quatre mois de l'année 1437 ce fut précisément un religieux Augustin qui fut chargé de ce service, ainsi que le prouve cette note du primicier Jean de Payer :

Carmelo (1), Servorum B. Mariæ S. Augustini (2), Sancti Ruffi (3), Sancti Joannis Hierosolimitani (4), Sanctæ Ma-

« Solvi domino Bertrando ordinis Augustinorum, pro tempore quo celebravit missas studii per quatuor menses et octo dies, V floren. VIII gros. (Archives départ., *fonds* de l'Université, D. 36).

(1) *Beatæ Mariæ de monte Carmelo* (ordo). Les Carmes ou Frères de la bienheureuse Marie du Carmel prirent naissance en 1105 sur le mont Carmel. Nous les trouvons à Avignon en 1267. Ils y étaient venus sur les ordres de Jean XXII, qui leur donna le couvent des Templiers Il ne reste plus que leur église qui sert actuellement de paroisse. Pons Raynaud, doyen de la faculté de théologie d'Avignon, en 1460, appartenait à cet ordre du Carmel.

(2) *Servorum beatæ Mariæ sancti Augustini* (ordo). Les Servites ou religieux serfs de la Vierge furent fondés en 1233 sur le mont Senario par sept marchands florentins. Ils s'établirent en 1333 à Avignon, où ils furent chargés de desservir l'église de Ste-Madeleine. Ils abandonnèrent cette position quand la papauté se fut éloignée des bords du Rhône. En 1540, ils fonderent un couvent près de Cucuron et ils y restèrent jusqu'à la révolution française (Voy. les *Annales sacri ordinis Servorum B. V. M. de Giani*, t I, p. 269 ; t. II, p. 125. Felician Capiton, qui en 1565 succéda à Annibal Bozzuto sur le siège archiépiscopal d'Avignon, était un religieux servite.

(3) *Sancti Ruffi* (ordo). Il s'agit des chanoines de St-Ruf, institués en 1038 par quatre chanoines réguliers de St-Augustin de la cathédrale d'Avignon, qui, ayant résolu de vivre dans la solitude, obtinrent de l'évêque Benoît Ier une église et un couvent situés non loin de la Durance, aux portes de la ville, et que, suivant la tradition, saint Ruf, premier évêque d'Avignon, avait fait bâtir. Lorsque saint Bruno se retira dans la Chartreuse de Grenoble, il prit en passant à Avignon deux chanoines de St-Ruf qui jetèrent avec lui les fondements de l'ordre des Chartreux. Ces deux chanoines s'appelaient Étienne de Bruges et Etienne de Die. (Chanoine Calvet, *Notes historiques sur les anciens châteaux et les anciennes abbayes de la ville d'Avignon et de son territoire*, Mss , Muséum Calvet).

(4) *Sancti Johannis Hierosolimitani* (ordo). Hospitaliers de St-Jean-de-Jérusalem, qu'on appelait aussi chevaliers de Rhodes et chevaliers de Malte. Leur séjour à Avignon remontait au temps des podestats, vers 1233, et même, suivant Deveras, à l'année 1165 (Jean Deveras, *Recueil des Épitaphes et Inscriptions* qui sont dans les églises d'Avignon. Avignon 1750. Ms., Museum Calvet d'Avignon, *fonds* Requien). Leur couvent existait sur l'emplacement de l'hôtel du Louvre

riæ Teuthonicorum militiæ (1), Sancti Jacobi de Spata (2), militiæ Jesu Christi (3), et militiæ Beatæ Mariæ Virginis (4), ordinum; necnon doctores et scolares quo-

actuel ; leur église, restaurée avec infiniment d'art a été convertie en une très-élégante salle à manger.

(1) *Sanctæ Mariæ theutonicorum* (ordo). Chevaliers teutoniques, ou encore chevaliers teutoniques de la Sainte Vierge.

(2) *Sancti Jacobi de spata* (ordo). Ordre de St-Jacques de l'épée.

(3) *Militiæ Jesu Christi* (ordo). Ordre des chevaliers du Christ. Fondé en Portugal en l'année 1318, aussitôt après la suppression des Templiers, dont les biens considérables lui furent affectés. Il fut astreint à la règle de St-Benoît et aux constitutions de Cîteaux par Jean XXII, qui confirma l'institution de cet ordre sous le nom de *Milice de Jésus-Christ* (Bulle du 14 mai 1319)

(4) *Militiæ beatæ Mariæ Virginis* (ordo). Nous croyons qu'il faut entendre ici l'ordre religieux et militaire des Pères de la Merci, institué par Grégoire IX, en 1235, sous le nom de Congrégation de Notre-Dame de la Miséricorde. Les Pères de la Merci avaient une communauté à Avignon à l'endroit où s'établirent plus tard les religieux Minimes. C'est le chapitre de St-Agricol qui leur avait cédé, le 22 avril 1435, l'église de N.-D. des Miracles En 1481, le cardinal de la Rovère, légat et archevêque d'Avignon, unit les Trinitaires de cette ville aux Pères de la Merci, et leur confia les soins de l'Hôpital de Bernard de Rascas.

Mais ce n'était pas seulement à l'état de communautés que ces ordres résidaient à Avignon ; un certain nombre de leurs religieux y vivaient isolés, chargés d'une aumônerie ou exerçant des emplois spéciaux, soit à titre de représentants accrédités auprès de l'autorité pontificale, soit aussi comme écoliers dans les divers collèges pontificaux où les Bénédictins des différentes congrégations, par exemple, étaient très-nombreux. De même aussi le légat et plus tard le vice-légat d'Avignon étant le représentant réel du Saint-Siège en deçà des monts, et ayant autorité spirituelle non-seulement sur Avignon et le Comtat, mais encore sur la principauté d'Orange, le Dauphiné et la Savoie, et sur les comtés de Nice et de Provence ; c'est encore à lui que de tous ces pays et de plus loin encore on s'adresssait pour les affaires religieuses des provinces de France et d'Espagne, ce qui amenait un va-et-vient continuel d'ecclésiastiques et de religieux des ordres les plus divers

Le Comtat, de son côté, possédait un grand nombre de monastères ou d'abbayes : Aubignan avait des Minimes ; Aurel et Bollène des Bénédictins ; Cadenet des chevaliers de St-Jean de Jérusalem ; Carpen-

*rumlibet etiam generalium studiorum, monetarios (1) ac
omnes alias et singulas personas, mundanas et ecclesiasticas, sœculares et religiosas quomodolibet exemptas, cujuscumque status, gradus, nobilitatis, ordinis, vel conditionis
fuerint intra civitatem et partibus prædictis commoran-*

tras des Dominicains et des religieux de St-Ruf; Cavaillon une maison
de l'ordre de St-Jean de Jérusalem; Senanque des Cisterciens, dont un
abbé, Jean Casaleti, vint fonder à Avignon, en 1471, le collège de St-
Bernard, que l'on appela *Collège de Senanque*, pour six moines de
l'ordre de Cîteaux devant étudier le droit canon à l'Université; L'Isle
avait des Cordeliers et des Minimes: Malaucène des moines de St-
Victor de Marseille, dans son antique monastère du Grozel; Monteux
des Bénédictins; Peines des Augustins; Valréas des Cordeliers et des
Bénédictins, etc., etc., (Jules Courtet, *Dict. géogr.*; — d'Expilly,
Dict., art. *Comtat*; — Cambys-Velleron, *Annales d'Avignon*. Mss,
fonds Requien, etc.)

Or, cette bulle est bien formelle tous les membres quels qu'ils
soient de ces ordres religieux établis ou de passage dans les États pontificaux, les docteurs et écoliers d'Avignon ou de toute autre université,
les monnoyeurs, etc., sont justiciables du vice-gérant pour tous les délits commis durant leur séjour dans ces États ou antérieurs: *Commorantes seu delinquentes et inibi repertos.*

(1) *Monetarios* Bien qu'un hôtel des Monnaies existât à Avignon
dès le IXe siècle et qu'on trouve des pièces à l'effigie des comtes de
Provence frappées en 925, il est certain cependant que déjà du temps
où les papes résidaient à Avignon, l'hôtel des monnaies était sans usage;
si donc il est question des monnayeurs dans cette bulle, c'est que probablement à cette époque Avignon et le Comtat servaient de refuge
et de lieu d'asile à ceux poursuivis pour crime de fausse monnaie.
D'ailleurs, en ce temps-là, on frappait la monnaie un peu partout:
la Provence, le Languedoc, Villeneuve-lez-Avignon notamment, avaient
leurs hôtels de Monnaie, et les monnayeurs constituaient de véritables
corporations composées non-seulement des ouvriers des *monnoies,*
proprement dits, mais encore des changeurs, des affineurs, des batteurs
d'or et d'argent, etc., etc.

En France, les monnoyeurs dépendaient à la même époque, d'une
cour souveraine composée d'une part, de juges connaissant seuls et
sans appel de tout ce qui se rapportait de près ou de loin à la fabrication
de la monnaie et de l'autre, de *maîtres* ou *généraux* chargés d'aller
inspecter les innombrables établissements de monnaies qui se trouvaient
disséminés dans tout le pays. L'organisation primitive remontait à
Philippe le Bel.

tes, seu delinquentes et inibi repertos, tam dictæ facultatis quam præsentium vigore, jurisdictionem tuam plenarie et libere, tam civiliter quam criminaliter possis et valeas exercere in omnibus et per omnia ac si in litteris dictæ facultatis de singulis ordinibus atque privilegiis dictorum religiosorum atque doctorum, scholarium, monetariorum, ac personarum specialis et expressa, ac de verbo ad verbum mentio facta, et eis per nos specialiter et expressa, quod præmissa derogatum extitisset, quibus omnibus et singulis quoad præmissa motu et scientia similibus expresse derogamus et insuper quibusvis conservatoribus privilegiorum prædictorum, sub quibuscumque verborum formis, per nos vel sedem prædictam deputatis, sub pœna excommunicationis quam nisi infra triduum postquam in curia Vicegerentiæ, seu per audientiam contradictarum loco audientiæ condictarum etiam per edictum publicum, vel in valvis ecclesiæ Avinionis affigendum, quod perinde ipsos arctare volumus ac si ipsis personaliter intimatum extitisset, requisiti fuerint ab eorum perturbatione, respectu tuæ jurisdictionis destiterint ipso facto, districtius inhibemus ne intuitu quarumcumque facultatum sibi factarum tuam jurisdictionem hujusmodi quomodolibet perturbent. Decernentes ex nunc quascumque inhibitiones, monitiones, comminationes, processus, et sententias per dictos conservatores sibi, et in te pro tempore forsam factas nullius fuisse et esse roboris et momenti. Propterea tibi contra dictos conservatores, et alios tuam hujusmodi jurisdictionem quomodolibet perturbantes cujuscumque status, gradus, ordinis, vel conditionis fuerint, ad fulminationem et aggravationem dictarum sententiarum per simile edictum similiter in valvis prædictis affigendum et alia juris remedia etiam cum invocatione brachii secularis procedendi, plenam et liberam eisdem motu, scientia, et authoritate tenore præsentium concedimus facultatem. Cæterum ne hujusmodi jurisdictio tua impediri aut retardari quomodolibet possit, volumus, necnon, motu, scientia et authoritate prædictis decernimus per præsentes quod in civilibus causis in quibus creditores sint debitorem suum, coram te, vel ejus immediate superiorem convenire; quodque quoad tuam jurisdictionem hujusmodi in criminalibus impediendis seu præveniendis tunc Domini ordinarii, vel cujusvis alterius judicis præventio locum habeat, si ordinarius hujusmodi vel judex justitiam ministrari. Necnon omnes et singulas concessiones et literas apostolicas per nos vel sedem prædictam, seu alias quomodolibet etiam motu proprio sub quibusvis verborum formis, forsam concessas et in antea concedendas per quas præsentium effectus impediri valeat quomodolibet vel differri, quidquid contra præmissa per quoscumque quavis authoritate scienter vel ignoranter contigerit, attemptare irritum et inane, nulliusque, roboris vel momenti, nisi in ipsis literis de nomine et cognomine tuo a data præsentium eorumque toto tenore de verbo ad verbum specialis et expressa mentio fiat; nonobstantibus quod cathedralis ecclesiæ canonicus, aut in dignitate ecclesiastica constitutus non sis, ac fœlicis recordationis Bonifacii papæ, octavi prædecessoris nostri, illis præsentium quibus cavetur ne quis extra suam civitatem et diœcesim nisi in certis exceptis casibus et in illis ultra unam dietam (1) almæ suæ diœcesis, ad judicium convocetur, seu ne judices ab eadem sede deputari extra civitatem et diœcesim in quibus deputati fuerint contra quoscumque procedere, seu alii vel aliis vices suas committere præsumant et de duabus dietis in concilio generali et quibusvis aliis constitutionibus et ordinationibus apostolicis ac status et consuetudinis ordinum prædictorum ac præfatarum aliarum personarum, etiam juramento, confirmatione apostolica, vel quavis firmitate alia roboratis et quibusvis indulgentiis, privilegiis, gratiis, et literis apostolicis, mo-

(1) Dietam, iter, quod una die conficitur. Cf. Ducange. C'est une journée de marche.

nasteriis, locis, et personis communiter vel divisim fiet quacumque forma vel expressione verborum a dicta sede concessis, vel concedendis, etiamsi de illis plena et expressa ac de verbo ad verbum mentio præsentibus foret habenda, quæ eisdem exemptis quoad hoc volumus minime suffragari cæterisque contrariis quibuscumque; seu si conservatoribus ac aliis prædictis vel quibusvis aliis communiter vel divisim ab eadem sede indultum existat, quod interdici, suspendi vel excommunicari aut extra vel ultra certa loca ad judicium evocari non possint per literas apostolicas non facientes plenam et expressam ac de verbo ad verbum de indulto hujusmodi mentionem.

Nulli ergo omnino hominum liceat hanc paginam, nostræ concessionis, derogationis, inhibitionis, voluntatis et constitutionis infringere, vel ei ausu temerario contraire. Si quis autem hoc attemptare præsumpserit, indignationem omnipotentis Dei, et beatorum Petri et Pauli Apostolorum ejus, se noverit incursum.

Datum Romæ apud Sanctum Petrum anno Incarnationis Dominicæ millesimo quadringentesimo quadragesimo quinto, kalend. junii. Pontificatus nostri anno decimo quinto.

XXIII

Bulla domini Nicolaï, papæ quinti, exemptionis scholarium a gabellis et vectigalibus (1).

(14 Kalend. octobris 1447).

Original parchemin dépourvu de la bulle de plomb dont il était muni : Archives municipales, *boîte 34 :* — *vidimus parchemin sans sceau (mai 1455) :* mêmes archives, même boîte *;* — *Copie :* Bullarium civitatis Aven. constitutio LVII, *pag. 63;* — *id* , Manuductio ad jurisprudentiam.

Nicolaus Episcopus, Servus servorum Dei. Dilectis filiis syndicis, concilio et communi civitatis Avinionensis, salutem et apostolicam benedictionem. Devotionis vestræ sinceritas promeretur, ut ea vobis favorabiliter concedamus quæ vestris commoditatibus fore conspicimus opportuna. Cum igitur, sicut oblata nobis pro parte vestra petitio continebat, vos multis debitis gravati sitis ac multas, et varias expensas continuo ex necessariis causis subire cogamini, vestris in hac parte supplicationibus inclinati, volumus et vobis tenore præsentium concedimus, ut omnes et

---

(1) *Gabellæ.* Les gabelles, nom donné anciennement a toute espece d'impôt indirect et de consommation réelle : il y avait des gabelles de vin, de drap, de sel Ces impôts étaient généralement arbitraires et variables. suivant les besoins pecuniaires de la cité ou de l'État Ils correspondaient à ce que nous appelons aujourd'hui les contributions indirectes, dont les commis ont du reste retenu dans le langage populaire le nom *de gabelou.*

Vectigalia. Se composaient essentiellement chez les anciens Romains des droits de douane et du prix de location des terres ou domaine public : mais au moyen-âge on entendait par *vectigalia* les impôts en général et quels qu'ils fussent

singuli, tam cives quam incolæ et habitatores civitatis nostræ Avinionensis laïci tantum cujuscumque status, gradus, dignitatis, vel conditionis fuerint, *scholaribus in studio generali civitatis prædictæ dumtaxat exceptis*, teneantur, et debeant solvere omnes et singulas vectigalia, et gabellas, tam impositas, quam imponendas omnium, et singulorum suorum fructuum, reddituum, et bonorum mobilium, quemadmodum cæteri persolvunt, a quorum solutione nullum ex ipsis exemptum esse decernimus vel immunem, quibuscumque gratiis, privilegiis, exemptionibus, immunitatibus, libertatibus, et literis apostolicis quorumcumque tenorum existant, etiamsi de eis præsentibus specialis, et expressa, ac de verbo ad verbum mentio esset habenda, quibusvis personis hactenus concessis, et imposterum concedendis, cæterisque, contrariis, nonobstantibus quibuscumque.

Nulli ergo omnino hominum liceat hanc paginam nostræ voluntatis, concessionis, et constitutionis infringere, vel ei ausu temerario contraire. Si quis autem hoc attemptare præsumpserit indignationem omnipotentis Dei et beatorum Petri et Pauli Apostolorum ejus, se noverit incursurum.

Datum Romæ apud Sanctum Petrum, anno Incarnationis Dominicæ millesimo quadringentesimo quadragesimo septimo, quarto decimo. 14 kalendarum octobris, Pontificatus nostri anno primo. Poggius.

XXIV

Bulla domini Pii, papæ secundi, præcedentiæ assessoris et syndicorum civitatis Avinionis in quibusvis actibus publicis, exceptis duntaxat hiis ad Universitatem generalis studii pertinentibus.

(15 kalend. februarii. 1458)

Original parchemin muni d'une bulle de plomb sur lacs de soie rouge et jaune : Archives municipales, *boîte 7*.

Pius Episcopus, servus servorum Dei, ad futuram rei memoriam. Digna pro meritis debent compensari premia et qui majoribus virtutum meritis adjuvantur, potioribus honoribus sint merito decorandi. Cum itaque, sicut pro parte dilectorum filiorum syndicorum concilii et communis nostræ civitatis Avinionensis fuit nobis nuper expositum, inter cetera predictæ civitatis officia, assessoris et syndicorum officia annualia, de honorabilioribus existant, ipsique assessor et syndici ex eorum officio totam civitatem predictam representent ac post doctores et alios graduatos in quibuscumque actibus publicis qui in eadem civitate pro tempore fiunt quosque ponantur et eos immediate sequantur : Nos dignitatem et auctoritatem assessoris et syndicorum hujusmodi considerantes, prefatorumque syndicorum concilii et communis in hac parte supplicationibus inclinati, auctoritate apostolica, tenore presentium, perpetuo statuimus et ordinamus quod *assessor et syndici predictæ civitatis, durante tempore eorum officiorum, precedente dumtaxat viguerio ejusdem civitatis, ante quoscumque alios, in quibusvis honoribus et ceteris actibus publicis, quæ in eadem civitate pro tempore, fieri contigerit, exceptis dumtaxat Uni-*

versitatis, preferantur ac possint et debeant anteferri; decernentes omnes et singulos qui assessorem et syndicos seu aliquem ipsorum contra statutum et ordinationem hujusmodi impedire vel molestare quoquomodo presumpserint, excommunicationis sententiam a qua per alium quam per Romanum Pontificem absolvi non possint, incurrant ipso facto, ac mandantes dilectis filiis præposito ecclesiæ Avinionensis ac officiali Avinionensi quatinus ipsi vel eorum alter, premissa omnia et singula ubi et quando expedire videat, solemniter publicantes faciant auctoritate nostra statutum, decretum et ordinationem hujusmodi perpetuis futuris temporibus firmiter observari ipsosque assessorem et syndicos pacifica hujusmodi antelationis prerogativa gaudere. Et nichilominus omnes et singulos quos hujusmodi excommunicationis sententiam incurrisse constiterit ac pro parte ipsorum assessoris et syndicorum fuerit requisitus in ecclesiis et aliis locis ubi major populi multitudo ad divina convenerit, excommunicatos publice denunciet et faciat ab aliis nunciari et ab omnibus arctius evitari donec spiritum sanioris consilii assumentes, statutum, decretum et ordinationem hujusmodi firmiter observaverint. Contradictores per censuram ecclesiasticam, appellatione post posita, compescendo. Non obstantibus statutis et consuetudinibus dictæ civitatis, etiam juramento, confirmatione apostolica et quavis alia firmitate roboratis contrariis quibuscumque, aut si aliquibus communiter vel divisim ab apostolica sit sede indultum, quod interdici, suspendi vel excommunicari non possint per litteras apostolicas non facientes plenam et expressam ac de verbo ad verbum de indulto hujusmodi mentionem.

Nulli ergo omnino hominum liceat hanc paginam nostri statuti, ordinationis et decreti infringere vel ei ausu temerario contraire. Si quis autem hoc attemptare presumpserit, indignationem omnipotentis Dei et beatorum Petri et Pauli Apostolorum ejus se noverit incursurum.

Datum Romæ, apud Sanctum Petrum, anno Incarnationis dominicæ, millesimo quadringentesimo quinquagesimo octavo, quinto decimo kalendarum februarii, pontificatus nostri anno primo.

XXV

Bulla domini Pii, papæ secundi, reformationis generalis studii almæ Universitatis Avenionensis (1).

(11 kalend. Jan. 1459).

Original parchemin muni d'une bulle de plomb sur lacs de soie jaune et rouge : Archives de l'Université, D 2 ; — *copie papier :* Collection manuscrite ; *fonds* Requien : *série* Université, *tome IV :* Bibliothèque du Musée Calvet d'Avignon.

Pius Episcopus, servus servorum Dei, ad perpetuam rei memoriam. In supremæ dignitatis apostolicæ specula, licet immeriti, disponente Domino, constituti, ad universas fidelium regiones nostræ vigilantiæ credi-

---

(1) Comme on le voit, le pape Pie II réorganise par cette bulle l'Université d'Avignon et prescrit le rang que les religieux doivent y tenir Résumons la brièvement

Désormais cette Université aura une faculté de théologie, une faculté de droit canonique et civil, une faculté de médecine, une faculté des beaux-arts ou arts libéraux, le tout ne formant qu'un seul corps universitaire.

Il y aura non plus un primicier, mais un recteur qui exercera pendant six mois, et un conseil ordinaire.

Les régents seront au nombre de dix-huit cinq de théologie, deux de droit canon, trois de décrétales, trois de droit civil, trois de médecine, et deux pour les arts.

Le recteur sera élu par le chancelier ou son vicaire. Il devra être âgé de vingt-cinq ans au moins, n'avoir fait profession dans aucun ordre mendiant, et sera pris successivement dans chacune des quatre facultés.

Le conseil ordinaire comprendra le chancelier ou son vicaire président, le recteur, tous les régents, un maître ou docteur non régent, un licencié, un bachelier et deux écoliers fournis par chaque faculté et élus par l'assemblée générale de l'Université, à la pluralité des suffrages.

La préséance est ainsi réglée . le chancelier et son vicaire, le recteur,

tas, eorumque profectus tranquillitatem et commoda necnon notitiam condecentes, tamquam universalis dominici gregis pastor, speculationis aciem, quanto nobis ex alto conceditur,

un maître en théologie, marchant de pair avec un docteur en droit; un docteur en médecine et un docteur ès-arts, etc , etc.

Cette bulle est restée sans exécution. Ainsi, par exemple, bien qu'elle fixe à trois le nombre des régents de la faculté de médecine, nous verrons que trente-quatre ans plus tard, Alexandre VI, dans sa bulle du 13 septembre 1493, par laquelle il règle le chiffre des appointements des professeurs, ainsi que leurs obligations, ne mentionnera qu'un seul régent de médecine auquel il octroyera *cinquante florins* par an et auquel il prescrira, sous peine d'excommunication, de faire tous les jours sa leçon lui-même et de ne se faire remplacer par un maître, docteur ou licencié, que dans les cas d'empêchements jugés légitimes par le collège des docteurs.

Ce n'est qu'au XVIIIe siècle, en 1716, quand fut créée par Clément XI la chaire de botanique, que le nombre des régents de la faculté de médecine s'éleva à trois (voir F. Ecoiffier, *Recherches*, etc., loco citato). Il est bon d'ajouter que cette bulle ne paraît pas avoir jamais été beaucoup du goût de l'Université d'Avignon dont elle bouleversait tout le régime ; aussi à part l'*original* dont nous avons indiqué la source, nous n'avons pu en trouver qu'une seule copie. Quant à l'Université, elle ne mentionne jamais cette bulle, et Dieu sait cependant si dans tous ses procès et ses lettres de notoriété, elle s'étend complaisamment sur les priviléges dont les papes l'ont enrichie. Mais ce qui nous porte à croire et nous prouve qu'en réalité cette bulle a toujours été considérée comme non avenue, sinon implicitement révoquée, c'est la note suivante qu'on lit dans le *Liber computorum et graduatorum almæ Universitatis Avinionis* Archiv. départ. ; *fonds* de l'Université, D. 37, fol. 165, au sujet des dépenses faites par le primicier Louis de Merles (1463) :

« Ego Christophorus Botini confiteor habuisse et habui a reverendo patre domino Ludovico Meruli, primicerio moderno nostræ almæ Universitatis et per manus venerabilis viri domini Benedicti de Cruce, vice-bedelli, occasione quinque scutorum, quos ego mutuavi dictæ Universitati pro viagio, quod fecit reverendus pater dominus Petrus de Lassonia ad curiam romanam tempore quo agebatur de suppressione primiceriatus officii dictæ Universitatis et nova creatione rectoris in eadem, pro Universitate : *duo scuta et quatuordecim parpas (vel palpas)*, valentes in universo quinque florenos ; in diminutionem majoris summæ, etc., etc. »

extendentes, fidelibus ipsis ad querendum litterarum studia per quæ divini nominis, suæque fidei catholicæ cultus protenditur, justitia colitur, tam publica quam privata res geritur utiliter et ad optatum finem perducitur, omnisque prosperitas humanæ conditionis augetur, favores gratiosos impendimus et oportunæ commoditatis fructuosæque reformationis ac rectitudinis norme auxilia, etiam predecessorum nostrorum Romanorum pontificum ordinationes in melius commutando, libenter impartimur, eosque gratiis et privilegiis attollentes a cunctis oppressionibus atque perturbationibus relevamus ac illis quæ pro hujusmodi studiorum subsistentia et favore provide facta comperimus ut illibata persistant prout etiam rationis ordo dictat et suadet justitia, apostolicæ confirmationis munimine roboramus.

Dudum siquidem felicis recordationis Bonifacius papa octavus, predecessor noster, auctoritate apostolica concessit ut in civitate Avinionensi esset et haberetur ex tunc litterarum studium generale, in quo magistri docerent et scolares audirent in quavis licita facultate ac sancivit ut scolares provecti in jure canonico et civili ac in medicina et liberalibus artibus, examinari possint ibidem et in ipsis dumtaxat facultatibus magistrari; statuens ut graduandi, episcopo vel sede episcopali vacante, præposito Avinionensi presentarentur et ab eo cum concilio magistrorum illius facultatis, gratis et absque difficultate approbari et graduari vel etiam reprobari deberent. Et deinde bonæ memoriæ Bertrandus episcopus Avinionensis de magistrorum et doctorum jurium, medicinæ et artium dicti studii consilio, inter alia statuit et ordinavit quod magistri et doctores jurium, in ipso studio commorantes, unum magistrum vel doctorem haberent et eligerent in primicerium, cui omnes doctores jurium in tangentibus honorem et utilitatem studii obedire et convocati ad eum venire tenerentur et qui certas alias preeminentias ac potestates haberet in studio supradicto. Et successive pro parte primicerii et universitatis predictorum, piæ memoriæ Baldasari, episcopo Tusculanensi, Johanni XXIII in sua obedientia, de qua partes illæ erant nuncupato, humiliter (rogatum) ut etiam theologiæ facultas in dicto studio haberetur ; idem Baldasar inter alia statuit et ordinavit quod etiam facultas theologiæ in studio hujusmodi legi, doceri et audiri ac quicumque actus scolastici exerceri, necnon baccallariatus et licentiæ gradus ac magisterii insignia tradi, concedi et recipi libere et licite deberent et valerent, quodque theologiæ; jurium, medicinæ et artium facultates in dicto studio unam ex tunc universitatatem facerent et unum corpus cujus esset caput primicerius, secundum antiqua statuta dicti studii eligendus, ac magistri, licentiati, bacallarii et studentes in theologia, statutis rationabilibus studii predicti factis et per doctores jurium canonice faciendis ita quod magistri theologiæ in hiis quæ facultatem theologiæ tangunt, una cum præfatis doctoribus possent et deberent interresse, subessent atque observare deberent ac etiam tenerentur. Insuper autem Bonifacius predecessor et Baldasar predicti, necnon claræ memoriæ Carolus secundus, Rex Jerusalem et Siciliæ ac Provinciæ ac Forcalquerii comes et nonnulli alii Romani Pontifices, Principes et Domini diversa universitati prædictæ illiusque suppositis privilegia, libertates, exemptiones, gratias et favores concesserunt ac bonæ memoriæ Egedius et deinde Guido, episcopi Avinionenses ac diversi primicerii et doctores jurium pro tempore dicti studii nonnullas ordinationes dicti studii fecerunt et ediderunt etiam per episcopos Avinionenses confirmatas, per quas taxæ salariorum dicti studii fuerunt multum augmentatæ. Cum autem, sicut nobis innotuit, in studio predicto, jura dumtaxat nunc assidue legantur, et pro eo quod dilecti filii primicerius et doctores jurium supradicti, pretendentes se solos facere dictæ universitatis corpus, sibi totum regimen et auctoritatem ipsius universitatis vendicarunt, consiliaque et statuta, precepta et mandata, etiam aliarum facultatum, professoribus non vocatis faciunt, ac quia ipsi juristæ etiam laici, et poligami aliarum facultatum professores, étiam jure illis preferendos theologiæ magistros in sessu et incessu de facto precedunt, illosque in debitis honoribus postponunt ac ipsarum facultatum scolares et suppositos pessundant, premunt et gravant, eisque munera et onera in graduum receptione, hac alias imponunt et exigunt ab eisdem, necnon omnia commoda communia, etiam ex aliis facultatibus hujusmodi provenientia, recipiunt ac professoribus, scolaribus aliarum facultatum hujusmodi inconsultis, de ipsis commodis disponunt ; theologia, medicina et liberales artes, cum illarum professores quasi nihil honoris vel commodi inde reportent, in studio supradicto jam longo tempore parum vel nihil leguntur. Nos itaque cupientes ut in prefata civitate nostra quæ ad hoc aptissima est, uberrima omnium bonorum artium et scientiarum semina propagentur ac studium predictum in melius reformare volentes, hac nostra perpetua et inviolabili constitutione ad ipsam reformationem, auctoritate apostolica et ex certa nostra scientia procedimus in hunc modum :

Imprimis, erectionem studii generalis, in dicta civitate, ut premittitur factam ratam et gratam habemus et confirmamus ac pro uberiori cautela, de novo erigimus per presentes in theologiæ videlicet et utriusque juris canonici ac civilis, quod pro una facultate censeatur ac in medicinæ et liberalium artium et in quavis alia licita facultate, ac volumus et concedimus quod ipso studio omnes et singulæ predictæ facultates publice legantur, doceantur, audiantur, et in eis omnes actus scolastici exerceantur; necnon impendantur et recipiantur omnes gradus et omnia insignia consueta et predictis facultatibus convenientia. Item volumus, quod omnes predictæ facultates simul unam universitatem studii, unumque corpus efficiant quodque illius caput et presidens auctoritate sedis apostolicæ sit episcopus per se, ejusve ad hoc deputatum vicarium etiamsi de corpore dictæ Universitatis non sit. Sede autem

Avinionensi vacante, præpositus ecclesie Avinionensis pro tempore existens qui episcopus seu propositus in ea parte, cancellarius dicte universitatis secundum antiquum dicti studii morem sit et nominetur; qui cancellarius dictæ universitati auctoritate apostolica præsit et per se vel alium examinibus intersit et graduandos de consensu examinantium approbet, gradus conferat, precipiat, indicet et mandet, privilegiaque et libertates ac statuta et ordinationes universitatis etiam auctoritate apostolica faciat observari, universitatem protegat, aliaque omnia hactenus suo officio pertinentia faciat; necnon cum consilio infrascripto seu majore parte ejusdem condat et faciat dicti studii ordinationes et statuta quotiens fuerit oportunum. Item nomen, officium et auctoritatem primicerii inibi perpetuo supprimimus ac volumus et ordinamus quod, de cetero unus Rector in dicta universitate existat, qui una cum consilio infrascripto et majore illius parte sub apostolicæ sedis et eam inibi representantis cancellarii, auctoritate et protectione secundum presentia ac alia legitime facienda ordinationes et statuta, illam regere, dirigere et gubernare teneatur, ac statuta et deliberata in generali congregatione vel ordinario consilio dicti studii per cancellarium vel ejus vicarium conclusa si et postquam id sibi fuerit commissum executioni debite demandare; cujus Rectoris officium debeat durare per sex menses. Item ordinamus quod deinceps unum consilium ordinarium semper in dicta universitate ex personis infradicendis existat quod deliberare et tractare poterit communia negotia et agenda universitatis predictæ. Item volumus quod cancellarius seu ejus vicarius locum tenens, quamprimum presentes sibi fuerint presentatæ et alias quotiens opus fuerit, debeat totam universitatem convocare et ejus suppositis presentibus has nostras solemniter publicare ac pro hac prima vice, primo, magistri et doctores regentes in singulis facultatibus, deinde ordinarii consiliarii prefati studii eligantur secundum pluralitatem vocum ab ipsa congregatione generali. Regentes autem magistros et doctores numero decem et octo pro nunc in dicto studio esse censemus, videlicet in theologia quinque, scilicet in loco consueto studii unum et per singulos conventus quatuor ordinum mendicantium unum ; ad volumen decretorum duos ; in jure canonico ad decretales tres ; in jure civili tres ; in medicina duos ; in artibus quatuor ; hunc enim numerum in presens sufficere credimus. Si autem contingat pluribus aut paucioribus opus esse, cancellarius seu vicarius unacum consilio possit addere vel minuere prout fuerit oportunum ; jurabuntque dicti regentes in manu cancellarii et Rectoris fideliter et diligenter legere, docere et actus exercere et alias, sicut fuerit per consilium constitutum. Consiliarii vero erunt isti : imprimis cancellarius seu vicarius ejus presidens, postea Rector, omnes deinde magistri et doctores regentes et preterea de singulis facultatibus unus magister vel doctor non regens, unus licentiatus, unus bacallarius et duo nobiles vel alii totidem scolares etiam singularum facultatum qui, pro prima vice eligentur in universali congregatione studii secundum pluralitatem vocum, et officium eorum durabit, magistrorum videlicet et doctorum regentium quamdiu regent ; ceterorum autem per annum duntaxat, quo completo, ipsi mutabuntur, et sic de anno in annum non regentes mutabuntur et in eorum loco alii novi ab antiquis eligendi assumentur ; et jurabunt consiliarii predicti in manibus Cancellarii, seu vice-cancellarii se fideliter in omnibus consilium dare ac fideliter et diligenter eligere Rectorem et eorum successores ac honorem, commodum et utilitatem Universitatis ac facultatum et suppositorum procurare et defendere, toto posse, nullumque onus eis imponere nisi necessarium et justum, juraque, libertates et privilegia manutenere et defendere toto eorum posse.

Porro Rector dictæ Universitatis per cancellarium seu

vicarium, de consensu consiliariorum seu majoris partis illorum, vir prudens et gravis et ex qualibet facultate et gradu sive magister aut doctor regens vel non regens, sive scolaris fuerit, dummodo in artibus magister aut in reliquis facultatibus baccalarius saltem et viginti quinque annis major et nullius ordinis mendicantium professor existat, assumi possit et duret ejus officium per sex menses; assumatur vicissim de singulis facultatibus hoc modo: primo semestri, de facultate theologiæ; secundo, de facultate jurium; tertio medicinæ; quarto, de jure rursum; quinto, de artibus et, hoc cursu expleto, rursus ad theologiam redeatur et fiat per semestria recirculatio supradicta, nisi hic ordo visus fuerit per cancellarium seu vicarium et consilium, ex justa causa immutandus, quam immutationem tunc ipsi facere possint sed ea ad adequationem dictarum facultatum inter se secundum temporum conditiones, quoad fieri poterit, accedat. Et jurabit rector, in manibus cancellarii sicut consiliarii supradicti et preterea rectoratum exercere fideliter et diligenter et bene et utiliter regere studium memoratum ac alias secundum formam super hoc, per consilium ordinandam.

Item statuimus, quod communis ordo cessus et incessus Universitatis sit iste: primo cancellarius et vicarius; post rector; deinde unus magister theologiæ cum uno doctore juris; post, unus medicinæ et unus artium doctor; deinde omnes omnium facultatum doctores et magistri mixtim secundum suarum tempora graduationum. Quando vero fient publici actus in aliqua facultate, ceteræ facultates actuantem personam et ejus facultatem honorare teneantur, ita quod tunc doctores et magistri facultatis in qua fit actus, pro illa vice ceteros precedere et primas honoris partes tam in sedendo quam in incedendo ac alias obtinebunt.

Item ordinamus, quod legationes et scripta Universitati directa, non nisi per consilium recipiantur aut aperiantur seu audiantur, neque rursus ea quæ Universitas scribet aut mittet etiam absque dicto consilio scribantur vel mittantur. De emolumentis autem predictæ Universitati, ejusque cancellario, doctoribus et magistris, bidello et officiariis, presertim ex impartitione graduum provenientibus, litteras Bonifacii prodecessoris, in ea duntaxat parte in qua statuit gradus hujusmodi impendi gratis, corrigentes, necnon statuta dilectorum filiorum Guillermi de Fondera olim primicerii et doctorum jurium etiam per episcopos confirmata quæ salaria Universitatis, cancellarii, vicecancellarii ac doctorum adauxerunt, revocantes, ipsa salaria ad antiquam et antea abservatam formam reducimus, adjicientes ut cum episcopus et ejus vicarius hic sit, una tantum persona unico tantum et antiquo salario sit contenta. Et idem de doctoribus jurium intelligendum censemus. Circa cætera autem cancellarius seu vicarius cum consiliariis seu majore parte eorum statuat, moderate providentes ne ulla gravis [taxa seu exactio scolaribus imponatur. Emolumenta autem dictæ Universitatis communia et pro communibus ejusdem necessitatibus provenientia — depositarius dictæ Universitatis ad hoc a cancellario cum consiliariis deputandus, similiter annuatim mutandus et rationem et reliqua consilio rediturus — in una communi capsa, cujus sint tres claves; quarum una teneatur per cancellarium seu vicarium, secunda, per rectorem, tertia per unum ad hoc a consilio deputandum consiliarium, recipiantur et conserventur ac, cum opus fuerit, in necessariis et utilitatibus, de consensu cancellarii et consilii expendantur.

Item volumus, quod in singulis facultatibus, magistri et regentes doctores ac cœteri deputati consiliarii singularum facultatum possint ab antiquiore aut alio ab eis deputando suæ facultatis magistro vel doctore quotiens opus fuerit, particulariter convocari et insimul convenire ac de eis quæ eorum facultatem duntaxat tangunt, tractare et deliberare;

quodque per eos deliberata, si a cancellario conclusa fuerint et approbata, rata sint et inviolabiliter observentur. Preter supradictas autem congregationes, nulla alia congregatio, quocumque nomine, vel colore in dicto studio sit permissa. Nos enim illam improbamus et sub excommunicationis pœna interdicimus per presentes nisi aliter, ex causa rationabili, cancellario seu vicario et consilio videretur esse fiendum.

Item prohibimus, ne magister aut doctor ullus alibi graduatus, aggregetur Universitati predictæ postquam ipsi Universitati fuerit de regentibus commode provisum, nisi ad ipsum fuerit in consilio, ex utili causa ab omnibus vel majori parte deliberatum et conclusum.

Item statuimus et ordinamus, quod, in dicta Universitate sit unus bidellus qui ei serviet et jura recipiet secundum statuta et antiquas consuetudines dictæ Universitatis. Et ut in studio supradicto semper esse possit copia voluminum et librorum, sine quibus res litteraria non potest plurimum prosperari, statuimus, ut nullus cujuscumque status, gradus, ordinis vel conditionis existat, possit vel audeat libros presertim textuales ex dicto studio absque concilii scitu exportare, nisi illius supposita qui singuli suos possint libere exportare. Qui vero contrafecerit, excommunicationis sententiam et viginti florenorum auri de camera penam Universitati et ei qui hoc revelaverit mediatim applicandam, pro singulis libris eo ipso incurrat.

Item volumus, quod litteræ Bonifacii predecessoris et Baldasaris Johannis nuncupati predictorum in eis quibus per presentes corriguntur, censeantur limitatæ et correctæ. In ceteris autem aliis omnibus suam obtineant roboris firmitatem.

Item, quia plurima jam dudum, in dicta Universitate facta fuerunt et in dies fiunt ordinationes et statuta, volumus ut hæc nostræ imprimis et illa statuta quæ ab eis non discordant firmiter et diligenter observentur. Cetera autem ordinationes et statuta vel acceptanda vel resecanda vel de novo edenda arbitrio cancellarii seu vicarii et consilii remittimus, de quibus in Domino speramus quod taliter studium dirigetur memoratum quod, exinde fructus provenient salutares. Et ut universi magistri, doctores, licentiati, baccalarii, scolares et bidellus studii supradicti plenaria gaudeant libertate, statuimus et ordinamus quod Viguerius, judices, subviguerius, procurator fiscalis et alii officiales curiæ nostræ secularis Avinionensis, necnon syndici prefatæ civitatis singuli in eorum assumptionibus, corporaliter, in manibus cancellarii vel vicarii et Rectoris jurent et promittant se omnia et singula privilegia et indulta per sedem apostolicam et prefatum regem ac quoscumque alios dicto studio concessa et inantea concedenda, necnon presentia et alia laudabilia prefati studii facta et facienda, consuetudines, libertates et statuta tenere et inviolabiliter observare, ipsos quoque magistros, doctores, scolares, aut bidellum non invadere, injuriari vel offendere, ipsorum domos officiando, nisi cum cancellario vel rectore non ingredi quacumque de causa preterquam in criminibus incendii, homicidii, furti, adulterii sive raptus quomodolibet perpetratis, juxta formam antiquorum privilegiorum et statutorum. Ceterum ut magistri, doctores et scolares predicti eo quietius litterarum studio operam prestent quo amplioribus fuerint privilegiis et gratiis communiti : Nos illis per prefatum Baldasarem Johannem nuncupatum, quod per ordinarios vel delegatos judices extra Avinionem ad judicium trahi non possint ; quod personæ alias a jure prohibitæ inibi licite leges et physicam (1),

---

(1) Par *physica* on doit entendre ici comme dans la Bulle XVI, la médecine. *Physica: medicina, græcè ιατρική, circa hominis naturam versatur.* Cf. Ducange. Dans le concile tenu à Avignon en juin 1321, défense est faite aux chrétiens à moins d'une absolue nécessité d'avoir un juif pour *physicien* ou *chirurgien*.

decennio audire, legere et in eis graduari ; quod beneficiati etiam cum cura et parochialium ecclesiarum rectores ad diaconatus et presbyteratus ordines usque ad septennium, a tempore adeptæ pacificæ possessionis beneficiorum computandum in dicto studio insistendo, dummodo intra annum similiter computandum ad subdiaconatum fuerint promoti, se facere promoveri minimine teneantur; quod a prestatione talliarum, gabellarum, introitus, indictionum et impositionum pro camera apostolica aut dicta civitate seu aliis civitatibus, villis et locis ad Romanam ecclesiam pertinentibus impositarum et imponendarum exempti sint et liberi. Et ut ipsi de victualibus et aliis rebus quibuslibet quæ ad dictam civitatem per terram vel aquam vehi seu duci et quæ eis pro victu et aliis necessariis conduci contigerit, nulla penitus onera seu munera subire aut prestare, nec ad ea a quoquam compelli valeant; quod beneficiati in prefato studio insistendo, omnium beneficiorum suorum cum cura et sine cura fructus, redditus et proventus cum ea integritate, cotidianis distributionibus duntaxat exceptis, percipere valeant, cum'qua illos perciperent si in ipsis beneficiis personaliter residerent et ad residendum interim in eis minime teneantur; quod studii supradicti supposita, similibus privilegiis, libertatibus, prerogativis et immunitatibus in omnibus et per omnia quecumque sint, uti possint, et gaudere, quibus supposita Tholosanensis et Aurelianensis studiorum et conservatoriam perpetuam, nec non quecumque alia per Bonifacium predecessorem et Baldasarem et regem predictos et quoscumque alios romanos pontifices ac reges, principes et dominos concessa, et in antea concedenda, privilegia, exemptiones, libertates, immunitates, gratias et prerogativas illorum omnium et singulorum formas et tenores presentibus pro expressis et sufficienter declaratis habentes, prout hactenus in usu et observantia fuerunt et sunt, ex certa scientia, tenore presentium confirmamus et *approbamus ac presentis scriptis patrocinio communimus et innovamus, illaque ad cancellarium et Rectorem supradictos sicut Primicerium comprehendebant, extendimus per presentes.*

Non obstantibus omnibus premissis, necnon constitutionibus et ordinationibus apostolicis ac ipsius Universitatis statutis et consuetudinibus etiam juramento, confirmatione apostolica vel quacumque firmitate alia roboratis, privilegiis quoque concessionibus et gratiis ac indultis et litteris apostolicis, quibusvis personis, cujuscumque dignitatis, status, gradus, ordinis, vel conditionis fuerint in genere vel in specie, sub quibusvis formis et verborum expressionibus hactenus concessis et in antea concedendis quibus omnibus, illorum tenores ac si de verbo ad verbum inserti forent presentibus haberi volumus pro expressis quoad hoc auctoritate apostolica et scientia predictis derogamus et derogare intendimus, ceterisque contrariis quibuscumque. Nulli ergo omnino hominum liceat hanc paginam nostrorum ratificationis, confirmationis, erectionis, voluntatis, concessionis, suppressionis, ordinationis, statuti, improbationis, interdictionis, prohibitionis, remissionis, approbationis, communitionis, innovationis, extensionis et derogationis, infringere vel ei ausu temerario contraire. Si quis autem hoc attemptare presumpserit, indignationem omnipotentis Dei ac Beatorum Petri et Pauli Apostolorum ejus se noverit incursurum.

Datum Mantuæ, anno Incarnationis Dominicæ millesimo quadringentesimo quinquagesimo nono, undecimo kalendarum januarii, pontificatus nostri anno secundo (1). J. Lollius.

(1) Pie II érigeant le 4 avril 1460 l'Université de Nantes en Bretagne, lui accorda des droits et des privilèges identiques à ceux dont jouissaient les Universités de Paris, Bologne, Sienne, Avignon, Angers. (*Histoire de l'Église gallicane*, tome XVII, p. 14).

XXVI

Bulla alia domini Pii, papæ secundi, præcedentiæ, per quam cavetur Consules et Assessorem civitatis præcedere alios; exceptis tamen Archiepiscopo, Universitatis generalis studii Cancellario, Primicerio sive rectore ejusdem Universitatis, Vicegerente causarum curiæ cameræ apostolicæ civitatis, nec non Officiali generali ipsius archiepiscopi et præposito Ecclesiæ Avenionensis ac judicibus curiæ temporalis (1).

(3 Non. april 1459).

Original parchemin muni d'une bulle de plomb, sur lacs de soie rouge et jaune: Archives municipales, boite 7; — *copie imprimée*: Nova disquisitio legalis, etc. (*auctore Paulo de Cadecombe*, I. V. D.); caput XIV, pag. 66.

Pius Episcopus servus servorum Dei, ad perpetuam rei memoriam. Sic decet privilegia quæ a nobis emanarunt firma et illibata persistere ut nulli exinde detur occasio malignandi, et si quid contra illa processisse constiterit, ne graviorem tendat innoxam senioris litigiorum anfractibus ad rationis tramitem reducatur. Dudum siqui-

(1) *Judices curiæ temporalis*. Le tribunal des juges de la cour temporelle, appelé aussi tribunal de St-Pierre, était le plus ancien des tribunaux d'Avignon. Son existence y datait du milieu du XIIe siècle, époque où il était désigné sous le nom de *curia civium*. Les papes devenus souverains de cette ville, avaient conservé cette magistrature qui était comme un vivant souvenir de l'ancienne indépendance. Le tribunal de St-Pierre était composé de deux membres qui statuaient en première instance sur les causes civiles et criminelles. L'appel de ses décisions était porté au tribunal du Viguier.

dem, pro parte dilectorum filiorum syndicorum, concilii et communitatis civitatis nostræ Avinionensis nobis exposito, quod, inter cetera dictæ civitatis officia, assessoris et syndicorum officia annualia de honorabilibus forent; quodque ipsi assessores et syndici ex eorum officio, totam civitatem predictam representabant ac post doctores et alios graduatos in quibuscumque actibus publicis, qui in eadem civitate pro tempore fiebant, ponebantur et eos sequebantur: Nos dignitatem et auctoritatem assessorum et syndicorum predictorum considerantes, per alias nostras litteras statuimus ac ordinavimus quod ipsi assessor et syndici, durante tempore eorum officii, precedente dumtaxat viguerio ejusdem civitatis, ante quoscumque alios, in quibuscumque honoribus seu actibus publicis, quæ in dicta civitate pro tempore fieri contigeret, exceptis duntaxat Universitatis, preferrentur et deberent anteferri; decernentes quod omnes et singula qui assessorem et syndicos seu aliquem ipsorum contra statutum et ordinationem hujusmodi impedire vel molestare presumerent excommunicationis sententiam incurrerent ipso facto, certis desuper executoribus deputatis, prout in eisdem litteris plenius continetur (1). Cum autem, sicut accepimus, syndicus, procurator seu actor Universitatis studii Avinionensis, nomine ejusdem ac Primicerii, sive Rectoris, doctorum, licentiatorum et aliorum eis adherentium et nonnulli alii doctores, licentiati et graduati, nescitur qua de causa, saltem justa et rationabili moti minime, advertentes nec etiam considerantes statutum, ordinationem et decreta nostra, pœnamque excommunicationis quam incurrerent, ipso facto, venientes et impedientes, contra mentem nostram, formamque et tenorem dictarum litterarum apostolicarum, recusant et contradicunt mandatis eisdem plenarie obedire; quinimo conantur et pro posse impediunt, di-

---

(1) Voy. bulle XXIV.

versis exquisitis mediis et coloribus, dicta mandata et litteras apostolicas, eisdem se opponendo ne suum totale sortiantur effectum, quæ cedunt in nostri sanctæque sedis apostolicæ et mandatorum nostrorum maximum vilipendium et contemptum, et ab impetratione et concessione litterarum predictarum illarumque toto tenore et dictis executoribus ac processibus super eisdem litteris fulminatis et decretis ac nonnullis pretensis gravaminibus, ad nos tanquam male informatos ad bene informandos et sedem apostolicam appellarunt. Nos attendentes decens atque congruum existere ut assessor et syndici prefati qui dignis honoribus decorantur, etiam potioribus privilegiis fulciantur ac volentes ut litteræ predictæ quarum et appellationis et appellationum predictarum tenores, presentibus de verbo ad verbum hactenus pro sufficienter expressis inviolabiliter observentur: motu proprio et ex certa scientia, syndicos et assessorem predictos et quemlibet eorum, ab omnibus et singulis censuris et penis, si quas premissorum occasione incurrerunt, absolventes et juramenta ac promissa quecumque per eos prestita omnino eis relaxantes et etiam ipsos ab illis absolventes ac quodcumque interdictum etiam in communitatem Avenionensem forsan positum similiter relaxantes, litteras ipsas, hoc adhibito moderamine videlicet quod, *syndici et assessor predicti durante eorum officio, omnes et singulos, dilectis filiis viguerio ac venerabilis fratris nostri episcopi Avinionensis qui etiam dictæ Universitatis Cancellarius existit, in spiritualibus et temporalibus vicariis et Primicerio sive rectore ejusdem Universitatis ac Vicegerente auditoris causarum curiæ cameræ apostolicæ in eadem civitate residente, necnon officiali generali ipsius episcopi et præposito ecclesiæ Avinionensis ac judicibus nostræ curiæ temporalis dictæ civitatis pro tempore existentibus duntaxat exceptis, in quibuscumque honoribus et ceteris actibus publicis, quæ in eadem civitate fieri contigerit, exceptis actibus Universitatis ut prefertur, antece-*

dant et preferantur illis ac debeant anteferri : harum serie motu et scientia similibus, innovamus et comprobamus, ac presentis scripti patrocinio communimus, necnon quascumque causas premissorum occasione, tam interdictam Universitatem, Primicerium sive Rectorem, doctores, licentiatos et graduatos ejusdem, quam quosvis alios quomodocumque et ex qua rei causa in romana curia et extra eam in quavis instantia pendentes earum status habendo, presentibus pro expressis ad nos motu et scientia similibus advocamus et lites desuper penitus extinguimus, ipsisque Universitati, Primicerio sive Rectori, doctoribus, licentiatis et graduatis ac quibusvis aliis preterquam personis exceptis prefatis, super premissis perpetuum silentium imponimus et si contra hujusmodi innovationem, approbationem, extinctionem et silentii impositionem per se vel interpositas personas intervenerint aut aliquid attemptaverint, eos sententiam in dictis litteris contentam exnunc prout ex tunc incurrisse declaramus ipso facto, ac quoscumque processus inchoatos desuper et inchoandos contra nostram voluntatem hujusmodi etiam in quacumque instantia cassantes, revocantes et annullantes, non obstantibus appellatione et appellationibus permissis ac statutis et consuetudinibus dictæ civitatis, prescriptione etiam quacumque longissimi temporis spatio ac juramento vallatis quibus omnibus et singulis, etiam si de eis eorumque totis tenoribus habenda foret mentio specialis, quoad premissa motu et scientia similibus specialiter et expresse derogamus ceterisque contrariis quibuscumque.

Nulli ergo omnino hominum liceat hanc paginam nostræ absolutionis, relaxationis, innovationis, comprobationis, commutationis, advocationis, extinctionis, impositionis, cassationis, revocationis, annullationis et derogationis infringere vel ei ausu temerario contraire. Si quis autem hoc attemptare presumpserit indignationem omnipotentis Dei et Beatorum Petri et Pauli Apostolorum ejus se noverit incursurum.

Datum Senis (1) anno Incarnationis Dominicæ, millesimo quadringentesimo quinquagesimo nono, tertio nonarum aprilis, pontificatus nostri, anno primo.

(1) Senis: Sienne. Pie II (Æneas-Sylvius Piccolomini) était né à Consignano près de Sienne. C'est de cette dernière ville qu'est datée cette bulle.

XXVII

Bulla domini Sixti, papæ quarti, assignationis sexcentum ducatorum pro stipendiis doctorum in Universitate Avenionensi, in facultate canonica et civili legentium; tricentum videlicet super camera apostolica curiæ et tricentum super gabellis præsentis civitatis.

(Non. junii 1475)

Original parchemin dépourvu de la bulle de plomb dont il était muni: Archives de l'Université, D. 2 ; — *copie papier:* Mêmes archives, D. 3, *fol. 19* et D, 13, *fol. 116.*

Sixtus Episcopus servus servorum Dei ad perpetuam rei memoriam. Cum rationis oculis intuemur, quanta per studia christianæ fidei commoda et rebus publicis ornamenta proveniunt, quando per sapientum ingenia mores hominum diriguntur, divina lex interpretatur et panditur et tam publica quam privata res bene et salubriter gubernatur, profecto apostolicam sedem reddere se liberalem hiis qui pro adipiscenda scientiæ margarita literarum studiis operam prestant, ut eorum ingenia ubi virtutibus illustrata fuerint, rudes homines ad bonos actus et operationes dirigere possint, equitati et benignitati ipsius apostolicæ sedis proprium esse et eis longe congruere arbitramur.

Accepimus siquidem quod licet ab antiquo in civitate nostra Avinionensi studium generale omnium artium et facultatum et potissime in utroque jure viguerit et vigeat ac studium ipsum per doctores utriusque juris, qui inter eos unum pro Rectore qui Primicerius nuncupatur et annualis existat, eligunt, regatur, in ipsoque studio quamplures notabiles doctores ad huc de præsenti existant, tamen causantibus nonnullis sinistribus eventibus qui in partibus illis, proh dolor ! viguerunt et præcipue pro eo quod doctores ipsi propter raritatem scolarium, collectarum et aliorum jurium quæ in collatione graduum doctores ipsi recipere consueverant, diminutionem patiuntur ac nonnullas concessiones ad suggestionem nonnullorum dictæ civitatis contra statum et honorem ipsorum doctorum a viginti annis citra per nonnullos prædecessores nostros Romanos pontifices (1) nec non erectionem nonnullorum studiorum generalium in aliquibus civitatibus circumvicinis in quibus doctores stipendiati existunt factas, in aliquibus aliis ubi olim, ut dicitur studia generalia viguerunt, quamvis nunc nullum exercitium vigeat nec a magno tempore citra viguerit præsertim in civitate Auraicensi, in quibus civitatibus aliqui se gerentes pro officiariis ipsorum studiorum, quoscumque inibi accedentes ad licentiæ gradum et doctoratus insignia, etiam minus debite examinatos, ac solemnitatibus in talibus fieri consuetis minime adhibitis, debitoque doctorum nequaquam interveniente numero, promovere præsumunt, exercitium studii in dicta civitate nostra Avinionensi ac copia scholarium consueta valde diminuta fore noscunt.

Quare pro parte dilecti filii nostri Juliani (2) tituli sancti Pe-

---

(1) L'allusion à la bulle de réformation de Pie II (bulle XXV) est ici transparente. Nous avons aussi dans les lignes précédentes une nouvelle preuve que cette même bulle est restée sans exécution pour notre Université.

(2) C'est Julien de la Rovère, neveu de Sixte IV. Cardinal en 1471, évêque de Carpentras en 1472, il obtint le siège d'Avignon en 1474 et la légation de cette ville avec les plus amples pouvoirs en 1476. Enfin, il fut élevé à la papauté, sous le nom de Jules II, le 1er novembre 1503. Avignon lui doit, entre autres choses, la fondation (22 août 1476) d'un collège pour trente-six étudiants en droit civil et canonique auprès de l'Université. Il acquit pour cette fondation une partie de l'ancien palais dit de Poitiers, situé dans la rue qui a gardé le nom de *rue du Collège du Roure*, mais qui à cette époque s'appelait différemment. L'acte de la dotation de ce collège, dit en effet : « Domus per nos acquisita sita parrochia Sancti Agricoli Avinionis, in carriera

tri ad vincula presbyteri cardinalis, qui Ecclesiæ Avinionensi ex dispensatione præfatæ sedis preesse dignoscitur : Nobis fuit humiliter supplicatum ut in præmissis opportune providere de benignitate apostolica dignaremur. Nos igitur ad quos spectat, adhibere vigilantiæ nostræ curas cupientes ut in dicta civitate nostra Avinionensi scientiæ margarita floreat, super hoc hujusmodi supplicationibus inclinati ex certa nostra scientia, perpetuo *statuimus et ordinamus pro stipendiis doctorum tam in canonico quam civili juribus in Universitate studii dictæ civitatis nostræ legentium, sexcentos ducatos auri (1) de camera deputandos et consignandos fore, prout illos presentium tenore perpetuo deputamus et consignamus, scilicet: quadringentos ducatos auri similes pro quatuor doctoribus qui in dictis juribus ordinarie et de mane legere debeant, centum videlicet pro quolibet ipsorum; quatuor et ducentos ducatos auri similes pro aliis quatuor qui extraordinarie et post prandium in præfatis juribus etiam legere debeant, videlicet quinquaginta pro quolibet ipsorum quatuor extraordinarie et post prandium ut præfertur legentium; quarum sexcentorum ducatorum tricentos super sigillis curiæ vicegerentis auditoris ca-*

---

vulgariter nuncupata *Lamissu* » (Arch. départ., B. 8, fol. 9). On voit encore sculptées au-dessus de la porte de cet ancien collège des feuilles et branches de chêne, armes du fondateur. Julien de la Rovère fit beaucoup pour l'Université d'Avignon ; nous aurons occasion de le montrer.

(1) *Ducatos auri.* Monnaie d'or frappée pour la première fois en Sicile au XII° siècle. Aux XIV° et XV° siècles presque toutes les monnaies d'or portèrent le nom ou de florins ou de ducats. Le ducat de Florence, qui était celui qui avait cours à Avignon au XV° siècle, pesait 3,60 à 3,80 grammes et avait une valeur de 10 à 12 francs de notre monnaie. Six cents ducats représenteraient donc environ sept mille francs, somme considérable pour l'époque. (Voy. au surplus, Damase Arbaud : *Lettre sur quelques-unes des monnaies qui avaient cours en Provence aux XIV° et XV° siècles.* Digne, Guichard, imprimeur, 1851).

meræ apostolicæ (1) in dicta civitate nostra existenti, quos nos et Romani pontifices pro tempore existentes, percipere et de eis disponere consuevimus, ac alios tricentos super gabellarum et aliorum vectigalium seu onerum dictæ civitatis nostræ emolumentis, perpetuo deputamus et consignamus; mandantes dilectis filiis sigillifero aut receptori dictæ curiæ et thesaurario civitatis præfatæ, quathenus præfatos sexcentos ducatos Primicerio et eorumdem doctorum collegio, seu per eos deputato pro tempore, modo præmisso, realiter et cum effectu persolvant, ac nihilominus consulibus dictæ civitatis et aliis quorum interest respective ut prædictos sexcentos ducatos in computis et rationibus dictorum sigilliferi et thesaurarii habeant collocare, et hoc sub pœna excommunicationis latæ sententiæ quam absque alia monitione contrafacientes ipso facto incurrant; nonobstantibus præmissis ac constitutionibus et ordinationibus apostolicis, statutis quoque et consuetudinibus dictæ civitatis nostræ juramento, confirmatione apostolica vel quavis firmitate alia roboratis et quibuslibet privilegiis, indulgentiis et litteris apostolicis, generalibus vel specialibus quorumcumque tenorum existant, per quæ præsentibus non expressa, vel totaliter non inserta effectus hujusmodi gratiæ impediri valeat quomodolibet seu retardar et quæ quo ad hoc cuiquam nolumus aliquatenus suffragari; aut si quibusvis communiter vel divisim ab eadem sit sede indultum, quod interdici, suspendi vel excommunicari non possint per literas apostolicas non facientes plenam et expressam ac de verbo ad verbum de indulto hujusmodi mentionem.

(1) Le vice-gérent exerçait la même juridiction que l'auditeur de la chambre apostolique qui avait été établi pendant que les papes résidaient à Avignon. L'un remplaça l'autre. Il n'y a donc pas lieu de s'étonner que le tribunal du vice-gérent soit ici désigné sous la dénomination de cour de la vice-gérence de l'auditeur de la chambre apostolique.

Nulli ergo omnino hominum liceat hanc paginam nostrorum statuti, ordinatioris, deputationis, consignationis, mandati et voluntatis infringere vel ei ausu temerario contraire, si quis autem hoc attemptare præsumpserit, indignationem omnipotentis Dei ac beatorum Petri et Pauli Apostolorum ejus se noverit incursurum.

Datum Romæ, apud sanctum Petrum, anno Incarnationis dominicæ, millesimo quadringentesimo septuagesimo quinto, nonas junii, pontificatus nostri anno quarto. L. Grisus.

XXVIII

Bulla domini Sixti, papæ quarti, contra graduantes et graduatos in Universitate Auraicensi et in aliis ubi non viget actu studium generale (1).

(16 Junii 1475)

Original parchemin dépourvu de la bulle de plomb dont il était muni : Archives de l'Uuniversité, D 2 ; — *vidimus parchemin sans sceau (septembre 1475)* : mêmes Archives, D. 2 ; — *copies* : mêmes Archives, D. 13, fol. 136, et D. 164 ; — *autre copie imprimée* · Nova disquisitio legalis, etc , caput XX, pag. 95.

Sixtus Episcopus, Servus servorum Dei : ad perpetuam rei memoriam. Cum rationis oculis intuemur, quanta per studia litterarum christianæ fidei commoda et rebus publicis ornamenta proveniunt, quando per sapientum ingenia mores hominum diriguntur, divina lex interpretatur

---

(1) L'Université d'Orange date, à proprement parler, du 4 juin 1365, jour où l'empereur d'Allemagne, Charles IV, étant arrivé à Avignon, donna, à la sollicitation de Jean II, évêque d'Orange, et du prince Raymond V des Baux, les lettres-patentes de création. Jusque-là il y avait bien dans cette ville des écoles publiques, fondées dès 1266, et dans lesquelles on enseignait les lettres, le droit romain et peut-être la médecine ; mais ce n'était là, en somme, que des écoles secondaires qui ne prirent véritablement quelque importance que lorsque Urbain V, par une bulle datée d'Avignon du 31 janvier 1365, les eut pour ainsi dire reconnues d'utilité publique, en accordant à leurs élèves la faveur d'aller prendre leurs grades dans les Universités voisines, tout en suivant les cours professés dans cette ville.

Le diplôme de Charles IV qui érigeait ces écoles en Universités, autorisait la création de chaires spéciales de droit canon et de droit civil, de médecine, de philosophie, de logique et autres sciences, permettant aux docteurs d'y professer et de conférer tous les grades, fut

et panditur et tam publica quam privata res, bene et salubriter gubernatur, proiecto apostolicam sedem reddere se liberalem hiis qui pro adispicenda scientiæ margarita, litterarum studiis operam prestant ut eorum ingenia ubi virtutibus illustrata fuerint, rudes homines multos ad bonos actus et operationes dirigere possint, æquitati et benignitati ipsius apostolicæ sedis proprium esse et eis longe congruere arbitramur.

Accepimus siquidem quod, licet ab antiquo in civitate nostra Avinionensi studium generale omnium artium et facultatum et potissime in utroque jure viguerit et vigeat ac studium ipsum per doctores utriusque juris, qui inter eos unum pro Rectore, qui Primicerius nuncupatur et annualis existit eligunt, regatur, in ipsoque studio quam plures notabiles doctores adhuc de præsenti existant, tamen causantibus nonnullis sinistris eventibus qui in partibus illis, proh dolor ! viguerunt et precipue

---

bientôt suivie d'une seconde bulle d'Urbain V (1ᵉʳ août 1366), qui confirma cette nouvelle institution et la dota de nombreux privilèges.

Rien n'entravait plus désormais les progrès de cet établissement, dit le Dʳ Martial Millet, et pendant deux cents années environ, l'Université d'Orange, sous la protection de ses princes, encouragée par les beaux privilèges qu'elle avait obtenus, put rivaliser d'importance avec les autres Universités de la région.

Nous ajoutons, nous, qu'une conséquence inévitable de cette prospérité fut de porter ombrage à ces Universités voisines et d'exalter leur jalousie. Celle d'Avignon, menacée en somme de plus près, en raison de sa proximité plus grande, fut la première qui lui déclara la guerre. Servie en cela de ce qu'elle relevait plus particulièrement du St-Siége, puisqu'elle était du domaine pontifical, elle sut la représenter comme menaçante pour les intérêts et la prospérité du patrimoine de l'Eglise, et avec l'appui de son protecteur, le cardinal de la Rovere, arma contre elle le bras tout-puissant de Sixte IV.

Nous avons vu dans la bulle XXVII quels étaient les griefs apparents de l'Université d'Avignon contre sa voisine. Nous assistons maintenant au premier acte d'hostilité. Désormais la lutte est engagée; nous en suivrons successivement les diverses phases. (Sur l'*Université d'Orange*, voy. une très-intéressante notice du Dʳ Martial Millet, dans l'*Annuaire de Vaucluse*, 1878).

pro eo quod doctores ipsi propter raritatem scolarium, collectarum et aliorum jurium quæ in collatione graduum doctores ipsi recipere consueverant perceptione carent; propterque non nullas concessiones ad suggestionem nonnullorum dictæ civitatis contra statum et honorem ipsorum doctorum a vigenti annis citra per nonnullos prædecessores nostros Romanos Pontifices factas, prerogativa consueta fraudantur ; nec non ad causam erectionis nonnullorum studiorum generalium in aliquibus civitatibus circumvicinis in quibus doctores stipendiati existunt et quoniam in aliquibus aliis ubi olim ut dicitur studia generalia viguerunt, quamvis nunc nullum exercitium vigeat nec a magno tempore citra viguerit, præsertim in civitate Auraicensi, aliqui se gerentes pro officiariis ipsorum studiorum, quoscumque inibi accedentes, ad licentiæ gradum, ac magisterii et doctoratus insignia etiam minus debite examinatos, ac solemnitatibus in talibus fieri consuetis minime adhibitis, debitoque doctorum aut magistrorum numero nequaquam interveniente, promovere præsumunt, exercitium studii in dicta civitate nostra Avinionensi ac copia scolarium consueta valde diminuta fore noscuntur.

Quare pro parte dilecti filii nostri Juliani tituli Sancti Petri ad vincula præsbiteri cardinalis, qui Ecclesiæ Avinionensi ex dispensatione prælatæ sedis præesse dignoscitur, nobis fuit humiliter supplicatum ut in præmissis opportune providere de benignitate apostolica dignaremur ; nos igitur ad quos pertinet super hoc adhibere vigilantiæ nostræ curas, cupientes ut in dicta civitate nostra Avinionensi scientiæ margarita floreat, hujusmodi supplicationibus inclinati ex certa nostra scientia perpetuo *statuimus et ordinamus, quod nullus ex officiariis aut aliis personis tam Auraicensis quam aliarum Universitatum et civitatum eidem nostræ civitati circumvicinarum, in quibus studium generale actu non viget, cujuscumque dignitatis, status, gradus vel præeminentiæ fuerint, etiam vigore quorumcumque pri-*

vilegiorum seu indultorum eis qualitercumque concessorum, sub pœna excommunicationis latæ sententiæ quam absque aliqua monitione contra facientes incurrere volumus ipso facto, aliquem ex suppositis seu studentibus Universitatis studii dictæ nostræ civitatis, aut etiam qui studierint in eadem, ad aliquem licentiæ vel alium gradum promovere, vel alicui ex eis in quacumque facultate doctoratus vel magistratus insignia conferre, aut in eis approbare præsumat; quodque licentiati, magistri et doctores qui in Auraicensi prædicta hactenus licentiæ gradum seu doctoratus insignia aut magisterii receperunt et quos illa de cætero tam in ea quam aliis circumvicinis civitatibus prædictis, ubi non viget studium recipere contigerit, in civitate nostra Avinionensi hujusmodi pro licentiatis, magistris aut doctoribus se gerere, seu gestare sub simili pœna non possint nec debeant quoquomodo; decernentes omnes et singulas promotiones de ipsis suppositis in Auraicensi et aliis civitatibus hujusmodi contra statutum et ordinationem nostram prædictam pro tempore forsam factas, nullius existere roboris vel momenti; ac promotos, privilegiis, prærogativis, exemptionibus, gratiis et indultis, quoscumque gradus et insignia in prædicta nostra vel quacumque alia Universitate studii generalis suscipientibus concessis et in posterum concedendis, uti, potiri et gaudere non posse; et si per quoscumque auditores, judices et commissarios tam in Romana curia quam extra et tam in judicio quam alibi, sublata eis et cuilibet ipsorum quavis alia interpretandi facultate pronunciari, sententiari et deffiniri debere, irritumquoque et inane, si secus super iis a quoquam quavis authoritate scienter vel ignoranter contigerit attemptari, nonobstantibus præmissis ac constitutionibus et ordinationibus Apostolicis, nec non notræ et aliarum civitatum ac Universitatum prædictarum statutis et consuetudinibus juramento, confirmatione apostolica, vel quavis alia firmitate roboratis contra iis quibuscumque; aut si officia-

riis et aliis præfatis vel quibusvis aliis communiter vel divisim ab eadem sit sede indultum quod interdici, suspendi vel excommunicari non possint per litteras apostolicas, non facientes plenam et expressam ac de verbo ad verbum de indulti hujusmodi mentionem; et quibuslibet aliis privilegiis, indulgentiis et litteris apostolicis generalibus et specialibus quorumcumque tenorum existant per quæ præsentibus non expressa vel totaliter non inserta effectus præsentium impediri valeat quomodolibet seu retardari et quæ quo ad hoc cuiquam nolumus suffragari aliquatenus. Nulli ergo omnino hominum liceat hanc paginam nostrorum statuti, ordinationis, voluntatis et constitutionis infringere vel ei ausu temerario contraire. Si quis autem hoc attemptare presumpserit, indignationem omnipotentis Dei et beatorum Petri et Pauli Apostolorum ejus se noverit incursurum.

Datum Romæ, apud Sanctum Petrum, anno Incarnationis Dominicæ millesimo quadringentesimo septuagesimo quinto, nonas junii, pontificatus nostri anno quarto. L. Grisus.

XXIX

Bulla domini Sixti, papæ quarti, unionis et incorporationis Universitati generalis studii Avenionensis tabulariorum Comitatus-Venaissini, pro stipendiis legentium ; prærogativæ fori, prælationis in concursu, dispensationis a residentia, etc. (1).

(15 kalend. septembr. 1479)

Deux originaux parchemins dépourvus de la bulle de plomb, dont ils étaient munis : Archives municipales, *boîte 5, pièce 143, et boîte 6, pièce 175 ; — vidimus parchemin sans sceau (20 septembre 1479) :* Archives de l'Université, D. 2 ; — *copies :* Mêmes Archives, D. 3, fol. 23, et D 13, fol 130 ; — *copie imprimée ·* Bullarium civitatis Aven constitutio LVIII, pag 64.

Ixtus Episcopus, Servus servorum Dei : ad perpetuam rei memoriam. Dum attentæ considerationis indagine perscrutamur quod per litterarum studia, divina cooperante gratia, viri efficiuntur scientiis conditi, per quos æquum ab iniquo discernitur, erudiuntur rudes, pro-

(1) L'Université d'Avignon ne cesse chaque jour de recevoir des papes de nouveaux privilèges.
Par une bulle de janvier 1471, année première de son pontificat, Sixte IV avait confirmé les habitants du Comtat dans la jouissance du privilège, de ne pouvoir être jugés hors de ce pays, dans n'importe quel procès : mais pour montrer que tout en concédant cette faveur, il n'avait entendu déroger en rien et n'avait voulu porter aucun préjudice à la juridiction spéciale dont jouissait le corps universitaire, il vient déclarer aujourd'hui par la présente et avec *décret irritant*, que cette juridiction demeure entière et qu'il entend qu'elle soit a ce point respectée que nul docteur, écolier ou suppôt quelconque ne puisse être traduit en jugement hors d'Avignon, quelle que soit le cause civile, criminelle ou bénéficielle dont il s'agisse, quelque loin que soit

vecti ad alteriora ascendunt, et fidei catholicæ propagatio roboratur, dignum quin potius censemus et debitum, ut personis in eisdem studiis præsertim nobis et Romanæ Ecclesiæ immediate etiam temporaliter subjectis, pro tempore degentibus, sine quibus studia ipsa persistere non possint, de congruæ subventionis auxilio, per nostræ provisionis adminiculum salubriter valeat providere. Sane sicut accepimus, generale litterarum studium civitatis nostræ Avinionensis quod jam longissimis temporibus in diversis facultatibus et scientiis, in civitate prædicta laudabiliter viguit, prout etiam actu crebis successibus viget, de præsenti pro stipendiis et salariis magistris et doctoribus pro tempore in ipso studio legentibus dandis et solvendis congrue subventionis auxilio plurimum

situé le bénéfice ou que le délit ait été commis, et quel que soit aussi l'incompétence juridictionnelle invoquée.

Suivent d'autres déclarations propres à assurer la suprématie intellectuelle, morale et matérielle de notre Université :

A titres égaux, les gradués d'Avignon doivent être préférés dans l'obtention d'une dignité quelconque à ceux qui ont pris leurs grades dans toute autre Université.

Tout religieux ou séculier peut lire ou étudier à Avignon, cinq années durant, temps pendant lequel il conservera la jouissance de ses bénéfices, hors les distributions quotidiennes, et cela sans pouvoir être contraint à résidence.

Mais voici une concession capitale et que nul pape n'avait faite jusqu'ici. Sixte IV unit et incorpore *proprio motu* à l'Université d'Avignon les greffes des cours ordinaires de Carpentras, l'Isle et Valréas, ainsi que celui de la Cour d'appel siégeant dans la première de ces villes. Les revenus de ces quatre greffes devront servir au salaire des régents, et l'Université qui en est désormais propriétaire pourra à son gré en nommer, changer ou déposer les titulaires, comme aussi fixer le taux de leur affermage. etc , etc.

Pour démontrer toute l'importance de cette dernière concession, qu'on nous permette de donner un court aperçu sur l'organisation judiciaire du Comtat C'est une page que nous emprunterons à l'*Essai sur les institutions judiciaires, politiques et municipales d'Avignon et du Comté Venaissin sous les Papes*, par M. Victor Feudon ; Nîmes, 1867

« Le Recteur était placé à la tête de la hiérarchie judiciaire du Comté

noscitur indigere. Cum ipsius studii facultates pro hujusmodi,
et aliis inibi sibi pro tempore incumbentibus oneribus minime sufficere videantur : Nos qui civitatem, et studium hujusmodi speciali dilectione prosequimur, ne doctores, magistri
et alii legentes præfati, ob rerum penuriam ab exercitio lectionis hujusmodi retrahantur, sed magis solito ad legendum
alliciantur providere cupientes, ac omnia et singula privilegia, immunitates et indulta, tam per nos, quam prædecessores nostros Romanos, Pontifices præfatæ Universitati sub
quavis verborum forma concessa et quorum omnium tenores præsentibus pro sufficienter expressis haberi volumus,
motu proprio, non ad alicujus instantiam sed de nostra mera
liberalitate harum serie approbantes et confirmantes, illaque
plenum robur obtinere decernentes, *Rectoriatus appellatio-*

Venaissin. Il présidait la cour suprême de justice, qui formait le troisième degré de sa juridiction ; au-dessous se trouvait le juge des premières appellations, et enfin les juges majeurs qui statuaient en première instance, tant en matière civile qu'en matière criminelle. »

« Les juges majeurs étaient au nombre de trois, ayant chacun une
compétence territoriale distincte ; ils résidaient l'un à Carpentras, l'autre à l'Isle, le troisième à Valréas Ces magistrats pouvaient prendre
des assesseurs avec le consentement des parties ou sur leur demande,
mais seulement dans les causes excédant 100 écus en principal ; dans
celles qui ne représentaient pas une valeur supérieure à 10 florins, le
juge majeur devait prononcer sommairement, *sans forme et figure de
procès* Ces contestations de minime importance ne pouvaient être
soumises au troisième degré de juridiction. En matière criminelle, les
juges majeurs devaient tous les trois mois tenir des assises au chef-lieu
de leur résidence, et tous les six mois dans les bourgs de leur juridiction. »

« L'autorité des juges majeurs ne s'etendait pas sur les lieux inféo-
dés aux vassaux du Saint-Siège ; le pouvoir juridictionnel y était exercé
en première instance par le juge baronnal nommé par le seigneur. »

« Le premier degré de l'appel était représenté par le juge des appellations, qui siégeait à Carpentras Ce magistrat connaissait des décisions rendues par les juges majeurs et par les justices seigneuriales ; il
statuait en dernier ressort sur les causes sommaires, mais lorsque la
contestation présentait de l'importance, le jugement sur première ap-

*num et ordinariarum civitatis Carpentoractensis et Insulæ
Venaissini ac Valreaci locorum Cavallicensis ac Vasionensis diœcesum curiarum singula officia tabularii sive scribaniæ nuncupata cum omnibus et singulis eorum salariis, emolumentis, proventibus et aliis juribus et pertinentiis suis, præfatæ Universitati, pro stipendiis, et salario doctorum et
aliorum in studio prædicto actu pro tempore legentium,
authoritate apostolica, et ex certa scientia, perpetuo unimus,
incorporamus et applicamus ac appropriamus ; ita quod
liceat ex nunc, et de cetero perpetuis et futuris temporibus
Primicerio, et Doctoribus Universitatis prædictæ etiam pro
tempore existentibus, officiorum prædictorum corporalem*

pellation pouvait subir un troisième examen devant la cour souveraine du Comté Venaissin, qui était le tribunal du recteur. »

« Cette cour de justice, présidée par le gouverneur de la province, se composait, en outre, du juge des premières appellations, du juge majeur de Carpentras et de l'avocat procureur fiscal général. Un avocat des pauvres, ayant rang de magistrat, était attaché à cette juridiction. Outre les attributions que nous venons d'indiquer, ce tribunal en avait de spéciales. En matière criminelle, il connaissait *privativement*, c'est-à-dire à l'exclusion de tout autre juge, d'un certain nombre de crimes énumérés dans les statuts. C'étaient les excès commis par des bandes armées, les crimes accomplis sur des chemins publics, les prévarications et les délits des officiers de justice et les offenses dont ils pouvaient être l'objet. »

Or, chacun de ces tribunaux avait son greffe par lequel devaient passer les affaires qui lui étaient soumises ; ce qui n'était pas peu dire, car leur ressort individuel était considérable. Ainsi, par exemple, les trois judicatures à elles seules ne comprenaient pas moins celle de Carpentras, de 65 paroisses ou communautés; celle de l'Isle, de 24 ; celle de Valréas, de 32 (Voyez une note très-complète de L. Duhamel, *Sur les anciennes divisions administratives du département ; Annuaire de Vaucluse 1877*).

On sait de plus que devant les tribunaux d'Avignon et du Comtat, les parties n'étaient pas représentées par des procureurs, et que toute la procédure était faite par les greffiers qui étaient ainsi de véritables officiers publics. Ces charges étaient donc par le fait très-lucratives, si bien même que nous verrons plus tard le produit des greffes constituer un des plus sûrs revenus de l'Université d'Avignon.

possessionem authoritate propria libere apprehendere, ac personas idoneas ad illa exercenda subrogare ac deputare, ac subrogatos et deputatos per eorum nutu ponere, deponere, et revocare, necnon alios eorum loco substituere et subrogare, ac fructus, redditus, proventus, jura, obventiones, emolumenta ex eisdem officiis provenientia, in stipendio, et salario dictorum legentium et non ad aliam causam convertere cum suis licentia vel assensu super hoc minime requisitis.

Propterea, quia qui sedi apostolicæ et Romanæ. Ecclesiæ fideliores existunt majoribus et amplioribus sunt ipsius sedis apostolicæ privilegiis decorandi, paci et quieti scolarium prædictorum opportune consulere volentes, motu, scientia et authoritate prædictis *statuimus perpetuo et ordinamus quod nullus Doctor, Magister aut scolaris, vel quævis alia persona dictæ Universitatis ratione cujuscumque causæ civilis, vel criminalis, beneficialis aut rei de qua agitur ubicumque ineatur contractus, committatur delictum, aut res ipsa consistat, per quemcumque judicem ordinarium, sive delegatum, seu conservatores per nos aut prædecessores nostros Romanos Pontifices incolis et habitatoribus Comitatus Venaissini pro privilegiis dicti Comitatus conservandis, quibus motu scientia et authoritate prædictis expresse quantum ad Universitatem prædictam, derogamus aut alium quemcumque Commissarium, etiam prefatæ sedis authoritate deputatum, aut alia quavis ordinaria sive apostolica authoritate extra civitatem prædictam ad judicium trahi non possit, neque, debeat;* decernentes, pro ut est, omnes et singulas processus, sententias, censuras, et pœnas quas per eosdem judices contra Primicerium, magistros, doctores, scolares, sive personas dictæ Universitatis ferri seu promulgari contigerit, nullius existere roboris vel momenti.

Statuentes insuper et ordinantes quod de cætero, etiam perpetuis et futuris temporibus *universi et singuli doctores magistri, scolares sive personæ ecclesiasticæ prefatæ Universitatis, et in illa dumtaxat graduati, vel qui in illa gradum susceperint, pro tempore degentes, in quorumcumque Canonicatuum et præbendatorum ac dignitatum, personatuum administrationum personarum vel officiosorum aliorumque cum cura et sine cura beneficiorum ecclesiasticorum, secularium et ordinum quorumcumque regularium, quarumcumque qualitatum et cujuscumque taxæ, seu annui valoris, et illorum fructus, redditus, et proventus existant assecutione quibuscumque aliis personis, cujuscumque dignitatis, status, gradus, vel conditionis existant, in quibusvis aliis Universitatibus graduatis dumtaxat paribus ante ferri debeant et etiam præferi. Adjicientes quod omnes et singulæ personæ Ecclesiasticæ tam seculares, quam cujusvis ordinis in scolis publicis, palam et publice legere, et audire per quenquennium dumtaxat a die lectionis sive audientiæ legum hujusmodi computandum, libere et licere valeant.*

Et ne tales, et aliæ personæ ecclesiasticæ in dicta Universitate pro tempore studentes, fructibus suorum beneficiorum ecclesiasticorum totaliter remaneant frustatæ sed ab eis pro suæ vitæ sustentatione suspiciant relevamen ac studium hujusmodi commodius continuare valeant, omnibus et singulis magistris, doctoribus sive scolaribus, et personis ecclesiasticis in dicta universitate, nunc, et pro tempore, commorantibus et studentibus secularibus et regularibus, quorum omnium, nomina et cognomina, et qualitates, ac omnia et singula beneficia ecclesiastica, cum cura et sine cura, secularia et ordinum quorumcumque regularia atque etiam ex quibusvis apostolicis dispensationibus obtinent et spectant ac in quibus vel ad quæ jus eis quomodolibet competit, ac eos quæ ea pro tempore obtinere et spectare, ac in quibus et ad quæ jus eis competere contigerit quæcumque quodcumque et qualiacumque sint, eorumque fructuum, reddituum, et proventuum veros annuos valores, ac hujusmodi dispensationum tenores præsentibus pro expressis habentes, ut in dicta Universitate residendo et in illa literarum studio insistendo, *omnes et singulos fructus, redditus et proventus omnium et singulorum. Beneficiorum ecclesiasticorum, cum cura et sine cura secularium aut regularium quarumcumque qualitatum, vel valorum existant quæ ut præmittitur in quibusvis ecclesiis, sive locis in titulum, vel commendam obtineant, et eos pro tempore obtinere contigerit, cum ea integritate quotidianis distributionis dumtaxat exceptis, integra quoad vixerint percipere valeant* cum qua illos perciperent si in eisdem ecclesiis, sive locis personaliter residerent, et *ad residendum interim minime teneantur, nec ad id inviti a quoquam valeant coarctari,* motu, scientia, et authoritate prædictis indulgemus, et nihilominus dilectis filiis Majoris et sancti Desiderii præpositis, ac decano sancti Petri Avinionis ecclesiarum motu scientia, et authoritate similibus mandamus quathenus ipsi, vel duo, aut unus eorum per se, vel alium, seu alios præmissa omnia et singula ubi et quando expedierit, ac pro parte Primicerii, magistrorum, doctorum, scolarium, et personarum dictæ Universitatis prædictorum super hoc fuerint requisiti solemniter publicantes, ipsique, Primicerio, magistris, doctoribus, scoloribus et personis super iis efficacis defensionis auxilio assistentes, faciant omnia et singula præmissa inviolabiliter observari, ac fructus, redditus et proventus hujusmodi suorum beneficiorum ecclesiasticorum juxta hujusmodi concessionis tenorem per integra ministrari; non permittentes illos contra illorum et præsentium litterarum tenorem per præfatos officiales ac locorum ordinarios, necnon dilectos filios capitula ecclesiarum in quibus beneficia hujusmodi forsan fuerint, sive quoscumque alios cujuscumque dignitatis, status, gradus ordinis, vel conditionis fuerint, impediri perturbari seu etiam molestari impedientes, molestatores et perturbatores, necnon contradictores quoslibet et rebelles authoritate nostra per censuram ecclesiasticam et alibus juris remedia appellatione postposita, compescendo ; non obstante si Primicerius, magistri, doctores, scolares, sive personæ prædictæ in hujusmodi ecclesiis, sive locis primam non fecerint personalem residentiam consuetam, ac fœlicis recordationis Bonifacii papæ VIII, per quam concessiones hujusmodi percipiendi fructus sine prefinitione temporis fieri prohibentur (1), ac Honorii III (2), Romanorum pontificum prædecessorum nostrorum, et quibusvis aliis apostolicis, ac in provincialibus et synodalibus editis generalibus, vel specialibus constitutionibus, necnon quibusvis privilegiis et indultis apostolicis, præsertim super deputatione conservatorum Comitatus Venaissini per sedem apostolicam concessis (3), ac ecclesiæ Sistaricensis (4) statutis, privilegiis, quibus caveri dicitur quod personis in illa beneficiatis, et in illa non residentibus etiam causa

(1) La bulle de Boniface VIII dont il s'agit ici ne se trouve ni dans le Bullaire d'Avignon, ni dans celui du Comtat Venaissin, pas plus d'ailleurs qu'aux archives départementales ou municipales de Vaucluse et au grand *Bullarium Romanum* Il est probable qu'elle n'existe qu'à Rome aux archives du Vatican.

(2) Voyez pour cette bulle · Honorius III, P.P. *in V compilat.*, tit. 27, caput I. *Matth*, loco jam citato.

(3) Les *conservateurs* des privilèges du Comtat Venaissin étaient le recteur du Comtat et le légat ou vice-légat d'Avignon. Consultez d'ailleurs sur ce sujet, *Les statuts du Comtat*, rédigés en 1363, 1399, 1441, 1443 et 1451, dont Vasquin Philieul a donné en 1558 une traduction française, sous ce titre. *Les statuts de la Comté de Venaiscin, avec les jours feriatz d'Avignon et de ladite Comté;* Avignon, chez Claude Bouquet, 1558, petit in-4°.

(4) Les statuts de l'église de Sisteron auxquels il est fait allusion, sont ceux donnés au chapitre de cette église : 1° en 1246, par le cardinal d'Ostie et publiés dans une des collections de dom Martenne (*thes. anecdot*, tom. *IV, fol. 1079*); 2° en 1259, par l'évêque Alain, et reproduits à la page 537 du tom. II de l'*Histoire de Sisteron*, par Ed. de Laplane, Digne, A. Guichard, éditeur, 1843.

Ces statuts très-sages jouissaient d'une grande autorité dans certaines églises, à une époque surtout où la religion catholique, toujours une dans sa foi et dans ses dogmes, n'avait cependant point encore réalisé,

studii ultra certam tunc expressam partem fructuum, reddituum et proventuum suorum beneficiorum ecclesiasticorum ministrare minime teneantur, quibus etiam, si de illis eorumque totis tenoribus specialis, specifica et expressa, non per generales clausulas mentio habenda foret, ipsis alias in suo robore duraturis, hac vice dumtaxat motu, scientia et authoritate prædictis specialiter et expresse derogamus, necnon ecclesiarum et locorum in quibus beneficia hujusmodi forsam fuerint, statutis et consuetudinibus, juramento, confirmatione apostolica vel quacumque firmitate alia roboratis, etiamsi de illis servandis et non impetrandis literis apostolicis contra ea Primicerius, magistri, doctores, sive scolares, aut personæ Universitatis hujusmodi per se, vel procuratorem suum præstitissent tunc, vel imposterum eos præstare contigerit juramentum, contrariis quibuscumque; aut si ordinariis præfatis vel quibusvis aliis a sede prædicta sit concessum, vel in futurum concedi contingat, quod canonicos et personas ecclesiarum et locorum suarum civitatum et diœcesum etiam in dignitatibus, personatibus, administrationibus vel officiis constitutas, et in illis non residentes, per substractionem proventuum suorum beneficiorum ecclesiasticorum, aut alias compellere valeant ad residendum personaliter in eisdem ; seu si ordinariis et capitulis præfatis, vel quibusvis aliis communiter vel divisim a dicta sit sede indultum vel interim indulgeri contingat, quod canonicis, et personis ecclesiarum, sive locorum prædictorum, etiam in dignitatibus, personatibus, administrationibus vel officiis, ut præfertur cons-

---

dans les matières de la discipline et de l'administration, cette centralisation excessive que la papauté devait plus tard poursuivre de tous ses efforts, et où chaque église jouissant d'une certaine autonomie pouvait, avec sa seule initiative, se donner telles ou telles constitutions faites de toutes pièces à son usage, ou empruntées à d'autres églises et répondant plus spécialement à son caractère propre ou au milieu particulier dans lequel elle se trouvait placée.

titutis, et in illis non residentibus, vel quæ in eis primam non fecerint residentiam personalem consuetam hujusmodi fructus, redditus et proventus suorum beneficiorum ecclesiasticorum ministrare minime teneantur, et ad id compelli non possint per literas apostolicas non facientes plenam et expressam, ac de verbo ad verbum de indulto hujusmodi mentionem, et quibuslibet aliis privilegiis, indulgentiis et literis apostolicis specialibus vel generalibus, quorumcumque tenorum existant, per quas præsentibus non expressa vel totaliter non inserta, effectus earum impediri valeat quomodolibet vel differri, et de quarumcumque toto tenore habenda sit in literis nostris mentio specialis; proviso quod beneficia hujusmodi debitis propterea non fraudentur obsequiis, et animarum cura in eis si qua illis immineat nullatenus negligatur, sed per bonos et sufficientes vicarios quibus de ipsorum beneficiorum proventibus necessaria congrue ministrentur, diligenter exerceatur et deserviatur inibi laudabiliter in divinis, ipsorumque beneficiorum congrue supportentur onera consueta. Rursus quia difficile foret præsentes literas ad singula mundi loca deferre, volumus, ac motu, authoritate et scientia similibus decernimus quod ipsarum præsentium literarum transumpto manu notarii publici ac sigillo alicujus curiæ temporalis seu spiritualis, aut alicujus ecclesiastici Prælati munito et signato, plenaria fides ubique in judicio et extra adhibeatur, ac illi stetur in omnibus, et per omnia perinde ac si originales literæ hujusmodi, exhiberentur vel ostenderentur.

Nulli ergo omnino omninum liceat hanc paginam nostræ approbationis, confirmationis, constitutionis, unionis, incorporationis, applicationis, statuti, ordinationis, derogationis, adjectionis, concessionis, et voluntatis infringere vel ei ausu temerario contraire. Si quis autem hoc attemptare præsumpserit indignationem omnipotentis Dei, et Beatorum Petri et Pauli Apostolorum ejus, se noverit incursurum.

Datum Romæ, apud Sanctum Petrum, anno Incarnationis Dominicæ, millesimo quadringentesimo septuagesimo nono, decima quinta kal. septembris, pontificatus nostri anno octavo. P. de Monte.

XXX

Litteræ Domini Juliani, Episcopi Sabinensis, Cardinalis Sancti Petri ad vincula et legati Domini Sixti papæ quarti in civitate Avenionensi et Comitatu Venaissino, processus et antecessus officiariorum civitatis ac dominorum Primicerii, consulum et doctorum (1).

(20 Junii 1481)

Original parchemin dépourvu du sceau pendant sur cire rouge et contenu dans une boîte de fer-blanc, dont il était muni : Archives de l'Université, D. 2 ; — copies papier : mêmes Archives, D. 2, D. 13, et D. 15 ; — autre original parchemin (également sans sceau) : Archives municipales, boîte 7 ; — copie imprimée : Nova disquisitio legalis, etc. ; caput XIV, pag. 68 ; — etc., etc.

Julianus miseratione divina Episcopus Sabinensis, Sacrosantæ Romanæ ecclesiæ cardinalis, Sancti Petri ad vincula nuncupatus, sanctissimi domini nostri papæ major pœnitentiarius, ejusdemque domini nostri papæ in civitate Avinionensi et Comitatu Venayssino in spiritualibus et temporalibus vicarius generalis, et inibi ac in Francia et

---

(1) Le bénéfice de la bulle *julienne* fut souvent disputé à l'Université. La fameuse question des préséances n'a-t-elle pas toujours été et n'est-elle pas encore aujourd'hui une source constante de rivalités et de conflits entre les divers corps constitués d'un État ou d'une ville ?
Ce fut le 18 septembre 1522 que le Primicier entretint l'assemblée des docteurs agrégés de l'injure sanglante qu'il avait reçue de Louis de Berton aux obsèques de François de Garronis. Ce Louis Berton n'avait-il pas osé éloigner du gendre du défunt qui conduisait le deuil le Primicier lui-même et reléguer ce dernier après le majordome du légat ? Aussi le Primicier demanda-t-il avec instance à l'assemblée de vouloir bien poursuivre activement cette affaire au nom de l'Université et de prier le Légat de faire observer la bulle qui réglait les préséances,

nonnullis aliis regnis, provinciis et dominiis apostolicæ sedis de latere Legatus et ex concessione ejusdem sedis Archiepiscopus Avinionensis ; Universis et singulis præsentes litteras inspecturis, salutem in Domino.

Ad Universitatis vestræ noticiam deducimus et deduci volumus per presentes quod, cum retroactis annis gravis et inordinata dissentio et differentia inter nobiles et spectabiles viros dominos consules et assessorem eorumdem civitatis Avinionis ex una, et egregios ac eximios doctores Universitatis et studii generalis ejusdem civitatis, de et super præcessione seu antecessione consulum, assessoris et doctorum eorumdem, rebusque aliis et illarum occasione parte ex altera exortæ et diu continuatæ extiterint, unde doctores ipsi a lectionibus suis ordinariis aliquandiu abstinuerint et legere cessaverint ; inde quod etiam tam in processionibus quam aliis solemnitatibus et actibus publicis dictæ civitatis et ecclesiarum illius grandis confusio et rumores maximi sepius emerserint et majora dietim inconvenientia formidantur eveniri et oriri posse, nisi illis salubri consilio et medio studeatur obviare ; cumque tam consules et assessor eorum quam doctores predicti rationes et causas dissensionum et differentiarum hujusmodi rite et legitime tam per exhibitionem nonnullarum bullarum recolendæ memoriæ

sous peine d'excommunication *latæ sententiæ* et de mille ducats d'amende.

Le Collège conclut en effet dans ce sens, et de plus, le 4 octobre suivant dans une autre assemblée tenue dans le couvent des Frères Mineurs, on délibéra de nouveau sur le même objet et il fut décidé que l'on agirait énergiquement pour obtenir de Louis de Berton une complète satisfaction.

L'obtint-on ? Il est permis d'en douter ; car quelques années plus tard, le 25 octobre 1534, l'Université protestait de nouveau et solennellement contre les consuls d'Avignon qui, dans la cérémonie des funérailles de Clément VII, avaient, toujours au mépris de cette bulle julienne, prétendu à la préséance sur le corps universitaire. (Voyez à ce sujet la troisième partie de ce *Cartulaire*).

Pii papæ secundi quam aliis mediis nobis expositis, de eorum communi et unanimi exhibito consensu per nos decidendas et ad arbitrium seu decretum nostrum remiserint seque et causas ipsas declarationi, decreto et decisioni nostris penitus et omnino remiserint : Nos itaque maximopere cupientes pro tianquillitate, decore, prospero successu et augmento dictæ civitatis et membrorum illius, dissentionibus et differentiis predictis finem imponere ; attendentesque et plane cognoscentes quod consules et assessor prædicti pro eo tempore quo consules et assessor existunt, prosperitati, honori, decori, manutentioni et actibus tam publicis quam privatis dictæ civitatis et membrorum illius intendant et intendere habeant, ac quod præterea antedictus recolendæ memoriæ Pius papa secundus volens eosdem consules tunc *syndicos* nuncupatos decorare quod deinceps consules et non syndici appellarentur: quodque consules et assessor predicti, durante tempore suorum offciorum, precedente dumtaxat viguerio ejusdem civitatis, antequoscumque alios in quibuscumque honoribus et ceteris actibus publicis qui in eadem civitate fierent, exceptis dumtaxat Universitatis, preferantur, per quasdam statuit et ordinavit ; ac quod subsequenter idem Pius Primicerium dictæ Universitatis, Vicegerentem cameræ apostolicæ et vicarium Reverendissimi domini Archiepiscopi Avinionis precedere debere quoscumque, per alias suas litteras voluit et declaravit prout in dictis litteris ejusdem Pii desuper confectis et concessis, plenius continetur (1); considerantesque etiam decens et congruum fore, ut doctores qui suis laboribus tam dignos scientiarum fructus in alios infundunt etiam congruis et decentibus locis honorentur ; his considerationibus inclinati, inter officiales et judices civitatis Avinionensis ac consules, assessorem et doctores predictos ordinem in precessione seu

---

(1) Voir bulles XXIV et XXVI. Cette bulle julienne est donc la troisième sur les préséances du corps universitaire. Elle est à la fois la plus importante et la plus complète.

antecessione hujusmodi posuimus et decrevimus subsequentem :

Quod Viguerius (1) *dictæ civitatis et eo absente locumtenens ejusdem Viguerii post Prelatos, ex justa causa factus quascumque personas precedat. Quos immediate sequatur ubique Primicerius Universitatis et deinde Vicegerens aut eorum loca tenentes ex justa causa facti. Post quos sequatur immediate vicarius Reverendissimi Archiepiscopi Avinionensis. Post quem omnes judices temporales* (2) *dictæ civitatis succedant. Post quos a latere dextro sequatur primus consulum* (3) *cum uno doctore in latere sinistro. Ac post,*

(1) *Viguerius.* C'est lui qui présidait aux assemblées de la ville. Il devait être laïque et de condition noble. Sa charge était annuelle. Il était au point de vue de ses fonctions, et ainsi du reste qu'il en prenait le titre en entrant en charge, le vicaire particulier de Sa Sainteté pour le temporel. S'il était absent, son lieutenant qu'il désignait lui-même le remplaçait et jouissait des mêmes prérogatives.

Mais le viguier était aussi magistrat, et à ce titre, non-seulement il connaissait des causes laïques tant au civil qu'au criminel, mais c'est encore à son tribunal, qui siégeait également à St-Pierre, qu'était porté l'appel des décisions rendues par les juges de la cour temporelle. Deux greffiers étaient attachés à sa cour, l'un pour les affaires civiles et l'autre pour les affaires criminelles. Au point de vue de l'origine, l'institution du viguier, en tant que gouverneur et magistrat, remontait à l'année 1251, époque des conventions faites entre les Comtes de Toulouse et d'Orange et les habitants d'Avignon.

(2) *Judices temporales.* Ainsi nommés par opposition aux juges des tribunaux ecclésiastiques de l'archevêque et de l'inquisition, ils comprenaient les juges de St-Pierre, de la vice-gérence, et ceux des tribunaux du viguier et du légat. Nous connaissons les trois premières de ces cours. Quant au tribunal du légat, c'était devant lui qu'étaient portées les causes d'appel de toutes les juridictions d'Avignon et du Comtat. Jusqu'à la création de la rote d'Avignon, ce tribunal se composait d'une délégation de juges spéciaux à qui le légat confiait la connaissance des causes dont on appelait à lui. Ils jugeaient en son nom et constituaient auprès de sa personne une sorte de conseil analogue à celui de la chambre apostolique auprès des papes d'Avignon.

(3) *Consules* Il y en avait trois. Administrateurs de la cité, ils exerçaient aussi une juridiction inférieure et statuaient sur les affaires qui

secundus consulum a latere dextro cum secundo alio doctore in latere sinistro. Et deinde tertius consulum in latere dextro cum alio doctore in latere sinistro. Ac post, assessor (1) *eorumdem consulum in latere dextro cum uno alio doctore in latere sinistro, ita quod continuato ordine usque ad istud punctum, consules et assessor eorum semper eant in latere dextro, et quatuor doctores cum eisdem in latere sinistro. Et ulterius alii doctores cum aliis doctoribus seu etiam licentiatis et aliis graduatis secundum ætatem, gradum et dignitatem præcedentiæ, succedant.*

Quantum vero ad assessiones alibi quam in domo civitatis et consilii, post primum consulem sedebit primus doctor et post secundum consulem secundus doctor, et sic successive. In domo autem civitatis in aula concilii et in dicto concilio

---

intéressaient la police urbaine et rurale Ils appliquaient les amendes, taxaient le prix de vente des objets de consommation, fixaient le salaire des ouvriers et le prix du travail et avaient aussi la haute surveillance sur la voirie, etc., etc. Jusqu'à Pie II, ces magistrats municipaux portèrent à Avignon le nom de *syndics*, et ce fut ce pape qui pour les anoblir leur donna le titre de consuls

Ils jouissaient d'ailleurs d'une très-grande considération, ce qui explique à la fois et leur rang de préséance dans toutes les cérémonies et la qualification officielle qui leur est donnée d'*illustres et magnifiques seigneurs*.

(1) *Assessor consulum* L'assesseur des consuls avait plus spécialement le gouvernement de la police de la ville. Mais il était aussi le conseiller juridique de la cité, c'est pourquoi il était toujours choisi parmi les jurisconsultes docteurs agrégés, ou tout au moins simples docteurs de l'Université d'Avignon. C'est lui qui portait la parole au nom de la ville dans toutes les assemblées communales.

A consulter sur l'organisation judiciaire et municipale d'Avignon : *Les Statuts de la cité d'Avignon*, etc , publiés pour la première fois en 1568, mais dont les éditions se sont succédées en grand nombre pendant les XVIIe et XVIIIe siècles. — J.-B. Joudou : *Essai sur l'histoire de la ville d'Avignon*, Avignon, 1863. — Felix Achard : *La municipalité et la république d'Avignon aux XIIe et XIIIe siècles*, Avignon, 1872. — R. de Maulde *Coutumes et règlements de la république d'Avignon au XIIIe siècle*, Paris, 1879. — Etc., etc.

sedebunt tres consules et eorum assessor ad manum dextram immediate, et domini doctores secundum eorum gradum sedebunt immediate ad manum sinistram domini Viguerii seu alterius in eodem concilio præsidentis; remanentibus nihilominus tam Consulibus et Assessori eorumdem quam doctoribus predictis, omnibus et singulis aliis privilegiis, prerogativis, preeminentiis et indultis aliis illis per prefatum recolendæ memoriæ Pium papam secundum et sedem apostolicam ad eorum decorem et commoditatem concessis. Quem quidem ordinem sic ut premittitur, per nos positum et decretum tam a Consulibus et Assessore eorumdem quam doctoribus, licentiatis et graduatis prædictis ac aliis quibuscumque personis et cujuscumque dignitatis, gradus, status, ordinis, vel conditionis existant, seu quacumque prefulgeant dignitate, sub excommunicationis latæ sententiæ et mille ducatorum Cameræ Apostolicæ applicandorum per partem non observantem irremissibiliter exigendorum penis, inviolabiliter observari volumus, decernimus, innovamus, comprobamus et presentis scripti serie communimus, dissentionesque, questiones, controversias et differentias, etiam quascunque causas propterea coram quibuscumque judicibus ecclesiasticis vel secularibus motas et in quacumque instantia pendentes, advocamus, illasque et lites desuper exortas penitus et *omnino* extinguimus et annullamus; ipsisque tam Consulibus et Assessori eorumdem quam doctoribus et personis predictis super dissensionibus, questionibus, controversiis, differentiis, causis et litibus hujusmodi perpetuum imponimus silentium per præsentes. Quod si, quod absit! aliqua partium ex Consulibus et Assessore vel Consiliariis eorumdem seu aliis personis et doctoribus ac personis predictis contra voluntatem, innovationem, extinctionem et silentii impositionem nostras hujusmodi per se vel interpositas personas intervenerit, aut aliquid desuper attemp erit, dictæ excommunicationis latæ sententiæ et mille duca rum pænas ex nunc prout ex tunc et e converso ipso facto in curisse declaramus.

Et insuper volumus, exhortamur et summopere affectamus quod doctores ordinarii et in dicta Universitate legentes, qui ut accepimus, ob dissentiones et differentias prædictas ac etiam ex eo quod pro laboribus et lectionibus suis ordinariis hujusmodi nullis essent stipendiis remunerati, aliquamdiu a lectionibus prædictis cessaverint et abstinuerint deinceps, actualiter per se vel per idoneos substitutos sive per eos subrogandos legere et lectiones diligenter continuare ac in statum *pristinum* reducere teneantur, intelligentesque ac plane ex post sententientes quod doctores ipsi et alii in dicta Universitate legentes ordinarii, laudabiliter legendo continuaverint studiumque dictæ universitatis ad viam et gradum laudabilis incrementi et perfectionis direxerint, eosdem doctores et alios legentes apud sanctissimum dominum nostrum papam sinceris affectibus et instantiis promovebimus, et adeo extollere curabimus quod in antea decentibus salariis et congruis portionibus, et stipendiis, ab eodem sanctissimo domino nostro et a nobis gaudebunt se munitos et provisos. Volentes etiam quod dicti doctores, licentiati et suppositi Universitatis immunitatibus gaudeant gabellarum et onerum civitatis predictæ, et a solutione illarum sint immunes juxta litterarum apostolicarum recolendæ memoriæ Pii papæ antedicti eis concessarum vim, continentiam et tenorem. In quorum omnium fidem et testimonium premissorum presentes litteras fieri et per notarium et scribam nostrum infrascriptum subscribi, nostrique sigilli jussimus et fecimus appensione muniri.

Datum et actum Avinione in palatio nostro archiepiscopali, sub anno a nativitate Domini millesimo quadringentesimo, octogesimo primo, indictione decima quarta (1), die vero vige-

---

(1) *Indictione.* C'est une période de quinze ans prise pour mesure du temps. Selon l'opinion la plus probable, la première commença l'an 313 et fut établi par Constantin. L'emploi de ce cycle de quinze années pour marquer les dates a été adopté par les papes, surtout depuis Grégoire VII, et est aujourd'hui encore conservé dans leurs bulles. Natalis

sima mensis junii, Pontificatus sanctissimi in Christo Patris et domini nostri domini Sixti, divina providentia, papæ quarti anno decimo, presentibus ibidem Reverendissimis et Reverendis in Christo patribus et dominis Joanne archiepiscopo Amalphitanensis (1) et Angelo Suessanensis (2), Antonio Liviensis (3), Christoforo Modrusiensis (4) et Guidone Trojano (5) episcopis et spectabilibus viris dominis Octaviano de Martinis utriusque juris doctore et causarum sacri palatii apostolici advocato consistoriali et Matheo Vailhandi canonico Turonensi (6) testibus ad premissa vocatis specialiter et rogatis. Et ego Joannes Villiton clericus Leodiensis (7) diocesis, publicus sacris apostolica et imperiali auctoritatibus notarius, qui

---

de Wailly, dans le tome premier de ses *Éléments de paléographie*, Paris, 1838, indique la marche à suivre pour vérifier à quelle année de l'indiction correspond une année quelconque de l'ère chrétienne. Pour cela, dit-il, il faut soustraire 312 de l'ère chrétienne et diviser par 15 le résultat de la soustraction. Si cette division ne donne pas de reste, on en conclura que l'année de Jésus-Christ sur laquelle on a opéré est la quinzième de l'indiction; si, au contraire, il reste un nombre, ce nombre sera celui même de l'indiction de l'année qu'on cherche. Si nous appliquons maintenant ce calcul à notre date de 1481, nous trouvons en retranchant les 312 années indiquées le nombre 1,169, lequel divisé par 15, donne pour quotient 77, avec le nombre 14 pour reste ; c'est-à-dire que dans ces onze cent soixante-neuf années sont comprises soixante-dix-sept indictions, formant ensemble onze cent cinquante-cinq ans, plus quatorze années de la soixante-dix-huitième indiction

(1) *Amalphitanensis* Amalphi, au royaume de Naples.

(2) *Suessanensis*. Sessa, au même royaume et dans la terre du Labour.

(3) *Liviensis*. N'est autre que Forli, en latin *Forolivensis*, dans les anciens États de l'Église.

(4) *Modrusiensis*. Modrusse, évêché de la Croatie uni à celui de Segna et dépendant de la métropole d'Agram.

(5) *Trojano*. Troia, évêché des Deux-Siciles dans la Capitanate

(6) *Turonensis*. Tours.

(7) *Leodiensis*. Liège.

dictis remissioni, summissioni, ordinis positioni, decreto, voluntati, innovationi, advocationi, extinctioni, annullationi, silentii impositioni et declarationi, ceterisque premissis omnibus et singulis, dum sic ut premittitur per prefatum Reverendissimum dominum Julianum episcopum Sabinensem (1) cardinalem legatum et Archiepiscopum Avinionensem fierent, dicerentur et agerentur, una cum prenominatis testibus presens interfui. Eaque omnia et singula sic fieri vidi et audivi.

Idcirco hoc presens publicum instrumentum, manu alterius scriptum, me aliis legitime occupato negotiis, fideliter scriptum exinde confeci publicum et subscripsi ac in hanc publicam formam redegi, signoque et nomine meis solitis et consuetis antepositis, una cum prefati Reverendissimi domini Juliani episcopi Sabinensis cardinalis, legati et archiepiscopi Avinionensis, sigilli appensione signavi in fidem, robur et testimonium omnium et singulorum premissorum rogatus et requisitus. Joannes Villiton, notarius.

(1) *Sabinensis*. Savone ; c'est près de cette dernière ville, à Abizal, qu'était né Julien de la Rovere en 1441.

XXXJ

Bulla domini Sixti, papæ quarti, concessionis officii curiæ Vicegerentiæ cum suis omnibus emolumentis et juribus Universitati Avinionensi et confirmatoria unionis et incorporationis eidem tabulariorum Comitatus Venaissini, pro stipendiis doctorum in hac ipsa legentium (1).

(Non. maii 1482)

Original parchemin dépourvu de la bulle de plomb dont il était muni : Archives de l'Université, D. 2 ; — *copie papier :* Mêmes Archives, D. 13 ; — *copie imprimée :* Bullarium civitatis Aven., constitutio LIX, *page 67 :* — *id.* Manuductio ad jurisprudentiam, etc.

Sixtus Episcopus, Servus servorum Dei : Ad perpetuam rei memoriam. Dum infra nostri pectoris arcana revolvimus quantum sacrarum litterarum cognitio per quam divina enucleantur eloquia, ad salutem Christi fidelium afferat momenti ; quantum civilis ac ponti-

---

(1) Dès que les greffes des cours du Comté-Venaissin furent unis à l'Université des règlements particuliers sur leur administration furent dressés par le collège des docteurs agrégés.

C'est le primicier qui affermait ces greffes, mais il ne pouvait le faire qu'avec le consentement des docteurs. Le prix du bail se payait par semestre à Pâques et à la St-Michel. Le primicier ne pouvait consentir un nouveau bail, ni même le proposer au collège des docteurs avant l'expiration du bail courant. Les greffes étaient quelquefois affermés viagèrement (*vita durante*).

En 1522 l'Université craignit qu'on ne lui enlevât les greffes des cours du Comtat et envoya à cet effet une députation au Légat pour neutraliser les efforts de l'avocat-général du Comtat qui était notoirement hostile à l'Université.

On voit d'ailleurs dans les délibérations que la gestion des greffes

ficii jurisperitia per quam, tam publica quam privata utiliter et sapienter res geritur, justitia colligitur, libertas conservatur, pax augetur, æquum ab iniquo discernitur, effrænata moderantur, et omnis prosperitas humanæ conditionis stabilitur ad usum Reipublicæ Christianæ necessaria, conveniens et opportuna existat, ad ea profecto per quæ ingenia studiis hujusmodi dedita foventur et crescunt in terris præsertim nobis et Romanæ Ecclesiæ nullo medio etiam temporaliter subjectis, quantum cum Deo possumus opem, operam impendimus, efficaces de opportunis provisionibus opes, ne industria temporalium rerum depereant, favorabiliter succurrendo, ac etiam ea declarando quæ ad illorum commodum et augmentum providere, a nobis concessa noscantur 'per nostræ declarationis ministerium contra exquisitam hujusmodi industriam, suum debitum sortiantur effectum.

Dudum siquidem per nos accepto, quod generale studium civitatis nostræ Avinionensis quod tam longissimis temporibus in diversis facultatibus et scientiis in civitate prædicta laudabiliter viguerat, prout etiam actu crebis successibus tunc vigebat, pro stipendiis et salariis magistris et doctoribus pro tempore in ipso studio

---

fut une cause perpétuelle de discussions entre l'Université et la cour du Comtat.

Mais Julien de la Rovère obtient plus encore en faveur de l'Université que la confirmation de la concession de ces greffes. On sait que Sixte IV avait déjà, à la prière de son neveu, accordé à cette dernière une somme annuelle de trois cents ducats à prendre sur les revenus du tribunal de la Vice-Gérence (bulle XXVII), pour le salaire des professeurs. Revenant aujourd'hui sur cette décision, il n'hésite pas à unir à l'Université l'office lui-même de vice-gérent, avec tous ses droits et revenus C'est pour l'Université une véritable revanche de la bulle d'Eugène IV (voyez bulle XXII) ; car, maîtresse désormais de cette charge, elle pourra nommer pour titulaire tel de ses membres qu'il lui plaira ou tel personnage plus particulièrement à sa dévotion, et ainsi par le fait aura elle-même juridiction pleine et entière sur les docteurs, écoliers, religieux et monnoyeurs.

legentibus dandis et solvendis congruæ subventionis auxilio plurimum noscebatur indigere, cum ipsius studii facultas pro hujusmodi et aliis ejus sibi incumbentibus honoribus minime sufficient; Nos qui civitatem et studium hujusmodi speciali dilectione prosequimur, ne doctores, magistri et alii legentes præfati ob rerum penuriam ab exercitio lectionis hujusmodi detraherentur, sed magis solito ad legendum allicerentur, tunc providere volentes : Motu proprio, per alias nostras litteras inter cætera, Rectoriatus appellationum et ordinariarum civitatis Carpentoractensis et Insulæ Venaissini ac Valræacii, locorum Cavallicensis et Vasionensis diocœsum, curiarum singula officia tabularios, sive scribas nuncupatos cum omnibus et singulis eorum salariis, emolumentis, proventibus et aliis juribus et pertinentiis suis præfatæ Universitati pro stipendiis et salariis in studio prædicto actu pro tempore legentium authoritate apostolica, ex certa scientia, unimus, incorporamus et appropriamus, ita quod, liceat ex nunc et de cætero perpetuis futuris temporibus Primicerio et doctoribus Universitatis prædictæ etiam pro tempore existentibus, officiorum prædictorum corporalem possessionem authoritate propria apprehendere ac personas idoneas, ad illa exercendum subrogare et deputare ac subrogatos et deputatos pro eorum nutu ponere et deponere, revocare, necnon alios eorum loco substituere, ac fructus, redditus proventus, jura, obventiones et emolumenta ex eisdem officiis provenientia in stipendio et salario legentium prædictorum, et non in aliam causam convertere, cujusvis licentia et assensu super hoc minime requisitis; prout in litteris prædictis, quarum tenores ac si de verbo ad verbum insererentur præsentibus haberi volumus pro sufficienter expressis, plenius continetur (1).

Cum autem sicut accepimus, Primicerius, et doctores præ-

(1) Voyez bulle XXIX.

dicti, officium Rectoriatus hujusmodi litterarum prædictarum vigore assecuti jam fuerint, sed alia ordinaria civitatis et aliorum locorum officia nondum potuerint adipisci, resistentibus illa tenentibus et possidentibus pro eo quod asserrunt vi, unionem, incorporationem, applicationem et appropiationem prædictas non debere effectum sortiri eorum vita durante, expediuntque nostram de super voluntatem declarare ac etiam pro majori dictorum magistrorum et aliorum legentium prædictorum subventione ultra hoc alia emolumenta præfatæ Universitati pro stipendiis et salariis hujusmodi dicti studii manutentione unire et applicare: Nos qui unitatem et studium hujusmodi ut prædiximus peculiari quadam affectione prosequimur et pro cæteris in visceribus gerimus charitatis, ob dictæ civitatis in nos et Romanam Ecclesiam integram fidem et devotionem in multis longo tempore approbatam, ad quos spectat mentem et intentionem nostram super gratiis per nos concessis declarare volentes, tam super declaratione, quam alia necessaria subventione hujusmodi Universitati prædictæ opportune provideri, motu simili, non ad alicujus super hoc nobis oblatæ petitionis instantiam, sed de nostra mera liberalitate, authoritate et scientia prædictis, decernimus pariter et declaramus : *unionem, incorporationem, appropiationem et applicationem prædictis quoad omnia et singula officia in aliis litteris prædictis contenta hujusmodi, ex tunc a data litterarum prædictarum suum effectum sortiri debuisse ac debere ac licuisse ac licere corporalem illorum possessionem per Primicerium, et doctores prædictos propria authoritate libere apprehendendam, amotis prædicta officia tenentibus et exercentibus, prout illos ex tunc admovemus et admotos esse,* ac ita nostræ intentionis semper fuisse et existere declaramus districtius, sub excommunicationis latæ sententiæ pœna, quam contrafacientes, ipso facto incurrant, et a qua non nisi a nobis, vel successoribus nostris Romanis pontificibus canonice intrantibus, præterquam in mortis articulo constituti et prævia satisfactione absolvi possint præcipiendo ; mandantes officia tenentibus hujusmodi, quatenus statim visis præsentibus, præfatis Primicerio atque doctoribus possessionem prædictorum officiorum vacuam, liberam et expeditam realiter et cum affectu tradant atque consignent, nec de illis quoquomodo directe, vel indirecte de cætero se intromittere audeant atque præsumant.

Et insuper pro majori dictæ Universitatis subventione, *curiarum cameræ dictæ Universitatis(1) cum omnibus et singulis suis fructibus, redditibus, proventibus et emolumentis juribusque et pertinentiis universis, per Vicegerentem pro tempore existentem percipi solitis, præfatæ Universitati pro stipendiis et salariis doctorum et aliorum legentium hujusmodi ex nunc motu, authoritate, scientia et tenore prædictis, perpetuo unimus, adjungimus et incorporamus, applicamus et approbamus, tam Universitatis et illi aliorum annexorum, quam curiæ Vicegerentiæ hujusmodi fructuum, redditum et proventuum veros annuos valores, præsentes pro expressis habentes, ac volentes quod ex nunc, Primicerio et doctoribus prædictis Curiæ prædictæ corporalem possessionem authoritate propria libere apprehendere ac personam idoneam quæ eisdem authoritate, facultate, privilegiis et prærogativis gaudeat et utatur circa curam regimen, et exercitium officii Vicegerentiæ hujusmodi, quibus Vicegerens pro tempore existens prædictis uti et gaudere consueverat, poterat et debebat, et quibus gereret sibi, a nobis et sede apostolica pro tempore deputaretur ad illam regendum subrogare et deputare ac semotos et deputatos pro eorum nutu ponere, destituere et revocare, necnon alios eorum loco substituere et subrogare, ac fructus, redditus et proventus, jura, obventiones et emolumenta ex dicta curia,*

---

(1) *Universitas*, s'entend ici de la cité ou communauté, et non de l'Université dans le sens de *studium generale*.

illius tamen congrua supportatione onerum, in stipendio et salario dictorum legentium modo præmisso et non in aliam causam convertere ac continuo remittere, cujusvis licentia super hoc minime requisita, ex nunc Vicegerente hujusmodi ab exercitio dicti officii penitus et omnino amoto, quem per præsentes dicto officio privamus et privatum esse declaramus et nihilominus cupientes ut præsentium litterarum et aliarum prædictarum ordinationi succedat effectus : Venerabili fratri Episcopo Lunensi (1) et dilectis filiis Præposito (2) Avinionensi et Officiali (3) Avinionensi per apostolica scripta motu et scientia similibus mandamus, quatenus ipsi, vel duo aut unus vestrum per se, vel alium seu alios præmissa omnia et singula ubi et quando expedierit, fueritque pro parte Primicerii et doctorum prædictorum requisiti, solemniter publicantes, ac si super præmissis, eisdem Primicerio et doctoribus, efficacis defensionis præsidio assistentes, faciant ipsos Primicerium et doctores sibi concessa facultate ad apprehendendum possessionem Vicegerentiæ et aliorum officiorum hujusmodi paci-

---

(1) *Lunensis.* Evêché de Luni dans la Ligurie, uni aujourd'hui à ceux de Sarjane et de Brugnato, de la même province.

(2) *Præpositus.* C'est le doyen du chapitre de Notre-Dame des Doms, qu'on appelait aussi *prévôt*, comme il était d'usage dans tous les chapitres.

(3) *Officialis.* Primitivement les évêques et archevêques exerçaient eux-mêmes la juridiction ecclésiastique au contentieux, mais vers le XII° siècle ils se déchargèrent de ce soin et instituèrent des juges ecclésiastiques, qu'on appela officiaux et qui furent chargés d'une manière permanente de tenir ces cours ou *officialités*. Dès le XIV° siècle, chaque diocèse était pourvu d'une officialité comprenant un official ou juge, un *promoteur* pour surveiller l'instruction, requérir l'application des peines et former appel des sentences, un greffier et un geolier pour la prison annexée. En 1438, Alain Coëtivi, évêque d'Avignon, fit bâtir un palais spécial pour les audiences et les prisons de son officialité. Ce bâtiment qui en 1681 fut affecté au service des aliénés, est devenu aujourd'hui l'hôtel du *Luxembourg*, et la rue voisine porte depuis 1843, le nom de rue de l'Officialité.

fica possessione perfrui et gaudere, eisque de officiorum prædictorum fructibus, redditibus, proventibus, juribus et obventionibus universis integre responderi, amotis tenentibus ad præsens officia hujusmodi, ab eisdem non permittentes Primicerium et doctores prædictos, vel eorum aliquem quomodolibet in præmissis perturbari, seu etiam molestari ; contradictorum quoslibet ac rebelles per censuras ac pœnas ecclesiasticas et alia juris opportuna remedia cum censurarum et pœnarum prædictarum aggravatione, appellatione postposita, compescendo, invocato etiam ad hoc si opus fuerit auxilio bracchii secularis, nonobstantibus præmissis et constitutionibus et ordinationibus apostolicis, ac nostra, quia dudum inter alia volumus quod unionibus commissio semper fieret ad partes vocatis quorum interest; statutisque et consuetudinibus Universitatis et curiæ prædictæ, juramento, confirmatione apostolica, vel quavis alia firmitate roboratis; necnon omnibus illis quæ in aliis prædictis volumus, nonobstare contrariis quibuscumque ; aut si aliquis super provisione sibi facienda de hujusmodi vel aliis officiis, in illis partibus speciales, vel generales dictæ sedis Legatorum litteras impetraverint, etiam per eas adhibitionem, reservationem, vel decretum, vel alias quomodolibet sit processum, quasdam litteras, processus habitos, per eosdem et inde sequuta quæcumque ad prædicta officia, volumus non extendi, sed nullum præjudicium generari ex quibuslibet privilegiis et apostolicis generalibus vel specialibus, etiam prædicta officia ad præsens tenentibus, vel aliis quibusvis personis quomodolibet concessis, quorumcumque tenorum existant, quæ præsentibus non expressa, vel totaliter non inserta asseretis eorum impediri valeat quomodolibet vel differi, et de quibus quorumcumque totis tenoribus habenda sit in nostris litteris mentio specialis. Rursus, quia difficile foret præsentes literas ad singula quæque loca ubi expediens foret deferre, volumus ac motu et scientia et authoritate prædictis decernimus, quod illarum transcripto manu publica notarii interrogata subscripto et sigillo alicujus Curiæ spiritualis, seu Prælati ecclesiastici munito illa prorsus fides indubia adhibeatur quæ præsentes, si essent exhibitæ vel offensæ; irritumque et inane si secus super hiis a quoquam quavis authoritate, scienter, vel ignoranter, contigerit attemptari.

Nulli ergo omnino hominum liceat hanc paginam nostræ constitutionis, declarationis, mandati, unionis, annexionis, incorporationis, mandati et voluntatis, infringere vel ei ausu temerario contraire. Si quis autem hoc attemptare præsumpserit, indignationem omnipotentis Dei et Beatorum Petri et Pauli Apostolorum ejus se noverit incursurum.

Datum et actum Romæ, apud Sanctum Petrum, anno Incarnationis Dominicæ, millesimo quadringentesimo octogesimo secundo, pridie Non. maii, pontificatus nostri anno undecimo. Sigismundus.

XXXIJ

Breve domini Sixti, papæ quarti, ne doctor vel scholaris almæ Universitatis Avenionensis, etiam a curiale romanæ curiæ papæ servienti, extrahi possit ad ipsam curiam (1).

(28 maii 1484)

Original perdu; — *copies papier :* Archives de l'Université, D. 3, fol. 36 et D. 13, fol. 135 ; — *copie imprimée :* Bullarium civitatis Aven. constitutio LXVIII, pag 82 ; — *id. :* Manuductio ad jurisprudentiam, etc.

Sixtus Papa quartus. Dilecti Filii, salutem et apostolicam benedictionem. Superioribus annis, consideratione dilectorum filiorum consulum et consilia-

---

(1) Ce bref porte pour suscription : *Dilectis filiis Primicerio et doctoribus Universitatis civitatis nostræ Avinionensis.*

Curialis Romanæ curiæ. Un *curial* est un dignitaire de la Cour romaine et y remplissant un emploi. De nos jours encore, on appelle *curie* l'ensemble des tribunaux pontificaux, comprenant deux grandes divisions, la *curia gratiæ* pour les affaires politiques et la *curia justitiæ* proprement dite.

On ne saurait trop le répéter, le vice radical de l'organisation judiciaire dans le Comtat et à Avignon, sous le gouvernement des papes, était le recours généralement facultatif et toujours possible à la Cour de Rome. C'était pour le plaideur obstiné un moyen sûr d'éterniser un procès, et pour le plus riche la certitude de ruiner son adversaire ou de l'amener à composition. Il nous revient à ce sujet, l'histoire lamentable d'un malheureux greffier de Carpentras, qui après avoir obtenu gain de cause devant les tribunaux ordinaires, avait vu son affaire portée par l'influence de la partie adverse devant le tribunal du Pape. Elle y resta pendante durant trente années, au bout desquelles fut rendu, il est vrai, un arrêt conforme à celui des premiers juges. Mais à quoi bon ! le malheureux, afin d'être à même de mieux surveiller ses

riorum (1) nostræ civitatis Avinionis vestræ Universitati, concessimus inter alia :

Ne doctores, licentiati, baccallarii et scolares dictæ Universitatis pro quacumque causa civili vel criminali, aut mixta, beneficiali aut profana a dicta civitate extrahi possint, prout in aliis literis nostris super hoc confectis, quarum tenores hic haberi volumus pro expressis sufficienter, plenius continetur. Nunc autem sicut ex querela consulum ipsorum accepimus, quod dilectus filius Ludovicus Sextoris, clericus Avinionis, acolytus noster, virtute cujusdam commissionis authoritate apostolica, hic in Romana Curia et coram dilecto filio Antonio de Gratiis, causarum palatii nostri auditore, dilectum filium Bertrandum de Variponte, in decretis baccallarium, rectorem venerabilis Collegii sancti Nicolaï pro trigenta sex scolaribus in Avinione fundati (2), vocari fecit, licet

intérêts avait dû s'expatrier et venir habiter Rome pendant tout ce temps. Et là, en démarches et en sollicitations de toute espèce, il avait ruiné sa santé et sa bourse, si bien, que de retour enfin dans sa patrie, à plus de soixante-dix ans d'âge et ne possédant aucune espèce de ressources, il était réduit à offrir au primicier de l'Université d'Avignon dont relevait son greffe, la cession de tous ses droits sur ce dernier, moyennant une rente annuelle à peine suffisante pour lui donner un morceau de pain. La supplique de ce brave homme est réellement navrante !

Tel était le résultat ordinaire des appels au Pape. Voilà pourquoi de tout temps l'Université comme les particuliers d'Avignon et du Comtat cherchèrent à mettre comme barrière entre Rome et leurs procès une bulle papale malheureusement encore trop souvent illusoire.

(1) *Consiliarii.* L'élection des consuls et de l'assesseur était faite chaque année par le conseil de ville. Celui-ci qui ne pouvait jamais s'assembler sans la permission du viguier, se composait de 48 conseillers (bulle de Sixte IV, 1474), dont 4 députés par le clergé et 4 par l'Université.

(2) Ce collège destiné dans le principe à 24 étudiants, dont le nombre fut porté un peu plus tard à 36 par bulle spéciale de Sixte IV, avait été fondé, comme nous l'avons vu, par le cardinal de Brogniac, qui avait acheté pour l'y installer, le couvent de religieuses bénédictines,

causa hujusmodi coram conservatore privilegiorum dictæ Universitatis inter partes prædictas penderet indecisa, contra formam indulti hujusmodi aliorumque privilegiorum eidem Universitati per prædecessores nostros Romanos Pontifices concessorum. Itaque pro parte eorumdem consu-

connu sous le nom de *Sainte-Marie-des-Fours*, et situé à Avignon, dans l'antique rue des Masses. Cette rue reçut dès ce jour le nom de rue du Collège-d'Annecy qu'elle a repris définitivement en 1843, après l'avoir perdu depuis la Révolution. La chapelle de ce collège existe encore, bien qu'elle ait changé de destination.

C'est parmi les étudiants de ce collège, qui d'après la fondation devaient être choisis par tiers dans les diocèses de Genève, de Savoie, et dans les dépendances des métropoles d'Arles et de Nîmes, que brillait surtout de son farouche éclat l'esprit vindicatif, brutal et emporté jusqu'à la violence des Italiens. Ils portaient cuirasses, cotes de mailles et épées, et furent de tout temps à la fois et les plus indisciplinés et les plus bruyants de tous les étudiants d'Avignon. Un jour, un collégié de St-Nicolas d'Annecy, nommé Boniface, est incarcéré sous la prévention de l'enlèvement d'une femme mariée, surnommée la *belle mercière*. Une autre fois le primicier est contraint de faire une descente audit collège, pour instruire sur le meurtre du nommé François Bona, tué en duel le 12 septembre 1515. Qui ne sait encore que c'est à la suite d'une querelle où un étudiant était aussi resté sur le carreau, que Roger de St-Lary, compromis dans l'affaire, parvint à s'évader en France, où il entra au service du roi et mérita en 1574 par ses talents militaires, le bâton de maréchal, sous le nom de Bellegarde, ainsi qu'il est connu dans l'histoire. Autres faits: le 25 juillet 1521, dans une rixe avec des ouvriers, les collégiés de St-Nicolas eurent un des leurs tué d'un coup de pierre ; le 26 mai 1700, le vice-légat Gualtery fit chasser de ce collège le nommé Joseph Faure d'Annecy, lequel prenait par violence les femmes qui habitaient le voisinage.

Mais voici qui est plus fort :

Le jeudi 26 mai 1513, on célébrait à Avignon la Fête-Dieu ; la procession venait de partir de Notre-Dame-des-Doms, et plusieurs personnes attendant le moment propice pour s'y ranger, stationnaient dans la foule accourue pour la voir passer.

Jean Martin, abbé des collégiés de St-Nicolas, cherchait en ce moment un endroit où ses condisciples pourraient se tenir, en attendant de pouvoir prendre, à la procession, le rang qui leur était dû. Antoine Bernard, notaire et secrétaire de la légation, occupait une place très-convenable pour cela ; Martin le pria de la lui céder, et comme Ber-

lum atque nostra inducimur, ut ea vobis paterno concedamus affectu quæ commoditati dictæ Universitatis et suppositorum ejusdem conspicimus esse opportuna ; corum supplicationibus inclinati, *privilegia atque indulta hujusmodi Universitati vestræ, etiam per alios Romanos Pontifices*

nard s'y refusait, il s'ensuivit entre eux une violente querelle. Sur ces entrefaites, les collégiés de St-Nicolas, au nombre de vingt-cinq environ, arrivèrent la tête haute et pénétrèrent au milieu des assistants en frappant à droite et à gauche avec des bâtons et même avec les épées dont ils étaient porteurs, et en criant : *Faites voie !*

Jean Potereau qui, avec Jacques Combe et Philippe de Thalan, attendait là pour se ranger à la procession, ayant reçu un coup de bâton sur le nez et un autre sur le front, se jeta sur son agresseur et lui enleva son arme ; mais tous les collégiés se jetèrent à la fois sur lui et l'accablèrent tellement de coups, qu'il crut sa dernière heure venue. Combe ayant voulu le secourir, partagea son sort ; quant à Thalan, il fut très-maltraité sans autre motif que son peu d'empressement à se ranger pour livrer passage à cette horde. Un grand nombre d'autres personnes furent maltraitées, mais à un moindre degré que celle-ci. Un chirurgien barbier, nommé Alexandre, s'étant trouvé dans l'assistance, donna les premiers secours à Potereau et à Combe ; quant à Thalan, il les reçut d'un autre chirurgien, chez lequel quelques personnes charitables le transportèrent.

Dès l'après-midi, les juges de St-Pierre s'étaient rendus au collège de St-Nicolas pour procéder à une information, mais Bernard, en exhalant ses plaintes au palais, était parvenu à y monter les têtes. Le capitaine qui y commandait, assisté de quelques hommes de bonne volonté qu'il avait pourvus de toute espèce d'armes, se rendit au collège pour arrêter, disait-il, les délinquants. Il arriva comme les juges et le procureur fiscal, ayant terminé leur enquête, venaient de se retirer, en même temps que la communauté achevait de chanter les vêpres dans la chapelle où le St-Sacrement se trouvait exposé à cause de la solennité du jour.

Les portes du collège se trouvant fermées, les nouveaux venus frappèrent à coups redoublés sans pouvoir se les faire ouvrir. Ils tentèrent inutilement de les forcer. Le capitaine parcourut alors les quartiers environnants, invoquant à haute voix l'autorité du gouverneur et enjoignant aux commandants des milices de faire prendre les armes aux hommes sous leurs ordres. La force rassemblée s'éleva bientôt à un millier d'hommes, et, comme la porte demeurait fermée, on accumula contre elle une grande quantité de matières combustibles auxquelles

prædecessores nostros concessa, tenore præsentium authoritate apostolica confirmamus et approbamus, inviolabiliterque observari volumus et mandamus. Decernentes commissionem prædictam et alias quascumque hactenus factas, et quas imposterum fieri contigerit contra tenorem privilegio-

le feu allait être mis, lorsqu'on l'ouvrit enfin. Le capitaine furieux, se rua dans le collège, cherchant partout les coupables du matin. Plusieurs de ceux-ci, cachés dans le grenier, se voyant à la veille d'être découverts, descendirent dans la chapelle, où, quoique dans un asile inviolable, ils s'enfermèrent le mieux qu'ils le purent. Le capitaine accourt sur leurs traces, muni de tenailles et d'autres instruments de fer, il fait sauter les serrures et tout ce qui s'oppose à son entrée dans la chapelle ; arrivé là, il assigne à comparaître devant le gouverneur quelques collégiès qui se trouvaient dans le chœur, mais les quatre plus compromis dans l'affaire du matin, savoir : Jean Martin, François de Bona, Jacques de Chalensonay et Claude de Malharis, s'étaient groupés au pied de l'autel et tenaient au milieu d'eux le calice, dans lequel se trouvaient les saintes espèces. Ils criaient en même temps : Franchise !.... Franchise !.... Cette attitude n'en imposa pas au capitaine, qui s'empara successivement de Bona, Chalensonay et Malharis, et les fit conduire en prison ; mais Martin résista tenant toujours le calice. La secousse produite par un coup de poing qu'on lui asséna entre les épaules, fit tomber la patène et le corporal qui recouvraient ce vase sacré, sans qu'il s'en désemparât. On foula aux pieds la coupe et le linge.

Cependant le capitaine n'osait enlever Martin dans cette attitude, il lui disait : *Per christo, non cessaray di far il facto mio !... Per lo corpo di Dio, christo non té gardara que non té pilli !...* Il le poussait, mais ne l'emmenait pas. Il somma le recteur de commander au collégié de déposer les saintes espèces, afin qu'il pût le conduire en prison, mais celui s'en défendit, disant qu'il ne voulait pas concourir à la violation des immunités ecclésiastiques. Cette réponse lui valut d'être cité devant le gouverneur pour y répondre du crime de désobéissance.

Un des religieux de St-Martial, passant près de là, s'avança pour voir ce dont il s'agissait et cria à Martin : *Ami, tu tiens dans tes mains le corps de Dieu, ton Rédempteur, garde-le bien !* A ces mots, le capitaine et ses satellites se ruèrent sur lui, le traînèrent hors de l'église, le frappant de leurs armes et de leurs bâtons, et le conduisirent aux prisons du Palais comme le dernier des malfaiteurs.

Cependant la ville entière s'était émue en apprenant cette audacieuse

rum hujusmodi irritas et inanes, nulliusque roboris et momenti, præmissis, aliisque in contrarium facientibus nonobstantibus quibuscumque.

Datum Romæ, apud Sanctum Petrum, sub annulo Piscatoris, die vigesima maii, anno millesimo quadringentesimo octogesimo quarto, pontificatus nostri anno decimo tertio. Sigismondus.

violation des immunités ecclésiastiques. L'archevêque Orland Carrello envoya le viguier et le procureur fiscal prier de sa part le gouverneur d'envoyer des ordres à son capitaine pour faire cesser le scandale. Le légat ne crut pouvoir mieux faire que de charger ces magistrats de remplir eux-mêmes cette mission. Ils arrivèrent à St-Nicolas, au moment où le religieux de St-Martial venait d'être enlevé, trouvèrent l'église remplie d'hommes armés, au milieu desquels se trouvaient le capitaine et plusieurs des gens du légat. L'étudiant était à genoux, sur la plus haute des marches de l'autel, tenant le calice dans ses mains.

Après une courte prière, les envoyés du gouverneur questionnèrent ce jeune homme, qui raconta tout ce qui venait de se passer. Des témoins, trouvés sur les lieux, confirmèrent son récit, montrant le corporal et la patène foulés aux pieds, les serrures arrachées des portes et divers débris qui attestaient de la part du capitaine les plus monstrueux excès.

Ordre fut donné à celui-ci de cesser toute poursuite et tout tumulte et de se retirer avec ses gens. Cela fait, les portes de l'église furent barricadées, le St-Sacrement replacé en son lieu, et l'étudiant trouvé en lieu d'immunité, reçut l'ordre d'y demeurer jusqu'à ce que l'instruction eut établi le degré de sa culpabilité.

Cse faits choisis entre mille nous édifient sur ce dont étaient capables nos étudiants ; aussi bien les archives de ce collège sont-elles pleines des procès que suscitaient leurs étranges mœurs. Ce n'est pas à dire cependant que dans l'affaire de Bertrand de Varipont, recteur de ce collège, évoquée en cour de Rome, il s'agisse également de quelque affaire scandaleuse de mœurs ou de coups et blessures. Le terme affectueux de *dilectus filius* qu'emploie Sixte IV en son endroit, protesterait peut-être contre une pareille supposition.

(Consultez sur les mœurs des collégiés de St-Nicolas, P. Achard : *Les chefs des plaisirs, Bazoche et abbés de la jeunesse*, dans l'Annuaire de Vaucluse 1869, et aux Archives départementales, *fonds* des collèges pontificaux, D. 279, D. 282, D. 289, D. 290, etc.).

XXXIII

Breve domini Innocentii, papæ octavi, quod non possint trahi scholares in judicium ad Urbem (1).

(3 jun. 1485)

Original parchemin perdu; — *copies papier :* Archives de l'Université, D. 3, *fol 37*, et D. 13, *fol. 141*.

INNOCENTIUS papa octavus. Dilecti filii, salutem et apostolicam benedictionem. Mittimus vobis supplicationem præsentibus introclusam, manu venerabilis fratris nostri Juliani, episcopi Ostiensis, cardinalis sancti Petri ad Vincula, in presentia nostra signatam, volumusque et vobis committimus ac mandamus ut vocatis vocandis, ad illius executionem procedatis juxta ejus continenciam et signaturam.

Datum Romæ, apud Sanctum Petrum, sub annulo Piscatoris die tertia junii, anno millesimo quadringentesimo octogesimo quinto, pontificatus nostri anno primo. L. Grisus :

DUDUM siquidem fœlicis recordationis Sixtus papa quartus, predecessor noster certis rationibus et causis tunc expressis, inter alia privilegia et indulta Universitati doctorum, magistrorum, licenciatorum et scolarium civitatis nostræ Avinionensis concessa, statuit et motu proprio et sua certa sciencia, apostolica auctoritate

---

(1) Ce bref est la confirmation du précédent ; il est adressé aux trois conservateurs des privilèges de l'Université.

ordinavit ut nullus doctor, magister, licenciatus, baccallarius seu scolaris aut alia quævis persona dictæ Universitatis, ratione cujuscunque causæ civilis vel criminalis, beneficialis aut profanæ seu mixtæ, etiam ratione contractus seu quasi, a dicta civitate per quoscunque judices ordinarios seu auctoritate apostolica deputatos etiam in Romana Curia extrahi posset, decernens omnes commissiones, processus, sententias, censuras et pœnas in contrarium factas et imposterum fiendas irritas et inanes, nulliusque roboris seu momenti existere ut in litteris ejusdem nostri predecessoris, quarum tenores pro sufficienter expressis haberi volumus, plenius continetur.

Nunc autem sicut accepimus, dilecti filii Fulquetus Eydini, canonicus Carpentoractensis, Ludovicus Sextoris civis Avinionensis asserti accoliti nostri et Johannes Casaleti, Abbas Beatæ Mariæ de Senhanca, ordinis Cistercencis, Cavallicensis diocœsis (1), et alii officiarii et acco-

---

(1) *Jean Casaleti* ou *Cazaletty*. On trouve dans le *registre D. 67* des archives de l'Université d'Avignon, mention de sa réception au doctorat et à l'aggrégation, dans les termes suivants : « Die XII septemb. 1468, D. Joannes Cazaletty, monachus ordinis Cistercensis accepit gradum doctoratus et aggregatus est sub domino Meruly et fuit aggregatus sub hac conditione quod unam faceret repetitionem et solveret unum scutum auri, unum birretum de scarlata et casu quo non faceret non haberetur pro aggregato » (Primiceriat de Pons de Sade, évêque de Vaison).

En 1475, Jean Casaletti était élu abbé de Sénanque. Il devint en 1482 recteur du Comtat, charge qu'il ne conserva que quelques mois. C'est en 1491 ou 1495, et non en 1471, comme nous l'avons dit par erreur dans la note de la page 82 de ce *Cartulaire*, que Casaletti fonda à Avignon le collège de St-Bernard ou de Sénanque. Celui-ci était situé dans le milieu de la rue Petite-Fusterie et est devenu depuis une propriété particulière dont l'architecture intérieure rappelle encore la destination première. Primicier de l'Université en 1491, Casaletti le fut une deuxième fois en 1499.

Lorsque en 1500, dit Ch. Cottier dans ses *Notes sur les recteurs du Comtat*, le pape et le roi de France nommèrent respectivement des

liti (1) nostri, ut asserunt, contra dilectos filios nostros Bertrandum de Variponte in decretis baccallarium, collegiatum venerabilis collegii sancti Nicolai in eadem civitate pro triginta sex scolaribus fundati, ac Honoratum Marini doctorem ac diversos alios scolares et personas dictæ Universitatis per nostram signaturam seu auctoritate nostra factas, nonnullas causas beneficiales et inhibitorias alicuibus ex sacri nostri palatii apostolici auditoribus (2) committi et inde ab eisdem auditoribus Bertrando

commissaires pour connaître des plaintes que les gens d'Avignon et du Comtat faisaient depuis longtemps, sur ce que les officiers du roi les troublaient dans leur navigation sur le Rhône, et pour examiner les droits du St-Siège sur ce fleuve, Casaletti fut un des commissaires nommés par Sa Sainteté.

De même, en 1502, un procès s'étant élevé entre le collège de St-Nicolas d'Annecy, appelé aussi le grand collège et le chapitre de St-Paul-Trois-Châteaux, au sujet de la qualité et du mode de paiement, d'une redevance en grains que ce chapitre devait servir au collège, et celui-ci après avoir succombé dans une première instance jugée par Pierre Baudonis, doyen de l'église de St-Pierre d'Avignon, en ayant appelé au pape Alexandre VI, ce furent l'abbé de Sénanque et l'official de l'évêché d'Avignon, qui par bref de Sa Sainteté, du 15 juillet 1502, furent chargés de la révision de cette affaire. (Voy. Archives départ., *fonds* des collèges pontificaux, D. 351).

Il assista deux fois aux États généraux de Provence pour raison de son abbaye et mourut en 1508. Il fut enseveli dans la chapelle de son collège, au bas de l'autel, avec cette épitaphe sur marbre blanc :

> *Hic jacet R^{us} in* CHRISTO *pater dominus*
> *Joannes Casaletti decretorum doctor, artium*
> *magister, nec non abbas sacri monasterii*
> *de Sinanqua ordinis S^{cti} Bernardi, diocesis*
> *Caballicensis et collegii S^{cti} Bernardi Avenionensis*
> *sub anno Dⁿⁱ* M.D.VIII.
> *cuius anima æternam habeat requiem.*

(1) *Officiarii*. Dignitaires pontificaux ; — *acolytus* id est: *sequutor, pedissequus, consequus*, etc. Cf. Ducange. Nous disons aujourd'hui prélat de la maison du pape.

(2) *Auditores palatii apostolici* : Les auditeurs de la rote. Ce tribunal dont la création remonte à Jean XII, existe encore aujourd'hui

et Honorato, predictis vocatis et tanquam notorie privilegiatis minime comparentibus, in causis hujusmodi procedi ac diversas sententias ferri et litteras executoriales et certarum pretensarum appelationum concedi contra eosdem Bertrandum et Honoratum ac alteras personas obtinuerint et in dies, predicti Fulquetus, Ludovicus et Johannes et alii quicunque obtinere possent seu sperant in non modicum eorundem prejudicium atque dampnum ac dictorum privilegiorum totalem enervationem : *Nos volentes super hiis opportune providere, singulas litteras predictas, motu et sciencia similibus auctoritate apostolica confirmamus et approbamus ac perpetuæ firmitatis robur obtinere decernimus, supplentes omnes et singulos deffectus, si qui forsan intervenerint in eisdem, processusque, sententias et censuras per eosdem judices et imposterum fiendas motu et sciencia similibus decernimus irritum et inane ;* mandantes conservatoribus Universitatis prædictæ presentium tenore, quathenus dictos doctores, licenciatos, magistros, baccallarios, scolares et alias personas dictæ Universitatis privilegio hujusmodi uti et gaudere faciant, contradictores prædictos et alios quoscumque imposterum, censuris ecclesiasticis et aliis juris remediis compescendo, premissis ac constitutionibus et ordinationibus apostolicis, necnon omnibus illis quæ idem predecessor

---

et se compose de douze docteurs ecclésiastiques. Lorsque Grégoire XI reporta le St-Siège d'Avignon à Rome, la rote qui était établie dans la première de ces deux villes, suivit la papauté; mais comme compensation, Grégoire XI en partant institua à Avignon un tribunal souverain, composé de six juges amovibles, qui pouvaient se faire assister d'assesseurs. En 1566, la rote avignonaise fut rétablie à la demande des citoyens de la ville, et ainsi dès ce jour Avignon eut comme Rome ce tribunal particulier, qui devint ici une cour suprême, ayant une compétence absolue pour connaître par voie de recours de toutes les décisions judiciaires rendues par les tribunaux d'Avignon ou du Comtat. (Pour l'étymologie du mot *rota*, consultez Ducange et autres auteurs).

noster in singulis suis litteris voluit non obstare ceterisque in contrarium facientibus non obstantibus quibuscunque.

Concessum ut petitur in præsentia domini nostri papæ. Julianus Ostiensis.

Per breve concessum. Julianus Ostiensis *(sic signatus)*.

Datum Romæ, apud Sanctum Petrum, pridie kal. junii, anno primo.

XXXIV

Bulla domini Innocentii, papæ octavi, per quam uniones tabulariorum Comitatus-Venaissini et illa quæcumque privilegia per dominum Sixtum papam quartum Universitati generalis studii Avenionensis concessa, confirmat et de novo concedit, specifice singula referendo.

(Id. decemb. 1488)

Original parchemin dépourvu de la bulle de plomb dont il était muni : Fonds de l'archevêché aux archives départ., *divers. Aven.* 1188 *fol.* 145; — *autre original parchemin également dépourvu de la bulle de plomb dont il été muni :* Archives de l'Université, D. 2 ; — *copies papier :* Mêmes archives, D. 3 et D. 13, *fol.* 136 ; — etc., etc.

INNOCENTIUS Episcopus, Servus sorvorum Dei : Ad perpetuam rei memoriam. Licet ea quæ per sedem apostolicam pro statu et felici directione Universitatum studiorum generalium ac personarum in illis continue litterarum studiis insistentium commodo et quiete provide concessa fuerunt, inviolabili debeant observatione vigere, nonnunquam tamen Romanus pontifex ne successu temporis impugnationi subjaceant, illa de novo libenter approbare consuevit ut eo firmius illibata persistant quo magis suo fuerint presidio pro tempore stabilita, de novoque concedit ac alias Universitatum et personarum earumdem statui provideri, pro ut in domino conspicit salubriter expedire.

Dudum siquidem per felicis recordationis Sixtum papam quartum, predecessorem nostrum accepto, quod generale studium litterarum civitatis nostræ Avinionensis jam longissimis temporibus in diversis facultatibus et scientiis in civitate prædicta laudabiliter viguerat prout acta crebris successibus vigebat, pro stipendio et salariis magistris doctoribus pro tempore in dicto studio legentibus, dandis et solvendis congruæ subventionis auxilio noscebatur indigere, cum ipsius studii facultates pro hujusmodi et aliis sibi pro tempore incumbentibus oneribus minime sufficere viderentur, idem Sixtus predecessor ne doctores, magistri et alii legentes præfati ob rerum penuriam ab exercitio legendi hujusmodi retraherentur sed magis solito ad legendum allicerentur providere cupiens, omnia et singula privilegia, immunitates et indulta tam per eum quam predecessores suos Romanos pontifices prefatæ Universitati sub quavis verborum forma concessa, motu proprio approbavit et confirmavit, illaque plenum robur obtinere decrevit ac Rectoriatus appellationum et ordinariæ civitatis Carpentoractensis ac Insulæ Venaissini ac Valreaci locorum Cavallicensis et Vasionensis diœcesum curiarum, singula officia tabularii sive scribaniæ nuncupata cum omnibus et singulis eorum salariis, emolumentis, proventibus ac aliis juribus et pertinentiis suis prefatæ Universitati pro stipendiis et salariis doctorum et aliorum in studio prædicto actu pro tempore legentium per quasdam primo perpetuo, univit, incorporavit, applicavit et approbavit, ita quod liceret ex tunc et de cetero perpetuis futuris temporibus Primicerio et doctoribus Universitatis predictæ etiam pro tempore existentibus officiorum prædictorum corporalem possessionem auctoritate propria libere apprehendere ac personas ydoneas ad illa exercenda subrogare et deputare ac subrogatos et deputatos pro eorum nutu ponere et deponere, revocare, nec non alios eorum loco substituere et subrogare ac fructus, redditus, proventus, jura, obventiones et emolumenta ex eisdem officiis provenientia in stipendio et salario dictorum legentium et non in aliam causam convertere, cujusvis licencia vel asssensu super hoc minime requisitis (1) ; ac statuit perpetuo et ordinavit quod nullus doctor magister

---

(1) Voyez bulle XXIX.

sive scolaris aut quævis alia persona dictæ Universitatis ratione cujuscumque causæ civilis, criminalis vel beneficialis aut rei de qua ageretur ubicumque ineretur contractus, committeretur delictum aut res ipsa consisteret, per quemcumque judicem ordinarium sive delegatum seu conservatores per eum aut predecessores suos Romanos pontifices incolis et habitatoribus Comitatus Venayssini pro privilegiis dicti comitatus conservandis, quibus expresse quantum ad universitatem predictam derogavit, aut alium quemcumque commissarium etiam auctoritate sedis prefate deputatum aut alia quavis ordinaria sive apostolica auctoritate extra civitatem predictam ad judicium trahi non posset nec deberet; decernens omnes et singulos processus, sententias, censuras et penas quos et quas per eosdem judices contra Primicerium, magistros, doctores, scolares sive personas dictæ Universitatis ferri seu promulgari contingeret, nullius existere roboris vel momenti (1). Statuens insuper et ordinans quod de cetero etiam perpetuis futuris temporibus universi et singuli doctores, magistri, scolares sive personæ ecclesiasticæ prefatæ Universitatis et in illa dumtaxat graduati vel qui in illa gradum suscepissent pro tempore degentes, in quorumcumque canonicatuum et præbendarum ac dignitatum, personnatuum, administrationum vel officiorum, aliorumque cum cura et sine cura benificiorum ecclesiasticorum secularium et ordinum quorumcumcumque regularium, quarumcumque qualitatum et cujuscunque taxæ seu annui valoris et illorum fructus, redditus et proventus existerent, assecutione, quibuscumque aliis personis cujuscunque status, gradus, ordinis, dignitatis vel conditionis existerent in quibusvis aliis Universitatibus graduatis dumtaxat paribus, anteferri deberrent; quodque omnes et singulæ personæ ecclesiasticæ tam seculares quam cujuscunque ordinis regulares et in sacris etiam presbiteratus ordinibus cons-

(1) Voyez bulle XXIX.

tituti in dicta Universitate leges in scolis publicis palam et publice legere et audire per quinquennium dumtaxat a die lectionis seu audientiæ hujusmodi computandum, possent (1).

Et ne clerici et aliæ personæ ecclesiasticæ in dicta Universitate pro tempore studentes, fructibus dictorum suorum beneficiorum ecclesiasticorum totaliter remanerent frustrati, sed ex eis pro suæ vitæ substentatione susciperent relevamen ac studium suum hujusmodi commodius continuare valerent, omnibus et singulis magistris, doctoribus sive scolaribus et personis ecclesiasticis in dicta Universitate pro tempore commorantibus et studentibus secularibus et regularibus, ut in dicta Universitate residendo et in illa litterarum studio insistendo : omnes et singulos fructus, redditus et proventus omnium et singulorum beneficiorum ecclesiasticorum cum cura et sine cura, secularium et regularium quarumcunque qualitatum existerent quæ in quibusvis ecclesiis sive locis, in titulum sive commendum, obtinebant et eos pro tempore obtinere contingeret, cum ea integritate, quotidianis distributionibus dumtaxat exceptis, percipere valerent cum qua illos perciperent si in eisdem ecclesiis sive locis personnaliter residerent, et ad residendum in eisdem minime tenerentur nec ad id a quoquam inviti valerent coarctari, motu simili indulcit (2).

Et deinde per eumdem Sixtum predecessorem accepto quod Primicerius et doctores predicti officium Rectoriatus hujusmodi predictarum litterarum vigore assecuti jam fuerant, sed ab ordinario civitatis et aliorum locorum predictorum officia nundum potuerant adipisci, resistentibus illa tenentibus et possidentibus : Idem Sixtus predecessor motu et scientia similibus, per alias decrevit et declaravit unionem, incorporationem, appropriationem et applicationem predictas quoad

---

(1) Voyez bulle XXIX.
(2) Voyez bulle XXIX.

omnia et singula officia in aliis litteris predictis contenta ex tunc ab illarum data, effectum sortiri debuisse et debere ac licuisse et licere corporalem illorum possesionem per Primicerium et doctores predictos propria auctoritate libere apprehendi, remotis officia predicta tenentibus et exercentibus, prout illos ex tunc amovebat et amotos esse declarabat (1).

Et successive idem Sixtus predecessor, cum dilectus filius Ludovicus Sextoris clericus Avinionis, sedis predictæ accolytus, virtute cujusdam commissionis auctoritate apostolica, certo causarum palatii apostolici auditori factæ, dilectum filium Bertrandum de Variponte in decretis baccallarium, Rectorem venerabilis collegii sancti Nicolai pro trigenta sex scolaribus in civitate predicta fundati, ad judicium in Romana curia evocari fecisset contra formam privilegiorum hujusmodi, privilegia predicta per alias in forma brevis approbavit et confirmavit inviolabiliterque observari voluit et mandavit, decernentes commissionem predictam et alias quascumque hactenus factas et quas imposterum fieri contingeret contra tenorem privilegiorum hujusmodi, irritas et inanes, nulliusque roboris vel momenti (2):

Et successive, cum nos etiam, nonnullas causas beneficiales et certarum appellationum certis aliis dicti palatii auditoribus contra certos studentes in dicta Universitate, ad nonnullorum sedis predictæ officialium et aliorum instantiam, audiendas commississemus, nos, omnes et singulas litteras privilegiorum hujusmodi per reliquas alias nostras litteras motu et scientia similibus approbavimus et confirmavimus (3); supplentes omnes et singulos deffectus, si qui forsam intervenissent in eisdem, processus quoque habitos ac sententias et censuras, per eosdem judices latas et imposterum ferendas, irritas et inanes

---

(1) Voyez bulle XXXI.
(2) Voyez bulle XXXII.
(3) Voyez bref XXXIII.

decernentes, prout in singulis litteris predictis, quarum tenores ac si de verbo ad verbum presentibus insererentur, haberi volumus pro sufficienter expressis et insertis, plenius continetur.

Cum autem sicut accepimus, premissis non obstantibus, nonnulli familiares nostri et alii privilegiati curiam predictam sequentes, aliquos ex doctoribus, magistris, scolaribus et personis dictæ Uuiversitatis ad eamdem curiam coram diversis commissariis et sanctæ Romanæ ecclesiæ cardinalibus et causarum dicti palatii auditoribus, tam super beneficialibus quam aliis diversis causis ad judicium, vigore commissionum nostrarum et cum privilegiorum predictorum derogatione fecerint evocari et in dies evocari facere conantur, et aliqui eorum contra doctores, magistros, scolares et personas hujusmodi, diversas sententias pro se reportantur, litteris executorialibus desuper in forma solita decretis executioni demandatis, ac super officio tabellionatus curiæ Rectoratus hujusmodi quo ad causas criminales et pro tempore commissas quæ in eadem curia Rectoratus tractari consueverunt, Primicerius predictus in perceptione fructuum tabularii hujusmodi turbatur ; nos cupientes ut litteræ, uniones, incorporationes, applicationes et appropriationes ac omnia et singula privilegia, gratiæ, statuta, ordinationes et indulta hujusmodi eo firmius observentur quo magis nostro presidio communita, quascunque causas contra quascunque dictæ Universitatis personas ad instantiam predictarum et aliarum quarumcunque personarum, cujuscunque dignitatis, status, gradus, ordinis et conditionis, etiam in quacumque instantia et coram quibuscunque judicibus et commissariis etiam dicti palatii auditoribus ac sanctæ Romanæ ecclesiæ cardinalibus pendentes, illorum statum et merita presentibus pro expressis habentes, ad nos advocantes, illasque in dicta Universitate per judices et conservatores ejusdem audiri et cognosci volentes, motu simil non ad alicujus nobis super hoc oblatæ petitionis instantiam sed de nostra mera liberalitate et ex certa sciencia *litteras, uniones, incorporationes, applicationes, appropriationes, privilegia, gratias, statuta, ordinationes et indulta hujusmodi ac omnia et singula in eis contenta et inde secuta quacumque auctoritate apostolica, tenore presentium approbamus et confirmamus ac perpetuæ firmitatis robur obtinere debere decernimus; supplentes omnes et singulos tam juris quam facti defectus, si qui forsam intervenissent in eisdem; et nichilominus pro potiori cautela : illa omnia et singula modo et forma præmissis innovamus et de novo concedimus, omnes et singulas sententias contra tenorem privilegiorum hujusmodi latas et imposterum ferendas, ac sententias, censuras et penas promulgatas ac processus de super habitos et inde secuta quæcunque, nulla, irrita et inania, nulliusque roboris vel momenti fuisse et esse eisdem motu et scientia declarantes, illaque omnia et singula potiori pro cautela revocantes, cassantes et annullantes, omnibusque et singulis predictis et aliis quibuscunque, etiam sub excommunicationis latæ sententiæ pœna, districtius inhibentes ne aliquas litteras et commissiones contra privilegiorum predictorum tenorem et continentiam exequi et de causis hujusmodi se intromittere quoquomodo presumant; ac legato nostro et sedis predictæ in dicta civitate pro tempore existenti et ejus locumtenenti, ac conservatoribus predictis ceterisque ad quos quoquomodo spectat et spectare poterit quomodolibet in futurum; mandantes ut de omnibus et singulis fructibus, redditibus, proventibus et obventionibus dicti tabellionatus officii, etiam ratione causarum criminalium et commissionalium hujusmodi pro tempore obvenientibus, eumdem Primicerium pacifice gaudere, omniaque et singula in presentibus litteris contenta per supra nominatos et alios quoscunque observari faciant ; non permittentes eum per quoscunque desuper molestari;* contradictores auctoritate nostra appellatione post posita, compescendo. Et ut premisa inviolabiliter observentur, motu et scientia similibus decernimus in aliquo presentibus et aliis litteris predictis per quascumque litteras apostolicas etiam quascumque clausulas etiam derrogatoriarum, derogatorias et alias quantuncumque fortissimas in se continentes pro tempore emanantes, etiam si presentes de verbo ad verbum in ipsis litteris fuerint insertæ derrogari non posse, processus quoque contra tenorem privilegiorum et indulti nostri hujusmodi hactenus factos et faciendos imposterum, ac sententias promulgatas et promulgandas, necnon censuras et pœnas etiam desuper latas et ferendas et quidquid secus super hiis a quoquam quavis auctoritate scienter vel ignoranter attemptatum forsan est hactenus, vel imposterum contigerit attemptari ut prefertur, irrita et inania, nulliusque fuisse, fore et esse roboris vel momenti, non obstantibus premissis ac constitutionibus et ordinationibus apostolicis, nec non omnibus illis quæ in singulis litteris predictis concessum est non obstare, contrariis quibuscunque ; aut si aliquibus communiter vel divisim ab eadem sit sede indultum, quod interdici, suspendi vel excommunicari non possint per litteras apostolicas non facientes plenam et expressam ac de verbo ad verbum de indulto hujusmodi mentionem, et quibuslibet aliis privilegiis, indulgentiis et litteris apostolicis, generalibus et specialibus quorumcumque tenorum existant per quas presentibus non expressa vel totaliter non inserta effectus earum impediri valeat quomodolibet vel differri et de quibus quorumcumque totis tenoribus de verbo ad verbum habenda sit in nostris litteras mentio specialiter.

Nulli ergo omnino hominum liceat hanc paginam nostræ approbationis, confirmationis, innovationis, constitutionis, concessionis, declarationis, revocationis, cassationis, annullationis et mandati infringere vel ei ausu temerario contraire.

Siquis autem hoc attemptare presumpserit indignationem omnipotentis Dei et beatorum Petri et Pauli Apostolorum ejus se noverit incursurum.

Datum Romæ, apud sanctum Petrum, anno Incarnationis Dominicæ, millesimo quadringentesimo octogesimo octavo, pridie iduas decembris, pontificatus nostri anno quinto. J. Balbanus.

XXXV

Breve (1) Domini Alexandri, papæ sexti, super causis criminalibus curiæ Rectoriatus Comitatus Venaissini et sigillo curiæ Valreaci.

(24 augusti 1493)

Copies de l'original perdu : Archives de l'Université, D. 3, fol. 38, et D 13, fol. 142.

Venerabili fratri locumtenenti legati civitatis nostræ Avinionensis, Alexander papa sextus.
Venerabilis frater : Salutem et apostolicam benedictionem. Intelleximus quod licet scribaniæ curiæ Rectoriatus comitatus nostri Venayssini ac villæ Valreaci Vasionensis diocesis et emolumenta earumdem unita existant Universitati studii

---

(1) *Breve.* Le Bref, dans la diplomatique romaine, est une forme des actes émanés de l'autorité pontificale moins solennelle et plus courte que la Bulle. Il est écrit en écriture italique tandis que la bulle l'est en ronde. L'un est scellé en cire rouge du sceau qui représente saint Pierre jetant ses filets dans la mer, tandis que l'autre l'est en cire verte avec un sceau en plomb (*bulla*) espèce de boule plate portant sur l'une de ses faces le nom latin du pape et sur l'autre l'effigie des têtes de saint Pierre et de saint Paul et attaché à l'acte par des lacs de soie verte et rouge. Ces deux espèces d'actes diffèrent encore par la suscription. Dans le bref elle est plus courte et le souverain Pontife y prend le titre de *papa* en marquant le rang qu'il tient parmi les papes de son nom. Enfin le salut et la bénédiction apostolique sont différents dans les deux. Les brefs deviennent fréquents surtout à partir de la fin du XVe siècle. Comme les bulles, les brefs sont écrits en latin.

Il y a à la cour romaine une secrétairerie spéciale ayant dans ses attributions la rédaction de ces actes pontificaux ; elle fut instituée à Avignon même par Jean XXII.

civitatis nostræ Avinionensis pro salario doctorum legentium, ut in litteris felicis recordationis Sixti IV et Innocentii VIII prædecessorum nostrorum plenius continetur (1) : Nichilominus quidam Reginaldus Thome, notarius, scribaniam causarum criminalium Rectoriatus Carpentoractensis tenuit et tetet occupatam, ac thesaurarius ejusdem Comitatus in perceptione emolumentorum scribaniæ dicti loci Valreaci, cui jura sigilli ejusdem curiæ sunt annexa, turbare et Universitatem ipsam quæ fere decim annorum spatio illam possedit, contra formam statutorum dicti comitatus spoliare conatur in grave damnum Universitatis prædictæ; cupientes itaque pro nostro pastorali officio, Universitatem ipsam quam peculiari charitate complectimur in suis viribus continere, volumus et apostolica tibi auctoritate mandamus, ut si ita esse tibi constiterit, dicto Reginaldo, aliisque ejusdem scribaniæ detentoribus sub excommunicationis latæ sententiæ pœna, pæcipias seu pæcipi facias quathenus *dictam scribaniam cum juribus ejusdem, illiusque possessionem Primicerio et doctoribus Universitatis prædictæ relaxent ac etiam thesaurario prædicto, nec eosdem Primicerium et doctores in dicta eorum possessione de cætero turbare et molestare præsumant,* contradictores quoslibet per censuras ecclesiasticas et alia juris remedia opportuna compescendo, contrariis nonobstantibus quibuscumque.

Datum Romæ, apud sanctum Petrum sub annulo Piscatoris, die vigesima quarta augusti, anno millesimo quadragentesimo nonagesimo tertio, pontificatus nostri anno primo. L. Podocatharius *(sic signatus)*.

(1) Voyez bulles XXIX et XXXIV.

XXXVI

Breve domini Alexandri, papæ sexti, approbationis et confirmationis litterarum domini Juliani cardinalis sancti Petri ad vincula et Legati, præcessus et antecessus, directum locumtenenti Legati in civitate Avinionensi, per quod mandat illi et præcipit quod litteras prædictas servari faciat, et pœnas a contrafacientibus exigat (1).

(6 septembris. 1493)

Original parchemin avec vestiges de l'empreinte du sceau du pêcheur dont il était muni : Archives de l'Université, D 2 ; — *Vidimus parchemin sans sceau (septembre 1493)* : Archives municipales, *boîte 8* ; — *copies papier :* Archives de l'Université, D 3, fol. 34 et D 13 fol. 141 ; — *copie imprimée :* Nova disquisitio legalis, etc. (auctore Paulo de Cadecombe, I. V. D), caput XIV, pag. 70.

ENERABILI fratri locumtenenti legati civitatis nostræ Avinionensis, Alexander papa sextus.
Venerabilis frater : Salutem et apostolicam benedic-

(1) Quelques années à peine s'étaient écoulées depuis la bulle de Pie II sur la préséance du corps universitaire, que déjà une première contestation s'était élevée à ce sujet entre les consuls et l'Université, contestatation grave et qui avait nécessité recours à Rome, ainsi que le prouve cette note que nous traduisons des registres de l'Université :
« 29 août 1467. Primiceriat de Christophe Bottini. Les docteurs agrégés réunis en assemblée générale dans l'église collégiale de St-Pierre et dans la chapelle des notaires, délibèrent de payer à Vitalis Mesane une somme de cent florins, qui lui est dûe pour le voyage qu'il a fait à Rome à l'effet de soumettre à la cour apostolique le différend existant entre les docteurs et les consuls d'Avignon, sur une question de préséance. »
L'affaire traîna en longueur ; car ces mêmes registres nous apprennent que le 5 juin 1469, l'assemblée des docteurs délibère encore de

tionem. Dudum venerabilis frater noster Julianus tunc Sabi-

payer à Pons de Lassonia 25 écus, pour retirer le *Livre des décrets* qu'on lui avait donné en gage et pour garantie des sommes par lui avancées, quand il était allé à Rome pour suivre le procès de l'Université avec les consuls d'Avignon.

Enfin 12 ans après (20 juin 1481) parut l'ordonnance du légat Julien de la Rovère, faite au nom du pape Sixte IV, et dans le but de régler définitivement cette question. (Voy. *Litteræ* XXX).

Le résultat ne fut pas tout à fait satisfaisant, et cette ordonnance ne mit pas absolument fin à la rivalité des deux pouvoirs. C'est alors qu'Alexandre VI intervient directement, mais nous savons déjà par les événements de 1522 et 1534 qu'il ne fut pas plus heureux.

Ce bref est adressé au Lieutenant du légat (*Legati locumtenens*).

Le gouvernement d'Avignon était généralement confié à des légats *a latere*, c'est-à-dire à des cardinaux attachés plus spécialement à la personne du pape et qui, pour remplir leurs charges, quittaient momentanément la place que ces dignitaires occupent d'habitude *à côté* du souverain pontife. Il s'en suit qu'en raison même de leur situation particulière à la cour, ils étaient souvent absents de leur légation. C'est pourquoi ils prenaient un lieutenant sur lequel ils se déchargeaient au moins en partie du fardeau de leurs fonctions, et qui en leur absence les remplaçaient d'une façon effective dans le gouvernement tant spirituel que temporel de la légation. Telle est bien certainement l'origine première des vice-légats, qui cependant ne furent officiellement institués, pour Avignon du moins, qu'à dater de 1542, année où le légat, le cardinal Alexandre Farnèse, étant retenu depuis longtemps à Rome, fit désigner officiellement Alexandre Campeggi, évêque de Bologne, pour gouverner en son nom la ville d'Avignon et le Comtat-Venaissin avec le titre de vice-légat.

Le lieutenant du légat Julien de la Rovère, auquel les brefs d'Alexandre VI sont adressés en 1493, est Jean-Andrée de Grimaldis, baron de Prato, évêque de Grasse, ainsi que nous le voyons par cette note écrite au bas d'une copie de ce bref :

« Presentatum fuit presens breve Reverendissimo in Christo Patri domino Joanni Andree de Grimaldis, episcopo Grassensi, Reverendissimi domini Legati locumtenenti per spectabiles dominos doctores Universitatis Avinionensis, die secunda octobris, millesimo quadringentesimo nonagesimo tertio, qui se obtulit justitiam juxta tenorem commissionis apostolicæ ministrare. Antonius de Puritate, secretarius. »

André de Grimaldis était fils de Nicolas, seigneur d'Antibes et gouverneur de Marseille, et de Catherine Doria. Après avoir occupé plusieurs emplois à la cour de Rome, il avait été nommé à l'évêché de

nensis (1), nunc vero episcopus Ostiensis (2), cardinalis sancti Petri ad vincula, in civitate nostra Avinionensi de latere apostolicæ sedis Legatus, paci et tranquillitati dictæ civitatis et

Grasse par le chapitre de cette ville, le 27 juin 1483. Recteur du Comtat, lieutenant-général du Légat et gouverneur d'Avignon (tels étaient ses titres) depuis 1490, il devint ensuite cardinal et nonce en France. Il mourut le 1ᵉʳ juillet 1506.

Avant lui, Constantin Heruli, évêque de Spolette, avait également rempli la charge de vicaire et de gouverneur-général d'Avignon et du Comté-Venaissin pour le Révérendissime cardinal-légat Julien de la Rovère.

Quand ce dernier eut été fait pape, il pourvut Georges d'Amboise de la légation d'Avignon. Lequel, à son tour, ne pouvant s'éloigner de France dont il était le premier ministre, choisit pour lieutenant Louis de Rochechouart, évêque de Saintes, auquel il conféra en même temps la rectorie du Venaissin. En 1505, François d'Estaing, docteur ès-droits, évêque de Rodez, lui succéda dans cet emploi, et c'est lui qui, pour augmenter le concours des étudiants à l'Université d'Avignon, engagea le jurisconsulte *Jean des Garrons* à y remplir une chaire de professeur (Cottier, *Notes historiques concernant les Recteurs du Comtat ; passim*).

(1) *Sabinensis*. Lisez Sabine et non Savone, comme il a été dit par erreur, dans la note de la page 138.

(2) On s'étonnera peut-être que Julien de la Rovère, qui à cette époque était archevêque d'Avignon et légat du pape dans le domaine citramontain de l'Eglise, soit encore qualifié d'évêque d'Ostie après l'avoir été précédemment d'évêque de Sabine. Or, il est bon de savoir qu'il était dans l'usage de la cour de Rome que les cardinaux-évêques indépendamment des archevêchés éloignés ou des légations qu'ils pouvaient occuper, fussent encore titulaires d'un évêché suburbicaire (*situé autour de Rome*).

Ces évêchés dépendant directement de la métropole, étaient au nombre de six : évêchés d'Albano, de Frascati, de Palestrine, de Sabine, de Porto et d'Ostie.

Ces six évêques formant la tête du Sacré Collège, étaient appelés à changer de siège au fur et à mesure d'une vacance, suivant que leur faveur en cour était plus grande. L'évêque d'Ostie occupait le premier rang et celui d'Albano le dernier dans la hiérarchie des cardinaux-évêques. Tous les six résidaient d'ailleurs à la cour et faisaient administrer leur diocèse, dont ils percevaient cependant les revenus, par des coadjuteurs, sortes d'évêques *in partibus*.

membrorum ejusdem providere cupiens, atque considerans quod decens erat ut doctores qui suis laboribus fructus scientiarum in alios infundunt, etiam locis decentibus honorentur. premissis considerationibus motus, inter magistratus, consules et doctores dictæ civitatis ordinem in precessione seu antecessione eorumdem statuit, quem ordinem sub excommunicationis latæ sententiæ et mille ducatorum cameræ apostoliæ applicandorum a parte non observante exsolvendorum penis, inviolabiliter observari mandavit et aliis, prout in litteris ejusdem legati de super editis (1), quarum tenores hic haberi volumus pro sufficienter expressis, plenius dicitur contineri. Quæ licet usu recepta fuerint, tamen ut accepimus, nonnulli dictorum magistratuum, consulum et doctorum hunc ordinem infringere conati sunt et in dies conantur in contemptum statutorum hujusmodi et alterius partis injurias, censuras et penas hujusmodi temere incurrendo. *Nos ordinem predictum ac alia in litteris ejusdem Legati contenta rata et grata habentes, ea approbamus et confirmamus* tibi propterea mandantes ut ea a partibus in eisdem nominatis litteris observari facias et si tibi constiterit alteram partium eam de cetero minime observare velle, contra omnes et singulas inobedientes et contra facientes ad declarationem dictarum censurarum, et penarum et illarum exactionem, summarie, simpliciter et de plano, sine strepitu (2) et figura judicii (3) procedas seu procedi facias, contradictores censuris et aliis juris remediis compescendo.

Datum Romæ, apud sanctum Petrum, sub annulo pisca-

---

(1) Voy. Litteræ XXX.

(2) *Strepitus :* clameur publique. Terme de pratique dont on se servait pour faire arrêt ou opposition sur quelqu'un ou sur quelque chose et pour procéder sur-le-champ devant les juges. On disait en France autrefois, dans le même sens, clameur de *haro.*

(3) *Figura judicii :* sans forme de procès ; sans formalités ; sans procédure.

toris, die sexta septembris, anno millesimo quadringentesimo nonagesimo tertio, pontificatus nostri anno secundo. Podocatharius.

XXXVII

Breve domini Alexandri, papæ sexti, per quod ordinat, ut in Universitate generalis studii Avenionensis sint octo doctores qui ordinarie in theologiæ, juris canonici et civilis ac medicinæ facultatibus legant, habeatque duorum quilibet in theologia et medicina legentium, quinquaginta florenos; residuum vero emolumentorum æqualiter dividatur inter alios sex doctores; necnon octo magistri teneantur per se ipsos legere (1).

(13 septembris. 1493)

Copies de l'original perdu: Archives de l'Université, D 3, fol. 39 et D 13, fol. 114.

DILECTIS filiis Primicerio et doctoribus Universitatis civitatis nostræ Avinionensis, Alexander papa sextus.

Dilecti filii : Salutem et apostolicam benedictionem. Cupien-

---

(1) Par ce bref, Alexandre VI prescrit qu'il y ait à l'Université d'Avignon huit régents ordinaires, savoir : trois en droit civil, trois en droit canonique, un en théologie et un en médecine ; que les nominations à ces chaires soient faites au choix du Primicier et des docteurs agrégés. Il assigne de plus 50 florins de traitement fixe à chacun des deux professeurs de théologie et de médecine, à prendre sur les émoluments de l'Université, dont le reste sera divisé à parts égales entre les six docteurs régents en droit civil et canonique. Il ordonne de même à ces régents, sous peine de suppression de leurs appointements et d'excommunication *ipso facto*, de faire tous les jours eux-mêmes leur leçon et de ne se faire remplacer par un docteur ou un licencié, que dans les cas de force majeure et d'empêchements jugés légitimes par le Collège des docteurs. Etc., etc.

C'est, comme on le voit, une nouvelle tentative pour assurer la vita-

tes ut lecturis debitis in Universitate studii civitatis nostræ Avinionensis pro utilitate scolarium in eadem civitate moram trahentium insistatur, ac qui onera ipsius lecturæ subeunt, commoda consequantur : Statuimus ut in eadem Universitate *sint et esse debeant octo doctores qui ordinarie in theologiæ, juris canonici et civilis, ac medicinæ facultatibus legere in scolis publice dictæ Universitatis debeant et teneantur. Videlicet unus in theologiæ, duo juris canonici, alii duo juris civilis, ac unus in medicinæ hora prima, et alii duo in canonici et civilis scientiis et facultatibus hora vesperorum consueta ; ac quod electio et nominatio doctorum in facultatibus juris canonici et civilis legentium et cathedrarum assignatio per vos fieri debeat ; ac quod legens in facultate theologiæ, pro ejus salario florenos quinquaginta monetæ ipsius patriæ (1) ; legens vero in*

lité scientifique de cette Université. Les papes précédents ont bien fixé eux aussi le nombre des professeurs, assigné des traitements et des revenus, mais il n'y a pas eu, pour ainsi dire, de travail d'ensemble. D'une part, la bulle de Pie II n'a jamais eu d'effet ; de l'autre, si Sixte IV s'est occupé du salaire des huit professeurs en droit, il a complètement oublié et le professeur de théologie et celui de médecine, dont on n'a plus du reste entendu parler depuis la bulle de Pie II, et qui, découragés devant l'indifférence dont ils étaient l'objet, ont probablement cessé d'enseigner d'une façon régulière et ont fini peu à peu par voir le vide se « faire autour de leur chaire. »

Aussi n'est-il désormais que temps d'aviser ; déjà, nous le savons, les étudiants peu nombreux à Avignon, prennent encore l'habitude d'aller se faire graduer par l'Université d'Orange ou autre voisine et parmi ceux-là les étudiants en théologie et en médecine ne doivent être ni les moins nombreux ni les moins empressés Encore un peu de temps et si un remède prompt et efficace n'est apporté, l'œuvre de Boniface VIII et de Jean XXIII aura péri tout entière. C'est pourquoi, en intervenant dans ce moment si critique, Alexandre VI, (Roderic Borgia) a-t-il bien mérité d'Avignon et de son Université.

(1) *Florenos quinquaginta monetæ ipsius patriæ:* environ 600 fr. Le florin valant à Avignon plus de la moitié moins que le ducat aux XVe et XVIe siècles, Alexandre VI accorde par le fait au régent de

medicina alios quinquaginta florenos de emolumentis dictæ Universitatis a Primicerio quolibet anno percipiat. Residuum vero emolumentorum inter alios sex doctores in canonico et civili jure legentes per te primicerium et qui pro tempore erit, equaliter dividatur. Item statuimus quod dicti magistri et doctores teneantur et debeant per se ipsos legere et non substitutos, nisi per alios magistros et doctores seu licentiatos et causa subsistente quæ an legitima fuerit arbitrio collegii eorumdem doctorum relinquimus. Quod si secus fecerint, careant salario, detracto tempore quo legerint et quod per contumaciam sive defectum predictorum doctorum, non, sicut premissum est, legentium, de dictis emolumentis supererit : id proportionabiliter inter alios legentes pro dimidio dividatur, et pro alia media servitio missarum quæ pro Universitate celebrari debent et alias arbitrio vestro applicetur. Vobis propterea mandantes et cuilibet vestrum ne contra formam statutorum hujusmodi aliquod

théologie et à celui de médecine un peu plus du quart du traitement qu'avait assigné Sixte IV en 1475 aux régents ordinaires en droit civil et canonique de cette Université (bulle XXVII).

Nous saisissons cette occasion pour compléter ici et rectifier en certains points notre note de la page 111. Quand nous avons dit que le ducat avait une valeur intrinsèque de 10 à 12 francs seulement, nous n'avions en vue que le XIVe siècle et les premières années du XVe. Ainsi une charte de 1405, de Pierre d'Acigne, grand Sénéchal de Provence, égale le ducat à 10 carlins pièce — le carlin valant un peu plus de un franc de notre monnaie. — Mais soixante ans plus tard, le ducat aurait valu, paraît-il, plus du double, s'il est vrai qu'en 1465, un certain Remondont, riche négociant de Manosque, reçut de François de Montferrat son correspondant à Milan, 100 ducats d'or valant chacun 27 gros et demi, qu'il porta en compte pour 229 florins. Dans ce cas, comme d'après les calculs de Damase Arbaud le gros vaut un carlin, six cents ducats auraient fait non pas sept mille francs, mais plus du double de cette somme. Quant au florin, il ne paraît pas qu'il ait jamais eu une valeur intrinsèque de plus de 10 à 12 francs. (Consultez sur la valeur du florin au moyen-âge les calculs de M. de Laplane, dans son *Hist. de Sisteron* et Damase Arbaud, *loc. cit.*).

salarium ipsis magistris et doctoribus exsolvatis, vobisque magistris et doctoribus legentibus ne etiam contra formam ordinationis nostræ hujusmodi salarium aliquod recipiatis, sub excommunicationis latæ sententiæ pena precipimus et mandamus. Preterea quia de premissis plenam notitiam non habemus, volumus ut hujusmodi breve postquam a vobis lectum fuerit, venerabili fratri locumtenenti legati istius civitatis nostræ confirmandum, approbandumque per eum, si sibi expediens visum fuerit, presentetis, prout in alio breve nostro sibi directo scribimus et vos plenius videre poteritis. Quod si non presentaveritis nullius sit roboris vel momenti, constitutionibus et ordinationibus apostolicis ac statutis dictæ Universitatis, juramento, confirmatione apostolica vel aliis roboratis, ceterisque contrariis nonobstantibus quibuscunque.

Datum Romæ, apud sanctum Petrum sub annulo piscatoris, die decima tertia septembris, anno millesimo quadragentesimo nonagesimo tertio, pontificatus nostri anno secundo. L. Podocatharius. *(Sic signatus)*.

XXXVIII

Breve domini Alexandri, papæ sexti, per quod committit domino locumtenenti Legati ut statuta per semetipsum condita de et super lectura et salario doctorum in dicta Universitate generalis studii Avenionensis legentium, omnino faciat observari (1).

(13 septembr. 1493)

Copies de l'original perdu : Archives de l'Université, D 3, fol. 38, et D 13, fol. 142.

Venerabili fratri locumtenenti Legati civitatis nostræ Avinionensis Alexander sextus.

Venerabilis frater, salutem et apostolicam benedictionem. Videbit fraternitas tua certa statuta nuper per nos

---

(1) Le 19 novembre 1493, Guillaume Ricci, Primicier de l'Université d'Avignon, présenta en effet au Pro-légat d'Avignon, les deux brefs dont il s'agit (brefs XXXVII et XXXVIII) en présence de Antonius de Puritate, notaire apostolique et secrétaire particulier de ce gouverneur, et le pria, au nom de l'Université, de vouloir bien approuver et confirmer, pour la rendre exécutoire, ainsi que l'un des deux brefs l'invitait à le faire, la teneur des statuts édictés par Sa Sainteté et que contenait la première de ces deux pièces. C'est ce que fit André de Grimaldis après avoir pris connaissance et constaté l'authenticité de ces deux documents. Séance tenante procès-verbal fut dressé dans les formes suivantes :

In nomine domini amen. Anno a Nativitate Domini 1493, indictione undecima et die 19 novembris, pontificatus sanctissimi in Christo Patris et domini nostri domini Alexandri divina providentia papæ sexti anno secundo, existens et personaliter constitutus coram Reverendissimo in Christo Patre domino Johanne Andrea de Grimaldis Dei et

edicta super lectura collegii doctorum Universitatis studii istius civitatis nostræ Avin., tam pro publico ipsius collegii ac civitatis commodo et ornamento quam utilitate scolarium in ea moram trahentium prout latius in *breve* desuper confecto et debitis filiis primicerio et doctoribus collegii Universitatis præfatæ civitatis directo apparet, quæ quidem statuta honesta si collegio eorumdem doctorum et scolaribus præfatis conducere, et tibi, cuius arbitrio hæc remittenda duximus, quandoquidem plenam notitiam de hiis

apostolicæ sedis gratia episcopo Grassensi, Reverendissimi in Christo Patris et domini Juliani, miseratione divina episcopi Ostiensis, cardinalis Sancti-Petri ad vincula vulgariter nuncupati, in civitate Avinionensi et Comitatu Venayssino ac aliis adjacentibus Sanctæ Romanæ Ecclesiæ terris, pro sanctissimo domino nostro papa eademque ecclesia in spiritualibus et temporalibus vicarii generalis in eisdem civitate et comitatu ac Arelatensi, Aquensi, Viennensi et Ebredunensi provinciis a latere sedis apostolicæ legati, locumtenente in eisdem spiritualibus et temporalibus generali, egregius et spectabilis vir dominus Guillelmus Riccy legum doctor, almæ Universitatis studii præsentis civitatis Avinionensis Primicerius, in mei notarii publici et testium infrascriptorum presentia, eidem Reverendissimo domino Episcopo Grassensi, gubernatori et locumtenenti duo brevia apostolica præsentavit quorum unum dicto domino locumtenenti, alterum dominis Primicerio et doctoribus Universitatis studii civitatis prædictæ dirigebantur, sub data Romæ apud Sanctum Petrum, sub annulo piscatoris die 13 et 14 septembris 1493 pontificatus sanctissimi domini nostri papæ anno secundo. Post quorum quidem brevium presentationem et reverentiam et receptionem, præfatus dominus primicerius nomine et vice dictæ Universitatis requisivit eumdem Reverendissimum gubernatorem et locumtenentem ut singula et omnia in dicto breve contenta, vellet et deberet juxta tenorem brevis sibi directi, comprobare et confirmare; qui quidem Reverendissimus dominus gubernator et locumtenens, visis et diligenti cura examinatis brevibus prædictis et eorum tenoribus diligenter inspectis, cognoscens quod statuta prædicta honesta sunt ac collegio dictorum doctorum et scolaribus præfatis ac civitati jam dictæ conducere videntur, statuta ipsa vigore commissionis apostolicæ sibi ut præmissum est, factæ, approbanda esse duxit et comprobavit ac confirmavit, et insuper præfatis spectabilibus dominis Primicerio et doctoribus ac magistris vigore præfati brevis sibi directi mandavit et mandat, ut statuta præfata ac omnia et singula in eis contenta inviolabiliter

non habeamus comprobenda et affirmanda videbuntur : Volumus ac tibi de cuius fide et integritate in domino fiduciam obtinemus, harum serie *præcipimus ut statuta ipsa juxta tamen ipsius brevis tenorem omnino observari facias et mandes* cum effectu nonobstantibus quibuscumque.

Datum Romæ, apud sanctum Petrum sub annulo piscaterie, die trigesima septembris, [anno millesimo quadragentesimo nonagesimo tertio, pontificatus nostri anno secundo.
L. Podocatharius (*sic signatus*).

et cum effectu debeant et habeant observare, contrariis nonobstantibus quibuscumque.

Acta fuerunt hæc Avinione in palatio apostolico et parvis galeriis ejusdem, anno, indictione et pontificatu præfatis, die vero 24ᵈ dicti mensis novembris, presentibus ibidem venerabili viro domino Johanne Laurentii canonico Vasionensi et magistro Antonio Lingioni præfati Reverendissimi domini Gubernatoris et locumtenentis familiaribus testibus vocatis et rogatis. Antonius de Puritate (*sic signatus*). (*Archives de l'Université*, D. 3, fol. 41.

XXXIX

Bulla domini Alexandri, papæ sexti, confirmationis unionis et incorporationis officiorum et tabulariorum curiarum Rectoriatus ordinariæ et appellationis civitatis Carpentoractensis et curiarum Insulæ-Venaissini ac Valreaci, nec non officii curiæ Vicegerentiæ cameræ apostolicæ Avenionis, salvis sibi et apostolicæ sedi institutione et destitutione dicti Vicegerentis ac medietate emolumentorum per Vicegerentem pro suo salario percipi solitorum (1).

(Non. septembris 1493)

Vidimus sur parchemin de l'original perdu, dressé le 5 février 1495 et dépourvu du sceau qui y était appendu : Archives de l'université, D 2 ; — *copies :* mêmes archives, D 3, fol. 40 et D 13, fol. 143 ; — *copies imprimées :* Bullarium civitatis Aven. constitutio LX, pag. 70 ; — *Id. :* Manuductio ad jurisprudentiam, etc

ALEXANDER Episcopus, Servus servorum Dei : ad perpetuam rei memoriam. Apostolicæ sedis providentia circumspecta ad ea libenter intendit per quæ officia quæcumque terrarum Romanæ Ecclesiæ bene et laudabiliter, ac cum debita dignitate regantur et gubernentur et ea quæ in præjudicium dictorum officiorum aliquibus

---

(1) Ainsi donc dix ans à peine se sont écoulés depuis que Sixte IV a uni à l'Université l'office de la vice-gérence, et déjà Alexandre VI révoque cette concession, rétablit le vice-gérant dans son autonomie première de juge spécial du St-Siège et d'exécuteur des lettres apostoliques, nommé directement par le pape.

La juridiction sur les exempts échappe aussi à l'Université et revient tout entière au vice-gérant en même temps que les autres privilèges et facultés à lui accordés par Eugène IV ; trop heureux encore qu'A-

de causis per Romanos pontifices qui pro tempore fuerunt
gesta reperiuntur libenter reducit prout rerum et temporum
qualitate pensata, id in domino conspicit salubriter expedire.
Dudum siquidem fœlicis recordationis Sixtus papa IV prædecessor noster curiam Vicegerentiæ cameræ apostolicæ civitatis
nostræ Avinionensis cum omnibus et singulis suis fructibus,
redditibus, proventibus, emolumentis, juribusque et pertinentiis universis per Vicegerentem pro tempore existentem dictæ
curiæ percipi solitis, Universitati studii dictæ civitatis pro
stipendiis et salariis doctorum et aliorum legentium in dicta
Universitate perpetuo univit, annexuit et incorporavit; volens
quod ex nunc liceret Primicerio pro tempore existenti dictæ
Universitati, ac doctoribus præfatis personam idoneam quæ
eisdem facultate, authoritate, privilegiis et prærogativis circa
curam, regimen, et exercitium officii vicegerentiæ hujusmodi
gauderet et uteretur, quibus vicegerens pro tempore exis-

---

lexandre VI veuille bien lui accorder la moitié des émoluments de cet
office pour le salaire des régents.

Ce n'est pas cependant sans protester que notre Université s'est
laissée dépouiler de la sorte. Ses registres sont là comme les témoins
véridiques des efforts qu'elle fit pour détourner le danger qu'elle fut
cependant impuissante à conjurer. Dans le registre D 137, il est question, sous la date du 20 février 1493, des négociations et du procès
engagés au sujet du maintien de l'union de cet office de la vice-gérence à l'Université.

Puis nous trouvons cette note (20 mars) : « Clarissimi viri domini
Ludovicus Meruli et Michael de Sancto Sixto convenerunt de dando
viginti grossos cursori qui portavit litteras in curiam pro facto curiæ
Vicegerentiæ. »

Et le 25 mai suivant :

« Solvi de mandato dominorum doctorum domino Johanni Robin
qui fuerat Romam pro facto Vicegerentiæ : XXII florins. »

L'Université perdit donc gain de cause, mais faible compensation,
cette année même Urtice de Urtice, garde du sceau de la Vice-Gérence,
et dont il existe encore des descendants à Cavaillon (famille de l'Hortie
ou d'Ortigues), versa dans les mains du primicier la part des recettes
provenant des appositions du sceau, qu'Alexandre VI avait bien voulu
lui abandonner. Depuis lors, et jusqu'à la suppression de l'Université,

tens prædictus uti et gaudere consueverat, poterat et debebat et quibus gauderet si a sede predicta pro tempore deputaretur, subrogare et deputare, ac subrogatos et deputatos pro eorum nutu ponere, destituere et revocare, necnon alios eorum loco substituere, et etiam subrogare, ac fructus, redditus, proventus, jura, obventiones et emolumenta dictæ Curiæ obvenientia, illius tamen supportatis oneribus pro stipendio dictorum legentium, et non in aliam causam convertere, et perpetuo retinere, prout in literis ipsius Sixti predecessoris nostri desuper confectis, quarum tenores, presentibus haberi volumus pro expresis, plenius continetur.

Cum autem sicut accepimus, officium prædictum postmodum per obitum quondam Nicolai Liscii de Vulteris dictæ curiæ Vicegerentiæ extra Romanam curiam defuncti vacaverit. ac Universitas præfata possessionem dicti officii unionis, an-

---

les régents en droit continuèrent à avoir leur part dans le produit de ce sceau.

En 1585, par exemple, ils perçurent collectivement de ce chef une somme totale de trente-un florins pour onze mois, comme il appert de ce reçu du bedeau de l'Université :

« Recepi a magistro Anfossi custode sigilli Vice-Gerentiæ summam triginta unius florenorum pro mensibus julii, augusti, septembris, octobris, novembris, decembris 1584, et januarii, februarii, martii, aprilis, maii 1585. » (*Archives de l'Université*, D. 252).

Mais en 1590, ils ne touchèrent déjà plus que 15 florins, et la progression, nous sommes forcés de le constater, va ensuite sans cesse en décroissant, si bien que ne percevant plus en 1698 que 13 livres, 14 sols et 8 deniers pour 17 mois, et seulement 41 livres monnaie du roi en 1759 et pour l'exercice des trois années précédentes, la recette est considérée comme de si minime importance à la fin du XVIIIe siècle, qu'on ne l'inscrit même plus dans les registres que comme un revenu purement éventuel ainsi que le prouve cette note inscrite à ce sujet dans le registre D 257 des *Archives de l'Université :*

« Il faut voir le rolle des monitoires, vidimus, cartels et lettres attestatoires scellés du grand sceau de la Vice-Gérence que tiennent les greffiers de M. le garde dudit sceau, et ce qui se trouve en main se divise entre M. le vice-gérent, MM. les quatre régents en droit canonique et civil et ledit sieur garde dudit sceau. »

nexionis et incorporationis prædictarum vigore apprehenderit, ac dilectum filium Petrum Guichardi utriusque juris doctorem, ad regimen et gubernationem dicti officii deputaverit : Nos volentes authoritatem et dignitatem dicti officii prout tenemur, conservare, motu proprio, non ad alicujus nobis super hoc oblatæ petitionis instantiam, sed de nostra mera deliberatione et ex certa scientia deputationem prædictam cassantes, et revocantes, ipsumque Petrum de dicto officio amoventes, authoritate apostolica tenore præsentium statuimus, decernimus et ordinamus, *quod institutio et deputatio dicti Vicegerentis deinceps perpetuis futuris temporibus, ad sedem prædictam, prout ante unionem, annexionem et incorporationem prædictas pertinebat, pleno iure pertineat ; remaneatque dignitas et authoritas dicti officii cum omnibus et singulis honoribus, privilegiis et facultatibus integra et illæsa in suo pristino statu; quodque Vicegerens pro tempore existens in omnibus et singulis causis et literis apostolicis judex delegatus, commissarius et executor dari et deputari possit in omnibus, et per omnia, perinde ac si esset de personis in constitutione piæ memoriæ Bonifacii papæ VIII etiam Prædecessoris nostri (1) quæ incipit statutum expressis ; habeatque, de cætero contra exemptos eamdem jurisdictionem, quam recolendæ memoriæ Eugenius papa IV similiter prædecessor noster (2) per suas certi tenoris literas tunc Vicegerenti concessas, quarum tenores etiam præsentibus, ac si de verbo ad verbum*

---

(1) La bulle de Boniface VIII, à laquelle il est présentement fait allusion, est aussi introuvable que celle de ce même pape dont nous avons parlé dans la note de la page 126; c'est pourquoi nous renvoyons également aux *Archives du Vatican* où elle se trouve.

(2) Cette bulle d'Eugène IV (Bulle XXII du présent *Cartulaire*), non-seulement est confirmée par Alexandre VI, mais elle le fut encore le 17 mars 1520 par Léon X dans une bulle spéciale, par laquelle il donna au vice-gérent le pouvoir de connaître de toutes les causes d'appel du

inserentur pro sufficienter expressis habentes, motu et scientia similibus innovamus, et perpetuo concedimus, extendentes etiam illas ad quoscumque locorum ordinarios eorumque officiales et vicarios in spiritualibus et temporalibus generales, jurisdictionem dicti vicegerentis quovis modo impedientes et perturbantes.

Volentes quoque quod de, redditibus et emolumentis dicti officii, per Vicegerentem pro tempore recipi consuetis; Vicegerenti unam et aliam medietatem Universitati pro salario, doctorum legentium profatæ cedant, et nihilominus confidentes de fide, probitate, doctrina et experientia dilecti filii Clementis de Choreis canonici Massiliensis (1) decretorum, doctoris; quodque ea quæ sibi committenda duxerimus, bene, et fideliter exequetur, ipsum Clementem quamdiu vixerit, in Vicegerentem dictæ curiæ, ita tamen quod dictum officium per ipsum justo impedimento non subsistente, teneatur exercere motu et scientia similibus constituimus et deputamus, dictumque officium cum omnibus et singulis illius honoribus, oneribus et pro dicta medietate, emolumentis ac privilegiis, et facultatibus consuetis, dictoque officio per Romanos pontifices prædecessores nostros concessis et hactenus observatis; quas tonores illorum, etiam præsentibus pro sufficienter expressis et insertis habentes, eisdem motu, et scientia approbamus et perpetuæ firmitatis robur obtinere decernimus, et assignamus; decernentes dictum Clementem ad officium hujusmodi ejusque liberum exercitium, necnon honores, onera et emolumenta prædicta recipiendum et admittendum fore ac recipi et admitti debere. Quocirca venerabili fratri moderno

---

Comtat-Venayssin, et qui reproduit aussi, presque *mot pour mot*, la bulle d'Eugène IV, du moins en ce qui concerne la juridiction du vicegérent sur les exempts, tels qu'écoliers, docteurs, etc., le seul point qui nous intéresse.

(1) *Massiliensis,* de Marseille.

et pro tempore existenti sedis prædictæ in dicta civitate legato vel ejus locumtenenti motu simili mandamus quatenus in præmissis eidem Clementi, vel pro tempore existenti Vicegerenti efficacis defensionis præsidio assistentes, faciant authoritate nostra eumdem Clementem et pro tempore existentem Vicegerentem ad officium hujusmodi, ejusque liberum exercitium, necnon honores, onera, et emolumenta prædicta ut est moris, admitti, ac præmissa omnia et singula inviolabiliter observari ; non permittentes desuper indebite molestari, contradictores per censuram Ecclesiasticam authoritate apostolica compescendo, invocato etiam ad hoc si opus fuerit auxilio brachii secularis, nonobstantibus præmissis, ac constitutionibus dicti officii juramento, confirmatione apostolica, vel quavis firmitate alia roboratis contrariis quibuscumque, aut si aliquibus communiter vel divisim ab eadem sit sede indultum, quod interdici, suspendi vel excommunicari non possint per literas apostolicas non facientes plenam ac expressam, et de verbo ad verbum de indulto hujusmodi mentionem et quibuslibet et aliis privilegiis ac literis apostolicis generalibus vel specialibus quorumcumque tenorum existant, per quæ præsentibus non expressa vel totaliter non inserta effectus earum impediri valeat quomodolibet, vel differri ; vel de quibus earum totis tenoribus habenda sit in nostris literis de verbo ad verbum mentio specialis quæ quoad hoc cuiquam nolumus ullatenus suffragari.

Nulli ergo omnino hominum liceat hanc paginam nostræ cassationis, revocationis, amotionis, statuti, ordinationis, innovationis, extensionis, constitutionis, deputationis, approbationis, concessionis, assignationis, decreti, mandati et voluntatis infringere, vel ei ausu temerario contraire. Si quis autem hoc attemptare præsumpserit, indignationem omnipotentis Dei et Beatorum Petri et Pauli apostolorum ejus, se noverit incursurum.

Datum Romæ, apud Sanctum Petrum, anno Incarnationis

Dominicæ millesimo quadringentesimo nonagesimo tertio, nonarum septembris, pontificatus nostri anno secundo. Cassanova.

XL

Litteræ Domini Juliani, Episcopi Ostiensis, cardinalis sancti Petri ad vincula et legati Domini Alexandri papæ sexti in civitate Avenionensi, nonnullisque civitatibus aliis et locis, quod nullus ad loca collegialia collegiorum civitatis Avenionensis recipiatur nisi prius in manibus rectoris juraverit et sese obligaverit de non recipiendo gradus aliquos in alia Universitate (1).

(8 Id. julii 1497)

Original parchemin dépourvu du sceau pendant sur cire rouge et contenu dans une boîte de fer blanc, dont il était muni: Archives de l'Université, D. 2 ; — *copies papier*: mêmes Archives, D. 3, fol. 35, et D. 13, fol. 117 ; — *copie imprimée*: Bullarium civitatis Aven., constitutio LXI, pag. 72 ; — *Id. :* Manuductio ad jurisprudentiam ; — etc., etc.

Julianus miseratione divina Episcopus Ostiensis, sanctæ Romanæ Ecclesiæ cardinalis, sancti Petri ad

---

(1) N'était-ce pas une noire ingratitude de la part des étudiants que d'aller, une fois leurs études terminées à l'Université d'Avignon, se faire graduer par d'autres étrangères, abandonnant ainsi à celles-ci le profit des peines prises par celle-là ? Mais combien plus coupables encore étaient ces boursiers des divers collèges pontificaux qui, après avoir été pendant toute la durée de leur scolarité nourris et hébergés dans des établissements établis pour rehausser l'éclat et augmenter la prospérité de cette Université, et dont quelques-uns devaient leur fondation à des régents eux-mêmes, poussaient l'oubli de la reconnaissance jusqu'à suivre un pareil exemple. En présence de tels abus, quoi d'étonnant si Julien de la Rovère, qui s'intéresse tant à l'Université d'Avignon, et qui, en sa qualité de chancelier a charge de ses intérêts, vient défendre aujourd'hui à tout collégié de prendre ses grades ailleurs que dans cette ville, et s'il dispose que désormais nul ne sera reçu dans

vincula nuncupatus (1), sancti domini domini nostri papæ major pœnitentiarius (2), in Avinionensi, Arelatensi, Aquensi, Viennensi, Ebredunensi et Narbonensi Provinciis nonnullisque aliis civitatibus, terris et locis illis adjacentibus Apostolicæ sedis legatus (3), necnon Universitatis Avinionensis Cancellarius : Universis et singulis præsentes litteras inspecturis salutem in Domino.

Æquitati sane et juri consonum est, ipsumque honestum, exigere videtur ut ubi commoda et honores recipimus ibi beneficii accepti memoriam relinquamus, matremque grato

---

aucun de ces collèges qu'il ne se soit obligé préalablement et qu'il n'ait juré *in forma cameræ* de se conformer à cet ordre et de ne chercher à l'éluder par la demande ou l'obtention d'aucune dispense, sous peine de perdre, *ipso facto*, tous droits acquis à cette place. Et certes, cette déclaration du cardinal a d'autant plus de poids, et il est permis d'espérer qu'elle sera d'autant plus efficace que lui-même vient de fonder, il n'y a pas un an, le collège qui porte son nom, et qu'à côté de la menace et du châtiment il sait aussi placer l'encouragement et la récompense, en proclamant que les gradués de l'Université d'Avignon auront dans la ville le pas et la préséance dans tous les actes publics sur tous ceux gradués au dehors.

(1) *Cardinalis sancti Petri, ad vincula nuncupatus*. — Les cardinaux prêtres sont encore aujourd'hui les titulaires d'églises situées à Rome ou sous ses murs. Ces églises sont appelées pour cela des *titres ;* parmi elles sont celles de St-Pierre-ès-Liens, de St-Vite ou Vitalis (bulle VII), de St-Étienne au mont *Cœlius* (id. IX), etc., etc.

(2) *Papæ major pœnitentiarius*. — La Pénitencerie apostolique est un tribunal essentiellement ecclésiastique. Il connaît de toutes les affaires de conscience et est investi de pouvoirs illimités pour l'absolution de tous les délits et de toutes les fautes en ce qui concerne le for intérieur. On fait remonter son institution au pontificat de saint Corneille, bien que son organisation date seulement d'Honorius III. Le président de ce tribunal prend le nom de *grand pénitencier* ; il est aidé dans la solution des cas de morale portés devant lui par un théologien et un canoniste. (Voy. Augustin Canron [d'Avignon] : *Rome, le Souverain Pontife et l'Église* ; Etienne Repos, éditeur, Paris, 1869.

(3) *In Avinionensi, Arelatensi, Aquensi, Viennensi, Ebredunensi et Narbonensi, etc., sedis apostolicæ legatus*. — Légat du pape dans les provinces ecclésiastiques d'Avignon, d'Arles, d'Aix, d'Embrun de Narbonne, etc ; voyez la note de la page 81 (bulle XXII).

animo recognoscamus sub qua crevimus et educati sumus. Siquidem Primicerio et Doctoribus Avinionensibus conquerentibus didicimus quod scholares in collegiis civitatis Avinionensis studentes postquam labore doctorum et sumptibus collegiorum Avinionensis doctrinarum studia hauserunt et in claros viros evaserunt, ad sumendos gradus tam licentiæ quam doctoratus matre et altrice relicta, ad alias Universitates se transferunt, et ibi insignibus magistratibus se ornari et decorari faciunt in non parvum dedecus et detrimentum Universitatis Avinionis. Idcirco idem Primicerius et doctores a nobis humiliter petierunt quod circa præmissa de opportuno eis remedio provideremur. Nos igitur qui Universitatis Avinionis Cancellarius sumus, et ejus decori ac Universitati consultum iri cupimus, honestum ac rationabile existimantes ibi sumere virtutum insignia ubi ea promeruimus, legationis et cancellariatus officiorum nostrorum authoritatibus, statuimus et decernimus :

Ut omnes scholares qui in collegiis Avinionis constitutis, litterarum studiis intendunt, in ipsa Universitate Avinionis, gradus tam licentiæ quam doctoratus suscipere debeant et teneantur et alibi non possint, et ut hoc nostrum statutum sub appositione pœnæ efficacius observetur eisdem authoritatibus statuimus et ordinamus, quod nullus deinceps ad loca Collegialia recipiatur et admittatur, nisi prius in manibus Rectorum Collegiorum eorumdem promiserit et juraverit et se obligaverit in forma cameræ ad instar statuti licentiatorum se non in alia Universitate quam Avinionis dictos gradus suscipere, nec super hoc dispensationem impetrare, aut impetrata seu concessa uti. Et si forte contigerit aliquem, forma præmissa non servata, recipi, vel ad præsens requisitus hoc facere recusaverit aut distulerit eo ipso privatus loco suo Collegiali sit, et locus ipse vacare censeatur, possitque ad cum institui scholaris per illum ad quem hujusmodi loci institutio pertinet.

Propterea ut reliqui quoque scholares Avinione studentes ad sumendos gradus in prædicta Universitate Avinionis honoris prærogativa alliciantur præfatis authoritatibus statuimus et ordinamus, *quod doctores ac licentiati qui gradus licentiæ et Doctoratus Avinione in futurum sument, reliquarum Universitatum Doctores futuros in civitate Avinionensi in actibus publicis præcedant ac locum potiorem et digniorem habeant*, constitutionibus, consuetudinibus, et apostolica atque alia quacumque firmitate roboratis statutis, cæterisque in contrarium facientibus nonobstantibus quibuscumque.

Datum Avinione, Archiepiscopali palatio, anno Incarnationis Dominicæ millesimo quadringentesimo nonagesimo septimo, octo Idus Julii, pontificatus sancti in Christo Patris et Domini nostri Domini Alexandri divina Providentia papæ sexti, anno quinto.

XLI

Breve domini Alexandri, papæ sexti, per quod doctores in Universitate civitatis Avenionensis ad lecturam deputati possint tempore necessitatis, legere per substitutum vel etiam baccalarium (1).

(18 junii 1498)

Copies de l'original perdu : Archives de l'Université, D. 3, fol. 40 et D. 13, fol. 144.

DILECTIS Filiis Primicerio et Doctoribus Universitatis civitatis nostræ Avinionensis Alexander papa sextus.

Dilecti filii, salutem et apostolicam benedictionen. Dudum per alias nostras in forma brevis litteras sub excommunicationis latæ sententiæ pæna, mandavimus ne doctores in Universitate istius nostræ civitatis Avinionensis ad lecturam deputati, per substitutum nisi doctorem aut licentiatum etiam tempore necessitatis legere possent, prout plenius in illis conti-

---

(1) C'était bien formellement qu'Alexandre VI avait enjoint aux régents d'Avignon de faire leurs leçons eux-mêmes. La prescription était générale d'ailleurs et exécutée dans toutes les Universités, dans celle de Paris notamment, où nous voyons par un décret de 1352, cité par Sabatier dans ses *Recherches historiques sur la Faculté de Médecine de Paris, depuis son origine jusqu'à nos jours*, Paris 1835, que deux cas seulement d'empêchement légitime étaient admis savoir : l'emprisonnement ou détention corporelle et une maladie grave. Mais nécessité n'a pas de loi, et Alexandre VI, au début même de cette bulle, nous explique comment il est obligé de revenir sur sa déclaration du 13 septembre 1493 (bulle XXXVII) et d'autoriser les docteurs à se faire remplacer en cas de nécessité même par un simple bachelier.

netur. Cum autem, sicut nobis nuper exponi fecistis, doctores ad lecturam ordinati, urgente necessitate ipsi lecturæ sufficere non possint, nec doctorem aut licentiatum, qui onus hujusmodi ob salarii tenuitatem assumere velit, reperiant: pro parte vestra nobis fuit humiliter supplicatum ut vobis in premissis oportune providere de benignitate apostolica dignaremur.

Nos, vos et vestrum quemlibet a censuris, si quibus vigore earumdem literarum quomodolibet innodati essetis, absolventes, hujusmodi supplicationibus inclinati vobis, *ut doctore aut licentiato id onus recusante, per Baccalarium idoneum, scolaribus satisfacientem, legitima causa subsistente, necessitatis tempore legere possitis, tenore presentium de speciali gratia indulgemus;* literis predictis ac constitutionibus et ordinationibus apostolicis, necnon dictæ Universitatis juramento, confirmatione apostolica vel quavis firmitate alia roboratis, statutis et consuetudinibus ceterisque contrariis quibuscumque nonobstantibus.

Datum Romæ, apud Sanctum Petrum sub annulo piscatoris die decima octava junii, anno millesimo quadringentesimo nonagesimo octavo, pontificatus nostri anno septimo. R. de Ceva.

XLII

Bulla domini Julii, papæ secundi, circa gubernium Comitatus-Venaissini, in qua etiam de quadam in Comitatenses conservatorum Universitatis juridictione, agitur (1).

(4 kalend. januarii 1510)

Copie papier de l'original perdu : Archives de la Chambre apostolique, *Livre des priviléges du Comtat-Venaissin ;* — *Id :* Archives de l'Université, D. 6 ; — *copie imprimée :* Bullarium Comitatus-Venaissini, pag. 28 ; — etc , etc.

Julianus Episcopus, Servus servorum Dei :.........
..... etc., etc.
Demum nos postquam ad dictam civitatem [Avinionensem] destinati fuimus, de legationis officio in ista fun-

(1) Sixte IV, soit pour favoriser la ville d'Avignon, soit pour accroître l'autorité de son neveu, le cardinal Julien de la Rovere, qui y résidait comme évêque et comme légat, non-seulement avait érigé par une bulle du 21 novembre 1475 l'église d'Avignon en métropole, donnant au nouvel archevêque, pour suffragants, les évêques de Carpentras de Cavaillon et de Vaison ; mais il avait ordonné, en outre, par une autre bulle du 18 août 1479, que désormais le Venaissin ne serait plus regardé comme distinct et séparé de l'État d'Avignon ; que le légat seul députerait à l'avenir, le recteur qui devrait résider à Carpentras et y rendre la justice ......, etc., etc.
Heureusement pour les habitants du Comtat, la plupart des dispositions de cette bulle restèrent sans effet, et furent ensuite abrogées par Julien de la Rovere lui-même qui, devenu pape, et régnant sous le nom de Jules II, trouva juste et avantageux pour ce pays d'y rétablir l'ancien ordre, qui peut-être n'avait été interverti qu'à sa sollicitation ; ainsi comme souverain pontife il remédia au mal qu'il avait procuré comme légat.
Ainsi s'exprime Charles Cottier dans ses *Notes historiques* concer-

gentes, concessionem Sixti prædecessoris nostri extendentes, voluimus atque ita ordinavimus, quod dicti incolæ ac habitatores etiam pro quacunque causa ad dictam civitatem venientes nisi submissi aut ex maleficio ibidem perpetrato vel quasi seu alias ut præsertim obligati appareret, per aliquem judicem ecclesiasticum vel secularem in dicta civitate arrestari seu alias incarcerari non possent ; et quod conservatores privilegiorum dictæ civitatis in Comitatum et conservatores privilegiorum ipsius Comitatus, nullam vigore privilegiorum eorumden jurisdictionem exercere valerent ; *conservatoribus autem Universitatis studii civitatis prædictæ contra comitatenses præfatos ad instantiam alicujus dictæ Universitatis suppositorum, pro ipsorum suppositorum propriis causis duntaxat et non ratione jurium et concessorum, vel donatorum jurisdictionem sibi competentem exercere liceret,* prout in diversis prædecessorum prædictorum et nostris pa-

nant les recteurs du Comté-Venaissin. Or, la présente bulle de Jules II est précisément celle à laquelle cet auteur fait allusion. Elle fut promulguée par le Pape, à la suite d'une députation que lui avait envoyée l'assemblée des États, demandant que conformément aux privilèges du pays, le Comtat fut gouverné par un recteur particulier résidant à Carpentras, députation qui eut un plein succès, car on voit par cette bulle que non-seulement Jules II rétablit la charge de recteur du Comtat, telle qu'elle existait avant la bulle de Sixte IV, mais que reconnaissant la nécessité de confirmer à nouveau les bulles de Boniface VIII, Urbain V, Jean XXIII et Sixte IV, qui avaient donné aux comtadins le privilège de ne pouvoir être traduits en jugement hors du Comtat, il le fait solennellement et ordonne que ces mêmes habitants ne pourront être poursuivis, arrêtés ou molestés à Avignon, s'ils ne sont soumis d'une façon formelle aux tribunaux de cette ville.

Mais cette bulle du 4 des kalend. de janvier 1510, concerne encore en certains points l'Université d'Avignon, et c'est pour cela que nous la donnons en extrait.

Quand Sixte IV, à peine monté sur le trône pontifical (1471) avait déclaré que les comtadins ne pourraient être traduits en justice hors du Comtat pour les causes ordinaires, il n'avait entendu porter aucun préjudice aux juridictions spéciales du légat, du gouverneur, des con-

tentibus de super confectis litteris plenius continetur. . .
etc., etc. . . . .
. . . . . ; motu proprio non ad incolarum et habitatorum prædictorum aut quo minus aliorum pro eis nobis super hoc oblatæ petitionis instantiam, sed nostris mera, matura, consulta deliberatione ac certa scientia, auctoritate apostolica tenore presentium, concessionum Bonifacii, Urbani ac Joannis de non vocando aliquem, ex dictis incolis et habitatoribus in judicium extra eorum judicia ordinaria et Sixti pontificum prædictorum, de illis non retinendis, arrestandis seu incarcerandis in civitate præfata, nisi in aliquo ex dictis casibus, voluntatem quoque et ordinationem nostras prædictas et singulas desuper cum decretis etiam irritantibus et aliis illas dumtaxat concernentibus in eis contentis clausulis confectas litteras, necnon omnia et singula alia privilegia, concessiones et indulta quæcumque tam per nos etiam, cum

suls et de l'Université d'Avignon, et il maintenait à leurs conservateurs respectifs leurs droits et autorité absolus sur tous les habitants du Comtat (Voy. aux archives municipales d'Avignon, boîte n° 6, autre bulle du même Pape (septembre 1477) confirmative de la première; voy. aussi la note de la page 56 de ce Cartulaire). Jules II au contraire amplifiant le privilège accordé aux comtadins par son prédécesseur, restreint d'autant celui dont jouissaient les conservateurs spéciaux visés par Sixte IV, et en ce qui concerne plus spécialement, par exemple, l'Université d'Avignon et ceux qui y sont matriculés, il décrète que désormais nul d'entre eux ne pourra citer en jugement dans cette ville aucun comtadin, si ce n'est pour dettes propres, et non pour celles « qui luy auraient été ceddées, baillées en payement ou données. » Une ordonnance du même pape, alors qu'il était légat d'Avignon, avait, du reste, ainsi précisé ce privilège, lequel fut encore réduit par les papes, ses successeurs. C'est ainsi que tandis que Léon X (septembre 1513), Clément VII (février 1525), Pie IV (juillet 1561), Paul V (juin 1606, Grégoire XV (mars 1623), Urbain VIII (février 1624), confirment purement et simplement la faveur accordée par Jules II aux comtadins, une clause restrictive de Clément VII vient spécifier que les docteurs agrégés ne pourront traduire en jugement devant les conservateurs spéciaux de l'Université d'Avignon aucun comtadin pour censes et

dicti legationis fungebamur officio, quam per prædictos et quosvis alios romanos pontifices prædecessores nostros incolis et habitatoribus præfatis hactenus quomodolibet concessa, *eorum omnium tenores ac si præsentibus de verbo ad verbum insererentur, pro sufficienter expressis et insertis habentes approbamus et innovamus........,* etc.

Datum Bononiæ, anno incarnationis dominicæ millesimo quingentesimo decimo, quarto kalend. januarii, pontificatus nostri anno octavo. Sigismundus. *(Sic signatus).*

autres dettes de ce genre qui demeureront ainsi de la compétence des juges ordinaires. Même rigueur de la part de Pie IV qui vient en outre prescrire que les docteurs agrégés ou autres matriculés à l'Université seront tenus de contribuer aux tailles du général des lieux du Comtat, pour les biens qu'ils y possèdent et qu'ils pourront y *être contraints par les ordinaires des lieux.*

A défaut des originaux de ces diverses bulles dont la plupart ont disparu, on trouve une analyse de leur contenu dans un manuscrit du Museum-Calvet d'Avignon (fonds Requien), intitulé : *Sommaire de toutes les conclusions et délibérations prises par les trois Estats du pays du Comtat-Venaissin, depuis l'an 1400 jusqu'à l'année 1700, avec l'inventaire de tous les papiers, livres et documents existants dans les archives desdits trois Estats*

Le même volume relate pour les années 1614, 1616, 1630, 1665, diverses oppositions faites par l'assemblée des trois États, à la jouissance du privilège spécial concédé par ces bulles à l'Université Même réduit à son minimum ce droit portait ombrage aux tribunaux du pays et vexait les habitants. Les doléances des Etats à ce sujet sont nombreuses et paraissent quelquefois motivées. Le plus souvent néanmoins le vice-légat maintient intacts les droits stricts de l'Université, même contre l'intervention directe du recteur du Comtat (Voy. un vidimus de la bulle de Pie IV aux archives municipales de l'Isle, livre des *Privilèges* de la ville, folio 191).

XLIII

Bulla domini Leonis, papæ decimi, concessionis Universitati generalis studii Avenionensis in augmentum salarii legentium, tabulariorum aliorum locorum Comitatus-Venaysini et officiorum notariorum curiæ conservatorum Aven. nec non confirmationis tabulariorum eidem per Sixtum IV jam concessorum ; Primicerius quoque in conservatorum Universitatis numero adscribitur cum eisdem facultatibus concessis, etc. (1).

(5 non. martii 1514)

Original parchemin dépourvu de la bulle de plomb dont il était muni : Archives de l'Université, D. 2 ; — *copies papier :* mêmes archives, D. 3, fol. 66, et D. 13, fol. 145 ; — *copie imprimée :* Bullarium civitatis Aven., constitutio LXIX, pag. 83 ; — *Id. :* Manuductio ad jurisprudentiam ; — etc., etc.

Leo Episcopus, Servus servorum Dei : ad perpetuam rei memoriam. In apostolicæ dignitatis specula licet immeriti disponente domino, constituti, dignum censemus et debitum ut personis in Universitatibus præsertim nobis et Romanæ Ecclesiæ temporale subditis, litera-

(1) Celle-là encore est une bulle très importante pour notre Université. Pour augmenter le traitement reconnu insuffisant de ses régents, Léon X lui concede les autres greffes du Comtat qui n'avaient pas été compris dans la concession de Sixte IV et de ses successeurs, savoir ceux de Pernes (*de Paternis*), de Monteux (*de Montilis*), de Malaucène (*de Malocena*), de Cavaillon (*de Cavallione*), ainsi que les offices des notaires écrivant *es cause de la conservatoire*, et qui désormais seront nommés par le primicier et les docteurs. Ces nouveaux revenus seront affectés exclusivement au traitement des professeurs, dont il augmente d'ailleurs le nombre par l'institution d'un nouveau régent qui chaque

rum studiis insistentibus, per quæ divini nominis et fidei catholicæ cultus protenditur, justitia colitur, tam publica quam privata res utiliter agitur, omnisque prosperitas humanæ conditionis augetur, favores gratiosos et opportunæ commoditatis auxilia salubriter impendamus, et hiis quæ pro earumdem personarum commoditatibus rationabiliter processisse comperimus, uberioris interim nostri muniminis adminiculum adjiciamus, ut eo firmius illibata persistant, quo frequentiori suo fuerint præsidio pro tempore stabilita.

Dudum siquidem fœlicis recordationis Sixtus papa quartus prædecessor noster rectoriatus appellationum et ordinariæ civitatis Carpentoractensis ac Insulæ Venaissini, necnon Valreaci locorum Cavallicensis ac Vasionensis diocœsum, curiarum singula officia tabularia sive scribaria nuncupata, Universitati studii generalis Avinionis pro stipendiis et salariis Doctorum ac aliorum in dicto studio pro tempore legentium cum omnibus et singulis emolumentis, proventibus ac juribus et pertinentiis suis, ex certa scientia, authoritate Apostolica perpetuo univerit, incorporaverit, applicaverit et appropriaverit, ita quod liceret ex tunc et de cætero perpetuis futuris temporibus Primicerio, et doctoribus dictæ Universitatis pro tempore existentibus, officiorum prædictorum corporalem possessionem propria authoritate libere apprehendere ac personas idoneas ad illa exercenda, pro eorum nutu ponere, revocare, necnon fructus, redditus et proventus, jura, obventiones, et emolumenta ex ipsis officiis provenientia, in

---

jour fera, à une heure après-midi, une leçon sur les *Institutes* ou sur l'un des trois livres du code.

Léon X grandit aussi le rôle du primicier, auquel il donne les mêmes juridiction et prééminence que celles dont jouissent les recteurs des autres Universités de France et d'Italie, et qu'il met au nombre des conservateurs de l'Université, avec tous les droits et prérogatives accordés par Jean XXIII (Voy. bulles XVII et XVIII et notes afférentes) aux trois conservateurs que ce dernier pape avait déjà créés en 1413, en faveur de l'Université.

stipendio doctorum legentium, et non in aliam causam convertere, cujusvis licentia vel assensu desuper minime requisita, prout in literis ipsius prædecessoris de super confectis plenius continetur (1).

Cum autem sicut exhibita nobis nuper pro parte dilectorum filiorum moderni Primicerii et doctorum dictæ Universitatis petitio continebat, proventus et emolumenta officiorum hujusmodi et aliorum reddituum dictæ Universitatis, in qua tam longissimis temporibus studium generale viguit et crebris successibus viget, pro doctoribus in eadem Universitate legentibus adeo exigua existunt, ut summam trigentorum ducatorum auri pro quolibet doctore legente annuatim non excedant; et si notariorum curiæ conservatoriæ privilegiorum dictæ Universitatis, in qua omnes notarii ad scribendum indiferenter admittuntur per Primicerium et doctores ejusdem Universitatis pro tempore existentes deputandorum proventus et emolumenta, necnon de Paternis et de Montilis ac de Malocena locorum prædictorum Carpentoractensis et Vasionensis diocesum, necnon civitatis Cavallicencis officia sive tabularia, eidem Universitati pro augmento salarii doctorum legentium hujusmodi perpetuo unirentur, applicarentur et appropriarentur, profecto ex hoc commoditatibus doctorum legentium hujusmodi plurimum consuleret : pro parte moderni Primicerii et doctorum prædictorum asserentium de Paternis et de Montilis, ac de Malocena, et civitate Cavallicencis officiorum, hujusmodi fructus, redditus et proventus, summam vigenti quinque ducatorum auri de camera excedere (2), nobis fuit humiliter supplicatum ut prædictis Sixti IV

---

(1) Voy. bulles XXIX et XXXI.

(2) Les florins et les ducats de *camera* ou de la chambre apostolique avaient la même valeur que les autres, dont ils ne différaient d'ailleurs que parce qu'ils portaient une tiare près de la main de saint Jean-Baptiste.

predecessoris hujusmodi, ac aliorum approbationis et innovationis priorum, per piæ memoriæ Innocentium VIII et Alexandrum VI (1), Romanos Pontifices etiam prædecessores nostros, post modum concessis literis pro illarum subsistentia firmiori, robur nostræ approbationis adjicere, ac de Paternis, et de Montilis, necnon de Malocena, ac civitate Cavallicencis, necnon notariorum curiæ conservatorum officia hujusmodi eidem Universitati pro augmento salarii doctorum legentium prædictorum perpetuo unire, applicare, et appropriare, aliasque in præmissis opportune providere de benignitate apostolica dignaremur:

Nos igitur qui dictæ Universiatis augmentum, et commoditates, nostris potissime temporibus sinceris desideramus affectibus, modernum Primicerium et doctores præfatos ac eorum singulos, a quibusvis excommunicationis, suspensionis, interdicti aliisque ecclesiasticis sententiis. censuris et pœnis a jure vel ab homine quavis occasione vel causa latis, si quibus quomodolibet innodati existunt, ad effectum præsentium dumtaxat consequendum, harum serie absolventes, et absolutos fore censentes, hujusmodi supplicationibus inclinati *singulas literas prædecessorum hujusmodi, ac omnia et singula in illis contenta, authoritate apostolica, tenore præsentium innovamus et approbamus ac perpetuæ firmitatis robur obtinere debere decernimus, et pro potiori cautela, illas eidem Universitati de novo concedimus, et insuper de Paternis, de Montilis ac de Malocena, necnon civitatis Cavallicencis (2) et notariorum curiæ conservatorum officia hujusmodi, cum emolumentis, proventibus et aliis juribus suis eidem Universitati pro augmento salarii doc-*

---

(1) Voy. bulles XXXIV, XXXV et XXXIX.

(2) Forte de la présente bulle, l'Université, on le comprend, n'eut rien de plus pressé que de chercher à entrer en possession immédiate des greffes de Cavaillon, Pernes, Monteux et Malaucène, qui lui étaient

torum legentium, hujusmodi authoritate apostolica, tenore præsentium perpetuo unimus, applicamus, et approbamus. ita quod liceat prædictis et pro tempore existentibus Primicerio et doctoribus dictæ Universitatis officiorum per nos unitorum hujusmodi corporalem possessionem per se, vel alium, seu alios propria auctoritate libere apprehendere, ac personas idoneas ad illa exercenda subrogare et deputare, ac subrogatos et deputatos, per eorum vitam deponere et amovere, et alios loco amotorum hujusmodi etiam deputare et subrogare; necnon fructus, redditus et proventus ex officiis per nos unitis provenientes, in augmentum salarii et stipendii doctorum legentium hujusmodi, *quorum numero unus*

concédés. Une notification officieuse aux possesseurs de ces greffes ne suffit pas, il fallut en venir à une procédure juridique, avec cartel d'huissier, etc. Qu'on en juge par cette pièce, qui porte la date du 26 août 1514.

Intimatio pro conservatoria contra scribas tabulariorum curiarum locorum de Paternis, de Montilis, de Cavallione, de non exercendo gestionem dictorum officiorum incorporatorum Universitati auctoritate apostolica:

Joannes de Aguto decretorum doctor, thesaurarius ecclesiæ Avinionensis, judex et conservator jurium et privilegiorum per sanctam sedem apostolicam, reverendo patri egregiisque et venerabilibus viris dominis Primicerio, magistris, doctoribus, licentiatis, baccallariis ceterisque suppositis in venerabili et generali studio almæ Universitatis Avinionensis studentibus et matriculatis concessorum, unacum quibusdam aliis nostris in hac parte collegis per sanctissimum dominum nostrum Leonem papam modernum specialiter deputatus: Universis et singulis ecclesiarum parrochialium rectoribus et cappellanis, curatis et non curatis, presbiteris, clericis, notariis et tabellionibus publicis ac sanctissimi domini nostri papæ cursoribus quibuscumque per dictas civitates et dioceses Carpentoractensis, Cavallicensis, Vasionensis, ac alias ubilibet constitutis seu locumtenentibus ipsorum et eorum cuilibet in solidum ad quem seu ad quos presentes nostræ litteræ pervenerint salutem in Domino et nostris hujusmodi ymoverius apostolicis firmiter obedire mandatis:

alius doctor per Primicerium et alios doctores prædictos deputandus, seu eligendus, qui hora prima post meridiem, institutionem, vel decimum aut alium ex tribus libris codicis librum legere teneatur, et cui pro salario et stipendiis suis, Primicerius et alii doctores præfati, quindecim ducatos auri de camera similes, ex emolumentis officiorum per nos unitorum hujusmodi, annis singulis assignare teneantur, adjungatur, et non in alios usus convertere, cujusvis licentia super hoc minime requisita.

Præterea, cum dictus Primicerius qui per dictam Universitatem singulis annis eligitur, sit totius Universitatis prædictæ caput : *modernum, et pro tempore existentem Primicerium*

Noveritis pro parte reverendi patris ac spectabilium et egregiorum virorum dominorum Primicerii et doctorum collegii almæ Universitatis Avinionensis nobis fuisse expositum cum querela quod, licet sanctissimus dominus noster papa Leo decimus modernus desiderans augmentum et commoditatem dicti generalis studii Avinionensis perpetuis futuris temporibus univerit, applicaverit et appropriaverit eidem Universitati pro augmento salarii doctorum legentium in dicta alma Universitate Avinionensi tabularia sive officia locorum de Paternis, de Montiliis et de Malocena, Carpentoractensis et Vasionensis diocesum ac temporalis Cavallicensis et alias dixerit et fecerit prout in licteris sive bullis apostolicis ab eodem sanctissimo domino nostro papa Leone moderno emanatis nobis exhibitis ac premissa et facultatem nostram continentibus latius continetur. Quarum tenor sequitur et est talis :

Explicit bulla Leonis papæ decimi, id est bulla XLIII hujusce cartularii, superius inserta.

Nichilominus tamen honorabiles et discreti viri magistri Anthonius de Montiliis, Anthonius de Ruffo, Leonardus Charueti de Paternis et Stephanus Perroti de Cavallione tabulariorum notarii et asserti scribæ, dicta officia ante dictam unionem et applicationem per dictum sanctissimum dominum nostrum papam factas, tenentes et possidentes, non obstante dicta unione et incorporatione, eadem officia tenere et usurpare, fructus et emolumenta recipere et alias dictis officiis respective se immiscere nituntur, satagunt et conantur in grande damnum et prejudicium dictorum dominorum Primicerii et doctorum dicti collegii, nobis requirendo ut indemnitati eorumdem dominorum primiscerii et doctorum premissorum consulere ac de et super premissis eisdem de

prædictum, dummodo sit clericus, numero conservatorum privilegiorum dictæ Universitatis, cum facultatibus, jurisdictione et præminentiis et prærogativis eisdem conservatoribus concessis adjungimus et deputamus, ac illam eidem Primicerio jurisdictionem, authoritatem, præeminentiam et prærogativam in doctores et licentiatos, scholares et alios suppositos dictæ Universitatis, quam priores, seu rectores Universitatum studiorum Italiæ et Galliæ, in earum doctores, licenciatos, scholares, et alios eis suppositos, tam de jure communi quam speciali habent, et habere soliti sunt; ita ut dictus Primicerius dicta jurisdictione, etiam per censuras et pœnas ecclesiasticas et alia juris remedia, ad instar aliorum

juris et justis, remedio providere dignaremur opportuno et providendo litteras predictas eisdem notariis et scribis inthimare eisdemque inhibere ut abinde in antea de dictis tabullariis se quoquo modo impediant seu exerceant.

Nos igitur Johannes de Aguto thesaurarius, judex et conservator prefatus, visis prius dictis litteris sive bullis apostolicis superius insertis, volentes voluntati prefati sanctissimi domini nostri papæ annuere et dictis dominis Primicerio, doctoribus, efficacis defensionis auxilio presidere, actendentes requisitionem hujusmodi fore justam et rationi consonam; quodque justa petentibus non est denegandus assensus, discretioni vestræ et cujuslibet vestrum presentium tenore commitimus et mandamus in virtute sanctæ obedientiæ et sub excommunicationis pena quam tertia et quarta monitione premissa in vos et quemlibet vestrum ferimus in his scriptis ac etiam promulgamus nisi feceritis quæ mandamus, districte precipimus, quatenus receptis presentibus, vos vel quicumque vestrum fuerit requisitus per vos vel alium seu alios ex parte nostra ymoverius apostolica ante dicta, dictas litteras seu bullas apostolicas unionis et incorporationis eisdem magistris Anthonio Vostredon, Anthonio de Ruffo, Leonardo Charuetti et Stephano Perroti notariis et assertis scribis omnibusque aliis et singulis, de quibus pro parte dictorum dominorum Primicerii et doctorum fuerint requisiti seu alter vestrum fuerit requisitus inthimetis, insinuetis et notificetis etiam per exhibitionem copiæ presentium, si a vobis petatur eisdemque notariis et scribis et aliis predictis et eorum cuilibet inhibeatis et defendatis in virtute sanctæ abedientiæ et sub excommunicationis et viginti quinque marcharum argenti penis, quam excommunicationis sententiam canonica monitione premissa in eos et eorum quemlibet ferimus in

conservatorum et priorum, seu rectorum prædictorum, respective uti possit et valeat, authoritate apostolica et tenore prædicta attribuemus; necnon magistratibus dictæ civitatis et cuilibet eorum, ne eumdem Primicerium ab exercitio dictæ jurisdictionis in suppositos Universitatis hujusmodi, quoad primam cognitionem, quovis modo directe, vel indirecte quovis quæsito colore impediant ; ac sub sententiis, censuris et pœnis ecclesiasticis quibusvis notariis *ne de cætero, in causis, vel aliis officium notoriatus curiæ conservatorum hujusmodi tangentibus, scribant, eisdem authoritate apostolica et tenore inhibemus*, nonobstantibus constitutionibus et ordinationibus apostolicis, ac dictæ Universitatis juramento,

his scriptis ac etiam promulgamus nisi fecerint quæ mandamus, districte precipimus ne ipsi seu eorum alter de dictis officiis seu tabullariis de Montiliis, de Paternis, de Malaucena et de Cavallione respective quoquo modo se impediant seu immisceant, fructusque illorum non exigent et ipsa officia non exerceant nisi alias cum dictis dominis Primicerio et doctoribus super premissis convenerint et dicta tabularia ab eisdem exercenda receperint et arrendaverint, nisi tamen causam justam et rationabilem in contrarium allegare voluerint, cur premissa fieri debeant quam die duodecima post inthimationem et inhibitionem hujusmodi sibi factas in anthea computandas et immediate sequentes, coram nobis seu alio loco nostri subrogando Avinione in domo thesaurarii ecclesiæ predictæ Avinionensis, hora vesperorum sive causarum consueta proponere et allegare procurent, alias ad dictarum penarum declarationem scilicet excommunicationis et viginti quinque [marcharum argenti et alias prout juris fuerit procedemus justitia mediante, ipsorum magistrorum absentia non obstante

Datum Avinione sub sigillo nostro proprio quo utimur, die vicesima sexta mensis Augusti, anno a Nativitate Domini millesimo quinquagesimo quarto decimo, pontificatus sanctissimi in Christo patris domini domini Leonis papæ decimi, anno secundo.

Sigilletur: J. de Aguto, thesaurarius Avinionensis judex et conservator prefatus.

L'original de cette ordonnance se trouve aux archives départementales, *fonds de l'Université*, D. 2. C'est un parchemin muni du sceau, sur papier, de Jean d'Agout, juge et conservateur des privilèges de l'Université ; à ce parchemin est annexé l'exploit de signification dressé sur papier.

et confirmatione apostolica, vel quavis firmitate alia roboratis statutis et consuetudinibus, privilegiis quoque et indultis et literis apostolicis eidem Universitati, ac aliis collegiis, et eorumdem collegiorum scholaribus, sub quibusvis tenoribus concessis, confirmatis, et innovatis, quibus etiamsi pro illorum sufficienti derogatione de 'eis eorumque totis tenoribus specialis, specifica, expressa et individua ac de verbo ad verbum, non autem per clausulas generales id importantes, mentio seu quævis alia expressio habenda foret, tenores hujusmodi, præsentibus pro sufficienter expressis habentes illis alias in suo robore permansuris, hac vice dumtaxat specialiter et expresse derogamus, cæterisque contrariis quibuscumque.

Nulli ergo omnino hominum liceat hanc paginam nostræ absolutionis, innovationis, approbationis, decreti, concessionis, unionis, applicationis, appropriationis, adjunctionis, deputationis, attributionis, inhibitionis, derogationis infringere, vel ei ausu temerario contraire. Si quis autem hoc attemptare præsumpserit, indignationem omnipotentis Dei et Beatorum Petri et Pauli apostolorum ejus, se noverit incursurum.

Datum Romæ, apud Sanctum Petrum, anno Incarnationis Dominicæ millesimo quingentesimo decimo quarto, quinto nonarum martii, pontificatus nostri anno primo.

XLIV

Breve domini Leonis, papæ decimi, per quod varia ordinantur circa doctrinam in lectoribus Universitatis generalis studii Avenionensis et assiduitatem in collegiatis, requisitas (1).

(13 febr. 1514)

Copie de l'original perdu : Archives de l'Université, D. 15, fol 31 ;
— *copie imprimée :* Bullarium civitatis Aven. constitutio LXII, pag. 73.

Dilectis Filiis Primicerio et Collegio Doctorum Universitatis studii civitatis nostræ Avinionensis Leo papa decimus.
Dilecti filii, salutem et apostolicam benedictionem. Pasto-

---

(1) Des quatre régents en droit civil et canonique, deux seuls peuvent faire leur cours simultanément ; la leçon de chacun d'eux doit durer au moins une heure. Nul d'entre eux ne peut lire par substitut, sinon pour cause permise de droit et à la condition de se faire remplacer par un gradué capable. Chaque année, le Primicier désigne une sorte de censeur des études, qui aura à s'assurer en tout temps de la capacité et de la doctrine des lecteurs, en même temps que des défauts des régents. Les collégiés des collèges, tant réguliers que séculiers, fondés près de l'Université d'Avignon, doivent assister aux leçons ordinaires tous les jours, sous peine de privation d'aliments, pour chaque jour où ils y manqueront, à moins que le recteur du collège ne vienne attester qu'il y a eu empêchement absolu. Toutes les années, à l'ouverture des études et aux fêtes de Pâques, le Primicier, en présence du bedeau de l'Université, du doyen, des recteurs des collèges et des étudiants, se rend compte par lui-même, et non plus seulement par l'intermédiaire du censeur dont il est question plus haut, de la manière dont les régents font leurs leçons, et s'il y a lieu les réprimande et même les remplace. Telle est l'économie du nouveau règlement que Léon X donne à l'Université d'Avignon.

ralis nostri officii esse duximus ea statuere et ordinare, quæ ad literas adipiscendas faciunt, cum ad bene beateque vivendum cunctis hominibus vitam præbent. Cum itaque sicut nobis exponi fecistis, licet in studio generali civitatis nostræ Avinionensis quod ab annis quorum principium memoria hujusmodi non extat, viguit, sint quatuor doctores in jure canonico et civili de mane legentes, qui etsi per fœlicis recordationis Sixti IV prædecessoris nostri ordinationem, in lecturis concurrere haberent (1), tamen pro scholarium utilitate deliberatum et a longo tempore observatum extitit, ut duo solum concurrerent, et alii duo doctores ex dictis quatuor restantes immediate post dictos duos primos similiter concurrendo legerent, tamen, ut doctores ipsi meliores utilioresque lectiones legant, accuratiusque officium suum gerant, scholaresque diligentius lectionibus vacent, honestiusque, ut eos decet, incedant, nobis humiliter supplicari fecistis, ut super hoc quod opportunum esset statuere et ordinare benignitate apostolica dignaremur. Nos igitur hujusmodi supplicationibus inclinati, *ut dicti doctores modo quo supra, ac post prandium legentes ad minus per unam horam integram eorum lectiones continuare habeant, ita quod secundus horam primi abreviare seu anticipare non posset ; quodque ipsimet non autem per substitutos, nisi causa legitima, ut infirmitatis, vel pro republica, aut probabili a jure permissa, qua causa durante quod per idoneum substitutum et graduatum legere possint, legere teneantur, sub pœna dimidii ducati auri pro quolibet defectu ea vice, ipso facto incurrenda, et per Primicerium de stipendiis eorumdem diminuenda; ac quod junior doctor in lectura primus legat, [nisi aliter inter eos conventum fuerit ; quodque singulis annis per ipsum Primicerium aliquis idoneus qui prædictorum. Doctorum Legentium defectus notari habeat, deputatur, cui pro stipen-*

---

(1) Voy. bulle XXVII.

diis, tam super dictis defectibus, quam emolumentis, quindecim floreni monetæ illius patriæ singulis annis assignari debeant.

Et quia sicut exponi nobis fecistis, Collegiati collegiorum decem Universitatis, tam Regularium quam Secularium in dicta Universitate fundatorum (1), non considerantes uberio-

---

(1) *Collegiati collegiorum decem Universitatis,* etc. — De ces dix collèges nous connaissons déjà ceux de *St-Nicolas ou d'Annecy,* de *St-Martial,* de *N.-D. de la Pitié,* de *la Rovere ou du Roure,* de *St-Bernard ou de Senanque,* dont il a été question pages 72, 74, 100 et 154 de ce *Cartulaire.*
Disons un mot des autres.
Celui de *Dijon* ou de *Jujon,* avait été institué à la fin du XVᵉ siècle par un abbé de Montmajour-les-Arles, dans l'ancien hôpital de Gigono que Sixte IV avait uni à cette abbaye en 1471. Il était voisin de l'Université, et l'une de ses portes s'ouvrait sur la rue dite actuellement *du Chat.*
Ce collège fondé pour six jeunes religieux de l'ordre, étudiants en droit canon à l'Université d'Avignon, fut plus tard supprimé puis rétabli sous le nom de St-Eutrope, et enfin définitivement aboli vers la fin du XVIIᵉ siècle (Voy. notre Mémoire sur les *Bâtiments de l'ancienne Université d'Avignon,* inséré dans le *Bulletin historique et archéologique de Vaucluse,* années 1880 et 1881.)
Un docteur ès-droits, Jean Isnardi, avait fondé également de ses propres deniers le collège de *Saint-Michel* (1483) pour six écoliers en droit civil. Il était situé dans cette partie de la rue Laboureur comprise entre la rue du Lycée et celle des Trois-Faucons. L'exemple de Jean Isnardi avait été imité, de son côté, par un autre docteur ès-droits, Guillaume de Ricci, qui, le 14 septembre 1500, établit le *Collège de la Croix,* dans une maison qu'il possédait dans la rue qui porte aujourd'hui encore ce nom. Ce collège était pour douze étudiants en droit canon et civil, dont deux devaient être prêtres. Le 17 janvier 1704, il fut uni à la communauté religieuse de St-Charles. Enfin, deux autres collèges appartenaient l'un aux Cordeliers et l'autre aux Augustins, et complétaient ainsi le nombre de dix. Mais ces deux derniers n'avaient ni l'organisation, ni la dotation des précédents, et ce n'est que pour mémoire que nous les citons.
De ces dix collèges les plus utiles étaient évidemment ceux qui étaient pour les séculiers. Les étudiants pauvres y trouvaient, sous l'administration d'un recteur, le logement, la nourriture, l'entretien, et, dans

res fructus qui ex continuatione studii proveniunt, loco studii

l'intérêt des études et des mœurs, un genre de vie méthodique et chrétien — sauf toutes réserves sur ce dernier point — et ainsi la munificence éclairée des princes de l'Église et même des simples particuliers était venue pourvoir à ce qu'avaient de trop onéreux les études universitaires dans une ville qui à cette époque était toute de luxe et d'opulence.

On comprend aussi que la création de ces collèges jointe aux privilèges particuliers dont jouissaient les étudiants à Avignon d'emprunter à un banquier choisi par le professeur, de faire taxer par experts le prix de leurs logements, d'entrer et de sortir librement avec leurs meubles et leurs provisions (Voyez *Litteræ regiæ Karoli secundi*, page 9 du *Cartulaire*), et aux faveurs sans nombre dont ils étaient l'objet de la part des souverains-pontife (Voy. bulles précédentes), était un puissant moyen d'attirer de tous les points de l'Europe une multitude d'écoliers. Aussi, peut-on dire que la période la plus brillante de notre Université est celle qui embrasse les XV° et XVI° siècles On se rappelle qu'elle eut son point de départ dans les privilèges accordés par Jean XXIII (Voy. note de la bulle XXI, pag. 69).

Aux siècles suivants, cette prospérité décline et les collèges disparaissent successivement. Nous avons dit plus haut comment finirent ou se transformèrent quelques-uns d'entr'eux. Celui de N.-D de la Pitié dura, avec plus ou moins de vitalité, jusqu'en 1634, année où le couvent des Frères Prêcheurs d'Avignon passa un contrat avec le Père inquisiteur, par lequel celui-ci était autorisé, sous certaines conditions, à réparer le collège de N.-D. de la Pitié pour servir désormais de logement aux Inquisiteurs (*Massilian, loc. cit.*, t. III, p. 147.)

Les autres s'éteignirent faute de ressources. Aux uns et aux autres, d'ailleurs, le collège des Jésuites, *Collegium Avenionense*, ouvert à Avignon le 14 août 1564 dans l'ancien palais du cardinal de La Motte, (bâtiments actuels du Lycée qui regardent le couchant), faisait une concurrence redoutable par l'éclat que jetait son enseignement et qui était tel que déjà, en l'année 1594, 55 élèves étaient reçus tous ensemble bacheliers en théologie à l'Université d'Avignon, ce qui détermina cette dernière, pourtant si fière de ses prérogatives et de ses privilèges, à accorder aux Jésuites du collège le droit de conférer eux-mêmes à leurs élèves le degré de *maîtres-ès-arts*.

(Voy. *Les Jésuites à Avignon*, esquisse historique par Augustin Canron ; Avignon , Seguin frères , imprimeurs-éditeurs , 1875) , et sur les divers collèges pontificaux d'Avignon : *Archives départementales de Vaucluse*, série D., numéros 261 à 513 inclus , et particulièrement : D. 262 : Acte de fondation du collège St-Nico-

lasciviis voluptatibusque se præbent (1), quo fit ut Respu-

las; D. 263: Livre des statuts de ce même collège; D. 268 : Acte de fondation du collège du Roure; D. 271 : Bulle de Clément XI (13 octobre 1705), qui prononce l'union en un seul des deux collèges précédents, qui un peu plus tard (D. 272) furent rattachés à la Congrégation des Missions (1744) ; D. 374 : Acte de la fondation du collège de St-Michel d'Avignon ; D. 391 : Acquisition pour ce dernier contre Jean Lorin, notaire, et gendre de Pierre Juvenoni, fustier d'Avignon, 1° d'une maison dite de Lamourier, située à Avignon, paroisse St-Didier, en allant de l'hospice des orphelins de Jujon à l'auberge de la Cervelerie ; 2° d'un casal et verger, situés au-devant de la même maison (1483) ; D. 395 : Actes relatifs à la fondation et à la dotation du collège de la Croix et à la communauté de St-Charles à laquelle il a été uni ; testament de Guillaume de Ricci, etc. ; D. 396 : Statuts de ce collège (15 octobre 1530) ; D. 435 : État des biens du collège de la Croix: la maison du fondateur, jadis palais cardinalice, contenant 17 chambres; une grande salle et les autres pièces nécessaires au logement et service de dix étudiants, avec une bibliothèque de 125 ouvrages de droit civil et canonique ; à l'étage supérieur est une chapelle munie de tous ses accessoires, dédiée à la Sainte Croix, et dans laquelle deux prêtres collégiés doivent quotidiennement dire la messe pour l'âme du fondateur, etc. ; voyez aussi *Archives de l'Université*, même série, numéros 1 à 260 inclus, passim ; au D. 140, par exemple, on lit, à propos du collège St-Michel, que, par les clauses de fondation, il était obligatoire pour chaque écolier de se faire recevoir bachelier *in utroque jure* à la fin de la quatrième année d'études sous peine de perdre la place, etc., etc.).

(1) *Lasciviis voluptatibusque se præbent*. — Au tableau de la vie des étudiants avignonais que nous avons déjà esquissé en maints endroits de ce *Cartulaire* (notamment pag. 10, 25, 32, 149 etc.), nous pouvons encore ajouter quelques traits concernant leur amour des plaisirs, et, disons-le même sans hésiter, de la débauche. En vain les papes, à diverses reprises, essaient de mettre un frein aux passions de ces écoliers qui forment la classe la plus turbulente et la plus licencieuse de la cité, pour laquelle ils sont un perpétuel scandale ! Rien n'y fait, ni leur organisation au XIV° siècle en confrérie, sous l'invocation de St-Sébastien, dans le but de les détourner par la pratique des exercices religieux d'une vie trop mondaine, ni les règlements les plus sages, ni même les menaces des foudres de l'Église. Les générations passent, les traditions et le caractère restent. Tels ils étaient dans les premières années de la fondation de l'Université, tels ils nous apparaissent encore

blica non mediocre inde detrimentum sentiat, fundatorum quoque voluntates, statuta et ordinationes ipsorum Collegiorum et dictæ Universitatis palam irritentur : *Quod ipsi ad minus lectiones ordinarias insequi et audire quolibet die de mane et post prandium teneantur, sub pœna privationis alimentorum illius diei, in quo lecturis ordinariis seu alteri ipsarum non interfuerint, nisi legitima causa subsistente, ad cujus vrobationem arbitrio ipsius Rectoris, prius exacto juramento ipsius Collegiati, notorietate in contrarium cessante, stetur; ipseque lector ad notitiam præmissorum habendam alterum Collegiatum fidum deputare debeat, ipsumque ad prædicta viis juris cogat, et dictorum Collegiatorum defectus notare, et dicto Rectori referre debeat.*

lorsque cinq siècles, après une même ruine engloutit écoles et écoliers.

Pour eux tout est prétexte à joies et à fêtes : réception au bonnet doctoral, passage de princes, canonisation de saints, anniversaires religieux, changements de pape, nominations de régents, arrivée de nouveaux écoliers, départ des anciens, etc., etc Et tout cela sous la direction d'*un abbé* qu'ils se choisissent eux-mêmes — revanche sans doute du recteur que, au XIVᵉ siècle, leur avaient successivement refusé Urbain V et Grégoire XII, (Voy. bulles V et VII) — qui est le véritable chef de leurs plaisirs et auquel ils obéissent d'autant mieux qu'il a plus d'entrain et qu'il est lui-même de mœurs plus faciles. Aussi le programme est-il riche et varié. Ce sont les représentations théâtrales pour lesquelles ils ont une véritable passion. Ils forment eux-mêmes des compagnies dramatiques qui ont une si grande réputation qu'on les appelle au-dehors. On leur défend ces sorties. Tant pis ! c'est Avignon qui paiera. La scène sera plus restreinte, le spectacle n'en sera que plus réjouissant. Et à partir de ce moment les travers du peuple, les vices des grands, la corruption de la magistrature, rien n'échappe à leur verve railleuse. Un jour même ils mettent en scène la caricature des principaux magistrats de la ville. Alors plainte de ces derniers et finalement bulle de Clément VII (25 octobre 1626), ordonnant que nul ne pourra représenter des tragédies ou comédies à Avignon sans la permission du viguier ou de son lieutenant. La censure dramatique est du coup créée à Avignon.

Ils ont aussi le droit de *barbe* et de *batacule*.

Malheur au juif qui en temps de carnaval est rencontré par le cor-

Et ut Doctores ipsi ad utilitatem scholarium, diligentius lectionibus vacent : *Quod annis singulis in initio studii et feriis Paschalibus, idem Primicerius accepto secum Bidello dictæ Universitatis, cum Priore, Rectoribus, Collegiatis ipsorum Collegiorum et aliis scholaribus de sufficientia ipsorum Doctorum ac doctrina in legendo inquirere teneatur ; et si quos comperit non bene se gerere aut minus aptos in legendo, ipsos collegialiter moneat utse emendent ; quod si intra octo dies non se emendaverint, alios de ipso Collegio si apti reperiantur, una cum eodem Collegio substituat, sub pœna privationum suorum officiorum et vigenti quinque ducatorum ipso facto incurrenda, et pro medietate ipsi Universitati et alia Hospitali dictæ civitatis*

tège des étudiants ; il est saisi, traîné de force à la place St-Pierre, et là, rasé brutalement et fouetté au milieu des risées de la foule, à moins que le malheureux ne se rachète à beaux deniers comptants.

La batacule est bien autre chose ! Une femme *impudique et malvivante*, *putain putante* ou *insigne maquerelle*, se trouve-t-elle aussi sur le passage de la bande joyeuse, quatre étudiants s'emparent immédiatement d'elle ; chacun d'eux se saisit d'une jambe ou d'un bras, et la tenant ainsi suspendue, l'abaissent trois fois vers le pavé, contre lequel chaque fois son derrière frappe d'autant plus fort que l'abaissement a été plus subit. A la troisième fois, chacun lache le membre qu'il tient et la malheureuse se relève en demandant grâce, tandis que ses bourreaux, généreux à leurs heures, la plume au vent, l'épée au côté — ils portaient l'épée en tout temps et en tous lieux — vont guerroyer ailleurs ou festoyer auprès de leurs belles !

Car ainsi que le remarque un écrivain que nous avons déjà cité (Charles Perrin), dans une ville immortalisée par le *cygne de Vaucluse*, plus d'un étudiant troubadour voulut avoir sa *Laure*, et l'auteur des Chroniques de Provence, César Nostradamus, nous raconte avec naïveté comment, dans sa jeunesse, au lieu de travailler à devenir un grave et savant docteur, il passait le temps à chanter des vers sur son luth d'or et à pétrarquiser pour la belle et angélique Françon de Fortia. Trop heureux encore si tous nos étudiants avaient toujours eu des amours aussi chastes, on n'aurait pas vu alors, par exemple, une certaine Isabelle être expulsée du collège d'Annecy à cause de son infamie et de ses turpitudes et s'en vanter sans vergogne en présence de censeurs indulgents (Archives de l'Université, D. 289).

Sanctæ Marthæ, applicanda (1) : authoritate apostolica, tenore presentium, perpetuo statuimus et ordinamus. Mandantes sub pœna prædicta, in Primicerio et Collegio facultatem et authoritatem, omnia et singula præmissis, et circa ea necessaria, seu quomodolibet opportuna, faciendi ac summarie, simpliciter et de plano absque strepitu et figura judicii, sola facti veritate inspecta, procedendi concedimus, in contrarium facientibus nonobstantibus quibuscumque.

Datum Romæ, apud Sanctum Petrum, sub annulo piscatoris, decimo tertio februarii, anno Domini millesimo quingentesimo decimo quarto, Pontificatus nostri anno primo. Evangelista.

(1) *Hospitalis dictæ civitatis Sanctæ Marthæ.* — C'est celui dont il a été question à la note 1 de la page 79. Bernard de Rascas le fonda conjointement avec dame Marie-Louise de Petragrossa, son épouse, sous le titre de Sainte-Marthe. Cet hôpital fut établi hors la ville dans un lieu appelé la plaine St-Lazare. Une bulle d'Innocent VI, du 8 juillet 1354, datée d'Avignon, sanctionne cette fondation et celle du couvent des Trinitaires ou Mathurins, que de Rascas y avait annexé. En 1481 le légat Julien de la Rovere unit à son tour aux Trinitaires les Pères de la Merci.

Depuis l'édification des remparts, cet hôpital se trouve enfermé dans l'enceinte de la ville. C'est un des plus beaux monuments d'Avignon. Sa façade en fut seulement terminée en 1747, et sa reconstruction fut, dit-on, opérée sur les dessins de Mignard.

XLV

Bulla domini Leonis, papæ decimi, confirmationis litterarum domini Juliani Cardinalis Sancti Petri ad vincula et Legati domini Alexandri papæ sexti, in civitate Avenionensi, etc... de non sumendo gradu a collegiatis extra Universitatem Avenionis.

(Prid. kalend. aprilis 1514)

Original parchemin dépourvu de la bulle de plomb dont il était muni : Archives de l'Université, D. 3 ; — *vidimus parchemins sans sceau :* mêmes Archives, D. 2 et D 3 ; — *copies papier :* mêmes Archives, D. 3, fol. 69 et D. 13, fol. 147 ; — *copie imprimée :* Bullarium civitatis Aven. constitutio LXIII, p. 74 ; — *etc.*

Leo Episcopus, Servus Servorum Dei, venerabili fratri Archiepiscopo Avinionis et dilectis Filiis Decano Sancti Petri, præposito Sancti Desiderii, Ecclesiarum Avinionis : Salutem et apostolicam benedictionem. Hodie a nobis emanarunt litteræ tenoris subsequentis :

Leo Episcopus, Servus Servorum Dei : Ad perpetuam rei memoriam. Hiis quæ pro commodo, honore, decore et utilitate civitatum nostrarum, et Universitatum studiorum in illis consistentium ac personarum in eis promotorum et graduatorum, proinde processisse dicuntur, ut firma perpetuo et illibata persistant libenter cum a nobis petitur, Apostolici adjicimus muniminis firmitatem.

Sane pro parte Dilectorum filiorum Primicerii et Doctorum Universitatis studii generalis Avinionensis nobis nuper exhibita petitio continebat, quod alias fœlicis recordationis Julius

Papa secundus'præbecessor noster, dum in minoribus constitutus, Cardinalatus honore et officio Legationis fungeretur, inter alia statuit et ordinavit quod Collegiati Collegiorum nostræ tunc suæ Avinionis, in ingressu loci Collegialis dictorum Collegiorum promittere, et in forma Cameræ (1) se obligare de non recipiendo gradus alibi quam in dicta Universitate ; et quod quilibet Rector dictorum Collegiorum eamdem promissionem in dicto ingressu, sub pœna privationis dicti loci collegialis recipere ; quodque Doctores in dicta Universitate graduati alios Doctores alibi graduatos, licet antiquiores in gradu in dicta civitate moram trahentes, præcedere deberent, prout in dicti Legati literis de super confectis dicitur plenius contineri (2).

Quare pro parte Primicerii et Doctorum prædictorum nobis fuit humiliter supplicatum ut statuto et ordinationi prædictis pro eorum subsistentia [firmiori, robur] Apostolicæ confirmationis adjicere, ac alias in præmissis opportune providere de benignitate apostolica dignaremur. Nos igitur eosdem Primicerium et Doctores a quibusvis excommunicationis, suspensionis et interdicti, aliisque Ecclesiasticis sententiis, censuris et pœnis a jure vel ab homine quavis occasione vel causa latis si quibus quomodolibet innodati existant, ad effectum præsentium dumtaxat consequendum, harum serie absolventes et absolutos fore censentes, hujusmodi supplicationibus inclinati : *Statutum et ordinationem prædicta et prout illa concernunt omnia et singula in dictis literis contenta et inde secuta quacumque authoritate apostolica, tenore præsentium approbamus et confirmamus, ac præsentis scripti*

---

(1) *Se obligare in forma cameræ.* — S'obliger en la forme prescrite par la Chambre apostolique, c'est-à-dire en prêtant serment sur les saints Évangiles mis devant soi et touchés de la main propre (*sacro sanctis Evangeliis coram eo positis et propria manu tactis*). C'est le serment corporel (*corporale juramentum*).

(2) Voy. *Litteræ XL.*

patrocinio communimus, illaque omnia et singula innovamus, ac de novo concedimus ; supplentes omnes et singulos defectus, si qui forsam intervenerint in eisdem, nonobstantibus constitutionibus et ordinationibus apostolicis ac dictæ Universitatis juramento, confirmatione apostolica, vel quavis firmitate alia roboratis statutis et consuetudinibus, cæteriisque contrariis quibuscumque.

Nulli ergo omnino hominum liceat hanc paginam nostræ absolutionis, approbationis, confirmationis, communitionis, innovationis, concessionis et suppletionis infringere, vel ei ausu temerario contraire. Si quis autem hoc attemptare præsumpserit, indignationem omnipotentis Dei, et Beatorum Petri et Pauli Apostolorum ejus, se noverit incursurum. Datum Romæ, apud Sanctum Petrum, anno Incarnationis Dominicæ millesimo quingentesimo decimo quarto, pridie kalendarum aprilis, pontificatus nostri anno secundo.

Quocirca discretioni vestræ per apostolica scripta mandamus quatenus vos vel duo, aut unus vestrum per vos vel alium seu alios, præmissa, ubi, quando, et quoties expedire cognoveritis, fueretisque pro parte Primicerii (1) et Doctorum prædictorum desuper legitime requisiti solemniter publicantes, eisque in præmissis efficacis defensionis præsidio assistentes, faciatis authoritate nostra, literas, statutum, ordinationem

---

(1) *Primicerius.*— Quelle est l'origine du mot *primicier* ? Pour répondre à cette question, nous croyons n'avoir rien de mieux à faire que de reproduire ici les diverses hypothèses qu'émet un docteur d'Avignon, Paul de Cadecombe (*loco citato*), sur le sens étymologique de ce mot : « Alii voluerunt nomen Primicerii desumi nonquidem ex eo quod primus ferat cereum in processionibus, ut aliqui male interpretantes Accursium, verterunt in derisionem, sed quia præerat iis qui cereum sigillum principis servabant et apponebant principalibus litteris signari solitis in solemnibus festis imperii ; alii quasi primum in cera seu primam dignitatem, quod olim in tabulis ceratis scribebatur ; aliter apud canonistas : quasi primum in choro, seu præfectum tabulæ, qui ea quæ cantum, quæ officia, quæ ceremonias, quæ absentias clerico-

prædicta, cum omnibus et singulis in eis contentis clausulis, perpetuis futuris temporibus inviolabiliter observari. Non permittentes eos desuper per quoscumque contra illorum tenorem quomodolibet indebite molestari, contradictores per censuram Ecclesiasticam, appellatione postposita, compescendo; nonobstantibus omnibus supradictis, prædictis, seu si aliquibus communiter, vel divisim ab apostolica sit sede indultum, quod interdici, suspendi, vel excommunicari non possint, per literas apostolicas, non facientes plenam et expressam, ac de verbo ad verbum de indulto hujusmodi mentionem.

Datum Romæ, apud Sanctum Petrum, anno Incarnationis Dominicæ millesimo quingentesimo decimo quarto, pridie kalendarum aprilis, pontificatus nostri anno secundo. Evangelista.

rum respiciunt, annotantur ; aliter apud juristas pro superintendente secretariæ principis vel officiis militaribus. » Telles sont les opinions diverses de Antonius Peresianus , Lælius Zecchius, Panzirolus , Alciat, etc., etc. Notre auteur a aussi la sienne, qu'il tire également d'auteurs anciens :
« *Ego veriorem Primicerii nominis acceptionem a primatu deductam arbitror, quasi sit inter alios ejusdem ordinis et status primus, unde divus Stephanus martyrum primicerius vocatur apud* D. Augustinum. serm. 21 ad fratres in eremo, ex Pancirol var lect., lib. I, cap. 85, *et apud Anglicanos primæ dignitatis nomen et vices gerit Primicerius. Et generaliter Primicerii vocabulum proprie sumptum, designat primum ex officio et dignitatis alicujus ordinis quem* nos vocamus le Doyen. »

XLVI

Bulla domini Leonis, papæ decimi, juridictionis privilegiatæ Primicerii studii generalis Avenionensis, cum facultate deputandi clericum de collegio pro juridictionis exercitio in clericos dictæ Universitatis suppositos, si laicus in Primicerium fuerit electus (1).

(6 kalend. aprilis 1514)

Original parchemin dépourvu de la bulle de plomb dont il était muni : Archives de l'Université D. 2 ; — *copies papier :* mêmes archives, D. 3, fol. 67 et D. 13, fol. 147 ; — *copie imprimée :* Bullarium civitatis Aven., constitutio LXVI, pag. 80, etc.

Leo Episcopus, Servus Servorum Dei, ad perpetuam rei memoriam. Decet pontificem in singularum ab ipso, personis quibusvis præsertim litterarum studio insistentibus, concessarum pro tempore gratiarum executione dirigenda, eo uti moderamine, quo gratiæ ipsæ personis fructus relinquantur eisdem et apostolicæ sedis authoritas obsequendi materiam pariat universis.

(1) Jusqu'à Léon X le primicier n'avait par les bulles d'autre juridiction sur les docteurs, licenciés et écoliers, que celle qu'il tirait du droit commun en sa qualité de recteur de l'Université. Léon X est le premier qui lui accorde une juridiction spéciale, à une condition cependant, c'est qu'il sera clerc ; voulant ainsi que le primicier, suivant ses propres expressions (Voy. bulle XLIII), soit véritablement et avant tout la tête de l'Université. Mais comme le primicier est très souvent laïque, et qu'ainsi il ne pourrait exercer la plupart du temps cette juridiction conditionnelle, Léon X lève toute difficulté en accordant par la présente bulle le susdit privilège à tout primicier, qu'il soit clerc ou laïque, mais avec l'obligation dans ce dernier cas de déléguer pour l'examen des causes concernant les clercs et religieux, un

Nuper siquidem per nos accepto, quod Primicerius Universitatis studii generalis Avinionis pro tempore existens qui per dictam Universitatem singulis annis eligitur totius Universitatis caput existebat prout existit; nos tunc pro tempore existentem dictæ Universitatis Primicerium dummodo esset clericus, numero conservatorum privilegiorum ejusdem Universitatis cum facultatibus, juridictione, præeminentiis et prærogativis in Doctores, licentiatos, scholares, et alios suppositos dictæ Universitatis quas Priores, seu Rectores aliarum Universitatum, studiorum generalium Italiæ et Galliæ in illarum Doctores, licentiatos, scholares et alios suppositos tam de jure communi, quam speciali, habebant et habere soliti erant, ita ut dictus Primicerius jurisdictionem hujusmodi etiam per censuras et pœnas Ecclesiasticas et alia juris remedia ad instar aliorum conservatorum et Priorum ac Rectorum prædictorum respective uti posset et valeret, attribuimus; necnon Magistratibus civitatis nostræ Avinionensis et cuilibet eorum, ne eumdem Primicerium in exercitio dictæ jurisdictionis in suppositos Universitatis Avinionensis hujusmodi quo ad primam

docteur agrégé qui soit clerc lui-même. Ce lieutenant du primicier exercera cette charge spéciale pendant tout le temps que ce dernier restera lui-même en fonctions.

Mention de cette délégation est faite très souvent dans les registres de l'Université :

25 septembre 1534. — Le primicier Boniface de Garons étant laïque, le collège des docteurs agrégés nomme en son lieu et place Guillaume Girard, comme conservateur spécial, avec les pouvoirs ordinaires.

31 mai 1784. — Jean-André Tempier, nommé primicier étant également laïque, délégation au chanoine Malière de la juridiction en ce qui concerne les personnes ecclésiastiques.

On voit par ces deux dates extrêmes que la bulle de Léon X eut force de loi pendant toute la durée de l'Université.

Dans la deuxième partie de ce *Cartulaire*, nous donnons la formule de nomination à cet emploi de *lieutenant* du primicier.

causarum cognitionem quovis modo, directe, vel indirecte quovis quæsito colore, impedirent, sub sententiis, censuris et pœnis Ecclesiasticis inhibuimus, prout in nostris inde confectis literis plenius continetur (1).

Cum autem, sicut exhibita nobis nuper pro parte dilecti filii moderni Primicerii, et dilectorum filiorum Doctorum dictæ Universitatis petitio continebat, dictus Primicerius non semper clericus sed ut plurimum laicus de collegio Doctorum Universitatis hujusmodi annis singulis, ut præfertur, eligatur, et ejusdem Universitatis suppositi, nedum laici, sed etiam pro majori parte clerici etiam religiosi et exempti existant, pro parte Primicerii et Doctorum prædictorum nobis fuit humiliter supplicatum, ut cum unum laicum in Primicerium dictæ Universitatis Avinionensis eligi contigerit eidem Primicerio laico tunc electo una cum dicto collegio ad jurisdictionem prædictam loco ejusdem Primicerii laici, et ejus officio durante exercendam, deputandi licentiam et facultatem concedere, aliasque in præmissis opportune providere de benignitate apostolica dignaremur.

Nos igitur modernum Primicerium et Doctores præfatos ac eorum singulos a quibusvis excommunicationis, suspensionis et interdicti, aliisque ecclesiasticis sententiis, censuris, et pœnis, a jure vel ab homine quavis occasione, vel causa latis, si quibus quomodolibet innodati existunt, ad effectum præsentium dumtaxat consequendum, harum serie absolventes et absolutos fore censentes, hujusmodi supplicationibus inclinati : *moderno et pro tempore existenti Primicerio, ac Doctoribus prædictis, ut cum virum laicum in Primicerium dictæ Universitatis eligi contigerit, unum alium Doctorem de collegio clericum qui jurisdictionem prædictam loco ejusdem Primicerii laici, et eo in officio Primiceriatus hujusmodi existente, exercere possit et valeat,*

---

(1) Voy. bulle XLIII.

eligendi et deputandi, authoritate apostolica tenore præsentium licentiam concedimus et facultatem.

Nonobstantibus constitutionibus et ordinationibus apostolicis, illis præsertim quibus cavetur expresse quod aliqui in conservatores deputari non possint, nisi in dignitate ecclesiastica constituti existant, ac dictæ Universitatis juramento, confirmatione apostolica, vel quavis firmitate alia roboratis statutis et consuetudinibus cæterisque contrariis quibuscumque.

Nulli ergo omnino hominum liceat hanc paginam nostræ absolutionis et concessionis infringere, vel ei ausu temerario contraire. Si quis autem hoc attemptare præsumpserit indignationem omnipotentis Dei, ac Beatorum Petri et Pauli Apostolorum ejus, se noverit incursurum (1).

---

(1) Le premier mai 1513, et sous le primiciat de Jean Garronis, i fut décidé en assemblée des docteurs qu'Olivier Rolandi, un des leurs serait député vers le pape Léon X nouvellement élu, afin d'obtenir de sa sainteté la confirmation des privilèges de l'Université. Jean de la Salle, un autre docteur, devait être adjoint à Olivier Rolandi, en qualité de second ambassadeur. Comme le voyage était coûteux on leur donna en gage et en garantie du remboursement de leurs dépenses un manuscrit d'une très grande valeur contenant le *corpus juris civilis*, qui devait rester entre les mains d'Olivier Rolandi jusqu'à l'entier paiement des sommes exposées par eux (Archives de l'Université: *Liber conclusionum ab anno 1512 usque ad 1545* ; D 34).

On voit par la lecture des bulles XLIII, XLIV, XLV et XLVI, que la mission des deux députés de l'Université eut un plein succès. Aussi furent-ils l'objet d'une véritable ovation, lorsque le 10 juin 1514, le nouveau primicier François de Meruli ou de Merles eut réuni dans l'église collégiale de St-Pierre et dans la chapelle des notaires, le collège des docteurs agrégés en droit — eux seuls représentaient l'Université — pour recevoir communication des documents précieux rapportés de Rome. Puis quand la lecture en fut terminée, le collège conclut que ces titres seraient provisoirement déposés au greffe du conservateur de l'Université, et que comme ils étaient actuellement mis en gage (*impignoratæ*) entre les mains de Jean de la Salle et d'Olivier Rolandi, on donnerait au premier le *Livre du corps du droit civil* jusqu'au parfait paiement des 50 ducats qui lui étaient dus (c'est Jean de la Salle qui avait obtenu la bulle d'union des greffes), et que l'on

Datum Romæ, apud Sanctum Petrum, anno Incarnationis Dominicæ millesimo quingentesimo quarto decimo, sexto calendarum aprilis, pontificatus nostri anno secundo. Evangelista.

consignerait entre les mains d'Olivier Rolandi le revenu des greffes nouvellement acquis à l'Université jusqu'à ce qu'il fut complètement remboursé de ses avances.

Ces conditions acceptées, le collège députa pour recevoir lesdites bulles une commission composée du Primicier et de quatre docteurs, Dragonet Girard, Michel de Sainte-Croix, Olivier Rolandi et Jean-Marie.

La séance fut terminée par la nomination de Jean d'Agout, trésorier de l'église métropolitaine, comme lieutenant du primicier qui était laïc, pour les affaires ecclésiastiques, et de Dalmace, notaire apostolique, en qualité de greffier par intérim de la conservation d'Avignon. Connaissance des brefs devait être intimé à qui de droit. Et en effet, le lendemain le Primicier fit enregistrer par devant le gouverneur d'Avignon ces nouveaux privilèges (Archives de l'Université : *Liber conclusionum*, etc... D. 34).

XLVII

Breve domini Leonis, papæ decimi, quod doctores, presbyteri et clerici ad solutionem gabellæ vini de consensu tamen venerabilis archiepiscopi Avenionensis, teneantur (1).

(25 august. 1514)

Original parchemin dépourvu de l'empreinte du sceau du pêcheur dont il était muni : Archives municipales d'Avignon, boîte 34.

DILECTIS filiis consulibus et consiliariis communitatis civitatis nostræ Avinionensis ; Leo papa decimus. Dilecti filii, salutem et apostolicam benedictionem. Exponi nobis nuper fecistis quod, licet dudum per alias nostras litteras (2) statuerimus et ordinaverimus quod doctores et presbyteri ac alii clerici civitatis nostræ Avinionensis vi-

(1) Au mois de février 1513, Léon X avait concédé à la cité d'Avignon, à la demande de Louis de Berton, d'Olivier Rolandi, docteur en droit, et de François Baroncelli, qui lui avaient été envoyés par elle en ambassade, divers privilèges d'une très grande importance : Obligation pour le légat de séjourner à Avignon ; ordre de remplir les clauses de fondation des divers collèges pontificaux d'Avignon, celle entre autre concernant la provision des places collégiales ; défense de mettre un citoyen à la torture, sinon en présence des consuls, etc., etc. De plus, comme la ville se plaignait aussi que des ecclésiastiques et des docteurs vendant le vin au détail se refusaient néanmoins à en acquitter la gabelle en invoquant je ne sais quels privilèges spéciaux, Léon X, dans cette même bulle, fit expresse défense aux uns et aux autres de tenir taverne ou débit quelconque de vin (Voy. *Bullarium civitatis Avenionensis*, *constitutio LXXXIII* ; pag. 123).

Cette prohibition étant restée sans effet, Léon X se voit contraint de venir la renouveler d'une façon encore plus formelle.

(2) Voy. au *Bullarium civitatis Avenionensis* ; *constitutio LXXXIII.*

num ad minutum vendentes, ad solutionem gabellæ, ad quam alii cives et habitatores dictæ civitatis, ratione venditionis vini hujusmodi tenebantur, similiter tenerentur. Nichilominus nonnulli doctores et presbyteri ac clerici dictæ civitatis se a solutione dictæ gabellæ, pretextu quorumdam privilegiorum apostolicorum eis, ut asserunt, per sedem apostolicam concessorum et per nos ad instantiam venerabilis fratris moderni archiepiscopi Avinionensis confirmatorum, exemptos esse asserentes, vinum pro et aliis ad minutum vendere et tabernam etiam publicam tenere presumunt ac gabellam hujusmodi solvere indubite recusant, in non modicum aliorum ipsius civitatis habitatorum detrimentum et jacturam. Quare pro parte vestra nobis fuit humiliter supplicatum ut in premissis oportune providere de benignitate apostolica dignaremur.

Nos igitur vestris in hac parte supplicationibus inclinati, privilegia et exemptiones hujusmodi ad doctores presbyteros et clericos predictos minime se extendere, *sed ipsos doctores, presbyteros et clericos ad solutionem dictæ gabellæ de consensu tamen venerabilis fratris archiepiscopi Avinionensis teneri perinde ac si confirmatio privilegiorum hujusmodi a nobis nullatenus emanasset, authoritate apostolica tenore præsentium decernimus et declaramus,* et nichilominus Vicegerenti dictæ civitatis mandamus ut presentes litteras ubi et quando pro parte via fuerit requisitus, solemniter publicet ac per omnes et singulos doctores et clericos hujusmodi servari faciat, contradictores per censuras ecclesiasticas, appellatione postposita, compescendo. Non obstantibus præmissis ac quibuscumque litteris per fœlicis recordationis Calixtum III et Pium II ac Sixtum IV romanos pontifices, predecessores nostros doctoribus, presbyteris et clericis predictis etiam motu proprio et ex certa scientia ac de apostolicæ potestatis plenitudine, cum quibusvis etiam derogatoriarum derogatoriis, clericis super exemptionem hujusmodi concessis et per nos et sedem predictam innovatis, confirmatis et approbatis, quibus omnibus illorum tenores ac si presentibus de verbo ad verbum inserti forent, pro expressis habentes, illis alias in suo robore permansuris quo ad premissa specialiter et expresse derogamus ; aut si eisdem doctoribus et clericis ab apostolica sit sede indultum quod interdici, suspendi vel excommunicari non possint per litteras apostolicas non facientes plenam et expressam ac de verbo ad verbum de indulto hujusmodi mentionem, contrariis quibuscumque.

Datum Romæ, apud Sanctum Petrum, sub annulo Piscatoris, die vigesima quinta augusti, anno millesimo quingentesimo decimo quarto, pontificatus nostri anno secundo. Evangelista.

XLVIII

Breve domini Leonis, papæ decimi, confirmationis juridictionis Vicegerentis in religiosos, doctores, monetarios cum facultate cognoscendi de causis appellationum Comitatus-Venaissini (1).

(17 martii, 1520)

Original parchemin dépourvu de l'empreinte du sceau du pêcheur dont il était muni : Archives municipales d'Avignon, *boîte 9* ; — Bullarium civitatis Aven., constitutio LXXV, pag. 94.

DILECTO filio Antonio de Castro, auditori causarum Cameræ apostolicæ civitatis Aven, Leo papa decimus. Dilecte fili, salutem et apostolicam benedictionem.
Exponi nobis fecisti quod cum alias fœlicis recordationis Eugenius papa quartus, prædecessor noster, motu proprio et

---

(1) Dans ce bref, Léon X, d'une part, concède au vice-gérent la faculté de connaître des causes d'appel des tribunaux du Comtat-Venaissin, et, de l'autre, lui confirme le privilège de juridiction sur les religieux, docteurs et monnayeurs que lui a accordé le pape Eugène IV. C'est en ce dernier point que ce bref nous intéresse, et à ce titre seulement qu'il devrait trouver place dans notre *Cartulaire*. Cependant, comme en cela il n'est que la confirmation pure et simple et la reproduction presque littérale de la bulle d'Eugène IV, nous pensons qu'il nous suffit de le signaler et de renvoyer, pour le texte complet, à la bulle que nous avons donnée à la page 74.
Mais ce sur quoi nous ne saurions trop insister, c'est sur le préjudice que la bulle d'Eugène IV, confirmée d'abord par Sixte IV (*Bullarium civitatis Avinionensis*, constitut. LXXIII et LXXIV), et maintenant par Léon X, porta à l'Université en mettant la confusion dans la juridiction respective du vice-gérent et du primicier au point de rendre bien incertaine la ligne de démarcation entre l'une et l'autre; confusion qui, dans la suite, donna lieu aux plus grandes difficultés entre les deux partis.
Tel le fait suivant qui se produisit en l'année 1524 :

ex certa ejus scientia voluerit et tunc pro tempore existenti auditori causarum curiæ apostolicæ civitatis nostræ avinionen. Vicegerenti concesserit quod ipse omnes et singulos

Le vice-gérent Antoine de Castro, fort du prétendu privilège concédé par Eugène IV à Barthélemy Angeli de Cingulo, avait cité devant lui plusieurs écoliers du collège St-Nicolas. Ceux-ci déclinèrent sa compétence. Mais il ne voulut pas accueillir leur protestation malgré l'intervention de Jean Marie, docteur et acteur de l'Université. C'est alors que les docteurs décidèrent qu'on en appellerait de sa décision devant le légat, et on commit à cet effet le Père Albert du monastère de St-André (délibération du 21 février 1524).

Le 23 mars suivant, le collège étant réuni dans l'église des Frères Prêcheurs, le Vice-gérent exposa longuement ses prétentions, qui avaient, selon lui, leurs origines dans la création même de l'office de la vice-gérence et c'est pour cela que, lorsque quelque question juridictionnelle venait à se produire, il convoquait le collège des docteurs pour qu'il remit la cause à l'auditeur et au juge ordinaire de la ville. L'avocat de l'Université lui répondit que la vice-gérence elle-même était placée sous la juridiction de l'auditeur, mais que celui-ci n'avait aucune autorité sur les docteurs, licenciés, bacheliers et autres suppôts de l'Université, excepté sur ceux qui jouissaient du privilège de l'*exemption*, ainsi qu'il était dit dans les lettres de nomination de Barthélemy de Cingulo; que d'ailleurs sous prétexte d'*exemption*, certains écoliers commettaient beaucoup de délits qui demeuraient impunis, et que, s'il était arrivé quelquefois que le vice-gérent eût appelé devant son tribunal certains de ces écoliers, c'est que ceux-ci avaient accepté volontairement l'extension de sa compétence juridictionelle ; mais que ces exceptions ne pouvaient préjudicier en rien aux droits de l'Université nettement établis dans une bulle de Léon X. Cette bulle, qui confère à tous les Primiciers en Italie, en France et spécialement à Avignon, des pouvoirs juridictionnels, défend à tous les magistrats d'Avignon, sous la menace de certaines peines et des censures ecclésiastiques, d'apporter aucune entrave au droit qu'a le Primicier de connaître en premier ressort des causes qui intéressent les suppôts de l'Université. Lecture ayant été faite de cette bulle, le Vice-gérent demeura tout *stupéfait*, protestant qu'il en ignorait les dispositions, et qu'il n'avait nullement l'intention d'attenter aux privilèges de l'Université. Il se désista donc de ses premières revendications et pria les docteurs de sauvegarder les privilèges de la vice-gérence (Voy. *Archives départ.*, fonds de l'Université d'Avignon, D. 34 : *Liber conclusionum ab anno* 1512 *usque ad* 1545. Nous aurons d'ailleurs encore à revenir sur cette question).

religiosos quorumcumque sancti Blasii, sancti Benedicti . .
, , ... , ... etc., etc,

Datum Romæ, apud sanctum Petrum, sub annulo Piscatoris, die decima septima Martii, anno millesimo quingentesimo vigesimo, pontificatus nostri anno septimo.
P. Blondus.

XLIX

Bulla domini Clementis, papæ septimi, confirmationis privilegiorum Universitatis Avenionen, præsertim super redditibus et emolumentis curiæ Vicegerentiæ et tabelliorum Carpentoractensis, Insulæ, Valreaci, Cavallicensis, Malaucenæ, de Montilis et de Paternis, pro stipendiis doctorum et magistrorum in eadem Universitate actu legentium (1).

(Prid. Non. januar. 1523)

Original parchemin dépourvu de la bulle de plomb dont il était muni : Archives de l'Université : D. 23 ; — *copie :* mêmes archives, D. 3.

CLEMENS Episcopus, servus servorum Dei, Dilectis filiis Primicerio, et universis doctoribus, magistris et scolaribus Universitatis studii generalis civitatis Avinionensis, sanctam et apostolicam benedictionem, amen. Cum a nobis petitur quod justum est et honestum, tam vigor equitatis quam ordo exigit rationis ut id per sollicitudinem officii nostri ad debitum perducatur effectum. Quapropter,

---

(1) A l'exaltation de chaque pape, la cité d'Avignon, de concert avec l'Université, envoyait à Rome des ambassadeurs pour prêter serment de fidélité au nouvel élu et en recevoir en échange la confirmation des privilèges respectifs dont elles jouissaient. Cette bulle peut donc être considérée comme la charte octroyée par Clément VII au moment de son avènement à la papauté à notre Université. A quelques années de là (11 avril 1526), le même pape lui donna une autre preuve de ses dispositions bienveillantes en chargeant Amelius Médicis, cardinal du titre de St-Calixte et son camérier, de prescrire à Jean-Baptiste Alphant de Pérouse, commissaire à Avignon pour le recouvrement des décimes, de ne rien exiger des docteurs et étudiants de l'Université pour les bénéfices qu'ils possédaient. (Une copie certifiée conforme de la lettre du cardinal à Alphant de Pérouse sur cet objet se trouve aux *Archives de l'Université*, D. 230).

dilecti in Domino filii, vestri instrumenti postulationibus grato concurrentes assensu, *omnes libertates et immunitates per fœlicis recordationis Sixtum quartum, Leonem decimum ac alios Romanos Pontifices predecessores nostros, sive per privilegia vel alia indulta, presertim concessiones et assignationes certorum reddituum, proventuum et emolumentorum Curiæ Cameræ vicegerentiæ et tabellariorum seu scribaniarum civitatis Carpentoractensis, Oppidorum Insulæ et Valreaci, Cavallicensis et Vasionensis diocœsum, nec non civitatum Cavallicensis et Malaucenæ, de Montilis et de Paternis locorum dictorum Vasionensis et Carpentoractensis diocœsum nuncupatorum, pro salariis seu stipendiis doctorum et magistrorum in eadem Universitate actu legendium factas, vobis et dictæ Universitati in communi concessas, nec non libertates et exemptiones omnium exactionum a Regibus et principibus ac aliis potestatibus, vobis et eidem Universitati rationabiliter indultas, ut ea omnia juste et pacifice possidetis, vobis et per vos eidem Universitati apostolica auctoritate confirmamus et presentis scripti patrocinio communimus.*

Nulli ergo omnino hominum liceat hanc paginam nostræ confirmationis et conventionis infringere vel ei ausu temerario contraire. Si quis autem hoc attemptare presumpserit, indignationem omnipotentis Dei ac beatorum Petri et Pauli apostolorum ejus se noverit incursurum.

Datum Romæ, apud Sanctum Petrum, anno incarnationis dominicæ millesimo quingentesimo vigesimo tertio, pridie nonarum Januarii, Pontificatus nostri anno primo. P. de Medina.

L

Breve Domini Clementis, papæ septimi, revocationis omnium privilegiorum et | indultorum comitibus Palatinis aut cardinalibus, etiam legatis de latere concessorum, quoad facultatem promovendi aliquem ad gradum in civitate, Diecœsi Avenionis ac comitatu Venaissino (1).

(20 septembr. 1531)

Original parchemin dépourvu de l'empreinte du sceau du pêcheur dont il était muni : Archives de l'Université, D. 160 ; — *copie imprimée :* Bullarium civitatis Aven., constitutio LXIV, pag. 76 ; — *id. :* Nova disquisitio legalis, etc., (auctore Paulo de Cadecombe, J. V. D.), caput XX, pag. 37.

Dilecto Filio Hippolyto, Sanctæ Praxedis Diacono, Cardinali de Medicis, Clemens, Papa septimus. Dilecte fili noster, salutem et apostolicam benedictionem. Cum, sicut accepimus, quamplures a comitibus

---

(1) Le 12 février 1523, le collège des docteurs s'était réuni au Petit-Palais pour l'examen particulier de Jean Maréchal, étudiant bourguignon. A la suite de cet examen, M° Olivier Rollandi se plaignit de la facilité avec laquelle les souverains pontifes et d'autres hauts personnages conféraient le grade de docteur, au grand détriment des droits de l'Université, et demanda qu'on avisât à remédier à cet abus. Le collège s'associa à cette plainte, et rappela que les constitutions apostoliques elles-mêmes prescrivaient de n'admettre aucun candidat aux grades qu'après lui avoir fait subir un examen rigoureux. Défense fut faite en conséquence aux docteurs de conférer des grades sans examen, sous peine d'être privés de participer aux actes de l'Université pendant trois ans, et il fut décidé qu'on porterait plainte en cour de Rome contre un pareil abus.

En attendant, on convint que désormais, et malgré la délibération prise en 1518 sous le primicériat de Nicolas Rolland, par laquelle de Ripa et Alciat, régents extraordinaires à l'Université, étaient autorisés à conférer directement n'importe quel grade, à l'exception de l'agrégation, et cela pendant tout le temps que ces maîtres professeraient à Avignon, on convint, disons-nous, qu'à l'avenir de Ripa — Alciat venait de quitter l'Uni-

Palatinis et aliis etiam specialibus Comissariis Apostolicis, ad Magistratus, Doctoratus, Licentiatus, Baccalariatus, et forsan' alios gradus in Divino et humano Juribus, Artibus, Medicina, et aliis scientiis extra Universitatem generalis studii nostræ civitatis Avinionis, cujus circumspectio tua, ratione Ecclesiæ Avinionensis quam in administrationem obtines, Cancellarius existis in eadem civitate et Diocœsi Avinionis in tui et dictæ Universitatis præjudicium hactenus

versité — devrait s'adjoindre dans l'examen de tout candidat un agrégé, et qu'à cette condition seule la promotion faite par lui serait valable (*loc. cit.*, D. 67). Furent présents à ce collège :

Antonius de Castro primicerius, Michael de Sto-Sixto, Franc. Meruli, Oliverius Rolandi, Joannes Marie, Balthas. Meruli, Petrus Alberti, Joannes Panissia, Guillelmus Girardi, Bonifacius Saurin, Carolus Valserre, Joannes de Acuto, Jacob Teulery, Petrus Girardi, Joannes Pelegrini thesaurarius ecclesiæ Avinionensis, Jacobus Clarety, Joachinus de Sadone.

Parmi eux il n'y en eut qu'un seul, François de Meiles, qui ne vota pas les conclusions prises. Il était lui-même dans la jouissance du privilège de conférer directement le doctorat et il entendait le conserver ; c'est pourquoi il fit ses réserves et protesta contre tout appel au St-Siège sur cet objet (Voy. à la bibliothèque du Museum Calvet d'Avignon, collection manuscrite du *fonds Requien*, le volume intitulé : *Université d'Avignon, historique*, fol. 51).

En 1529, le collège revint encore sur le même sujet, sur les instances surtout de Perrinet Parpaille, le père du fameux Jean-Perrin Parpaille. La délibération visait surtout cette fois Hippolyte de Médicis, cardinal-diacre du titre presbytéral de Ste-Praxède, qui depuis 1527 occupait le siège archiépiscopal d'Avignon, et qui, paraît-il, se montrait un peu trop prodigue des titres universitaires.

Plainte fut en effet portée en cour de Rome contre ce prélat, comme on peut s'en assurer par une pièce qu'on trouve aux *Archives de l'Université*, D. 2, et qui porte pour titre : *Litteræ apostolicæ et compulsoriæ pro parte Universitatis Avin., contra Hippolytum cardinalem de Medicis super quodam jure, ut asserebat, doctores creandi in utroque jure et magistros in artibus* (30 mai 1530) ; et le 20 septembre 1531, à la suite d'une instruction très minutieuse, qui avait abouti à une décision du tribunal de la Rote, conforme aux prétentions de l'Université, Clément VII promulga cette bulle, dans laquelle, tout en sanctionnant les droits de l'Université sur ce point, il fait cependant quelques restrictions par égard sans doute à Hippolyte de Médicis, son propre neveu.

promoti fuerint, et in dies promoveantur; nos ne id deinceps fiat, providere cupientes, motu proprio, et ex certa scientia nostra, *omnes et singulas facultates, privilegia, concessiones et indulta quibuscumque personis cujuscumque gradus, status, dignitatis et præeminentiæ existentibus, etiamsi Comites Palatini, aut Sanctæ Romanæ Ecclesiæ Cardinales, et legati de latere fuerint per prædecessores nostros, ac nos et sedem apostolicam, ac Legatos de latere,* et

Voyons maintenant ce qu'on entendait par *comte palatin*.

Ce furent les empereurs romains qui primitivement instituèrent les ordres de chevaliers de l'Eperon et de comtes palatins, dont ils honoraient ceux qui avaient rendu des services à l'Etat. Ces dignitaires étaient attachés à leur personne pour y remplir quelques charges ou offices. Une de leurs principales attributions était de décider souverainement certaines affaires; aussi celles dont la connaissance leur était attribuée portaient-elles le nom de *causes palatines*.

Les comtes palatins eurent longtemps le droit, faisant collège au nombre de douze, de créer des notaires, de désigner aux pupilles et aux adultes des curateurs, de légitimer les bâtards, etc. Plus tard on donna le nom de comtes palatins à ceux qui étaient délégués par le prince pour tenir la justice en quelque province. La France, l'Italie et l'Allemagne en avaient.

La nature de ces dernières attributions nécessitait de leur part des connaissances juridiques profondes; c'est ce qui fit que, dans la suite, lorsque leurs fonctions furent tombées en désuétude, le titre seul resta et fut donné comme récompense aux légistes de renom que les souverains voulaient honorer à un titre quelconque.

Les papes, à leur tour, conférèrent cette dignité aux personnes nécessaires dans leur cour, ou à celles qu'ils voulaient plus particulièrement distinguer parmi les cardinaux, les prélats, les légistes, les professeurs, etc. :

« Habuisse quoque summos pontifices suos comites palatinos videtur erui ex bulla Joannis XIX PP, quam descripsit *Ughellus*, t. I, p. 115, cujus frater *Albericus comes Palatii* interest judicato quod ipsemet pontifex protulit in ecclesia S. Sylvestri infra palatium Lateranense. » (Ducange, t. II, colonne 809).

Une bulle du pape Sixte IV, du 8 mars 1475, transmit aux légats, nonces et archevêques le pouvoir de conférer aussi le titre de comtes palatins à un certain nombre de personnages dans les lieux de leur juridiction et résidence. Tel était le cas, par exemple, du Légat et plus tard du Vice-légat d'Avignon.

Ce pouvoir, sorte d'émanation directe de celui que possédait le pape,

alios quoscumque concessas et concessa quoad facultatem promovendi aliquem ad gradus prædictos in civitate et Diocœsi Avinionis ac toto nostro Comitatu Venaissino, revocamus, cassamus, et annulamus, ac nullo modo in 'dicta civitate et Diocœsi ac Comitatu sibi locum vendicare posse ac quoscumque quoquomodo qualificatos in dicta civitate Diocœsi et Comitatu ad aliquem ex gradibus prædictis extra Universitatem hujusmodi pro tempore promovendos, nullo modo

fut reconnu, à diverses reprises, par le Parlement de Paris, et nous savons notamment que, sous le règne de Louis XIV, ce même Parlement ne fit aucune difficulté pour enregistrer et faire enregistrer à la Chambre des comtes, des diplômes de comtes palatins obtenus du Vice-légat d'Avignon, et que le roi lui-même autorisa les officiers attachés à sa personne de porter la croix de cet ordre et de jouir des privilèges qui y étaient attachés.

Cependant le concile de Trente, dans le chapitre II de la session 24e, abolit les pouvoirs spéciaux des comtes palatins et les soumit à la juridiction des évêques ordinaires.

Depuis, ils n'ont plus conservé en Italie et dans les autres pays, que leurs privilèges purement honorifiques, c'est-à-dire qu'ils ont continué à être regardés comme nobles, à porter la couronne de comte avec la croix de l'ordre au bas des armoiries, à faire usage de l'or, de l'argent et des pierreries, lorsque par les lois des pays où ils résidaient les nobles seuls avaient ce privilège, à l'exclusion des autres classes de citoyens. Le titre de comte palatin constitua même un titre primordial pour être reçu dans l'ordre de Malte.

A Avignon, tout comte palatin était rangé de droit dans la première catégorie de citoyens; ainsi Guillaume-François Athenosy, qui était conseiller de l'Hôtel-de-Ville dans la seconde main au moment où il fut fait comte palatin, passa immédiatement dans la première par ordonnance spéciale du Vice-légat d'Elci, rendue à la date du 7 septembre 1730.

Telle est, rapidement esquissée, l'histoire d'un ordre dont furent décorées, à l'Université d'Avignon, un certain nombre de ses illustrations, et qui subsista jusqu'à la Révolution française, sous le nom d'*Ordre des chevaliers comtes palatins. (Sur les comtes palatins*, consultez Moreri : *Dictionn.*; et dans la collection manuscrite Requien, à la bibliothèque du *Museum Calvet* d'Avignon, le volume intitulé : Université, *historique*, contenant, entre autres documents, une attestation comme quoi le titre de comte palatin rendait *nobles et illustres* ceux qui en étaient revêtus; voy. aussi Archives de l'Université, D. 36, fol. 31 : affaire de l'Université contre les comtes palatins, à propos de la bulle du 20 septembre 1521, etc, etc.).

gradum, aut dignitatem acquirere, ac privilegiis, favoribus, immunitatibus, antelationibus, et præeminentiis gradus hujusmodi uti, potiri et gaudere posse; neque per quoscumque judices et commissarios judicari et definiri debere, sublata eis quavis altera judicandi et definiendi facultate, ac quidquid secus contigerit attentari irritum et inane decernimus et declaramus; et nihilominus universis et singulis personis cujuscumque gradus et qualitatis fuerint sub excommunicationis latæ sententiæ, ac duorum millium ducatorum auri de Camera, pro una Cameræ Apostolicæ, et reliqua medietatis ipsi Cameræ Archiepiscopali Avinionis ipso jure absque aliqua declaratione incurrendorum et applicandorum pœnis districtius inhibemus, ne se ad aliquem ex gradibus prædictis in civitate, Diocœsi et Comitatu prænominatis ab alia quam dicta Universitate, peractis cursibus debitis, et aliis servatis servandis quoquo modo promoveri faciant, nonobstantibus præmissis, nec non constitutionibus et ordinationibus apostolicis, ac in Provincialibus, et in synodalibus Conciliis editis, statutisque, et consuetudinibus prædictarum, et quarumvis aliarum Ecclesiarum Universitatum civitatum et locorum quorumcumque, etiam juramento etiam tuo, quod quoad effectum præmissorum relaxamus, confirmatione apostolica, et quavis alia firmitate roboratis privilegiis quoque et indultis, ac literis apostolicis omnibus et singulis etiam Legato nostro Avinionis et comitatus prædictis, et quibusvis aliis quomodolibet concessis, confirmatis, et innovatis, quibus etiam si eis nullatenus, aut non nisi sub certis in eis expressis modis, et formis derogari posse videretur, tenores et causas concessionum illorum pro sufficienter expressis ac modos et formas in eorum sufficienti derogatione necessarios et requisitos pro debite observatis habentes, ad effectum præmissorum derogamus, et sufficienter derogatum esse, et præsentibus in toto vel parte nullatenus derogari, nec ea revocari, suspendi, aut limitari posse, et si etiam cum earum totali insertione, etiam per nos et sedem Apostolicam quomodolibet fieri seu attentari contigerit nullius penitus momenti esse volumus, et decernimus, *nisi ad id tuis et tuorum in dicta Ecclesia successorum, ac totius Universitatis Avinionis prædictæ per trinas tuas, et cujuslibet eorum datas propriæ manus patentes literas cum intervallo trium mensium inter datas eorum specialis, et expressus accedat assensus,* cæterisque contrariis quibuscumque; aut si prædictis et quibusvis aliis communiter, vel divisim a præfata sit Sede indultum quod interdici, suspendi, vel excommunicari non possint per literas Apostolicas non facientes plenam et expressam, ac de verbo ad verbum de Indulto hujusmodi mentionem.

Datum Romæ, apud Sanctum Petrum, sub annulo Piscatoris die vigesima Septembris anno millesimo quingentesimo trigesimo primo, Pontificatus nostri anno octavo. — Evangelista (1).

---

(1) Notons une fois pour toutes que le nom que l'on trouve au bas de chaque bulle ou bref est celui du prélat *abréviateur*. On nomme ainsi les officiers de la cour romaine chargés de réviser la minute de toutes les bulles et d'y apposer leur signature avant qu'elles soient transcrites sur parchemin en lettres gothiques. Ils forment un collège érigé par Pie II et réglementé par Sixte Quint, qui constitue un véritable tribunal appelé à se prononcer sur les doutes et questions auxquels peuvent donner lieu les clauses des bulles et des décrets, etc. (Voy. Augustin Canron, *loco citato*).

LI

Breve domini Pauli, papæ tertii, quod liceat consilio et communitati civitatis Avenionensis moderari vel augere omnes et singulas gabellas tam impositas quam imponendas; teneanturque omnes cives et incolæ civitatis, scolaribus et iis a Sede Apostolica exemptis duntaxat exceptis, eas solvere; commissio quoque datur Legato Avenionis providendi super sessione consulum in funeralibus Pontificum, etc. (1).

(26 novemb. 1535)

Original parchemin dépourvu de l'empreinte du sceau du pêcheur dont il était muni : Archives municipales d'Avignon, *boîte* 34.

Dilectis filiis Consilio et communitati civitatis nostræ Avinionensis, Paulus papa tertius. Dilecti filii, salutem et apostolicam benedictionem. Fidei vestræ constantia promeretur ut vos speciali protectionis munimine prosequamur. Exponi siquidem nobis nuper fecistis quod vos

---

(1) En somme, le pape Paul III ne fait dans ce bref que confirmer l'Université dans les paisibles jouissance et possession d'immunités qu'elle tenait à la fois du droit romain, des coutumes et des bulles des papes ses prédécesseurs. Nous n'avons qu'à rappeler, par exemple, que la loi et la jurisprudence romaines voulaient que les docteurs ès-lois, leurs femmes et leurs enfants fussent exempts de toutes fonctions ou charges réelles, personnelles et mixtes : *Doctores legum una cum uxoribus et filiis, nec non et rebus quas in civitatibus suis possident, ab omni functione et ab omnibus muneribus vel civilibus vel publicis immunes esse et neque in provinciis hospites recipere, nec ullo fungi munere;* que les maîtres (*magister* correspond au mot docteur), les grammairiens, les orateurs, les médecins et les philosophes fussent dispensés de toutes les charges publiques, de quelque nature qu'elles fussent, etc., etc. Or, il est facile de comprendre que de pareils textes devaient avoir une grande autorité au moyen âge, alors que le droit romain était suivi partout; mais les constitutions des souverains pontifes étaient plus explicites

uxta privilegia et indulta per romanos Pontifices, predecessores nostros quam olim comites Tholosanos et marchiones Provinciæ tum istius civitatis nostræ, ut asseritur, in temporalibus dominos, vobis concessa seu alias certas gabellas, licet tenues quarum major pars ponuntur pro manutentione jurisdictionis apostolicæ quam finitum regii officiarii quotidie absorbere et penitus ad nihilum redigere satagunt ac tuitione seu manutentione territorii ipsius civitatis quod perexiguum existit adversus fluvios Rhodani et Durentiæ qui pene civitatem ipsam in insulam redegerunt aliorumque quam plurimorum onerum quibus singulis annis oppressi estis, supportatione precipitis, super quibus sæpius inter mercatores controversiæ et questiones oriuntur. Cum propter illarum antiquitatem plura sint quæ nunc in usu non sunt, alia vero quam plurima nunc existant in usu, de quibus in eis nulla fit mentio, quorum pars tollenda, alia vero moderanda et alia forsan augenda foret, et licet fœlicis recordationis Nicolaus papa quintus predecessor noster, voluisset omnes et singuli tam cives quam incolæ et habitatores dictæ civitatis, laici tantum, cujuscumque sta-

---

encore que les textes de la jurisprudence romaine, et l'on peut affirmer que, sur ce point, aucune Université ne fut plus favorisée par eux que celle d'Avignon. Nous n'avons qu'à renvoyer aux bulles de Boniface VIII (bulle I), d'Urbain V (bulle IV), de Jean XXIII (bulles XIII et XXI), de Nicolas V, (bulle XXIII), de Pie II (bulle XXV), à celle de *processu* faite par le cardinal Julien de la Rovere, par ordre du pape Sixte IV, en exécution de la bulle de Pie II (literæ XXX), à celles de Sixte IV (bulle XXXII), d'Innocent VIII (bulle XXXIV), d'Alexandre VI (bulle XXXVI), de Léon X (bulle XLIII), et enfin de Clément VII (bulle XLIX).

Ces bulles non seulement accordaient à l'Université les privilèges qui sont spécifiés dans chacune d'elles, mais elles confirmaient en même temps les exemptions de tous les impôts, gabelles, etc., que notre Université possédait de par le droit commun, et les avantages qu'elle tirait des princes souverains d'Avignon avant l'achat de cette ville par le Saint-Siège, et parmi lesquels il faut compter ceux dont elle avait été gratifiée par Charles II, roi de Jérusalem et de Sicile, à l'instance de la ville même (Voy. *Regiæ literæ, II*).

tus, gradus, dignitatis vel conditionis forent, *scolaribus studii generalis ipsius civitatis dumtaxat exceptis*, omnes et singulas gabellas tam impositas quam imponendas, omnium et singulorum suorum fructuum, rerum et bonorum mobilium quemadmodum ceteri persolvebant, a quarum solutione nullum ex ipsis laicis exemptum et immunem esse decrevit, quibusvis gratiis, privilegiis, exemptionibus, immutatibus, libertatibus et litteris apostolicis quorumcumque tenorum existerent quibusvis personis concessis et concedendis, non obstantibus, solvere tenerentur et deberent per suas sub plumbo litteras concesserit (1), tamen nonnulli se ab illarum solutione exemptos praetendentes, licet non sint, in earum solutione se difficiles reddunt et quamvis olim piæ memoriæ Julius papa secundus etiam predecessor noster tunc in minoribus constitutus dictæ civitatis Legatus, super precessu consulum et aliorum officiariorum inter alia statuerit et ordinaverit quod post Viguerium, universitatis Primicerius, inde Vicegerens, postmodum vicarius archiepiscopi et deinde judices, post quos venirent primus consulum cum uno doctore, inde secundus consulum cum alio doctore et post tertius consulum cum alio doctore et deinde assessor sequeretur (2), ac statutum hujusmodi per reverendæ memoriæ Alexandrum papam sextum similiter predecessorem nostrum confirmatum asseratur (3), nihilominus in funeralibus pontificum et celebri pompa quæ in assumptione novorum Pontificum celebrantur, ad quæ, ut verisimiliter credi potest, consideratio per ipsum Julium predecessorem tunc habita non fuit et quorum sumptus ipsi consules licet expensis dictæ civitatis faciant, ipsi consules immediate post Viguerium, prout etiam sedent in domo civitatis a dextris ipsius Viguerii statim post judices sedere consueve-

(1) Voy. bulle XXIII.
(2) Voy. litteræ XXX.
(3) Voy. bref XXXVI.

unt (1). Quare nobis humiliter supplicari fecistis ut pro ipsius civitatis et vestrum tranquillitate et prospero regimine super his oportune providere de benignitate apostolica dignaremur.

Nos igitur, ipsius civitatis profectum et felicem successum paterno zelantes affectu, hujusmodi supplicationibus inclinati vobis, interveniente nostra aut Romani Pontificis pro tempore existentis licentia, *gabellas seu partem dictarum gabellarum quas percipitis et ea quæ sunt in usu ac de quibus nulla in ipsis privilegiis fit mentio, quorum pars tollenda videtur tollere, alia vero moderari et alia si videbitur, augere, dummodo in hoc de vestro solum interesse agatur et si gabellas hujusmodi auxeritis, eas solum a vobis ipsis exigatis, libere et licite valeatis plenam et liberam auctoritate apostolica tenore presentium, facultatem concedimus et pariter indulgemus;* statuimusque et ordinamus : *quod omnes et singuli tam cives quam incolæ et habitatores civitatis hujusmodi cujuscumque status existant, scolaribus prefatis dumtaxat exceptis, omnia et singula gabellas et vectigalia tam imposita quam imponenda omnium et singulorum fructuum, reddituum, proventuum et bonorum suorum mobilium et immobilium quemadmodum cœteri persolverint, persolvere debeant et teneantur, nullique ex ipsis nisi privilegium a sede apostolica habentes, ab illorum solutione exempti seu immunes existant; ac judices vectigalium et gabellarum tenorem litterarum Nicolai predecessoris hujusmodi sequentes, quoscumque laicos ad illa solvendum juxta tenorem taxæ et capitulorum eorumdem, more debitorum fiscalium, frivolis allegationibus ceterisque contrariis nequaquam obstantibus, ut moris, exigere et compellere possint.*

Quodque venerabilis frater noster Franciscus Guillermus, Episcopus Albanensis, sanctæ Romanæ ecclesiæ cardinalis, in

---

(1) Allusion à ce qui s'était passé aux funérailles de Clément VII. Voy. note de la page 131.

dicta civitate apostolicæ sedis legatus (1), *super sessione consulum dictæ civitatis in funeralibus pontificum provideat, prout sibi melius absque scandalo et absque alicujus injuria expedire videbitur.* Non obstantibus premissis ac constitutionibus et ordinationibus apostolicis, necnon quibusvis aliis privilegiis et indultis apostolicis quibusvis personis sub quibuscumque tenoribus et formis ac cum quibusvis clausulis et decretis concessis, approbatis et innovatis, quibus omnibus tenores illorum ac si de verbo ad verbum inserti forent presentibus pro sufficienter expressis habentes quoad premissa, specialiter et expresse derogamus, ceterisque contrariis quibuscumque.

Datum Romæ, apud Sanctum Petrum, sub annulo piscatoris, die vigesima sexta Novembris, anno millesimo quingentesimo trigesimo quinto, pontificatus nostri anno secundo. Blasius.

---

(1) C'est François-Guillaume de Clermont-Lodève, cardinal titulaire d'Albano, archevêque de Narbonne et d'Auch. Il fut légat d'Avignon de 1513 à 1541, année de sa mort. Il eut pour successeur le cardinal Alexandre Farnèse, déjà archevêque d'Avignon et le propre neveu du pape Paul III. L'Université envoya une députation à Sorgues, pour féliciter ce nouveau légat sur son heureux avènement (Voy. *Archives de l'Université*, D. 34).

LII

Breve domini Julii, papæ tertii, per quod Legato Avenionis mandatur vectigal unius floreni pro quolibet vegete vini per omnes cives, etiam doctores et scholares generalis studii Universitatis Avenionensis, si ipsi videbitur, solvendum ad sex annos tum proxime futuros (1).

(15 décembr. 1553)

Original parchemin dépourvu de l'empreinte du sceau du pêcheur dont il était muni : Archives municipales, *boîte* 34 ; — *Vidimus parchemin sans sceau du même bref* (août 1554) : *Mêmes archives, même boîte.*

Dilecto filio Legato civitatis nostræ Avinionensis, Julius papa tertius.

Dilecte fili noster, salutem et apostolicam benedictionem.

---

(1) Depuis l'année 1535, date de la dernière bulle, la situation de l'Université, au point de vue de ses exemptions de gabelles et d'impôts, avait sensiblement changé. Déjà, vers l'an 1551, la ville obérée de dettes, en raison des ravages qu'à diverses reprises la peste y avait faits, des inondations du Rhône et de la Durance et autres calamités, qui toutes avaient eu pour résultat de grever son budget, s'était adressée au pape Jules III, alors régnant, pour qu'il voulût bien approuver la gabelle d'un florin, que le conseil de ville avait établi pour six ans sur chaque tombereau de raisin entrant dans la ville, à l'effet d'amortir un emprunt de 7000 écus qu'elle avait été obligé de contracter pour faire face aux nécessités de la situation. Avec l'assentiment du légat, le clergé et les docteurs avaient été eux-mêmes compris dans le nouvel impôt, pour une demi-gabelle seulement. Mais sur ces entrefaites, Jules III rendit un bref dans lequel, tout en approuvant la conduite de la ville, il exonérait cependant de cette contribution le clergé, les chevaliers de St-Jean-de-Jérusalem et les autres hospitaliers, ainsi que les divers ordres mendiants. L'Université, lésée dans ses privilèges, réclama à son tour dans la personne de son primicier, de ses docteurs, de leurs veuves et des écoliers, et, dans une supplique adressée au pape et dont

Dudum pro parte dilectorum filiorum consulum civitatis nostræ Avinionensis nobis exposito quod antea cum dilecti filii, communitas ejusdem civitatis ob diversas et innumerabiles expensas quas ipsi necessitate coacti, propter pestem isthic sepius grassantem ac pontium et viarum publicarum restaurationem, murorumque dictæ civitatis manutentionem, necnon urgentes crebrasque ad Rhodani fluminis rapidissimi impetum arcendum extractiones et alioquin retroactis tum temporibus, diversimodo fecerant, æs alienum summam septuaginta millium scutorum auri vel circa constituens, gravi cum fœnore annuo contraxissent, nec unde debita hujusmodi dissolvere possent, facile haberent, præfati consules, congregatis tum consiliariis ac primoribus dictæ civitatis, vectigal unius floreni pro quolibet vegete vini, *tumbarel* late racemorum quam vocant, per quascumque etiam exemptas personas in dictam civitatem deducentes ad sex annos tum proxime futuros solvendum statuerant, ac omnes civitatis predictæ cives, incolæ et habitatores inter quos quam plures diversique artifices præsertim lanæ et serici ac alii qui a similibus dispositionibus exempti esse solebant, cognita urgenti ejusdem civitatis necessitate, hujusmodi statuto consenserant, ipsique consules et consiliarii medietatem vectigalis hujusmodi duntaxat a dilectis filiis clero et doctoribus ejusdem civitatis exigendum ac nonnulla alia circa hoc, tuo ad id accedente consensu, decreverant. Nos dictis incommodis quantum in nobis erat, succurrere cupientes ac dictos consules et quos-

---

celui-ci prit connaissance avant que le bref qu'il venait de rendre eût été expédié aux intéressés, elle se plaignit amèrement de cette violation de ses immunités, alors surtout que l'embarras financier de la ville n'avait, disait-elle, d'autre cause que la mauvaise gestion de ses finances, etc., etc. Emu d'une pareille accusation, le pape annula son premier bref, et donna celui-ci (bref LII), par lequel il commet le légat d'Avignon — c'était alors le cardinal Farnèse — pour l'examen de cette affaire, se déchargeant sur lui de prononcer en premier et dernier ressort.

cumque alios qui in premissis intervenerant, a censuris ecclesiasticis quas propterea incurrerant, absolventes, eorumdem supplicationibus in ea parte inclinati, impositionem vectigalis hujusmodi ac prout eam concernebant omnia et singula in scripturis desuper confectis contenta, alias tamen licita et honesta ac sacris canonibus minime contraria autoritate apostolica confirmavimus et approbavimus, ac omnes et singulos juris et facti defectus, si qui forte intervenissent in eisdem, supplevimus, decernentes vectigal hujusmodi, dictis sex annis durantibus, ab omnibus et singulis personis cujuscumque status, gradus, ordinis et conditionis existentibus, etiam exceptis integre ab ipso vero clero et ecclesiasticis personis, militibus Sancti Johannis Hierosolimitani et hospitalibus hospitalitatem servantibus et aliis piis locis et monasteriis quibus victum tribuebat incerta mendicitas, duntaxat exceptis, et quæ ab hoc onere exemptos esse voluimus, necnon doctoribus prædictis pro medietate tantum, ut prefertur, exigi posse pecuniasque inde provenientes in solutionem debitorum prefatorum et non alios usus omnino converti debere, ac mandantes tibi ut contradictores quoslibet per censuras et pœnas ecclesiasticas ac alia opportuna juris remedia, adhibito etiam ad hoc si opus foret tuo brachio seculari, ad solutionem vectigalis hujusmodi juxta nostrarum desuper confectarum litterarum tenorem compelleres, ipsasque litteras ab omnibus ad quos spectabat etiam clero et doctoribus predictis inviolabiliter observari faceres, prout in litteris et scripturis desuper confectis dicetur plenius contineri. Cum autem sicut exponi nobis nuper fecerint dilecti filii Primicerius, doctores, bacchalarii, rectores et scholares universitatis studii Avinionensis ac ipsorum doctorum relictæ mulieres et servitores prætensa debita prædicta ad quadraginta millia scutorum non ascendant nec ad utilitatem aut necessitates reipublicæ sed mala consulum et consiliarium præfatorum administratione contracta sint quandoquidem communitas et consules ipsi ex aliis vectigalibus ipsius civitatis ultra summam sex millium ducatorum auri *de camera* annuatim exigunt ex quibus præmissis omnibus abunde succurrere possunt tenenturque; ac pons Avinionensis suum proprium proventum annuum centum et quinquaginta scutorum auri pro ejus manutentione habeat et ab annis quinquaginta nulla pro medelis ad pestem impensa facta sit ac proinde doctores, rectores, scholares et alii prefati tanquam privilegiis apostolicis et jure communi exempti, ab hujusmodi vectigalis impositione ad sedem apostolicam ante litterarum præfatarum concessionem appellaverint et de nullitate dixerint, causamque appelationis admissam et nullitatis hujusmodi, dilecto filio magistro Frederico Fantuccio capellano nostro et causarum Palatii Apostolici auditori per sedem camdem committi obtinuerint : Nobis humiliter supplicari fecerunt ut cum justum non sit quod ob malam aliorum administrationem tot tantisque privilegiis sibi tam jure communi quam per Romanos Pontifices predecessores nostros concessis et a centum annis citra et ultra inviolabiliter observatis eorumque usu ita facile priventur, litteras præfatas et in eis contenta quoad illos ad viam juris communis et ac si litteræ ipsæ cum clam prout de jure expeditæ forent reducere, moderari et reformare. Et insuper dicto Frederico aut alio in ejus locum surrogato vel surrogando auditori seu locum tenenti causam et causas appellationis, nullitatisque, nec non surreptionis et obreptionis litterarum earumdem ac defectus intentionis nostræ circa illastam conjunctim quam divisim arbitrio suo audiendas et prout juris foret terminandas, cum potestate quoscumque citandos citandi ac prefatis consulibus, consiliariis et communitati, ceterisque personis ecclesiasticis et secularibus quavis auctoritate fungentibus, sub excommunicationis etiam majoris latæ sententiæ aliisque censuris ecclesiasticis et pecuniariis pœnis arbitrio suo infligendis et applicandis ne Primicerium, doctores, baccalarios, rectores, scholares et ipsorum doctorum relictas ac servitores predictos nec eorum quempiam super possessionem exemptionum a vectigalibus, gabellis et aliis prestationibus pro tempore impositis quibuscumque ac denique usu et gaudentia privilegiorum in qua existunt turbare ; aut posthac in suis consiliis aliquid in illorum ac hujusmodi exemptionum et privilegiorum prejudicium proponere vel statuere presumpserint districtius inhibendi ceteraque in præmissis et circa ea necessaria et opportuna faciendi et exequendi, præfatis ac constitutionibus apostolicis Legato et vicelegato Avinionensi ac præfatis consulibus, consiliariis et communitati postmodum ea in contrarium quomodolibet concessis et innovatis et specialem ac de verbo ad verbum de eis expressam mentionem et derogationem fieri requirentibus, ceterisque contrariis quibuscumque ne quoque obstante commitere et mandare dignaremur. *Nos igitur de premissis certam notitiam non habentes ac predictos doctores, rectores, scholares, relictas, servitores et personas ac totam denique universitatem istam suis in privilegiis et exemptionibus ac veteri illorum possessione et usu quoad fieri potest, conservare cupientes, hujusmodi supplicationibus inclinati circumspectioni tuæ per presentes mandamus quatenus litteris predictis non obstantibus in præmissis omnibus etiam summarie et de plano ac sine strepitu et figura judicii, nec non manu regia procedas prout tibi videbitur.*

Datum Romæ, apud Sanctum Petrum, sub annulo piscatoris, die decima quinta Decembris, anno millesimo quingentesimo quinquagesimo tertio, pontificatus nostri anno quarto.

LIII

Breve domini Pii papæ quinti, per quod mandatur ut pro debitorum civitatis Avenionensis solutione, quæcumque taxa Legato benevisa per Universitatem generalis studii, cives, singularesque alias personas sit solvenda (1).

(4 id. maii 1569)

Copie (incomplète), papier de l'original perdu : Archives municipales, *boîte* 34.

Pius papa quintus. Avinionenses. Motu proprio etc. Cum sicut accepimus, dilecti filii, universitas et cives civitatis nostræ Avinionis ob varias sinistrorum temporum calamitates a pluribus annis citra, quam plurima

---

(1) Seize ans nous séparent du bref de Jules III. Voyons ce qu'il advint pendant ce laps de temps de la querelle pendante entre la ville et l'Université. Nous ne savons quelle fut la décision rendue par le légat à qui le pape avait confié l'examen de l'affaire ; mais ce qu'il y a de certain, c'est que le 15 août de l'année suivante (1554) intervenait une transaction amiable entre les parties et dans laquelle il était dit « que sans préjudice des privilèges, libertés, exemptions et coutumes en la possession desquelles les docteurs et leurs veuves étoient, lesquels demeuraient toujours dans leur force et sans pouvoir être tiré à conséquence pour l'advenir ni attribution d'aucun droit aux parties, les docteurs et leurs veuves payeroient l'entrée du vin et vendange (six gros pour chaque tombereau de raisin) pendant trois années, la présente comprise, demeurant en son estat l'ancienne gabelle sur les autres habitants imposée avant cette nouvelle ; que pour l'advenir, les docteurs et leurs veuves ne pourroient être en aucune manière cottés pour quelque imposition que ce soit, que dans une grande nécessité et dans les cas exprimés par la disposition du droit, déclarant nul et invalable tout ce qui pourroit estre fait au contraire... etc. » (Le texte complet de cette transaction et de la vérification qui en fut faite par le conseil de ville le 8 février 1555 se trouve aux archives départ. *Fonds de l'Université :* D. 38, fol. 23 et suivants).

atque diversa hactenus contraxerint debita quæ per viam alicujus taxæ inter eos solvendæ super modo et forma taxæ hujusmodi faciendæ vel aliquo alio comodiori modo desuper

Le cardinal Farnèse et le vice-légat Jacques Marie de Sala, évêque de Viviers, avaient servi dans cette circonstance d'intermédiaires entre la ville et l'Université. Nous devons dire que leur mission avait été rendue facile par le bon vouloir de l'Université qui, en présence des troubles que suscitaient les calvinistes, avait été la première à reconnaître que, maintenant qu'il s'agissait d'un danger commun, de la défense de l'Église, des biens, des maisons et de la vie même des citoyens, il était juste que les dépenses ne fussent pas supportés par la ville seule, mais aussi en proportion par les corps privilégiés.

L'Université d'ailleurs ne devait payer cette gabelle que pendant trois ans, temps qui paraissait suffisant pour l'amortissement des emprunts faits à l'occasion des calvinistes.

Malheureusement les évènements s'aggravèrent de jour en jour. Les huguenots après s'être mis en armes dans tout le royaume de France, avaient envahi le Comtat, semant partout sur leurs passages la ruine et la mort. Ils étaient venus même établir leur camp au pont de Sorgues, situé à deux lieues d'Avignon. La situation de cette dernière ville était donc devenue des plus critiques. Il avait fallu, pour se défendre, lever des compagnies, acheter des armes et de l'artillerie, réparer les remparts, s'approvisionner en vivres, et cela à un moment où Avignon avait si complètement épuisé ses finances qu'il était réduit à emprunter à l'Université un capital de cent écus nécessité qu'il justifiait en ces termes dans l'acte de constitution d'une pension de sept écus faite au profit de cette dernière (1562) : « Etant réduite cette présente ville d'Avignon à une extrême nécessité, à faute d'argent, pour obvier aux efforts des rebelles huguenots, hérétiques, séditieux et perturbateurs du repos et tranquillité publique; ayant déjà épuisé tous les trésors et privés et publics, jusqu'à se prendre aux joyaux des églises, pour frayer à l'entretiennement des soldats, faire provision de munitions pour l'entretiennement de la guerre, faire faire artillerie et autres choses à ce nécessaires... etc. ». (Pièce parchemin qui se trouve aux archives départ. *Fonds de l'Université*, D. 228.)

En présence de cette situation, l'Université, pas plus que le clergé, ne marchanda son secours à la ville, et le 24 juin 1566 intervenait une nouvelle transaction, par laquelle les deux corps s'engageaient à payer pendant quatre années encore une nouvelle gabelle « sur les entrées des portes », dont la quotité serait fixée par la ville.

Un article capital de cette transaction (voir le texte complet, *loco citato*, D. 28, fol. 29) disait :

inveniendo inter eos oriantur, taxam seu aliquem alium comodiorem modum hujusmodi ad effectum premissum, per dilectum filium nostrum Georgium, tituli sancti Nicolai in Carcere

« Item ont transigé convenu et accordé lesdites parties contractantes que moyennant le payement desdites gabelles, durant icelles 4 années complètes et révolues, lesdits seigneurs du Collège et de l'Université et Escholiers et autres exempts desdites gabelles et entrées, jouiront paisiblement desdites exemptions, privilèges, libertés et coutumes, ainsi qu'ils faisoient paravant; que complètes et révolues lesdites quatre années, seront *ipso facto*, tout incontinent et sans delley quittes et exemptes sans pouvoir estre cottisés ne gabellés pour occasion de ce que dessus directement ou indirectement par quelque occasion que ce soit et ce nonobstant tout brief obtenu et a obtenir par ladite ville d'Avignon de Nostre St-Père sur le faict desdites gabelles contre lesdicts exempts pour occasion de ce que dessus, auxquels lesdits Seigneurs Consuls au nom qu'ils procédent moyenant le contenu en la présente transaction ont renoncé et renoncent, et en cas qu'ils obtinssent aucun brief *etiam motu proprio* par lequel lesdicts Seigneurs du Clergé et Université feussent tenus payer pour les causes que dessus, seront tenus lesdits Seigneurs Consuls et Conseillers relleyer iceux Seigneurs du Clergé et Université, et payer de leur propre pour iceux ou bien les rembourser de tout ce qu'ils auront payé durant lesdites quatre années pour occasion desdites gabelles comme des maintenant ils les rellevent... »

Le montant des nouvelles gabelles à l'imposition desquelles l'Université, de concert avec le clergé, venait ainsi de souscrire, représentait une somme de 51,516 florins, d'après l'appréciation qui en fut donnée à un soumissionnaire. Perçues pendant 4 années, elles devaient être suffisantes pour libérer la ville des dettes qu'elle avait contractées pour se défendre contre les entreprises des hérétiques. Aussi, ce laps de temps expiré, les deux corps voulurent-ils rentrer dans l'ancienne jouissance de leurs privilèges; mais la ville répondit que le danger public durait encore, que la fureur des hérétiques n'avait point diminué, que la ville et son territoire étaient toujours également menacés, et qu'ainsi la prolongation des gabelles était de toute nécessité. Le pape Pie V, à qui la ville s'adressa, se prononça du reste dans ce sens, dans le bref qu'il donna le 4 des Ides de mai 1569 (voy. plus haut bref LIII). C'est alors que le clergé et l'Université, ne voulant pas d'une part se refuser à contribuer aux frais de la guerre, mais craignant de l'autre que, sous prétexte de contributions ayant pour objet de subvenir aux dépenses de ce chef, on ne voulût en somme perpétuer à leur détriment l'établissement d'un impôt, devenu par le fait illégal, exigèrent que la ville dressât un état authentique de ses dettes, en distinguant celles contractées pour le fait de la guerre

ulliano presbyterum cardinalem de Arminiaco nuncupatum rescribi et ordinari cupiant (1).

Nos agitur qui cunctorum Christi fidelium et precipue subitorum nostrorum paci et tranquillitati pro nostri pastoralis

e toutes les autres, celles-ci devant rester uniquement à sa charge. insi fut fait. La dette de la ville était alors de 196 mille écus, au yement de laquelle l'Université et le clergé devaient, suivant l'opinion s arbitres nommés, contribuer dans la proportion de 70 0|0, soit jusqu'à ncurrence de la somme de cent trente-neuf mille écus, payables en douze nuités, de concert avec les autres habitants. Après quoi le clergé et Iniversité devaient rentrer *ipso facto*, et sans autre déclaration, en leurs munités et franchises, telles qu'elles existaient en l'année 1550. Il était en spécifié d'ailleurs que les cinquante-sept mille écus restants seraient yés au moyen d'un capage levé exclusivement sur les habitants et en dehors la participation du clergé et de l'Université. Tel est le sommaire de la uvelle convention conclue le 24 juin 1587, entre les deux corps et la lle. Elle ne fut pas la dernière, car, bien que l'Université payât régulièment, pendant les douze années fixées par la transaction de 1587, les oits d'entrée comme les autres habitants, il arriva que, bien loin que les ttes de la ville fussent acquittées, elle se trouva au bout de ce long terme esque aussi chargée qu'elle l'était auparavant. De là, nouvelle convenon (30 août 1600), ressemblant comme clauses à toutes les précédentes, uf cependant que cette fois les franchises de l'Université étaient officielment reconnues et mises à l'abri de toute contestation ultérieure par ngagement que prenait la ville de ayer annuellement comme *mar e d'exemption* la somme de trente (Le texte de ces deux dernières nsactions se trouve aux *archives de l'Université*, D. 38 et D. 232). Nous rrons plus loin ce qu'il en advint.

(1) *Georges d'Armagnac* fut d'abord évêque de Rodez (1529), puis administrateur du diocèse de Vabres (1536). Le pape Paul III le créa ensuite rdinal, du titre de saint Nicolas *in carcere* — église bâtie sur la prison où père condamné à mourir de faim fut sauvé par le lait de sa fille. — Sa omotion est du 3 juillet (1544). Nommé plus tard archevêque de Toulouse *Vouguier*), il accepta en 1565 la charge de lieutenant-général de Charles Bourbon, légat d'Avignon, retenu hors de cette ville par les affaires de Ligue. Le cardinal d'Armagnac vint résider à Avignon avec le titre de légat. Il y institua en 1566 un tribunal de la Rote, à l'instar de celui de ome « afin de rendre plus équitables et plus solennels les arrêts de la jus. e. » (Barjavel, *Dictionn.*) Le 7 janvier 1577, il fut pourvu de l'archevêé d'Avignon et mourut à l'âge de 84 ans, le 25 juillet 1585. Il fut enseveli ns une chapelle de sa métropole.

officii debito, quantum cum Deo possumus, opportune consulere sinceris exoptamus affectibus : Motu simili et eidem Giorgio Cardinali de cujus prudentia ac longa in rebus pertractandis experientia, diligentia atque solertia pluries in Domino confidimus, presentium tenore comittimus et mandamus : *ut pro debitorum hujusmodi solutione quamcunque taxam seu alium utiliorem modum sibi benevisum, per eosdem universitatem et cives, singularesque alias personas et in quavis a jure premissa facultate doctoratus, licentiatus aut alio quovis gradu decoratas et alias quomodolibet qualificatas, privilegiatas et exemptas, exceptis tamen clero et hospitalibus ejusdem civitatis, in ipsa civitate nunc et pro tempore commorantes pro rata eas respective tangentes, solvendam et ab eis irremissibiliter exigendam seu modo et forma ipsi Georgio Cardinali benevisis respective observandum prescribere ordinatum fuerit, irrefragabiliter per Universitatem, cives, singularesque alias personas et ut prefertur decoratas, qualificatas, privilegiatas et exemptas predictas observari debere* nec ab eo quovis pretextu, causa, occasione aut quesito colore vel ingenio ullatenus resilire posse, sed ad id observandum obligatas fore et esse, ac ad id et per censuras ecclesiasticas ac pecuniarias pœnas cogi et compelli posse; sicque per quoscumque judices, etc.. sublata, etc.,'judicari etc.. debere irritum quoque etc., decernimus; non obstantibus quibusvis constitutionibus et ordinationibus apostolicis quibusvis collegiis, universitatibus, locis et personis et (ut prefertur graduatis, decoratis, qualificatis, privilegiatis et exemptis et quibusvis aliis sub quibuscunque tenoribus et formis ac cum quibusvis clausulis et decretis, motu propio, etc. et alias in contrarium quomodolibet concessas, etc... Quibus omnibus etc... illorum tenores etc.. latissime hac vice dumtaxat specialiter et expresse derogamus, ceterisque contrariis, quibuscunque, debitorum hujusmodi qualitates et quantitates, illorumque causas et occasiones pro plena et sufficiente expressione habentes.

Fiat motu proprio.

Et de comissione, mandato, decreto, derogatione et aliis premissis quæ hic pro sufficientibus repetitis ad partem habentur latissime extensis et cum opportuna sibi videbitur judicum executorum deputatione, qui assistant et interdicent invocato ad hoc, si opus fuerit, brachii secularis auxilio, causa dictarum, dummodo non ultra tres quibus opus sit, opportuna derogatione latissime extendita et quod premissorum omnium et singulorum etc., aliorumque circa premissa etc.

Hæc quæ sequuntur adjecta fuerunt per datarium (1) et jussu pontificis:

« Et dummodo pecuniæ exinde exigendæ per dictum Cardinalem et pro tempore existentem legatum Avinionensem una cum aliis personis ad id per dictam universitatem deputatis, in solutionem debitorum hujusmodi, omnino convertantur. »

Datum Romæ apud Sanctum Petrum, quarto Idus Maii, anno quarto (2).

---

(1) *Datarius, dataire*, officier de la cour pontificale qui préside à la daterie. La daterie apostolique est elle-même la chancellerie où s'expédient les actes de la cour de Rome. Elle fut établie en 1216, par Honorius III et tire son nom de la formule même de la date des actes : *Datum Romæ, etc.*

(2) Ainsi que nous l'avons indiqué, nous n'avons pas trouvé l'original de ce bref, dont il n'existe à notre connaissance que cette seule copie, incomplète d'ailleurs, que nous reproduisons telle quelle; elle porte en tête : *Copie d'un ordre du pape Pie V contre messieurs de l'Université d'Avignon pour les contraindre au payement des gabelles.*

LIV

Sententia domini Johannis Francisci Bordini, archiepiscopi Avenionensis in favorem Universitatis generalis studii lata, per quam declaratur Primicerium ejusdem et doctores aggregatos exercere actu munera Universitatis prædictæ et ea de causa frui debere privilegio conservatoriæ etc., etc..... (1).

(4 decemb. 1599)

Copie papier de l'original perdu : Archives de l'Université, D. 7 ; — *copie imprimée :* Mêmes archives, D. 7.

Nos Johannes Franciscus Bordini, Dei et apostolicæ Sedis gratia, Archiepiscopus Avinionensis, visis epistola ad nos directa per illustrissimum dominum Cardinalem Matheyum, nomine congregationis illustrissimo-

---

(1) Depuis la bulle de Léon X *(bulle XLIII de ce Cartulaire)* la juridiction du Primicier s'exerçait à la fois sur les docteurs agrégés de l'Université et sur les docteurs qui y avaient simplement pris leurs grades. Cette juridiction était aussi étendue et aussi complète que celle des juges ordinaires de la cité d'Avignon, aussi ne tarda-t-elle pas à éveiller les jalouses susceptibilités des uns et des autres, au point même qu'on en vint à contester au Primicier une partie de ses droits. Ce fut à Rome même que les mécontents s'adressèrent, mais la sacrée-congrégation du concile de Trente, devant qui fut portée l'affaire, s'en dessaisit et en renvoya l'examen en même temps que la sentence à rendre à l'archevêque d'Avignon Jean-François Bordini. Jean de Roays, qui avait été envoyé en ambassade à Rome par la ville en rapporta un ordre conçu dans ces termes :

Perillustri ac reverendissimo domino fratri domino Archiepiscopo Avinionensi :

Perillustris ac reverendissime Frater. Tametsi sacra congregatio Cardinalium Concilii Tridentini interpretum alias respondent Conservatorias Universitatibus concessas, quæ præservantur *Decreto Concilii*, caput V, *Sess. XIV*, his tantum doctoribus suffragari qui actu legunt, et scholaribus

rum interprætum sacrosancti concilii, (1) sub data Romæ die vigesima augusti proxime præteriti et nobis presentata per magnificos Primicerium et doctores aggregatos, collegii Doctorum almæ Universitatis studii generalis civitatis Avinionensis seu eorum legitimos procuratores et actores, expositionibus et requisitionibus penes acta coram nobis eorum parte factis, statutis ejusdem universitatis judicialiter exhibitis, sumpta etiam ex officio informatione super negotiis eorumdem dominorum Primicerii et doctorum parte etiam judicia-

qui actu student, non tamen propterea ab hujusmodi conservatoriæ beneficio eos doctores excludendos putavit qui actu munera Universitatis exercent, quamvis ipsi minime in Universitate lectiones habeant, ut jampridem eadem sacra congregatio declaravit. Itaque eos Universitatis Avinionensis doctores qui licet non legant, tamen munera Universitatis actu exercent, conservatoriis a sede apostolica ipsi Universitati concessis, dum intra civitatem manent, plane potiri ex sententia illustrissimorum Patrum æquissimum est. Cæterum an revera ipsa munia Universitatis obeant, atque actu exerceant, Amplitudinem tuam dispicere imprimis oportere, ut illi tantum et non alii qui, licet in matricula descripti, nec actu legunt, nec munera Universitatis exercent, conservatoriæ fruantur privilegio. Deus Amplitudinem tuam incolumem servet.

Romæ die XX Augusti 1599.

Amplitudinis tuæ, perillustris et Reverendissime frater, studiosus Hieronimus Cardinalis Matheyus (Archives de l'Université, *D.* 13 *fol.* 153 *et D.* 25).

(1) *Sacra congregatio Cardinalium concilii Tridentini interpretum.* — Le Concile de Trente (1545-1563) avait abordé les principales questions de dogmes ou de discipline regardant la religion catholique, apostolique et romaine. Il s'était notamment occupé des Universités dans les sessions VII, XIV, XXV, etc. Mais dans une tâche aussi vaste, il n'avait, pour ainsi dire, fait que formuler des principes ; aussi pour assurer la perennité de son œuvre et la compléter dans ses détails, Pie IV, s'inspirant du vœu émis par le concile lui-même, nomma, par un *motu proprio* du 4 des nones d'août 1564, une commission composée de huit cardinaux chargée à la fois de veiller à l'exécution des décrets et des réformes votées par le concile, de résoudre les difficultés que pourrait soulever leur interprétation, et de décider sur les questions secondaires qui lui seraient soumises en s'inspirant de l'esprit même du concile.

Telle est l'origine de la congrégation dite du Concile de Trente, dont Sixte-Quint, dans la bulle *Immensa,* donnée, en l'an 1588, étendit encore les attributions.

liter eorum nobis allegatis, omnibus mature consideratis, quia nobis legitime constitit et constat dictos dominos Primicerium et doctores aggregatos actu munera universitatis jam dictæ exercere, etiam plerumque nobis presentibus et authorisantibus, præsertim, dum, et quando agitur de examine et approbatione promovendorum ad gradum licenciaturæ, et doctoratus respective in utroque jure, vel altero corumdem; et dum collegialiter congregati tabularia graffariatuum, et scribariatuum in Comitatu-Venaysino per obitum et ab exercentium vacantia, sicut et regentias, seu lecturas juris canonici et civilis et medicinæ, aliis doctoribus aggregatis, necnon Bidelli, dum vacat officium, conferunt : Ideo per hanc nostram deffinitivam sententiam quam pro tribunali sedente Christi prius nomine invocato, et illum præ oculis habentes, in his ferimus scriptis, dicimus et declaramus juxta facultatem nobis attributam vigore jam dictæ epistolæ : *Dictos dominos Primicerium et doctores agregatos, et eorum quemlibet exercuisse et exercere actu munera universitatis prædictæ, et ea de causa frui debere, beneficio et privilegio conservatoriæ eidem universitati per summos pontifices antiquitus concessis, quamvis actu non legant, dummodo tamen intra civitatem maneant,* mandantes propterea omnibus et quibuscumque quibus opus erit, ne ipsos primicerium et doctores aggregatos, vel eorum quemlibet molestare seu inquietare quovismodo habeant quominus plene fruantur privilegio jam dictæ conservatoriæ, imo auxilium et favorem præstent judicibus et conservatoribus deputatis pro ejusdem conservatoriæ executione, dum et quando juridictionem sibi per litteras conservatoriæ commissam exequentur. Quæ omnia dicimus non solum modo præmisso verum etiam omni alio meliori modo, via, jure et forma quibus possumus et debemus. Ita pronunciamus.

Johannes Franciscus Archiepiscopus Avinionensis et commissarius.

LV

Alia sententia Domini Johannis Francisci Bordini, archiepiscopi Avenionensis, declarans omnes dominos doctores qui doctoratus gradum in Universitate generalis studii Avenionensis sunt adepti, licet de aggregatione collegii non existant, exercere actu munera Universitatis prœdictæ et frui debere beneficio conservatoriæ, exceptis tamen doctoribus in sacris ordinibus constitutis..... etc., etc. (1).

(4 decemb. 1599)

Copie papier de l'original perdu : Archives de l'Université, D. 7 ; — *copie imprimée :* mêmes archives, D. 7.

Nos Johannes Franciscus Bordini Dei et Apostolicæ Sedis gratia Archiepiscopus Avinionensis, commissarius super hoc specialiter deputatus, visis Epistola ad nos directa per illustrissimum et Reverendissimum Domi-

---

(1) Ainsi par ces deux sentences l'archevêque Bordini décide :

1° Que les docteurs agrégés remplissent les fonctions universitaires et qu'ils doivent jouir du bénéfice de la *conservatoire (conservatoriæ)* c'est-à-dire être soumis à la seule juridiction du Primicier *(sententia LIV)*.

2° Que de ce privilège spécial doivent jouir aussi tous les docteurs non agrégés qui sont gradués de l'Université d'Avignon, à la seule condition pour eux de faire résidence dans cette ville *(sententia LV)*.

Ce double arrêt mit fin à toute contestation, et le Primicier et les conservateurs de l'Université furent par le fait confirmés dans la possession de leur juridiction privative, tant à l'égard des causes civiles que des criminelles concernant les agrégés ou les docteurs simples. Le document suivant prouve qu'en l'année 1630 les uns et les autres exerçaient encore ce droit sans conteste. C'est un jugement rendu par Zongus Ondedeus, auditeur de la chambre apostolique d'Avignon, en faveur de l'exercice de ce privilège de la conservatoire de l'Université *(sententia super privilegio conservatoriæ Universitatis lata a Reverendo domino Zongo Ondedeo auditore).*

num Cardinalem Matheyum nomine Congregationis illustrissimorum Dominorum Cardinalium interpretum Sacrosancti Concilii Tridentini sub data Romæ, die vigesima augusti presentis anni millesimi quingentesimi nonagesimi noni, nobis presentata nomine almæ Universitatis Studii Generalis pre-

« Nos Zongus Ondedeus J. U. D. auditor et locum tenens generalis Illustrissimi et Reverendissimi Marii Philonardi, Archiepiscopi, Vicelegati et gubernatoris generalis civitatis et legationis Avenionensis et Ludovicus Suares, J. U. D. prothonotarius apostolicus, ecclesiæ metropolitanæ Avenionis Canonicus et Vicegerens, commissarii ab eodem Illustrissimo domino vicelegato specialiter deputati ad fines eidem referendi super declinatoria per dominum Spiritum Cadecombe in Medicina doctorem presentis Civitatis Avenionensis petita in quadam causa criminali contra eum intentata coram Reverendissimo domino Rectore Comitatus Venayssini ad quærelam Benedicti Agnel et Annæ Rogere conjugum loci de Bonilis.

Visis actis et signanter literis doctoratus dicti domini Cadecombi signatis et sigillatis sub datum Avenioni die 21 aprilis 1627 ; Bulla Sixti papæ IV super privilegiis Universitatis Avenionensis sub datum Romæ apud sanctum Petrum, anno Incarnationis dominicæ 1479 15° Kalendi Septembris ; juris cedula signata Boutin ; sententia lata 4 decembris 1599 per quondam Illustrissimum et Reverendissimum dominum Joannem Franciscum Bordini dum viveret Avenionis Archiepiscopum et commissarium apostolicum super observantia privilegiorum Universitatis prædictæ, signata Rigaud ex qua constat Doctores ejusdem Universitatis licet in collegio non aggregatos, habitatores presentis civitatis Avenionensis gaudere et potiri debere privilegiis ejusdem universitatis, quamvis actu non legant nec de eodem collegio aggregatorum existant; quodam decreto facto per Illustrissimum et Reverendissimum dominum Guilhelmum du Nozet, dum viveret Rotæ Romanæ auditorem et vicelegatum Avenionensem die 4 Junii 1622, signato Arnaud; testium deppositionibus pro parte dicti domini Cadecombe productis; fide consulum loci de Bonilis, ex qua legitur dictum Cadecombe nullum solvisse vel solvere jus habitantis ; et antiquissima observantia dictorum privilegiorum per quamplurima alia acta nobis exhibita, cæterisque aliis visis videndis et matura deliberatione pensatis, dicimus, declaramus, et refferimus : dictum dominum Cadecombe frui debere dictis privilegiis Universitatis Avenionensis, licet de aggregatorum numero non existat et proterea causam fore et esse retinendam in presenti civitate Avenionensi. Zongus Ondedeus Auditor, Ludovicus Suares vicegerens, *sic signati in originali*. Remissum supradictum votum per dictos dominos auditorem generalem et vicegerentem : Die 29 Novembris, anno 1630 — Boguet graffarius » (Archives de l'Université D. 13. Fol. 155).

sentis civitatis Avinionensis, expositionibus, rationibus et requisitionibus eorum nobis factis tam per magnificum dominum Primicerium dictæ Universitatis quam per dictos doctores ejusdem Universitatis ; sumpta etiam ex officio informatione super negotiis eorumdem dominorum Doctorum ejusdem Universitatis parte coram nobis allegatis, quia nobis constitit et constat dictos dominos doctores præfatæ universitatis, licet non agregatos collegis, munera ejusdem universitatis actu exercuisse et exercere, ac conservatoriæ ejusdem Universitatis privilegiis semper antea tempore immemorabili, usos fuisse, et uti de presenti ; ideo per hanc nostram definitivam sententiam quam pro tribunali sedentes, Christi prius nomine invocato ac solum Deum præ oculis habentes, in iis ferimus scriptis, dicimus et declaramus juxta facultatem nobis vigore jam dictæ epistolæ tributam : *dictos dominos Doctores jam dictæ Universitatis qui doctoratus gradum in eadem sunt adepti, licet de agregatione collegii non existant, exercuisse et exercere actu munera universitatis predictæ ac propterea frui, gaudere et potiri debere beneficiis et privilegiis Conservatoriæ ejusdem Universitatis, eidem per summos Romanos pontifices antiquitus concessis, quamvis actu non legant, nec de eodem collegio agregatorum existant, dum-*

Cependant vers la fin du XVII⁰ siècle la vieille querelle se ralluma, et ce furent les officiers de la cour de la légation d'Avignon qui à nouveau vinrent contester à l'Université ses privilèges de juridiction spéciale et soumettre à la sacrée congrégation du Concile les deux doutes suivants :

1° *An ii, qui gradum susceperunt in dicta Universitate et causas patrocinantur in civitate Aven. intelligantur exercere et obire munera Universitatis.*

2° *An D. D. Collegio Aggregati qui cæteroquin non exercent munus aliquod particulare ac necessarium Universitatis, intelligantur munera Universitatis obire.*

Le 12 août 1679 la sacrée congrégation répondit *négativement* sur le premier point et renvoya la solution du second à une décision ultérieure. Ce fut là le prélude de la fameuse affaire Boneau dont il a été question dans la préface de ce cartulaire et du long procès qui eut lieu au XVIII⁰ siècle entre l'Université et l'auditeur général.

modo tamen intra civitatem Avinionensem maneant ; mandantes prout mandamus omnibus et quibuscumque quibus opus est, ut dictos dominos doctores et eorum quemlibet in dictis privilegiis conservatoriæ præfatæ manuteneant et defendant ; inhibentes prout inhibemus omnibus et singulis quacumque authoritate fungentibus, ne dictos dominos doctores, aut aliquem ipsorum in jam dictæ conservatoriæ privilegiis et beneficiis, directe vel indirecte quovismodo vel pretextu qualitercumque vel quandocumque turbare, inquietare et molestare audeant vel præsumant, quominus dictæ conservatoriæ privilegiis plene fruantur, imo auxilium et favorem præstent dominis judicibus et conservatoribus pro ejusdem conservatoriæ executione deputatis in eorum jurisdictionis conservatoriæ exercitio. Declarantes tamen *doctores in sacris ordinibus constitutos, in hujusmodi nostra declaratione seu sententia, non includi, neque comprehendi ; nec propterea ab ordinaria juridictione ecclesiastica exemptos esse senseri.* Quæ omnia dicimus non solum jam dicto, sed omni alio meliori modo. Ita pronunciamus et declaramus nos Johannes Franciscus archiepiscopus Avinionensis, Vice-legatus et commissarius (1).

(1) *Jean François Bordini*, prêtre de la Congrégation de l'Oratoire de saint Philippe de Néri, fut d'abord évêque de Cavaillon et vice-légat (1596). En 1598 il succéda au cardinal Thaurusi comme archevêque d'Avignon. Il mourut en 1609. (Voy. sur ce personnage : Nouguier, *loco citato* ; — Reynard-Lespinasse, armorial des archevêques, évêques, légats, etc. d'Avignon. — Paris 1875.)

LVI

Breve domini Clementis, papæ octavi, confirmationis gabellarum a clero et Universitate generalis studii Avenionensis pro parte solvendarum (1).

(19 junii 1604)

Original parchemin dépourvu de l'empreinte du sceau du pêcheur dont il était muni : Archives municipales, boîte 34.

CLEMEMS papa octavus. Ad futuram rei memoriam. Nostrorum et apostolicæ sedis subditorum commoditatibus libenter consulimus ut in eorum necessitatibus congruum suscipiant relevamen.

---

(1) En vertu de cette bulle, intervint, le 16 décembre suivant, un accord entre l'Université et la ville approuvé et rendu exécutoire par ordonnance du cardinal Comti à la date du même jour. Ces deux documents, en raison de leur importance, doivent trouver place ici :

« L'an à la Nativité Nostre Seigneur mil six cents et quatre et le seziéme jour du mois de décembre, en Avignon, au Palais apostolique et Chambre près la salle de la Mirande, par devant Monseigneur Illustrissime et Révérendissime Charles, cardinal de Comty en la légation d'Avignon pour nostre St Père le Pape et St Siège apostolique, à huit heures du matin se sont présentés Révérende personne M. Louis Beau, docteur ez droits, prothonotaire apostolique, vicaire général de Monseigneur Révérendissime Archevesque de ladite ville et primicier de l'Université audit Avignon; Messieurs Joseph Suarés, auditeur de la Rote dudit Palais apostolique ; Antoine Billoty, Gabriel Beau, seigneur de Roaïx, et Jacques Villardy, docteurs députés comme ils ont dit de ladite Université des Docteurs, assistés de Messieurs Richard de Cambis et François Bellon, auditeurs de ladite Rote, lesquels ont dit qu'ayant esté cy devant procès entre ladite Université des Docteurs d'une part, et Messieurs les Consuls, Conseil et Communauté de ladite citté d'Avignon d'autre, pour raison de l'exemption demandée par lesdits sieurs de ladite Université à cause des privilèges qu'ils ont sur le payement et contribution des gabelles imposées en ladite

Cum itaque, dilecti filii, communitas et homines civitatis Avinionensis de anno MDC et die IX septembris, pro solutione debitorum quibus tam ipsas communitatem et homines quam clerum et Universitatem doctorum teneri constabat ascendentium ad summam ducentorum triginta sex scutorum

ville, puis quelques années ença ; et pour mesme occasion seroit esté aussy intenté procès par Messieurs du Clergé de ladite ville contre lesdits sieurs Consuls et Communauté d'Avignon auquel tant seroit esté procédé, que sentence s'en seroit ensuivie, prononcée par mondit Seigneur Illustrissime Cardinal en faveur de ladite ville, contre lesdits sieurs du Clergé, escrivant moy notaire et greffier soubsigné du dix-neuf avril année dernière, de laquelle sentence, partie dudit Clergé auroit appelé à Nostre St-Père, pardevant lequel ledit fait seroit esté poursuivi tant par ladite ville, que par lesdits sieurs du Clergé, a tant que sadite Sainteté par son brief du dix-neufvième de juin dernier auroit authorisé et confirmé l'imposition et arrentemant des gabelles que auroient esté faites par ladite ville suivant la sentence dudit Seigneur Cardinal, et déclaré par le mesme brief, que touts ceux dudit Clergé, et Messieurs de ladite Université et docteurs, sans nul excepter soint tenus à payer lesdites gabelles, impositions et collectes, et bien que lesdits sieurs de l'Université et docteurs n'ayent consenti pour leur regard à la susdite sentence donnée par mondit Seigneur le Cardinal, ainsi que pourroit estre spécifié dans ledit brief ains auroint d'Icelle appellé et recoureu ; néantmoins désitants lesdits sieurs de l'Université des docteurs vivre en bonne paix et union avec ladite ville ont dit et déclaré, disent et déclarent vouloir consentir, comme des maintenant lesdits sieurs primicier et députés au nom de toute ladite Université des docteurs ont consenti et consentent entièrement à ladite sentence, comme si ladite Université avoit esté expressemant nommée et condemnée par Icelle, pourveu toutes fois que comme pour marque de l'exemption desdits sieurs du Clergé, leur est donné par ladite ville la somme de deux cents trente deux escus dix sols chacune année en deniers comptants sur les rentes desdites gabelles, que de mesmes soit donnée à ladite Université et docteurs d'Icelle la somme de septante escus chacune année des deniers provenants desdites gabelles, et c'est pour marque de leur privilèges, avec les arrérages coureus, puis le jour de la dernière ferme desdites gabelles, en qualité aussy que, tout ainsy que dans ledit brief est déclaré que advenant cas que les deniers provenants des rentes desdites gabelles et autres impositions et revenus de ladite ville amplemant decripts et mentionnés dans la tabelle, ne fussent suffisants pour le payement des dettes et suport des pensions, charges et dépenses ordinaires et extraordinaires, que fut besoin outre la continuation desdites gabelles, et autres impositions, ren-

vel circa a nobis potestatem vectigalia, impositiones, collectas, data et gabellas super mercibus, pane purgato, carnibus, vino, piscibus et pondere farinæ necnon super vino vendebili, cupagiis, aliisque rebus ejusdem prout magis expedire cum interventu Vicelegati videretur, ad novennium imponendi

tes et revenus jusques en l'entière extinction et payement desdites dettes et dépenses ordinaires et extraordinaires de ladite ville, faits depuis le passé jusques aujourd'huy, en quelle façon et pour quelle cause que ce soit, faire nouvelles impositions, que comme lesdits sieurs du Clergé ne seroint tenus auxdites nouvelles impositions, si non que aux cas que de droit ; que de mesmes audit cas de nouvelles impositions lesdits sieurs de l'Université ne seroient tenus entrer et contribuer, si non que aux cas auxquels de droit ils sont tenus, et pourveu aussi que les mandats qu'il conviendra faire dores en la maison de ville, soient signés par deux de ladite Université. Au contraire se sont présentés magnifiques seigneurs Clément de la Sale, seigneur de la Garde, Jean Gente et Jean Imonier, consuls ; Monseigneur maître Raymond Tonduty, docteur ez droits, assesseur, assistés de Monsieur Laurent de Cambis, seigneur d'Orsan, Gaspar de Ceytres, seigneur de Caumont, Nicolas Février, Louis Jean et François Siffredy, députés par le Conseil ordinaire et extraordinaire tenu en ladite maison de ville le ....; lesquels après avoir entendu le dire et offre desdits sieurs de l'Université, ont au nom de ladite ville déclaré et déclarent accepter comme ils acceptent, la susdite offre et déclaration desdits sieurs de l'Université et par mesme moyen, offert de leur payer chacune année ladite somme de septante escus des deniers desdites gabelles tant et si longuement qu'elles dureront seulement, conformément et ensuite de l'accord fait par ladite ville avec lesdits sieurs de l'Université en l'année mil six cents et le tientieme d'aoust compris auxdits septante escus la somme de trente escus que leur avoit esté accordée chacune année par ladite ville par ledit accord, pourveu aussy que moyennant laditesomme de septante escus chacune année durant lesdites gabelles, lesdits sieurs de l'Université soient tenus contribuer et payer toutes lesdites gabelles et impositions imposées de présent, ou autres semblables que s'imposeront par cy après par ladite ville, jusques à l'entier et parfait payement de toutes les sommes et dépenses deues et faites respectivement par ladite ville comme que ce soit de tout le passé jusques à ce jourd'hui, payement de pension et suport des charges ordinaires, extraordinaires et autres mentionnées en ladite tabelle tout de mesme que les autres citoyens et habitants de ladite ville d'Avignon, et sans aucune différence; et que ne pourront venir que deux députés aux assemblées et quatre aux Conseils extraordinaires faisant deumant apparoir chacune année de leur députation

impetrasset quemadmodum nostris in forma brevis de anno et die preteriti expeditis litteris plenius continetur, ac postea eodem anno et die IV octobris, per alias similes litteras, eadem communitate et hominibus necnon et predicto clero et Universitate instanter petentibus, prævia dictarum gabellarum,

le Secrétaire de ladite ville ; et que lesdits députés de ladite Université soint tenus venir deux fois la semaine à ladite maison de ville, sçavoir le jeudy et le sabmedy depuis deux jusques à cinq heures après midy pour résoudre touts affaires et signer les mandats ; autrement que à leur refus ou absence soit passé outre, lesquels mandats à leur refus ou absence, de laquelle apparoistra par le seul raport du sieur Secrétaire, seront autant vallables comme si ayoint esté par eux signés et de leur consentemant, et sans aussy que lesdits sieurs députés puissent rien avoir pour leur vacations sinon un paire de perdrix par an. »

« MONDIT SEIGNEUR Illustrissime Cardinal après avoir entendu les dire, réquisitions, offres et acceptations respectivement faites par lesdites parties, et veu lesdits accords du trentième d'aoust mil six cents, sentences et briefs dessus mentionnés, *a ordonné et ordonne que ladite ville payera à chacune année des deniers desdites gabelles septante escus de soixante sols pièce à ladite Université et docteurs, compris les trente escus à icelle cy devant accordés par ledit accord dudit jour trentième aoust, et moyennant ic touts lesdits sieurs de l'Université et docteurs seront tenus, ainsin qu'est porté par ledit brief, payer lesdites gabelles et autres impositions faites et à faire par ladite ville tout de mesme que les autres citoyens dudit Avignon, sans aucune différence jusques à l'entier et parfait payement de toutes et chacunes les sommes de deniers dèues par icelle ville, support des pensions d'icelles et dépenses ordinaires et extraordinaires faites de tout le passé jusques au présent jour*, amplement descriptes et spécifiées dans la tabelle que sur sur ce a esté dressée, laquelle sera signée par lesdits sieurs Consuls et députés de ladite Université, et soubs les qualités exprimées cy dessus auxdits offres, et nommemant que comme est déclaré audit brief, que si les deniers qui se retirent desdites gabelles et impositions, rentes et revenus de ladite ville descrites à ladite tabelle, et que continuant lesdites impositions jusques à l'entière extinction desdites debtes et dépenses faites jusques au présent jour, ne fussent bastantes par les despenses ordinaires et extraordinaires en fallut faire nouvelles impositions, *le clergé n'est tenu y entrer qu'en cas de droit, aussy de mesme ladite Université et docteurs ne seront tenus y entrer ou contribuer, si non que aux cas, auxquels de droit ladite Université sont obligés*, condemnant à ce dessus lesdites parties, les mettants à ces fins hors de Cour et de procès.

« Fait et publié par mondit Seigneur Illustrissime Cardinal au lieu, les

impositionum et vectigalium extinctione omnium predictorum communitatis, cleri et universitatis debitorum onus in vendemiam, vinumque tam ejusdem civitatis quam extraneum, insequendo tenorem articulorum et pactorum inter communitatem, clerum et Universitatem super solutionem predictorum initorum, rejecissemus (1), existimantibus communitate et hominibus prædictis quod nedum sufficiens pecuniarum summa ex tali impositione vini et vendemiæ pro debitorum solutione et onerum tam ordinariorum quam extraordinariorum supportatione, proveniret, sed quod comercium jam a multis annis in ipsa civitate admodum debilitatum, cæterarumque gabellarum impositione sublata, in ea restitui posset.

Verum quia sæpius in rebus humanis evenire solet ut quod homines utile crediderunt, id damnosum postea usus praxisque demonstret, re parum feliciter succedente, cum nec ex

---

an et jour, et en présence desdites parties cy-dessus nommées, Carolus Cardinalis de Comitibus *ainsi ordonné*. Siffredy, greffier. »

Au bas de ce procès-verbal on lit l'attestation suivante de l'année 1694, montrant que jusqu'à ce jour la ville a fait honneur à ses engagements :

« Atteste je Secrétaire d'Estat et Archiviste pour N. S. Père et la Reverende Chambre Apostolique en cette citté et legation d'Avignon soubsigné, que par la tabelle de l'année mil six cents nonante trois à mil six cents nonante quatre, et celles de plusieurs autres années, remises aux actes dudit archive de la part de ladite Communauté de cette ville, dans le chapitre de la dépence ordinaire ou gages des officiers, entre autres sommes se trouve comprinse celle de septante escus qu'on payé à Messieurs de l'Université pour la marque d'exemption des gabelles, ce qui est couché de mot à mot comme s'en suit :

Pour la marque d'exemption au payement des gabelles de

MM. de l'Université en monnoye courante : $\frac{1}{V}$ 70

Ainsy que plus particulièrement appert par lesdites tabelles et par les actes et registres desdites Archives. En foy de quoy me suis soubsigné près deûe collation requise. De Mouton, secrétaire et archiv. »

(Les archives de l'Université, D. 233, ne contiennent qu'une copie de cette pièce ; l'original était conservé dans les archives du Palais apostolique qui furent transportées à Rome à la fin du XVIII° siècle).

(1) *Voy.* bulles LI, LII, LIII et notes afférentes.

dicta impositione super vendemia, vinoque, extraneo excepto, nec ex alia impositione *soquetum* nuncupata, major summa quam quatuordecim millium aureorum annuorum aut circa proveniret, quæ multum distat a summa viginti quatuor millium scutorum aut circa, quæ tam pro pensionum solutione quam pro aliorum tam ordinariorum supportatione necessaria est, prout ex tabella per communitatem et homines predictos facta et a dilectis filiis nostro Petro sancti Nicolai in Carcere diacono cardinali Aldobrandino (1) nuncupato, nostro secundum carnem ex fratre germano nepote, Sacræ Romanæ Ecclesiæ Camerario, ac a thesaurario et commissario nostris generalibus approbata et subscripta constare dicitur, quamvis etiam gabella super farinæ pondere per consilium dictæ civitatis reposita in vim dictorum articulorum, prout de dicto consilio constat de anno MDC et die decimo tertio novembris imposita accessisset, novissime de anno MDCII et die secundo mensis januarii per consilium tam ordinarium quam extraordinarium dictæ civitatis in quo duo deputati ex clero aderant, sub nostro tamen beneplacito fuit tractatum et conclusum de reponendo dictas impositiones et gabellas super mercibus, pane purgato, carne, piscibus, pondere farinæ, vino et vendemia, retenta etiam illa impositione super vino quod in hospitiis *soquetum* appellata, tanquam necessaria pro solutione debitorum prædictæ civitatis ejusdemque onerum tam ordinariorum quam extraordinariorum supportatione, ac deinde prædictæ impositiones et gabellæ per modum provisionis et citra prejudicium jurium partium, nobis annuentibus, in vim litterarum predicti Petri cardinalis Aldobrandini venerabili fratri Carolo episcopo Anconitanensi nostro et apostolicæ sedis in dicta civitate Vicelegato scriptarum, per ipsius sententiam interlocutoriam sub die XVI februarii

---

(1) *Cynthio Aldobrandini*, cardinal, neveu de Clément VIII, légat d'Avignon de 1601 à 1605.

MDCIII latam (1) impositæ extiterunt et tandem lite inter predictos communitatem et homines et clerum ac Universitatem super eo diutius agitata, de anno MDCIII et die XIX mensis aprilis tota fuit per dictum Vicelegatum, sententia (2) deffinitiva per quam validata est dictarum gabellarum impositio et predictus clerus condemnatus ad solutionem dictarum impositionum et gabellarum juxta articulos inter eos initos et per nos approbatos, ad quorum observantiam predictæ partes respective condemnatæ fuerunt, prout latius in eadem sententia etiam dicitur contineri, a qua cum esset a quibusdam capitulis ejusdem cleri appellatum, ceteris tam monasteriis quam capitulis, locisque piis eidem sententiæ acquiescentibus, communitas tamen predicta ulterius procedendo ad evitandum damnum ex mora dictas gabellas imponendi proveniens, impositis exactisque quibusdam mentibus predictis gabellis, ut ad illarum appaltum, locationemque juxta bullarum nostrarum tenores, procedere posset, quædam pacta, conventiones et conditiones in articulis super eo confectis et a prædicto Vice-legato approbatis et authorisatis, publicarunt, illisque publicatis, gabellas prædictas locaverunt et appaltaverunt, contractusque necessarios cum illarum appaltatoribus iniverunt, ac dilectum filium Laurentium Draperium juris utriusque doctorem, assessorem, ut a nobis dictorum articulorum et contractium confirmationem eorum nomine, peteret in et sub forma quibus reperiuntur, juxta sententiam prædicti Vice-legati, non obstante oppositione et appellatione dictorum capitulorum partem dicti cleri facientium.

Nos igitur attendentes dictos articulos inter prædictam civitatem ac clerum initos a nobis authorisatos et approbatos fuisse, partesque in illorum observatione stetisse tam super immunitate capitulorum super vendemia præmissa in nona-

---

(1) *Voy.* bulles LI, LII, LIII et notes afférentes.
2) *Ut supra.*

ginta duobus scutis aut circa per dictam civitatem singulis annis solutis, quam et super remissione ponderis farinæ, simulque cum Universitate doctorum, majorem dicti cleri partem dictis articulis ac sententiis acquisivisse vel appellationi oppositionique renuntiasse ac etiam confusionem aperte stabilitam inter dictam civitatem, clerumque extitisse : Propterea nos quieti et statui communitatis, cleri et Universitatis prædictorum oportune prospicere, ipsamque communitatem gravi ære alieno aliquando eximi summopere cupientes, necnon singularum litterarum nostrarum ac articulorum ac sententiarum tenores, aliaque necessaria præsentibus pro expressis habentes et singulas res dictorum communitatis, cleri et Universitatis personas a quibusvis excommunicationis, suspensionis et interdicti, aliisque ecclesiasticis sententiis et pœnis a jure vel ab homine quavis occasione vel causa latis, si quibus quomodolibet innodatæ existunt, ad affectum præsentium duntaxat consequendum, harum serie absolventes et absolutas fore censentes, supplicationibus pro parte communitatis et hominum prædictorum super hoc humiliter porrectis, inclinati, *dictarum gabellarum impositionem, exactionem et appaltum juxta sententiam articulorum et contractus initos et per prædictum Vice-legatum confirmatos, eosdem articulos et sententiam authoritate apostolica, tenore præsentium approbamus, authorisamus et confirmamus,* illisque inviolabilis apostolicæ firmitatis robur adjicimus, ac omnes et singulos tam juris quam facti defectus, si quæ in eisdem intervenerint, supplemus et nihilominus gabellas et impositiones prædictas juxta primum dictarum nostrarum litterarum tenorem, de novo restituimus et imponimus, *ac per communitatem et homines prædictos seu eorum appaltatores licite ac tuta consciencia exigi potuisse et, dicto novennio durante, posse et debere, omnesque de universitate et de clero prædictis et eorum quemlibet ad solutionem ipsarum cogi et compelli posse, præsentesque litteras validas, firmas et efficaces exis-*

tere et fore, suosque plenos et integros effectus sortiri et obtinere; nec a prædictis clero et Universitate et quocumque illorum aut aliis quovis pretextu, etiam quod ipsi auditi non fuerint, neque præmissis consenserint de subreptionis vel obreptionis vitio, seu intentionis nostræ vel alio quocumque deffectu notari, impugnari, redargui, infringi, retractari, suspendi, limitari in jus, vel controversiam revocari aut adversus illas quodcumque gratiæ vel justitiæ remedium impetrari nullatenus posse, neque et non aliter per quoscumque judices ordinarios et delegatos, etiam causarum palatii apostolici auditores sublata eis et eorum cuilibet quavis aliter judicandi et interpretandi facultate, judicari et diffiniri debere ac irritum et inane quidquid secus super eis a quoquam quavis authoritate scienter vel ignoranter contigerit attemptari. Declarantes quoscumque abbates, priores, præpositos, rectores, conventus et collegia, aliaque loca tam patrum societatis Jesus (1), quam Carthusianorum (2), Celestinorum (3), et quorumvis aliorum ordinum, necnon hospitalis sancti Johannis Hierosolimitanensis (4) et quarumvis aliarum militiarum domos et hospitalia (5), fratres, milites, præcepto-

---

(1) *Patres societatis Jesus.* 1564 est la date de l'arrivée des Jésuites à Avignon, appelés par la ville pour y être chargés de l'enseignement public. (Voy. *note* de la page 210). Leur noviciat fut fondé en 1589, grâce aux libéralités de Louise d'Ancezune (rue Vieilles-Études, actuellement *Hospice St-Louis*).

(2) *Carthusiani*, voy. note page 77.

(3) *Celestini*, id.

(4) *Sancti Johannis hierosolimitani (ordo)*, id. pag. 80.

(5) *Quarumvis aliarum militiarum domus et hospitalia*. — N'oublions pas parmi les commanderies qui existaient à cette époque à Avignon, celle des Antonins. Leur commanderie d'Avignon était la première de l'ordre et fut érigée vers l'an 1210. On sait que cet ordre avait été fondé à Vienne en Dauphiné, en 1095, pour le soulagement des pauvres attaqués du feu Saint-Antoine ou *mal des ardents*. De l'hôpital et de la commanderie d'Avignon il ne reste plus que l'église, transformée en magasin. Alain Chartier, chancelier de l'Université de Paris, secrétaire des rois Charles VI

res (1), superiores, commendatarios et rectores, cæterasque de clero tam regulares quam sæculares cujuscumque dignitatis, status, gradus, ordinis, qualitatis, conditionis et præeminentiæ ac quacumque immunitate et privilegio suffulticent vel fuerint, necnon milites, præsidiarios, collaterales, thesaurarios, *cæterosque alios etiam doctores et in quavis facultate graduatos, necnon professores et publicos* et generaliter omnes et singulos in dicta nostra civitate et illius districtu pro tempore moram trahentes, legatis, Vice-legatis, gubernatore, archiepiscopo, præfecto generali armorum (2) qui pro tem-

et Charles VII, y avait été inhumé en 1449, avec cette épitaphe découverte par hasard dans cette église, vers 1730, par Remerville, l'historien d'Apt, et disparue depuis sous le badigeon :

HIC JACET
VIRTUTIBUS INSIGNIS, SCIENTIA ET ELOQUENTIA CLARUS,
ALANUS CHARTIER
EX BOJOCIS IN NORMANNIA NATUS
PARISIENSIS ARCHIDIACONUS ET CONSILIARIUS,
REGIO JUSSU AD IMPERATOREM, MULTOSQUE REGES
AMBASCIATOR SÆPIUS TRANSMISSUS,
QUI LIBROS VARIOS STILO ELEGANTISSIMO COMPOSUIT
ET TANDEM OBDORMIVIT IN DOMINO, IN HAC
AVINIONENSI CIVITATE
ANNO DOMINI CCCCXLIX.

Cette église est située rue Figuière, vis-à-vis la partie nord de l'église paroissiale de St-Didier.

L'ordre des chevaliers de St-Antoine réformé en 1616, 1622 et 1624 par Grégoire XV et Urbain VIII, fut finalement uni et incorporé à celui de St-Jean-de-Jérusalem dit des chevaliers de Malte à la réquisition de Louis XVI (1777) et disparut d'Avignon.

(1) *Præceptores*. Les chefs des commanderies étaient appelés précepteurs.

(2) *Præfectus generalis armorum*. — On fait remonter à Innocent VI la création de cette charge (1360). Ce pontife, obligé de lever des troupes pour repousser les bandes des *Tuschins* et des *Tard-Venus* qui ravageaient le Comtat, en donna le commandement à Jean Fernandez d'Heredia, chevalier de l'ordre de St-Jean-de-Jérusalem.

pore ibidem fuerint dumtaxat exceptis, ad præstationem, solutionem et contributionem vectigalium, impositionum, collectarum et gabellarum prædictarum, siquidem pro necessitatibus publicis dictæ nostræ civitatis exigi solvique debent et ut supra dictum est, *teneri et efficaciter obligatas esse et fore et ad id cogi et compelli posse; quinimo etiam gravatos duodecim numero filiorum licet in communi vivant ab hujusmodi præstatione nisi pro usu eorum et familliarum suarum tantum juxta declarationem a nostro Vicelegato factam exemptos non esse sed ad illam ut alii prædicti omnino teneri.*

Quocirca Dilectis filiis moderno et pro tempore existenti Vice-legato seu Legato vel gubernatori dictæ civitatis necnon Curiæ causarum Cameræ apostolicæ generali auditori per præsentes committimus et mandamus quatenus ipsi vel eorum alter ubiquando et quotiens pro parte tam communitatis quam appaltatorum et exactorum hujusmodi gabellarum fuerint requisiti, solemniter publicantes eisque in præmissis efficacis defensionis præsidio assistentes, faciant authoritate nostra eosdem communitatem et appaltatores

---

En 1407, Rodrigue de Luna, frère de Benoît XIII, commandait les troupes du Comtat pendant les guerres qu'il y eut dans cette province entre les concurrents pour la papauté. Rodrigue ayant été chassé en 1410 par le parti d'Alexandre V, Philippe de Poitiers, seigneur d'Arras et de Dormans, envoyé à Avignon par Charles VI, roi de France, pour soutenir les droits d'Alexandre, fut installé général des troupes du Comtat, par Pierre de Thurrei, cardinal-légat.

Le pape Jean XXIII, voulant s'assurer d'Avignon et du Comtat contre ses concurrents, y envoya, après son élection, Marin, son neveu, auquel il donna, en 1412, le commandement des troupes.

Cette charge ne fut plus remplie ensuite jusqu'en 1561. A cette époque, elle fut rétablie à l'occasion des guerres religieuses, et mise sur un nouveau pied en faveur de *Fabrice Serbelloni* et de ses successeurs, qui l'ont conservée jusqu'en 1629. Le *général* du St-Siège pendant toute la durée de sa magistrature, essentiellement transitoire du reste, avait tous les pouvoirs d'un dictateur militaire. (Voy. Joudou et Charles Perrin, *locis citatis*).

præmissis omnibus et singulis juxta præsentium continentiam et tenorem pacifice frui et gaudere. Non permittentes illos aut eorum aliquos desuper a quoquo quomodolibet indebite molestari, perturbari et inquietari ; contradictores quoslibet et rebelles, dictasque gabellas solvere recusantes, per censuras ecclesiasticas, aliaque opportuna juris et facti remedia, via mere executiva ac omni et quacumque oppositione remota, compescendo, ad hoc invocato si opus fuerit, brachii sæcularis auxilio : nonobstantibus præmissis ac Lateranensi concilii novissime celebrati, aliisque constitutionibus et ordinationibus apostolicis, necnon quibusvis dictæ civitatis et aliorum locorum etiam exemptorum juramento, confirmatione apostolica vel quavis firmitate alia roboratis, statutis, consuetudinibus, stabilimentis, usibus et naturis, priviligiis quoque et indultis, exemptionibus, immunitatibus et in corpore juris clausis et litteris apostolicis quibusvis etiam ecclesiasticis tam sæcularibus quam prædictorum et quorumvis aliorum ordinum, necnon hospitalis sancti Johannis Hierosolimitani, aliarumque militiarum ac etiam societatis Jesu regularibus, etiam Carthusianis, necnon *Universitatibus generalis studii ejusdem civitatis ac illius rectori, professoribus,* aliisque personis, sub quibuscumque tenoribus et formis, ac cum quibusvis etiam derogatoriarum derogatoriis, aliisque efficatioribus et insolutis clausulis ac irritantibus et aliis decretis etiam motu proprio et ex certa scientia deque apostolicæ potestatis plenitudine, ac etiam consistorialiter concessis, approbatis et innovatis, illis præsertim quibus prohiberi dicitur ne patentatus a personis ecclesiasticis etiam sponte offerentibus, aliquam pecuniarum subventionem recipiant ac aliter in contrarium quomodolibet disponentibus, quibus omnibus et singulis præsertim litteris immunitatum et exemptionum quorumlibet etiam de illis eorumque totis tenoribus specialis, specifica, expressa et individua ac de verbo ad verbum, non autem per clausulas generales idem importantes mentio seu quævis alia exquisita forma ad hoc servanda foret; etiam si in eis caveatur expresse quod per hujusmodi clausulas generales illis nullatenus derogari possit nec derogatum censeatur nisi sub certis modo et forma in eis expressis, eorum tenores præsensibus pro expressis habentes, illis alias in suo robore permansuris latissime ac vice dumtaxat specialiter et expresse derogamus, ac opportune et sufficienter derogatum volumus et decernimus, cœterisque contrariis quibuscumque.

Volumus autem quod pecuniæ quæ ex prædictis gabellis illarumque appaltu provenient, in solutionem prædictarum summarum communiter per partes prædictas debitarum et dumtaxat et non in alios usus impendantur et *propterea mandata omnia solutionum a deputatis cleri et deputatis Universitatis et consulibus civitatis inscribi*, nec aliter factas solutiones validas esse et solventes ad reiterandum de suo proprio solutiones hujusmodi omnino cogi mandamus. Ad hæc, capitulis prædictis majoris ecclesiæ, sancti Agricolæ et sancti Petri aliisque adhærentibus in recompensam exemptionum suarum, aliquam honestam summam per præfatum Vice-legatum declarandam ex pecuniis dictarum gabellarum quotannis solvi debere decernimus; ac etiam statuimus quod si civitati prædictæ nova debita contrahere necessarium fuerit quibus alias de jure clerus contribuere non teneatur, pro illorum solutione non liceat pecunias ex prædictis gabellis aut eorum appaltu accipere, sed per collectarum super bonis laicorum tantum impositionem, hujusmodi debitorum solutioni provideatur. Mandamus etiam quod summa quæ, solutis censibus et expensis communibus, inter clerum et civitatem supererit, quam ad summam scutorum quinque millium auri ascendere, nobis per oratorem civitatis prædictæ expositum fuit, in extinctionem dictorum debitorum omnino convertatur, et quod singulis quibusque annis, computa depositarii dictarum pecuniarum per clerum et civitatem communiter eligendi ac etiam appaltatorum dictarum gabellarum per Vice-legatum qui pro tempore fuerit in dicta civitate, diligenter revideantur et prædicta omnia excutioni demandentur.

Datum Romæ, apud sanctum Petrum sub annulo piscatoris, die decima nona junii, anno millesimo sexcentesimo quarto, pontificatus nostri anno decimo tertio. Barbianus

LVII

Breve domini Pauli, papæ quinti, quod omnes et singuli in civitate Avenionis et illius districtu commorantes et etiam doctores, et in quavis facultate graduati, necnon professores etiam publici, ad præstationem, solutionem et contributionem vectigalium et impositionum, collectarum et gabellarum teneantur et cogi possint per sexennium.

'(26 octob. 1610)

Copie papier de l'original perdu : Archives de l'Université, D. 33.

Paulus papa quintus. Ad futuram rei memoriam. Decet ex benigno Sedis Apostolicæ foro venire subsidia, ut populi dictæ Sedis ditioni subjecti fidelitate, obedientia et devotione prestantes, in suis necessitatibus subventionem accipiant. Alias siquidem felicis recordationis Clementi papæ octavi prædecessori nostro, per dilectum filium Bartholomeum Henricum civitatis nostræ Avenionensis secretarium, exposito quod dilecti etiam filii consules ac communitas et homines dictæ civitatis, propter superiorum annorum difficultates utque se et civitatem nostram prædictam, necnon bona illius districtus 'ab impetu fluviorum Rhodani et Durentiæ (1) ac hostium et aliis imminentibus periculis cæterisque id genus necessitatibus præservarent, sumptus et expensas longe solito, uti ea temporis calamitas omnino requirebat, graviores subierant, eoque nomine ingens æs alienum ad summam ducentorum et triginta sex millium scutorum vel circa ascendens, contrahere coacti fuerant, cujus etiam ratione erga

(1) Inondations du 26 août 1580 et septembre 1590.

illos qui ad restitutionem obnoxii reperiebantur certos fructus, census annuos, seu pensiones perpetuas quotannis solvere promiserant. Ipsi vero consules ac communitas et homines predicti tantum æs alienum una cum fructibus et interesse, hujusmodi dissolvere debitamque eorum creditoribus satisfactionem impendere nequaquam poterant, nisi ex vectigalibus, impositionibus, collectis, datiis et gabellis quæ in dicta civitate nostra super mercibus, pane purgato, vino, carnibus, piscibus et pondere farinæ pro communi bono, utilitate et generali custodia et conservatione ejusdem civitatis, de licentia et authoritate sedis apostolicæ paulo antea impositæ fuerant, aliquod illis subsidium assignaretur; ex quibus quidem gabellis, eorumque appaltu, vix ultra decem et octo millia scuta monetæ vel circa, quotannis percipi posse sperabatur. Solutis vero solitis militum stipendiis, aliisque oneribus bonum commune dictæ civitatis ac illius conservationem concernentibus debite, ut par erat, supportatis, ita levis summa remansura erat, ut prædicta communitas non satis inde esset perceptura unde circa dissolutionem tanti æris alieni sufficienter sublevari posset : deductis etenim militum stipendiis et aliis hujusmodi oneribus, summa remanens quinque millium et quadringentorum scutorum vel circiter esse poterat. Quibus causis adductus Clemens prædecessor predictus, per suas in simili forma brevis expeditas litteras sub datum die nona Septembris M. D. C. dictis consulibus, communitati et hominibus, ut pro communi bono, utilitate et generali concordia ac conservatione dictæ civitatis, ejusque murorum, necnon bonorum illius districtus, super mercibus, pane purgato, vino, carnibus, piscibus et pondere farinæ, vectigalia, impositiones, collectas, datia et gabellas juxta articulos, tariffam et capitula desuper tunc confecta et prout a tunc existenti vicelegato ejusdem civitatis S. R. E. Camerario, Thesaurario et Commissario Cameræ Apostolicæ generalibus recepta et subscripta fuerant, ad novem annos tunc proximos imponere ac impositos et imposita uni vel pluribus personis meliorem conditionem offerentibus, sub et pro pretio reperibili appaltare, necnon appaltationem seu appaltationes hujusmodi eorumque ministros pretium appaltus petere, exigere, percipere, consequi et habere ; ac postquam de et ex pretio seu pretiis appaltuum hujusmodi, stipendia militum, provisiones officialium, salaria ministrorum, cetera que alia omnia onera, prout in foliis per Camerarium Thesaurarium et Commissarium predictos subscriptis descripta reperiebantur, persoluta forent aut saltem desuper sufficienter provisum foret, totum et omne id quod residuum esset in dissolutionem et extinctionem æris alieni per dictam communitatem, ut prædicitur, debiti, convertere possent, concessit; cumque postmodum per alias suas in eadem forma brevis subdatum die quarta Octobris ejusdem anni, eisdem communitate et hominibus necnon etiam clero et universitate dictæ civitatis instanter petentibus, prævia dictarum gabellarum, impositionum et vectigalium extinctione omnium prædictorum communitatis, cleri et universitatis debitorum onus in vendemiam civiumque tam ejusdem civitatis quam extraneorum, insequendo tenorem articulorum et pactorum inter communitatem, clerum et universitatem super solutione predictorum debitorum initorum, rejecisset, et subinde pro eo quod ex impositione super vendemia et vino hujusmodi non ea perveniebat subventio ex qua onera predicta supportari et dictum æs alienum posset dissolvi, de anno M. D. C. II, die secunda mensis Januarii, per consilium tam ordinarium quam extraordinarium dictæ civitatis sub sedis Apostolicæ beneplacito, tractatum et conclusum fuisset de reponendo dictas impositiones et gabellas super mercibus, pane purgato, piscibus, pondere farinæ, vino et vendemia tamque necessariis pro solutione debitorum et supportatione onerum dictæ civitatis, ac deinde prædictæ impositiones et gabellæ per modum provisionis, annuente dicto Clemente prædecessore, ad sexennium tunc computandæ impositæ et approbatæ fuissent : Idem Clemens prædecessor per alias suas litteras dictarum gabellarum impositionem, exactionem et appaltum approbavit et confirmavit prout in singulis litteris prædictis plenius continetur (1). Cum autem sicut dicti consules, communitas et homines per dictum Bartholomæum Henricum predictæ civitatis secretarium ad nos ad hoc ab eis specialiter destinatum, exponi nobis nuper fecerunt, ipsi post finitum sexennium appaltus dictarum gabellarum et impositionum, considerantes ex illarum redditibus et introitibus qui supportatis oneribus predictis, superfuerint, tantum æs alienum nequaquam extingui potuisse, verum sexaginta sex millia scuta tantum persolvisse et ex dicto ære alieno et fructibus illius ratione debitis summam centum nonaginta quatuor millium scutorum similium adhuc superesse, tantam autem summam nisi ex earumdem gabellarum continuatione ad quarum contributionem omnes de clero et regulares quantumvis exempti teneantur, congerere non posse, cum interventu deputatorum a clero et Universitate dictæ civitatis, ac obtenta prius a bonæ memoriæ Josepho dum vixit, archiepiscopo Urbinatensi (2) et in dicta civitate vicelegato licentia, quæ, reservato nostro et sedis Apostolicæ beneplacito, ipsis concessa fuit, impositiones et gabellas super mercibus, carne, vino, pondere farinæ, pane purgato et communi, juxta articulos, tarifam et capitula desuper facta et per predictum Josephum archiepiscopum, vicelegatum examinata et approbata, ad aliud sexennium a fine prioris sexennii computanda, imposuerunt, illasque sic impositas dilecto etiam filio Nicolao Pandraro, civi Avenionensi plus offerenti ad dictum sexennium, sub annua responsione

---

(1) Voy. breve LVI.
(2) Joseph de Ferrier, archevêque d'Urbin, vice-légat à Avignon, de 1607 à 1609.

viginti trium millium scutorum et sub nonnullis pactis et conditionibus, quæ a dilecto filio nostro Scipione tituli Sancti Chrysogoni presbytero, Cardinale Burghesio nuncupato, nostro secundum carnem ex sorore germana nepote, in dicta civitate et illius districtu ac Comitatu Venayssimo Legato, ac illius Vicelegato ac thesaurario et commissario nostris generalibus, similiter examinata et approbata fuerunt, locarunt et appaltarunt ; cumque sicut eadem expositio subjungebat, consules, communitas et homines prædicti plurimum cupiant impositionem et locationem ac appaltum dictarum gabellarum et impositionum pro illarum subsistentia per nos approbari et confirmari, ideo per dictum Bartholomæum Henricum oratorem, nobis humiliter supplicari fecerunt ut in premissis opportune providere de benignitate apostolica dignaremur. Nos igitur exploratum habentes ex dictis gabellis non minus ecclesiasticis quam secularibus personis commodum et utilitatem provenire et æs alienum, cui predicta communitas obstricta est, ob dictæ civitatis defensionem nec non ob alias publicas et omnibus communes causas contractum fuisse, neque facultates laicorum ad illud dissolvendum et simul onera predicta supportanda hoc tempore sufficere, hujusmodi supplicationibus inclinati, consules ac communitatem et homines predictos eorumque singulares personas quatenus a clero et personis regularibus aliquod subsidium hujusmodi exigerint, ab omnibus et singulis excommunicationis aliisque ecclesiasticis sententiis et penis spiritualibus et temporalibus per eos, propterea quoquomodo incursis, imprimis et ante omnia harum serie absolvimus, necnon dictarum gabellarum impositionem, exactionem et appaltum ultimo dictos ac capitula et conventiones desuper facta ut predicitur imponimus et per communitatem et homines predictos seu eorum appaltatores licite et tuta conscientia dicto sexennio durante exigere posse et debere, omnesque de Universitate et de clero predictis et eorum quemlibet ad solutionem illarum cogi et compelli posse, presentesque litteras validas, firmas et efficaces existere et fore suosque plenarios et integros effectus sortiri et obtinere, nec de subreptionis vel obreptionis vitio vel alio quocumque defectu notari, impugnari, redargui, retractari, suspendi, limitari in jus vel controversiam revocari, aut adversus illas quodcumque gratiæ vel justitiæ remedium impetrari ullatenus posse; sicque et non aliter per quoscumque judices ordinarios et delegatos, etiam causarum Palatii Apostolici auditores, sublata eis et eorum cuilibet quavis aliter judicandi et interpretandi facultate et authoritate, judicari et deffiniri debere, ac irritum et inane quidquid secus super his a quoque quovis authoritate scienter vel ignoranter contigerit attemptari, decernimus, declarantes quoscumque abbates, priores, præpositos, rectores, conventus et collegia, aliaque loca tam patrum societatis Jesu quam Cartusianorum, Celestinorum et quorumvis aliorum ordinum, necnon hospitalis Sancti Joannis Hierosolimitani et quarumvis aliarum militiarum domos et hospitalia, fratres, milites, præceptores, priores, commendatarios et rectores, cæterosque de clero tam regulares quam seculares cujuscumque dignitatis, status, ordinis, qualitatis, *conditionis et præeminentiæ ac quacumque immunitate et privilegio suffulti sint vel fuerint, necnon milites, præsidiarios, collaterales, thesaurarios, cæterosque alios etiam doctores et in quavis facultate graduatos, necnon professores etiam publicos et generaliter omnes et singulos in dicta nostra civitate et illius districtu pro tempore moram trahentes, legatis, vicelegatis, gubernatore, archiepiscopo, præfecto generali armorum qui pro tempore ibidem fuerint, dumtaxat exceptis, ad præstationem, solutionem et contributionem vectigalium et impositionum, collectarum et gabellarum predictarum, si quidem pro necessitatibus publicis dictæ nostræ civitatis exigi, solvique debent, ut supra dictum est, teneri et efficaciter obligatos esse et fore et ad id cogi et compelli* posse; quin imo, etiam gravatos numero duodecim filiorum, licet in

communi vivant, ab hujusmodi præstatione nisi pro usu eorum
et familiarum suarum tantum juxta declarationem a nostro vice-
legato factam, exemptos non esse, sed ad illam ut alii prædicti,
omnino teneri. Quocirca dilectis filiis moderno et pro tempore
existenti vicelegato seu legato vel gubernatori dictæ civitatis,
necnon curiæ causarum Cameræ Apostolicæ generali auditori per presentes committimus et mandamus quatenus ipsi
vel eorum alter, ubi et quando et quoties pro parte tam communitatis quam appaltorum et exactorum hujusmodi gabellarum fuerint requisiti solemniter publicantes, eisque in
præmissis efficacis deffensionis præsidio assistentes, faciant
authoritate nostra eosdem communitatem et appaltatores
præmissis omnibus et singulis, juxta presentium continentiam
et tenorem pacifice frui et gaudere, non permittentes illos aut
eorum aliquem desuper a quoquam quoquomodo indebite
molestari, perturbari vel inquietari, contradictores quosque et
rebelles, dictasque gabellas solvere recusantes, per censuras
ecclesiasticas, aliaque opportuna juris et facti remedia, via
mere executiva omni et quacumque appellatione postposita
et remota compescendo, invocato etiam ad hoc, si opus fuerit, auxilio brachii secularis (1), non obstantibus præmissis
ac Lateranensis concilii novissime celebrati, aliisque conditionibus et ordinationibus apostolicis, necnon quibusvis dictæ
civitatis et aliorum locorum etiam exemptorum juramento,
confirmatione apostolica vel quavis firmitate alia roboratis,
statutis et consuetudinibus, stabilimentis, usibus et naturis,
privilegiis quoque et indultis, exemptionibus, immunitatibus
etiam in corpore juris clausis et litteris apostolicis, quibusvis

---

(1) *Invocato ad hoc, si opus fuerit, auxilio brachii sæcularis.* — En appe-
lant à son aide le bras séculier, c'est-à-dire, même en requérant la force
publique, s'il en était nécessaire. C'est une formule employée par la chancellerie romaine et qu'on retrouve presque dans toutes les bulles ; nous
disons, nous, sentence exécutoire, *etiam manu militari.*

etiam ecclesiasticis tam secularibus quam predictorum et quorumvis aliorum ordinum, necnon hospitalis Sancti Joannis Hierosolimitani, aliarumque militiarum ac etiam Societatis Jesu, regularibus etiam Carthusianis, necnon Universitati generalis studii ejusdem civitatis ac illius rectori, professoribus, aliisque personis, sub quibuscumque tenoribus et formis ac cum quibusvis etiam derrogatoriarum derrogatoriis aliisque efficacioribus et insolitis clausulis ac irritantibus et aliis decretis, etiam motu proprio et ex certa scientia deque Apostolicæ potestatis plenitudine, ac etiam consistorialiter concessis, approbatis et innovatis, illis præsertim quibus prohiberi dicitur ne patentatus a personis ecclesiasticis etiam sponte offerentibus, aliquam pecuniarum subventionem recipiant et alias in contrarium quomodolibet disponentibus. Quibus omnibus singulis, præsertim litteris immunitatum et exemptionum quorumlibet, etiam si de illis eorumque totis tenoribus specialis, specifica, expressa et individua et de verbo ad verbum, non autem per clausulas generales idem importantes mentio seu quævis alia exquisita forma ad hoc servanda foret, etiam si in eis caveatur expresse quod per hujusmodi clausulas generales illis nullatenus derrogari possit, nec derrogatum censeatur, nisi sub certis modo et forma in eis expressis, eorum tenores, presentibus pro expressis habentes, illis alias in suo robore permansuris latissime, ac vice dumtaxat specialiter et expresse derrogamus, cæterisque contrariis quibuscumque. *Volumus autem ut pecuniæ quæ ex predictis gabellis, illarumque appaltu provenient, juxta tabellam per Scipionem Cardinalem et Legatum(1) ac Thesaurarium et commissarium predictos subscriptam ac in libris dictæ Cameræ per dilectum filium Prosperum Costagutam ejusdem Cameræ computistam, registratam impendantur et*

---

(1) *Scipion Caffarelli*, surnommé Borghèse, légat d'Avignon, de 1605 à 1621.

*propterea mandata omnia solutionum a deputatis cleri et
deputatis Universitatis et consulibus civitatis subscribi, nec
aliter factas solutiones validas esse et solventes ad reiteram
dum de suo proprio solutiones hujusmodi, omnino cogi mandamus. Ad hæc Capitulis predictis majoris Ecclesiæ (1),
Sancti Agricoli, Sancti Petri, aliisque adhærentibus in recompensam exemptionum suarum, summam ducentorum et
triginta duorum scutorum per predictum vicelegatum declarandam et inter ipsos conventam ex pecuniis dictarum
gabellarum quotannis solvi debere, decernimus; ac etiam
statuimus quod si civitati prædictæ nova debita contrahere*

(1) *Capitula præsentis maioris ecclesiæ, etc.* — On peut se faire une idée de l'importance du clergé d'Avignon, à cette époque, par le nombre de prêtres séculiers attachés, soit à la *métropole de Notre-Dame-des-Doms*, soit aux sept paroisses que contenait encore cette ville au moment de la Révolution (1793). La métropole avait dix-neuf chanoines, douze bénéficiers et cinq dignitaires (archidiacres, trésoriers, capiscol) : *la collégiale* de St-Agricol quatorze chanoines, douze bénéficiers et quatre dignitaires (doyen, capiscol, ouvrier, curé amovible) ; celle de *St-Pierre*, quatorze chanoines, neuf bénéficiers et trois dignitaires (doyen, capiscol, curé amovible) ; celle de *St-Didier*, dix chanoines et quatre dignitaires (prévôt, sacristain, capiscol, curé amovible) ; *la Madeleine St-Étienne* : six chanoines, dont un curé et deux dignitaires (archiprêtre et capiscol ; *Notre-Dame la Principale* : dix chanoines, dont deux curés et deux dignitaires (recteur, capiscol); *St-Symphorien* : six chanoines et un prêtre sacristain ; *St-Geniès* : dix chanoines et trois dignitaires (un prieur, un capiscol et un curé amovible). Soit un total de cent quarante six prêtres séculiers, chiffre dont on approchait bien en 1610, si l'on songe qu'à part Saint-Geniès, qui ne fut établie qu'au XVIII° siècle, toutes ces paroisses existaient avec cette organisation au commencement du XVII° siècle. Dans ce nombre, d'ailleurs, ne sont pas compris les nombreux ecclésiastiques qui desservaient les chapelles rurales de la banlieue, celles des hospices et des confréries de pénitents, ni tous ceux qui étaient attachés à la cour du vice-légat, à la maison de l'archevêque; à l'Université, aux divers collèges, etc.

Le clergé régulier n'était pas moins nombreux. Il comptait en 1610, au moins vingt communautés d'ordres différents dont quelques unes très nombreuses. J. B. Joudou, dans son *Essai sur l'histoire de la ville d'Avignon*, en donne la nomenclature exacte, avec l'année de leur fondation, le nom des fondateurs et leur emplacement.

necessarium fuerit, quibus aliis clerus de jure contribuere non teneatur, pro illorum solutione non liceat pecunias ex dictis gabellis aut eorum appaltu accipere, sed per collectarum super bonis laicorum tantum impositionem hujusmodi debitorum solutioni provideatur. Mandamus etiam, quod singulis annis, computa depositarii dictarum pecuniarum per clerum et civitatem communiter eligendi ac etiam appaltatorum dictarum gabellarum per Vice-legatum qui pro tempore fuerit in dicta civitate diligenter rendantur et prædicta omnia et præsertim ea quæ in dicta gabella per Scipionnem Cardinalem et Legatum, Thesaurarium ac Commissarium subscriptos disponentur.

Datum Romæ, apud Sanctum Marcum sub annulo piscatoris, die vigesima sexta mensis octobris, millesimo sexcentesimo decimo, pontificatus nostri anno sexto. S. Cobellutius (1).

---

(1) Il est question dans ce bref (pag. 276 et 277) de deux autres brefs donnés par Clément VIII, les 9 septembre et 4 octobre 1600 et mentionnés déjà précédemment (pag. 262 et 264). Nous avons jugé inutile de reproduire dans ce cartulaire ces deux pièces qui n'intéressent l'Université que d'une façon accidentelle et très indirectement.

LVIII

Lettres patentes de Louis XIV, roi de France et de Navarre, accordant à l'Université d'Avignon, la confirmation de tous les privilèges à elle concédés par Charles II, roi de Provence (1303), et voulant que les docteurs gradués dans cette Université, soient reçus et admis en toutes les cours, villes et Universités du royaume de France et qu'ils jouissent d'une façon générale de tous les privilèges, honneurs et prérogatives, attribués aux gradués des plus célèbres Universités du royaume, sans qu'ils soient obligés de subir d'autres examens que ceux passés antérieurement devant l'Université d'Avignon (1).

(Juillet 1650)

Original parchemin portant la signature autographe du roi et muni des grand et petit sceaux de cire verte sur lacs de soie rouge et verte : Archives de l'Université, D. 7 ; — *copie parchemin de 5 folio, sans sceaux :* mêmes archives, D. 51 ; — *copies papier :* mêmes archives : D. 13 et D. 14 ; — *copies imprimées :* mêmes archives : *passim.*

Louis par la grâce de Dieu Roy de France et de Navarre, Comte de Provence, Forcalquier et terres adjacentes, à tous présents et à venir, salut.
Nos biens ames les Primicier, docteurs, gradués et escol-

---

(1) François Ier, en reconnaissance des secours que les Avignonais lui avaient prêtés en 1537, lors de son expédition en Provence contre Charles-Quint, leur avait accordé entre autres beaux privilèges, celui de *regnicoles*, titre qui les faisait jouir de tous les avantages attachés à la qualité de Français et les faisait considérer et traiter comme tels (1er septembre 1543) ; Charles IX en 1567 et 1571, Henri III en 1583, Henri IV en 1599 et Louis XIII en mars 1611, avaient successivement par lettres patentes confirmé aux Avignonais ce titre de regnicoles. L'Université par ce fait

liers de l'Université de la ville d'Avignon nous ont faict remonstrer que ladite ville estant située au dedans de nostre Comté de Provence et de l'ancien domaine d'Icelluy, Charles second, Roy de Hierusalem et de Sicile, comte de Provence honnora et decora ez faveur des bonnes lettres, ladite Univer-

était donc réputée française, et comme telle comprise parmi les universités fameuses du royaume, c'est-à-dire que ses gradués jouissaient des mêmes prérogatives et privilèges que ceux qui avaient pris leurs grades en France, tant pour l'obtention des bénéfices que pour l'exercice de la médecine et la pratique des fonctions de la magistrature ou du barreau. Plusieurs arrêts des parlements de Paris, de Toulouse, de Dijon, d'Aix, etc., avaient consacré cette doctrine (Voy. *Epitome privilegiorum graduatorum Universitatis Avenionensis.* — Avenione apud. *Franc. Sebast. Offray*, MDCCX). Mais les contestations n'en étaient pas moins fréquentes, surtout de la part des Universités voisines. C'est ainsi notamment que celle d'Aix avait fait le 2 avril 1623, un règlement sur le doctorat en médecine, autorisé par arrêt du Parlement du 29 mai suivant, dans lequel inhibition et défense étaient faites à tout docteur-médecin qui aurait pris ses grades hors de l'Université d'Aix d'exercer la médecine en Provence, sans avoir au préalable « faict lecture de six mois en ladite Université, suivant et conformément au règlement faict par ladite Université en la faculté des loix, et laquelle lecture ils seroient tenus de faire sur les matières qui leur seroient données par le Primicier en ladite Université, et rapporteroient attestation les six mois passez de leur lecture, dudit Primicier, des officiers de ladite Université et des docteurs régents, à peine de 500 livres et d'amendes arbitraires. » (Un exemplaire imprimé de ce règlement et de l'arrêt du Parlement de Provence se trouve aux *Archives de l'Université*, D. 200). Et, en effet, le 8 juillet de la même année, l'arrêt confirmé du Parlement de Provence avait été signifié à maître Antoine Maiza, praticien de Bargemond, docteur en médecine de l'Université d'Avignon, avec ordre de s'y soumettre immédiatement.

Le Parlement de Provence avait fait plus encore, car pour consacrer définitivement ce règlement et lui donner force de loi, il avait rendu à la date du 8 février 1631, un nouvel arrêt portant défense à tous médecins, chirurgiens et apothicaires d'exercer à Aix ou dans d'autres villes et lieux de Provence sans avoir satisfait aux statuts et règlements de l'Université d'Aix, confirmés par arrêt de la Cour, sous les peines y contenues.

Depuis lors, exploits d'huissiers et tracasseries de toutes sortes tombaient dru sur les pauvres praticiens étrangers. L'Université d'Avignon était surtout visée dans ces vexations en raison du grand nombre de gradués qu'elle fournissait à la Provence. C'est pour y mettre un terme et

sité de plusieurs immunités et exemptions par ses lettres patantes du cinquiesme de May mil trois cent trois; laquelle a despuis esté augmentée de sept beaux colleges, sans y comprendre celluy des Jesuites, par le pape Julles second, Jean cardinal d'Hostie, Androvius Cardinal abbé de Cluny et

ne plus laisser prise d'aucune sorte aux interprétations malignes des envieux qu'elle songea à solliciter de Louis XIV des lettres patentes qui affirmeraient solennellement ses droits de regnicole et règleraient définitivement sa situation comme telle. Ce ne fut pas sans difficulté et sans peines qu'elle les obtint. Le roi de France était alors mineur, et il avait été décidé que pendant toute sa minorité on n'introduirait dans les lois et règlements du royaume *aucune nouveauté*. L'Université eut donc à prouver, contre l'opinion du chancelier d'État, que sa demande ne visait l'introduction de rien de pareil, mais simplement la confirmation de privilèges reconnus depuis plusieurs siècles par les rois de France et dont les plus importants avaient été accordés par Charles II, comte de Provence, de qui les rois de France étaient les héritiers directs. Il fallut rappeler encore au chancelier que les citoyens d'Avignon et du Comtat étant naturalisés français et regnicoles, l'Université composée de citoyens d'Avignon était française par le fait et devait jouir des mêmes privilèges que les autres du royaume. En même temps on expédiait au chancelier, qui du reste en avait fait la demande, une copie certifiée conforme des divers privilèges accordés à l'Université ou à la ville d'Avignon par Charles II et les rois de France. On y joignit un *acte de notoriété*, signé de dix témoins et contresigné de Marie-Ludovic de Suarès, vicaire capitulaire d'Avignon *sede vacante*, établissant la situation exacte de l'Université, tant au point des vues de son organisation intérieure, de ses études que de ses droits et privilèges, etc. Et comme au cours des négociations le chancelier avait objecté que plusieurs étrangers non français, étudiant à Avignon, y prenaient leur grade et qu'alors, si l'Université d'Avignon était naturalisée française, se serait par ce fait ruiner les droits d'*aubaine* et ceux de *naturalité* requis pour obtenir bénéfices et charges en France, on rédigea un mémoire dans lequel il était dit que l'Université d'Avignon en demandant les lettres patentes n'entendait en faire bénéficier que les naturels sujets du roi et les habitants d'Avignon ou du Comtat ; que quant aux étrangers qui se feraient graduer à Avignon, il était bien entendu qu'ils n'auraient d'autres privilèges que ceux accordés à tous les gradués suivant les dispositions du droit commun, mais qu'en aucune façon ils ne jouiraient des avantages accordés exclusivement aux Français et aux regnicoles. Ainsi tombait l'objection, la plus forte de toutes aux yeux du chancelier, devant le tempérament proposé par l'Université. Les puissants protecteurs que cette dernière s'était ménagés,

autres prélats, abbes et autres personnages pieux et amateurs des bonnes lettres, avec des revenus suffisants pour l'entretient d'iceux, dont partie des places sont affectées par les fondations, à nos natturels subjets, et ce qui rend ladite Université plus celebre est qu'il y a des proffesseurs en toutes les

tant à Rome qu'à la Cour de France, firent le reste, et nulle intervention ne fut plus efficace pour sa cause que celle de Mazarin, alors dans sa toute-puissance.

L'illustre cardinal s'exprimait de la sorte, dans une lettre de recommandation écrite au chancelier d'État :

A Compiègne, ce 2 juin 1649.

« Ayant appris que l'Université d'Avignon poursuit auprès de Monsieur le Chancellier des lettres particulières par lesquelles ceux qui y prennent leurs degrés soient maintenus en la possession en laquelle ils ont tousiours esté, de jouyr des mesmes honneurs que les autres gradués des Universités de ce royaume, je n'ay peu refuser à l'ancienne affection que j'ay pour ce corps là, que j'ay veu fort célèbre du tems que j'estois sur les lieux et qui ne l'est pas moins encore à présent, ce mot de recommandation, priant mondit sieur le Chancellier de considérer favorablement ses raisons et l'asseurant que je prendray beaucoup de part à tout ce qu'il aura lieu de faire à son advantage. »

(Signé) le cardinal Mazarin.

Enfin, le 6 octobre 1650, l'Université apprit de la bouche d'illustre seigneur Jean-Baptiste de Tonduty, seigneur du lieu de Blauvac, qu'après de longues poursuites, le roi avait enfin signé les lettres patentes si vivement désirées. Et en même temps il montrait à tous les membres réunis ce précieux parchemin, scellé du grand sceau sur cire verte, contrescellé et vérifié en la Cour du Parlement de Paris. Un long murmure de satisfaction parcourut alors la docte assemblée ; puis, quand sur l'ordre donné par le Primicier, le secrétaire et bedeau de l'Université se fut levé pour donner lecture des lettres patentes, tous les docteurs présents, au nombre de plus de cent, se levèrent spontanément et se tinrent debout, la tête découverte pendant toute la durée de cette lecture. Un tonnerre d'applaudissements en salua la fin ; longue et précieuse vie fut souhaitée au roi, et tous votèrent par acclamation qu'à l'avenir tous les sujets du roi très chrétien qui prendraient leurs degrés à Avignon lui prêteraient serment de fidélité entre les mains du Primicier, et qu'à perpétuité l'Université d'Avignon ferait faire, chaque année, un service solennel pour les rois de France décédés.

sciances et bonnes lettres qui enseignent gratuitement et qu'elle faict la plus grande et saine partie de la dite ville dont les habitans sont tenus et reputtés pour noz vrays et natturels subjectz et regnicolles par les Privileges a eux accordés par nos predessesseurs roys, confirmés de temps en temps, comme il se voit par les lettres pattantes des feus roys nos très honnores Seigneurs père et ayeul et nous despuis nostre advenement à la couronne, des mois de may mil cinq cens quatre vingt, dix neuf mars mil six cens onze et octobre mil six cens quarante trois, les exposants n'ont pas estimé estre obligés d'obtenir des lettres particulières pour estre confirmés ausdits privileges, en ayant tousjours jouy comme estant du corps de ladite ville. Mais pour ce que ceux dont ont accoustumé de jouir et user les Universités de nom et de reputation comme est celle d'Avignon, n'ont pas esté comprins dans les lettres obtenues par les habitans de ladite ville, et qu'à raison de ce on pourroit troubler les exposans en la jouissance d'iceulx, en ce qu'en aucunes cours, villes et Université de nostre royaulme, les degrés acquits en ladite Université d'Avignon y pourroient estre contestés, ils nous ont très humblement supplié leur accorder noz lettres sur ce nécessaires : Scavoir faisons qu'après avoir fait voir ez notre Conseil l'extrait tiré des archives de ladite Université des lettres pattantes dudit jour cinquiésme may mil trois cens trois et les lettres de confirmation des privileges de ladite ville, enregistrées en nostre Cour de Parlement de Paris et autres pièces cy attachées soubs le contrescel de nostre chancelerie et

---

Ce ne fut point encore assez, Marie-Gabriel Crozet, régent ordinaire, fut chargé de composer, en reconnaissance de cette faveur royale, un panégyrique à la louange du roi. Il fut lu le 19 octobre suivant, à la cérémonie de la rentrée des classes, en présence des docteurs agrégés des trois facultés et de l'archevêque Dominique de Marinis, qui, en sa qualité de chancelier de l'Université, voulut prendre sa part d'une si grande allégresse.

desirans à l'imittation de nos predessesseurs roys et comtes dudit Provence favorablement traicter les exposants, en consi‧ dération de la singulière affection qui est entre le Saint-Siége et nous et que ladite ville d'Avignon et Comtat Venaissin ont tousjours esté en nostre protection et les habitans reputtés pour nos natturels françois et regnicoles, de l'advis de la reine regente nostre très honorée dame et mère et de nostre grace especiale, pleine puissance et authorité royale, Nous avons par ces présentes signées de notre main *approuvé et confirmé et en tant que le besoin est ou seroit, de nouveau concedé et attribué à ladite Université d'Avignon les Privileges que Charles second roy de Hierusalem et de Cicile, comte dudit Provence, lui a accordés par lesdites Lettres dudit Jour cinquiesme may mil trois cens trois, ensemble les privileges concédés et confirmés par les Roys nos predecesseurs et nous aux habitans de ladite ville pour en jouyr par les exposans et leurs succcesseurs.*

Ce faisant, voullons et nous plait qu'ils jouissent comme ils ont si devant bien et deubment jouy, de tous les privileges et exemptions atribuées aux habitants de ladite ville d'Avignon; qu'ils soyent censés et réputés nos regnicoles et soyent receus et admis en toutes les villes, cours et universités de nostre royaulme et jouïssent généralement de tous les privilèges, honneurs, prerogatives, prééminences et libertés tant entre seculiers que reguliers qui ont été atribués aux docteurs, gradués, suppots et escoliers des plus fameuses universités de nostre royaulme, tout ainsi que s'ils auroient pris leurs degres es dites Universitiés; sans qu'ils soyent tenus subir autre examen que celuy qu'ils auront subi en ladite Université d'Avignon; pourveu toutes fois qu'ils soyent naturels françois ou natifs de ladite ville d'Avignon et comtat Venaissain, et que lesdits Privileges n'ayent esté revoqués par aucunes lettres pattantes, arrests ou reglements: Si donnons en mandement à nos ames et feaux conseilhers, les gens tenans nos cours de parlement en chascune d'icelles en droit, loy, comme a elle apartiendra, que cesdites presentes Ils fassent registrer et du contenu en icelles souffrent et laissent jouyr et user les exposans et leurs successeurs plainement, paisiblement et perpetuellement ; cessant et faisant cesser tous troubles et empeschements à ce contraires ; car tel est nostre plaisir, et afin que ce soit chose ferme et estable a tousjours, nous avons faict mettre nostre scel a cesdites presentes; sauf en autre chose nostre droit et l'autruy en toutes. Données a Paris au mois de Juilhet, l'an de grâce mil six cens cinquante et de nostre regne le huictiesme. *(Signé)* : Louis.

·Et sur le repli : Par le roy, comte de Provence, la reine régente sa mere présente en son conseil.*(Signé):* De Lomenie (1).

(1) Ces lettres-patentes furent enregistrées successivement aux parlements de Paris (13 août 1650), de Provence (9 novembre 1650), de Bourgogne (31 juillet 1652), du Dauphiné (13 août 1652) et de Toulouse (2 mai 1654). Les arrêts sur parchemin de ces différentes cours se trouvent aux *archives de l'Université*, D. 7.

LIX

Lettres-patentes de Charles Emmanuel, duc de Savoie, portant que les gradués de l'Université d'Avignon, devront jouir dans ses États des mêmes privilèges que s'ils avaient été gradués dans les Universités de son obéissance (1).

(10 février 1652)

Original parchemin muni du grand sceau de cire rouge des ducs de Savoie, sur lacs de soie jaune, blanche et rouge: archives de l'Université, D. 9; — *copi papier :* mêmes archives, D. 13.

Charles Emanuel, par la grâce de Dieu duc de Savoye, Chablais, Aouste, Genevois et Montferrat, prince de Piedmont, marquis de Saluces, comte de Geneve,

(1) C'est encore au zèle de Jean-Baptiste de Tonduty, seigneur de Blauvac que l'Université d'Avignon fut redevable de l'obtention de ces lettres-patentes. Elle les fit enregistrer immédiatement aux parlements de Dijon, Grenoble et Aix, mais seulement en août 1652 à celui de Toulouse, en raison « de la peste du Languedoc qui empêchait de faire semblable voyage ».

Tout cela néanmoins coûta beaucoup d'argent, à un moment surtout où les finances de l'Université, dans lesquelles on avait dû puiser à pleines mains pour couvrir les frais d'obtention des lettres-patentes du roi de France, étaient encore très pauvres. C'est pourquoi le Primicier proposa dans le collège tenu le 26 août 1652, de surseoir à l'élection d'un nouveau régent à la chaire du droit civil, qui allait être vacante le 18 octobre suivant et de la renvoyer à pareille date de l'année prochaine. On pourrait alors avec les gages attachés à cette régence subvenir aux dépenses faites ou à faire pour la délivrance de ces nouvelles lettres et leur entérinement au sénat de Savoie, qui à lui seul coûtait neuf pistoles. Il ajouta qu'afin que cette mesure ne portât aucun préjudice à l'Université et aux études, on chargerait, après avoir obtenu son consentement préalable, Jérôme Crivelli docteur agrégé et juge en la cour ordinaire de Saint-Pierre d'Avignon, de tenir *gratis* cette chaire pendant cette période. Celui-ci ayant accepté séance tenante, la proposition du Primicier fut votée à l'unanimité.

Nice, Romont et Tendes, baron de Vaus et de Faucigny, seigneur de Verseil, Céve et Oneille, marquis en Italie, prince et Viccaire perpetuel du sainct Empire Romain, roy de Chipre etc.... A tous ceux qui ces présentes lettres verront, salut.

De la part des Primicier, Dotteurs, suppostz, Graduez et Escolliers de l'Université d'Avignon, nous a esté remonstré qu'ayant la dicte Université esté fondée par Charles second Roy de Hierusalem et de Sicile qui l'honora et decora de trèsbeaux privilèges en faveur des bonnes lettres, les Dotteurs et Graduez de ladicte Université en toutes sortes de science, ont toujours esté receuz sans difficulté par tous les étatz des Princes et Potentatz de l'Europe dans les Cours, Villes, juridictions, terres et universitez de leur obéissance, sans faire aucune différence entr' eux, et ceux, qui ont esté doctorez et graduez dans les propres Universitez de leurs Estatz; de laquelle grace et privilège bien qu'ilz soient en possession de jouir dans noz estats par le soin particulier et protection que les Princes de cette Royale maison, nos Serenissimes Predecesseurs, ont pris des personnes savantes et des Lettres, toutes fois, ils nous ont faict supplier de leur accorder sur ce une déclaration par nos lettres patentes, lesquelles, en les maintenant dans la possession de cette grâce, privilege et prérogative, demeurent dans leurs Archives pour une marque et monument à la postérité de notre bonne volonté et particuliere protection envers la dicte université d'Avignon. A quoy inclinantz tant pour les considérations cy dessus, que pour faire cognoistre le désir que nous avons de favoriser les supplicants en cette et autres occasions, pour l'honneur des sciences et bonnes lettres : Par ces presentes signées de nostre main, de nostre certaine science, pleine puissance et authorité souveraine, et par l'advis de nostre Conseil, nous avons dict, déclaré et ordonné, disons, declarons et ordonnons, voulons et nous plaict : *que les docteurs et Graduez de l'Université d'Avignon soient des apresent et pour toujours, receus, admis et recogneuz pour tels dans nos estatz, et qu'ils jouissent des mesmes privileges, prerogatives, honneurs, préeminences, franchises, immunitez, desquelles ont accostumez de jouir ceux qui sont doctorez et graduez dans les Universitez de nos dictz Estats et terres de nostre obéissance; sans qu'il y soit mis aucune difference, à la charge que venant à estre admis dans les corps de nos dictes Universitez, Colleges et Tribunaux de justice et exercer quelqu'autres fonctions dependantes du degré de Doctorat, ils seront tenuz de faire le mesme serment et de garder et observer les mêmes reigles et formes prescrites à ceux qui ont pris leurs degrez dans les Universitez des lieux de nostre obeissance.* Si donnons en mandement à nos très chers bien amez et feaux Conseillers, Gentz tenantz nos Senatz de Savoie, Piedmont et Nice et tous autres nos Ministres, Magistratz et officiers, chacun en droict, Loy comm' il appartiendra, de faire observer ces presentes et du contenu en icelles faire jouir et user les exposants et leurs successeurs pleinement, paisiblement et a perpetuité, sans permettre qu'il leur soit donné aucun trouble ou empechement au contraire. Car tel est nostre plaisir. Donné à Turin le 10 février 1652 (1). Ch. Manuel.

---

(1) Ces lettres patentes sont accompagnées d'un extrait sur parchemin des registres du sénat de Savoie, portant vérification et entérinement de ces lettres faits à Chambéry le 21 août 1652.

LX

Fundatio et dotatio ab illustrissimo domino Dominico de Marinis, Avenionis archiepiscopo, cathedræ Theologiæ in alma Universitate generalis studii ejusdem civitatis.

(13 novemb. 1655)

Original in registre papier : archives de l'archevêché (FONDS PUBLIC DE VAUCLUSE) ; — *copies papier :* archives de l'Université, D. 15 et D. 168.

In nomine Domini amen. Noverint Universi præsentes pariterque futuri, quod cum Illustrissimus ac Reverendissimus Dominus Franciscus Dominicus de Marinis, Dei et apostolicæ sedis gracia Archiepiscopus Avenionis, die sexta mensis octobris ultime præteriti, donaverit donatione inter vivos et irrevocabili, Universitati hujusce civitatis Avenionis summam trium mille librarum monetæ Regiæ, sub illo onere ut dicta summa impenderetur in emptionem census seu pensionis annuæ et perpetuæ, quæ deserviret pro salario professoris publici seu Regentis, qui in schola dictæ Universitatis perpetuo doceret sacram theologiam juxta doctrinam et sensum divi Thomæ, prout constat instrumento desuper confecto per me notarium infrascriptum (1). In quo

---

(1) Nous donnons le texte de l'acte auquel il est fait allusion :

« Au nom de Dieu, sçachent touts presents et advenir, comme soit que Monseigneur Illustrissime et Reverendissime frère Dominique de Marinis par la grace de Dieu et du St-Siège apostolic archevesque d'Avignon, aye eu intention de fonder une regence de la Ste Theologie en la presente ville d'Avignon et en l'Université d'Icelle, et pour icelle establir et asseurer une pension perpetuelle pour le salaire de celuy qui sera pourveu de la dicte Regence, soubs les condicions qu'il apposera en l'acte de fondation qu'il désire passer avec ladicte Université, ayant despuis un an faict lire et ɛnseigner dans ladicte Université un docteur de ladicte fa-

quidem instrumento predictus Illustrissimus Dominus Archiepiscopus sibi reservavit facultatem apponendi conditiones et qualitates sibi benevisas circa fundationem dictæ Cathedræ Thelogiæ. Cupiens predictus Illustrissimus ex nunc déclarare

culté de Théologie et payé le sallere, a ce que avec plus de facilité se trouve personne capable de ladicte regence et Chere de Theologie, et pour commencement de ladicte fondation, a passé l'acte de cession et donation entre vifs et irrevocable comme s'ensuit :

« Pour ce est-il que l'an à la nativité nostre Seigneur 1655 et le 6ᵉ jour du mois d'octobre, du Pontificat de Nostre St Père Alexandre septième, année première, par devant moy notere apostolic et royal, Bachelier aux droictz, originaire et citoyen de cette ville, presents les tesmoings cy bas nommés, personnelement establi mondict seigneur Illustrissime et Reverendissime Dominique de Marini, Archevesque dudict Avignon et en sa dicte qualité de Chancelier de l'Université de ladicte ville, lequel de son gré par lui et ses heoirs et successeurs quelconques, pour l'effet de la susdite fondation d'une Chere *sive* Regence de la Ste Theologie en la dicte Université de cette ville : A donné, ceddé, remis et transporté, donne, cèdde, remet et transporte par donation entre vifs et irrévocable faicte pour cause pie à ladicte Université d'Avignon — illustres et magnifics seigneurs Messieurs Henry de Laurens primicier et Recteur d'icelle, auditeur de la Rotte du Sacré Palais de cette ville, Louys Garcin, Louys de Benoit, Gabriel Marie Crozet et Hierosme Crivelli docteurs ez droictz et regents de ladicte Université pour ladicte Université deuement stipulant et acceptant et humblement remerciant — la somme de *trois mille livres tournois* monaye de Roy a prendre et à recouvrer sur les fermiers des rentes et revenus que mondit seigneur Illustrissime prend et perçoit annuellement aux lieux de St Remy, Noves et Bornissac en Provence et sur le quarton qu'ils sont obligés de luy payer le premier jour du moys de novembre prochain, à quoy ils se trouvent deuement obligés et soubsmis par acte receu par moy notere ; laquelle somme de trois mille livres mondit seigneur faira deslivrer audit primicier tant en vertu du present acte de cession que du mandat faict et signé par sa seigneurie Illustrissime en date du présent pour etre expédié et deslivré audit seigneur Primicier : et pour l'effect de ladicte cession luy a ceddé et cedde ses droictz et actions avec les devestitions, investitions, touchement des mains et aultres clauses necessaires, et laquelle somme a promis et promet faire avoir et jouyr à ladicte Université et luy estre de toute eviction et garantie en la meilleure forme jusque à l'effectuel payement d'icelle ; chargeant neantmoins comme il charge ledit seigneur Primicier et ladite Université de loger et placer le plustost que, faire se pourra, ladite somme de trois mille livres en pension perpetuelle sur des

mentem suam circa modum dictæ Cathedræ inivit instrumentum infrascriptum :

Quapropter anno Domini millesimo sexcentesimo quinquagesimo quinto, die vero decima tertia mensis novembris, indictione septima, Pontificatus autem Sanctissimi domini Nostri Alexandri septimi anno primo, coram me notario pu-

fonds assurés à ce que de ladite pension se paye le gage et salaire qui sera establya celuy qui sera pourvu pour temps de ladite regence et Chere de Theologie, se reservant mondit seigneur la faculté d'augmenter ladicte fondation, comme aussy d'y apposer les conditions et qualités qu'il trouvera bon.

« Le present acte et tout son contenu mondit seigneur Illustrissime a promis et promet avoir a gré sans y contrevenir, et ledit seigneur Primicier aussy pour ce que regarde ladite Univeisité; pour observation de quoy mondit seigneur a soubsmis et obligé ses biens, rentes et revenus dudit Archevesché, et ledit sieur Primicier ceux de la dite Université presents et a venir à toutes cours tant papalles, royalles que autres requises, en la meilleure forme de la Chambre Apostolique et desdites Cours. Ainsin ont respectivement juré et oultre ce ont consenty estre insinué par atteste de moy notere dans le Livre du Greffe des Insinuations de cette ville. Faict et recitté audic Avignon dans le palais archiepiscopal et chambre de résidence de mondict seigneur, en presence de Monsieur Jean Baptiste Jouve Prebtre et de M. Thomas secretaire de sa seigneurie Illustrissime et de M. Jean Bernard secretere et bidel de ladicte Université temoins soubssignés avec mondit seigneur Illustrissime les dits sieurs Primicier et Regent à l'original des presentes et de moy Louis François Bellon notére apostolic et royal. » (L'acte original est aux archives du département de Vaucluse; *fonds de l'Archevêché*. Une copie se trouve aux archives de l'Université D. 15).

La commune de Barbentane à qui l'offre en avait été faite, n'ayant pas voulu se charger des fonds provenant de la fondation de Mgr de Marinis en faveur de l'Université, celle-ci avec l'autorisation du prélat (27 février 1656) traita avec la ville d'Avignon. Par le contrat passé le 16 mars 1656 devant le même maître Bellon dans la salle haute de la maison commune d'Avignon, la ville prit pour elle le capital de trois mille livres tournois soit en monnaie d'Avignon trois mille et cent livres contre une pension de cent cinquante cinq livres, même monnaie, payable le 16 mars de chaque année entre les mains du Primicier.

L'original de ce contrat existe aux *archives de l'Université*, D. 65. Nous ne e reproduisons pas en raison du peu d'intérêt qu'il présente, ne concernant l'Université que d'une façon secondaire.

blico Apostolico et Regio, jurium Baccalaureo, originario et Cive Avenionensi, Archepiscopatus prosecretario et testibus infrascriptis, personaliter constitutus Illustrissimus ac Reverendissimus dominus de Marinis Archiepiscopus, almæque Universitatis Avenionensis Studii Cancellarius, qui de proximo dicessurus ad urbem Romam ad visitandum limina apostolorum, desiderans ante dicessum stabilire et confirmare dictam fundationem et præscribere modum et formam ut perpetuo observetur, in præsentia perillustris domini Henricy Laurens domini de l'Ollive Auditoris Rotæ sacri Palatii Apostolici et Primicerii dictæ Universitatis, necnon Reverendi fratris Nicolai Chabert presbyteri Religiosi ordinis heremitarum Sancti Augustini, facultatis Thologiæ Decani, pro dicta Universitate et facultate Theologica, una mecum notario uti personna publica pro omnibus et quibuscumque de presenti et in futurum interesse habentibus, debite stipulantibus et acceptantibus : In primis gratis et sponte declaravit et declarat quod *fundavit prout ex nunc fundat et stabilire intendit in perpetuum Cathedram Divi Thomæ, hoc est professorem publicum seu regentem in facultate sacræ Theologiæ in Universitate Avenionensi, qui perpetuus legat, explicet et doceat doctrinam divi Thomæ, quæ habetur in Summa Theologiæ ejusdem Sancti doctoris Angelici, sequendo ordinem quæstionum et articulorum et ex professo deffendat et sustineat ejus opinionem ; qui quidem professor incipiet Lectiones suas quotannis a festo Sancti Lucæ usque ad vigiliam Sanctæ Mariæ Magdalenæ, absque interruptione semel in die, per seipsum in publica schola Universitatis. Prefatus Illustrissimus sibi reservavit et reservat facultatem nominandi, instituendi et destituendi arbitrio suo, quandiu vixerit, dictum Regentem ; cui regenti pro salario dabitur integra pensio quæ proveniet quolibet anno ex dicta summa trium mille librarum, dum fuerit impensa in emptionem census perpetui ad diligentiam dicti domini*

Primicerii dictæ Universitatis, cui dicta summa fuit exsoluta ad illos fines de propriis pecuniis predicti Illustrismi domini de Marinis; ita tamen quod, facta prima emptione dicti census super communitate Barbantanæ, in provincia Provinciæ juxta mentem et ordinem expressum ejusdem Illustrissimi domini Archiepiscopi, idem Dominus de Laurens primicerius nullo unquam tempore, teneatur de evictione dictæ summæ trium mille librarum. Ita expresse conventum.

Post mortem vero dicti illustrissimi domini fundatoris et finito tempore tunc provisi, provideatur dicta Cathedra de alio regente per concursum eligendo, in publica Universitate coram Illustrissimo domino tunc Archiepiscopo et Cancellario, Dominis domino Primicerio, Decano et doctoribus aggregatis dictæ facultatis Theologicæ; volentibus autem concurrere assignabitur per Illustrissimum tunc Cancellarium, ad aperturam libri, pro puncto, unus ex articulis dictæ summæ divi Thomæ cuilibet ex concurrentibus et separatim, qui tamen intra viginti quatuor horas teneantur publice et januis Universitatis apertis, explicare dictos articulos assignatos, et alii concurrentes impugnabunt et disputabunt, et sic vicissim unus post alium respective. Et finito dicto concursu, Illustrissimus dominus Cancellarius una cum dictis dominis Primicerio, decano et doctoribus aggregatis in dicta facultate Theologiæ privative quoad omnes alios, per nota secreta eligere magis idoneum et capacem; et in casum paritatis, Illustrissimus dominus Cancellarius qui tunc erit ultra votum per eundem datum inclinabit in quem voluerit ex illis qui erunt æquales in suffragiis; et sic perpetuo observabitur; ita tamen quod inter concurrentes cœteris pariter præferatur religiosus ordinis sancti Dominici. Electus autem teneatur gradum doctoratus et aggregationis in dicta facultate suscipere, si non sit doctor; teneatur nihilominus se aggregare dictæ facultati Theologiæ Avenionensi; nec possit semel electus removeri, sed sit perpetuus in dicto officio; quod si ipse voluerit renunciare, aut occasione infirmitatis vel senectutis non possit inservire utiliter, tunc et si ita visum fuerit domino Cancellario, provideatur de alio idoneo per concursum, modo prædicto. Absente vero Illustrissimo domino Archiepiscopo Cancellario aut ipso impedito, procancellarius per eum depputandus, aut sede vacante, dominus præpositus Sanctæ Ecclesiæ Avenionensis præsit in dicto concursu et habeat eamdem aucthoritatem quam haberet ipsemet illustrissimus dominus Archiepiscopus.

Item prædictus Illustrissimus dominus de Marinis sibi reservat facultatem 'augendi salarium dicti professoris dum et quando sibi videbitur (1), necnon mutandi, augen-

---

(1) C'est en vertu de cette clause, dont l'Université n'eut garde de se plaindre, que le généreux archevêque, ayant au bout de peu de temps jugé sa première donation de trois mille livres tournois insuffisante pour la prospérité de la nouvelle chaire de théologie, fit une deuxième donation de deux mille neuf cents livres, monnaie du pays, soit en tout six mille livres, même monnaie en bonne et due forme :

« Au nom de Dieu soit, scachent touts presents et advenir comme soit que monseigneur Illustrissime et Reverendissime frère Dominique de Marinis Archevesque de la presente ville d'Avignon et en ladite qualité chancellier de l'Université de ladite ville, assistant de N. St Pere le Pape aye cidevant fondé une regence de la Ste Théologie en Université de cette ville, pour y enseigner a perpétuité la Ste Théologie suivant la doctrine du glorieux St Thomas, pour laquelle fondation il auroit ja donné la somme de trois mille cent livres monaye de cette ville, pour estre employées en achaipt de pension perpétuelle pour servir de gages et salere au professeur sive lecteur et Regent qui seroit pour temps estably en ladite chere et Regence de Theologie, laquelle somme se trouve avoir esté employée en achaipt de pension sur la maison commune de cette ville, comme appert par contract sur ce receu par moy notere soubsigné ensemblement avec Monsieur Fabrice Pistarely prosecretere de la maison commune de cette ville l'an mil six cent cinquante six et le seiziesme jour du mois de Mars, par laquelle fondation mondit Seigneur se seroit reservé la faculté d'augmenter le sallere de ladite fondation, la nomination du Regent d'icelle, et le pouvoir d'apposer et establir des conditions qu'il treuvera a propos, ayant

di et minuendi conditiones supra scriptas, quandiu ipse vixerit.

Et ad hoc ut præsens fundatio sit perpetua et futuris tem-

mesme desja nommé pour ladite Regence le R. P. frère Louys Bancel prebstre religieux profes de l'ordre de St Dominique et icelluy faict passer docteur aggrégé en la faculté de Théologie dans ladite Université de cette ville, lequel auroit despuis publiquement leu et enseigné dans ladite Université la Ste Theologie suivant la doctrine de St Thomas, comme appert de ladite fondation, par acte receu par moy notere soubsigné le sixiesme jour du mois d'octobre de ladicte année 1655 et par un aultre acte subsequant passé par mondit Seigneur avec ledit primicier, qui estoit pour lors en ladite Université, et le sieur Doyen de ladicte faculté de Theologie le 13 du mois de Novembre de la mesme année, receu par moy dict notere y explicant son intention sur la forme de ladite regence et pour icelle establir, auroit déclaré qu'il fondoit ladite regence sive chere de St Thomas pour y faire enseigner dans ladite Université à perpetuité ladite doctrine de St Thomas, suivant l'ordre des questions et articles de la somme Theologique, pour y faire deffendre et soustenir l'oppinion dudit St Thomas ; et que ledit regent esleu se tenu de commencer ses leçons a chasque jour et feste de St Luc, et icelles continuer jusques à la veille de la Ste Marie Magdeleine de chasque année à perpetuité sans interruption, donnant une leçon chasque jour par soy mesme dans l'une des escholes de ladite Université; s'estant mondit Seigneur réservé par ledit acte la faculté de nommer, instituer et destituer à son arbitre tant qu'il vivra ledit Regent. Et si bien par ledit acte mondit Seigneur eusse déclaré son intention estre telle, qu'après son deces et arrivant la vacance de ladite Regence, elle feut donnée au concours dans ladite Université par devant le Seigneur Archevesque et Chancellier qui seroit pour temps, les seigneurs primicier, doyen et docteurs aggrégés de ladite faculté de Theologie en la forme prescrite par ledit contrat du 13 novembre, neantmoings s'estant mondit Seigneur reservé la faculté de changer, augmenter ou diminuer les conditions apposées dans les susdicts contracts pour bonnes considerations et en explication de sa volonté, a déclaré vouloir comme il veut, que ladite Regence sive chere de Theologie par luy fondée soit a perpetuité affectée à un religieux de l'ordre de St Dominique de la province de Tholoze, et aux fins que soit un subject capable et digne de ladite regence, venant à mourir ledit R. P. Bancel qu'il a nommé et nomme pour ladicte regence sa vie durant et aultrement venant a vacquer ladite chere et régence, après, toutes fois le décès de mondict Seigneur Illustrissime Archevesque, le sieur primicier qui sera pour temps en ladite Université, donnera advis au plustost au R. Père prieur du Couvent dudit ordre de St-Dominique de la ville de Tholoze de la vacance de ladite Chère et Regence, a ce que

poribus observetur, predictus Illustrissimus mandavit extractum presentis instrumenti per me notarium debite tabellionatum, reponi in Archiviis Archiepiscopatus et alterum in Archiviis dictæ Universitatis.

pour lors le R. Père provincial, le R. Père prieur, les pères du Conseil et les Pères lecteurs dudit couvent de Tholoze avec la participation des aultres pères religieux qui se treuveront pour lors dans ledit couvent, et qui auront enseigné la Théologie dans icelluy et tous ensemble par pluralité de voix choisiront un religieux dudit ordre et de ladite province de Tholoze pour estre présenté en cette ville a Monseigneur Illustrissime Archevesque et chancelier qui sera pour temps, pour estre receu cathedrant de ladite regence sa vie durant; ayant vouleu mondict Seigneur Illustrissime de Marinis establir que ledit Cathedrant soit a perpetuité esleu dans ledit couvent de Tholoze en la forme que dessus en considération de l'ancieneté et saincteté dudit couvent pour estre le premier fondé, et de ce que le corps du glorieux St Thomas repose dans icelluy et que mondit Seigneur Illustrissime de Marinis a enseigné la Theologie durant plusieurs années dans icelluy. De plus mondict Seigneur a vouleu que celluy qui sera esleu audit couvent de Tholoze, soit tenu se venir presenter à Monseigneur l'archevesque qui sera pour lors en cette ville, et à son absence, a celluy qui se treuvera estably prochancellier, ensemble a monsieur le Primicier et a Monsieur le Doyen de la faculté de Theologie qui seront pour lors; et mondit Seigneur le Chancellier ou prochancellier, luy assignera un jour pour se presenter au lieu que lui sera destiné par ledit Seigneur Archevesque Chancellier ou prochancellier, ensemble par devant ledit Seigneur primicier et lesdits sieurs docteurs aggregés de ladite faculté de Theologie pour illec rendre les points qui luy seront donnés par ledit Seigneur Archevesque, ou a son absence par le prochancellier, et sera tenu celuy qui sera proposé pour ladite regence de rendre sive explicquer lesdits points ving-quatre heures après, par devant les susnommés, et pour lors sera permis à deux desdits docteurs aggregés qui seront choisis par ledit Seigneur prochancellier, ensemble avec lesdits sieurs primicier et docteurs aggregés comme aussi a touts lesdits docteurs aggregés en ladite faculté qui voudront argumenter contre ledit cathedriant, et en après, illec mesmes sera balloté s'il doict estre admis à ladicte regence, s'il est jugé capable par la pluralité des suffrages, et en cas de parité, dependra dudit Seigneur Archevesque ou du prochancellier de l'admettre ou non, et estant admis sera tenu de prendre le degré de doctorat en ladite faculté de Theologie, s'il ne l'a encore, et de s'aggreger en ladite faculté de theologie de cette ville avant que d'exercer en icelle en public ladite charge de cathedrant ; et a veulu que les pensions affectées pour ladite regence qui auront couren

Et quod professor dictæ Cathedræ qui pro tempore erit, postquam fuerit electus et quolibet anno, ante suam primam lectionem, teneatur jurare in manibus Illustrissimi domini

despuis le jour du decès ou vacance du Cathedrant, jusques au jour que le successeur en sera pourveu en cette ville et en la forme que dessus, soient employés pour les frais dudit doctorat et aggrégation, et ce que s'en manquera soit fourny et advancé par le couvent dudit ordre de cette ville ou tel aultre que ledit Cathedrant trouvera pour faire ladite advance, a condition de se rembourser sur les premiers deniers provenant de l'une des pensions de cette fondation ; demeurant tout le reste du contenu au susdit contrat du 13 novembre, en sa force et vigueur. Et d'autant qu'il désire establir le sallere perpetuel de ladite regence jusques à la somme de trois cents livres pour estre payée annuelement audit Cathedrant, et pour satisfaire à la promesse par luy faicte lors de ladicte fondation a offert de donner et expedier tout presentement la somme de deux mille neufcents livres pour augmentation de ladite dottation et pour fins d'icelle a cette cause a esté passé l'acte que s'ensuit :

« Pour ce est il que l'an prins à la Nativité Nostre Seigneur Jesu Christ 1663, indiction romaine 14me, du pontificat de N. S. P. le Pape Alexandre septiesme, année huict et le 29me jour du mois de décembre, par devant nous Louys François Bellon, bachelier aux droicts, notere public et royal, originere et citoyen de la presente ville d'Avignon, prosecrétere de l'Archevesché et tesmoyns cy bas nommés, presentement estably mondict Seigneur Illustrissime et Reverendissime Dominique de Marinis, archevesque d'Avignon et chancellier de ladite Université, lequel ayant la présence de tres illustre seigneur Monsieur Pierre François de Tonduty, seigneur de St-Légier, comte aux loix, cy present et primicier de ladite Université, chevalier de Nostre St Père et doyen des consulteurs du St Office, du R. Père Bernardin Barbier, religieux profes de l'ordre de St François, à présent doyen de ladite Faculté de theologie et du R. Père Bancel poruveu par mondit Seigneur de la regence sive Chere de St-Thomas, leur a de nouveau expliqué son intention sur ladite fondation et dotation de ladite chère de St-Thomas expliquée dans les susdicts deux contracts précédants desdits jours 6me octobre et 13me novembre de ladite année 1655, receus par moydit notere, lecture desquels deux contracts, par ordre de mondit Seigneur leur a esté illec faicte à haute et intelligible voix par moydit notere sur les extraicts par moy signés et expediés a mondit Seigneur Illustrissime Archevesque, les priant respectivement accepter au nom de ladite Université et Faculté de théologie la susdite fondation de regence soubs et avec les conditions apposées dans lesdits deux actes, et dans le present, offrant illec reallement la somme *de deux mille neuf cents livres* pour avec les trois mille cent livres semblables par luy cy-devant données

Archiespiscopi qui tunc erit, quod ex professo docebit doctrinam divi Thomæ.

Et in casum contraventionis aut inobservantiæ conditio-

et employées en achaipt de pension par le susdict acte receu par moydit notere ledit jour seize de mais 1656, faire la somme *de six mille livres* pour l'entière dottation de ladite regence, priant ledit Seigneur de St-Legier, primicier de loger ladite somme en achaipt de pension perpétuelle sur la maison commune de cette ville ou aultre communauté qu'il trouvera à son choix, sans que pour raison de ce ledit seigneur de St-Legier, primicier, soit tenu d'aucune eviction ny obligé à son propre à aucune chose, voulant neantmoins mondict seigneur estre fait mention lors de l'employ desdits deniers, iceux provenir du présent donatif pour la dotation de ladite régence et ainsi estre observé à perpétuité à tout cas de réinvestition qu'à vouleu estre faicte à la diligence dudit sieur primicier et du sieur doyen de ladite Faculté de théologie et du regent de ladite chere qui seroit pour temps, en présence du Seigneur Archevesque et à son absence du sieur prochancellier qui sera aussi pour temps, à ce que lesdits deniers soint à perpétuité employés utilement pour ladite regence; et que le cathedrant qui sera pour temps esleu en la forme que dessus, jouysse paisiblement de la pension provenue dudit capital, declarant mondit Seigneur Illustrissime Archevesque avoir fait accepter ladite fondation soubs et avec les susdites conventions par le chapître provincial de ladite province de Tholoze, tenu dans le convent de Ste-Marie-Magdeleine à St-Maximin, le huitiesme octobre dernier sous les RR. PP. Frère Jean Dominique Rey, provincial, Frère Vincens Bossier inquisiteur de Carcassone, Frère Vincens de Barriac prieur d'Avignon, Frère André Castillon, prieur de Béziers et Frère Antoine Reves prieur de St-Maximin, défîniteur et Frère Jean Aporte secretaire, se reservant mondit Seigneur Illustrissime de Marinis la Faculté d'augmenter, diminuer ou changer tant qu'il vivra, les conditions apposées dans le susdict acte et dans le present, sur quoy ledit seigneur de St-Legier, primicier au nom de ladite Université et soubs les bons plaisirs d'icelle, et ledit Père Barbier au nom de ladite Faculté de théologie et ledit Père Bancel, regent de ladite chere de St-Thomas a son propre de leur gré ont respectivement accepté et acceptent ladite fondation et dotation et d'icelle en ont remercié et remercient mondit Seigneur Illustrissime de Marinis, archevesque et chancellier.

Et d'autant que ledit seigneur de St-Legier primicier ne s'est vouleu charger de ladite somme de deux mille neuf cents livres et illec réellement expédiee par mondict Seigneur Illustrissime Archevesque en cent six pistoles d'or en or d'Espagne, valant unze livres huict sols la pièce, vingt quatre escus d'or sol au coing du Roy de France valants cinq livres dix huit sols pièce et en cinq cents louys d'argent valant trois livres deux

num desuper appositarum aut alicujus ex illis, ex nunc prout ex tunc et quandocumque, prefatus Illustrissimus dominus fundator transfert dictam fundationem ad ecclesiam collegiatam sanctæ Marthæ (1) civitatis Tharasconensis diocœsis

sols la pièce faisant en tout ladite somme de deux mille neuf cents livres monnoye d'Avignon, et par Son Excellence donnée à ladite Université par donation entre vifs et irrévocable pour suplement de la susdite fondation acceptée à la forme que dessus, et que ne se treuve présentement occasion favorable pour loger ladite partie en achaipt de pension assurée, ledit Seigneur primicier du consentement dudit R. Père Barbier, doyen, et dudit Père Bancel, regent de ladite chère de St-Thomas, a vouleu ladite somme estre par moy, notere, ensemblement avec Monsieur Jean Bernard, secrétaire et Bidel de ladite Université *portée et remise dans le thresor des RR. Pères Chartreux de Villeneufve-les-Avignon pour estre illec conservée jusque à ce que se treuve occasion favorable de la loger en pension sur quelque communauté*, conformément à l'intention de mondit Seigneur Illustrissime Archevesque et à ce qu'est porté par le present acte; lequel et tout son contenu, lesdites parties ont respectivement promis et promettent avoir a gré soubs les obligations, jurements, renonciations et autres clauses necessaires et par exprès, soubs et avec la derrogation à la disposition de la loy commençant : *Diem functo... ff. de officio assessoris*, et aultres quelconques. Dequoy lesdites parties ont vouleu estre faict acte par moydict notere.

Qu'à esté faict et publié audit Avignon dans le Palais archiepiscopal et chambre de residence de mondit Seigneur Illustrissime Archevesque, du costé du midy, en présence de Monsieur Jean Bremond, marchand de soye, citoyen, et de Monsieur Julien Laget praticien, habitant dudit Avignon, tesmoins requis et appellés, soubsignés avec mondit Seigneur Illustrissime Archevesque, ledit Seigneur primicier, ledit Père Barbier doyen, et ledit Père Bancel à l'original des presentes. Et de moydit Louys François Bellon, notere. »

(L'original de cette pièce se trouve aux archives département. de Vaucluse, *fonds de l'Archevêché*, et une copie aux archives de l'Université, D. 15).

(1) *Ecclesia collegiata sanctæ Marthæ civitatis Tharasconensis*. — César de Nostradamus, dans son *Histoire et chronique de Provence*, nous rapporte que Louis XI fonda à Tarascon en l'honneur de sainte Marthe une collégiale composée de quinze chanoines, quinze vicaires, etc. L'église de Sainte-Marthe entreprise, en 1187, fut achevée en 1216. Monseigneur de Marinis lui-même, qui avait une grande dévotion pour cette sainte, fit élever dans cette église un magnifique tombeau sculpté en marbre blanc pour renfermer ses reliques. (Voy. *La Provence*, par Louis de Laincel. — Avignon, Seguin frères, éditeurs, 1881).

Avenionensis a parte Provinciæ, sub stipulatione mei notarii pro dicta ecclesia, sub illo onere quod pensio destinata pro salario dicti professoris Theologici applicetur Capitulo dictæ Ecclesiæ pro salario Capellani amovibilis in dicta Ecclesia, qui teneatur quotidie celebrare missam pro anima dicti domini fundatoris ejusque parentum. Quod si tunc dicta pensio fuerit aucta in duplicum de pecuniis dicti illustrissimi domini fundatoris, applicetur pro salario duorum Capellanorum amovibilium in dicta ecclesia Tharasconensi qui teneantur quotidie celebrare pro anima dicti domini fundatoris ejusque parentum.

Promittens prefatus Illustrissimus dominus Marinis presens instrumentum et omnia in eo contenta habere grata, rata et firma, nec ei contravenire sub obligatione omnium suorum bonorum presentium et futurorum omnibus curiis Sanctissimi domini nostri Papæ in meliori forma Cameræ Apostolicæ; et ita juravit, manu ad pectus apposita more prelatorum et renunciavit.

Actum et publicatum Avenione in palatio Archiepiscopali et aula superiori ejusdem a parte meridiei, presentibus ibidem Reverendissimo domino Joanne Baptista Jouve, presbytero domestico dicti illustrissimi domini Archiepiscopi; nobili et egregio domino Angelo Gollier J. U. D. Avenionensis, testibus rogatis, una cum illustrissimo domino Archiepiscopo, Dominis Primicerio et patre decano ejusdem facultatis Theologiæ, in originali presentium subsignatis, et me Ludovico Francisco Bellon, notario Apostolico et Regio Archiepiscopatus Avenionensis prosecretario.

LXI

Lettres patentes de Louis XIV, roi de France et de Navarre, approuvant et confirmant les privilèges de l'Université d'Avignon (1).

(An. 1664)

Copie papier de l'original perdu : archives de l'Université, D. 51.

Louis par la grâce de Dieu roi de France et de Navarre, Comte de Provence, Forcalquier et terres adjacentes. A tous présents et à venir, salut :

Comme les sciences contribuent beaucoup à la félicité des empires, puisqu'elles instruisent les peuples de leurs devoirs, qu'elles servent à former les magistrats, les juges et les autres officiers de la justice et que même elles relèvent la gloire des belles et grandes actions ; et par l'éclat et l'immortalité qu'elles leurs donnent, elles portent à exciter les hommes à la vertu, aussi les Empereurs et les Roys nos prédécesseurs ont pris soin d'establir et de maintenir les Universités, qui sont les domicilles des sciences et les seminaires des person-

(1) C'est de l'occupation française que datent ces lettres-patentes. On sait qu'à la suite d'une insulte faite à Rome par la garde corse au duc de Créqui, ambassadeur de France, Louis XIV s'emparait d'Avignon et du Comtat, qu'il garda sous sa domination du mois de juillet 1663 au 31 juillet 1664. Le 23 mars de cette dernière année, Gabriel de Vedeau, primicier de l'Université, partait pour Paris, ayant reçu du conseil de ville la mission d'aller supplier le roi très chrétien de protéger la ville contre le légat Flavio Chisi, neveu du pape Alexandre VII, dont les agissements préjudiciaient aux intérêts et aux privilèges de la cité. Le primicier, tout en faisant les affaires de la ville, ne négligea pas celles de l'Université, et c'est à son zèle que celle-ci fut redevable de l'obtention de ces nouvelles lettres patentes dont nous n'avons trouvé d'ailleurs qu'une copie incomplète, sans date et que nous avons dû reproduire telle quelle.

nes doctes, et parmi les soings de leurs plus grandes entreprises ils ont fondé des academies et créé des colleges, attiré de toutes parts les grands merites, favorisé ceux de leurs sujects qui se sont employés aux sciences, et qu'ils n'ont pas moins travaillé a estendre l'empire des lettres que le leur propre. Nous avons la mesme inclination, et nous avons dessein de rendre la France aussi recommandable par l'exercice des beaux arts comme elle s'est rendue redoutable par la gloire de ses armes; c'est pourquoy nous avons escouté avec plaisir ce que l'Université de nostre ville d'Avignon nous a fait remonstrer par ces presentes qu'elle est aussy ancienne que la celebre Université de nostre bonne ville de Paris et croit avoir eu le mesme fondateur, qu'elle est composée de plusieurs colleges dans lesquels on fait lecture de theologie, du droit canon et du droit civil et de la medecine, outre les arts; que la plupart de ces colleges ont esté fondés par des évesques, des abbés ou des personnes illustres de nostre Royaume, et presque touttes les bourses a places d'iceux affectées a nos subjects; que les plus grands hommes des derniers siecles y ont estudié ou enseigné, ou tenu a honneur d'y prendre leurs degrés; aussy elle a esté ornée de plusieurs privileges, car oultre qu'elle jouit de tous ceux qui ont esté accordez aux plus fameuses Universités de nostre Royaume, d'ailleurs ses docteurs, Regens, escolliers et officiers ont leurs juges particuliers dont le primicier de l'Université est le chef, pardevant lesquels toutes les causes civiles et criminelles des docteurs, Regens, escholliers et officiers sont decidées; de plus pour l'entretien des regents on lui a attribué les greffes de la Rectorie, des appellations, et jurisdictions ordinaires des villes de Carpentras, de l'Isle et Valréas, Cavaillon, Malaucène, Monteaux et Pernes et la moitié du sceau de la vicegerence; tous lesquels privileges luy ont esté accordés tant par les anciens comtes de Provence et mesme par Charles second roy de Hierusalem et de Sicile issu de la maison de France que par plusieurs de nos Sts Pères les Papes; et d'autant que la ville d'Avignon et le Comtat Venayssin ont esté réunis à nostre couronne, les Primicier, Recteur, Conservateurs, Régents, docteurs, gradués et escholliers de ladite Uuiversité d'Avignon, nous ont fait très-humblement supplier de leur accorder la confirmation de leurs privileges, attendu mesme que par nos lettres patentes en forme d'édit du mois de juillet 1650 (1), nous aurions desja approuvé et confirmé lesdits, tant que besoing seroit de nouveau concedé, octroyé et attribué à ladite Université les privileges a eux accordez tant par ledit Charles second comte de Provence que par les Roys nos prédécesseurs; a quoi nous estans portés par les considérations cy-dessus et aussy en faveur du zèle et de l'affection que ladite Université a eu pour nostre service dans l'occasion du changement arrivé à Avignon, scavoir faisons qu'après avoir fait voir en nostre conseil les extraits de nos collationnements des tiltres des concessions et privileges octroyés à ladite Université dont elle jouit depuis un temps immémorial, ensemble les lettres et confirmations dudit mois de juillet, 1650 pièces attachées sous le contrescel de nostre chancellerie, de l'advis de nostre très-cher frère le duc d'Orléans et princes de nostre sang et autres grands personnages et de nostre grace especiale, pleine puissance et authorité roialle, nous avons par ces presentes signées de nostre main : *approuvé et confirmé, approuvons et confirmons et en tant que besoin est ou seroit, avons de nouveau concedé et attribué à ladite Université d'Avignon tous les privileges qui lui ont esté accordés tant par les lettres patentes de Charles second Comte de Provence du 5 mai 1303 (2), que par les Sts Pères Jean XXII (3), Sixte IV (4), Innocent*

(1) Voy. *lettres-patentes LVIII.*
(2) Voy. *Regiæ litteræ II.*
(3) Voy. bulles XII à XXI.
(4) Voy. bulles XXVII à XXXII.

VIII (1), Clément VII (2), et Léon XI (3), dont nous avons eu pleine cognoissance. Voulons et nous plaît que conformément a iceux, les docteurs, Regens, gradués, escholliers ou officiers de ladite Université ne seront tenus de procéder en leurs cours civiles et criminelles, soit en demandant ou desfendant que pardevant lesdits Primicier, Conservateurs desdits Privileges et les autres conservateurs, sans qu'ils puissent estre extraits ailleurs sous prêtexte de quelque privilege que ce soit ; comme aussy que ladite Université jouisse pour l'entretien des régents à la charge par eux de lire gratuitement, desdits greffes de Carpentras, Cavaillon, Malaucène, Monteaux, Vaulreas, l'Isle et Pernes ou de la portion qui leur appartient sur iceux, suivant lesdites concessions et qu'ils en ont bien et duement jouy ci-devant, et au lieu de la moitié du sceau de la Vicegerence, voulons qu'après que l'estimation en aura été faite par les Commissaires deputez de par nous pour rendre la justice en ladite ville d'Avignon, il soit fait fond sur les plus clairs deniers de nostre domaine en ladite ville, et ce que la moitié du sceau se trouvera valloir . . . . . l'employ en sera faits dans les Estats que nous . . . . pour la distribution des . . . . de nostre domaine. Voulons en oultre que ladite Université jouisse de tous les colleges qui luy ont appartenus, nonobstant et sans avoir égard à la bulle du pape Urbain VIIIe d'heureuse mémoire, par laquelle il avoit appliqué à certaines congregations de la foy les colleges de St-Nicolas d'Annecy, du Roure (1) et y aurait diverti la forme des pensions

(1) Voy. bulles XXXIII et XXXIV.
(2) Voy. bulles XLIX et L.
(3) Voy. bulles XLIII à XLVIII.
(4) Les lettres patentes font ici allusion à une bulle du pape Urbain VIII (4 kalend de juin 1639), qui avait placé les collèges pontificaux d'Avignon (St-Nicolas et du Roure) sous la juridiction de la congrégation de la Propagande de Rome, dans le but de les soumettre à une surveillance plus

des pauvres escholliers contre l'intention des fondateurs lesquelles voulons estre observées à l'advenir et à perpétuité selon leur forme et teneur tant pour lesdits deux colleges de St-Nicolas d'Annecy et du Roure que pour ceux de St-Martial, St-Michel, Disjon, Senanque et la Croix; faisant inhibitions et deffences à touts autres commissaires cy-devant deputés en conséquence de ladite Bulle d'Urbain VIII et ordre de ladite congrégation de la foy, de se mesler ou ingerer aux affaires desdits colleges, avec injonctions ausdits commissaires et à touts autres administrateurs des biens desdits colleges de rendre compte et prester le reliquat par devant ledit sieur Primicier es Université; et en consequence ordonnons que les leçons y seront establies comme auparavant et les revenus d'iceux employés au desir et conformement aux fondations; et au surplus voulons que lesdits Primicier, docteurs et Regens jouissent de tous les autres privileges, preeminences, prerogatives dont ils ont jouy ci-devant; mesme et par expres, entendons que les Primicier et Regents actuellement enseignants jouissent des exemptions que nous avons accordées aux Recteurs et Regents de l'Université de nostre bonne ville de Paris et autres droicts appartenants aux Universités fameuses de nostre royaume. Si donnons en mandement. . . . . . .

grande et à une meilleure administration. La mesure était préjudiciable à l'Université, de l'autorité de laquelle relevaient ces collèges et qui, désormais ne devait plus avoir sur eux que des droits illusoires. De là, nombreuses doléances de cette dernière et son empressement à profiter du changement de souverain pour faire révoquer cette décision.

LXII

Fondation et dotation par Monseigneur Dominique de Marinis, archevêque d'Avignon, d'une chaire de philosophie scolastique à l'Université de cette ville (1).

(9 janv. 1666)

Original papier : Archives de l'Archevêché (fonds départ. de Vaucluse) ;
— *copie papier :* Archives de l'Université, D. 15 et D. 168.

Au nom de Dieu soit, sçachent touts presents et advenir, comme soit que Monseigneur Illustrissime et Reverendissime frere Dominique de Marinis, Archevesque d'Avignon, assistant de N. S. père le Pape et

---

(1) L'Université n'ayant pas trouvé un placement à sa convenance, pour les 2,900 livres que venait de lui octroyer Monseigneur de Marinis, — la ville d'Avignon avait refusé de les prendre à titre d'emprunt, — et le primicier ne voulant pas rester responsable de cette somme, celle-ci avait été mise en dépôt dans le trésor des Pères Chartreux de Villeneuve-lès-Avignon en attendant une occasion favorable de la placer en rente sur quelque ville du Comtat. Elle y resta jusqu'au 12 mars 1666, jour où le Vice-Légat L. Lomellini ratifia un nouvel acte passé entre la ville d'Avignon et l'Université le 15 février précédent, par lequel cette dernière, maintenant besoigneuse, non seulement lui empruntait les 2,900 livres, mais encore les 1,500 provenant de la fondation de la chaire de philosophie, contre une pension au taux du 5 %.

(Aux archives de l'Université, D. 15, sont transcrits : 1° une ordonnance du Vice-Légat Lomellini : *Decretum Vice-Legati pro dominis consulibus et civitate Avenionis de accipiendo summas datas per dominum archiepiscopum Marinis conditioni pensionis annuæ et perpetuæ in favorem almæ Universitatis pro salario regentis philosophiæ et regentis theologiæ;* 2° l'acte du 15 février 1666, dont l'original est aux Archives de l'archevêché, *loco citato).*

La somme totale de sept mille cinq cents livres monnaie d'Avignon, placée par l'Université sur la ville au 5 %, lui rapportait donc un revenu annuel de *trois cent septante cinq livres*, dont trois cents revenaient, d'après les volontés de Monseigneur de Marinis, au régent de théologie et sep-

chancellier de l'Université de cette ville, aye fondé une régence de theologie par deux actes de fondation receux par moy notaire le 15 novembre 1655 et l'aultre le 29 décembre de l'année 1663 à la Nativité Nostre Seigneur, et que par lesdits actes, il se soit réservé le pouvoir et faculté d'ajouster ou diminuer aux conditions apportées dans lesdits deux actes.

A cette cause l'an à la Nativité nostre Seigneur 1666 et le 9me jour du mois de Janvier, par devant moy notere apostolic et royal, Bachelier ez droictz, citoyen dudit Avignon et tesmoings cy bas nommés, personnellement establi mondit Seigneur Illustrissime Archevesque, lequel de son gré pour certaines considérations et en explication de sa volonté, a déclaré et déclare qu'il veut et entend que celuy que sera nommé par le Couvent de Tholoze, pour estre receu en cette ville en ladite regence, après le décès du R. Père Louis Bancel prebtre religieux de l'ordre de St-Dominique et docteur aggrégé en la faculté de Theologie de cette ville, qu'il a desja

---

tante-cinq seulement à celui de philosophie. On voit que la dotation de cette dernière régence était minime. Mgr de Marinis eut hâte de l'augmenter dès que ses moyens le lui permirent. Il la porta, par un acte notarié du 10 septembre 1668, à cent cinquante livres de pension, soit trois mille livres de capital. Nous n'avons pu retrouver le texte de ce dernier acte, mais son existence est rendue certaine par cette note qu'on lit au *folio 63, D. 15, des Archives de l'Université d'Avignon :* « L'an mil huit cent soixante-huict et le sixiesme jour du mois de septembre, mondit seigneur illustrissime frère Dominique de Mariny, pour augmentation de la fondation faicte par lui de la régence de philosophie a donné quinze cents livres, lesquelles ont été logées en pension perpétuelle à cinq pour cent sur la maison commune dudit Avignon par acte receu par moy notere ou me rapporte en foy de ce soubsigné: Bellon, not. *(ainsi signé).* Et au-dessous : « Extrait d'aultres extraits vidimés par révérende personne Monseigneur François Robert, docteur en droit, sacristain de l'église parochiale et collegiale St-Deydier d'Avignon, et vice gérent de la chambre apostolique de la légation dudit Avignon es-parties ultramontanes, et signés par Mousieur Paul Bagnoly, bachelier es-droicts notere et greffier de la cour de la dite vice-gerence et due collation faicte, me suis soubsigné en Avignon, ce 17 mars 1671 (Bernard, secret de l'Université) ».

nommé et nomme pour lecteur d'icelle pendant la vie dudit Père Bancel, *tel nouveau lecteur aye leu pour le moins un cours de Theologie durant quatre ans dans le couvent de Tholoze ou autre couvent dudit ordre des principaux de ladite province de Tholoze, et oultre ce qu'il soit effectivement lecteur de Theologie dans l'un desdits couvents, lorsqu'il faudra le nommer pour estre receu en ladite chere de Theologie de cette ville*, en tous cas de vacance comme a esté prescrit par le susdit acte de fondation ; voulant tout le reste du contenu auxdits actes demeurer en leur force et vigueur, et oultre ce, désirant encore mondit Seigneur Illustrissime Archevesque que ceux qui estudieront à l'advenir et à perpétuité en ladite classe de Théologie soubs le regent par luy fondé, soient imbus des principes de philosophie suivant la doctrine de St Thomas et donner plus de moyens et de facilité à la jeunesse de s'instruire et estudier à la philosophie dans cette ville : de son gré a pareillement *fondé et fonde une chaire sive regence de philosophie suivant la doctrine de St Thomas*, laquelle il a dejà commencé d'establir par la lecture journalière que faict dans ladite Université, noble et R. Personne Monsieur François Genet prebtre, docteur en Ste Theologie de cette ville, et laquelle a vouleu estre continuée par ledit sieur Genet tant qu'il vivra et qu'il voudra enseigner et lire ladite philosophie suivant la doctrine de St Thomas ; et après ledit Sieur Genet, mondict Seigneur *a vouleu et veut ladicte regence estre possédée par l'un des Pères religieux dudict ordre de St Dominique de la province de Tholoze, lequel sera choisy en tout cas de vacance de ladite chere à perpétuité, tout de mesme que le regent de la Theologie par luy fondé en la présente Université d'Avignon doibt estre choisy, en façon que venant la vacance de ladite chere de Philosophie par le décès ou démission dudit Sr Genet*, après toutes fois le decès de mondict Seigneur Illustrissime Archevesque, lequel pendant sa vie s'est réservé et réserve la faculté et *pouvoir d'instituer et destituer, adjouster ou diminuer aux conditions de la présente fondation, le sieur primicier de ladicte Université qui sera pour lors en ladicte Université, donnera advis au plus tost au R. Père prieur dudict couvent dudict ordre de St Dominique de ladite ville de Tholoze de la vacance de ladicte Chere et regence de Philosophie, a ce que pour lors le R. Père provincial, le R. Père prieur, les Pères du Conseil et les Pères lecteurs dudit couvent de Tholoze, avec la participation des aultres religieux, qui se trouveront pour lors dans ledit couvent et qui auront enseigné la Théologie dans icelluy, et touts ensemble par pluralité de voix choisiront un religieux dudict ordre et de ladicte province de Tholoze pour estre presenté en cette ville, a mondit Seigneur Illustrissime Archevesque et Chancellier qui sera pour temps, pour estre receu cathedrant de ladite regence sa vie durant, et entre autres qualités et conditions a voulen et veut que celuy qui sera nommé par ledit couvent de Tholoze pour ladicte régence de Philosophie, aye leu et enseigné un cours entier de théologie et soit pour lors effectivement lecteur de théologie en aultre couvent des plus principaux dudict ordre et de ladicte province de Tholoze, ou qu'il aye leu et enseigné deux cours entiers de Philosophie dans ledict couvent de Tholoze ou aultres des plus principaux de ladite province, et qu'il soit alors effectivement lecteur ou de théologie ou de philosophie dans l'un desdits couvents, exhortant et priant mondict seigneur archevesque lesdits pères dudit couvent de Tholoze, de faire pour lors choix d'un des plus capables et idoines de ladite province pour venir remplir ladite chère de philosophie en cette ville d'Avignon; et a voulen et veut que le lecteur qui sera nommé par ledit couvent, soit tenu de lire et enseigner ladite Philosophie dans la classe de Théologie que mondict Seigneur a faict construire et orner dans l'Université du général Estude de cette ville, aux heures toutefois qu'il n'incommode la lecture du régent de Théologie, lequel ré-*

gent de théologie aura tousjours à perpétuité le choix des heures à lui plus commodes, tant le matin que l'après-dîner ; de plus mondict Seigneur a voulleu que celuy qui sera esleu audit couvent de Tholoze, soit teneu à venir présenter à Monseigneur l'Archevesque qui sera pour lors en cette ville, et à son absence à celuy qui se trouvera estably prochancellier, ensemble à monsieur le primicier et Messieurs les Docteurs aggrégés de ladicte Université en la faculté de Théologie tels que plaira audict Seigneur archevesque, et illec rendre par devant eux les points qui luy seront donnés par ledict seigneur archevesque ou a son absence par le prochancellier, et le nouveau régent sera teneu de rendre sive expliquer lesdicts points vingt-quatre heures après, par devant les susnommés, et pour lors sera permis à deux desdicts docteurs aggrégés de ladicte faculté de Théologie qui seront choisis par le dict seigneur archevêque ou par le prochancellier, d'argumenter contre luy, et en après illec mesmes, sera balloté s'il doibt estre admis à la dicte régence et si, par la pluralité des suffrages il est jugé capable, il sera admis, et en cas de parité des suffrages, sera au choix dudict seigneur archevesque, ou à son absence, dudit sieur prochancellier de l'admettre ou de le renvoyer, et estant admis sera teneu de prendre le degré de doctorat en ladite faculté de Théologie, s'il ne l'a encores et de s'aggréger à ladite faculté de Théologie de cette ville, avant que d'exercer en public ladite charge de cathedrant. Et a voulleu et veut que la pension qui sera affectée pour ladite régence, qu'aura coureu despuis le décès ou vacance du précédent cathedrant jusques au jour que le successeur en sera pourveu en cette ville en la forme que dessus, soit employée pour les frais dudict doctorat et aggrégation, et ce que s'en manquera soit fourni et avancé par le couvent dudict ordre de cette ville ou par qui ledit cathedrant trouvera, pour faire la dite despence et avance, à condition de s'en rembourser sur les pre-

miers deniers provenants de la fondation et de ladite regence dont sera faite mention cy après; oultre ce *a vouleu et veut que celuy que sera receu en la forme que dessus en ladicte régence soit tenu de lire et enseigner en public la philosophie suivant la doctrine de saint Thomas et qu'il deffende et soubstienne ses opinions et qu'il commence de lire et faire ses leçons annuellement au jour et feste de saint Luc et continuer journellement, hors des festes sans aucune interruption en baillant une leçon par jour le matin et une après midy jusques au jour et feste sainte Marie-Magdeleine.*

Pour laquelle fondation et dotation de ladite régence de philosophie, mondit Seigneur illustrissime archevesque *a donné et donne par donation pure et simple et irrévocable entre vifs ayant force de judicielle insinuation, à ladite Université et au régent qui sera pour temps,* illustre et magnifique personne Monsieur Louis Garcin, docteur ez-droits primicier et recteur de ladite Université, et le sieur Genet a présent régent en icelle présent et deument stipulant pour ladite université et régents qui seront à l'advenir, *à perpétuité la somme de quinze cents livres qu'il a promis et promet payer et réellement satisfaire de cinq cents escus blancs appelés louys de France, pour estre de main en main employés en achaipt d'une pension à raison de cinq pour cent ou aultre meilleure condition que faire se pourra, sur l maison commune de cette ville, et ce à la première réquisition dudict sieur primicier, laquelle pension a vouleu et veut estre payée annuellement au Régent qui sera de ladite philosophie, et en cas d'extinction a vouleu et veut ladite somme estre tout incontinant ou au plus tost que faire se pourra réinvestie et replacée en achaipt d'une aultre semblable pension sur quelque communauté en cette ville ou dans le Comtat Venaissin,* se réservant mondit Seigneur Illustrissime Archevesque la faculté d'augmenter comme aussy d'y apposer les qualités et conditions qu'il trouvera bon, n'entendant néant-

moings que ledit sieur primicier soit tenu d'aucune éviction de ladicte somme en la logeant sur la maison commune de cette ville.

De plus mondit seigneur a voulou l'extrait du présent instrument par moy notere deuement signé, estre conservé dans les archives de son archevesché, et un aultre dans les archives de ladite université, à ce qu'il apparoisse à perpétuité de ladite fondation et qu'elle soit observée suivant son intention; et oultre *ce que le régent qui sera choisi, soit tenu annuellement devant sa première leçon, jurer entre les mains dudit Seigneur Archevesque qui sera pour lors, d'enseigner la dite philosophie suivant la doctrine de saint Thomas*, et en cas de contrevention ou inobservance d'aucune des susdictes conditions, des maintenant comme pour lors, mondit seigneur illustrissime archevesque a transféré et transfère ladite fondation à l'église collégialle Ste-Marthe de Tharascon,. diocèse dudit Avignon, à la part de Provence, sous l'estipulation de moydict notere comme personne publicque pour ladicte église, a condition que la pension destinée pour le sallaire dudict Régent sera appliquée au chapitre de ladicte église pour faire prier Dieu pour l'âme dudit seigneur fondateur ou de ses parents.

Et illec même ledit sieur Garcin primicier susdict, au nom de ladite Université et soubs le bon plaisir d'icelle, et ledit sieur Genet Regent susdict ont respectivement accepté et acceptent ladite fondation et dottation, et d'icelle en ont remercié et remercient mondit Seigneur Illustrissime et Révérendissime de Marinis Archevesque et Chancellier.

Comme aussi le Révérend père Jean le Pul, provincial dudit ordre de St-Dominique de la province de Tholoze, au nom dudit couvent de Tholoze et de ladite province, comme aussi le Révérend père Antoine Vioulles, prieur dudit couvent d'Avignon et au nom d'icelluy ont aussy accepté et acceptent ladite fondation et dottation et d'icelle en ont remercié et remercient mondit Seigneur.

Le présent acte et tout son contenu, mondit Seigneur Illustrissime Archevesque a promis et promet avoir a gré, pour observation de quoy a soubmis et obligé touts ses biens présents et advenir, rentes et revenus quelconques a toutes cours requises en la meilheure forme de la Chambre apostolique ; ainsi l'a juré à la manière des prélats, mettant la main droicte sur sa poitrine, renonceant à toute exception faisant au contraire, et en tant que de besoin a vouleu et consenty la présente donation, comme aussi ses précédentes faictes pour ladicte fondation de la Théologie dans les contrats sus énoncés receus par moy notere, estre insinuées par atteste de moy notere dans le livre du greffe des insinuations de cette ville, suivant la forme de l'estatut d'icelles, parties présentes ou absentes, de quoi lesdites parties ont vouleu estre faict acte par moydict notere....,.

Qu'a esté faict et publié audit Avignon dans le palais Archiépiscopal et chambre de résidence de mondit seigneur du cousté du midi en présence d'illustres et Révérendes personnes, messieurs Charles-Joseph Suares et Pierre Guyon, prebstres, docteurs ez-droicts aggrégés en ladite Université, chanoines en l'église métropolitaine et de Mᵉ Jean Bernard, bachelier ez-droicts, secrétaire et bidel de ladite Université, tesmoings requis et appellés, soubsignés avec mondict Seigneur Illustrissime Archevesquesque et aultres susnommés à l'originel des présentes. Et de moy Louys François Bellon, bachellier aux droits notere apostolic et Royal, originaire citoyen et prosecrétaire de l'Archevesché dudict Avignon. Gui Bellon, notere. *(Ainsi signé.)*

LXIII

Breve domini Alexandri papæ sexti, extendens ad Comitatenses bullam Sixtinam contra graduantes et graduatos Avenionenses in Universitate Auraicensi et in aliis ubi non viget actu studium generale (1).

(26 mart. 1667)

Original parchemin muni de l'empreinte du sceau du pêcheur : Archives de l'Université, D. 6 ; — *copie imprimée* : Mêmes archives, D, 164 ; — *id.* : Nova disquisitio legalis, etc. (auctore Paulo de Cadecombe, I. V. D), caput XX, pag. 96 ; — etc. etc.

ALEXANDER papa septimus ad futuram rei memoriam. Exponi nobis nuper fecerunt venerabilis frater archiepiscopus Avenionensis cancellarius (2), ac dilecti filii Primicerius et doctores Universitatis studii generalis civitatis nostræ Avenionensis, quod dudum ad dictæ Universitatis a fœlicis recordationis Bonifacio papa VIII prædecessore nostro fundatæ, in qua studium generale omnium artium et facultatum actu viget, favorem, emanarunt a recentis memoriæ Sixto Papa IV prædecessore pariter nostro litteræ, in quibus inter alia declaratur expresse, quod qui-

---

(1) Ce bref marque la continuation des hostilités contre l'Université d'Orange. On se rappelle qu'elles avaient commencé avec la bulle de Sixte IV (bulle XXVIII). Aux griefs que lui reprochait ce même pape dans sa précédente bulle de juin 1465 (bulle XXVII) étaient venus s'en joindre d'autres plus graves encore et qui ne touchaient rien moins qu'à son orthodoxie, point capital et sur lequel la papauté devait se montrer inflexible. Or, ce dernier grief était fondé, car depuis que les princes d'Orange avaient embrassé la religion réformée, ils avaient enlevé à l'évêque le droit de nomination des professeurs et les choisissaient eux mêmes moitié parmi les catholiques, moitié parmi les protestants.

(2) L'archevêque d'alors était Mgr de Marinis.

cumque Licentiati, Doctores et Magistri qui in civitate Avenionensi licentiæ gradum, seu doctoratus insignia aut magisterii receperint, et quos illa de cætero tam in ea, quam aliis, in quibus studium generale actu non viget, recipere contigerit in civitate Avenionensi pro licentiatis, magistris, aut doctoribus se gerere non præsumant, sub pœna excommunicationis, et alis, prout in eisdem litteris uberius dicitur contineri (1).

Cum autem sicut eadem expositio subjungebat, licet in dicta civitate Auraicensi studium generale actu non vigeat (2), imo asserta illius universitas ex hæreticis magna ex parte constet; nihilominus, quia litteræ presentatæ loqui tantum videntur de Avenionensibus, cives et incolæ et aliarum civitatum comitatus nostri Venaissini et præsertim civitatis nostræ Carpentoractensis, sive propter majorem vicinitatem sive quia impensæ illic minores sunt, sive quia ad examina minus solemnia seu nulla tenentur : in dicta asserta Universitate Aurairenci gradum etiam in sacra theologia suscipiant a doctoribus magna ex parte hæreticis, nullam fidei catholicæ professionem facientes (3), in magnum Sedis Apostolicæ,

---

(1) Voy. bulles xxvii et xxviii.

(2) *Studium generale actu vigere.* — Voici d'après notre auteur favori, Paul de Cadecombe, docteur de l'Université d'Avignon, ce qu'il faut entendre par cette expression et à quelles universités elle était applicable : *Studium generale actu viget, cum approbatum est a summo pontifice et rege et frequentatum per professores assidue legentes et scholares actu studentes publicis actibus exercitos.* Tel n'était point le cas de l'Université d'Orange, « *quia in ea nec viget studium generale per insignes professores actu legentes et scholares actu concurrentes*, et qui suivant l'expression doublée d'un jeu de mot de Rebuffat, un autre légiste, « *sicut* AURA *regitur* ».

(3) Le concile de Trente, réuni surtout pour juger et condamner les protestants, avait insisté dans les sessions xxive et xxve sur la nécessité qu'il y avait de s'assurer de la pureté de croyance de tous ceux qui dans l'Eglise ou dans l'État ecclésiastique avaient un emploi, une dignité, un bénéfice, etc., et avait laissé au Souverain Pontife le soin de fixer la

cujus sunt subditi, præjudicium, dictæque universitatis Avenionensis (1) detrimentum : Nobis propterea dicti exponentes humiliter supplicari fecerunt ut in præmissis opportune providere, et ut infra indulgere, de benignitate apostolica dignaremur.

formule générale de la profession de foi que chacun serait obligé de faire. De là, l'origine de la bulle de Pie IV : *Super forma juramenti professionis fidei* (Ides de novembre 1564), et de cette autre du même pape publiée la même année, dans laquelle il énumère ceux qui sont tenus à cette profession de foi, et parmi eux tous ceux qui prennent des grades dans les Universités catholiques. (Voy. la bulle de Pie IV : *In sacrosancta*, etc.)

(1) *Avinio, Avenio, Avinionenses, Avenionenses*. Ce bref est le premier acte pontifical dans lequel nous trouvons *Avenionenses* au lieu de *Avinionenses* et par conséquent *Avenio* pour *Avinio*. Ceci demande une explication. Quand les Kymris émigrés des bords de la Baltique furent venus dresser leurs tentes sur le rocher d'Avignon, ils appelèrent leur refuge *Aoueni on* de deux mots celtiques qui signifient *seigneur du fleuve*. D'*Aouenio*, les Romains firent *Avenio* : *Avenio Cavarum*, disent les géographes et historiens anciens ; et jusqu'au xiv° siècle on vit dans cette ville un temple consacré à Hercule, protecteur d'Avignon : *Herculi Avennico*. Dans la langue d'Oc, *Avenio* se transforma en *Avinho*. C'est ainsi qu'on lit dans la chronique des Albigeois :

Montfort ! lor escridan Frances et Bergonho
Cels de lairs : Tholosa, Belcaire et *Avinho !*

Comme conséquence, on trouve dans tous les documents latins compris depuis l'an 1198 jusqu'au xvii° siècle, non plus Avenio, mais Avinio. Il nous suffira de rappeler la chronique latine de Théodore de Niem, pour l'année 1354, où *Avignon* est dit *Avinio*, et la découverte de plusieurs deniers portant en face une clef avec *Avinio* et au revers *Nensis* avec une croix que monsieur Poey d'Avant, dans son ouvrage ur les *monnaies féodales* (tome II, planche 93) considère comme du xiii° siècle et frappées par l'évêque souverain d'Avignon. Au xvii° siècle, on revient à la véritable étymologie, mais dans les écrits latins seulement, car pour ce qui est du français moderne, on a toujours conservé la forme léguée par le moyen-âge et *Avinho* est devenu *Avignon*, sans subir d'ailleurs plus de transformations qu'une foule de mots que nous devons à la langue d'Oc et que nous avons conservés tels qu'elle nous les a légués.

Nos igitur ipsos exponentes specialis favore gratiæ prosequi volentes, et eorum singulares personas a quibusvis excommunicationis, suspensionis et interdicti, aliisque ecclesiasticis sententiis, censuris et pœnis a jure vel ab homine quavis occasione vel causa latis, si quibus quomodolibet innodati existunt, ad effectum presentium duintaxat consequendum, harum serie absolventes, et absolutos fore censentes, ac dictarum Sixti prædecessoris litterarum tenorem, presentibus pro plene et sufficienter ex expresso habentes, hujusmodi supplicationibus inclinati, *memoratas Sixti predecessoris litteras, ad civitatem Carpentoractensem et universum Comitatum Venayssinum predictos ita ut illi, qui licentiæ gradum, vel Doctoratus insignia, ut magisterii, in dicta asserta Universitate Auraicensi receperint, non solum in civitate Avenionensi, sed etiam in toto Comitatu Venaissino hujusmodi pro licentiatis, doctoribus aut magistris gerere minime possint, sub simili excommunicationis pœna per contraventores incurrenda, auctoritate Apostolica tenore præsentium extendimus et ampliamus.* Decernentes easdem presentes litteras semper firmas, validas et efficaces existere et fore, suosque plenarios et integros effectus sortiri et obtinere, ac ab illis ad quos spectat, et pro tempore spectabit, inviolabiliter, observari ; sicque in præmissis per quoscumque judices ordinarios et delegatos etiam causarum Palatii Apostolici Auditores judicari et definiri debere, ac irritum et inane, si quid secus super his a quoquam quavis auctoritate scienter vel ignoranter contigerit attentari, non obstantibus constitutionibus et ordinationibus Apostolicis, necnon quatenus opus sit dicti comitatus, ac Carpentoractensis, aliorumque illius civitatum, terrarum et locorum quorumvis etiam juramento, confirmatione apostolica vel quavis firmitate alia roboratis statutis et consuetudinibus, privilegiis quoque indultis et litteris apostolicis in contrarium quomodolibet concessis, confirmatis et innovatis, quibus omnibus et singulis, illorum tenores presentibus pro plene et sufficienter expressis habentes, illis alias in suo robore permansuris, ad præmissorum effectum hac vice dumtaxat specialiter et expresse derogamus ceterisque contrariis quibuscumque. Volumus autem ut earumdem presentium litterarum transumptis, seu exemplis etiam impressis, manu alicujus notarii publici subscriptis, et sigillo personæ in ecclesiastia dignitate constitutæ munitis, eadem prorsus fides in judicio et extra ubique adhibeatur, quæ præsentibus ipsis adhiberetur, si forent exhibitæ vel ostensæ.

Datum Romæ, apud Sanctam Mariam majorem, sub annulo Piscatoris, vigesimo sexto martii, anno millesimo sexcentesimo sexagesimo septimo, pontificatus nostri anno duodecimo. S. Corinthien.

LXIV

Breve domini Clementis, papæ septimi, in quo inter multa alia civitati Avenionensi concessa, adest confirmatio privilegiorum Universitatis generalis studii (1).

(7 novemb. 1671).

Copie papier de l'origine perdu : collection manuscrite *fonds Requien*, vol. Université d'Avignon, historique I, à la bibliothèque du museum Calvet d'Avignon.

CLEMENS papa decimus ad perpetuam rei memoriam Constantis fidei et sinceræ devotionis affectus quam dilecti filii, communitas et homines civitatis nostræ Avenionensis erga nos et romanam ecclesiam gerere comprobantur, nos adducit ut eorum commodis paterna benignitate libenter consulamus. Itaque eisdem specialem facere volentes gratiam et eorum singulares personas a quibusvis excommunicationis, suspensionis et interdicti aliisque sententiis Ecclesiasticis censuris et pœnis a jure ve lab homine quavis occasione vel causa latis, si quibus quomodolibet innodatæ existant, ad effectum præsentium dumtaxat consequendum harum serie absolventes et absolutos fore censentes, supplicationibus, eorum nomine, nobis super hoc humiliter porrectis inclinati........................ [*explicit enumeratio quorumdam privilegionun ad civitatem præsertim*

---

(1) Breve concessum, impetrantibus illustrissimis viris D. D. Jos. Franc. de Fogasses, D^{no} de Grugières, A$_n$ Francisc. de Garcin I. V. D. aggregato, professore publico ac lectore seu regente ordinario, ejusdem civitatis oratoribus, S^{mo}, D^{no}, N^{ro} obedientiam præstantibus. (Cote réelle de la pièce.)

spectantium] (1)............. *præterea privilegia, gratias et indulta quæcumque Universitati studii generalis civitatis Avenionensis præfatæ, ejusque rectoribus, scholaribus et personis quibuslibet a quibusvis Romanis pontificibus prædecessoribus nostris concessa, dummodo tamen sint in usu nec sint revocata aut sub aliqua revocatione comprehensa neque concilii Tridentini decretis aut posterioribus constitutionibus et ordinationibus apostolicis adversentur, dicta auctoritate harum serie confirmamus et approbamus,* illisque inviolabilis apostolicæ firmitatis adjicimus. Volentes ut fundationes septem collegiorum ejusdem civitatis juxta primam eorum institutionem accurate serventur (2) .... [*explicit,* etc...; *ut supra*................]

Póstremo fœlicis recordationis Urbani papæ octavi prædecessoris nostri anno 1643 expeditas, aliasque aliorum Pontificium romanorum prædecessorum pariter nostrorum in simili forma brevis litteras a recolendæ memoriæ Alexandro papa septimo et prædecessore nostro per chirographum die 19 febr. 1667 emanatum (3) confirmatas quoad illum articulum

(1) Ces privilèges intéressant surtout la ville, nous croyons devoir nous borner à donner *in extenso* cette partie seulement du bref où il est à proprement parler question de ceux accordés ou confirmés à l'Université. Voici d'ailleurs le sommaire des premiers : 1° Junior judex curiæ ordinariæ sancti Petri sit ætatis 23 annorum, senior vero 40 annorum ; 2° cives in prima instantia non possunt trahi in curia Romana nisi excesserit summa mille scutorum ; 3° capitanei portarum nominantur per concilium civitatis.

(2) Etant données les nombreuses restrictions que Clément VII apporte à la confirmation des privilèges dont jouit l'Université, celle-ci ne retira en somme qu'un bénéfice bien aléatoire de l'obtention de cette bulle. Aussi ne l'a-t-elle pas conservée dans ses archives et ne la mentionne-t-elle jamais parmi les titres justificatifs de ses privilèges et immunités.

(3) Les brefs d'Urbain VIII et d'Alexandre VII auxquels il est fait allusion sont conservés dans les archives municipales d'Avignon. Nous avons nous-même signalé ces deux pièces dans l'introduction du *Cartulaire*.

quo disponitur quod in dicta civitate *præter legatos, vice-legatos, archiepiscopos Avenionenses ac præfectos generales armorum ibidem pro tempore existentes nemo, ab oneribus et cujusvis generis impositionibus, quæ in ingressu dictæ civitatis solvuntur, immunis seu exemptus existat auctoritate præfata earumdem tenore præsentium confirmamus pariter et approbamus,* decernentes ipsas præsentes litteras semper firmas, validas et efficaces existere et fore, suosque plenarios et integros effectus sortiri et obtinere ac illis ad quos spectat et pro tempore quandocumque spectabit, in omnibus et per omnia plenissime suffragari et ab illis respective inviolabiliter observari, sicque et non aliter in præmissis per quoscumque judices ordinarios et delegatos etiam causarum palatii apostolici auditores (1) ac S. R. E. Camerarium (2) et alios cardinales etiam de latere Legatos, eorumque Vice-legatos (3), necnon cameræ nostræ apostolicæ præsidentes clericos, aliosque officiales et ministros, sublata eis et eorum cuilibet quavis aliter judicandi et interpretandi facultate et auctoritate, judicari et definiri debere ac irritum et inane si secus super his a quoquam quavis auctoritate scienter vel ignoranter contigerit attentari, nonobstantibus constitutionibus et ordinationibus

---

(1) *Causarum palatii apostolici auditores,* les auditeurs de rote.

(2) *Camerarius,* le cardinal Camerlingue. C'est lui qui est placé à la tête de la révérende chambre apostolique.

(3) *Vice-legati.* Nous n'avons pas à rappeler ici ce que nous avons dit à la page 170 sur les légats et les vice-légats d'Avignon. Ajoutons toutefois que l'origine de la légation d'Avignon date de l'année 1409. Le pape Alexandre V l'établit durant le schisme d'Occident, au moment où Pierre de Luna s'était éloigné de cette ville. Le dernier légat d'Avignon fut le cardinal Pierre Ottoboni, neveu d'Alexandre VIII. Sa légation finit en 1691, et depuis lors il n'y a plus eu de légats à Avignon, mais seulement des vice-légats qui furent subordonnés à une congrégation composée de cardinaux et de prélats établie en 1695, par le pape Innocent XII, sous le nom de *congrégation d'Avignon.* (Voy. d'ailleurs Fantoni, Joudou, Faudon, etc., etc., *locis citatis.*)

apostolicis ac quatenus opus sit dictæ civitatis aliisve quibusvis etiam juramento, confirmationeapostolica vel quavis firmitate alia roboratis, statutis et consuetudinibus, privilegiis quoque et indultis et litteris apostolicis in contrarium præmissarum quomodolibet concessis, confirmatis et innovatis. Quibus omnibus et singulis illorum tenores præsentibus pro plene et sufficienter expressis ac de verbo ad verbum insertis habentes, illis alias in suo robore permansuris ad præmissorum effectum hac vice dumtaxat specialiter et expresse derogamus cæterisque contrariis quibuscumque. Volumus autem ut earumdem præsentium litterarum transumptis seu exemplis et impressis, manu alicujus notarii publici subscriptis et sigillo personæ in ecclesiastica dignitate constitutæ munitis, eadem prorsus fides habeatur in judicio et extra, quæ haberetur ipsis præsentibus, si forent exhibitæ vel ostensæ.

Datum Romæ, apud sanctam Mariam majorem, sub annulo piscatoris, septimo novembris, anno millesimo sexcentesimo septuagesimo primo, pontificatus nostri anno secundo. J. C. Lusius.

LXV

Ordonnance de Louis XIV, roi de France et de Navarre en son conseil privé, portant que les docteurs et gradués de l'Université d'Avignon jouiront de tous les droits et privilèges accordés à ceux d'Aix, conformément aux lettres patentes de 1650 et à la transaction de 1669 etc. (1).

(23 décembre 1675),

Original parchemin dépourvu des sceaux dont il était muni : Archives de l'Université, D, 57 ; — *copie imprimée :* Mêmes archives, D. 54.

Entre les Primicier, Recteur, Docteurs, gradués et Supposts de l'Université d'Avignon, demandeurs en Requête insérée en l'Arrest du Conseil du 27 Juin 1674, d'une part, et messire de Guantés, seigneur de Valbo-

---

(1) La ville d'Aix étant intervenu à la suite de l'ordonnance du 23 décembre 1675 et ayant introduit de nouvelles instances en faveur de son Université, s'attira, un nouvel arrêt du conseil privé du roi, dont voici les conclusions :

Teneur de l'arrêt contradictoirement obtenu le 18 novembre 1676 au mesme Conseil du Roy, par le sieur Jean de Gay, primicier de l'Université d'Avignon et comte Palatin, portant règlement entre lesdites Universités d'Avignon et d'Aix, et confirmation des privilèges de celle d'Avignon.

(EXTRAIT DES REGISTRES DU CONSEIL PRIVÉ DU ROY.)

Entre les primicier, recteurs docteurs, gradués et supposts de l'Université de cette ville d'Avignon, demandeurs aux fins de la requeste insérée en l'arrêt du Conseil du 27 juin 1674, d'une part, et messire de Guantes, seigneur de Valbonne, conseiller du roy, et son procureur général au Parlement de Provence, et les Primicier, acteur, et trésorier

nette, conseiller du Roy et son Procureur général du Parlement de Provence, et les Primicier, acteur et trésorier de l'Université d'Aix deffendeurs d'autre part, et encores entre les Primicier, Recteur, Docteurs, gradués et Supposts de la

de l'Université d'Aix, défendeurs, d'autre part, et encore entre lesdicts Primicier, docteurs, gradués et supposts de ladite Université d'Avignon, prenants le faict et cause de M. Marc L. Giraud, docteur en droict civil et canon, et Pierre Boyer, docteur en médecine de ladite Université, demandeurs en requeste verbale énoncée dans l'ordonnance du sieur Rybeire, commissaire a ce député du 21 novembre 1675, d'une part, et lesdits sieurs de ladite Université d'Aix et ledit procureur général, d'autre part, et les consuls de ladite ville d'Aix, procureurs du pays de Provence, receus parties intervenantes par ordonnance du conseil, tenant en bas de leur requeste, du 27 octobre 1676, d'autre part, et encore les consuls de ladite ville d'Avignon aussy receus parties intervenantes, en ladite assistance, par arrest du conseil intervenu sur leur requeste du 27 novembre 1765, d'autre part, sans que les qualités puissent nuire, ny préjudicier aux parties veu au conseil du roy . . . . etc. . . . . ; le sieur Ribeire, conseiller du Roi en ses conseils, maistre des requestes ordinaires de ses hostes, et commissaire a ce depputé, ouy son rapport après en avoir communiqué aux sieurs Renscheral, de Bezen, de Barillon, Sommeren, conseillers ordinaires de Sa Majesté en ses conseils, aussi commissaires a ce depputés, et tout considéré LE ROY EN SON CONSEIL faisant droict sur l'instance a ordonné et ordonne *que la transaction du 18 octobre 1669 et l'arrêt du conseil du 11 avril 1674 d'homologation d'icelle, seront exécutés selon leur forme et teneur. Ce faisant que les docteurs et gradués qui auront prins leurs degrés dans l'une desdites Universités seront receus dans l'autre, et exerceront dans toute l'estandü de la Provence et Comtat Venayssin, en faisant enregistrer leurs letres de doctorat dans lesdites Universités, et payant la somme de quinze livres, pour le droict d'enregistrement, conformément à ladite transaction, sans qu'ils soient obligés a aucun examen, lecture ny autres formalités, faisant Sa Majesté défense a son Procureur général, Université, Consuls de la ville d'Aix, et tous autres d'inquiéter lesdits docteurs et gradués de l'Université d'Avignon soubs prétexte de defaut de lecture ou d'examen en celle d'Aix à peine de tous despens, dommages et intérêts, déclare le présent arrest commun auxdits sieurs Giraud et Boyer, condamne ladite Université d'Aix aux despens de l'instance envers l'Université d'Avignon et les Consuls de ladite ville d'Aix aux despens de l'intervention. Fait au conseil privé du roy, tenu*

dite Université d'Avignon, prenans le fait et cause de maître Marc-Antoine Giraud, docteur en droit civil et canon; et maître Pierre Boyer, docteur en médecine de la dite Université, demandeurs en Requête verbale insérée en l'ordonnance

à St-Germain-en-Laye, le 18e jour de novembre mil six cent soixante et seize. Signé : PECQUOT. — *(Original parchemin dépourvu du sceau dont il était muni :* Archives de l'Université d'Avignon, D. 58 ; — La transaction du 18 octobre 1669, dont les termes sont rappelés ci-dessus, se trouve également aux archives de l'Université d'Avignon, D. 53.

L'arrêt qui suit vise les dépens au payement desquels venait aussi d'être condamnée l'Université d'Aix :

Teneur de l'arrêt du conseil privé du roy portant qu'à défaut par l'Université d'Aix de fournir une caution suffisante pour le payement des 1,780 livres de dépens auxquelles elle a été condamnée, il sera dressé une contrainte pour le tout contre dix de ses plus anciens docteurs.

(EXTRAIT DES REGISTRES DU CONSEIL PRIVÉ DU ROY).

Sur la requeste présentée au roy en son conseil par les sieurs Primicier, Regens, docteurs, et suppots de l'Université d'Avignon contenant que l'Université d'Aix ayant esté condamnée aux despens envers les supliants par un arrest solemnel rendu au Conseil pour servir de règlement entre lesdites Universités, les despens ont esté taxés à la somme de dix sept cent quatre-vingt livres, dix-huit sols, six deniers, déduction faicte de la somme de cent livres, dont ladite Université avoit faicte la resfusion, pour estre receue a produire comme auparavant un arrest de forclusion obtenu par les suppliants. Et il leur a esté délivré exécutoire de ladite somme de dix sept cens quatre-vingt livres, dix-huit sols, six deniers le XII janvier de l'année dernière 1677. Mais la dite Université n'a donné aucun ordre pour le payement de ladite somme, quoyque plusieurs commandemens luy ayent esté faicts d'y satisfaire, en sorte que les supliants ont este obligez de recourir au conseil et de demander que les Primicier, acteur et trésorier de ladite Université d'Aix qui sont à présent en charge fussent tenus de faire payer aux dits supliants le contenu audit extrait de depens dans le temps qu'il plairoit à Sa Majesté de leur prescrire, autrement et à défaut de ce faire, qu'ils fussent condamnés solidairement et en leurs propres et privés noms au payement de ladite somme. Et à cet effet qu'il leur fust permis de faire procéder par saisie et exécution sur leurs

du sieur Commissaire à ce député du 21 novembre 1675, d'une part, et les dits Primicier, Acteur et Trésorier de la dite Université d'Aix, et le dit sieur Procureur Général deffendeurs d'autre part, sans que lesdites qualités puissent nuire

biens propres, sans préjudice aux supliants des frais et mise d'exécution ; sur cette requeste que les supliants ont appuyée de plu ieurs raisons considérables, et mesme d'un arrest rendu au conseil en cas tout semblable contre les advocats du baillage de Vienne le 9 juillet 1676 : Il y a eu un premier arrest le XVI novembre de la mesme année 1677 par lequel il a esté ordonné que dans un mois du jour de la signification d'iceluy, les Primicier, acteur et trésorier de l'Université d'Aix seroient tenus d'indiquer aux supliants des biens de ladite Université pour le payement du dit extraict, sinon que seroit faict droict sur la requeste des supliants. Cet arrest a esté bien et deument signifié aux officiers de ladite Université, les supliants ont attendu que le terme d'un mois qu'il leur avoit prescript fust expiré, mais inutilement, car on n'a pas mesme daigné leur faire response. Ils se sont pourvus de nouveau au Conseil, ils ont exposé ce peu d'égard que les officiers de la dite Université avoient eu pour ce qu'il avoit esté ordonné par ce premier, et ils ont insisté à ce que les conclusions prises par ladite requeste leur fussent adjugées. Il est intervenu un second arrest conforme au précédent et qui enjoint de nouveau aux dits primicier, acteur et trésorier de ladite Université d'Aix d'indiquer aux supliants des biens de ladite Université pour le payement de la somme de dix-sept-cent-quatre-vingt livres, dix-huit sols, six deniers contenus en leur exécutoire de dépens autrement que sera faict droict sur les fins de leurs requeste, les supliants ont faict signifier ce dernier arrest auxdits trois officiers par exploit du 23 mars dernier en parlant aux personnes de deux d'entre eux et auprès du troisième. Ils ont répondu qu'ils feroit assembler le collège pour délibérer sur cette signification. Cependant, il s'est écoullé plus d'un mois sans qu'ils ayent satisfait à ces deux arrests, ce qui est un mépris visible de l'autorité du Conseil qui les rend indignes de l'indulgence qu'il a eu de leur accorder deux délays considérables et de remettre par deux fois à prononcer deffinitivement sur la requeste des suppliants, mais ceux-ci espèrent enfin que le conseil vengera son auctorité méprisée et pourvoira au payement des dépens auxquels il a condamné avec tant de justice l'Université d'Aix, et qu'il ne permettra pas qu'elle ait impunément chicané et obligé les supliants à faire des frais considérables pour maintenir les privilèges qui leur ont été accordez par Sa Majesté. A ces causes requeroient les supliants qu'il pleust à Sa Majesté, faute par les dits Pri-

ni préjudicier aux parties. Veu au conseil du Roy copie du dit arrest du Conseil du 27 juin 1674, rendu sur la requête des dits demandeurs, tendente à ce qu'il plût à sa Majesté, sans avoir égard aux règlemens et Arrests du Parlement d'Aix du 10 février 1673, ni à ceux des années 1620, 1623 et 1631, et ce qui auroit-été fait en conséquence, qui seroit cassé et annullé en ce qui regarde l'Université d'Avignon, ordonner que les docteurs gradués de la dite Université jouiront de tous les droits, et privilèges accordés aux gradués de

micier, acteur et trésorier de l'Université d'Aix, auxquels les dits deux arrests des XVI novembre 1677 et quatre mars dernier ont esté signifiez, d'avoir satisfaict à iceux dans les delays qui leur ont esté prescripts par deux diverses fois, les condamner ensemble les dix plus anciens docteurs de ladite Université, à payer solidairement aux supliants la dite somme de dix-sept cens quatre-vingt livres, dix-huit sols, six deniers contenue audit exécutoire et despens à ce faire contrainte par les loys accoustumées et passé outre nonobstant compositions, appellations, contrainctes ou autres empeschement quelconques et sans préjudice aux supliants de leurs frais et mises d'éxécution. Veue ladite requeste signée par lesdits advocats supliants, les pièces justificatives d'icelle ; Ouy le rapport du sieur d'Herbigne maître des requestes commissaire à ce député par tous considéré :

LE ROY EN SON CONSEIL, *ayant aucunement esgard à la dite requeste a ordonné et ordonne que dans un mois pour toute préfixion et delays les docteurs, acteur et primicier de ladite Université a'Aix seront tenus d'indiquer aux supliants des biens de ladite Université, pour le payement de ladite somme de dix sept-cens quatre-vingts livres, dix-huicts sols, contenue audit exécutoire du douze janvier mil six cent soixante dix sept, et a faute de ce, lesdits temps passés, en vertu du présent arrest, sans qu'il soit besoin d'autre, ordonne Sa Majesté que dix des plus anciens docteurs de ladite Université d'Aix seront contraints solidairement au paiement de ladite somme de dix sept cent quatre-vingts livres dix-huict sols.* Fait au conseil privé du Roy, tenu à St-Germain-en-Laye le vingtième jour de may, mil-six-cent-soixante-dix-huict. (*Signé*) Brunet. — (Original parchemin avec sceau : archives de l'Université d'Avignon, D. 56).

Le 18 juin 1678, signification fut faite à l'Université d'Aix de ce dernier arrêt. L'exploit sur papier est également aux mêmes archives, D. 58.

la dite Université d'Aix et autres plus fameuses du Royaume, comme si ils y avoient pris leurs degrés, sans être tenus de faire aucune lecture, rapporter certificat, prendre lettres de licence ni subir autre examen que celuy qu'ils avoient subi en la dite Université d'Avignon, ni payer pour leur réception d'advocat en parlement ou autre exercice de leur fonction, qui est la Théologie et Médecine, que la dite somme de quinze livres contenuë en la Transaction passée entre les dits deux Universités, avec déffenses au dit sieur Procureur général et tous autres de les troubler en leur dites réceptions et l'exercice, fonction et jouissance des dits droits et privilèges, à peine d'interdition, de mille livres, d'amende, nullité, dépens, dommages et interests, et enjoindre à tous juges Royaux, de tenir la main à l'exécution du présent Arrest; surquoy auroit été ordonné, que le sieur Procureur général seroit assigné au Conseil, et cependant que la dite Transaction du 18 octobre 1669 et Arrest du Conseil portant homologation d'icelle du 11 avril audit an 1674, seroient exécutés, selon leur forme et teneur, avec déffences audit Parlement et à tous autres, d'exiger des dits demandeurs autre examen que celuy qu'ils avoient suby en la dite Université d'Avignon, ny de prendre plus grands droits, que ceux portés par la dite Transaction, jusqu'à ce qu'autrement par sa majesté, parties ouïes, en eusse été ordonné; exploit de signification des dites lettres au dit sieur Procureur général et doyen du dit Parlement d'Aix, ensemble aux dits Primicier, acteur et trésorier de la dite Université d'Aix, avec assignation au Conseil, en conséquence, des 19 et 22 septembre 1674; appointement de règlement signé en l'instance le 13 décembre 1674, signifié le 15 du dit mois; procès verbal du sieur de Fortia, cy-devant commissaire à ce député du même jour 13 de décembre, portant la signature du dit appointement aussi signifié le dit jour 15 décembre; autre procès-verbal du dit sieur commissaire du 11 may

1675, qui déclare communs avec les dits Primicier, acteur et trésorier de la dite Université d'Aix les appointements signés entre les dits demandeur et le dit sieur Procureur général; ordonnance du sieur Ribeire du dit jour 21 novembre 1675 contenant la requète verbale des dits demandeurs, prenant le fait et cause des dits Giraud et Boyer, à ce que le présent arrest soit déclaré commun avec eux, ce faisant déffenses aux dits officiers de la dite Université d'Aix, et tous autres de les troubler en l'exercice et fonctions d'advocat et médecin dans toute l'étendeuë de la Provence, après qu'ils auroient satisfait aux clauses portées par la dite Transaction, si fait n'avoit été, et condamner les dicts officiers en tous les dépens, ensuitte de laquelle ordonnance est le défaut du 26 du dit mois de novembre portant règlement sommaire sur les fins de la dite ordonnance; copie des lettres patentes accordées par sa majesté au mois de juillet 1650 (1), en faveur des dits demandeurs, portant confirmation de celles de 1303 et autres accordées par les Roys ses prédécesseurs, pour être admis en toutes les Villes, Cours, et Université du Royaume, et jouir de tous les privilèges attribués aux autres Universités du royaume, tout ainsi que s'ils y avoient pris leur degré sans subir d'autre examen, pourveu qu'ils feussent François ou natif du dit Avignon; arrests du Parlement de Paris et d'Aix des 13 juin et 9 novembre portant enregistrement des dites Lettres du Parlement de Paris et d'Aix; autre arrest du dit Parlement de Paris du 23 juin 1657, entre Estienne Laurens, docteur de la faculté d'Avignon, et les docteurs en médecine, exerceant à Auxerre et les Maires et Echevins et appoticaires de la dite ville, portant que le dit Laurens y pourroit exercer la médecine, et ou bon luy sembleroit, et ainsi que les autres docteurs de la dite

---

(1) Voy. ces lettres-patentes, p. 285.

Université en toutes les autres villes du Royaume; arrest du conseil du 2 septembre 1663, entre maître François Tonduty, et les dits demandeurs d'une part, et le doyen des advocats du Parlement de Provence, et les dits officiers de l'Université d'Aix, et les consuls de la ville d'Avignon, portant retention au Conseil de leurs procès et différents ; transaction passée le 18 octobre 1669 sur la dite instance entre les dits Primicier acteur et trésorier de la dite Université d'Aix et les dits officiers de l'Université d'Avignon d'autre part; arrest du Conseil du 11 avril 1674 portant homologation de la dite transaction ; arrest du dit Parlement d'Aix du 3 décembre au dit an, obtenu par maître Marc-Antoine Giraud, ensuite est l'exploit de signification par luy fait en conséquence de la dite somme de 15 livres du 5 décembre au dit an, en la requête par luy présentée au dit Parlement à ce qu'il lui fût permis de consigner la dite somme avec les exploits de signification des 12 et 14 du dit mois; sommations faites les 25 et 26 octobre précédens aux officiers de l'Université d'Aix à la requête de maître Jean du Touër, docteur en l'Université d'Avignon, d'enregistrer ses lettres de docteur en médecine ; autres sommations faites les mêmes jours à la requête de la dite Université d'Avignon à celle d'Aix de déclarer si elle entendoit exécuter la dicte transaction ; assignation donnée en conséquence le 26 du dit mois au Conseil à la dite Université d'Aix pour en voir ordonner l'exécution; imprimés d'arrest des Parlements de Tolose et Paris des trente mars 1645, rendus au profit de Philippe Elzeari, docteur en médecine du dit Avignon, et du dit Laurens du dit jour 23 juin 1657, et Maître Jean de Cologne, docteur en médecine de la dite Université du 14 décembre 1660 ; copie collationnée de la fondation de la dite Université d'Avignon du 5 may 1303; autres lettres de notoriété obtenues par la dite Université du 3 aoust 1649; autre attestation en faveur de la dite Université du 5 may 1663; lettres du grand sceau obtenuës le 10 janvier dernier par les dits demandeurs pour faire assigner le dit sieur Procureur général en constitution de nouvel advocat; exploit de signification et assignation en conséquence du 9 Février audit; inventaire des pièces baillées en communication par les dits demandeurs, signifié aux dits deffandeurs avec l'acte d'abandonnement d'icelles du 23 octobre dernier ; acte de l'employ des demandeurs, signifié le 3 décembre dernier sur le règlement du dit jour 26 novembre dernier ; trois forclusions obtenues par les demandeurs le 9, 16 et 21 novembre dernier; forclusion surabondante sur ledit règlement sommaire du 3 décembre ensuivant (1) ; écritures, productions du Conseil de ce jourd'huy, comme de la part des dits deffandeurs il n'a été aucune chose produite par devers le dit sieur Ribeire, conseiller du roy en ses Conseils, maître des requètes ordinaire de son hôtel, commissaire à ce député ; ouy son rapport, et tout considéré, le Roy en son Conseil faisant droit sur l'instance, sans s'arrêter aux règlemens et arrests du Parlement d'Aix des années 1613, 1620, 1623 et 10 de Février 1673, en ce qui regarde l'Université d'Avignon, *a ordonné et ordonne* que les docteurs et gradués de la dite Université d'Avignon jouiront de tous les droits et privilèges accordés aux docteurs gradués de l'Université d'Aix, et autres Universités du Royaume, comme s'ils y avoient pris leurs degrés, conformement aux lettres patentes de sa Majesté, de l'année 1650 et Transaction passée en conséquence entre les dites deux Universités, sans être tenus d'y faire aucune lecture, rapporter certificats des professeurs, prendre des licences, subir examen, ni payer pour leur réception autre droit que celuy porté par la dite Transaction. Fait sa Majesté deffenses à toutes personnes de troubler les

---

(1) Au sujet de tous les textes et pièces dont il est question dans cette ordonnance, voy. les indications données dans l'*Introduction* du cartulaire.

demandeurs pour raison de ce, à peine de tous dépens, dommages et intérests; déclare le présent arrest commun avec les dits Giraud et Boyer, et condamne les dits Primicier, acteur et trésorier de l'Université d'Aix aux dépens. Fait au Conseil privé du Roy tenu à St-Germain-en-Laye le 23 décembre 1675, *(signé)* Becquot(1).

(1) A cette ordonnance étaient jointes les lettres suivantes de la chancellerie :

Louis par la grâce de Dieu, Roy de France et de Navarre, comte de Provence, Forcalquier et terres adjacentes, au premier nôtre huissier ou sergent sur ce requis: Nous te mandons et commandons que l'airest cy-attaché sous le contre-scel. de nostre chancelleiie, ce jourd'huy donné en nostre conseil, entre les Primicier, recteur docteurs et gradués et supposts de l'Université d'Avignon demandeurs d'une part, nostre Procureur général en nostre Parlement d'Aix et les Primicier, acteur, trésorier de ladite Université d'Aix, et autres qu'il appartiendra, à ce qu'il n'en prétendent cause d'ignorance, et faire au surplus pour l'entière exécution dudit arrest à la requète des dits demandeurs, toutes significations, assignations, commandements, deffenses y contenuës, et autres actes et exploits nécessaires, sans autre permission ni paréatis ; Car tel est nostre plaisir. Donné à S. Germain-en-Laye le 23 décembre l'an de grâce 1675, et de nostre règne le 33e Par le roy en son conseil. *(Signé)* Becquot.

LXVI

Breve domini Innocentii, papæ undecimi, per quod dicit commisisse negotium Universitatis generalis studii Avenionensis super privilegiis, congregationi sacri concilii Tridentini (1).

(7 septembr. 1680)

Copie papier de l'original perdu : Collection manuscrite, *fonds Requien,* vol. Université d'Avignon, historique I, *à la bibliothèque du museum Calvet d'Avignon.*

NNOCENTIUS Papa undecimus. Dilecti filii salutem et apostolicam Benedictionem. A viro (2) quem ad Urbem misistis, porrecta nobis fuit vestra de custo-

---

(1) Nous assistons avec ce bref au début proprement dit du long procès que l'Université eut à soutenir en cour de Rome contre l'*auditeur général* de la légation d'Avignon. Le 26 juin 1679, les docteurs agrégés en droit, réunis en collège, apprirent de la bouche du Primicier François de Tache qu'on avait eu avis, de divers côtés à la fois, que la congrégation du concile de Trente s'était occupée dernièrement de la juridiction de la conservation de l'Université d'Avignon et que devant elle l'auditeur général avait porté ces deux doutes : 1° Les docteurs simples doivent-ils jouir de cette juridiction ? 2° Tous les docteurs agrégés sans exception doivent ils y être soumis à l'exclusion de tout autre ? Or, il paraîtrait, d'après le bruit qui en courait, que, sans consulter l'Université et sans l'entendre, la congrégation avait répondu négativement sur le premier doute et avait renvoyé la solution du second au mois de novembre 1679 On comprend l'émoi que cette nouvelle produisit au sein du collège. Car l'on se demandait comment la sacrée congrégation avait pu émettre une pareille décision, alors que la *conservatorerie* de cette Université s'appuyait sur des titres aussi excellents que les bulles des souverains pontifes, confirmés d'ailleurs par les sentences relativement récentes de Mgr Bordini, en même temps que sur une possession immémoriale. Aussi nos agrégés ne doutaient point qu'il n'y eût eu là une véritable surprise de la bonne foi des cardinaux et décidèrent-ils d'en appeler de ce jugement. C'est pourquoi, séance tenante, ils désignèrent deux avocats fameux de Rome, Jean Thomas Sabatinus et Charles Nicolas Severini, pour défendre leur cause, et ils confièrent à Crivelli de Villegarde, docteur agrégé, le soin d'aller à Rome même surveiller cette affaire.

(2) C'est Jérôme Crivelli, seigneur de Villegarde, dont il vient d'être question dans la note précédente. Il fut aussi Primicier de l'Universit

diendis Alumnorum vestrorum privilegiis supplicatio ; que vero est erga Universitatem insignem istam animi nostri propensio : *rei cognitionem commisimus congregationi cardinalium sacro concilio tridentino interpretando præpositæ,*

en 1674. Il resta à Rome du 22 mai 1680 au 8 mai 1681. Qu'on nous permette de relater à son sujet une histoire assez amusante et qui a trait à sa députation dans cette ville. Il avait été convenu qu'on lui donnerait pour ses frais de voyage quarante pistoles, soit vingt pour l'aller et autant pour le retour; plus 10 pistoles par mois pendant tout le temps qu'il resterait à Rome, en dehors des dépenses d'avocats et menus frais, que l'Université lui rembourserait sur production de note.

Cette note, il la produisit en effet à son retour de Rome ; elle s'élevait à un total de 193 pistoles, 7 baioques 1|2. Sur cette somme, il y avait 4 pistoles pour le voyage d'Avignon à Rome, en suivant l'itinéraire et le mode de locomotion ci-dessous :

D'Avignon à Turin, en litière (retour compris de la litière à Avignon)..	18 écus.
De Turin à Milan, en carrosse (retour du carrosse.......	12 écus.
De Milan à Pavie, en carrosse (et retour du carrosse).....	4 écus.
De Pavie à Ferrare et de Ferrare à Bologne, en bateau...	10 écus.
De Bologne à Rome, en calèche.	18 écus

Le prix de la calèche montait en réalité à 36 écus, mais notre agrégé, ayant eu de Bologne à Rome un compagnon de route, n'eut, comme il était juste, qu'à payer la moitié du prix.

Puis venaient les dépenses de bouche pendant 44 jours de route. (Il était parti d'Avignon le 8 avril 1680, et n'était arrivé à Rome que le 22 mai suivant), à raison de 25 sous, monnaie du roi, le dîner, et 35 sous le souper pour lui-même, et de 20 sous par jour pour son domestique.

A Rome, frais multiples : carrosses pour conduire les avocats et les conseils de l'Université ; achat de l'ouvrage de Pereira : *De jure academico*, que les avocats n'avaient pas et qui à lui seul coûta 30 livres ; étrennes, frais d'impression de mémoires, ports de lettres, etc., etc.

C'est à propos de ces dernières dépenses que les difficultés commencèrent ; la plus grosse fut au sujet des carrosses dont l'Université contesta la nécessité ; il y eut aussi discussion sur la durée du séjour même à Rome. L'Université ne voulait compter que 100 pistoles, soit dix mois (du 22 mai 1680 au 22 mars 1681), tandis que Jérôme Crivelli demandait 15 pistoles et 2 écus en plus pour un mois et 15 jours — du 22 mars au 8 mai, jour où il avait définitivement quitté Rome —; alléguant que si, en définitive et contrairement aux volontés de l'Université, il y avait prolongé son séjour jusqu'à cette date, c'était dans l'intérêt même de

magnopere gavisuri, votis ubi vestris satisfacere in Domino licuerit. Reliquum interim est, ut in excolendis prestantissimis artibus et disciplinis, ita vos geratis, ut novum in dies quesitis jampridem Universitati vestre laudibus, incrementum accedat, dum nos, ad id facilius assequendum, vobis, dilecti

l'Université et parce qu'il avait tout lieu d'espérer que l'affaire viendrait enfin devant la sacree congrégation immédiatement après les fêtes de Pâques de l'année 1681, ainsi que le faisaient supposer deux citations données pour cette date, les 10 et 27 mars 1681, et il ajoutait que, du reste, dès qu'il avait vu que cette promesse ne se réalisait point et que l'affaire subissait de nouveaux atermoiements, il n'avait pas hésité à obéir à l'Université et à retourner à Avignon. Cependant, grâce à des concessions faites de part et d'autre, l'affaire se termina à l'amiable, et la bonne harmonie fut rétablie entre l'Université et son mandataire (Voy. aux archives de l'Université, D. 11, la pièce cotée : « *Computa et quittantiæ expensarum factarum a domino de Villegarde Romæ, occasione juridictionis domini Primicerii.* »

Voici maintenant le texte même de la supplique remise au nom de l'Université au pape Innocent XI, par Crivelli de Villegarde et à laquelle il est fait allusion dans le bref. Elle est l'œuvre de François de Tache, Primicier en exercice et porte la date du 6 avril 1680. Nous la reproduisons d'après une copie insérée au folio 230 du registre manuscrit intitulé : Université d'Avignon, historique 1, (*fonds Requien*, à la bibliothèque du museum Calvet d'Avignon) :

Beatissime Pater.

« Vestra Aven. universitas iam a multis sæculis alumnorum suorum scientia et doctrina conspicua, summorum pontificum liberalitate variis privilegiis decorata, a nonnullis circa eadem molestatur, unde pro iurium suorum manutentione specialem nuntium ad Urbem mittere coacta, ad pedes Sanctitatis vestræ humiliter provoluta, eidem Sanctitati vestræ cum omni reverentia supplicare non dubitat quatenus nos velit litteratos viros de benignitate apostolica et paterna benevolentia sublevare, qui pro republica christiana a tot sæculis laborare non desinunt, quique pro incolumitate S. V. continuas ad Deum præces effundunt, ut S. V. divi Petri claves tenens, illius dies feliciter superet: hæc sunt vota quæ dictæ universitatis nomine, toto corde renovat illius rector. Avenioni pridie kal. aprilis 1680. S. V. humillimus, obedetissimus et obsequentissimus servus et subditus Franciscus Tache, primicierius universitatis Avenionensis *sic signatus.* »

filii, Apostolicam Benedictionem peramanter impertimur (1). Datum Romæ, apud sanctam Mariam Majorem, sub annulo Piscatoris, dies eptimo septembris anno millesimo sexcentesimo octogesimo, Pontificatus nostri anno quarto. Marius Spinula.

(1) Ce bref fut lu religieusement dans le collège convoqué à cet effet le 7 novembre 1680, et parut de bon augure pour la sauvegarde des privilèges de l'Université.

LXVII

Breve domini Innocentii, papæ undecimi, de aggregationis confirmatione, in favorem collegii doctorum utriusque juris aggregatorum Universitatis generalis studii Avenionensis.

(23 septembr. 1684)

Original parchemin dépourvu de l'empreinte du sceau du pêcheur dont il était muni : Archives de l'Université, D, 63.

INNOCENTIUS papa undecimus ad futuram rei memoriam. Emanavit nuper a congregatione venerabilium fratrum nostrorum S. R. E. Cardinalium Concilii Tridentini interpretum ad favorem collegii doctorum aggregatorum Universitatis Studii generalis civitatis nostræ Avenionensis decretum tenoris qui sequitur, videlicet :

« Universitatis Studii generalis Avenionensis doctores ab antiquissimo tempore sunt in duplici differentia. Alii enim dicuntur doctores de collegio, seu aggregati, utpote, qui ultra doctoratus lauream qua fuerunt insigniti, prævio novo examine, et non sine impensa aggregantur cuidam collegio doctorum aggregatorum nuncupato. Alii vero dicuntur doctores simplices, uti solam doctoratus lauream consecuti, sed dicto collegio non aggregati. Porro Doctores aggregati seu de collegio, privative quoad alios doctores simplices et non aggregatos, consueverunt eligere professores et magistros qui canonica et civilia jura doceant, interesse assignationi punctorum, qui dantur promovendis ad doctoratum, dictosque promovendos examinare, atque examinatos approbare, vel reprobare, statuta universitatis condere, et reformare, Secretarium, Bidellum, aliosque officiales Universitatis regimini necessarios deputare, doctores simplices ad collegium admittere, seu aggregare, aliaque Universitatis munera obire. Cum autem Henricus Boneau, simplex doctor dictæ Universitatis, adversus doctores aggregatos questionem excitaverit, pretendendo assertum illorum collegium esse illegitimum uti principis auctoritate destitutum, et proinde Doctores illic aggregatos nulla prorsus facultate potiri privative quoad cæteros ejusdem Universitatis Doctores, atque Sanctissimus dominus noster controversiam hujusmodi ad hanc Sacram congregationem dirimendam remiserit, concordata fuerunt coram Eminentissimo Præfecto infrascripta dubia. Sed quia post hæc Boneau ita destitit ab inceptis, ut, licet pluries monitus, adhuc prætensa sua jura deducere moretur, Doctores aggregati, seu de Collegio cupientes litem aliquando terminari supplices insteterunt ac obtinuerunt in proxima præterita Congregatione decerni propositionem unica parte informante. Perpensis itaque etiam eorum juribus per manus circum ferendis, dignabuntur Eminentissimi P. P. respondere : *Primo* per quos doctores Universitatis studii generalis Avenionensis Collegium constituatur. *Secundo,* an et quæ facultates competant doctoribus dicto Collegio aggregatis privative quoad alios doctores simplices non aggregatos.

Die nona septembris 1684, Sacra Congregatio Eminentissimorum S. R. E. Cardinalium Concilii Tridentini interpretum ad primum respondit *constitui per doctores aggregatos ;* ad secundum *competere facultates hactenus consuetas.* J. Cardinalis Columna Prefectus ; loco † sigilli A. Altovitus S. C. C. Secretarius.

Cum autem sicut pro parte dilectorum filiorum Primicerii et aliorum doctorum dicti Collegii nobis subinde expositum fuit, ipsi, decretum hujusmodi quo firmius subsistat, apostolicæ confirmationis nostre patrocinio communiri plurimum desiderent : nos specialem ipsis exponentibus gratiam facere volentes, et eorum singulares personas a quibusvis excommunicationis, suspensionis et interdicti, aliisque ecclesiis sententiis, censuris et pœnis a jure vel ab homine quavis occasione, vel causa latis, si quibus quomodo libet innodatæ existant, ad effectum presentium dumtaxat consequendum, harum serie absolventes et absolutas fore censentes, supplicationibus eorum nomine nobis super hoc humiliter porrectis inclinati, *decretum præinsertum auctoritate apostolica tenore presentium approbamus, et confirmamus, illique inviolabilis apostolicæ firmitatis robur adjicimus (1)*, salva tamen semper in premissis auctoritate memoratæ congregationis Cardinalium. Decernentes easdem presentes litteras semper firmas, validas, et efficaces existere, et fore, suosque plenarios et integros effectus sortiri et obtinere, ac illis ad quos spectat et pro tempore spectabit plenissime suffragari, sicque in præmissis per quoscumque judices ordinarios, et delegatos, etiam causarum Palatii Apostolici auditores judicari, et definiri debere, ac irritum et inane si secus super his a quoquam quavis auctoritate scienter vel ignoranter contigerit attentari, nonobstantibus constitutionibus et ordinationibus Apostolicis, ceterisque contrariis quibuscumque. Datum Romæ, apud Sanctam Mariam Majorem, sub annulo piscatoris, die vigesimo tertio septembris, anno millesimo sexcentesimo octogesimo quarto, Pontificatus nostri anno octavo.

(1) Ce bref est la confirmation solennelle des ordonnances de Mgr Bordini et la condamnation définitive des prétentions des docteurs simples contre les docteurs agrégés (*affaire Boneau, dont il est question dans ce bref.*)

LXVIII

Lettres patentes de Louis XIV, roi de France et de Navarre confirmant de nouveau les privilèges de l'Université d'Avignon et cassant le XXVI° article des statuts de celle de Valence dans lequel la première était qualifiée d'étrangère(1).

(avril 1698)

Original parchemin muni du grand sceau de cire verte sur lacs de soie rouge et verte avec signature autographe du roi : Archives de l'Université, D. 61 ; — copies papier imprimées ou non : Mêmes archives, passim.

Louis par la grâce de Dieu Roi de France et de Navarre, Dauphin de Viennois, comte de Valentinois, Provence, Forcalquier et terres adjacentes : à tous présents et à venir, salut. Nos chers et bien amés les primi-

---

(1) C'est en exécution de l'arrêt ci-dessous de son Conseil d'État privé que Louis XIV donna ces lettres-patentes, étant Primicier de l'Université d'Avignon, messire Michel de Benoît, auditeur de la Rote du Palais apostolique :

Ordonnance du Roi en son Conseil privé, par laquelle il casse le XXVI° article des statuts de l'Université de Valence, dans lequel celle d'Avignon est traitée d'étrangère.

(29 janvier 1698.)

Le Roy s'étant fait représenter en son Conseil, les lettres-patentes du moys de juillet 1650, vérifiées où besoin a esté, par lesquelles, en considération de l'affection singulière d'entre le Saint-Siège et sa Majesté, et de ce que la ville d'Avignon et Comtat Venaissin ont toujours esté sous sa protection, et les habitants tenus pour ses vrays et naturels François et sujets, Sa Majesté aurait confirmé et en tant que de besoin de nouveau concédé à l'Université d'Avignon les privilèges que Charles II, roi de Sicile et de Jérusalem, comte de Provence, lui avoit accordés par ses lettres-patentes du 5 may 1303 ; l'arrest de son conseil contradictoirement rendu le 18 novembre 1676 au rapport du sieur de

cier, docteurs, suppôts, gradués et écoliers de l'Université de la ville d'Avignon, nous ont fait remontrer que ladicte Université est une des plus anciennes et des plus fameuses Universitéz de l'Europe, ayant été fondée par Boniface VIII,

Ribeire, commissaire à ce député, après en avoir communiqué à Monsieur Boucherat, a présent chancelier de France, et aux sieurs de Barillon, de Bezous et de Pommereu, aussi commissaires à ce députez, entre ladite Université d'Avignon d'une part, le Procureur général de Sa Majesté au Parlement d'Aix, l'Université et les consuls de ladite ville d'Aix, et Procureur dudit païs de Provence d'autre, par lequel il est ordonné que, conformément à la transaction passée le 18 octobre 1669 entre l'Université d'Aix et celle d'Avignon, et l'arrest du conseil d'homologation d'icelle du 11 avril 1674, les docteurs et graduez qui auront pris leurs degréz dans l'une des dites universitez, seront reçus dans l'autre, et exerceront dans toute l'étendue de la Provence et Comtat Venaissin, en faisant enregistrer leurs lettres de doctorat, avec défense audit sieur Procureur général, à l'Université, et consuls de la ville d'Aix, et tous autres d'inquiéter les docteurs et graduez de l'Université d'Avignon, à peine de tous les despens, dommages et intérests, ladite Université d'Aix condamnée aux despens de l'intervention ; l'édit de Sa Majesté, du mois d'avril 1670, portant règlement pour l'étude du droit canonique et civil ; sa déclaration du 26 janvier 1680 ; celle du 17 novembre 1690 ; les statuts de l'Université de Valence ; lettres-patentes de confirmation d'iceux du 9 février 1683, par le XXVI° article desquels ladite Université d'Avignon est qualifiée estrangère ; lettres et mémoire donnez à Monsieur le chancelier par l'Université de Bezançon contre celle d'Avignon ; réponses de ladite Université d'Avignon ; et voulant Sa Majesté pourvoir à ce qu'à l'avenir ladite Université d'Avignon ne soit plus troublée dans la jouissance de ses privilèges. OUY le rapport du sieur de Bérulle, conseiller ès conseils de Sa Majesté, maistre des requestes ordinaire de son hostel, commissaire à ce député, après en avoir communiqué aux sieurs Courtin de la Reynie, de Marillac, de Ribeire, Daguessau, de Fourcy et Phelippeaux, Conseillers d'Estat, aussi commissaires à ce députez :

LE ROY EN SON CONSEIL, sans avoir égard au XXVI° article des statuts de l'Université de Valence, lequel Sa Majesté a cassé et annullé, en ce que ladite Université d'Avignon y est qualifiée estrangère, a de nouveau et en tant que besoin est ou seroit, *confirmé et confirme ses lettres-patentes du mois de juillet 1650. Ordonne Sa Madesté que lesdictes lettres, ensemble l'arrest contradictoire de son Conseil du 18 novembre 1676, seront executez selon leur forme et teneur, ce faisant, que*

enrichie par la libéralité d'autres Souverains Pontifes, et augmentée de sept beaux Collèges, non compris celui des Jésuites, dans lesquels il y a nombre de places ou bourses destinées pour les écoliers des diocèses de nos villes d'Arles, Aix, Grenoble, Die, Valence et St-Paul; que ladicte Université est remplie de grand nombre de professeurs pour

les primicier, docteurs, supposts, graduez et escoliers de ladicte Université d'Avignon, seront receus et admis dans toutes les villes, cours et Universités du Royaume, et jouissent généralement de tous les privilèges, honneurs, prérogatives, prééminences et libertez tant entre séculiers que réguliers qui ont esté attribuez aux docteurs, graduez, supposts et escoliers des plus fameuses Universitez du royaume; pourveu toutefois qu'ils soient naturels françois ou natifs de ladite ville d'Avignon ou Comtat Venaissin et que lesdits privilèges n'ayent esté revoquez par aucunes lettres-patentes, arrests et règlements Fait Sa Majesté défenses aux dites Universitez de Valence, Besançon et à tous autres, de plus à l'avenir inquiéter celle d'Avignon dans la jouissance de ses privilèges directement ny indirectement, à peine de trois mil livres d'amende payables sans déport pour chaque contravention, moitié au profit de Sa Majesté, et l'autre moitié, de l'Hôpital général de Paris; le tout à la charge que l'Université d'Avignon observera les règlements de Sa Majesté, portez par l'édit du mois d'avril mil six cens soixante dix-neuf, la déclaration du dix-sept novembre mil six cens quatre vingt dix, et autres faits ou à faire concernant les études du droit canonique et civil, à peine de mil livres d'amende, payables par chaque contrevenant, pour chaque contravention : comme aussi à condition que les graduez de ladite Université d'Avignon ne pourront estre admis au serment d'avocats dans les cours et sièges du royaume, aux charges de judicature, ni estre reçus dans les Universitez de France, qu'ils n'ayent fait et presté serment d'y observer les lois et maximes du royaume touchant le droit canonique et civil, et qu'ils n'ayent rapporté des attestations du sieur Archevêque d'Avignon, portant qu'ils ont accompli le temps d'études prescrits par lesdits règlements et pour l'exécution du present arrest, ordonne Sa Majesté que sur iceluy, il sera expédié à ladite Université d'Avignon toutes lettres-patentes à ce nécessaires.

Fait au Conseil d'Etat privé du Roy, tenu à Versailles le vingt-neuvième jour de janvier mil six cens quatre vingt dix-huit. Collationné. Signé : DEMONS.

(Extrait des registres du Conseil privé du roi. *Archives de l'Université d'Avignon*, D. 61 : original sur parchemin muni du petit sceau du roi ; — D. 38 : *copie papier*).

toutes les sciences, lesquels étant gagéz et entretenus, enseignent gratuitement, et sont toujours choisis entre les plus sçavans hommes du monde ; Que *Oldradus, Paulus Castrensis, Ripa, Alciatus, Æmilius Ferretus et Cujacius* y ont professé publiquement le droit canonique et civil ; et qu'en considération de l'affection particulière d'entre le St-Siège et nous, et de ce que ladicte ville d'Avignon et le Comtat Venaissin ont toujours été sous notre protection, et les habitants tenus pour nos vrays et naturels François et sujets, nous aurions par nos lettres-patentes du mois de juillet 1650, vérifiées où besoin a esté, confirmé et en tant que de besoin, de nouveau concédé les privilèges que Charles II, roi de Jérusalem et de Sicile, et comte de Provence, lui avoit accordés par ses lettres-patentes du 5 may 1303. Et bien que ladicte Université ait joui de ses privilèges depuis ladicte année 1303, sans interruption, néanmoins l'Université de nostre ville d'Aix se seroit avisée de la vouloir troubler en ladite jouissance, ce qui auroit formé une grande instance en notre Conseil, en laquelle l'Université d'Aix ayant fait intervenir nostre procureur général en nostre cour de Parlement de Provence, et les consuls dudit Aix, procureurs de nostre dit pais de Provence, par arrest contradictoire rendu avec toutes les parties, le 18 novembre 1676, au rapport de nostre amé et féal conseiller d'Estat ordinaire, le sieur de Ribeire, commissaire à ce député, après en avoir communiqué à nostre très cher et féal chevalier et commandeur de nos ordres, le sieur Boucherat lors conseiller d'Estat ordinaire, et à présent chancelier de France, et aux sieurs de Bezons, de Barillon et de Pommereu, aussi commissaires à ce députés : Nous aurions ordonné, que, conformément à la transaction passée le 18 octobre 1669, entre l'Université d'Aix et celle d'Avignon, et à l'arrêt de nostre conseil d'homologation d'icelle, du 11 avril 1674, les docteurs et gradués qui auroient pris leurs degrés dans l'une desdictes Universités, seroient reçus dans l'autre, et exerceroient dans toute l'étendue de la Provence et Comtat Venaissin, en faisant registrer leurs lettres de doctorat, avec défenses à nostredit procureur général, à l'Université, et consuls de ladicte ville d'Aix et tous autres, d'inquiéter lesdicts docteurs et gradués de l'Université d'Avignon, à peine de tous dépens, dommages et intérêts ; ladicte Université d'Aix condamnée aux dépens de l'instance envers celle d'Avignon, et les consuls de la ville d'Aix aux dépens de l'intervention. Et depuis, ayant fait un règlement général pour l'étude du droit canonique et civil, par nostre édit du mois d'avril 1679, les exposans, leur Collège estant assemblé dans la grande salle de leur Université, en auroient fait faire lecture, icelui registrer, et auroient esté les premiers à l'exécuter (1). Au préjudice de quoi, et contre nostre intention, les Universitéz de Valence et de Bezançon s'efforçans de troubler les exposans dans la jouissance de leurs privilèges, la première auroit affecté de donner à l'Université d'Avignon la qualité d'étrangère dans le XXVI° article de ses statuts, sur lesquels elle auroit obtenu nos lettres de confirmation, le 9 février 1683 ; et ladicte Université de Besançon auroit écrit une lettre et donné un mémoire audit sieur Boucherat, chancelier de France, contre ladicte Université d'Avignon, qui auroit fourni des réponses. Mais désirant pourvoir à ce que à l'avenir, l'Université d'Avignon ne soit plus inquiétée dans la jouissance de ses privilèges : Nous aurions entre autres choses, par arrêt de nostre conseil du 29 janvier dernier, rendu au rapport de nostre amé et féal conseiller

---

(1) Voy, dans la II° partie de ce cartulaire :

1° Nouveaux statuts de l'Université d'Avignon, votés en suite de l'édit du roi de France, portant règlement de l'étude du droit canonique et civil (1679).

2° Articles nouveaux pour l'étude du droit dans l'Université d'Avignon, dressés en exécution des déclarations du roi des années 1673, 1682 et 1690, portant règlementation des études du droit canonique et civil en France (1695.)

en nos conseils et maîstre des requestes ordinaires de nostre hôtel, le sieur de Berulle, commissaire à ce député, après en avoir communiqué aux sieurs Courtin de la Reynie, Marillac, de Ribeire, Daguesseau, de Fourcy et Phelipeaux, conseillers d'Etat, aussi commissaires à ce députés, cassé et annulé ledit XXVI article desdicts statuts de Valence en ce que l'Université d'Avignon y est qualifiée étrangère, et en tant que de besoin, de nouveau confirmé les exposans dans leurs privilèges, et ordonné que, pour l'exécution dudit arrêt du 29 janvier dernier, il seroit expédié aux exposans nos lettres-patentes à ce nécessaires, lesquelles ils nous ont très-humblement fait supplier de leur octroyer.

A CES CAUSES, voulant favorablement traiter les exposans, Nous, de l'avis de nostre dit Conseil qui a vu ledit arrest du 29 janvier dernier ci-attaché sous le contre-scel de nostre chancelerie, *avons cassé et annullé, et de notre grace spéciale, pleine puissance et autorité royale, cassons et annullons par ces présentes, signées de notre main ledict XXVI article des statuts de l'Université de Valence, en ce que l'Université d'Avignon y est qualifiée étrangère et dérogé, pour ce regard seulement aux lettres-patentes de confirmation des dicts statuts, obtenues par ladicte Université de Valence le 9 février 1683, lesquelles ne voulons nuire ni préjudicier auxdicts exposans, et dont nous les avons relevez et relevons par cesdictes présentes, et de nos mesmes grace et autorité que dessus, avons de nouveau en tant que besoin est ou seroit, confirmé et confirmons par cesdictes présentes nos dictes lettres patentes du mois de juillet 1650. Voulons et nous plaît que lesdictes lettres, ensemble l'arrest contradictoire de nostre Conseil du 18 novembre 1676, soient exécutez selon leur forme et teneur, et que les primicier, docteurs, suppôts, graduez et écoliers de ladicte Université d'Avignon, soient reçeus et admis en toute les villes, cours et Universitez de nostre royaume, et jouissent généralement de tous les privilèges, honneurs, prérogatives, prééminences et libertez tant entre séculiers que réguliers, qui ont été attribuez aux docteurs, graduez, suppôts et écoliers des plus fameuses universitez de France, pourveu toutes fois qu'ils soient naturels François, ou natifs de ladicte ville d'Avignon, et Comtat Venaissin, et que lesdicts privilèges n'ayent estez révoquez par aucunes de nos lettres patentes, arrests et règlements. Faisons très-expresses défenses aux Universitez de Valence, Besançon et autres, de plus à l'avenir inquiéter celle d'Avignon dans la jouissance de ses privilèges, directement ni indirectement, à peine de 3,000 livres d'amende payable sans déports, pour chaque contrevention, moitié à nostre profit, et l'autre moitié au profit de l'hôpital général de Paris, le tout à la charge que ladicte Université d'Avignon observera nos règlements portez par nostre édit du mois d'avril 1679, nostre déclaration du 17 novembre 1690, et autres faits ou à faire, concernant les études du droit canonique et civil, à peine de 1000 livres d'amende, payable par chaque contrevenant, pour chaque contrevention, comme aussi à condition que les graduez de ladicte Université d'Avignon ne pourront estre admis aux serments d'avocat dans nos cours et sièges de nostre royaume, aux charges de judicature, ni estre receus dans lez Universitez de France, qu'il n'ayent fait et prester le serment d'y observer les loix et maximes de notre royaume, touchant le droit canonique et civil, et qu'ils n'ayent raporté des attestations du sieur Archevêque d'Avignon, portant qu'ils ont accomply les tems d'étude prescrits par nos règlements.* Cy donnons en mandement à nos amez et féaux conseillers, les gens tenans nos cours de Parlement, chacun en droit soy, ainsi qu'il appartiendra, que ces présentes ils fassent régistrer, et de leur contenu souffrent et laissent jouir et user les exposans et leurs successeurs, pleinement, paisiblement et perpétuellement, sans permettre qu'il leur soit fait, mis ou donné aucun trouble ni empêchement au contraire. Car tel est nostre plaisir. Et afin que ce soit chose ferme et stable à toujours, nous avons fait mettre nostre scel à cesdictes présentes, sauf en autre chose nostre droit, et l'autrui en toutes.

Donné à Versailles au mois d'avril, l'an de grâce mil six-cens quatre-vingt dix-huit, et de nostre règne le cinquante-cinquième. *(Signé :)* Louis (1).

---

(1) Ces lettres-patentes furent enregistrées aux Parlements de Paris et de Dijon le 5 mai 1698 ; d'Aix, le 16 mai 1698 ; de Besançon le 12 juin 1698 ; de Toulouse, le 23 juillet 1698, et de Flandres le 18 janvier 1734. Les extraits originaux des registres de ces divers Parlements concernant cet enregistrement, se trouvent également aux *Archives de l'Université*, D. 61.

LXIX

Lettres-patentes de Louis XIV, roi de France et de Navarre, maintenant à l'Université d'Avignon le bénéfice des transactions qu'elle a passées avec celle d'Aix, les 18 octobre 1669 et 22 juillet 1678 et celui des arrêts du conseil du roi des 11 avril 1674 et 23 décembre 1675, portant que les gradués d'Avignon ne payeront que 15 livres pour l'enregistrement de leurs lettres à Aix (1).

(13 mai 1709)

Original parchemin portant la signature autographe du roi et muni du grand sceau de cire jaune sur lacs de soie jaune et verte : archives de l'Université, D. 59 ; — copie imprimée : mêmes archives, D. 59.

Louis par la grâce de Dieu, Roy de France et de Navarre, comte de Provence, Forcalquier et terres adjacentes : A nos amés et féaux conseillers les gens tenants nostre cour de Parlement à Aix, salut. Nos chers et biens amez les Primicier, docteurs, graduez et suppôts de l'Université d'Avignon, nous ont fait remonstrer que bien que les habitans de cette ville située dans nostre comté de Provence et partie de nostre ancien domaine, ayant esté déclarés par nos lettres-patentes de mil six-cent-quarante-trois naturels françois et regnicoles, comme ils l'ont esté de tout

---

(1) Ces lettres patentes furent accordées à la suite d'un arrêt spécial du Conseil d'État du roi, rendu à la date du 5 janvier 1709, et que nous avons jugé inutile de reproduire. L'original du reste se trouve aux archives de l'Université, D. 53. Nous y renvoyons ceux des lecteurs qu'il pourrait intéresser.

Le Parlement d'Aix enregistra les lettres-patentes le 12 août 1709, et elles furent signifiées à l'Université de cette ville par exploit d'huissier le lendemain. (Voy. cet exploit aux archives de l'Université d'Avignon, D. 59.

temps reputez, que l'Université d'Avignon des plus anciennes et des plus fameuses de l'Europe, où il y a sept collèges outre celuy des Jésuites, plusieurs places et bourses pour les sujets des diocèses d'Arles, d'Aix, Grenoble, Die, Valence et St-Pol et un grand nombre de professeurs gagés et entretenus pour y enseigner gratuitement toutes sortes des ciences, ait esté confirmée par nos lettres patentes de mil six-cens-cinquante dans tous les privilèges et prérogatives qui lui ont esté accordés par les souverains pontifes, par nos prédécesseurs, par Charles second Roy de Jérusalem, comte de Provence et par les comtes qui l'ont suivy, et que tous les docteurs et gradués de cette Université ayent esté maintenus dans tous les mêmes avantages et preeminences que les docteurs et graduez des autres Universités de nostre royaume, sans qu'ils soient sujets à aucun autre examen que celuy qu'ils ont suby dans l'Université d'Avignon, cependant des lettres si autentiques et nostre volonté si précise n'a pas empesché que l'Université d'Aix envieuse et jalouse de l'esclat de celle d'Avignon si féconde en grands hommes dans tous les temps, n'ait usé de tous les artifices imaginables pour l'empescher et ses docteurs et graduez de jouir de leurs droits et privilèges ; elle commença par surprendre, le dernier août 1662, un arrest du Parlement d'Aix portant deffenses aux graduez de l'Université d'Avignon de se servit des prérogatives que leur donnoient leurs degrez, avant que d'avoir fait leurs lectures dans l'Université d'Aix et payé les droits, mais les exposans ayant réclamé nostre authorité en 1665, ils obtinrent un arrest de nostre Conseil qui ordonne que le doyen de la faculté de médecine d'Aix seroit assigné et que le Procureur général du Parlement envoyeroit les motifs des arrests du Parlement. La crainte qu'eut l'Université de succomber dans une contestation si mal fondée, l'obligea de faire solliciter les exposans à un accomodement, et les deux universités firent, le 15 octobre 1669, une transaction par laquelle il fut stipulé que les docteurs graduez, qui auroient pris et prendroient à l'avenir tous leurs degrez dans l'Université d'Avignon, feroient enregistrer leurs lettres dans l'Université d'Aix et ceux qui auraient pris ou prendraient leurs degrés dans l'Université d'Aix feraient enregistrer leurs lettres dans l'Université d'Avignon et payeroient respectivement à l'Université où ils voudroient estre receus, la somme de quinze livres, au moyen de quoy les gradués de l'une et l'autre Université, seroient deschargez de tous droits et formalitéz généralement quelconques et jouiroient des mêmes privilèges que ceux qui prennent leurs degrez dans les Universitez respectivement, sans estre assujettis à d'autre examen que celui qu'ils y auront subi. Cette transaction a esté rattifié au mois de décembre de la même année et homologuée par arrest du Conseil du 11 avril 1674. Mais l'Université d'Aix, au préjudice de la foy qu'elle avait donnée n'a pas laissé d'engager secrètement le Procureur général du Parlement de ladite ville de faire rendre le 10 février 1673 un nouvel arrest portant deffenses à toutes personnes graduéz aux Universitez estrangères, de faire, ny pratiquer leurs fonctions dans la ville d'Aix, sans avoir fait des lectures pendant six mois dans l'Université d'Aix, raporté des certificats des professeurs et suby l'examen. L'Université d'Aix voulut à la faveur de cet arrest traitter les graduez d'Avignon comme ceux des autres Universitez estrangères, quoyque, suivant les dispositions des lettres patentes de 1650 et de la transaction de 1669, elle doive estre reputée Université du royaume ; celle d'Aix fit intervenir les consuls de la mesme ville dans cette contestation, pour donner plus de poids à sa demande par le nombre des parties ; ce nouvel attentat obligea encore l'Université d'Avignon d'avoir recours à nous qui par arrest contradictoire du 23 décembre 1673, ordonnasmes que ses docteurs et graduéz jouiroient de tous les droits et privilèges accordés aux docteurs et graduéz de l'Université d'Aix et autres Universités de nostre royaume, comme s'il y avoient pris leurs degréz, conformément aux lettres-patentes de 1650, à la transaction de 1669 et à l'arrest d'homologation, sans estre tenus d'y faire aucunes lectures, subir examen, ny de payer pour la réception d'autre droit que celuy porté par la transaction, et nous aurions condamné l'Université d'Aix et les consuls de la même ville aux dépens. Comme ils étoient considérables, l'Université d'Aix pour en avoir quelque remise fit encore rechercher les exposans pour un accommodement, les exposans voulurent bien y consentir, pourvu que l'Université d'Aix s'obligeat de nouveau d'exécuter la transaction de 1669, et les arrests de nostre Conseil rendus en conséquence, et qu'elle payast pour tous frais et dépens faits par les exposans, la somme de quinze cents livres seulement, quoy qu'il montassent à plus de 3000 livres, dont les exposans firent remise, à condition expresse et non autrement que si l'Université d'Aix venoit à contrevenir directement ou indirectement par soy ou par personnes interposées, à la transaction qui fut passée le 22 juillet 1678, les exposans pourroient se faire payer de tous les dépens adjugés par les arrets contre lesquels ils ne pourroient revenir, ny intenter aucune action qu'ils n'eussent payé tous les despens. Après des confirmations, lettres-patentes, arrests et transactions si solennelles, les exposants esperoient que l'Université d'Aix n'entreprendroit plus de les troubler dans leurs prérogatives. Ils ont néantmoins éprouvé qu'en transigeant elle ne s'estoit pas dépouillée de sa jalousie et de ses haines, et ils ont découvert qu'au lieu de respondre à leurs manières généreuses, elle avoit suscité les Universités de Valence et de Bezançon pour donner atteinte aux droits des exposans ; celle de Valence dressa des statuts et dans l'art. 26 elle donna à celle d'Avignon la qualité d'étrangère, et celle de Besançon présenta des mémoires et les remit au feu sieur Chancelier pour la faire réduire sur le pied d'étrangère. L'Université de Valence obtint la confirmation de ses statuts par lettres-patentes du 9 février

1683. Cette nouvelle entreprise força l'Université d'Avignon de nous faire ses remontrances et par arrest du 29 janvier 1698, nous aurions ordonné que l'article 26 des statuts de l'Université de Valence seroit cassé; ensuite de quoy nous, par des lettres-patentes du mois d'avril de la mesme année aurions confirmé les arrets, transactions et précédentes lettres patentes, et déclaré que les docteurs graduéz et écoliers de l'Université d'Avignon seroient receus et admis dans toutes les villes, cours et universités de nostre royaume, et jouiroient généralement de tous les privilèges, prérogatives et prééminences attribuées aux docteurs graduéz et écoliers des plus fameuses Universités de nostre royaume, pourveu qu'ils soient françois naturels ou nez dans la ville d'Avignon et Comtat Venaissin, avec deffenses aux Universités de Valence et de Besançon, et tous autres de l'y troubler à peine de 3000 livres d'amende; mais ayant par nostre édit du mois de février 1704, créé des offices de greffiers secrétaires des Universités, l'Université d'Aix a cru que la réunion de cet office luy pourroit fournir un nouveau prétexte de troubler les exposans dans leurs droits et elle a fait rendre un arrest qui accepte ses offres de huit mil livres pour la création d'un de ces offices à son corps, et qui ordonne que conformément à la transaction du mois d'octobre 1669 et à l'arrest d'homologation du 11 avril 1674, les docteurs et aggrégés qui auroient pris leurs degrez dans l'Université d'Avignon, seroient receus dans celle d'Aix et jouiront de l'effet de leurs lettres après les avoir fait enregistrer au greffe de l'Université d'Aix pour et avant lequel enregistrement, ils seront contraints de consigner la somme de soixante livres pour le doctorat, cinquante livres pour celles de licence et trente livres pour celle de baccalauréat, soit en théologie, droit civil et canonique ou de médecine. Il est constant que cet arrest est l'effect d'une surprise manifeste et un attentat formel aux droits, privilèges et prérogatives de l'Université d'Avignon et aux lettres-patentes et arrests qui ont réglé conformément à la transaction de 1669, que les docteurs et graduéz ne payeront que quinze livres pour tout droit; mais ce n'est pas le seul abus que l'Université d'Aix fait de cet arrest, elle s'en fait un prétexte d'exclure tous les graduez de l'Université d'Avignon des bénéfices et fonctions par le refus d'enregistrer leurs lettres de gradués, parce qu'ils font difficulté de payer les droits excessifs d'enregistrement qu'elle a fait fixer par l'arrest de réunion du mois de novembre 1704 contre tous les titres des exposans. Pour lesquelles considérations, nous aurions par arrest de nostre Conseil d'Etat du cinq janvier dernier receu les exposans opposans à l'exécution de l'arrest de nostre Conseil du 25 novembre mil sept-cent-quatre, en ce qui concerne le droit d'enregistrement en l'Université d'Aix des lettres des gradués de l'Université d'Avignon, faisant droit sur l'opposition, nous aurions ordonné que les transactions passées entre les deux Universités les dix-huit octobre mil six cens soixante neuf et vingt deux juillet mil-six-cens septante-huit et les arrêts de notre conseil des onze avril mil six-cens septante quatre et vingt-trois décembre mil six-cens septante cinq seront exécutées selon leur forme et teneur, et en conséquence que les gradués de l'Université d'Avignon ne seront tenus de payer pour l'enregistrement de leurs lettres en celle d'Aix, que la somme de quinze livres, et aurions, fait deffenses aux recteur et suppots de ladite Université d'Aix, d'exiger plus grande somme à peine de restitution et de tous dépens, dommages et intérêts. Pour l'exécution duquel arrest les exposans nous ont très humblement fait suplier leur vouloir accorder nos lettres sur ce nécessaires.

A CES CAUSES, voulant favorablement traitter lesdits exposans, de l'avis de nostre Conseil qui a veu l'arrêst rendu en iceluy le cinquiesme janvier dernier, cy attaché sous le contre scel de nostre chancellerie ; Nous avons lesdits exposans receus et recevons par ces présentes signées de nostre main opposans à l'exécution de l'arrest de nostre Conseil du vingt cinq novembre mil sept cent quatre, en ce qui concerne le droit d'enregistrement en l'Université d'Aix, des lettres des gradués de l'Université d'Avignon (1); faisant droit

(1) Voici le texte de cet arrêt (25 novembre 1704):
Arrest du Conseil d'Estat du roi de France, portant vente à l'Université d'Aix au prix de 8,000 livres de l'office de greffier, secrétaire et garde des archives du corps et stipulant que conformément à la transaction de 1669 et à l'arrest de 1674, les docteurs et agrégés qui auront pris leurs degrés à l'Université d'Avignon, seront reçus dans celle d'Aix et jouiront des titres qu'ils auront obtenus, après les avoir fait enregistrer moyennant 60 livres pour les lettres du doctorat. 50 livres pour celles de licence et 30 pour les lettres de baccalauréat.
« Veu au Conseil d'Estat du Roy, la délibération des trois facultés de l'Université d'Aix du 6 novembre 1704, par laquelle les docteurs aggrégés et professeurs en icelle, auroient résolu d'acquérir l'office de Conseiller de Sa Majesté, greffier, secrétaire et garde des archives des trois facultés de ladite Université, créé par édit du mois de fevrier de ladite année aux gages, droits, et privilèges portés par ledit édit, et d'offrir pour la finance dudit office la somme de 8,000 fr. qu'ils auroint donné pouvoir aux officiers de ladite Université d'emprunter et sa Majesté voulant traitter favorablement ladite Université, ouy le raport du sieur Fleurian d'Armenonville, Conseiller ordinaire au Conseil royal, directeur des finances, LE ROY EN SON CONSEIL a ordonné et ordonne qu'en payant par lesdites trois facultés de l'Université d'Aix, ladite somme de 8000 livres sur la quitance du receveur des revenus casuels et les deux sols par livres sur celle d'Edme Berthier, chargé de la vente des offices des greffiers, et secrétaires des Universités créés par l'édit au mois de février dernier, celuy de ladite Université sera et demeurera uni et incorporé au collège de ladite Université, pour estre exercé comme par le passé, et jouir par ledit collège sur la simple quitance de finance, de 400 livres de gages, dont le fond sera faict à son profit dans les estats des finances au pays de Provence, et tous les privilèges attribués par ledict édict, ensemble de tous ceux accordez à ladite Université, dans lesquels Sa Majesté l'a de nouveau en tant que de besoin confirmée, *ordonne Sa Majesté que conformément à la transaction du 18 octobre 1669, et à l'arrest du Conseil d'icelle du XI avril 1674, les docteurs et aggregés qui auront pris leur degrez en l'Université d'Avignon seront reçeus dans celle d'Aix, et jouiront de l'effect des lettres qu'ils auront obtenues après les avoir faict register au greffe de ladite Université d'Aix, pour lequel enregistrement et*

sur l'opposition, *ordonnons que les transactions passées entre les deux Universités les dix huit octobre mil six cent soixante neuf et vingt deux juillet mil-six-cens-septante-huit et les arrests du Conseil des onze avril mil six cens soixante quatorze et vingt trois décembre mil six cens soixante et quinze, seront exécutées selon leur forme et teneur, et en conséquence que les graduez de l'Université d'Avignon ne seront tenus de payer pour l'enregistrement de leurs lettres en celle d'Aix que la somme de quinze livres; faisans deffenses aux recteurs et supposts de ladite Université d'Aix, d'exiger plus grande somme à peine de restitution et de tous despens, dommages et intérêts.* Sy vous mandons que ces présentes vous ayez à faire enregistrer et du contenu en icelles faire jouir et user lesdits exposants pleinement et paisiblement, cessans et faisans cesser tous troubles et empeschement au contraire. Car tel est notre bon plaisir. Donné à Versailles, le 13ᵉ jour de may de l'an de grâce mil-sept-cens-neuf et de notre règne le soixante septieme. *Signé :* Louis. Par le Roy, comte de Provence. Phelippeaux.

avant iceluy, ils seront tenus de consigner la somme de 60 livres pour les lettres de doctorat, 50 livres pour les lettres de licence et 30 livres pour celles de baccalauréat, soit en théologie, droits civil et canonique, ou médecine, et seront pour l'exécution du présent arrêt toutes lettres nécessaires expédiées. Fait au Conseil d'Estat du roy, tenu à Versailles, le 25ᵉ jour de novembre 1704 Collationné. Signé : De Laistre. »

Original parchemin perdu ; — copie papier : archives de l'Université, D. 56.

On trouve dans la même liasse, D. 56, un *Mémoire* pour l'Université contre l'arrêt qui précède comme violant les droits qui lui étaient acquis par les transactions et arrêts antérieurs.

LXX

Ordonnance de Monseigneur Joseph Maurice de Gontieri, archevêque d'Avignon, Vice-légat, sur la création d'une chaire de botanique à l'Université d'Avignon.

(26 septemb. 1718)

Copie papier de l'original perdu : archives de l'Université, D. 210.

MONSEIGNEUR illustrissime et révérendissime archevêque et vice-légat, vu la susdite requête (1) et la procédure faite par M. Salviati, le 13 novembre 1711, l'ordre de Monseigneur le cardinal Paulucci du 12 septembre

---

(1) Nous donnons le texte de cette requête ; elle contient le résumé de toutes les demandes faites antérieurement par l'Université pour obtenir la création d'un jardin et d'une chaire de botanique :

Monseigneur,

« Messire Joachim de La Verne Levieux, primicier, juge, recteur et conservateur des privilèges de l'Université de cette ville d'Avignon et la faculté de médecine exposent à V E. qu'en l'année 1710 feu messire François de Genet, primicier de ladite Université auroit présenté un mémorial à Sa Sainteté, pour obtenir un terrain dans l'enclaux de Champfleury hors les murailles de cette ville, et un revenu sur les communautés du Comtat pour ériger un jardin botanique et introduire l'étude de cette science, conformément à l'édit du feu roy de l'année 1704.

Ce mémorial, Monseigneur, fut renvoyé à la sacrée congrégation d'Avignon, et il fut répondu : *Concedendam esse Universitati medicorum Aven. partem territorii nuncupati campo floreto a Domino prolegato recognitam*, et quant à l'imposition sur les communautés du Comtat : *non esse locum*.

En conséquence de ce décret, Monseigneur Salviatti, alors vice-légat, assigna à la faculté de médecine une portion du terrain dudit Champ-

de la même année, le rescript fait en conséquence d'iceluy par ledit prélat, a ordonné et ordonne que sous le bon plaisir de notre St-Père le Pape, *la rente annuelle provenant du terrain de Chamfleury accordé à la faculté de médecine*

fleury et en accorda la possession au Primicier et à ladite faculté comme il appert par une procédure du 13 novembre 1711.
(*On peut voir cette procédure aux archives de l'Université*, D. 210)
Comme cette partie du terrain ne sçauroit suffire pour ériger un jardin botanique, ny pour entretenir un professeur, on aurait proposé divers expédiens auxquels on a trouvé jusques à aujourd'huy des difficultés.
Cependant, Monseigneur, comme l'édit du feu roy ordonne l'établissement d'un jardin botanique dans toutes les Universités de France et que la nostre, en qualité de *regnicole*, est soumise à cet édit, sous peine d'estre déclarée étrangère, il seroit d'un très grand préjudice pour cet estat, s'il n'y avoit un jardin ou du moins un professeur spécialement destiné pour la seule science de la botanique ; d'autant qu'aucun suiet du roy ni même les étrangers ne viendroient s'y faire graduer et par là Avignon seroit toujours plus désert et l'Université détruite.
A ces causes, Monseigneur, les exposans supplient très humblement Votre Excellence, qu'en conformité des ordres de Sa Sainteté et de la sacrée congrégation et pour faire toujours mieux apparoir que l'étude de la médecine se conforme à l'édit de S. M. qu'il luy plaise permettre l'établissement d'un nouveau professeur de botanique, lequel dictera en hiver un traité sur cette matière, et faira en esté des démonstrations dans des jardins particuliers et à la campagne, ainsi qu'on fait dans les Universités de France depuis l'édit de 1704, où il n'y a point de jardin botanique.
Et comme il est impossible à présent de mettre en estat un jardin à cause des grandes sommes et des fonds qui seroient nécessaires, tant pour ledit jardin que pour l'entretien d'un professeur : on pourrait sous le bon plaisir de Votre Excellence, jusqu'à ce qu'on ait trouvé des moyens pour subvenir à pareilles dépenses, assigner des à présent au nouveau professeur pour son honoraire, la rente de cette partie de terrain assignée à la faculté de médecine, qui est aujourd'hui sur le pied de 80 livres par an, et quant aux rentes dudit terrain perçues jusqu'à present qui sont entre les mains du secretaire de l'Université, on pourroit les mettre en fond à la destination qu'il plaira à Votre Excellence.
Le tout néanmoins sous la régie, direction et domination du Primicier, tout comme dans les facultés du droit, théologie et médecine, et que ledit professeur sera eleu de deux en deux ans, par la faculté de

pour l'introduction de l'étude de la botanique, sera employée pour l'honoraire d'un professeur qui sera élu de deux en deux ans, par ladite faculté de médecine, en présence et sous l'autorité de M. le Primicier et que l'argent qui se trouve de-

médecine, en présence et sous l'authorité du Primicier et les exposans prieront Dieu pour la grandeur et prospérité de Votre Excellence. »

(*Signés :*) Laverne, primicier ; Gastaldy, syndic de la faculté de médecine.

Nous allons donner à la suite de cette requête, deux autres documents concernant la même affaire et dont il est question dans la requête même du Primicier de Laverne ou dans l'ordonnance du vice-légat. Ce sont deux lettres du cardinal Paulucci, secrétaire d'État, adressées au vice-légat Alaman de Salviatti. La première (12 septembre 1711) lui donne connaissance de la décision de la sacrée congrégation d'Avignon au sujet de la supplique de messire de François de Genet :

« Molt' Illustri e molto Reverendo Signore, come fratello alla supplica datasi per parte de'l Primicerio e Rettore dell' Università di Avignone, per ottenere l'accrescimento de' Professori, Lettori per la facultà medica, cioè a quello che già vi è per le istituzioni, altri due uno per l'anatomia e l'altro per la bottanica, coll' obligare per li stipendii d'assegnarsi, a contribuirvi cotesta e la communità del Contado, si è conosciuto e determinato, non essere ruiscibile l'impresa, poscia che cotesta trovasi carica e oppressa da debiti e la Communità del Contado ripugnano e non consentono di contribuirvi, ne vi è raggione di obligarnele con autorità superiore. Ondè la sacra congregazione non ad altro è di più condescesa, che ad approvare la concessione dell' uso del sito chiamato Campofiorito per introdurvi il culto e studio de 'semplici con che pero si restituisca al commodo, a cui fù destinato, quando mai (che Dio non permetta) ritornasse il contagio, a fine di custodirvi gl'infermi. Tanto devo significare à Vostra Signoria, in questo proposito e resto augurandole dal Cielo copiose felicità. Roma 12 settembre 1711.

Di Vostra Signoria, come fratello, F. cardinale Paulucci (*sic signatus*).»

La seconde charge le vice-légat de la part de cette même congrégation et avec l'approbation du Souverain Pontife, de désigner lui-même une portion du terrain de Champfleury, pour la création du jardin botanique (16 janvier 1712) :

« Molto Ilustri et Reverendo Signore, come fratello, ha creduto la sacra congregatione anchè con speciale approvazione della santità di

puis ledit temps entre les mains des Primiciers, sans avoir produit jusqu'à présent aucune utilité, sera incessamment remplacé aux soins et diligences de M. le Primicier et professeurs de médecine et que les intérêts en seront annuellement retirés et déposés entre les mains du secrétaire de ladite Université, pour être employés à l'augmentation dudit capital jusqu'à ce qu'on soit en état d'ériger un jardin botanique, selon les intentions de Sa Sainteté et l'édit de S. M. et que la susdite requête avec la présente ordonnance soient registrées dans les actes de l'Université.

Donné à Avignon, dans le palais apostolique, le vingt-six septembre mil-sept-cent-dix-huit.

(*Signé :*) J. M., archevêque d'Avignon.

Nostro Signore doversi concedere all' Università de' Medici parte di sito riconosciuto da Vostra Signoria, atto ad assignarsi per l'essercizio de' semplici nel luogo chiamato Campofiorito con che pero debba restituirsi per i solite usi nel tempo del contagio, quando mai sopravenisse, il che Dio non permetta. Ondè Vostra Signoria potrà in tali termini dar compimento alla grazia, mentre le auguro dal Cielo copiosi contenti.

Da Vostra Signoria come fratello, F. cardinale Paulucci (*sic signatus*) Roma, 16 gennario, 1712. »

(Voy. archives de l'Université, D. 110.)

Ainsi se complètent peu à peu les ressources de l'enseignement à la faculté de médecine. En 1718, elle avait son professeur de botanique et en 1725, la faculté vota elle-même la création d'un jardin pour l'enseignement pratique de cette branche des sciences médicales et décida qu'il serait exigé 500 livres de chacun des quatre premiers docteurs qui prendraient l'agrégation, pour couvrir les frais d'achat. Quelques années après, ce jardin était en effet définitivement aménagé sur un terrain acheté au prix de 3,096 livres à Nicolas-Dominique Pamard, maître chirurgien à Avignon, par acte du 9 septembre 1743, et qui était située dans la paroisse Saint-Symphorien, rue Belle-Croix. (L'acte de vente se trouve aux archives de l'Université, D. 210.)

LXXI

Fondation et dotation par révérende personne messire Etienne Millaret, prêtre, docteur en théologie et curé secondaire de la ville de Valréas, d'une régence de théologie morale dans l'alme Université d'Avignon.

(20 juin 1719)

Original papier : Minutes de l'office de maître Demarez, notaire apostolique et royal d'Avignon ; — *copie papier en 6 feuillets :* archives de l'Université, D. 168.

L'AN mil sept-cents-dix-neuf et le vingtième jour du mois de juin, pardevant moi, notaire apostolique et royal d'Avignon soussigné, et en présence des témoins après nommés, établi personnellement révérende personne messire Estienne Millaret, curé secondaire de l'Esglise parroissialle de la ville de Vaulréas, docteur en sainte théologie, natif du lieu de Mollens en Dauphiné, diocèze de Vaizon, lequel ayant considéré que dans l'alme Université d'Avignon, il n'y a point de chaire de la théologie morale fondée, ny aucun professeur destiné pour l'enseigner ; que cependant la pluspart des ecclésiastiques qui estudient en théologie dans ladite Université après avoir achevé le cours de leurs estudes, sont employés dans les parroisses à la conduite ou au salut des âmes, sans avoir appris les principes et les règles de la morale, dans lequel employe aveugles dans la science de ladite morale, qui est si nécessaire pour la conduite des ames et conduisants d'autres aveugles, ils sont tous les jours en danger de faire et de procurer de funestes chutes ; connoissant de plus ledit sieur Millaret, par expérience, les maux qu'une mauvaise morale a produit et procure tous les jours dans la religion et le préjudice qu'elle porte au salut des âmes et persuadé qu'on apporteroit du remède aux susdits maux si on établissoit dans ladite Université, une chaire de morale dont le professeur fut tenu d'enseigner la morale et la saine et seure doctrine du grand sainct Thomas, l'ange de l'école et le docteur de l'Esglise, qui a toujours fait marcher dans la voye de la vérité ceux qui l'ont suivi et a rendu suspects de mensonge ceux qui l'ont abandonné ou impugné, et si ledit professeur estoit encore tenu de suivre l'ordre et la méthode de la théologie morale de feu Monseigneur Illustrissime et Révérendissime François de Genest, évesque de Vaison, dédiée à Nostre-Saint-Père le Pape Clément XI, heureusement régnant, approuvée par un jugement doctrinal du révérendissime père Raymond Capischusi, maître du sacré palais, le vingtiesme d'aoust mil-six-cents-soixante-et-dix sept ; *à ces causes*, le sieur Millaret meu de dévotion pour la gloire de Dieu et le salut des âmes, sous les conditions ci-après écrites et non autrement, ayant la présence de périllustrissime seigneur messire Michel Dominique de Garcin, prestre, docteur en droit aggrégé, prieur et seigneur d'Azay-Legrand en Tourraine, capiscol de l'insigne église parroissiàle et collégialle de St-Didier dudit Avignon, et Primicier, recteur, juge et conservateur des privilèges de ladite alme Université de cette dite ville, de messire Joseph-François Domergue, prestre, doyen et régent ordinaire de ladite faculté de théologie et de révérends Pères, frères Pierre Estienne, professeur en sainte théologie, prieur; Joseph Thyemer, sous-prieur; Joseph Patin, Antoine Arène, André Michaëlis, Joseph Monestier, Hyacinte André, Bernard Bonnet, sindics; Jean-Pierre Barbat, Michel Barbat, Michel La Croix, Pierre de St-Martin, Jean Munier, Charles Serpillon, Lambert Gaud, Jean-Joseph Loubers, touts prestres; Bernard la Roche, Jean-Baptiste Segret, Joseph Minsonet, Joseph Yveriac, François Ballot, Anthoine de Soissan, Dominique Fournier, Jean Moysset, Jean Maurin, Joseph Gauthier, François Lalud et Jacques Reboul, tous religieux profèss du vénérable couvent des frères prêcheurs de l'ordre de sainct Dominique dudit Avignon, faisant et composant la majeure partie de la communauté d'icelluy, capitulairement assemblés à son de cloche comme de coutume au lieu cy-après dit, ledit seigneur Primicier et ledit doyen pour ladite Université et faculté de théologie, et lesdits révérends pères prieurs et religieux pour leur dit couvent eux et leurs successeurs en icelluy, stipulants et acceptant respectivement de son gré pour lui et les siens a *fondé et établi, fonde et établit à perpétuité et a toujours dans ladite Université de cette ville une régence ou chaire de théologie morale, dont le professeur ou cathedrant sera tenu non seulement d'enseigner et professer par soi-même et à perpétuité la théologie morale du grand St Thomas et de suivre l'ordre et la méthode de ladite théologie morale dudit feu seigneur de Genest, évesque de Vaizon, mais encore d'establir et de prouver toutes les conclusions et décisions par la Sainte-Ecriture, la traddition, les conciles, les canons, les décrets de nos Saints Pères les Papes et par la doctrine de sainct Thomas, et par ladite morale dudit seigneur de Genest et d'expliquer et impugner les propositions de morale condamnées cy-devant par les Souverains Pontifes et notamment par Alexandre VII, Innocent XI et Alexandre VIII, et toutes celles qui à l'avenir pourroient être censurées par le St-Siège, afin que la pure et saine morale de Jésus-Christ et de son Esglise, soit à perpétuité enseignée dans ladite Université ;* et c'est sous les conditions et réserves suivantes et non autrement :

Et premièrement, *le sieur Millaret, fondateur, s'est réservé et réserve sa vie durant la nomination du professeur de ladite théologie morale aussi bien que la pension, à raison de cinq pour cent du fond de la dottation de la présente fondation qu'il paye et remet auxdits révérends pères prêcheurs, comme il sera dit cy après.*

En second lieu, afin que ladite doctrine morale de sainct Thomas, suivant l'ordre des méthodes cy-dessus exprimées, soit à perpétuité enseignée dans ladite Université, le sieur Millaret, fondateur, veut *que ladite Régence sive chaire de théologie morale, soit à perpétuité affectée à un religieux de l'ordre des frères prêcheurs de St Dominique, de la province de Toulouze, ou de la province à laquelle pourroit estre uni dans la suite ledit couvent d'Avignon.* Et aux fins que ledit religieux qui sera choisi soit un sujet capable et digne de ladite régence, venant ladite chaire ou régence à vacquer par la mort du professeur ou par quelque autre cas que ce soit, *le révérend Père prieur du couvent d'Avignon, les Pères du conseil, les Pères recteurs dudit couvent avec la participation des autres frères religieux qui se trouveront pour lors audit couvent et qui auront enseigné la théologie dans icelluy et touts ensemble par pluralité de voix, choisiront un religieux audit ordre et de ladite province de Toulouze ou de celle à laquelle se trouvera uni ledit couvent, pour estre présenté à Monseigneur Illustrissime et Révérendissime archevesque d'Avignon et chancelier de ladite Université qui sera pourtemps, pour estre receu cathedran sive professeur de ladite régence sa vie durant ;* voulant que ledit professeur soit à perpétuité élu dans le couvent d'Avignon, *en la forme que dessus, transférant audit couvent en tant que de besoin, sous la réserve toujours dudict droict de nomination en faveur dudit fondateur la vie d'icelluy durant, le droict de nomination et de présentation qui competteroit audit fondateur, en vertu de la présente fondation. De plus, ledit religieux qui sera élu audit couvent d'Avignon, sera tenu de se présenter à mondit seigneur l'archevêque qui sera pour lors en cette dite ville et à son absence à celuy qui se trouvera estably prochancellier, ensemble à Monsieur le Primicier et à Monsieur le Doyen de la faculté de théologie de cette ville qui seront pour lors, pour recevoir deux* cas de conscience qui luy seront proposés par ledit seigneur archevêque ou Monsieur le prochancellier et qu'il sera tenu d'expliquer et d'en donner la résolution dans vingt quatre heures après, en présence des susnommés et des docteurs aggrégés de ladite faculté de théologie, pour ensuite estre balloté, s'il doit estre admis ou non à ladite régence ou chaire de morale; et en cas de refus de celuy là, ledit couvent en présentera un autre et ainsi successivement jusques à l'admission du religieux qui sera nommé par lesdits révérends pères prêcheurs; en estant admis, ledit religieux, il sera tenu de prendre le degré de doctorat en ladite faculté de théologie de cette ville, avant que d'exercer en public ladite charge de cathedran; le tout conformément à la fondation de la chaire de théologie scholastique établie par feu de bonne mémoire, Monseigneur de Marinis, archevêque dudit Avignon, par acte receu par feu Monsieur François Bellon, notaire dudit Avignon, le vingt neuf décembre mil six cents soixante trois.

Plus ledit régent ou professeur sera tenu de commencer ses leçons à la prochaine feste de St Luc et icelles continuer jusques à la veille de la Ste Marie Magdeleine, et de les commencer et continuer de la même manière chacune année à perpétuité, sans interruption, donnant une leçon de morale par soy-même pendant deux heures ou une heure et demy, chaque jour, dans l'une des écoles de ladite Université; et afin que ce professeur n'empêche l'exercice de celuy de la théologie scolastique, et pour la grande commodité des estudiants, ledit sieur fondateur veut que lesdits professeurs prennent des heures différentes, afin qu'il y ait soir et matin dans ladite Université, des leçons de théologie.

Et afin que ladite fondation soit exécutée avec une plus exacte observation, ledit sieur fondateur veut qu'en cas que à l'avenir, soit par la vaccance de ladite chaire ou autrement, comme que ce soit, on passat six mois sans faire au-

cune leçon publique de ladite morale dans l'une des escoles de ladite Université ; dans ledit cas, les rentes de la présente fondation soient payées par le couvent desdits révérends pères prêcheurs d'Avignon, comme il sera dit cy-après à prorata desdits six mois et de tout le temps qu'on ne faira aucune leçon comme est dict, savoir : la moitié au noble chapitre de l'Eglise cathédrale de Vaizon et l'autre moitié à l'Hostel-Dieu de ladite ville de Valréas, privant dudit prorata le professeur qui faira après ledit temps les leçons de ladite morale, et sans que le couvent se puisse servir d'aucun prétexte pour s'exempter de payer ledit prorata aux lieux cy-dessus mentionnés comme il est dict ; et au cas que pendant une année ou autre plus long temps, on désistat de faire lesdites leçons publiques de ladite morale dans ladite Université, comme sus est dict ; en ce cas ledit couvent desdits révérends pères prêcheurs, sera tenu de payer la rente sive pension du fonds de ladite fondation à la maison et séminaire de St-Charles de la Croix, establie audit Avignon et icelluy n'existant plus ou ne faisant plus ses fonctions, en ce cas ladite rente sive pension sera payée par lesdits révérends pères prêcheurs à un autre séminaire du corps de Messieurs de St-Sulpice à la destination de Monseigneur l'Evesque de Vaison qui pourtemps sera, et pour l'entretien et éducation d'un ecclésiastique dudit lieu de Molans en Dauphiné, qui soit parent ou allié dudit Millaret, fondateur, s'il y en a pour lors et d'ailleurs, pourveu qu'il soit parant ou allié dudit sieur fondateur à la nomination dudit seigneur, évesque de Vaison, et à deffaut de parents ou alliés dudit sieur fondateur, d'un autre natif dudit lieu de Molans et à deffaut dudit lieu de Mollans, de la ville de Valréas, toujours à la nomination dudit seigneur évesque, et pour le temps qu'il trouvera convenable ; voulant que ladite maison et séminaire de St-Charles ou autre séminaire de St-Sulpice, jouisse de ladite rente sive pension sans contradiction jusques à ce que lesdits religieux de St Dominique fassent lesdites leçons publiques de morale dans ladite Université, de laquelle rente pour lors ledit séminaire sera privé, sans avoir besoin d'aucune formalité de justice pour en laisser la jouissance paisible auxdits révérends Pères prêcheurs

Et pour la dottation de la présente fondation, ledit sieur Millaret fondateur a donné et donne par donation entre vifs et irrévocable, la somme de trois mille livres monnoye de France, par lui payable tout présentement auxdits révérends prêcheurs; comme en effet lesdits Révérends Pères prieurs et religieux capitulaires de leur gré et pour eux cedit couvent, les absents et successeurs en icelluy, ont confessé et confessent avoir eüe et receue ; et ont en effet présentement eu et reçu dudit sieur Millaret, fondateur, ladite somme de trois mille livres en louis d'or, louis d'argent et autre petite monnoye de France, pour faire l'appoint, par ledit sieur Millaret comptés et expédiés et par lesdits révérends Pères prieurs et religieux, vérifiés, retirés et embourcés à la veüe dudit seigneur Primicier, dudit sieur doyen et de nous dit notaire et témoins dont contents ils ont quitté et avec pacte renonçant. *Laquelle somme de trois mille livres receüe par les révérends Pères dudit sieur Millaret et pour la dottation de ladite fondation, faire le fonds de la pension de cent cinquante livres, même monnoye de France, laquelle pension ledit couvent desdits frères prêcheurs de cette dite ville, sera tenu, ainsi que lesdits révérends Pères prieurs et capitulans ont promis et promettent, de payer annuellement et à perpétuité à chaque vingt deux de juillet, sçavoir : audit sieur Millaret, fondateur, sa vie durant, et de la luy porter et rendre dans sa maison d'habitation à leurs frais et dépens et à leur risqu·, péril et fortune au jour susdit, jour de l'échéance, à commencer audit jour vingt deux de juillet de l'année prochaine; et au cas que deux mois après l'échéance ils n'aient payé la susdite pension, ils seront tenus et obligés de la payer et supporter à l'avenir, à la cotte, et à raison de sept pour cent;* ayant esté ainsi expressément convenu entre lesdites parties par pacte exprez, sans lequel ledit sieur Millaret, fondateur, n'auroit faict la présente fondation ; et après *ledict décès dudit sieur fondateur, ladite pension annuelle sera payée à perpétuité au professeur de ladite régence de morale pour son honoraire annuel;* priant ledit sieur fondateur respectivement ledit seigneur de Garcin, Primicier, ledit sieur Domergue doyen, et lesdits révérends Pères prieur et religie1x capitulans d'accepter ladite fondation de ladite régence de morale ... A quoy inclinant ledit seigneur Primicier, au nom de ladite Université et sous le bon plaisir d'icelle, ledit sieur doyen au nom de ladite faculté de théologie et lesdits révérends Pères prieur et religieux dudit couvent d'Avignon, au nom d'icelluy et sous l'authorité et permission du révérend Père provincial et approbation du révérendissime Père général de leur ordre, qu'ils seront tenus d'obtenir, ainsi qu'ils ont promis et promettent dans trois mois prochain et de l'insérer à la marge du présent acte de fondation, (1), touts de leur gré et respectivement aux noms

---

(1) Et en effet, l'original et les copies de l'acte de fondation de cette chaire, sont munis de l'approbation du général, ainsi formulée :

« Nos Frater Antonius Cloche, sancte theologiæ professor, totius ordinis fratrum prædicatorum humilis magister generalis et servus salutem.

Visa in retroscriptis foliis institutione perpetuæ cathedræ moralis in Universitate Avenionensi juxta inconcussa præceptoris angelici principia, in gratiam unius e religiosis nostris, facta a venerabili domino Stephano Millaret sanctæ theologiæ doctore, nec non Ecclesiæ parrochialis de Valreas parocho, harum serie nostrique auctoritate officii, prædictam institutionem in totum et quoad singulas ejus partes acceptantes, approbamus, confirmamus et rattificamus ac per presentes approbatam confirmatam et ratificatam dicimus et declaramus; mandamus R. P. priori et religiosis pro tempore conventus Avenionensis ut ejus obtemperationi provideatur, juxta piam testatoris mentem sedulo invigilem. In nomine Patris et Filii et Spiritus Sancti Amen. In quorum fidem. ...

des corps qu'ils représentent, ont accepté et acceptent ladite fondation de ladite chaire de morale sous les susdites conditions ; et de plus lesdits révérends Pères prieur et religieux audit nom et sous ladite permission, ont promis et promettent pour la plus grande asseurance de ladite fondation de placer lesdites trois mille livres de la dottation d'icelle par eux cydevant receüe, en constitution de rente sur quelque communauté dans le comtat ou en cette dite ville, en faisant mention les deniers provenir de la présente fondation, et de répondre de ladite somme et des diminutions qui pourroient arriver dez aujourd'huy, et toutes les fois qu'elle sera entre leurs mains par extinction ou autrement ; et audit cas d'extinction de replacer ladite somme aux termes et conditions dont cydessus, en faisant toujours mention les deniers provenir de la présente fondation pour la perpétuelle assurance d'icelle ; le tout toujours aux risque, péril et fortune desdits révérends pères prêcheurs et de leur dit couvent, avec pacte expressément accordé et stipulé comme dessus, qu'ils répondront à perpétuité de ladite somme et qu'ils appelleront Monsieur le Primicier de ladite Université et Monsieur le Doyen de ladite faculté dans tous les cas de difficultés. En conséquence, ils ont promis et promettent audit nom de payer et de faire expédier annuellement et à perpétuité au professeur de ladite morale ladite pension de cent cinquante livres, sauf toutefois ladite réserve de ladite pension faicte en faveur dudit sieur fondateur sa vie durant. Plus lesdits révérends pères prêcheurs

Datum Romæ, in conventu nostro Sanctæ Mariæ super Minervam, die 22 julii 1719. F. Antonius Cloche magister ordinis. *sic signatus* in originali registrata folio, 8 : Bernardus Darest magister et socius, sic *signatus* in dicto originali cum sigillo dicti ordinario. »

Extrait sur l'original de ladite approbation et confirmation jointes, interfolié dans l'acte de fondation de ladite chaire de théologie morale receu par moy notaire, le 26 juin 1719 ; en foy de quoy après due collation faitte, je me suis soussigné :

DESMAREZ, notaire, *ainsi signé*.

diront annuellement et célèbreront à perpétuité, comme ils ont promis et promettent, chaque année et le jour du décès dudit sieur fondateur, une messe de *Requiem* à son intention, à laquelle lesdits révérends pères seront tenus d'assister ledit seigneur Primicier et ledit doyen de la faculté de théologie qui pour temps seront, lesquels, ledit sieur fondateur a choisis et nommés, choisit, nomme et députe pour exécuteurs de la présente fondation. Plus ledit sieur Millaret, fondateur, s'est réservé le droict d'augmenter ladite fondation (1) et d'y ajouter

(1) Le document qui suit est le texte de l'acte d'augmentation de la dotation de la chaire de théologie morale :

« Comme soit que messire Etienne Millaret, prêtre, curé secondaire de l'église paroissiale de la ville de Valréas, docteur en sainte théologie, natif du lieu de Molans en Dauphiné, diocèze de Vaison, ait fait une fondation de chaire de professeur de théologie morale à perpétuité dans les écoles de l'alme Université dudit Avignon, pour être remplie par un religieux de l'ordre de saint Dominique, qui enseigne la sainte théologie du grand saint Thomas, acceptée ladite fondation par Monsieur le Révérendissime Primicier de ladite Université, par Monsieur le Doyen de la faculté de théologie dudit Avignon et par les RR. PP. prieur et religieux des frères prêcheurs, ordre de saint Dominique dudit Avignon, pour dottation de laquelle ledit Millaret auroit donné auxdits R.R. P.P. la somme de trois mille livres, monnoye de France, comme du tout appert par l'acte receu par feu Monsieur Louis Desmarez, oncle de moy notaire, recevant le vingt juin mil sept cens dix neuf, lequel a été rattifié et approuvé par le R. prieur Père Cloche, général, et le R. Père Boissière, provincial de cette province dudit ordre des frères prêcheurs ; et comme ledit Millaret voit avec plaisir les grands biens que produit journellement ladite fondation, se ressouvenant du droict qu'il s'est réservé dans ledit acte d'augmenter dans la suite la dottation de ladite fondation et d'y ajouter les autres conditions qu'il jugeroit à propos, il auroit formé le dessein d'y faire une augmentation de mille livres, sous certaines conditions et réserves, et ne pouvant à cause de son grand âge et ses infirmités, se rendre à Avignon pour faire ladite donation et en passer le contract, il auroit prié Monsieur Elzéar Aubert, habitant dudit Avignon, de faire en son nom ladite donation, sous les conditions et réserves cy-bas exprimées et non autrement :

Pour ce est-il que l'an mil sept cent trente deux et le vingtième jour

et apposer les autres conditions qu'il jugera à propos et pour la plus grande assurance du fonds de la dottation de ladite fondation, et se mieux conformer à ladicte fondation de Monseigneur de Marinis et à l'usage de ladite Université de

du mois de novembre, pardevant moy Louis Desmarez, notaire pnblic et apostolique de cette ville d'Avignon soussigné et témoins a la fin nommés, fut présent ledit Elzéar Aubert, lequel pour et au nom dudit Etienne Millaret, duquel il a dit avoir charge expresse sous les conditions et réserves cy-bas exprimées et non autrement, a *donné et donne en augmentation de ladite fondation audit couvent des révérends pères prêcheurs dudit Avignon, afin qu'ils puissent plus commodément survenir à l'entretien du religieux dudit ordre, qui occupe et occupera à l'avenir ladite chaire de théologie morale*, R. Pères frères Antoine Ruquette, prieur ; Bernard Bonnet, sous-prieur ; Hyacinthe Morand, Jean Fluet, Michel Lacroix, Bruno Tiran, Raymond Jourdes, Lambert Gaud, Charles de Sarpillon, Dominique Pasquet, Guillaume Bouges, Augustin Darmieux, Joseph Servan, Vidal Vignaud, Pierre Force, Jean Masson, Bernard Barutel, Jean Héraud, Charles Viguier et Jean Malden, tous religieux profez dudit ordre, faisant et composant la majeure partie de la communauté de cette ville, capitulairement assemblés au son de la cloche comme de coutume au lieu cy-après dit présens et stipulans et acceptans à scavoir : *la somme de mille livres, monnoye de France*, payable toute présentement et de comptant auxdits R. Pères, prieur et religieux, capitulans ; lesquels de leur gré pour eux, leur dit couvent et successeurs en icelluy quelconque ont confessé et confessent avoir eu et receu la susdite somme de mille livres et l'ont réellement elle et receüe en louis d'or et d'argent, comptés et expédiés par ledit Aubert, de l'argent à luy remis par ledit Millaret, pour l'effet du présent, et par lesdits R.R. P.P. reconnus, retirés et emboursés à la veüe et présence de nous notaire et tesmoins, dont contens ils ont quitté avec pactes renonçants ; laquelle somme de mille livres reçues par lesdits R. Pères en augmentation de ladite dot *fera le fonds d'une pension de cinquante livres, monnoye de France,* que ledit couvent des R. P. prêcheurs, sera teneu ainsi que lesdits Révérends Pères capitulans, ont promis et promettent, de payer annuellement et à perpétuité à chaque vingt deux juillet, scavoir : audit Millaret, sa vie durant, et de la luy porter et rendre dans la maison d'habitation à leurs frais et dépens et à leur risque péril et fortune, chaque année, au susdit jour de l'échéance, laquelle pension commencera à courir d'aujourd'huy et le piorata d'icelle qui courira jusqu'au vingt deux juillet prochain, arrivant à la somme de trente deux livres dix sols, monnoye de France,

cette ville, ledit sieur fondateur a voulu et veut qu'après son decez, lesdits trois mille livres monnoye de France, soient payées et remises par ledit couvent desdits révérends pères prêcheurs à Monsieur le Primicier et au collège de ladite

sera payé, porté et rendu ledit jour audit Millaret et ensuite ladite pension de cinquante livres en entier, chaque année, à chaque vingt deux juillet; et au cas que deux mois après l'échéance, ils n'ayent payé ladite pension ils seront tenus et obligés de la payer et suporter à l'avenir à la cotte et à raison de sept pour cent, ayant été ainsy convenu entre lesdites parties par pacte exprez, sans lequel ledit Millaret n'auroit fait ladite augmentation, et après le decez dudit Millaret, ladite pension de cinquante livres sera payée, portée et rendue pendant six années consécutives et aux mêmes susdites conditions à demoiselle Rose Millaret, petite nièce dudit fondateur, et à son défaut venant à mourir ou avant son oncle, ou avant lesdites six années expirées, auxdits cas ou à l'un d'eux, ladite pension sera payée aux mêmes conditions aux hoirs ou ayant cause de ladite demoiselle, se réservant toutefois ledit Millaret, la faculté d'oster à la petite nièce et aux siens la susdite pension qui courira pendant lesdites six années et de la transférer en faveur de toute autre personne qu'il trouvera bon, sans que ladite demoiselle, ny ses hoirs puisse se prévaloir de la présente destination ; auquel cas de transport ledit couvent des révérends Pères prêcheurs sera tenu de payer ladite pension, pendant le susdit temps à la personne qui sera nommée pour en jouir de la même manière et aux mêmes conditions que ledit couvent doit la suporter à ladite demoiselle ou aux siens, passées lesquelles six années et six payement de ladite pension écheues faits aprez le decez dudit fondateur, ladite pension annuelle *sera payée à perpétuité au professeur de ladite régence morale, avec celle de cent cinquante livres cy-devant établie dans ledit acte de fondation, pour servir lesdites pensions d'honoraire annuel dudit professeur* ou dans le cas qu'il n'y auroit point de professeur pour être employé suivant la destination faite de cent cinquante livres dans la susdite fondation du vingtième juin mil sept cent dix neuf, de la teneur de laquelle lesdits Révérends Pères ont dit être pleinement informés par la lecture que je leur en ay fait tout présentement à haute et intelligible voix sur son original; voulant ledit Millaret que les six années après son decez étant expirées la susdite pension de cinquante livres qui ensuite courira, soit soumise et affectée aux mêmes charges et conditions que celle de cent cinquante livres, dont en la susdite fondation, d'autant qu'elles ne sont données que pour les mêmes fins et en augmentation d'icelle

Promettant les Révérends Pères capitulans faire autorisei la pré-

Université pour estre par ladite Université replacées en pension perpétuelle sur la communauté de cette ville si faire se peut, ou sur quelque autre communauté du Comtat, ou sur le plus avantageux qu'il se pourra trouver, et la pension en

sente augmentation et dottation sous les susdites conditions et celles ci-aprez exprimées par le Révérend Père provincial dudit couvent, dans trois mois prochains, et de fournir audit Millaret extrait en forme ou l'original de ladite autorisation, ensemble un extrait de la présente dottation ; et de plus lesdits R. Pères, prieur et religieux ont promis et promettent pour la plus grande asseurance de ladite fondation, de placer lesdites mille livres de la susdite augmentation par eux cy-devant receüe, en constitution de rente sur la communauté de la présente ville d'Avignon ou sur quelqu'autre communauté du Comtat, et faire mention les deniers provenir de la présente augmentation de fondation et de répondre de ladite somme et des diminutions qui pourroient arriver sur icelle dez aujourd'huy et toutes les fois qu'elle sera entre leurs mains par extinction ou autrement; et audit cas d'extinction de replacer ladite somme aux termes et conditions dont cy-dessus, en faisant toujours mention les deniers provenir de la présente augmentation de fondation pour la perpétuelle assurance d'icelle, le tout toujours aux risques et périls et fortune desdits révérends Peres prêcheurs et de leur dit couvent, avecque pacte expressément accordé et stipulé, qu'ils répondront à perpétuité de ladite somme et qu'ils *appelleront M. le Primicier de ladite Université et M. le Doyen de ladite faculté dans tous les cas de réinvestission ; et en conséquence ils ont promis et promettent de payer et de faire expédier annuellement et à perpétuité au professeur de ladite morale ladite pension de cinquante livres*, sauf toutefois la réserve d'icelle faite en faveur dudit fondateur, sa vie durant, et six années aprez son decez, en faveur de demoiselle Rose Millaret ou de ses hoirs, ou ayant cause, ou en faveur de la personne qui aura été nommée par ledit sieur Millaret à la place de ladite demoiselle et des siens. *Plus ledit fondateur a voulu et veut que les six années apres son decez étant écheues, lesdites mille livres soient remises à M. le Primicier et au collège de ladite Université en capital, si elles se trouvent placées sur une communauté dans le Comtat, comme sus est dit ; autrement, en argent comptant, pour être le tout placé par ladite Université en pension perpétuelle sur la communauté de la présente ville d'Avignon ou sur quelque autre communauté de cet état ou sur le plus avantageux qu'il se pourra, et les pensions en provenants être payées par ladite Université audit professeur de théologie ou pour luy audit couvent des frères prêcheurs de cette ville ou autres exprimés dans ladite fondation, aux*

provenant estre payée par ladite Université audit professeur de théologie ou pour luy audit couvent desdits frères prêcheurs de cette ville ou autres exprimés dans ladite fondation, aux cas y énoncés, en faisant ledit seigneur Primicier accepter et approuver la présente fondation dans quinze jours prochains, par ledit collège et Université.

Et en exécution de la présente fondation, ledit Millaret, fondateur, a nommé et nomme pour premier professeur de ladite chaire et régence de théologie morale ledit révérend Père Lambert Gaud, prêtre, docteur en sainte théologie, le tout sous les conditions, charges et honneur cy-devant exprimés, pour en jouir et l'exercer pendant toute sa vie, conformément à la présente fondation, lequel R. P. Gaud a remercié ledit sieur fondateur de l'honneur qu'il lui a fait de le nommer, et a accepté et accepte ladite charge sous les présentes conditions qu'il a promis et promet d'accomplir.

Et pour l'observation de tout ce que dessus, à peine de touts

cas cy-énoncées, en faisant ledit seigneur Primicier accepter et approuver la présente augmentation dans quinze jours prochains, par ledit collège et Université de la même manière que ledit couvent et Université ont accepté et approuvé la susdite fondation de mil sept cent dix neuf, et faisant expédier audit Millaret une attestation en forme de ladite acceptation et approbation. Et pour l'observation de tout ce dessus, à peine de touts dépens, dommages et intérêts, mutuelle et réciproque stipulation intervenant, ledit Aubert, a soumis et obligé tous et chacuns ses biens présents et avenir dudit Millaret et lesdits Révérend Pères capitulans, tous et chacuns ses biens, rentes et revenus présens et avenir de leur dit couvent à toutes cours requises, tant papales que royales, en la meilleure forme de chacune d'icelles et de la Révérends Chambre Apostolique; ainsi l'ont promis et juré *ad pectus, more presbiterorum,* renoncé de quoy... Fait et publié audit Avignon dans ledit couvent et salle appelée de S. Thomas, en présence de Messieurs François-Brunet Bœuf et Jacques-Jean-Joseph Aubert, habitans dudit Avignon, témoins requis, signés es-parties à l'original. Et de moy, Louis Desmarez, notaire, *ainsy signé* audit Avignon. »

Inutile d'ajouter que le Provincial des Dominicains et le collège des docteurs agrégés approuvèrent et ratifièrent les clauses de cette nouvelle donation.

dépens, dommages et intérêts, lesdites parties contractantes, mutuelle et réciproque stipulation de part et d'autres intervenant, ont soumis et obligé scavoir : ledit sieur Millaret, fondateur, touts et chacuns ses biens, rentes et revenus, présents et à venir et lesdits R. P. capitulans touts et chacuns les biens, rentes et revenus présents et à venir dudit couvent à toutes cours tant papales, royales que autres requises en la meilleure forme d'icelles et de la Révérende Chambre Apostolique et ainsi l'ont promis et juré *ad pectus more presbytorum*. Renoncé de quoy...

Faict et publié audit Avignon, dans le couvent et sallon de la bibliothèque d'icelluy, en présence d'illustre seigneur messire Pierre de Chapuis, auditeur de la Rote du Palais apostolique dudit Avignon et de Monseigneur François Brunet, clerc, dudit Avignon, témoings requis, signés avec ledit seigneur Primicier, ledit doyen, ledit sieur Millaret, ledit révérend Père prieur et ledit Père Lambert Gaud, à l'original des présentes. Et de moy Louis Desmarez, notaire, *ainsi signé* audit original. »

Collationné sur l'original rettenu par moy notaire soussigné.

DESMAREZ, *notaire*.

LXXII

Breve domini Benedicti, papæ decimi tertii, quo declaratur Primiceriatum Universitatis generalis studii Avenionensis, tam de præterito quam in posterum constituere et constituisse titulum primordialem veræ nobilitatis ad descendentes transmissibilem et ad omnes et quoscumque effectus allegabilem.

(17 septemb. 1728)

Original parchemin dépourvu de l'empreinte du sceau du pêcheur dont il était muni : Archives de l'Université, D. 44 ; — *vidimus parchemin dressé le 14 juin 1729 (Mantillery, notaire)* : mêmes archives, D. 44 ; — *exemplaires imprimés :* mêmes archives, *passim*: — etc., etc.

BENEDICTUS papa decimus tertius : ad perpetuam rei memoriam. Constantis fidei et sinceræ devotionis affectus, quem dilecti filii modernus Primicerius et Collegium juris utriusque Doctorum Universitatis studii generalis civitatis nostræ Avenionensis ergo nos et Romanam Ecclesiam gerere comprobantur, nos adducunt, ut eis reddamur ad gratiam liberales. Itaque specialem ipsis Primicerio et Collegio gratiam facere volentes, et eorum singulares Personas à quibusvis excommunicationis, suspensionis et interdicti, aliisque Ecclesiasticis sententiis, censuris et pœnis à Jure vel ab homine quavis occasione vel causa latis si quibus quomodolibet innodatæ existunt, ad effectum præsentium tantùm consequendum harum serie absolventes, et absolutas fore censentes : Motu proprio, ac ex certâ scientiâ, et maturâ deliberatione Nostris, deque Apostolicæ Potestatis plenitudine : *Primiceriatum dictæ Universitatis tam de præterito, quàm in posterum esse, et fuisse, et constituere et constituisse titulum primordialem veræ nobi-*

litatis ad descendentes transmissibilem, semperque ab iis omnibus ad omnes et quoscumque effectus allegabilem, dummodo nobiliter vivendo, nullo unquam tempore quidquam egerint, quod nobilitati derogare potuerit, sine ullo tamen præjudicio, derogatione aut minimâ læsione directè vel indirectè nobilitatis, quam Doctores Universitatis hujusmodi ex vi consuetudinis hactenùs servatæ et in suo statu absque innovatione relictæ, aut fortè diplomatum, aliorumque Privilegiorum habere et acquirere potuerunt et poterunt, tenore præsentium declaramus. Decernentes ipsas præsentes Litteras semper firmas, validas, et efficaces existere et fore, suosque plenarios et integros effectus sortiri et obtinere, ac, illis ad quos spectat, et pro tempore quandocumque spectabit in omnibus, et per omnia plenissimè suffragari; sicque et non aliter in præmissis per quoscumque Judices ordinarios et delegatos, etiam Causarum Palatii Apostolicii Auditores, ac S. R. E. Cardinales etiam de Latere Legatos, eorumque Vice-Legatos, sublatâ eis et eorum cuilibet quavis aliter judicandi et interpretandi facultate et auctoritate judicari et definiri debere ac irritum et inane, si secùs super his à quoquam quavis auctoritate scienter vel ignoranter contigerit attentari, non obstantibus Constitutionibus et Ordinationibus Apostolicis, ac quatenus opus sit, Civitatis, Collegii Universitatis prædictorum etiam juramento, confirmatione Apostolicâ, vel quavis firmitate aliâ roboratis statutis et consuetudinibus, Privilegiis quoque Indultis et Litteris Apostolicis in contrarium præmissorum quomodolibet concessis, confirmatis et innovatis. Quibus omnibus et singulis, illorum tenores præsentibus pro plenè et sufficienter expressis et ad verbum insertis habentes, illis alias in suo robore permansuris, ad præmissorum effectum hac vice dumtaxat specialiter et expressè derogamus, cæterisque contrariis quibuscumque. Volumus autem ut earundem Litterarum transumptis, seu exemplis etiam impressis, manû alicujus Notarii publici subscriptis, et sigillo Personæ in Ecclesiasticâ dignitate constitutæ munitis, eadem prorsùs fides in Judicio et extra adhibeatur, quæ ipsis præsentibus adhiberetur, si forent exhibitæ, vel ostensæ. Datum Romæ, apud Sanctum Petrum sub Annulo Piscatoris die decimo septimo Septembris, anno millesimo septemgentesimo vigesimo octavo, Pontificatus Nostri anno quinto. F. Cardinalis OLIVERIUS.

LXXIII

Bulla domini Benedicti, papæ decimi quarti, qua privilegium fori et conservatoriæ, scholaribus, professoribus, doctoribus, aliisque Universitati Avenionensi addictis, asseritur : Primicerii et judicum conservatorum juridictio præfinitur (1).

(6. Id. octob. 1745)

Copie sur 30 feuillets parchemin (écriture gothique avec ornements calligraphiques) de l'original perdu : Archives de l'Université, D. 7 ; — *copies imprimées* (*à* Avignon, *chez* Dominique Seguin, *1745*) : Mêmes archives, D. 65 et *passim :* collection Requien au muséum Calvet d'Avignon.

BENEDICTUS Episcopus, servus servorum Dei (2) ad perpetuam rei memoriam. Bonarum artium ac scientiarum studia, quibus et mentes hominum,

---

(1) Cette bulle mit fin à l'interminable procès entre l'Université d'Avignon et l'auditeur général à propos de leurs droits de juridiction respective sur les suppôts de l'Université. C'est en somme l'auditeur général qui triomphe : aussi, faut-il voir dans la *collection manuscrite Requien au musée Calvet d'Avignon : Université d'Avignon* (tome IV, pag. 695) avec quel empressement signification fut faite de cette bulle et copie remise par huissier au Primicier de l'Université.
Voici maintenant le sommaire des questions résolues par Benoît XIV dans cette bulle : 1° Primiceriatus importat titulum nobilitatis transmissibilem ; 2° confirmatur privilegium fori pro professoribus, scholaribus et salariatis ; 3° decernitur competere etiam aliis doctoribus Avenione commorantibus ; idque in causis civilibus, passivis in prima instantia ; 4° actiones pro reintegratione spolii aut refectione damnorum, quæ habentur pro causis passivis ; 5° item in causis criminalibus levioribus activis et passivis ; 6° graviores reservantur Vice-Legato ejusque congregationi ; 7° si agatur de causis passivis privilegiati, conservator intersit congrgationi cum voto consultivo ; 8° jurisdictio Primicerii et Conservatorum in præmissis privativa declaratur ; 9° secunda instantia auditori generali privative attribuitur ; 10° causæ fiscales et aliæ præter præmissas excipiuntur a jurisdictione Primicerii et Conservatorum.

(2) *Episcopus, servus servorum Dei.* Vers le V° siècle, le nom de pape (père), qui dans le principe était donné indistinctement à tous les évêques et même aux simples prêtres et aux clercs, fut par respect attribué

depulsa ignorantiæ caligine, illustrantur, et mores a vitiis semoti, ad virtutem traducuntur, plurimum semper ad Ecclesiæ utilitatem et optimum Reipublicæ statum conferre judicantes ; ea Nos quidem omni tempore pro viribus excolere, et juvare curavimus ; præcipuè vero ex quo Romanam Cathedram salutaris Doctrinæ ac veritatis magistram, Deo vocante, conscendimus, singulari favore prosequi, ac Pontificiæ auctoritatis præsidio tueri et promovere non destitimus ; non modo in hac Nostra Romana Curia et Urbe, verum etiam in aliis Christiani Orbis civitatibus et Provinciis, ac potissimum in iis, quæ sub immediato Nostro et S. R. E. dominio degunt.

Ea propter insignem Universitatem Studii generalis in Civitate Nostra Avenionensi existentem, quæ à recol. mem. Prædecessore Nostro Bonifacio Papa VIII. inibi erecta et instituta, pluribus aliis Studiorum Universitatibus antiquitatis vetustate, et Pontificiæ fundationis prærogativa antecellit ; scientiarum vero gloria, et clara præstantium Virorum fama, tam eorum, qui successivo ætatum decursú Professoris munus in eadem obtinuerunt, quàm eorum, qui disciplinarum Studiis in ipsa imbuti, Ecclesiasticis, Publicisque muneribus et dignitatibus præclarè gestis, aut utilibus editis libris, egregiam Ecclesiæ, Reipublicæ, aut litterariæ rei operam navarunt, ac potissimum intemeratæ doctrinæ integritate et constanti erga Apostolicam Sedem devotionis studio, cum cæteris omnibus per Orbem Universitatibus jure comparari

---

au seul pontife romain, en sa qualité de *père commun* des fidèles. A la même époque, afin d'entrer dans l'esprit du concile de Chalcédoine et d'affirmer hautement sa primauté, le pape ajouta à son titre celui d'*Évêque universel*, ce que saint Grégoue-le-Grand, au dire du bienheureux Jean Diacre, son biographe, trouva trop prétentieux et qu'il remplaça par la dénomination plus modeste de *serviteur des serviteurs de Dieu*, (Augustin Canron, d'Avignon, *loco citato*.)

potest; peculiarem sollicitudinis Nostræ curam promereri existimavimus, ut quæ ex Apostolica plurium Prædecessorum Nostrorum liberalitate Privilegia et jura eidem concessa dignoscuntur, auctoritate quoque Nostra stabiliantur et confirmentur; sublatisque dissidiis et controversiis, certam atque inviolabilem formam per opportuna providentiæ Nostræ consilia tandem accipiant.

Sanè inter alia Privilegia, favores, et gracias, quibus plures, ut præfertur, Prædecessores Nostri Romani Pontifices prædictam Universitatem Avenionensem respective cumularunt, Privilegium quoque Fori seu Conservatoriæ eidem Universitati, ejusque Primicerio, Magistris, Doctoribus, Licentiatis, Baccalaureis, Scholaribus et Ministris concessum, certique Judices Conservatores, et jurium prædictæ Universitatis, ac personarum eidem aggregatarum et addictarum Defensores, cum diversis facultatibus, auctoritatibus, et jurisdictionibus, deputati dignoscuntur.

Dudum siquidem, ut accepimus, recol. mem. Prædecessor Noster Joannes Papa XXIII. per quasdam suas Apostolicas Litteras datas apud Sanctum Antonium extra muros Florentiæ, VIII. Idus Septembris, Pontificatus sui Anno IV., hujusmodi Privilegium Fori seu Conservatoriæ, prædictæ Universitati, ac personis, ut supra, eidem adscriptis, pro defensione et conservatione bonorum tam mobilium, quam immobilium, et jurium eidem Universitati, ac præfatis personis conjunctim seu divisim competentium, contra quoscumque, in amplissima forma concessit et indulsit, ideoque Abbatem Sancti Andræe, et Præpositum Majoris, ac Decanum Sancti Petri Avenionen. Ecclesiarum, hujusmodi bonorum et jurium Conservatores et Defensores, atque etiam Judices in omnibus et quibuscumque Causis et controversiis super iisdem motis et movendis, etiam ex tunc coram alio quolibet Judice cœptis et contestatis, cum latissimis facultatibus ibidem expressis, dedit et deputavit. Idemque per alias similes Litteras, sub ejusdem diei data expeditas, aliud Privilegium de non evocandis coram alio quocumque Judice Ordinario vel Delegato, ejusdem Universitatis Magistris, Doctoribus, Licenciatis, Baccalaureis, et Scholaribus in ea degentibus, quacumque de Causa, tam Civili, quàm Criminali, et qualibet actione reali, vel personali, dum tamen Conservatores dicti Studii ipsis in prædicta Civitate Avenionen. justitiam ministrarent, concessit pariter et indulsit. Id quod à piæ memoriæ Sixto Papa IV. per similes Apostolicas Litteras datas Anno Domini MCCCCLXXIX. xv. Kalen. Septembris, et die xxviij. Maij Anni MCCCCLXXXIV., cum opportunis clausulis, et derogationibus confirmatum extitit, et innovatum. Ac deinde à fel, pariter rec. Innocentio Papa VIII. per suas Anno Domini MCCCCLXXXV.,aliasque Anno MCCCCLXXXVIII. pridie Idus Decembris expeditas Litteras, pari Apostolica actoritate roboratum fuit, ac de novo concessum; cum omnium actorum adversus hujusmodi Privilegia postmodum factorum, aut exinde faciendorum annullatione et irritatione, prout in singulis dictorum Prædecessorum Nostrorum Joannis, Sixti et Innocentii Litteris pleniùs et uberiùs continetur (1).

Postea vero recol. mem. Prædecessor pariter Noster Leo Papa X. per suas Apostolicas Litteras Anno MDXIII. v. Nonas Martii datas, inter prædictæ Universitatis Conservatores, ut supra, deputatos, ejusdem Primicerium pro tempore, utpote ipsius Universitatis Caput, dummodo Clericus existeret, perpetuo adjunxit, et pariformiter deputavit, cum omnibus facultatibus, jurisdictione, præeminentiis, et prærogativis, eisdem Conservatoribus aliàs concessis; cui quidem Primicerio parem jurisdictionem, auctoritatem, præeminentiam et prærogativam in Doctores, Licentiatos, Scholares, et alios dictæ Universitatis suppositos attribuit, ac Priores

---

(1) Voy. bulles XVII; XVIII; XXIX; XXXII; XXXIII; XXXIV.

seu Rectores Universitatum Studiorum Italiæ et Galliæ in earum Doctores, Licentiatos, Scholares, et alios sibi suppositos, tam de jure communi, quàm speciali, haberent, et habere foliti essent; ita ut dictus Primicerius, ejusmodi jurisdictione etiam per censuras, et pœnas Ecclesiasticas, aliaque juris remedia, ad instar aliorum Conservatorum et Priorum, seu Rectorum prædictorum, respective uti posset et valeret ; necnon Magistratibus dictæ Civitatis Avenionen., et cuilibet eorum, Apostolica Auctoritate inhibuit, ne eumdem Primicerium ab exercitio dictæ jurisdictionis in personas eidem Universitati addictas, quoad primam causarum cognitionem, quovis modo impedirent.

At vero considerans, quod Primicerius prædictus non semper Clericus, sed ut plurimùm Laicus de Collegio Doctorum dictæ Universitatis singulis annis eligebatur ; prædictæ vero Universitati nedum Laici, sed etiam majori ex parte Clerici et Religiosi et Exempti, subjecti existebant, idem Leo prædecessor, anno proximè sequenti MDXIV., per alias suas Apostolicas Litteras, eisdem Primicerio et Doctoribus tunc existentibus, et pro tempore futuris, licentiam concessit, et facultatem, ut cùm Virum Laicum in Primicerium eligi contigisset, alium aliquem Doctorem de eodem Collegio Clericum eligere ac deputare possent, qui vice et loco ejusdem Primicerii Laici, donec ipse in Officio hujusmodi existeret, jurisdictionem prædictam exerceret, et aliàs, prout in utrisque memoratis Leonis prædecessoris Litteris latius exprimitur (1).

Licet autem hujusmodi Privilegium Fori seu Conservatoriæ, prædictæ Universitati ac personis eidem addictis ita, ut præfertur, concessum et confirmatum, à præfatis temporibus ut plurimùm servatum fuisse, memoratamque jurisdictionem à Primicerio, seu alio Conservatore in ejus locum

---

(1) Voy. bulles XLIII; XLVI.

electo et subrogato, multimodè exercitam fuisse constet; attamen plures lites et controversiæ circa ejusdem Privilegii et prædictæ Jurisdictionis respective limites, excitatæ, et coram diversis Judicibus, potissimum vero coram congregatione Venerabilium Fratrum Nostrorum S. R. E. Cardinalium Concilii Tridentini interpretum, pluriès et vario eventu discussæ et agitatæ fuerunt : dum eadem Congregatio, quæ primo, et usque de anno MDXCVII., fuerat in sensu hujusmodi Privilegium competere dumtaxat iis Doctoribus, qui in Universitate prædicta legendi munere fungerentur, iisque Scholaribus, qui actu ibidem studiis operam darent ; postmodum vero, cognitis specialibus Indultis eidem Universitati, ut præfertur, ab Apostolica Sede concessis : Anno MDXCIX., declaravit, ab ejusmodi Conservatoriæ beneficio minime excludendos esse alios Doctores, qui licet actu munus legendi in Universitate non obirent, in ipsa tamen Avenionensi Civitate commorantes, alia ipsius Universitatis munera sustinerent. Quapropter Avenionensi Archiepiscopo, et Vice-Legato per Litteras commisit, ut dispiceret, quinam Doctores essent, qui revera prædictæ Universitatis munia obtinerent et actu exercerent.

Hujus autem Commissionis vigore, cum tunc existens Archiepiscopus Avenionen. bo.me. Joannes Franciscus Bordinus, qui unà simul Apostolici Vice-Legati partes gerebat, demandatum sibi examen explevisset ; duas sub die IV. Decembris ejusdem anni MDXCIX. sententias tulit, per quas pronunciavit, omnes Doctores in prædicta Universitate Laureatos, Avenione commorantes, tam Collegio aggregatos, quàm non aggregatos, ejusdem Universitatis munia exercere ; proindeque omnibus hujusmodi Doctoribus prædictum Conservatoriæ Privilegium æquè competere ; et consequenter Jurisdictionem Primicerii, sive Conservatorum, ad omnes Doctores prædictos, corumque causas extendi. Super quarum sententiarum viribus, et executione, octuaginta fermè annorum spatio, nulla mota fuit controversia (1).

Verùm cum de anno MDCLXXIX. apud eamdem Cardinalium Congregationem promota fuerit instantia |pro prædictarum Sententiarum declaratione, et infra scripta proposita Dubia : Primum : *An ii, qui gradum susceperunt in dicta Universitate et Causas patrocinantur in Civitate Avenionensi, intelligantur exercere, et obire munia Universitatis.* Secundum : *An Doctores Collegio aggregati, qui cæteroquin non exercent munus aliquod particulare, et necessarium Universitatis, intelligantur munera Universitatis obire.* Eadem Congregatio die xij. Augusti, in contumaciam, ut fertur, ipsius Universitatis, rescripsit ad Primum *Negativè*, ad Secundum distulit Resolutionem. Cujus tamen Decreti vis et executio suspensa fuit speciali rescripto Ven. mem. Innocentii Papæ XI. prædecessoris Nostri, qui eamdem Causam, et Controversiam eorundem Cardinalium congregationi ex integro cognoscendam, et, ipsa Universitate audita, sub generali dubio : *An et qui Doctores vigore Indultorum gaudeant prætensis Privilegiis*; decidendam remisit.

Dilato tamen per aliud octuaginta circiter annorum lapsum hujusmodi examine, atque interim præfatis omnibus Doctoribus in supradicti Privilegii, Primicerio autem, et Conservatoribus in memoratæ Jurisdictionis exercitii pacifica possessione, seu quasi, ut accepimus, remanentibus ; tandem anno MDCCXXXVIII. pro parte tunc existentis Auditoris Generalis Curiæ Legationis Avenionensis (2), præsentatum fuit

---

(1) Voy. ces *deux sentences* et les résolutions de la congrégation du concile de Trente, en vertu desquelles elles furent rendues, pag. 254 et 257.

(2) *Auditor generalis curiæ legationis Avenionensis.* — Les papes après l'acquisition de la ville d'Avignon, dit Chambaud (*loco citato*), laissèrent subsister les tribunaux du viguier et des juges de la cour temporelle, dite de St-Pierre, et établirent dans cette cité un *auditeur*

Primicerio et Conservatoribus prædictis Monitorium à Causarum Curiæ Cameræ Nostræ Apostolicæ Auditore Generali expeditum, super executione supradictæ Resolutionis anno MDCLXXIX, à Congregatione Concilii editæ. Verùm attento, quod Causa hujusmodi ab Innocentio Prædecessore præfato jamdudum, ut supra diximus, ad eamdem Congregationem ex integro remissa fuerat, præfatum Monitorium Decreto bo.me. Cardinalis Marcelli Passari tunc Pro-Auditoris

général, qui avec le titre de président eût le droit de connaître de toutes les causes civiles et criminelles des habitants d'Avignon et du Comté-Venaissin par prévention en première instance et de toutes les sentences des juges de ces deux pays, en appel.

Pendant longtemps, il y eut une certaine confusion entre les attributions juridiques de l'auditeur général et du vice-gérent, et comme nous l'avons dit, l'un remplaçait l'autre. Plus tard, cependant, l'auditeur général fut plus spécialement le lieutenant-général du Vice-légat, à qui, comme on le sait, on appelait des tous les tribunaux d'Avignon et du Comtat ; or, celui-ci, si grande que fut son activité et si vaste que fut sa science était incapable de suffire à toutes les causes portées devant lui directement (*omisso medio*). C'est pourquoi il se donne un suppléant dans la personne de cet *auditeur général*, qui dès lors jugea séparément en première instance ou en appel, mais dans ce dernier cas en vertu d'une délégation spéciale du Vice-légat.

L'auditeur général de la légation connaissait en première instance de toutes les causes appelées *exécutoires*. Il était encore le président né du tribunal de la Rote, cour suprême dont nous connaissons les attributions (voy. note, pag 166); mais il est à remarquer que lorsque la Rote avait à statuer sur l'appel d'une sentence rendue par le tribunal particulier de l'auditeur général, celui-ci ne pouvait en connaître. Le tribunal de la vice-gérence, — juridiction d'exception qui ne s'étendait plus que sur les chevaliers des ordres militaires et religieux, sur les clercs réguliers, sur les monnoyeurs et de laquelle Léon X avait distrait les gradués et les écoliers de l'Université —, celui de l'auditeur général et la Rote constituaient *les cours du palais apostolique*. (Voy. sur l'organisation judiciaire d'Avignon et du Comtat-Venaissin, notice très complète de *Chambaud*, tome III, des *Melanges historiques*, pour servir à l'histoire de France, collection publiée par Champollion-Figeac ; — l'*abbé Christophe* : histoire de la papauté pendant le XIVe siècle, tome II, pag. 9 ; voy. aussi nos notes, pages 104, 112, 133, 156 du Cartulaire ; — *Fantoni* ; — tome Ier, pag. 26 : Expilly : *Dictionnaire des Gaules*, etc., tome Ier, pag. 344 ; — etc.

bo,me. prædecessoris Nostri Clementis Papæ XII., moderatum extitit, et Causa ipsa literum remissa fuit ad eamdem Congregationem Concilii. In qua utraque Parte jura sua deducente, et propositis quinque Dubiis, tam super personis, quibus præfata Privilegia competerent, quàm super qualitate causarum, ad quas Primicerii et Conservatorum prædictorum Jurisdictio se extenderet, necnon super hujusmodi Jurisdictionis privativa ; die xj. Martii anni MDCCXLI. à Ven. Fratribus Nostris prædictæ Congregationis Cardinalibus talis capta fuit resolutio, per quam et omnes Doctores ipsius Universitatis Collegio non aggregati, etiamsi Causas in Civitate Avenionensi patrocinarentur ; et ii quoque ex aggregatis, qui cæteroquin aliquod munus particulare et necessarium prædictæ Universitatis non exercerent ; ipsique Lectores, aliique Universitatis munia exercentes, hujusmodi exercitio finito ; à prædicti Privilegii beneficio exclusi fuerunt : et Primicerii, atque Conservatorum Jurisdictio restricta fuit ad causas tantummodo Civiles, in quibus ii, qui Privilegio gaudere deberent, essent rei conventi ; ita tamen ut in iisdem causis, de ipsorum Privilegiatorum consensu, aliorum quoque Judicum Jurisdictio posset prorogari (1).

(1) Voy. *aux archives de l'Université*, D. 65, une lettre du cardinal Marcellus Passari, annonçant qu'il a renvoyé l'examen de la contestation survenue entre l'Université d'Avignon et l'auditeur général à la congrégation du concile. Cette lettre porte la date du 3 mars 1739. C'est alors que furent soumis à cette congrégation ces cinq doutes :
 1° *An sit standum vel recedendum a decisis diei 12 augusti 1679.*
 2° *Et quatenus affirmativè quoad secundam partem, an etiam alii doctores qui gradum susceperunt in Universitate Avenionensi et intra civitatem manent, etiamsi causas non patrocinentur gaudeant privilegio conservatoriæ.*
 3° *An doctores collegio aggregati (si qui sint) qui cæteroquin non exercent munus aliquod particulare ac necessarium Universitatis, intelligantur munera Universitatis obire.*
 4° *An ii qui gaudent privilegio conservatoriæ, illo uti possint, sive sint actores, sive sint rei, et in quibuscumque causis etiam criminalibus et an jurisdictio Primicerii sit privativa in casu.*

Et Nos quidem hujusmodi resolutionem per Nostras in forma Brevis Litteras Apostolicas confirmare, cum clausula tamen, *salva in præmissis auctoritate memoratæ Congregationis*, minime recusavimus. Verum cum deinde pro parte Primicerii Universitatis prædictæ, aliorumque Judicum Conservatorum, et ipsius quoque Civitatis Avenionensis, porrecta Nobis fuerit Commissio, per quam humiliter petebatur, ut prævia, quatenus opus esset, aperitione Oris adversus prædictas Nostras Litteras in forma Brevis, cognitionem hujusmodi causæ iterum eidem Congregationi Concilii, quæ procederet cum voto Rotæ, committere dignaremur; Nosque de hujusmodi Commissione, et petita remissione in Signatura Gratiæ coram nobis habenda deliberare statuissemus: dum, præviis studiis, totam hujus causæ summam, ejusque merita distinctiùs animo concepissemus, animadversis amplissimis prædecessorum Nostrorum Privilegiis suprà relatis, necnon diuturna possessione, seu quasi, quæ pro eorumdem executione tam Primicerio et Conservatoribus præfatis, quàm Doctoribus, aliisque personis dictæ Universitati adscriptis respectivè favere dicebatur; attendentes quoque exemplum sa. me. Benedicti Papæ XIII. prædecessoris pa-

---

5° *An lectores, aliique qui munus Universitatis exercent, finito exercitio gaudere debeant eodem privilegio in casu.*
La sacrée congrégation répondit, en effet, le 11 mars 1741 :
AD. 1° : *In decisis et amplius.*
AD. 2° et 3° : *Negativè.*
AD. 4° : *Affirmativè pro reis tantum in causis dumtaxat civilibus ita tamen ut de ipsorum consensu etiam aliorum judicum jurisdictio possit prorogari.*
AD. 5° *Negativè.*
Peu satisfaite de cette solution, l'Université s'adressa alors comme l'indique la bulle, au tribunal suprême de la signature de grace.
Indépendamment des sources déjà indiquées, on peut consulter encore sur cet intéressant procès le registre, D. 66, *des archives de l'Université*, consacré tout entier à la reproduction de pièces, factums, plaidoyers, etc., etc., concernant cette affaire.

riter Nostri, qui ad afferendum prædictæ Universitatis decorem, per suas Litteras Apostolicas datas die xvij Septembris anni MDCCXXVIII. (quas etiam Nos ipsi approbamus, et confirmamus, cum conditionibus et clausulis ibi latiùs expressis) decrevit et declaravit, ipsius Universitatis Primiceriatum tam de præterito, quàm in posterum esse et fuisse, constituere et constituisse Titulum primordialem veræ Nobilitatis ad descendentes transmissibilem, et ad omnes et quoscumque effectus allegabilem (1); ac dignum, et congruum reputantes, prædictæ Universitatis, de Apostolica Sede, ac de litteraria Republica optime meritæ, Jura, Privilegia, et ornamenta, nostris temporibus augmentum potiùs, quàm detrimentum accipere, nec, diuturniori concertatione permissa, in dubium atque discrimen adduci; aliquam viam atque rationem excogitandam Nobis esse duximus, qua et ejus Universitatis, ac Primicerii, Conservatorum, aliarumque Personarum prædictarum indemnitati, et simul Auditoris Generalis Curiæ Legationis Avenionensis, Ministri Nostri, aliorumque Judicum à Nobis et ab hac Apostolica Sede in ea Civitate deputatorum, juribus et jurisdictioni consultum foret.

Quocirca in prædicta Signatura Gratiæ coram Nobis habita die xij. Januarii proxime elapsi, responsum interim dedimus, quod *provisum foret in Camera* : deinde vero negotium hoc universum examinandum commisimus, dilecto Filio Magistro Clementi Argenvillers Auditori Nostro, cujus prudentia et consilio res tota feliciter explicata fuit. Pervento siquidem ad Urbem, dilecto Filip. Iosepho Testa Juris Utriusque Doctore in eadem Universitate Avenionensi aggregato, et publico Professore, à dilectis Filiis ipsius Universitatis Primicerio et Collegii Doctoribus, ad hoc negotium tractandum ablegato, eoque simul cum prædictæ Universita-

---

(1) Voy. bref LXXII.

tis, aliisque ex adverso patronis et defensoribus, coram præfato Magistro Clemente Auditori non semel convenientibus, nonnulla capita concordata et communi Partium consensu laudata fuerunt; quæ deinde Nobis exhibita, cùm rationi, et honestati consentanea, et tam Auditoris præfatæ Curiæ Legationis, quàm Primicerii et Conservatorum prædictorum, Jurisdictioni, atque ipsius Universitatis Privilegiis conservandis, et certo fine stabiliendis, opportuna esse dignoverimus; eisdem inhærendo, decrevimus præsentibus Nostris Litteris, omnia in posterum dissidiorum germina super his amputare, et prædictarum Jurisdictionum limites præfiniendo, ut infra, statuere.

Volentes igitur prædictam Universitatem, ejusque Primicerium, Conservatores, Doctores, Magistros, Licenciatos, Baccalaureos, Scholares et Ministros specialis gratiæ favore cumulare; atque omnium prædictorum singulares Personas à quibusvis Excommunicationis, suspensionis et interdicti, aliisque Ecclesiasticis sententiis, censuris, et pœnis à jure vel ab homine quavis occasione vel causa latis, si quibus quomodolibet innodatæ existunt, ad effectum præsentium tantum consequendum, harum serie absolventes, et absolutas fore censentes; Nec non prædictarum Litterarum Joannis Sixti, Innocentii et Leonis prædecessorum Nostrorum; Resolutionum quoque à præfata Congregatione Concilii diversis temporibus editarum; ac Sententiarum, ut supra, ab Avenionen. Archiepiscopo et Vice-Legato latarum; tenores etiam veriores, præsentibus pro plene, ac de verbo ad verbum expressis habentes; Motu proprio, et ex certa scientia, ac matura deliberatione Nostris et de Apostolicæ potestatis plenitudine, memoratam controversiam, et quaslibet alias Lites, et Causas, si quæ sint, occasione Privilegii Fori et Conservatoriæ hujusmodi quomodolibet suscitatas, et in quibusvis tribunalibus pendentes (illarum omnium et singularum statum, et merita, nominaque et cognomina Judicum, et collitigantium quorumvis, etiam speciali mentione dignorum, et alia etiam de necessitate specialiter exprimenda, præsentibus pariter pro plenè et sufficienter expressis habentes), ad Nos avocamus, illasque penitus et omnino supprimimus et extinguimus, ac partibus perpetuum desuper silentium imponimus :

Porro quod pertinet ad Personas in sæpedicto Privilegio Fori seu Conservatoriæ comprehensas, ac deinceps comprehendendas, decernimus primo atque statuimus, quod tam Primicerius, quam omnes et singuli Magistri et Lectores, qui in dicta Universitate studii generalis Avenionen. actu legunt, omnesque et singuli Scholares in ea actu pro tempore studentes, item Bidelli, et quicumque alii Ministri servitiis dictæ Universitatis actualiter addicti, vel ab ipsa Universitate salaria et stipendia recipientes, hujusmodi Privilegio perpetuis futuris temporibus omnino frui, et gaudere debeant.

Præterea reliquos quoque Doctores et Graduatos, sive de numero aggregatorum Collegio prædictæ Universitatis existant, sivè de eodem numero non existant, dummodo in eadem Universitate lauream susceperint, et in Civitate Avenionensi stabiliter commorentur, quamvis in ipsa Universitate actu non legant, nec peculiaria, et necessaria ejusdem Universitatis munia re ipsa exerceant ; aut etiam nunquam antea legerint, vel hujusmodi peculiaria et necessaria munia exercuerint ; pro eo tamen, quod ipsi omnes prompti et parati esse debeant ad quamcumque commissionem subeundam, quam Primicerius pro tempore in ejusmodi Universitatis commodum eis demandaverit, proindeque ipsius Universitatis onera, et officia, habitu faltem, sustinere dicendi sunt ; ac in certis quibusdam functionibus, et publicis Universitatis actibus, omnes simul frequenter convenire soleant, unumque corpus cum Doctoribus de Collegio et Magistris atque Lectoribus in dicta Universitate actu docentibus constituant ; Volumus imposterum eodem privilegio Fori et Conservatoriæ pariformiter frui, et gaudere, ad formam Sententiarum anno MDXCIX., à tunc existente Archiepiscopo Avenion., tamquam prædictæ Congregationis Concilii Commissario et Delegato, ut supra diximus, prolatum ; non obstantibus relatis resolutionibus ab ipsa Congregatione postmodum, emanatis, à quibus in hac parte recedere opportunum ducimus.

Quod autem pertinet ad genera, et qualitates causarum, in quibus Personæ prædictæ Privilegio Fori, aut Conservatoriæ gaudere debebunt, Nos in civilibus quidem causis, passivas ab activis, in criminalibus vero, leviores à gravioribus distinguentes ; volumus pariter, et statuimus, quod in causis civilibus, Privilegium Fori seu Conservatoriæ, memoratis personis nullatenus in activis, sed in passivis dumtaxat causis hujusmodi, et in prima tantum instantia, suffragetur : Declarantes nihilominus eas quoque causas passivas censendas esse, in quibus Privilegiatus petat alicujus spolii reintegrationem, vel refectionem alicujus damni in propriis bonis sibi quomodolibet ab aliis illati.

Insuper causarum criminalium leviorum cognitionem, earum nempe, in quibus secundum juris, aut statutorum Civitatis, vel bannimentorum Legationis Avenionen. respective dispositionem, alia gravior pæna, quam pecuniaria, vel simplicis exilii, constituta non reperitur, Primicerio, aliisque Judicibus Conservatoribus prædictis attribuimus ; sine ulla differentia, vel distinctione, utrum causæ hujusmodi activæ sint, vel passivæ, et an inter duos Privilegiatos, an vero inter Privilegiatum ex una, et extraneum non Privilegiatum ex altera parte introductæ existant ; Reservato tamen semper reo condemnato appellationis beneficio, prout de jure, et quatenus de jure.

Contra vero causarum Criminalium graviorum, in quibus nempe secundum juris, aut statutorum, vel bannimen-

lorum prædictorum dispositionem, pœna corporis afflictiva reorum criminibus imposita reperitur ; omnimodam cognitionem, processusque desuper habendos, Nostro et Sedis Apostolicæ pro tempore Vice-Legato, ejusque Congregationi Criminali, omnino reservamus ; ita tamen ut in causis gravioribus hujusmodi, in quibus Privilegiatus sit reus, vel inquisitus, (non autem in quibus Privilegiatus ipse actor existat, vel Fisco, adhærens) eidem Primicerio, aut, eo impedito, alteri ex Judicibus Conservatoribus prædictis, jus competat et facultas interessendi eidem Congregationi Criminali, suumque consultativum dumtaxat, nunquam vero decisivum, suffragium ferendi.

In omnibus autem superius expressis causis, quas Primicerii, aliorumque Judicum Conservatorum Foro in prima instantia cognoscendas, et decidendas attribuimus, volumus, quod eisdem Primicerio et Conservatoribus, non cumulativa tantum, sed privativa vere competat Jurisdictio ; salvo tamen jure Ordinarii in iis, quæ pertinent ad morum correctionem. Veruntamen postquam Primicerius, aut alius ex Judicibus Conservatoribus prædictis, super hujusmodi Privilegiatorum causis civilibus in prima instantia definitive pronunciaverit, si contingat easdem causas in secunda instantia, vel in gradu appellationis, vel in gradu recursus, adhuc revidendas sive rectractandas esse : volumus et per easdem præsentes mandamus, ut eædem causæ tam appellabiles, quam recurribiles, ad Auditorem Generalem Curiæ Legationis Avenionensis, cujus jurisdictionis et dignitatis æquum est rationem haberi, semper, et omnino pertinere censeantur; it aut illæ per Nostrum et Sedis Apostolicæ Vice-Legatum in dicta Civitate Avenionen. pro tempore commorantem, alteri cuicumque Judici, nisi quatenus eundem Auditorem Generalem suspectum allegari contingat, in secunda instantia, ut præfertur, nullatenus committi valeant.

Cæterum ipsis Primicerio, aliisque Judicibus Conservatoribus prædictis districtius inhibemus, ne ipsi in causis fiscalibus, et interesse Fisci quomodolibet tangentibus, quas à Privilegio Fori et Conservatoriæ hujusmodi penitus excludimus, et excipimus; Nec in aliis quibuscumque causis, præter superius expressas, etiam de consensu partium, ullatenus se intromittere, vel ingerere quovis modo audeant, seu præsumant.

Præsentes quoque Nostras Litteras semper firmas, validas et efficaces esse et fore, suosque plenarios et integros effectus sortiri, et obtinere, ac ab omnibus, et singulis ad quos, spectat, et pro tempore quomodocumque spectabit, in omnibus, et per omnia plenissimè, et inviolabiliter observari; et ita ab omnibus censeri; Sicque, et non aliter per quoscumque Judices Ordinarios, et Delegatos, etiam Causarum Palatii Apostolici Auditores, ac S. R. E. Cardinales etiam de Latere Legatos, Vice-Legatos, et Sedis prædictæ Nuncios, aliosque quoslibet quacumque præeminentia et potestate fungentes, et functuros, sublata eis, et eorum cuilibet quavis aliter judicandi et interpretandi facultate et auctoritate, judicari, et definiri debere; Et si secus super præmissis, vel eorum aliquo, a quoquam quavis auctoritate scienter, vel ignoranter contigerit attentari, irritum et inane decernimus. Non obstantibus omnibus illis, quæ Joannes, Sixtus, Innocentius, et Leo Prædecessores prædicti in singulis superiùs relatis Litteris voluerunt non obstare; Necnon, quatenus opus sit, Nostra et Cancellariæ Apostolicæ regula de jure quæsito non tollendo, ejusdemque Congregationis Concilii Tridentini Interpretis resolutionibus prædictis, aliisque Constitutionibus, et Ordinationibus Apostolicis, ac quibusvis Civitatis, et Universitatis Avenionen. prædictarum, etiam juramento, confirmatione Apostolica, vel quavis firmitate alia roboratis statutis, consuetudinibus, usibus, stylis, et stabilimentis, Privilegiis quoque, Indultis et Litteris Apostolicis sub quibuscumque tenoribus, et formis, ac cum quibusvis etiam derogatoriarum derogatoriis, aliisque efficacioribus, et insolitis clausulis, irritantibusque, et aliis Decretis, etiam motu, scientia, et potestatis plenitudine paribus, in genere, vel in specie, seù aliàs quomodolibet concessis, confirmatis, et innovatis. Quibus omnibus, et singulis, etiamsi pro illorum sufficienti derogatione, de illis, eorumque totis tenoribus, specialis, specifica, expressa, et individua mentio, seù quævis alia expressio habenda, aut aliqua alia exquisita forma ad hoc servanda foret, præsentibus pro plenè, et sufficienter expressis, et insertis habentes, aliàs in suo robore permansuris, ad præmissorum omnium, et singulorum effectum, hac vice dumtaxat specialiter et expressè, motu scientia, et potestatis plenitudine similibus derogamus, cæterisque contrariis quibuscumque.

Volumus autem ut earumdem præsentium transumpta sivè exempla, etiam impressa, manu alicujus Notarii publici subscripta, et sigillo Personæ in Dignitate Ecclesiastica constitutæ munita, eamdem ubique fidem, et auctoritatem obtineant in judicio, et extrà, quæ ipsis præsentibus haberetur si forent exhibitæ vel ostensæ.

Nulli ergo omnino hominum liceat paginam hanc nostrarum absolutionis, avocationis, extinctionis, ordinationis, declarationis, Constitutionis, irritationis, derogationis, et voluntatis infringere, vel ei ausu temerario contraire. Si quis autem hoc attentare præsumpserit, indignationem Omnipotentis Dei, et Beatorum Petri et Pauli Apostolorum ejus se noverit incursurum.

Datum Romæ, apud S. Mariam Majorem, anno Incarnationis Dominicæ millesimo septemgentesimo quadragesimo. quinto. Sexto Idus Octob., Pontificatus Nostri Anno sexto Pro D. Card. Passionei, Joannes Florius *Substitutus*.

LXXIV

Lettres-patentes de Louis XVI, roi de France et de Navarre, confirmant à nouveau les privilèges dont ses prédécesseurs ont gratifié l'Université d'Avignon (1).

(Mars 1775)

Original parchemin avec signature autographe du roi, mais dépourvu du grand sceau de cire verte sur lacs de soie rouge et verte dont il était muni : Archives de l'Université, D. 58 ; — *copies papier imprimées :* Mêmes archives, *passim.*

Louis, par la grace de Dieu, roi de France et de Navarre, Comte de Valentinois et Diois, Provence, Forcalquier et Terres adjacentes, à tous présents et à venir, SALUT. Nos chers et bien amés les Primicier, Docteurs, Suppôts, Gradués et Ecoliers de l'Université d'A-

---

(1) Depuis les dernières lettres-patentes de Louis XIV (*Lettres-patentes LXIX* de ce Cartulaire) les privilèges de l'Université d'Avignon n'avaient plus été confirmés par les rois de France. Or, quand après l'occupation française de 1768 à 1774, Avignon et le Comtat eurent été rendus au pape et que l'administration politique et judiciaire de ces pays, profondément modifiée par les édits de mars 1769, eut repris la forme qu'elle avait avant sa réunion à la couronne de France, l'Université suivant d'ailleurs en cela l'exemple d'Avignon, qui poursuivait auprès de la cour de France la reconnaissance de la qualité de regnicoles en faveur de ses habitants, voulut elle aussi, pour éviter tout équivoque et déjouer les intrigues des Universités françaises ses rivales, obtenir une nouvelle confirmation de ses privilèges. C'est ce qui fit l'objet d'une délibération de son collège, à la suite de laquelle des instances appuyées par Clément XIV lui-même, furent faites à Paris. Elles furent couronnées de succès, et le 15 mai 1775, messire Jean-Louis de Guilhermis, Primicier pour la troisième fois, reçut le précieux parchemin dont on fit lecture dans le collège tenu le même jour. A quelques jours de là, Antoine-Joseph Teste, docteur agrégé, allait à Aix pour faire enregistrer ces lettres-patentes à la cour du Parlement de Provence (1er juin 1775).

vignon, Nous ont fait représenter que ladite Université, l'une des plus anciennes et des plus célèbres de l'Europe, jouit dans notre Royaume de plusieurs Privilèges, en considération de son zèle pour notre service et pour le bien de nos Sujets, et de la bonne Doctrine qu'elle enseigne dans les différents Collèges dont elle est composée, et dans lesquels il y a plusieurs Bourses ou Places fondées pour les Ecoliers des Diocèses de nos Villes d'Arles, d'Aix, de Grenoble, de Die, de Valence et de St. Paul. Que ces Privilèges qui lui ont été concédés par les Souverains Pontifes, par les Comtes de Provence, et par les Rois nos Prédécesseurs, ont été successivement confirmés par plusieurs desdits Rois, nos Prédécesseurs, par différentes Lettres-Patentes et Arrêts rendus en leur Conseil; et ils nous ont fait supplier de vouloir bien ne les pas traiter moins favorablement, et de leur accorder la confirmation desdits Privilèges. A ces Causes et autres à ce Nous mouvant, de l'avis de notre Conseil et de notre certaine Science, pleine Puissance et autorité Royale, nous avons confirmé et par ces Présentes signées de notre main, confirmons ladite Université d'Avignon dans la jouissance desdits Privilèges; Voulons en conséquence, et Nous plaît que les Primicier, Docteurs, Suppôts, Gradués et Ecoliers de ladite Université soient reçus et admis dans toutes les Villes, Cours et Universités de notre Royaume, et jouissent généralement de tous les Privilèges, Honneurs, Prérogatives, Prééminences et Libertés, tant entre Séculiers que Réguliers, attribués aux Docteurs, Gradués, Suppôts et Ecoliers des plus fameuses Universités de notre Royaume; pourvu toutefois qu'ils soient naturels Français ou natifs de ladite Ville, d'Avignon ou du Comté Venaissin, et que lesdits Privilèges n'ayent été révoqués par aucunes Lettres-Patentes, Arrêts et Règlemens; à la charge que ladite Université d'Avignon observera les Règlemens portés par l'Edit du mois d'Avril 1679, la Déclaration du 17 Novembre 1690 et autres faits ou à faire concernant les Etudes du Droit Canonique et Civil, à peine de 1000. livres d'amende par chaque Contrevenant, pour chaque Contravention : comme aussi à condition que les Gradués de ladite Université d'Avignon ne pourront être admis au serment d'Avocat dans nos Cours et Sièges du Royaume, ni être pourvus de Charges de Judicature, ni être reçus dans les Universités de notre Royaume, qu'ils n'ayent fait et prêté le serment d'y observer les Loix et Maximes de notredit Royaume, touchant le Droit Canonique et Civil, et qu'ils n'ayent rapporté les Attestations du Sieur Archevêque d'Avignon, portant, qu'ils ont rempli le temps d'Etude prescrit par les Règlemens de notredit Royaume (1); sans que lesdits

(1) Cette clause, inscrite dans ces lettres-patentes, vient en confirmation de l'arrêt suivant du conseil d'Etat du 101, concernant l'Université d'Avignon et rendu le 12 juin 1723.

Arrest du Conseil d'Estat du Roy, portant que ceux qui ont obtenu ou qui obtiendront à l'avenir des grades du droit canonique et civil à l'Université d'Avignon ne pourront s'en servir, s'ils ne justifient par des attestations de l'archevêque d'Avignon qu'ils ont rempli les temps d'étude et les autres formalités requises par l'édit du mois d'avril 1679, la déclaration du 16 novembre 1690, etc.....

« LE Roy s'étant fait représenter les Lettres-Patentes du mois de Juillet 1650 et celles du mois d'Avril 1698, par lesquelles le feu Roy auroit confirmé les Privilèges accordés par les Roys ses prédécesseurs à l'Université d'Avignon, et admis les Primicier, Docteurs, Suppôts, Graduez et Ecoliers de cette Université, à jouir de tous les Privilèges et Prérogatives attribuez aux Docteurs, Graduez, Suppôts et Ecoliers des plus fameuses Universités de France, pourvu qu'ils fussent naturels François ou natifs de ladite ville d'Avignon et Comtat Venaissin, et à la charge que ladite Université d'Avignon observeroit les Règlements portez par l'Édit du mois d'Avril 1679, la Déclaration du 17 Novembre 1690 et autres faits ou à faire concernant les études de Droit ; et que les Graduez de ladicte Université ne pourront être admis au serment d'Avocat dans les Cours et Sièges du Royaume et aux charges de Judicature, ni être reçus dans les Université de France, qu'ils n'eussent prêté le serment d'y observer les loix et maximes du Royaume touchant le Droit Canonique et Civil et qu'ils n'eussent raporté des attes-

Gradués puissent être assujettis à d'autres Examens qu'à ceux qu'ils auront subi en ladite Université d'Avignon, et que pour l'Enregistrement de leurs Lettres dans les Universités de notre Royaume, ils soient tenus de payer autres et plus grands Droits que ceux qui ont été ci-devant réglés par nos Prédécesseurs Rois. SI DONNONS EN MANDEMENT à nos amés et féaux Conseillers, les Gens tenant notre Cour de Parlement à Aix, que ces Présentes ils ayent à faire lire, publier et registrer et du contenu en icelles jouir et user les Exposans et

tations du Seigneur Archevêque d'Avignon, portant qu'ils auroient accompli le tems d'étude prescrit par lesdits Règlemens : Et sa Majesté étant informée que plusieurs particuliers ses sujets ont pris des degrez de Droit en ladite Université d'Avignon, que les suppôts de cette Université ont eu la facilité de la conférer, sans que les aspirants eussent observé ce qui est prescrit par lesdits Règlements, quoiqu'ils ayent été adoptez par ladite Université où ils ont été registrez : Et Sa Majesté voulant que ceux qui ont obtenu lesdits degrez ne puissent profiter d'une pareille surprise et jugeant qu'il est du bon ordre et du bien de la justice, de prévenir les suites d'un abus qui tendroit à introduire dans la Magistrature des sujets incapables d'en remplir les fonctions ; Oui le Rapport, SA MAJESTÉ ESTANT EN SON CONSEIL, a ordonné et ordonne que tous ceux qui ont obtenu ou obtiendront à l'avenir des degrez de Droit Canonique et Civil en l'Université d'Avignon, ne pourront s'en servir en aucun cas, s'ils ne justifient par les attestations du Seigneur Archevêque d'Avignon, qu'ils ont rempli le temps d'études et autres formalitez requises par l'Édit du mois d'Avril 1679 ; la Déclaration du 17 Novembre 1690 et autres Règlements faits ou à faire concernant les Etudes de Droit. Veut et entend Sa Majesté que les Degrez conférez en ladite Université au préjudice desdits Règlemens soient regardez comme nuls dans les Tribunaux et Universitez de France ; et seront tenus les Suppôts de ladite Université de se conformer à l'avenir auxdits Règlemens, à peine de privation des Privilèges accordez à ladite Université. Enjoint Sa Majesté aux sieurs Intendants des Provinces de Languedoc, Provence et Dauphiné de tenir la main à l'exécution du Présent Arrest, lequel sera lu, publié et affiché partout où besoin sera.

Fait au Conseil d'État du Roy, Sa Majesté y étant, tenu à Meudon le douzième jour de juin mil sept cents vingt-trois. *Signé :* FLEURIAU. »
(*Archives de l'Université d'Avignon, D. 175*).

leurs Successeurs pleinement, paisiblement et mutuellement, sans souffrir qu'il leur soit fait, mis ou donné aucun trouble ni empêchement au contraire. Car tel est notre Plaisir. Et afin que ce soit chose ferme et stable à toujours, Nous avons fait mettre notre Scel à cesdites Présentes ; sauf en autre chose notre Droit et l'autrui en tout.

Donné à Versailles au Mois de Mars, l'An de Grace 1775, et de notre règne le Premier. *Signé*, Louis, *et plus bas*, par le Roi, Comte de Provence. Phelypeaux.

LXXV

Breve domini Pii, papæ sexti, per quod conceduntur Facultati medicorum jus suffragii in electione Primicerii ac electio et nominatio antecessoris primarii medicinæ, præsidente tamen Primicerio (1).

(18 junii 1784)

Copie papier de l'original perdu : Archives de l'Université, D. 42.

Pius Papa sextus, venerabilis frater, salutem et apostolicam benedictionem. Cupientes nos universos Christi fideles, præsertim nobis, et Ecclesiæ Romanæ in temporabilibus subditos ad bonarum litterarum cognitio-

---

(1) Au XVIIIe siècle, la faculté de médecine était dans un état très précaire. Certes, le voisinage de la faculté de Montpellier, célèbre de tout temps par son enseignement, l'empêcha toujours de devenir réellement prospère, mais il faut convenir que la situation qui lui était faite au sein même de l'Univerrité d'Avignon était bien de nature à arrêter son développement et à paralyser les efforts qu'elle faisait pour se mettre à la hauteur des autres facultés de médecine de France ou d'Italie. C'est véritablement en tutelle que la tenait le collège des docteurs agrégés en droit, nommant eux-mêmes le premier professeur de médecine, et ayant seuls l'administration suprême de cette faculté ; tandis que les agrégés en médecine n'avaient pas même, eux, le droit d'intervenir dans les délibérations concernant les intérêts généraux de l'Université ou d'assister à l'élection du primicier. Déshéritée, en un mot, de tous les avantages matériels ou honorifiques dont jouissaient les autres facultés composant l'Université d'Avignon, la faculté de médecine n'avait part qu'aux charges et labeurs. Aussi nos médecins agrégés finirent-ils par se lasser, et dans le courant de 1782, ils présentèrent un mémoire au pape afin d'obtenir un minimum de revendications. Nous devons mettre sous les yeux des lecteurs le document tout entier ; ils pourront ainsi juger eux-mêmes de ce qu'il y avait de légitime dans les doléances de la faculté de médecine :

nem et doctrinam pro communi et publica utilitate, ac ditionis nostræ ornamento et honore, paterna charitate, et sedis Apostolicæ magnificentia, atque liberalitate allicere, privilegia ac honores iis libenter concedimus, qui nedum studio, et

Beatissime Pater,

« Ad pedes Sanctitatis tuæ provoluti decanus et doctores aggregati in facultate medicinæ Universitatis Avenionensis, humiliter exponunt, quod talis sensim facta est dictæ facultatis in dicta Universitate conditio, qualem nulla sorte facultas in qualibet alia Universitate, hospes quodammodo et aliena facultas medica eidem Universitati, unico vinculo adhærere videatur, et illud est : docendi labor indefessus quamvis fere gratuitus. Cæterum quocumque modo et quâcumque de causa congregetur Universitas, facultas medicinæ nequidem convocatur ; sola medicinæ facultas arcetur a comitiis in quibus eligitur Primicerius, qui tamen totius Universitatis est caput ; neque id solum lugendum habet facultas medica, sed quod fidem forte superabit, in ipso proprias institutiones legendi munere, alieni quasi juris facta, professorem in scholis suis primarium neque elegit, neque designat, sed a facultate juris designatum et electum accipit !!

Adeo distat tristis hæc facultatis nostræ conditio ab ejusdem facultatis medicæ conditione in quibuscumque aliis Universitatibus, ut, etiamsi lege aliqua privata hic loci niteretur, confidenter tamen ad Sanctitatem tuam supplices accederemus, ut, pro indulgentia sua, dignaretur facultatem nostram ejusdem juris facere cum aliis nostræ Universitatis facultatibus, ipsique concedere communem prærogativam, quâ carere, propriâ culpâ, illam numquam meruisse confidimus.

Verum quantum abest quominus præsens hæc nostra conditio, prima et legali Universitatis nostræ constitutione nitatur ! Almam Universitatem Avenionensem creavit Bonifacius felicis recordationis Papa VIII constitutione suâ apostolicâ datâ Ananiæ Kal. Julii, pontificatus sui anno IX, in eaque instituit tres facultates, scilicet artium, medicinæ et juris ; neque in prædictâ constitutione vel unicum verbum attulit, quod vel supponat, vel constituat ex tribus his facultatibus aliam alii vel præpositam vel subjectam. Nihil igitur ambit facultas nostra, nisi quod antiquissima Universitatis lege sibi debitum gratulatur, cum ambit omnibus uti privilegiis quæ summorum Pontificum clementia singulis facultatibus indiscriminatim concessit, quando quidem concessit Universitati Universitas enim omnes facultates sine discrimine complectitur, et hoc ipsum expressis verbis declaravit Joannes felicis recordationis papa XXIII in constitutione suâ datâ apud Sanctum Antoninum extra muros Florentiæ kal. septembris, pontificatus sui anno IV, in

continuis laboribus, sed etiam suis sumptibus easdem litteras promovere satagunt ut ipsis, et etiam cæteris ad virtutem calcar honorificium ac fructuosum addatur. Sane cum in Universitate studii generalis in civitate nostra Avenionensi

quâ constitutione summus Pontifex Universitati Avenionensi Facultatem theologiæ, quæ adhuc tum desiderabatur, adjungens hæc subdit : statuimus quod quoque indicto studio hujusmodi theologiæ, Decretorum, legum, Medicinæ et artium facultates in studio de cetero unicam Universitatem faciant et unicum corpus, cujus caput sit Primicerius, etc.

Excogitari vix potest, qua majorum nostrorum incuria factum est ut mutata omnino fuerit facultatis nostræ conditio; certe nos qui Sanctitatis tuæ clementiam supplices imploramus, vel academicis lectionibus, vel studiis domesticis, vel praxi clinica unicè detenti bona fide credebamus, quotquot sumus, omnes, facultatem medicam in Universitate Avenionensi sub auspiciis facultatis juris fuisse admissam, ea lege, quamquam dura, ut veniret in partem laboris, in partem dignitatis non veniret, adeoque facultatem juris sibi servasse professoris nostri electionem, taciti tamen interdum mirabamur, quod eadem juris facultas honorifica omnia sibi retinuisset, onerosa omnia imposuisset nobis. Diu sane perstitisset apud nos deformis hæc circa facultatis nostræ constitutionem opinio, nisi errorem nostrum subtulisset nupera doctorum juris imprudentia. Voluerunt illi non modo professorem nostrum Primarium eligere (quod ipsis nequidem contradicendum, rerum prorsus ignari, arbitrabamur), sed voluerunt insuper quod talis electio per ipsos facta, non solum inconsulto, sed etiam renuente electo doctore, haberet vim illum obligandi ad docendum quasi ipsa tanti oneris imposito suppeteret et dotes et vires, et animum et otium et opes quæ ferendo sufficiant. Quin etiam iidem juris doctores in collegio suo privato, libertatem Collegii nostri restringere susceperunt, et alienum omnino forum agitantes, decreta sua nobis significare tentaverunt, quasi placita privata facultatis juris, leges forent in facultate medicinæ.

Inaudita hactenus tam supremæ dictaturæ ambitio, prima nobis causa fuit cur servitutis nostræ legem propius inspicere voluerimus, ut quatenus illa juberet, serviremus patienter et residuam libertatem nostram, qualiscumque tandem illa foret, ulterius imminui non pateremur.

Hæc modeste inquirentes, proh quanta quam grata cum admiratione ! tunc primum novimus : 1° quod facultas medica ejusdem est in Universitate Avenionensi ætatis cum facultate juris; 2° quod summi Pontifices facultatem medicam facultati juris nullo unquam tempore,

a felicis recordationis Bonifacio papa VIII, prædecessore per suas litteras kalend. julii, anno sui pontificatus IV, Anagniæ sub plumbo datas, erecta et instituta, quæ inter cæteras tum ob scientiarum gloriam, tum ob clarissimorum virorum

nullo unquam modo subjecerunt ; 3° quod idem supremi Pontifices unicam tantum instituerunt et pro instituta habuerunt Universitatem : Collegium scilicet quatuor facultatum ; unde necessario concluditur quod nullum omnino doctorum collegium legitimo Universitatis titulo insigniri potest, non convocatis doctoribus medicis, adeoque quod iidem medici doctores convocari debent ad comitia in quibus Primicerius eligitur, quandoquidem eligi debet Primicerius per comitia Universitatis, ut expressis verbis declaravit Leo fel. mem. papa X in litteris suis datis Romæ apud Sanctum Petrum, V non. martii, Pontificatus sui anno, 1°, in quibus sic legitur : Præterea cum dictus Primicerius qui per dictam Universitatem singulis annis eligitur, sit totius prædictæ Universitatis caput.

Fatemur tamen ingenue, sanctissime Pater, quod maximam prærogativæ nostræ partem longus in contrarium usus imminuit. Utrum valeat usus contra jus commune omnibus Universitatibus, contra jus privatum Universitatis nostræ tot litteris apostolicis constitutum et confirmatum ignoramus profecto. Valeat sane : neque enim contentiosa lite jus nostrum repetere nobis est in animo, sed Sanctitatem tuam enixe deprecari, ut remisso quamquam oculo, inspicere tamen dignetur, quantum ex presenti nostra conditione, detrimenti patiatur facultas nostra, adeoque Universitas ipsa, cujus dicta facultas vera pars est.

1° Absentia facultatis nostræ a comitiis Universitatis, si quæ sunt, facultati nostræ aliquam quasi infamiæ notam innuit ; neque enim cum medicinæ facultatibus aliarum Universitatum jam se parem vel dicere, vel æstimare potest facultas nostra ; et hæc pudenda nobis distinctio, a scholis nostris arcere debet et arcet revera alumnos qui medicinæ doctoratum ambientes Universitati se nolunt addicere, in qua facultas medica nullam retinuit dignitatem.

2° Exclusio facultatis nostræ a comitiis in quibus Universitas Primicerium eligit, non sinit jam nos esse vera membra corporis cujus Primicerius est caput. Laxato autem illo consortii vinculo, fieri vix potest ut studia et voluntates in maximum Universitatis emolumentum conspirent.

3° Si quomodocumque valet nuper affectatum in facultatem nostram a facultate juris imperium, de facultate nostra actum est. Ecquis enim medicinæ doctor artem ingenuam ubique locorum apud optimos omnes in honore habitam professus, volet deinceps laboribus academicis in

qui in ea, aut sacras et profanas litteras monstrarunt, aut docentes audierunt, præstantiam adeo claruit, ut summorum Pontificum prædecessorum nostrorum peculiarem sollicitudinem multasque gratias et exemptiones jugiter promeruerit,

facultate nostra socium se adjungere, dum per hanc ipsam societatem alienæ ferulæ manum sponte submiserit ?

4° Quoad incommoda, quæ secum affert electio Professoris nostri primarii facultati juris reservata, tot illa sunt ut recusent enumerationem tanquam vix possibilem, tanta ut expositionem refugiant tanquam vix necessariam, cum doctores juris sive singuli, sive omnes de doctrina et dotibus ad legendum in medicina necessariis judices legitimi neque sint neque esse possint ; luce clarius patet, quod fortuna tantum, non consilio interdum ille professor eligetur qui vere eligendus fuerat. Quis porro satis æstimare potest quantum detrimenti patitur schola quæ professorem habet in aliquo *mancum* ? Et cum agitur de schola medica, proh ! quale detrimentum ! detrimentum videlicet in hominum vitam et societatis salutem aliquando refundendum ; omittimus decus et famam facultatis nostræ quæ sola talis aleæ periculum subiit, neque enim facultatis juris personam agit professor noster, sed nostram : quidquid peccat ille, in opinione publica nos etiam inviti peccamus. Indulgentia igitur aliqua non indigni prorsus Sanctitati tuæ videbimur, si ad genua tua deploramus, quod in famam et honorem facultatis nostræ ludere aliquo modo possit facultas aliena, dum potest pro arbitrio suo partes nostras committere illis, qui easdem decore satis sustinere non valeat.

Quamquam tot ærumnis fatigati diu fuerimus, nulla tamen lassitudo, officium nostrum academicum vel impedire, vel retardare potuit, quin, etiam anno 1718, ut lectiones anatomicas et botanicas scholæ nostræ alumni non desiderarent, deliberavit facultas nostra quod in posterum doctores duos delegaret, qui per biennium legerent alter anatomiam, alter botanicem, et non solum designandis doctoribus nullum tanti laboris stipendium constituit, sed voluit eadem lege, ut quicumque deinceps doctor in facultate nostra socium se inscribi vellet, ante omnia de penu suo millenos solveret florenos in cultum horti botanici, quem clementia summi Pontificis scholis nostris adscripserat.

His rationum momentis, ad pedes tuos adducti, Beatissime Pater, æquitatem et indulgentiam tuam supplices imploramus, ut, si ita sibi visum fuerit, dignetur Sanctitas tua facultatem nostram ab imminenti ruina defendere, veram institutionis nostræ prærogativam ab omni, per consuetudinis corruptelam, suscepta imminutione, vindicare, adeoque supremâ suâ auctoritate constituere quod deinceps, nonobstante

facultas medica, cæteroquin ejusdem Universitatis optime
merita nonnullis prærogativis, quibus aliæ facultates theologica et juris utuntur, juris nempe suffragii in electione Primicerii qui est caput Universitatis, et juris eligendi suum Professorem, qui primariam Cathedram Medicinæ exerceat, sit
destituta ; nobis propterea aggregati ejusdem facultatis humiliter supplicari fecerunt, ut eis in præmissis opportunè providere, et ut infra indulgere de benignitate apostolica dignaremur. Nos igitur cum ex tuis ac dilecti filii Jacobi Filoma-
rino nostræ et Sedis Apostolicæ vicelegati Avenionensis
relationibus accepimus, facultatem medicam prædictam alteram fuisse ex tribus facultatibus, quarum intuitu memoratus
Bonifacius prædecessor, Universitatem Avenionensem instituit, per statuta insuper dictæ Universitatis anno M.D.III. a
bonæ memoriæ Juliano dum vixit, Cardinali de Ruvere nuncupato, Archiepiscopo Avenionensi, et ejusdem Universitatis
Cancellario renovata (1) facultati theologiæ, quæ a felicis re-

qualicumque in contrarium usu, facultas medica habeatur in Universitate Avenionensi tanquam verum ejusdem Universitatis membrum,
quodque adeo nullus doctorum secus Universitatis nomen et personam
sibi arrogare præsumat, non convocatis doctoribus medicis, qui de
cætero ad omnia Universitatis comitia vocabuntur et speciatim ad ea
in quibus Primicerius eligitur, quandoquidem, juxta constitutiones
apostolicas, Primicerius per Universitatem elegi debet, et præterea
quod dicta medicinæ facultas, quoad consilia sibi privata, disciplinam
suam internam, præsertim vero quoad electionem, professoris sui
primarii, nulli alii privatæ facultati subjicietur, sed Primicerio tantum,
et eidem subjicietur eodem modo quo dicto primicerio subjiciuntur
cæteræ ejusdem Universitatis facultates.
 A pedibus Sanctitatis tuæ non recedimus, nisi prius eidem submisse
supplicantes, ut errores nostros, si qui sunt, dignetur benignè excusare
et ab omni vinculo, si quod est, ad effectum petitionis nostræ indul-
genter absolvere, eisdemque sacris pedibus provoluti apostolicam benedictionem efflagitamus : Sanctitatis tuæ humillimi, obedientissimi et
addictissimi servi et filii. — Gautier, *decanus*, Athenosy, Roux, Gastaldy, Pancin, Vicari, Voullonne, Joubert. — (*Sic signati in originali*).
 Voy aux *archives de l'Université* : D. 42, folio 221.
 (1) Voy. ces statuts dans la II° partie de ce *Cartulaire*.

cordationis Joanne Papa XXIII, prædecessore itidem nostro per suas litteras apud Sanctum Antonium extra muros Florentiæ kalendis septembris, sui pontificatus anno IV. sub plumbo datas (1) eidem Universitati fuit adjecta ut quatuor doctores in sacra theologia aggregati, unà cum doctoribus aggregatis in jure jus suffragii in dicta electione Primicerii haberent, fuisse concessum, necnon utrasque facultates theologicam nimirum et juris suos respective primarios Professores nominare, quod si facultas artium hujusmodi Professorem non habet : id ex eo fieri, quod hujusmodi cathedra a dilectis filiis fratribus ordinis Prædicatorum semper exercetur (2) ac tandem facultatem medicam esse ipsius Universitatis benemeritam, tum quod duas instituerit cathedras, alteram quidem pro herbarum cognitione (3), alteram pro cadaverum incisione (4) quas illarum Professores gratis exercent, cum

---

(1) Voy. bulle XII.

(2) Ce sont les chaires de philosophie et de théologie scholastique et morale. Nous en avons donné les actes de fondation. Voyez *pièces LX, LXII, LXXI.*

(3) Pour la création de la chaire de botanique, voy. *Ordonnance LXX.*

(4) Déjà le 3 juillet 1696, sur la demande du Dr de Lafont, représentant la faculté de médecine, l'Université avait voté à l'unanimité la proposition « de faire faire un amphithéâtre de bois avec la table, pour servir aux anatomies dans la présente eschole de médecine, aux despens de l'Université. » L'hôpital Ste-Marthe devait de son côté fournir désormais chaque année un certain nombre de cadavres à l'amphithéâtre, « pour donner ainsi aux jeunes médecins et chirurgiens le seul moyen qu'ils eussent à Avignon d'apprendre l'anatomie, dont la connaissance faisait la base même de leur art. » Il ne manquait plus qu'un *démonstrateur anatomique.* La faculté de médecine eut la bonne fortune de s'en attacher un définitivement le 19 mai 1745, dans la personne de Jean-Joseph Bonhomme, maître chirurgien, à Avignon, qui déjà depuis trois ans faisait preuve, à la faculté même, « de beaucoup de capacité et de dextérité pour la dissection et les démonstrations anatomiques. » Ce fut ce chirurgien qui, à cette date, vint lui-même s'offrir de continuer ces cours pratiques pendant toute sa vie gratis et sans rien exiger de la faculté ou de l'Université. Son offre fut acceptée

etiam, quod hortum herbarum in civitatem transportaverit, illumque suis sumptibus colat et conservet, votis aggregatorum ejusdem facultatis medicæ annuere volentes, illorumque singulares personas a quibusvis excommunicationis, suspensionis et interdicti, aliisque ecclesiasticis sententiis, censuris et pœnis a jure vel ab homine quavis occasione, vel causâ latis, si quibus quomodolibet innodatæ existunt, ad effectum præsentium dumtaxat consequendum harum serie absolventes et absolutas fore censentes, hujusmodi supplicationibus inclinati; fraternitati tuæ, de cujus prudentia, integritate et in rebus gerendis dexteritate plurimum in Domino confidimus, per præsentes committimus, et mandamus, ut *eidem facultati*

à l'unanimité, mais à défaut d'honoraires, le docteur Gastaldy, premier professeur de médecine, voulut du moins temoigner en quelque manière la reconnaissance de la faculté pour un si grand service, et la note suivante mise en marge de la délibération dans laquelle Bonhomme fut nommé démonstrateur anatomique, est l'expression non seulement du sentiment du premier professeur, mais encore de la faculté tout entière :

« Je soussigné certifie que, dans la délibération ci-contre, l'intention des délibérants, en n'assignant aucun honoraire à M. Bonhomme fils, a été qu'à la réception de chaque agrégé, ledit sieur Bonhomme seroit invité au repas qu'on est en coutume de donner en pareille occasion, et qu'il luy sera donné dans cette même occasion par le nouvel agrégé une boette de dragées du poids d'une livre, conforme à celles qu'on donne aux docteurs agrégés de la susdite faculté. Cet acte de reconnaissance envers ledit sieur Bonhomme a été non seulement l'intention du collège dont il est fait mention cy-contre, mais c'est encore actuellement l'intention de la plus grande partie des membres qui composent aujourd'hui le collège de la susdite faculté. Tel est le témoignage que j'ay cru devoir rendre à la vérité. »

(*Signé :*) GASTALDY, premier professeur.

Ainsi fut créée la nouvelle chaire à laquelle fait allusion le bref de Pie VI. Elle vint très utilement compléter l'enseignement de l'anatomie théorique qui était donnée non sans quelque éclat dans cette faculté depuis le XVIIe siècle.

medicinæ jus suffragii in electione primicerii Universitatis auctoritate nostra apostolica concedas, ita ut dein ceps duo ex suis doctoribus aggregatis, decanus videlicet, et in ejus defectu doctor aggregatus senior, et Professor exercens cathedram primariam, et in ejusdem defectu alius Professor ad electionem Primicerii omnino erunt convocandi; ac annuæ electioni hujusmodi cum jure suffragii adesse libere ac licite possint et valeant, ut insuper imposterum ad eamdem facultatem medicam, præsidente tamen Primicerio, electio et nominatio sui primarii antecessoris pertineat auctoritate præfata edicas et declares. Nos enim tibi quamcumque necessariam et opportunam, ut hæc suum sortiantur effectum faciendi, gerendi, dicendi et exequendi ac exequi mandandi facultatem auctoritate et tenore præfatis tribuimus, et impertimur, nonobstantibus constitutionibus et ordinationibus apostolicis, necnon Universitatis præfatæ etiam juramento, confirmatione apostolicâ, vel quavis firmitate alia roboratis, statutis et consuetudinibus, privilegiis quoque, indultis et litteris apostolicis in contrarium præmissorum quomodolibet concessis, confirmatis et innovatis : quibus omnibus et singulis illorum tenores presentibus pro plene et sufficienter expressis ac de verbo ad verbum insertis habentes illis aliàs in suo robore permansuris ad præmissorum effectum, hâc vice dumtaxat specialiter et expresse derogamus cæterisque contrariis quibuscumque (1).

(1) Ce bref est adressé à Mgr Vincent de Giovio, archevêque d'Avignon, le dernier avant l'annexion définitive d'Avignon et du Comtat-Venaissin à la France. Chargé d'en assurer l'exécution, il rendit, à la date du 3 juillet 1784, une ordonnance ainsi conçue :

Nos Joannes Carolus Vincentius de Giovio, de Sanctissimæ Sedis apostolicæ gratia Archiepiscopus Avenionensis et Universitatis Avenionensis cancellarius, viso brevi apostolico summi Pontificis Pii Papæ sexti, quod incipit per verba. « Nos universos Christi fideles » datum Romæ apud Sanctum Petrum sub annulo piscatoris, die decimâ

Datum Romæ, apud Sanctum Petrum, sub annulo piscatoris decimo octavo junii anno millesimo, septemgentesimo octo-

octavâ mensis junii, anno millesimo septingentesimo octogesimo quarto, Pontificatus sui anno decimo, et attentis facultatibus nobis in dicto brevi traditis, dicimus et declaramus : quod facultas medica Universitati Avenionensi aggregata, decanus videlicet, et in ejus defectu doctor aggregatus senior, et professor e recens cathedram primariam, et in ejus defectu alius professor ad electionem Primicerii omnino convocentur ; ac annuæ electioni hujusmodi cum jure suffragii adesse libere et licite possint et valeant ; itaque insuper imposterum ad eamdem facultatem medicam, præsidente tamen Primicerio, electio et nominatio sui primarii Professoris pertinebit ; mandamus itaque exequendum esse dictum breve juxta ejus formam et tenorem, necnon registrandum esse in nostrâ Cancellariâ archiepiscopali decernendo.

Datum Avenione, in palatio Archiepiscopali hâc die tertiâ mensis julii, anno millesimo septingentesimo octogesimo quarto. I. C. V. Archiepiscopus Avenionensis et almæ Universitatis Avenionensis Cancellarius — Chave Prosecretarius (*sic signati cum sigillo illustrissimi et excellentissimi Domini Archiepiscopi — Registratum anno et die quibus supra in libro decimo octavo provisionum, fol. 134. In quorum fidem* Chave Prosecretarius, *sic signatus.* — (Voy. aussi Archives de l'Université, D. 42).

Mise en possession de ce bref, la faculté de médecine assura l'exercice de ses nouveaux droits en votant, le 9 juillet 1784, cinq articles d'une très grande importance :

1° Que les trois professeurs de la faculté de médecine seraient nommés au scrutin et à la pluralité des suffrages, tous les deux ans, dans la salle de l'Université, le premier lundi du mois d'août, en présence du Primicier, entre les mains de qui ils prêteraient le serment accoutumé.

2° Que les trois professeurs nommés entreraient en exercice à la Saint-Luc suivante, pour vaquer à leurs fonctions pendant deux années complètes.

3° Que la présentation des candidats aux actes serait dévolue aux trois professeurs, lesquels seraient promoteurs tour à tour, selon le rang d'ancienneté de leurs chaires.

4° Que le premier professeur aurait le droit de présider à la réception des aspirants à la maîtrise des apothicaires, et de faire la visite des drogues chez les maîtres apothicaires ; qu'il aurait la préséance partout où la faculté serait assemblée et qu'il aurait le droit d'y porter la parole et de proposer le sujet des délibérations ; qu'il jouirait du droit de

gesimo quarto, Pontificatus nostri anno decimo, J. Cardinal. de Comitibus.

présenter à l'agrégation les candidats qui se présenteraient et de retirer les émoluments ordinaires attachés à cette présentation ; enfin, que dans tous les actes de doctorat simple, il percevrait une rétribution égale à celle des cinq anciens.

5° Que toutes les assemblées de la faculté se tiendraient dans la salle de l'Université, à l'exception de celles pour l'assignation des points, qui auraient lieu chez le promoteur. (*Archives de l'Université*, D. 42).

De plus, dès l'année suivante, elle eut l'occasion d'affirmer dans deux circonstances solennelles sa pleine jouissance des privilèges que venait de lui octroyer le bref de Pie VI : d'abord par la présence officielle de Jean-Baptiste-Joseph de Gastaldy, docteur agrégé, premier professeur et régent ordinaire de médecine, coseigneur de Tavel, et de noble Celse Gauthier, docteur agrégé et doyen de la faculté à l'élection du Primicier Charlet (16 mai 1785); et en second lieu, en allant complimenter en corps et tous les agrégés revêtus de leurs robes, à l'instar des autres facultés, Mgr Casoni, le nouveau vice-légat, arrivé depuis peu à Avignon (3 juillet 1785). (Id. D. 42).

LXXVI

Breve domini Pii, Papæ sexti, approbationis et confirmationis aggregationis Seminarii Sancti Caroli a Cruce Avenionensis classibus Theologiæ et philosophiæ Universitatis generalis studii ejusdem civitatis, a Primicerio et Doctorum aggregatorum collegio factæ (1).

(24 jan. 1786)

Copie papier de l'original perdu : Archives de l'Université, D. 42.

Pius papa sextus ad perpetuam rei memoriam. Quotiès a nobis illud petitur, quod ad Religionem ac liberalium disciplinarum studia promovenda, unde in rei sacræ et civilis rectam, absolutamque administra-

---

(1) Le concile de Trente, dans sa session XXIIIᵉ *De reformatione*, avait prescrit aux évêques de créer dans leurs diocèses des *séminaires* où l'on recevrait, à partir de douze ans, les jeunes gens chez lesquels on reconnaîtrait quelque apparence de vocation à l'état ecclésiastique. La congrégation des Sulpiciens, fondée peu de temps après la tenue du concile, eut précisément pour but de venir en aide aux évêques dans la nouvelle tâche qui leur incombait, en leur fournissant des prêtres voués à l'instruction des futurs ecclésiastiques. A Avignon, François de Varie de St-Reme fonda, à cet effet, la communauté cléricale de Saint-Charles-Borromée, en 1690, sous Lorenzo Maria Fieschi de Gênes, archevêque d'Avignon. Le 3 février 1702, cette communauté fut autorisée sur la demande du supérieur et des recteurs : MM. de Varie, de Blanc et Combette, et le 17 janvier 1704, le collège de la Croix, fondé comme on le sait, par Guillaume de Ricci, le 14 septembre 1500, lui fut définitivement uni. En 1705, elle fut agrégée au séminaire de St-Sulpice de Paris et prit elle-même le titre de séminaire de St-Charles de la Croix, qu'elle a gardé depuis. (Voy. sur *le séminaire de St-Charles de la Croix : Histoire du diocèse d'Avignon*, par l'abbé Granget, les divers guides ou histoires d'Avignon, et aux *Archives de l'Université d'Avignon*, les nᵒˢ D. 394 à D. 505.

tionem ingentia bona proveniunt, convenire dignoscitur, animo nos decet libenti concedere et petentium desideriis congruum impertiri suffragium.

Exponi siquidem nobis nuper fecerunt dilecti filii superior

Cependant les statuts de ce séminaire, confirmés et autorisés par Benoît XIV, portaient que les jeunes étudiants qui y seraient élèves ne devraient point fréquenter les écoles publiques, crainte que ce ne fût au détriment de leur piété, et qu'il devrait y avoir dans le séminaire même des professeurs de philosophie et de théologie chargés de les instruire. Ces statuts servirent, en conséquence, de base à la demande que les directeurs du séminaire firent dans les derniers jours de juillet 1781 à l'Université d'Avignon, pour obtenir que leurs classes de théologie fussent agrégées à celles de l'Université, de telle sorte que les jeunes gens qui auraient étudié a St-Charles, pendant le temps requis par les règlements de l'Université d'Avignon et les ordonnances du roi, pussent être reçus par la faculté de théologie aux degrés du baccalauréat, de la licence et du doctorat. La requête qu'ils adressèrent dans ce but contient l'exposition de tous les motifs qui rendaient cette agrégation nécessaire et les avantages qu'on devait en retirer de part et d'autre :

REQUÊTE

Présentée à M. le doyen et à MM. les docteurs et professeurs en théologie de l'Université d'Avignon, par les supérieur et directeurs du séminaire de St-Charles de la Croix.

Messieurs,

« Votre zèle pour la gloire de Dieu, l'amour que vous avez pour la religion et pour l'Eglise, la sagesse et la prudence qui président à toutes vos délibérations, nous font espérer que vous écouterez favorablement la demande que nous prenons la liberté de vous faire aujourd'hui. Nous vous supplions donc, Messieurs, d'avoir la bonté d'étendre jusqu'aux étudiants qui demeurent dans notre séminaire, les privilèges et prérogatives dont jouit votre faculté, en consentant que nos classes de théologie et de philosophie, soient unies et agrégées à celles de votre Université. C'est ce qui manque principalement à notre maison. Il vous était réservé de lui donner cette nouvelle perfection, et à nous, de pouvoir ambitionner la gloire d'être unis à un corps aussi respectable que le vôtre.

ac directores Seminarii Sancti Caroli a Cruce Avenionensis quod per statuta ac stabilimenta ejusdem seminarii quæ adhuc plenissime vigent, præscribitur, ut alumni scholas dumtaxat seminarii frequentare possint, nullique extero ut classibus

Les motifs qui animent nos désirs et autorisent notre requête sont des plus puissants, et nous ne doutons pas qu'ils ne fassent la plus forte impression sur des hommes tels que vous, Messieurs, aussi remplis de piété, de sagesse et de vertu.

Nos seigneurs les évêques qui n'ont pas de séminaire dans leurs diocèses envoient leurs ecclésiastiques dans celui de St-Charles d'Avignon, afin qu'en y faisant leurs épreuves et s'y formant aux vertus propres de leur etat, ils puissent en même temps acquérir la science de théologie et prendre les degrés nécessaires pour posséder les cures et autres bénéfices qui sont affectés aux gradués.

Mais il ne nous est pas possible aujourd'hui de remplir les vues de ces prélats, c'est-à-dire de former aux vertus ecclésiastiques les sujets qu'ils nous envoient et de leur procurer des études académiques, tandis que notre séminaire ne sera point agrégé aux classes de théologie et de théologie de votre Université ; car, selon l'état présent des choses, les jeunes ecclésiastiques qui y demeurent sont obligés, pour faire des études académiques, d'en sortir plusieurs fois la semaine et aller aux écoles de droit ; ce qui ne peut se faire sans de grands inconvénients ; ils trouvent dans ces sorties fréquentes des sujets de dissipation, des objets dangereux et des occasions très funestes aux bonnes mœurs, que la faiblesse de l'âge, la vivacité du caractère rendent encore plus redoutables, surtout dans un siècle ou la piété n'est pas toujours le fondement de la première éducation. Parce qu'ils ont été gênés pendant quelques heures dans leur maison de retraite, ces jeunes gens cherchent à se dédommager de cet état de contrainte ; au lieu d'aller en classe, ils se répandent dans la ville, fréquentent les jeux publics, et quelques-uns peut-être des maisons suspectes; partout ils ne rencontrent que de mauvais exemples et des écueils de leur innocence ; ils ne rentrent plus qu'avec une imagination souillée, qu'avec des sens dissipés, qu'avec une opposition marquée ou au moins avec une forte répugnance pour l'étude, le recueillement, la prière et les autres exercices spirituels ; de là encore les mauvais livres qu'ils trouvent en ville et qu'ils introduisent dans le séminaire, malgré notre vigilance. Avec de tels obstacles, comment peut-on établir une vertu solide dans le cœur de tant de jeunes gens, naturellement si légers et si volages ? Mais quelle douleur pour des supérieurs de voir s'évanouir, souvent dans une heure, le fruit de leurs travaux de plusieurs mois et même de plusieurs

philosophiæ et theologiæ inibi existentibus adjungi possit,
permittitur; cum autem, sicut eadem expositio subjungebat,
Primicerius ac collegium doctorum et professorum Universitatis studiorum Avenionensis, sub die decima, et vigesima

années !„ ; pour un confesseur qui voit se démentir dans un instant les
résolutions les mieux affermies, et des plaies se réouvrir à la vue d'un
objet, pour ne se fermer peut-être jamais ! O vous, Messieurs, qui avez
si fort à cœur la manutention de la discipline, la gloire de l'Eglise, le
progrès de la piété dans ceux qui doivent être les modèles des peuples ;
vous qui savez, par une longue expérience dans le saint ministère, combien il est difficile de former à la vertu et à la science les jeunes gens,
surtout ceux dont la première éducation a été manquée, ne nous aideriez-vous pas à supprimer des occasions si funestes et qui sont un si
grand obstacle à l'institution ecclésiastique ?

Il est inutile de nous dire de veiller sur eux, de les accompagner
quand ils sortent, car comment accompagner cent soixante jeunes gens ?
Comment s'assurer que plusieurs n'échapperont pas à la vigilance la
plus attentive ? Il ne faut pas non plus nous alléguer l'usage où l'on a
toujours été de fréquenter les classes de l'Université ; car nous alléguerons aussi les abus qui en ont toujours résulté et dont on a toujours
gémi.... D'ailleurs, il était plus aisé autrefois de contenir la jeunesse ;
aujourd'hui il faut de nouvelles précautions.

Mais outre les raisons prises du côté des mœurs qu'il est si difficile
de conserver, en permettant aux séminaristes d'aller aux classes de
droit, il n'est rien de plus important pour nous, Messieurs, que d'exciter
les jeunes ecclésiastiques à l'étude de la théologie : c'est la science des
prêtres, qui devient aujourd'hui d'autant plus nécessaire que l'esprit
d'irréligion et d'incrédulité est plus répandu et qu'il fait plus d'efforts
pour ruiner la foi de Jésus-Christ ... Il est donc de notre honneur et
de notre devoir de soutenir la faculté de théologie, en augmentant
le nombre de ses disciples et en ranimant leur ardeur pour une
étude aussi nécessaire et à la religion et à l'État. Or, Messieurs, par
notre aggrégation, vous augmentez considérablement le nombre des
étudiants en théologie, et par les examens et les thèses publiques qu'on
y soutiendra, par les grades qu'on y recevra, vous donnerez de l'émulation aux écoliers, de l'activité aux études, aux professeurs la douce
consolation de travailler utilement, et à votre faculté, un lustre, un
éclat qui lui attireront de jour en jour de nouveaux disciples.

Au contraire, si l'agrégation n'a pas lieu, les études de théologie languiront toujours : celles de l'Université, parce qu'il n'y a pas assez d'écoliers ; celles du séminaire, parce qu'elles seront trop concentrées

secunda augusti et decima septima septembris, anno millesimo septingentesimo octogesimo primo Seminarium Avenionense classibus theologiæ et philosophiæ ejusdem Universitatis aggregaverint (1) ; hinc dicti exponentes ut aggregationis

dans une maison et qu'on n'y prendra pas de degrés, La ville d'Avignon sera peu à peu abandonnée par les etudiants ; il y a autour de nous les Universités d'Aix, de Viviers, de Montpellier, d'Orange, où se rendront ceux qui voudront prendre des grades : aussi voyons-nous déjà que plusieurs diocésains d'Orange, de St-Paul, de Nîmes, d'Uzès, d'Alais, ont pris une autre route que celles d'Avignon.

Cette agrégation ne doit faire de la peine à personne. Il ne s'agit pas de créer de nouveaux professeurs, ceux du séminaire sont déjà autorisés à enseigner la théologie et la philosophie par les archevêques d'Avignon et par les bulles des Souverains Pontifes, il n'est question que de rendre leurs classes académiques ; les classes de l'Université actuellement en exercice seront regardées comme les écoles mères, et nous nous ferons un honneur de contribuer à soutenir la réputation que leur ont méritée les illustres professeurs qui y ont présidé jusqu'aujourd'hui avec tant d'applaudissement ; les classes du séminaire ne leur nuiront pas, puisqu'elles ne seront ouvertes que pour ceux qui demeureront dans le dit séminaire, et qui, indépendamment de l'agrégation, n'auraient pas assisté aux classes de la ville.

Qu'on n'espère pas que dans un autre temps le séminaire se décidera d'envoyer ses ecclésiastiques aux classes de l'Université ; cela est trop opposé au bon ordre de cette maison.

Enfin, Messieurs, les séminaires sont aujourd'hui presque les seules maisons où les jeunes gens qui ont fait les basses classes puissent se retirer pour examiner leur vocation et choisir prudemment l'état de vie auquel Dieu les appelle ; presque les seuls lieux de refuge où ils puissent être à l'abri de la corruption qui est si générale, et des scandales qui se multiplient à chaque pas. Or, de tels etablissements méritent toute votre attention, et nous sommes assurés que vous contribuerez à fournir à celui qui est au milieu de vous toutes les ressources qui lui sont nécessaires pour remplir le double objet pour lequel il a été fondé ; je veux dire pour former à la vertu et à la science ecclésiastique ceux que la Providence y envoie.

Je n'ajouterai pas qu'il y a même un titre particulier de prétendre à l'agrégation que nous sollicitons : c'est le collège de la Croix, qui de droit fait partie de l'Université d'Avignon.

Nous ne parlerons pas ici des conditions auxquelles peut se faire no-

(1) Voy. note précédente.

hujusmodi firmitas subsistat et servetur exactius, apostolicæ confirmationis patrocinio communiri summopere desiderant, nobis propterea humiliter supplicari fecerunt, ut in præmissis opportune providere et ut infra indulgere de benignitate

tre agrégation. Nous nous soumettons volontiers à toutes celles que vous nous imposerez, parce que nous sommes persuadés que vous ne nous en proposerez que de justes et de raisonnables.

Si vous avez la bonté, comme nous l'espérons, de condescendre à nos désirs, nous ferons un concordat qui sera agréé de toutes les parties intéressées.

Nous finirons, Messieurs, pour vous assurer qu'en donnant votre consentement à cette agrégation, vous mériterez les éloges du public, vous remplirez les désirs d'un grand nombre d'évêques, et vous aurez un droit inviolable à notre reconnaissance, dont nous saisirons toutes les occasions de vous payer le tribut. »

Signé : Roux, supérieur du séminaire St-Charles (voy. *Archives de l'Université*, D. 42).

Cette demande à peine connue souleva de violentes protestations parmi les Dominicains, docteurs agrégés de la faculté de théologie de l'Université, qui, sans perdre de temps, rédigèrent une protestation dont les archives universitaires nous ont conservé les termes :

Opposition faite par les R.R. P.P. Ricard, Petit, Bordenave, Goffre et Dupoy, dominicains, à l'agrégation du séminaire de St-Charles :

« Nous soussignés, prêtres, religieux de St-Dominique, docteurs agrégés de la faculté de théologie dans l'Université de cette ville d'Avignon et membres de la communauté du dit ordre établie dans la même ville, autorisés en tant que de besoin pourrait être par la dite communauté, suivant sa délibération du huitième du courant, nous nous opposons et nous sommes opposés formellement et expressément à ce qu'il soit pris aucune délibération par notre faculté de théologie, soit séparément, soit conjointement avec les autres facultés de cette Université, sur l'agrégation des classes du séminaire de St-Charles de cette ville, ni de tout autre corps, [collège, séminaire ou communauté, soit séculière ou régulière; et plus encore à ce que ladite agrégation soit délibérée ou consentie :

apostolica dignaremur. Nos igitur exponentium plurimorum votis, quantum cum Domino possumus, favorabiliter annuere volentes, eorumque singulares personas a quibusvis excommunicationis, suspensionis et interdicti aliisque Ecclesiasticis

1° Parce que l'agrégation des classes du séminaire de St-Charles, comme celle des autres séminaires, collèges, etc , si elle avait lieu, tendrait à détruire l'Université, qui ne peut conserver son lustre qu'en maintenant dans son sein un enseignement public, unique et indivisible.

2° Parce que cette agrégation serait particulièrement préjudiciable aux soussignés, dont les classes deviendraient désertes, soit par elle, soit par les agrégations subsequentes qui pourraient être demandées sur les mêmes motifs.

3° Pour autres raisons à déduire devant qui de droit,

En foi de ce avons signé à Avignon, ce dixième août 1781. *Signés :* F. Jacques Goffre, prieur des dominicains, F. Ricard, F. Petit, F. Pierre Bordenave, F. Louis Dupuy, Teste, primicier. — CHAMBAUD, prosecrétaire. »

(*Archives de l'Université*, D 42.)

Mais, à l'exception des Dominicains, tous les autres docteurs agrégés votèrent à l'unanimité cette agrégation (10 août 1781), aux conditions suivantes : « Que les superieurs du séminaire ainsi que les deux professeurs de theologie seraient docteurs de la faculté de théologie et se feraient recevoir à l'agrégation ; que ces mêmes professeurs de théologie, avant d'entrer en fonctions, seraient tenus de se présenter et de subir l'examen accoutumé, ainsi que cela se pratique à l'égard des autres professeurs de l'Université ; qu'aucun élève externe ne pourrait être reçu dans leurs classes ; que tous les actes et thèses publiques se soutiendraient dans la salle de l'Université ; que les étudiants seraient tenus de s'inscrire régulièrement, tous les trois mois, dans le livre de la *matricule*, chez le secretaire de l'Université, en payant les droits accoutumés ; enfin, que le doyen de la faculté de théologie aurait dans les classes du séminaire de St-Charles les mêmes droits, privilèges, prérogatives et autorité qu'il exerçait et avait droit d'exercer sur les classes de l'Université en sa qualité de doyen et de régent ordinaire. »

Peu de jours après, c'est-à-dire le 22 août 1781, le collège des maîtres agrégés ès-arts de l'Université s'assemblait à son tour pour examiner une pareille demande à propos de la classe de philosophie.

sententiis, censuris et pœnis a jure, vel ab homine, quavis occasione vel causa latis, si quibus quomodolibet innodatæ existunt, ad effectum presentium dumtaxat consequendum, harum serie absolventes et absolutas fore censentes, supplica-

SUPPLIQUE *adressée à M. le Primicier et à MM. les Docteurs de la faculté des arts de l'Université d'Avignon, par le supérieur et les directeurs du séminaire de St-Charles de la Croix.*

Messieurs,

« LES talents distingués et le zèle toujours actif par lequel vous soutenez les sciences et les arts dans l'Université d'Avignon, en nous inspirant pour vous la plus grande estime et la plus parfaite confiance, nous déterminent en même temps à vous supplier de vouloir bien unir et agréger nos classes de philosophie à la faculté des arts de votre Université. Destinés par état à l'instruction des jeunes ecclésiastiques, nous n'ambitionnons rien tant que de remplir cet emploi sous vos auspices et sous votre autorité : notre enseignement sera bien plus utile à nos élèves et plus honorables pour nous.

Vous aimez l'Eglise, Messieurs, vous aimez les sciences, tous les jours vous en donnez les preuves les plus éclatantes : ces nobles dispositions que nous admirons en vous pourraient-elles n'être pas un heureux présage que vous favoriserez nos intentions; puisque nous vous présentons ici l'occasion d'être utiles à l'Église, en contribuant à la conservation des mœurs de ceux qui doivent en être les ministres et de faire fleurir les sciences, en excitant l'émulation des jeunes gens qui s'y appliquent dans notre maison ?

Oui, Messieurs, c'est pour la conservation des mœurs de nos jeunes philosophes que nous réclamons aujourd'hui votre piété et votre autorité; vous le savez, Messieurs, il n'est rien de plus intéressant pour l'Église et pour l'État, que l'érection des petits séminaires; le saint concile de Trente en a si bien compris les avantages, qu'il a ordonné (§ 23, *chap. 18, De reform*) à tous les évêques de faire dans leurs diocèses de semblables établissements où l'on reçût, à l'âge de douze ans et au-dessus, ceux dans qui l'on verrait quelque apparence de vocation à l'état ecclésiastique. Ce fut pour se conformer aux ordres du saint concile, qu'on établit dans votre ville, il y a plusieurs années, celui de St-Charles de la Croix. C'est dans cette maison que nous recevons, dans un âge encore tendre, ceux qui se destinent à la cléricature : c'est là que nous nous efforçons, avec le secours du ciel, à former de bonne heure leurs cœurs aux vertus sacerdotales et leur esprit à la science

tionibus hujusmodi inclinati, *aggregationem petitam ac omnia et singula in ea contenta auctoritate apostolica tenore presentium perpetuo confirmamus et approbamus*, illique inviolabilis apostolicæ firmitatis robur adjicimus, ac omnes et

de leur état; c'est là que nous les tenons cachés au monde dans l'âge le plus critique, le plus susceptible de mauvaises impressions, où les passions se développent et sont plus capables de les corrompre ; c'est là que nous les éprouvons et que nous examinons leur vocation, afin de n'admettre dans le sanctuaire que ceux qui y sont appelés de Dieu. Mais, Messieurs, nos peines et nos soins leur deviennent inutiles, si la fréquentation des classes de la ville est pour eux une occasion de chute et de dérangement, si les mauvaises compagnies qu'ils rencontrent en sortant souvent du seminaire, si les objets dangereux qui se présentent à leurs yeux, si les discours pervers qu'ils entendent, détruisent et aneantissent tous les bons principes qu'on leur a donnés, toutes les bonnes résolutions qu'ils ont prises, tout l'édifice de sainteté qu'on avait commencé d'élever dans leur âme. Or, Messieurs, vous le sentez aussi bien que nous, est-il rien de plus à craindre que ces pernicieux effets, dans un siecle aussi corrompu que le nôtre, dans un siècle où la jeunesse est si difficile à conduire et si peu portée à la vertu, dans un siècle en un mot, où l'on ne trouve presque plus son salut que dans la fuite ? On l'avait bien prévu, Messieurs, puisque dans les statuts du séminaire de St-Charles, confirmés et autorisés par Benoît XIV, il est marqué que nos jeunes étudiants ne doivent point fréquenter les écoles publiques, de peur qu'ils ne souffrent quelque détriment dans la piété, mais qu'il faut qu'il y ait dans le séminaire des professeurs de philosophie et de théologie pour les instruire. Voici le passage : « *Et ne domus clericalis alumni scholas publicas frequentando aliorum liberius 'conversantium consortio detrimentum in pietate sentiant, privatim in domo Sancti Caroli a Sancta Cruce nuncupata per professores quorum doctrina diu probata fuerit profunda et a novitatibus prorsus aliena, in rebus philosophicis et theologicis non segniter instituentur.* » Cela est tiré mot à mot des actes de la chancellerie.

Mais si nous voulons éviter tous ces inconvénients et nous conformer aux intentions des Souverains Pontifes, nos jeunes ecclésiastiques seront donc dans l'impossibilité de faire des études académiques dans une ville même où il y a une Université ? Ils seront donc exclus des degrés dont ils ont besoin ? Non, Messieurs, il y a un moyen aisé, et qui dépend de vous, c'est de rendre academiques nos classes de philosophie. Je dis moyen aisé, parce qu'il ne s'agit pas de créer de nouveaux professeurs, nous les avons, ni de doter de nouvelles chaires :

singulos juris et facti defectus, si qui desuper in eisdem quomodolibet intervenerint, supplemus. Decernentes has presentes litteras semper firmas, validas et efficaces existere et fore, suosque plenarios et integros effectus sortiri et obtinere, ac

elles sont toutes dotées ; il vous suffit d'autoriser nos professeurs à enseigner au nom de l'Université, à l'effet que ceux qui, étant dans le petit séminaire, auront étudié sous eux puissent prendre le grade de maître ès-arts : par ce moyen, en leur faisant faire leur quinquennium, vous contribuerez efficacement à la conservation de leurs mœurs.

De plus, vous faites fleurir les études et la faculté des arts. Car, d'un côté, les professeurs, par là même qu'ils seront professeurs dans l'Université, auront plus d'ardeur pour l'avancement de leur disciples et plus d'autorité sur eux ; d'un autre côté, les écoliers, outre les autres motifs et les moyens qu'ils ont dans la maison de faire de bonnes études, seront encore puissamment excités par les examens qu'ils seront obligés de subir pour avoir des degrés, et par les thèses publiques qu'on leur fera soutenir.

La faculté des arts acquerra un grand nombre de candidats, les deux collèges se donneront de l'émulation. De tout cela, il n'en peut résulter qu'un très grand bien et pour les étudiants et pour la faculté.

C'est ce dont nous avons été témoins dans les différentes Universités que nous avons vues, et nommément dans celle d'Angers, où le petit séminaire est agrégé à la faculté des arts.

Quelqu'un pourrait peut-être croire que cette agrégation que nous sollicitons auprès de vous, irait à diminuer la classe de philosophie qui est en ville : non, Messieurs, cela ne peut pas arriver. En voici une raison démonstrative : nos philosophes n'ont jamais été à la classe de philosophie qui est en ville, et ils n'iront jamais, puisque nous avons nos professeurs pour leur enseigner la philosophie, et que nous les avons envoyés jusqu'ici aux classes de droit, quand ils ont voulu prendre leurs grades ; par conséquent, cette agrégation n'ôte pas un seul écolier à la classe de ville. De plus, nous ne demandons l'agrégation que pour ceux qui demeurent dans le séminaire, nous n'admettrons jamais les externes, et encore nous ne recevons que ceux qui veulent être ecclésiastiques. Il est vrai que nous les admettons quoiqu'ils soient encore sous l'habit laïque, mais il faut qu'ils désirent être un jour ecclésiastiques, si l'on juge dans la suite qu'ils soient appelés au sacerdoce. L'on voit que cette agrégation ne peut pas nuire à la classe déjà établie. Si l'on formait quelque difficulté, nous tâcherions d'y répondre dès que nous en serions instruits.

Nous ne parlons pas ici des conditions auxquelles cette agrégation

illis ad quos spectat et spectabit, quomodolibet in futurum inviolabiliter observari : sicque in præmissis per quoscumque judices ordinarios et delegatos, etiam causarum palatii apostolici auditores judicari et definiri debere, ac irritum et inane,

peut se faire, nous suivrons les sages règlements de la faculté. Nous vous conjurons donc, Messieurs, d'avoir égard à notre demande, qui n'a d'autres fins que le bien public et la gloire du clergé, de vouloir bien encore donner votre adhésion à la délibération de Messieurs les Docteurs de la faculté de théologie, qui nous ont fait la grâce de consentir à ce que nos classes de théologie fussent rendues académiques.

C'est ainsi, Messieurs, que vous couronnerez tant de bonnes œuvres qui vous ont rendus si chers et si précieux à la patrie et à l'Église, et que vous aurez un droit inviolable à notre reconnaissance et à notre amour. »

Signé : Roux, supérieur de St-Charles.

A nouvelle demande d'agrégation, les Dominicains intéressés répondirent par une nouvelle opposition, dont les termes, ainsi qu'on va en juger, se rapprochent fort de ceux de la première :

« Nous soussignés, prêtres, religieux de l'ordre de St-Dominique, docteurs agrégés de la faculté des arts dans l'Université de cette ville d'Avignon, et membres de la communauté dudit ordre, établie dans la même ville, autorisés en tant que de besoin pourrait être, par ladite communauté, dans sa délibération du huitième du courant, nous opposons formellement et expressément à ce qu'il soit pris aucune délibération par la faculté des arts, soit séparement, soit conjointement, avec les autres facultés de cette Université, sur l'agrégation des classes du séminaire de St-Charles de cette ville, ni de tout autre corps, collège, séminaire ou communauté, soit séculière ou régulière, et plus encore à ce que ladite agrégation soit délibérée ou consentie :

Premièrement. Parce qu'aucune faculté n'a droit de délibérer là dessus, avant que le suppliant se soit adressé au souverain auquel seul appartient d'étendre ou communiquer à d'autres, les privileges accordés à l'Université.

Deuxièmement. Parce que de cette agrégation s'en suivrait infailliblement l'anéantissement de l'enseignement public.

Troisièmement. Parce qu'elle est contraire aux statuts même de notre Université, d'après lesquels il est expressément défendu de recevoir de nouvelles régences ou chaires de philosophie si les professeurs desdites

si secus super his a quoquam quavis auctoritate scienter vel ignoranter contigerit attentari.

Nonobstantibus constitutionibus, et ordinationibus apostolicis, necnon quatenus opus sit Universitatis et Seminarii plurimorum etiam juramento, confirmatione apostolica vel quavis firmitate alia roboratis statutis et consuetudinibus, privilegiis quoque, indultis ac literis apostolicis in contrarium præmissorum quomodolibet concessis, confirmatis et innovatis. Quibus omnibus et singulis illorum tenores presentibus pro plene et sufficienter expressis, ac de verbo ad verbum insertis habentes, illis alias in suo robore permansuris ad

régences ou chaires ne veulent pas se soumettre à faire leurs leçons dans l'auditoire public de l'Université : *Si in publico*, est-il dit, au statut quinzième, *Universitatis auditorio legere velint ; alioquin penitus arceantur*.

Quatrièmement. Enfin, pour d'autres raisons que nous nous réservons d'exposer dans son temps, à qui de droit.

En foi de quoi avons signé à Avignon, ce 22 du mois d'août 1781.

Signés : F. Louis Dupoy, professeur des arts, prêcheur, F. Jacques Petit, ancien professeur des arts, prêcheur, F. Pierre Bordenave, docteur régent et ancien professeur des arts, prêcheur.

La faculté des arts posa elle aussi ses conditions qui d'ailleurs furent acceptées : car elles étaient identiques à celles imposées à propos de l'agrégation de la classe de théologie. Il était spécifié que le régent de la chaire de philosophie, fondée par Mgr de Marinis, aurait dans tous les actes la préséance sur les professeurs de philosophie du séminaire. Ces deux requêtes ayant été ainsi favorablement accueillies par les facultés intéressées, le college des docteurs en droit agrégés se réunit le 17 septembre 1781 et vota définitivement cette double agrégation.

C'est alors que l'abbé Roux, voulant témoigner à l'Université des bonnes intentions du séminaire, donna le premier l'exemple de sa soumission aux conditions posées, en se faisant recevoir à l'agrégation devant la faculté de théologie d'Avignon (23 avril 1782) ; il était déjà docteur de celle de Valence.

præmissorum effectum hac vice dumtaxat specialiter et expresse derogamus, cœterisque contrariis quibuscumque.

Datum Romæ, apud Sanctum Petrum, sub annulo piscatoris, vigesimo quarto januarii, anno millesimo septingentesimo octogesimo sexto, pontificatus nostri anno undecimo. B. Mariscotus.

LXXVII

Breve Domini Pii, papæ sexti, approbationis et confirmationis aggregationis Seminarii Sanctæ Mariæ a Sancta Custodia Avenionensis classibus Theologiæ et philosophiæ Universitatis generalis studii ejusdem civitatis, a Primicerio et doctorum aggregatorum collegio factæ (1).

(24 jan. 1786)

Copie papier de l'original perdu : Archives de l'Université, D. 42.

Pius Papa sextus, ad perpetuam rei memoriam. Quoties a nobis illud petitur quod ad religionem ac liberalium disciplinarum studia promovenda unde in rei sacræ et civilis rectam, absolutamque administrationem in-

---

(1) En 1698, fut fondé à Ste-Garde, dans la solitude des champs, près le village de St-Didier-sur-Peines, par l'abbé Martin, curé de ce lieu, l'abbé Bertet, prêtre d'Avignon, et l'abbé de Salvador, aussi prêtre d'Avignon et ancien officier au service de France, une *congrégation dite des prêtres de Ste-Garde*, dont le but était, avec les missions dans les campagnes, l'éducation de la jeunesse dans les séminaires ecclésiastiques, pour former ainsi contre l'esprit d'hérésie une nombreuse phalange de missionnaires dévoués. De là, la création par eux du séminaire de Ste-Garde d'Avignon, dont les locaux sont occupés aujourd'hui par le palais de justice et qui, avant l'installation du séminaire (1710), était le couvent des religieuses célestes. (Voy. sur ce séminaire : *La vie de Messire Joseph François de Salvador, second supérieur de la congrégation des prêtres de Notre-Dame de Ste-Garde, fondateur du séminaire d'Avignon ; avec les pieux sentiments et principaux traits de Messire Alexandre Martin, curé du lieu de St-Didier, fondateur de la chapelle de Notre-Dame de Ste-Garde,* Avignon, Louis Chambeau, 1761, in-12 ; — id. chez le même en 1758 : *Abrégé de la vie de Laurent-Dominique Bertet, fondateur de la congrégation de N.-D. de Ste-Garde,* in-12.

Usant d'arguments pareils à ceux dont venait de se servir le séminaire de St-Charles et qui avaient eu un si heureux succès, pour l'agrégation de ses classes, le séminaire de Ste-Garde vint à son tour solliciter la même faveur et dans les mêmes conditions :

gentia bona proveniunt, convenire dignoscitur, animo nos decet libenti concedere et petentium desideriis congruum impertiri suffragium. Exponi siquidem nobis nuper fecerunt dilecti filii superior et directores Seminarii Sanctæ Mariæ

TENEUR de la supplique présentée par Messieurs les Supérieur et Directeurs de Notre-Dame de Ste-Garde.

Almæ Universitati Avenionensi
Pro Seminario Dominæ nostræ a Sancta Custodia.

« Nos Superior et Directores Communitatis Nostræ Dominæ a Sancta Custodia in hacce civitate Avenionensi institutæ, fidem et jura ad Dei gloriam et Cleri Secularis propagationem revelare volentes, suppliciter ab Excellentissimo Almæ Universitatis Avenionensis Cancellario, perillustri ejusdem Primicerio, decano meritissimo facultatis theologiæ, Clarissimis antecessoribus et Doctoribus juris utriusque ac artium liberalium Magistris in eisdem facultatibus respectivè aggregatis, petimus, ut, iis comitiis, si quæ fiant: S S Papæ nostri felicis memoriæ Benedicti XIV. legantur quæ in Bulla Sanctitatis suæ : *Universalis Dominici gregis*, inscripta sunt ad ejusdem congregationis secularis confirmationem : noverint duplex esse apud nos exercitiorum genus : aliud pro instituendis in Seminario clericis, aliud pro missionibus rite faciendis. Ad utrumque igitur parati sunt socii nostri pro opportunitate loci et temporis suscipiendum ; primarius licet congregationis nostræ scopus sit missionibus vacare, Seminarium tamen institutendum erat ut, ex clericis qui in illo vivunt, ii seligerentur quos ad opus suum videretur Deus assumpsisse. Hanc paginam a Domino Josepho Francisco de Salvador almæ vestræ Universitatis aggregato compositam S. S. Papa solemniter approbavit et servari præcipit.

« Ne autem recentis Seminarii nostri erectio Diœcesi Avenionensi no cere videatur, præfatam Bullam Benedicti XIV. petiit D. de Salvador ab illustrissimo ac reverendo Domino Josepho de Guyon de Crochans, archiepiscopo inscribi in Registris Archiepiscopalibus, et protestatus est actu solemninos si quo nomine Seminarii, favente illustrissimo archiepiscopo Avenionensi gaudeat præfata nostra communitas ecclesiastica nunquam intellexisse, sicut nec nunc intelligimus hanc nostram communitatem Ecclesiasticam esse Seminarium illud cui fundando, construendo, dotando aut sustentando, juxta sacri concilii Tridentini mentem a mensa archiepiscopali aut clero, si opus fuerit, debet provideri ; imo etiam tandem declaramus nos post obtentam a summo Pontifice Bullam approbationis et confirmationis congregationis nostræ non posse nunc et in perpetuum in quâcumque necessitate a præfata mensâ archiepiscopali aut clero aliquid

della Santa Gardia Avenionensis, quod alias nempe sub diebus decimâ tertiâ, decimâ octavâ et vigesimâ primâ mensis novembris, anno millesimo septingentesimo octogesimo secundo, Primicerius et Collegium doctorum ac professorum

repetere, neque pro constructione, neque pro renovatione demûs neque pro dotatione aut sustentatione nostra et successorum nostrorum ; in quorum fidem hoc præsens instrumentum tanquam grati animi nostri monumentum in publicis Cancell. Archiepiscopalis Registris inscribi suppliciter petimus.

« Gaudet ergo hoc recens Seminarium sedis Apostolicæ approbatione ; inscriptam approbationis formam noverunt et approbaverunt Illustrissimi Archiepiscopi de Gonteriis, de Crochans, de Manzi; nec minus favit et auxit Excellentissimus et amantissimus dominus de Giovio archiepiscopus noster, Universitatis Cancellarius, a quo Reverendissimi domini Josephi Francisci de Salvador de civitate et Universitate semper benemeriti memoriam optamus celebrare, qui a primævis vocationis suæ diebus, nihil non gessit ut devios ad rectam viam reduceret.

« Tanti hujus viri vestigiis inhærere hactenus professi sunt socii nostri quos fide purâ, spe firmâ, ardenti Christi amore ductos elegerunt in Diœcesibus suis Episcopi et facti sunt forma gregis ex animo.

« Faveat ergo, suppliciter petimus, alma Universitas ut sacræ theologiæ philosophiæque alumni nostri interni attentius, acrius, vehementius incumbant, et in missionibus, fidei morumque regulis servandis aptiores fiant. Faveat has nostras scholas tum sacræ theologiæ, tum philosophiæ facultatibus, servatis servandis, aggregari. LAMBERTIN, superior vicarius generalis, IMBARD, superiori adjunctus *(sic signati in dictâ supplicatione.* (Archives de l'Université, D. 42).

L'Université accueillit également bien cette nouvelle supplique et vota l'agrégation des classes de philosophie et de théologie de cet autre séminaire à ses facultés des arts et de théologie (20 novembre 1782). Si par dépit ou lassitude les Dominicains ne protestèrent pas cette fois, du moins ils témoignèrent plus vivement encore de leur mécontentement. Déjà le 24 juillet 1782, le Père Louis Dupoy, régent de la classe de philosophie, fondée par Mgr de Marinis, avait donné sa démission et après être restés longtemps sans le remplacer, les Dominicains avaient fini par déclarer au Primicier qu'ils avaient décidé d'abandonner cette chaire à cause des frais considérables d'entretien qu'elle leur imposait et pour lesquels l'Université ne leur donnait aucune compensation. Le Père Bordenave, professeur de la classe de théologie scholastique, dûe également aux libéralités du même archevêque, donna lui aussi sa démission et ne fut point remplacé. Enfin, le Père Louis Ricard, titulaire de la régence de théologie morale, fondée

Universitatis studiorum Avenionensis Seminarium predictum. Classibus theologiæ et philosophiæ ejusdem Universitatis aggregarunt. Cum autem, sicut eadem expositio subjungebat,

par Messire Etienne Millaret (voy, *pièce LXXI*), demanda un substitut, prétextant que sa santé ne lui permettait pas de remplir ses fonctions. Devant une défection calculée et si complète, l'Université, mise d'ailleurs dans un très grand embarras, dut recourir à l'archevêque pour aviser à cette fâcheuse situation. A la suite de concessions réciproques, les Dominicains reprirent leur enseignement dans les écoles universitaires. (23 novembre 1782).

Quoi qu'il en soit, ces diverses agrégations, aussi bien des classes du séminaire de St-Charles que de celles du séminaire de Ste-Garde, n'avaient été consenties par l'Université que sous la réserve de l'approbation du pape, indispensable en pareille matière et de qui elle dépendait tout entière. C'est ce qui nécessita de la part des supérieurs de St-Charles et de Ste-Garde, des instances longues et onéreuses en cour de Rome, mais dont nos lecteurs connaissent déjà le résultat par la lecture des deux brefs ci-dessus.

D'un autre côté, notre Université, en agrégeant ces divers séminaires, ou, pour employer l'expression usitée à l'époque, en rendant leurs classes *académiques*, suivait un exemple donné en France à diverses reprises.

Ainsi, les séminaires de Viviers et du Bourg-St-Andéol, avaient été agrégés aux facultés des arts et de théologie de l'Université de Valence par lettres-patentes du 15 décembre 1737, faveur qu'avaient obtenue également de la même Université et à la même époque, les séminaires de Lyon, du Puy et, en 1739, celui de Clermont. Les uns et les autres étaient dirigés, comme celui d'Avignon, par les Sulpiciens. Ajoutons cependant que quelques années plus tard, l'évêque de Périgueux, ayant voulu agréger son séminaire à l'Université de Bordeaux, non seulement celle-ci s'y était opposée formellement, mais, qu'avertie par elle, l'Université de Paris était intervenue dans le débat et avait adressé une requête au roi contre le projet de Mgr de Périgueux, exposant, entre autres arguments qu'une assez longue expérience avait fait connaître que les études étaient faibles et languissantes dans les séminaires et qu'elles n'offraient pas les garanties que le concordat et les lois du royaume exigeaient des candidats aux grades académiques. Cette requête fit impression sur l'esprit du chancelier, d'Aguesseau qui avait approuvé autrefois l'agrégation des séminaires de Viviers, du Puy et de Lyon à l'Université de Valence et qui, cette fois, repoussa formellement celle du séminaire de Périgueux à l'Université de Bordeaux. Désormais il n'y avait plus eu en France de tentatives de ce genre. (Voy. *Histoire de l'Université de Paris au XVIIe et au XVIIIe siècle par Charles Jourdain*. Paris, 1862.)

exponentes, presenti, ut aggregatio hujusmodi firmius et subsistat et servetur exactius, apostolicæ confirmationis patrocinio communiri summopere desiderent : nobis propterea humiliter supplicari fecerunt, ut in præmissis opportune providere, et ut infra indulgere de benignitate apostolica dignaremur.

Nos igitur exponentium predictorum votis, quantum cum Domino possumus, favorabiliter annuere volentes, eorumque singulares personas a quibusvis excommunicationis, suspensi et interdicti, aliisque ecclesiasticis sententiis, censuris et pœnis, a jure vel ab homine quâvis occasione vel causâ latis, si quibus quomodolibet innodatæ existunt, ad effectum presentium dumtaxat consequendum, harum serie absolventes et absolutas fore censentes, supplicationibus hujusmodi inclinati : *aggregationem predictam ac omnia et singula in eâ contenta auctoritate apostolica tenore presentium, perpetuo confirmamus et approbamus,* illique inviolabilis apostolicæ firmitatis robur adjicimus, ac omnes et singulos juris et facti defectus, si qui desuper in eisdem quomodolibet intervenerint, supplemus. Decernentes has presentes litteras semper firmas, validas et efficaces existere et fore, suosque plenarios et integros effectus sortiri et obtinere, et illis ad quos spectabit quomodolibet in futurum inviolabiliter observari. Sicque in præmissis per quoscumque judices ordinarios et delegatos, etiam causarum palatii Apostolici auditores judicari, et definiri debere, ac irritum et inane, si secus super hiis a quoquam quâvis auctoritate scienter vel ignorantes contigerit attentari. Nonobstantibus constitutionibus et oidinationibus apostolicis, necnon, quatenus opus sit, Universitatis et Seminarii predictorum etiam juramento, confirmatione apostolicâ, vel quavis firmitate alia roboratis statutis et consuetudinibus, privilegiis quoque, induitis ac litteris apostolicis in contrarium præmissorum quomodolibet concessis, confirmatis et innovatis. Quibus omnibus et singulis illorum tenores præsentibus pro plene et sufficienter expressis, ac de verbo ad verbum insertis habentes, illis alias in suo robore permansuris ad premissorum effectum hac vice dumtaxat specialiter et expresse derogamus, cæterisque contrariis quibuscumque.

Datum Romæ, apud Sanctum Petrum, sub annulo piscatoris, die januarii vigesimo quarto, anno millesimo septingentesimo octogesimo sexto, Pontificatus nostri, anno undecimo. B. Mariscotus.

LXXVIII

Breve domini Pii, papæ sexti, quo declaratur Primiceriatum Universitatis generalis studii Avenionensis solummodo in posterum constituere titulum primordialem veræ nobilitatis ad descendentes transmissibilem, si quis aut ipse, aut pater et filius, aut alter per rectam lineam descendens per duas disjunctas vices ad officium hujusmodi electus illoque functus fuerit, etc. (1).

(22 august. 1788)

Original parchemin dépourvu de l'empreinte du sceau du pêcheur dont il était muni : Archives de l'Université, D. 45 ; — copies papier : Mêmes archives, D. 42 et D. 46 ; — id. : Collection manuscrite ; *fonds* Requien : *série* Université, tome III : bibliothèque du Musée-Calvet d'Avignon.

Pius Papa sextus ad perpetuam rei memoriam. Postquam Deo placuit omnipotenti, qui ex summâ misericordiâ et bonitate suâ vocat ea quæ non sunt tanquam ea quæ sunt, humilitatem nostram ad Universalis

---

(1) On se rappelle qu'un bref de Benoît XIII (*bref LXXII*) portait que le Primicériat de l'Université d'Avignon avait valu par le passé et vaudrait à l'avenir pour ceux de ses membres revêtus de cette charge titre primordial de noblesse, transmissible aux descendants. Cependant l'exercice de cette noblesse, rencontrait de grandes difficultés en France à la fin du XVIIIᵉ siècle, et toute une liasse de documents et de lettres contenues dans les archives de l'Université d'Avignon, D. 45, concerne les négociations engagées par elle aux cours de Rome et de Paris sur les modifications à introduire dans le bref de Benoît XIII pour qu'il eût plein effet dans le royaume. Cette question passionnait la noblesse d'Avignon et du Comtat ; elle en attendait la solution avec la plus vive impatience, car, en majeure partie, elle tenait ses titres des fonctions universitaires remplies par les membres de ses familles. Grâce à de puissantes protections et surtout aux bons offices du cardinal de Bernis et de l'abbé Nardi, agent de la ville d'Avignon à Paris, l'Université put, en sacrifiant quelque

Ecclesiæ regimen vocare, licet prorsus immerito, ex eo tempore sublimorum principum votis, quantum res tulerunt et in nobis fuit, suffragandum esse plane intelleximus ut qui devotione ac fide erga hanc Sanctam Sedem commendabiles erant, hisce novis devincti beneficiis, et in eadem devotione ac fide erga ipsam apostolicam sedem sincerè persisterent, et in difficillimis præsertim hisce Ecclesiæ temporibus, illam pro viribus defenderent, atque tuerentur. Alias siquidem pro parte carissimi in Christo filii nostri Ludovici Galliarum Regis Christianissimi, nobis expositum fuit quod alias felicis recordationis Benedictus Papa decimus tertius, Prædecessor noster per suas in simili forma Brevis, die decima septima septembris anni millesimi septingentesimi vigesimi octavi expeditas Literas, declaravit Primiceriatum Universitatis studii generalis Civitatis nostræ, tunc suæ, Avenionensis, tam de præterito quam in posterum esse et fuisse, ac constituere et constituisse titulum primordialem veræ nobilitatis ad descendentes transmissibilem (1).

Cum autem, sicut eadem expositio subjungebat per constitutiones, ac statuta dictæ Universitatis a felicis recordationis Bonifacio pape octavo et Johanne papa vigesimo tertio ac Leone papa decimo predecessoribus itidem nostris, præsertim confirmata, cautum præscriptum quesit officium hujusmodi ad annum dumtaxat durare ; nobiles]vero Avenio-

---

chose de ses prétentions sur ce chef — prétentions qui du reste, avaient pour base le bief de Benoît XIII confirmé par Benoît XIV (*bref LXXIII*)—; l'Université, disons-nous, put voir ces négociations couronnées de succès. Le bref de Pie VI, que nous donnons ci-dessus, n'est que l'expression des modifications demandées par la cour de France au bref de Benoît XIII pour le rendre exécutoire dans toute l'étendue du royaume. Il porte en substance qu'il y a bien pour le Primicier attribution du titre de noblesse, mais à la condition qu'il aura été appelé deux fois à ces fonctions ou que deux descendants en ligne directe de la même famille auront exercé cette charge.

(1) Voy. bref LXXII.

nenses et Comitatus nostri Venayssini æque nobiles in Galliarum Regnis habeantur atque reputentur, ne nimium multi prærogativam hanc obtineant, idcirco officium hujusmodi in posterum ad vitam dumtaxat esse concedendum declarari, aut aliter huic incommodo per nos occurri summopere desiderat. Nobis propterea humiliter supplicari fecit ut in præmissis opportune providere et ut infra indulgere de benignitate apostolicâ dignaremur.

Nos igitur considerantes quod si officium Primiceriatûs dictæ Universitatis deinceps ad vitam tanquam concedatur, hinc penitus quasi everteretur optima dictæ Universitatis methodus; contra vero ejusdem Ludovici Regis christianissimi votis, quantum in Domino possumus, annuere volentes, supplicationibus hujusmodi inclinati, memoratas Benedictinas literas per præsentes plenè ac sufficienter expressas ac de verbo ad verbum insertas habentes : *Primiceriatum dictæ Universitatis in posterum non constituere titulum primordialem veræ nobilitatis ad descendentes transmissibilem, semperque aliis omnibus, ad omnes et quoscumque effectus ad formam earumdem literarum Benedicti predecessoris allegabilem, nisi dum quis aut ipsemet aut pater et filius, aut alter per rectam lineam descendens per duas disjunctas vices ad officium hujusmodi electus illoque functus fuerit; unde eadem familia semel ac iterum officium hujusmodi obtinuerit; ità tamen ut titula primordialia nobilitatis, quæ ab iis qui officium hujusmodi exercuerunt, et ab illorum descendentibus ad formam dictæ Constitutionis Benedictinæ huc usque acquisita sunt, salva et illæsa permaneant, auctoritate Apostolicâ tenore presentium declaramus,* decernentes easdem presentes literas semper firmas, validas et efficaces existere ac fore, suosque plenarios et integros effectus sortiri et obtinere, ac illis plenissime suffragati et ab omnibus, ad quos spectat et spectabit quomodolibet in futurum inviolabiliter observari; sicque in præmissis per quoscumque judices ordinarios et delegatos, et causarum Palatii Apostolici auditores et Sedis Apostolicæ Nuncios, ac Sanctæ Romanæ Ecclesiæ Cardinales, etiam de Latere legatos, sublata eis et eorum cuilibet quavis aliter judicandi et interpretandi facultate et auctoritate, judicari et definiri debere ac irritum et inane, si secus super hiis a quoquam quavis auctoritate scienter vel ignoranter contigerit attentari. Non obstantibus Benedicti decimi tertii præsentibus Literis, aliisque constitutionibus et ordinationibus Apostolicis, cæterisque contrariis quibuscumque.

Datum Romæ, apud Sanctam Mariam Majorem, sub annulo piscatoris die vigesimo secundo augusti, anno millesimo septingentesimo octogesimo octavo, Pontificatus nostri anno decimo quarto. Braschius de Honestis.

LXXIX

Lettres-patentes de Louis XVI, roi de France et de Navarre, reconnaissant et confirmant l'état de noblesse provenant de la charge de Primicier de l'Université d'Avignon (1).

(22 janv, 1789)

Original parchemin avec signature autographe du roi, mais dépourvu du sceau sur lacs de soie rouge et verte dont il était muni : Archives de l'Université, D. 45.

Louis par la grace de Dieu, Roy de France et de Navarre, Dauphin de Viennois, Comte de Valentinois et Diois, Provence, Forcalquier et terres adjacentes. A tous présens et à venir, Salut. Toujours disposé à traiter

---

(1) Une fois l'accord fait entre les cours de France et de Rome, accord déjà scellé par le nouveau bref de Pie VI (*bref LXXVIII*), le roi de France n'hésita plus à conférer les lettres-patentes qui devaient assurer l'exercice en France du droit de noblesse attaché au Primicériat de l'Université d'Avignon. Ainsi fut solennellement abrogé l'article XXXV de l'édit de mars 1769, relatif à la création d'une sénéchaussée à Avignon et d'une autre à Carpentras, qui, en supprimant « tous les privilèges qui attachaient ci devant à certaines charges, la noblesse transmissible au premier degré » avait porté un si rude coup à l'Université d'Avignon, — le Primicier avait perdu par le fait, le plus grand privilège attaché à sa charge — et avait été une des origines de l'opposition que rencontrait en France la reconnaissance de la noblesse due au Primicériat.

Ces lettres-patentes furent apportées à Avignon et remises solennellement au Primicier en exercice, en présence des docteurs agrégés par le chevalier de l'Espine. Un de leurs premiers effets, fut de réveiller l'ambition des docteurs agrégés qui, eux aussi, voulurent, comme le Primicier, avoir leur noblesse dont ils établirent le droit, dans un mémoire spécial, qui fit l'objet d'une délibération du 12 avril 1789. Mais, hélas ! les docteurs agrégés pas plus que les Primiciers ne devaient bénéficier du bref de Pie VI, confirmé par les lettres-patentes de Louis XVI. Déjà, un

favorablement les habitans et la noblesse de la ville d'Avignon et du Comté-Venaissin et à leur donner de nouvelles marques de notre bienveillance, dont ils ont eu plusieurs preuves depuis notre avènement au trône et notamment dans nos lettres-patentes du mois de décembre mil sept cent soixante quatorze et du trente avril mil sept cent quatre vingt quatre, par lesquelles nous les traitons à l'instar de nos sujets regnicoles (1) : nous nous sommes fait représenter le bref du pape Benoist XIII du dix septembre mil sept cent vingt huit, par lequel Sa Sainteté a déclaré que la place de Primicier de l'Université d'Avignon formerait à l'avenir le titre primordial d'une vraie noblesse transmissible aux descendans (2); prérogative que le pape Benoist XIV a depuis confirmée par son bref de Constitution de la dite Université, donné le dix octobre mil sept cent quarante cinq (3); mais cette place étant élective et son exercice ne devant durer qu'un an, nous avons jugé que si le titre primordial d'une vraie noblesse qu'elle

souffle d'égalité courait sur la France. L'Assemblée nationale, dans sa mémorable séance de nuit du 19 juin 1790, abolit la noblesse héréditaire, tous les titres distinctifs et qualifications, et son décret, sanctionné par le roi (23 juin), reçut bientôt son exécution en France. Avignon mit, dans l'adoption de ce décret, toute son ardeur de néophyte et voulut faire parade d'un civisme, d'autant plus grand, qu'il était français depuis un temps moins long. L'an 1790, et le 8 décembre, sur la dénonciation de Pierre Claude Vinay, substitut du procureur de la commune, la municipalité de cette ville défendait à l'Université de donner à ses membres les titres de *chevaliers*, *nobles*, etc., contraires au décret du 19 juin 1790, qui abolit la noblesse (voy. la *pièce suivante LXXX*). L'agonie de notre Université commençait... !

(1) Ces lettres-patentes se trouvent aux *Archives municipales d'Avignon*, boîte 56. Les unes portent confirmation des privilèges accordés aux habitants d'Avignon et du Comtat par les rois de France, prédécesseurs de Louis XVI ; les secondes concernent les preuves de noblesse à faire par ces mêmes habitants pour que leurs titres soient reconnus valables.

(2) Voy. bref LXXII.
(3) Voy. bref LXXIII.

procure, était reconnu en France, il en résulterait l'inconvénient de former un trop grand nombre de personnes jouissant
des prérogatives de la noblesse en notre royaume. Nous
avons en conséquence fait parvenir nos observations à ce sujet
à notre Saint-Père le Pape, en lui témoignant le désir que
cette place ne fût conférée qu'à vie, mais Sa Sainteté nous a
fait exposer que ce seroit pour ainsi dire renverser de fond en
comble le meilleur usage de la dite Université (1) ; cependant
ayant égard à notre représentation et désirant faire chose qui
nous fût agréable, elle a par son bref du vingt deux août
dernier, déclaré qu'à l'avenir la dite place de Primicier de
l'Université d'Avignon, ne pourra former un titre primordial et constitutif d'une vraie noblesse transmissible aux descendans qu'autant qu'elle aura été remplie deux fois différen-

(1) En effet, dans le courant du mois de février 1786, le bruit s'étant répandu
à Avignon que la cour de France avait demandé à Rome que le Primicériat
fût désormais donné à vie, afin d'éviter ainsi le trop grand nombre de gens
ennoblis que fournissait l'élection annuelle, et qu'à la seule condition
le titre de noblesse conféré par cette charge serait reconnu en France, les
docteurs agrégés s'émurent d'une pareille rumeur, et le Primicier en exercice écrivit immédiatement au chevalier Boisani, procureur de l'Université
en cour de Rome, pour lui faire connaître que l'Université renoncerait à cette
faveur plutôt que de consentir à ce qu'un seul exerçât le Primicériat *ad
vitam ;* d'autant qu'en somme le titre de noblesse accordé par les papes
n'était contesté en ce moment que par la France, l'ordre de Malte n'ayant
jamais soulevé aucune contestation à son sujet. Le Primicier alléguait encore
qu'il y avait intérêt à ce que l'élection annuelle du Primicier fût mainte-
nue, car si ce fonctionnaire était nommé à vie ou tout au moins pour un
certain nombre d'années, l'émulation n'attirerait plus aucun sujet à l'Université et le découragement gagnerait ceux mêmes qui composaient actuellement le corps des docteurs agrégés. Et tandis que le Primicier s'exprimait
ainsi, le collège des docteurs agrégés votait à l'unanimité, le 16 février 1786,
qu'on implorerait la protection du cardinal Salviati, autrefois vice-légat à
Avignon, pour obtenir que le pape résistât aux sollicitations de la cour de
France et maintint l'Université dans la jouissance du droit qu'elle avait
d'élire annuellement son Primicier, conformément à ses statuts confirmés
par l'autorité pontificale.

tes et par deux élections distinctes et non consécutives, soit par la même personne, soit par le père et le fils ou autre descendant en ligne directe, en sorte que la même famille ait obtenu deux fois cette place, et ce sans apporter aucune altération aux titres de noblesse qui ont été acquis jusqu'à présent à ceux qui ont exercé la dite place, conformément au dit bref du pape Benoist XIII et à leurs descendans (1); et voulant, par une suite de la considération et des égards particuliers que nous avons pour le Saint-Siège, que les dispositions des dits brefs et notamment de celui du vingt deux août dernier, ayent leur pleine et entière exécution dans notre royaume, nous avons résolu d'expliquer à ce sujet nos intentions.

A CES CAUSES, de l'avis de notre Conseil qui a vu les dits brefs attachés sous le contrescel de notre Chancellerie et de notre grace spéciale, pleine puissance et autorité royale, nous avons ordonné et par ces présentes signées de notre main, *nous ordonnons que les dits brefs seront exécutés dans notre royaume et dans tous les pays de notre domination, selon leur forme et teneur. Voulons en conséquence que l'état de noblesse provenant de la dite place de Primicier de l'Université d'Avignon, soit reconnu et maintenu aux clauses et conditions portées par le bref du pape du vingt deux août dernier.*

SI DONNONS EN MANDEMENT, à nos amis et feaux Conseillers, gens tenant nos cours de Parlement, nos Chambres des comptes et nos cours des aides, nos présidents et trésoriers de France et tous autres nos officiers et justiciers qu'il appartiendra, que notre procureur général appelé, si leur appert qu'aux dits brefs, il n'y ait rien de contraire aux saints décrets et constitutions canoniques, aux maximes et ordonnances de notre royaume, aux privilèges, franchises et libertés de l'Eglise

(1) Voy. bref LXXII.

gallicane, non plus qu'à nos droits et à ceux d'autrui, ils ayent en ce cas à faire registrer ces présentes et le contenu en icelles, et aux dits brefs faire garder, observer et exécuter selon leur forme et teneur ; car tel est notre plaisir, et afin que ce soit chose ferme et stable a toujours, nous avons fait mettre notre sceel à ces dites présentes.

Donné à Versailles, le vingt-deuxième jour de janvier, l'an de grâce mil sept cent quatre vingt neuf et de notre règne le quinzième. Louis *(autographe)*.

LXXX

Délibération et décret du conseil municipal de la commune d'Avignon, abolissant les titres de noblesse concédés à l'Université, et ce en conformité d'un autre décret de l'Assemblée nationale de France sur pareil objet (1).

(8 décembre 1790)

Original papier : Archives municipales d'Avignon, registre des délibérations du conseil de ville pour l'année 1790, — *copie imprimée* (*placard*) : Archives de l'Université, D. 45.

L'AN mil sept cent quatre-vingt dix et le huitième décembre, le Conseil municipal de la commune étant assemblé à la manière accoutumée, M. Pierre-

---

(1) Cette délibération et ce décret furent le point de départ d'une série de spoliations, qui aboutirent à la ruine de l'Université.

Peu de temps après ce premier décret de la commune d'Avignon, le Primicier recevait, à son tour, l'ordre d'enlever de la porte de sa maison les armoiries de l'Université.

« De la part de la municipalité, il est enjoint à Monsieur Teste, Primicier, de faire enlever, dans la journée, les armoiries qui sont placées sur sa porte, d'après la délibération du conseil ». Donné dans la maison commune ce 12 février 1791.

(*Signés*) Richard, maire, Coulet, Minvielle, Gluais, *officiers municipaux*.

Dans le même mois, deux nouvelles significations furent faites à l'Université, l'une portant inhibitions de disposer des sommes provenant de l'acte du grade de bachelier, l'autre enjoignant de faire signer désormais tous les certificats d'études non plus à l'archevêque ou à son délégué, mais au chanoine Maliere, agréé comme grand vicaire par la municipalité.

Nous donnons ci-dessous ces deux documents :

1º « Du mandement de MM. les juges nationaux de cette ville d'Avignon, à la requête de MM. Cochet, père et fils, et Vinay frères, docteurs agrégés en l'Université de cette ville, soient faites très expresses inhibitions à Monsieur Chambeau secrétaire de la dite Université de disposer

Claude-Vinay, homme de loi, substitut du procureur de la commune, est entré et a dit :

des sommes provenant du grade de bachelier cejourd'hui conféré à Monsieur Jean Marie Sallet de la ville de Saint-Aignan, qu'en faveur des docteurs qui ont assisté audit acte, à peine d'en répondre en son propre de tous dépens, dommages et intérêts, de 25 marcs d'argent au fisc national et autre, suivant l'ordonnance, »

A Avignon, ce 24 février 1791. — Cade, *greffier*.

« En la cause de MM. Cochet, père et fils, et Vinay frères, docteurs aggrégés en l'Université de cette ville, contre MM. le Primicier, professeurs et docteurs de ladite Université :

« Du mandement de MM. les juges nationaux de cette ville d'Avignon à la requête desdits sieurs Cochet, père et fils, et Vinay frères, soit intimé et signifié à M. Chambeau, secrétaire de l'Université de cette ville, que par décret cejourd'hui rendu en cette cause par lesdits sieurs juges, il a été ordonné que les portions des sommes provenant du grade de bachelier conféré le jour de hier à Monsieur Sallet de la ville de St-Aignan, *ainsi que celles qui proviendront des grades qui seront conférés à l'avenir et qui compèteront aux professeurs ou docteurs de ladite Université qui n'assisteront pas aux actes desdits gradués, seront partagés entre les docteurs qui y ont assisté ou y assisteront*, aux fins qu'ils n'en ignorent. »

A Avignon ce 25 février 1791. — Cade, *greffier*.

2° « Il est enjoint au sieur Chambaud, secrétaire de l'Université de ne point faire signer les certificats d'études aux sieurs Poulle et Roux, cydevant grands vicaires, et encore moins audit sieur Giorio, et de s'adresser à l'avenir à M. Mahere, vicaire-général pour les attestations et autres choses relatives. »

A Avignon ce 27 février 1791.

Richard, maire ; J. Gérard, officier municipal ; Mouvant, prêtre de l'oratoire, officier municipal ;

Les circonstances sont telles d'ailleurs, qu'au mois de mai de cette même année, quand vint l'époque de la procession de la fête-Dieu, jour où le Primicier faisait chaque année son invitation aux docteurs aggrégés pour les prier de se joindre à lui, afin d'assister en corps à cette cérémonie, l'invitation ne fut point faite, attendu que le Primicier avait résolu de ne point s'y rendre. L'Université n'y fut donc aucunement représentée, et après la procession n'eut pas lieu non plus le traditionnel banquet offert par le Primicier aux docteurs agrégés. Bien plus, quelques jours plus tard, le 11 juin 1791, le collège des docteurs agrégés assemblé

Messieurs, le peuple avignonais, avant de prononcer sa réunion à l'empire français, avait déjà délibéré l'adoption de

décida, vu la situation qui était faite à l'Université, de ne pas procéder à l'élection d'un nouveau Primicier et de prier Monsieur Augustin Teste, actuellement en exercice de continuer d'occuper cette charge jusqu'à nouvel ordre.

De fait, l'Université d'Avignon ne vécut plus que quelques mois, et bien que la suppression des Universités en France, ne date que du décret de la Convention du 15 septembre 1793, depuis longtemps l'existence de celle d'Avignon n'était plus que virtuelle ; le 13 juin 1792, elle avait promu son dernier gradué ; depuis, les leçons avaient cessé, les étudiants avaient disparu et professeurs et docteurs agrégés s'étaient dispersés. Le 28 août 1792, elle avait dû remettre sa masse d'argent à la municipalité qui en avait donné l'ordre à Chambaud, secrétaire et massier par ce billet :

« Nous, commissaires pour la séquestration des biens nationaux soussignés, prions et requérons Monsieur Chambaud, massier de l'Université, de remettre au porteur du présent ou de la faire parvenir à leur bureau au cy-devant couvent de St-Laurent, la masse d'argent de l'Université. »

A Avignon, le 28 août 1792, l'an IV de la liberté.

Rassis, commissaire, D. Palun, officier municipal, commissaire.

Cette remise avait été faite immédiatement, comme l'atteste la quittance remise : « Nous, commissaires pour la séquestration des biens nationaux, avons reçu de Monsieur Chambaud secrétaire de l'Université, une masse d'argent servant à l'usage de ce corps, dont nous le déchargeons. En foi, à Avignon ce 29 août 1792, l'an IV de la liberté.

Rassis, commissaire ; D. Palun, officier municipal, commissaire.

La copie de tous ces décrets ou ordonnances se trouve aux *archives de l'Université d'Avignon*, D 157 ; — sur la masse d'argent, voy. à la deuxième partie du *Cartulaire*.

La vente des bâtiments scolaires de l'Université que la République avait confisqués en vertu des lois du 2 novembre 1789, 23 et 28 octobre 1791, 18 août 1792 sur la suppression des établissements ecclésiastiques et applicables aux ci-devant pays d'Avignon et du Comtat, par celle du 25 mars 1792, commença le 7 juin 1793, et se continua les années suivantes. C'est par la reproduction presque textuelle des indications que nous trouvons au sujet de ces ventes dans les registres cotés : *Répertoire général des ventes d'immeubles ;* AVIGNON, 2ᵉ ARRONDISSEMENT ; et : *Vente d'immeu-*

la Constitution française, et l'exécution de tous les décrets qui étoient émanés ou qui émaneraient de l'Assemblée nationale.

bles du district d'Avignon, tomes I, II et III (Archives du département de Vaucluse), que nous terminerons cette 1re partie du *Cartulaire* :

I° SALLE DES ÉTUDES EN MÉDECINE. — Le 7 juin 1792, vente d'une salle dans Avignon, place des Études, confrontant du midi et du couchant la rue et la susdite place, du nord et du levant, le couvent des *gratuites* [situé rue Pétramale], de la contenance de 47 cannes, 4 pouces quarrés estimée 1435 livres par les citoyens Ponge et Bernard, experts, suivant leur rapport du 16 mai dernier. Vendue a la chandelle et au dernier enchérisseur 1500 livres à... [suivent les noms des acquéreurs]. (Registre : *vente d'immeubles*, etc. Tome I, fol. 32).

II° SALLE DES ÉTUDES DU DROIT. — 22 pluviose an III (17 février 1795) vente de deux salles jointes ensemble, servant ci-devant aux étudians, sises dans Avignon, confrontant du levant, rue et place des études ; au midi, la maison [du couvent des religieuses de la Miséricorde] et sont attachées au couvent de la Miséricorde et la ruelle dite du Chat ; du levant, le restant du jardin de ce couvent, et du couchant, le ci-devant couvent de St-Eutrope ; lesdites deux salles consistant en un grand bâtiment qui n'a qu'un rez-de-chaussée, dont le comble est fort élevé et supporté par deux grands arceaux ; l'un desquels est actuellement fermé par un mur qui sépare d'un tiers à peu près ledit bâtiment sur sa longueur et ne laisse aucune communication [grâce à cette séparation qui avait été effectuée par l'Université, cette grande salle était divisée en deux, l'une pour la classe du droit et l'autre pour celle de la philosophie], et produisant ensemble 84 toises quarrées.

Ce bâtiment, auquel on joignit une partie (82 toises), du jardin qui lui était contigu et dépendant du couvent de la Miséricorde, ainsi qu'un petit hangar adossé au bâtiment, et une petite cour située en avant dudit hangar, soit une nouvelle contenance de 32 toises, deux pieds quarrés, fut vendu en un seul lot, 8.000 livres sur la mise à prix primitive de 3881 livres. (Registre cité, *vente d'immeubles d'Avignon*, etc., tome II, fol. 130).

III° SALLE DES ACTES ET ANCIENNE CLASSE DE LA PHILOSOPHIE. — Le 5 vendémiaire, an V (26 septembre 1796), vente de deux salles, provenant de la ci-devant Université d'Avignon, situées dans l'enceinte de la dite commune, isle 60, et portant les n°s 19 et 20, consistant en un seul membre ou grande salle et l'autre de même, mais ayant en outre un très petit escalier pour monter à un grenier qui se trouve au-dessus de ladite

Postérieurement, il s'est déclaré peuple libre, indépendant et souverain, et s'est réuni à la nation dont il avait toujours

salle ; à côté de laquelle est encore un petit vestibule, après lequel vestibule se trouve encore une petite cour à l'entrée de laquelle est un petit cabinet ayant servi de latrines, et au fond de ladite cour et du même côté, était un puits, qui a été comblé par les enfants, les deux susdites salles ou vestibule ayant en platfond 81 cannes, sept pans et un menu, en quarré, sur 4 cannes hauteur et la basse-cour, quinze cannes un pan, quatre menus quarrés ; confrontant le tout du levant : autre partie de ladite dépendance soumissionnée par le citoyen... (voy ci-dessous, c'est la *classe de théologie*) ; du midi . la rue dite *des Études* ; du nord, maison ou jardin du ci-devant marquis du Conceil ; du couchant, le cul-de-sac, allant au jardin ou écurie et grenier à foin dudit Conceil.

Ces deux salles furent estimées comme valant en 1790, en revenu annuel, la somme de deux cent livres, revenu qui, multiplié d'après la loi pu dix-huit, donnait en capital, 3.600 livres ; ce fut le prix d'estime auquel elles furent mises en vente et adjugées au citoyen . (registre : *Vente d'immeubles*, etc., tome III, n° 507.

IV° SALLE DE LA THÉOLOGIE. — Le 22 germinal, an III, (11 avril 1797) vente d'une salle située dans l'enceinte de la commune d'Avignon, rue des Études, isle 60, n° 21, confrontant du levant : la maison du citoyen Franque ; du midi : la susdite rue *des Études* ; du couchant . une autre salle de l'Université soumissionnée par le citoyen . [c'est la *salle des actes* ; voy. ci dessus] et du nord : maison et jardin dudit Franque. Le bâtiment consiste en une grande salle au rez-de-chaussée, contenant 57 cannes, et un pan estimée en revenu net, 80 livres et en capital 1440 livres ; vendu aux enchères à ce prix au citoyen . (registre : *vente d'immeubles*, etc., tome IV, n° 787.

V° JARDIN BOTANIQUE ET SES DÉPENDANCES — Le 15 thermidor, an IV, (2 août 1795), vente d'une maison située dans l'enceinte de la commune dudit Avignon, rue Carreterie, isle 2, n° 10, provenant du ci-devant corps des médecins de ladite commune, consistant ladite maison en deux cours et un jardin où se trouvent deux serres ; confrontant du levant : le citoyen... ; du midi : ladite rue Carreterie ; du couchant : la veuve... ; et du nord : le rempart ; ayant ladite maison son entrée sur ladite rue Carreterie par un passage, contenant du levant au couchant, une canne deux pans, et du midi au nord, sept cannes cinq pans ; dans l'intérieur, une cuisine qui a trois cannes, du levant au couchant et du midi au nord, trois cannes, un pan; au dessus de laquelle sont trois chambres qui anti-

fait partie, et dont il n'avait été séparé que par un acte nul et illégal, au préjudice des droits imprescriptibles des peuples (1).

cipent soit au-dessus ou au-dessous dans la maison de la dite veuve.... Ce susdit jardin a du levant au couchant, treize cannes, et du midi au nord, vingt-deux cannes, quatorze pans ; une des serres qui est au levant dudit jardin a du midi au nord, deux cannnes, sept pans, et du levant au couchant, deux cannes, cinq pans. L'autre des dites serres qui est au couchant a du midi au nord, trois cannes, sept pans, et du levant au couchant, trois cannes, trois pans. Une des dites cours qui est du côté du rempart a du levant au couchant, six cannes, et du midi au nord, une canne. L'autre des dites cours, du côté de la cuisine a du levant au couchant, trois cannes, et du midi au nord, une canne, quatre pans, etc. Estimé en revenu net : 150 livres, et en capital 2700 ; adjugé aux enchères à ce prix, à... (Registre : *vente d'immeubles*, etc, tome II, n° 311).

Nous notons à propos de cet immeuble qu'il fut vendu avec la clause que l'acquéreur ne pourrait entrer en jouissance du jardin à lui adjugé que « lorsqu'il serait possible de transporter convenablement et en temps opportun les plantes qui seraient reconnues appartenir à la République et qui existaient dans le dit jardin, au ci-devant couvent de St-Martial, après toutefois que le jardin de ce dit couvent, destiné à les recevoir, aura été mis en état sur l'autorisation et approbation du gouvernement qui a été invité de fournir les fonds nécessaires pour établir le *musæum* dans le susdit local de St-Martial. »

Tous ces immeubles ont, depuis cette époque, passé de mains en mains et perdu le cachet de leur destination première. Néanmoins, le lecteur curieux qui se transportera sur les lieux pourra, aujourd'hui encore, en s'aidant de la gravure qui est au frontispice du 2° volume de cet ouvrage et des plans qui l'accompagnent, reconnaître les restes mutilés de notre chère Université : *Campos ubi Troja fuit !*

(Pour les détails sur l'installation successive des classes de l'Université et leurs diverses transformations, voy. l'introduction du 2° vol. du Cartulaire et notre Mémoire sur les *bâtiments de l'ancienne Université d'Avignon*, in BULLETIN HISTORIQUE ET ARCHÉOLOGIQUE DE VAUCLUSE, années 1881, 1882 et 1883).

(1) Si en fait la réunion officielle d'Avignon et du Comtat à la France, ne date que du décret de l'Assemblée constituante du 14 septembre 1791, confirmé le 1er ventôse, an V (19 février 1797), par le traité de Tolentino, conclu entre le pape Pie VI et Bonaparte, en réalité l'annexion morale date de beaucoup plus loin.

Depuis longues années, les avignonais et les comtadins jouissaient en France des mêmes droits et privilèges que les Français ; ils étaient considérés comme *regnicoles* (1535), et en cette qualité pouvaient servir dans le

Les décrets de l'Assemblée nationale sont donc la loi du peuple avignonais, et il n'y en a aucun dont il ne doive pro-

armées du roi et occuper tous les emplois A Avignon même, le premier consul était de droit gentilhomme de la chambre du roi. A ces faveurs accordées en échange de services rendus par les avignonais, notamment lorsqu'ils s'étaient déclarés pour François Ier, dans sa lutte contre Charles-Quint au XVI° siècle, étaient joints certains sujets de mécontentement contre le gouvernement pontifical. Ainsi les avignonais et les comtadins voyaient d'un mauvais œil le soin jaloux qu'avaient les papes de n'envoyer jamais à Avignon que des gouverneurs italiens, à l'exclusion de tout autre — depuis le cardinal d'Armagnac, il faut franchir par exemple deux siècles pour arriver à Joseph Guyon de Crochans, le deuxième archevêque d'Avignon qui ne fut pas de cette nationalité (1742) — c'étaient encore des italiens que Rome envoyait a Avignon occuper les premiers emplois et auxquels se trouvait soumise la magistrature du pays. De ces faveurs d'une part, et de ces causes de mécontentement de l'autre s'était formé un parti composé d'éléments pris dans toutes les classes de la société, dont les aspirations et les vœux tendaient à la réunion de ces pays à la France.

Ce parti avait grossi lui-même à la suite des réunions momentanées qu'avaient opérées Louis XIV et Louis XV (1662-1668 et 1768), et pendant lesquelles ces deux rois avaient mis tout en œuvre pour faire entrevoir les avantages d'une nationalité, à laquelle en definitive Avignon et le Comtat appartenaient moralement par la tradition, la langue, les mœurs, les usages et surtout le cœur. .

« Aussi, dit avec raison, un historien avignonais, quand la Révolution Française eut renversé nos anciennes institutions sociales, tous les efforts de Pie VI et du vice légat Casoni, ne purent empêcher les idées nouvelles de pénétrer à travers les portes de la ville, qu'on tenait soigneusement fermées. L'influence française triompha de cette vaine résistance, le consulat fut renversé et remplacé par une municipalité qui adopta aussitôt les couleurs nationales. Un pacte fédératif eut lieu entre la ville d'Avignon et vingt-cinq communes du Comtat pour demander la réunion à la France. En opposition à cet acte, une autre alliance signée à Ste-Cécile, entre les communes du Haut-Comtat, pour s'opposer à la réunion, eut son contre-coup à Avignon, et rétablit en apparence l'ancien ordre de choses ; mais ce fut pour peu de temps ; l'année 1790 fut marquée, en effet, par une effervescence effrayante et le 10 juin au moment ou la noblesse voulut tenter un dernier effort pour conserver ses privilèges et maintenir l'autorité du pape, le peuple combattit et sortit victorieux de la lutte. Casoni fut obligé de partir ; les armes de France furent substituées à celles du pape, et le gouvernement remis de nouveau entre les mains de la municipalité ». C'est elle même que nous voyons présentement à l'œuvre dans la délibération ci dessus

(Voy. les *Histoires de la Révolution d'Avignon*, de l'abbé André et de Charles Soullier, et l'*Essai sur l'histoire de la ville d'Avignon*, de J. Joudou-

curer l'exécution. Cependant, je m'apperçois que bien des gens cherchent à l'éluder et à s'y soustraire.

Un décret du dix-neuf juin dernier abolit la noblesse héréditaire, tous les titres distinctifs et les qualifications qui ne devoient leur origine et leur existence qu'à l'oppression et à la barbarie des lois féodales qui avoient subjugué toute l'Europe.

Ce décret, sanctionné par le Roi, le vingt-trois du même mois de juin, et qui a déjà reçu son exécution en France, n'en a reçu aucune dans cette ville, où l'on voit que l'on prodigue encore avec indécence ces titres fastueux et orgueilleux, que la raison réprouve depuis si longtems, et qui paroissent vouloir conserver cette différence d'homme à homme que les représentans de la nation ont proscrite hautement, et attaquer en même tems, la liberté et l'égalité consacrées par la déclaration immortelle des droits de l'homme.

C'est une entreprise de ce genre que je vous dénonce aujourd'hui, et elle part d'un corps dont les tentatives ne sauroient trop tôt être réprimées.

L'Université de cette ville, dans les thèses que soutiennent les candidats qui viennent prendre des degrés dans son sein, croit pouvoir encore se soustraire à l'exécution de ce décret, l'honneur de l'humanité et le triomphe de la raison.

Elle imprime et fait imprimer dans ses programmes ces titres vains qu'elle prodigue à ses membres et qui se les renvoient mutuellement par un abus ridicule et pitoyable. Mais outre les qualifications de *noble*, de *nobilissime*, que je trouve dans ces programmes, il est un autre objet important sur lequel je dois faire fixer vos regards.

Depuis votre réunion à la France, tout le régime ultramontain a été aboli, et vous n'avez plus ici que des établissements français ; cependant je lis dans un imprimé sorti des presses du sieur François Chambeau, imprimeur de l'Université, que M. Teste, promoteur du candidat, vous annonce, par les qualités qu'il prend, qu'il regarde comme existant encore dans notre ville, des établissemens faits autrefois par la cour de

Rome et qui ont été abolis à l'époque de votre réunion : il s'y qualifie *maître des registres des bulles de la légation d'Avignon* et il prend le titre de *chevalier*.

D'un autre côté, le Primicier y usurpe le titre de *nobilissime et illustrissime*, et semble s'y parer d'une dépouille étrangère, et insulter par ses qualifications fastueuses à la modestie des ci-devant nobles qui ont rendu par leur déférence au décret de l'assemblée, l'hommage le plus sincère à la justice de ce même décret.

Je dépose, Messieurs, sur le bureau, deux exemplaires imprimés, ayant pour titre, l'un : *Theses Juris Canonici et Civilis auspiciis Nobilissimi et Illustrissimi Domini D. ANTONII JOSEPHI AUGUSTINI DE TESTE J. V. D. aggregati, Juris civilis et antecessoris ordinarii Universitatis, Primicerii, Rectoris, JUDICIS ET PRIVILEGIORUM CONSERVATORIS ;* Et finissant par ceux-ci : *Has Theses.... tueri conabitur nob. D. Johannes Baptista Maryus de Laval.... præside Nob. et Illustr. D JOSEPHO MARIA VERGER, etc.... Avenione apud Franciscum Chambeau, typographum et bibliopolam Universitatis, 1790.*

Le second ayant le même titre que le précédent et finissant en ces termes : *Has Theses..... tueri conabitur nob. Gilbertus Goyon..... præside Nob. et Illustr. D. FRANCISCO JOSEPHO DE TESTE, EQUITE, J. V. D. aggregato REGISTRORUM BULLARUM LEGATIONIS AVENIONENSIS MAGISTRO (1).... Avenione apud Francis-*

---

(1) Cet Antoine Joseph-Augustin de Teste naquit à Pernes, vers 1742 et était issu d'une famille piémontaise qui vint s'établir dans cette ville dans le XV° siècle. Domicilié lui-même à Avignon, depuis l'année 1750, il fut docteur agrégé en droit de l'Université et son dernier Primicier. Il mourut victime de la commission populaire d'Orange, le 4 messidor, an II. Sa famille avait fourni à Avignon, plusieurs jurisconsultes célèbres et de savants professeurs de l'Université, notamment Joseph Teste, seigneur de Venasque et de St Didier, comte aux lois, professeur perpétuel à la faculté de droit, consulteur du St-Office et archiviste de la légation (Barjavel : Dictionn. : *loco citato*.)

cum Chambeau, typographum et bibliopolam Universitatis, 1790.

Outre la contravention aux décrets de l'Assemblée nationale que je viens de vous dénoncer, j'en découvre une autre qui mérite de fixer toute votre attention. Les districts de la ville, d'après la délibération du Directoire, ont supprimé toutes les juridictions existantes dans Avignon à l'époque de la réunion, et ont établi des juges nationaux qui, depuis l'époque du 15 juin, ont été revêtus seuls du caractère légal pour rendre la justice. Cependant on donne dans ces programmes, au Primicier de l'Université, la qualité de juge conservateur des privilèges de l'Université, quoique tous les juges ordinaires, et à plus forte raison les juges de privilèges, ayent été abolis par ces délibérations dont je viens de vous parler.

Je requiers, en conséquence, Messieurs, qu'il soit délibéré sur ma dénonciation, et qu'il soit pris tel moyen que la municipalité avisera, pour arrêter les entreprises de l'Université ; les objets dont je vous parle sont de la plus haute importance, et méritent toute votre attention. Signé : VINAY, *substitut du procureur de la commune.*

Sur quoi, la matière mise en délibération, le Conseil municipal a délibéré que le décret dudit jour dix-neuf juin dernier, sanctionné par le Roi, le vingt-trois du même mois de la teneur suivante :

Du 19 juin, Séance du soir

« L'Assemblée nationale décrète que la noblesse héréditaire
« est pour toujours abolie ; qu'en conséquence, les titres de
« Prince, de Duc, de Comte, de Marquis, Vicomte, Vidame,
« Baron, Chevalier, Messire, Ecuyer, Noble, et tous autres
« titres semblables, ne seront ni pris par qui que ce soit, ni
« donnés à personne.

« Qu'aucun citoyen français ne pourra prendre que le vrai
« nom de sa famille; qu'il ne pourra non plus porter ni faire
« porter de livrée, ni avoir d'armoiries ; que l'encens ne sera
« brûlé dans les temples, que pour honorer la Divinité et ne
« sera offert à qui que ce soit;

« Que les titres de Monseigneurs et de Messeigneurs ne
« seront donnés, ni à aucun corps, ni à aucun individu ; ainsi
« que les titres d'Excellence, d'Altesse, d'Eminence¦, de
« Grandeur ;

« Sans que sous prétexte du présent décret, aucun citoyen
« puisse se permettre d'attenter aux monuments placés dans
« les Temples, aux Chartes, Titres, et autres renseignements
« intéressant les familles ou les propriétés, ni aux décorations
« d'aucuns lieux publics ou particuliers, et sans que l'exécution
« des dispositions relatives aux livrées et aux armes placées sur
« les voitures, puisse être suivie ni exigée par qui que ce soit,
« avant le 15 juillet, pour les citoyens vivant à Paris, et
« avant trois mois, pour ceux qui habitent les provinces »;
sanctionné par Lettres-patentes du 23 du même mois,
sera intimé et signifié à l'Université de cette ville, en la personne ou au domicile de son Primicier et de son secrétaire,
ainsi qu'à tous notaires et greffiers de cette ville; afin qu'ils
n'en prétendent cause d'ignorance, et qu'ils ayent à s'y conformer, suivant la forme et teneur :

*Que sauf les arrangements à prendre pour le régime
nouveau de l'Université, les Primicier, Professeurs et autres Docteurs agrégés, seront tenus de se présenter dans le
délai de huitaine à la maison commune, pour, en présence de
MM. les Maire et Officiers municipaux, y prêter le serment
civique décrété par l'Assemblée nationale, duquel serment il
sera dressé procès verbal par le secrétaire-greffier de la
commune, et que jusques alors inhibitions et défenses leur
seront faites de s'immiscer dans aucune des fonctions attachées à leurs qualités respectives, à peine de faux et d'être*

poursuivis extraordinairement ; et que faute par eux d'avoir prêté ledit serment civique dans le susdit délai, les dits Primicier, Professeurs et Docteurs agrégés seront dès-lors déchus et privés de tous les droits attachés à leur qualité, avec inhibitions et défenses d'exercer aucune des fonctions qui y sont attachées, sans que la disposition du présent article de la délibération puisse être réputée comminatoire.

Qu'il sera défendu, en outre, aux dits Primicier, Professeurs, Docteurs agrégés et autres Membres et Suppôts de ladite Université, de faire imprimer, et moins encore faire soutenir par les candidats qui se présenteront, aucune thèse en matière canonique, qui puisse contrarier les droits de l'Assemblée nationale, sur l'organisation civique du clergé et autres,

A délibéré en outre, qu'il sera fait très expresses inhibitions et défenses à l'Université en personne de son Primicier et de son Secrétaire, toujours en personne ou domicile, de plus à l'avenir donner à aucun de ses membres les titres de Chevalier, Noble, Nobilissime et Illustrissime, ni aucune autre qualification contraire à l'esprit et à la lettre dudit décret ci-dessus relaté et transcrit,

Que pareilles défenses seront faites tant au secrétaire de ladite Université, qu'à tous les notaires et greffiers de cette ville, et à tous autres qu'il appartiendra, de donner lesdites qualifications, à peine de cinquante livres d'amende pour chaque contravention contre lesdits notaires, greffiers et autres dénommés ci-dessus,

Qu'il sera défendu au Primicier de l'Université, de prendre la qualification de juge conservateur des privilèges de l'Université, moins encore d'en remplir les fonctions, attendu la suppression prononcée par le Directoire et les Districts de cette ville, de toutes les juridictions qui y existaient à l'époque du 12 juin, à peine d'être poursuivi extraordinairement.

Qu'il sera fait défense à M. Joseph Teste de prendre à l'avenir le titre de maître des registres des bulles de la légation d'Avignon, qui n'existe plus dans cette ville, depuis la dite époque du 12 juin dernier, à peine de faux, et d'être poursuivi extraordinairement.

Qu'il sera pareillement défendu au sieur François Chambeau, imprimeur de l'Université, d'imprimer à l'avenir aucune thèse ou programme qui porte les qualifications abolies par ledit décret, à peine d'être poursuivi extraordinairement, comme refractaire aux décrets de l'Assemblée nationale sanctionnés par le Roi. Plus, que ladite délibération sera imprimée et affichée partout où besoin sera, et intimé à ladite Université en personnes de son Primicier et de son Secrétaire, ensemble à tous les notaires, greffiers et autres qu'il appartiendra, à la diligence du Procureur de la commune, ou de son Substitut, qui sera tenu d'en certifier dans huitaine, et ont signé :

RICHARD, maire, BLANC, LAMY, J. GÉRARD, DUPRAT, MINVIELLE, RAPHEL, PEYTIER, COULET, AYME, NIEL, *officiers municipaux;* VINAY, *substitut du procureur de la commune.*

Collationné. CADE, *pro secrétaire-greffier* (1).

(1) Ce placard fut imprimé à Avignon, chez Tournel, imprimeur de la commune.

INDEX CHRONOLOGICUS

BULLARUM, BREVIUM, LITTERARUM-PATENTIUM, OMMIUM DENIQUE
CHARTARUM CARTULARII

PRIMÆ PARTIS

		Pages
	I	
Kalend. julii, 1303...	Bulla domini Bonifacii papæ octavi, fundationis et erectionis studii generalis sive Universitatis, in civitate Avinionis, in qualibet licita facultate....................	3
	II.	
5 Maii 1303.........	Regiæ litteræ Karoli secundi, regis Jerusalem et Siciliæ, fundationis ac concessionis privilegiorum et libertatum Universitatis studii Avinionis.......................	9
	III	
7 Kalend. april. 1366.	Bulla domini Urbani papæ quinti, directa consulibus et populo civitatis Avinionensis de fructibus beneficiorum percipiendis a studentibus in Universitate etsi a beneficiis sint absentes et hoc per quinquennium.....	12

		Pages
	IV	
Kalend. april. 1366...	Bulla domini Urbani, papæ quinti, confirmationis omnium libertatum et exemptionum secularium exactionum per Pontifices, Reges, et Principes concessorum Universitati Avinionensi......................	16
	V	
15 Kalend. april. 1367.	Bulla domini Urbani papæ quinti, contra satagentes et habere volentes Rectorem, pro confirmatione Primicerii..................	18
	VI	
9 Kalend. julii. 1371.	Bulla domini Gregorii, papæ undecimi, de fructibus beneficiorum præter distributiones quotidianas, ab ecclesiasticis etiam curam animarum habentibus, in absentia percipiendis, dummodo Avinione studeant vel legant et hæc per quinquennium........,	20
	VII	
10 Kalend. sept. 1376.	Bulla domini Gregorii, papæ undecimi, confirmatoria bullæ domini Urbani papæ quinti, pro Primicerio, quod sit caput Universitatis, contra habere volentes Rectorem.	24
	VIII	
15 Kalend. octob. 1376.	Bulla domini Gregorii, papæ undecimi, Episcopo Sabinensi et Guillelmo cardinali sancti Vitalis, pro omnibus causis Avinionensium civium tam ecclesiasticis quam laicis, per illos examinandis et judicandis..........	27

IX

Kalend. august. 1387. — Bulla domini Clementis, papæ septimi, continens quod doctores et scholares Universitatis Avinionensis per septemnium possint fructus suorum beneficiorum percipere, nonobstantibus omnibus in contrarium faciendis.................................. 29

X

4 novemb. 1393...... Litteræ cardinalium Johannis, episcopi Tusculanensis, et Guilhelmi tituli sancti Stephani in Cœliomonte, Universitati Avinionis super relaxatione juramenti, in favorem baccalaureorum et scholarium ejusdem Universitatis, super eo quod dicti scholares juraverant non intrare scho'as doctorum legentium nec quemquam illorum audire.. 32

XI

15 Kalend. octob. 1404. — Bulla domini Benedicti, papæ decimi tertii, quod doctores, licentiati et scholares Universitatis Avinionis ad duodecim annos possint percipere fructus suorum beneficiorum.................................. 35

XII

8 Id. septemb 1413.. — Bulla domini Johannis, papæ vigesimi tertii, fundationis et institutionis facultatis theologiæ, in alma Universitate Avinionensi... 39

XIII

8 Id. septemb. 1413.. — Bulla domini Johannis, papæ vigesimi tertii, quod Universitas Avinionensis gaudeat omnibus privilegiis Universitatibus Tholosanæ et Aurelianensi tam per principes Ecclesiasticos quam sæculares quomodocumque concessis.................. 41

		Pages
	XIV	
8 Id. septemb. 1413..	Bulla domini Johannis, papæ vigesimi tertii, confirmatoria omnium libertatum et privilegiorum per quoscumque Romanos pontifices, Reges ac alios Christi fideles concessorum Universitati Avinionis............	44
	XV	
8 Id. septemb. 1413..	Bulla domini Johannis, papæ vigesimi tertii, quod commorantes in studio generali Avinionensi non teneantur per septemnium diaconatum vel presbyteratum suscipere pretextu quorumcumque beneficiorum....	46
	XVI	
8 Id. septemb. 1413...	Bulla domini Johannis, papæ vigesimi tertii, quod omnes et quæcumque personæ prohibitæ possint audire leges et physicam et in eisdem doctorari et quoscumque gradus recipere...............................	18
	XVII	
8 Id. septemb. 1413...	Bulla domini Johannis, papæ vigesimi tertii, pro conservatoria Universitatis Avinionis; id est deputatio judicum et conservatorum autoritate apostolica delegatorum, ad omnes causas presentes et futuras, tam agendo quam defendendo, adversus ecclesiasticas personas, religiosas aut seculares vel etiam dignitate pontificali fulgentes et laicos quoscumque pro Universitate Aven., doctoribus, baccalariis et scholaribus ejusdem........	50
	XVIII	
8 Id. septemb. 1413...	Bulla domini Johannis, papæ vigesimi tertii, quod nullus doctor, licenciatus, baccalarius	

INDEX CHRONOLOGICUS

		Pages
	vel scholaris possit extra præsentem civitatem Avinionensem, quavis ratione extrahi per quoscumque judices ordinarios vel delegatos aut conservatores, pro causa sive civili, sive criminali..................	59

XIX

| 8 Id. septemb. 1413.. | Bulla domini Johannis, papæ vigesimi tertii, de fructibus quorumcumque beneficiorum, distributionibus quotidianis exceptis, per scholares et quoscumque suppositos studii Avinionensis in absentia percipiendis..... | 61 |

XX

| 8 Id. septemb. 1413.. | Bulla domini Johannis, papæ vigesimi tertii, executorialis bullæ precedentis de fructibus beneficiorum per scholares in absentia percipiendis.............................. | 66 |

XXI

| 8 Id. septemb. 1413... | Bulla domini Johannis, papæ vigesimi tertii, quod doctores, licentiati et studentes in Universitate Avinionensi sint immunes et liberi a præstatione et solutione quarumcumque talhiarum, gabellarum et aliarum impositionum......................... | 69 |

XXII

| Kalend. junii 1445.... | Bulla domini Eugenii, papæ quarti, jurisdictionis Vice-Gerentis super religiosos, scholares, monetarios et clericos in civitate Avinionensi et partibus citramontanis.... | 74 |

XXIII

| 14 Kalend. octob. 1447. | Bulla domini Nicolaï, papæ quinti, exemptionis scholarium a gabellis et vectigalibus... | 86 |

		Pages
	XXIV	
15 Kal. februar 1458...	Bulla domini Pii, papæ scundi, præcedentiæ assessoris et syndicorum civitatis Avinionis in quibusvis actibus publicis, exceptis dumtaxat hiis ad Universitatem generalis studii pertinentibus................................	88
	XXV	
11 Kalend. jan. 1459.	Bulla domini Pii, papæ secundi, reformationis generalis studii almæ Universitatis Avinionensis............................	91
	XXVI	
3 Non. april. 1459....	Bulla alia domini Pii, papæ secundi, præcedentiæ, per quam cavetur consules, et assesorem civitatis præcedere alios ; exceptis tamen archiepiscopo Universitatis generalis studii cancellario, Primicerio sive Rectore ejusdem Universitatis, Vice-Gerente causarum curiæ cameræ apostolicæ civitatis, necnon officiale generali ipsius archiepiscopi et Præposito Ecclesiæ Avinionensis ac judicibus curiæ temporalis.................	104
	XXVII	
Non. jun. 1475.......	Bulla domini Sixti, papæ quarti, assignationis sexcentum ducatorum pro stipendiis doctorum in Universitate Avinionensi, in facultate canonica et civili legentium ; trecentorum videlicet super camera apostolica curiæ et trecentorum super gabellis præsentis civitatis........................	109
	XXVIII	
16 jun. 1475.........	Bulla domini Sixti, papæ quarti, contra graduantes et graduatos in Universitate Auraicensi et in aliis ubi non viget actu studium generale......................	114

		Pages
	XXIX	
15 Kalend. sept. 1479.	Bulla domini Sixti papæ quarti, unionis et incorporationis Universitati generalis studii Avinionensis tabulariorum Comitatus-Venaissini pro stipendiis legentium ; prærogativæ fori, prælationis in concursu, dispensationis a residentia................	119
	XXX	
20 jun. 1481...........	Litteræ domini Juliani, episcopi Sabinensis, cardinalis sancti Petri ad'vincula et legati domini Sixti papæ quarti, in civitate Avinionensi et Comitatu-Venaissino præcessus et antecessus officiariorum civitatis ac dominorum Primicerii, consulum et doctorum....................................	130
	XXXI	
Non. maii 1482.......	Bulla domini Sixti, papæ quarti, concessionis officii curiæ Vice-Gerentiæ cum suis omnibus emolumentis et juribus Universitati Avinionensi et confirmatoria unionis et incorporationis eidem tabulariorum Comitatus-Venaissini pro stipendiis doctorum in hac ipsa legentium.....................	138
	XXXII	
28 maii 1484........	Breve domini Sixti, papæ quarti, ne doctor vel scholaris almæ Universitatis Avinionensis, etiam a curiali Romano, curiæ papæ servienti, extrahi possit ad ipam curiam...........................	147
	XXXIII	
3 jun. 1485..........	Breve domini Innocentii, papæ octavi, quod non possint trahi scholares in judicium ad urbem.................................	154

		Pages
	XXXIV	
1d. decemb. 1488.....	Bulla domini Innocentii, papæ octavi, per quam uniones tabulariorum Comitatus-Venaissini et illa quæcumque privilegia per dominum Sixtum papam quartum Universitati generalis studii Avinionensis concessa confirmat et de novo concedit, specifice singula referendo............................	158
	XXXV	
24 August. 1493.....	Breve domini Alexandri, papæ sexti, super causis criminalibus curiæ Rectoriatus Comitatus-Venaissini et sigillo curiæ Valreaci...	167
	XXXVI	
6 septemb. 1493......	Breve domini Alexandri, papæ sexti, approbationis et confirmationis litterarum domini Juliani cardinalis sancti Petri ad vincula et legati, præcessus et antecessus, directum locumtenenti Legati in civitate Avinionensi, per quod mandat illi et præcipit quod litteras prædictas servari faciat et pœnas a contrafacientibus exigat.........	169
	XXXVII	
13 septemb. 1493	Breve domini Alexandri papæ sexti, per quod ordinat ut in Universitate generalis studii Avinionensis sint octo doctores qui ordinarie in theologiæ, juris canonici et civilis ac medicinæ facultatibus legant, habeatque duorum quilibet in theologia et medicina legentium quinquaginta florenos; residuum vero emolumentorum æqualiter dividatur inter alios sex doctores; necnon octo magistri teneantur per se ipsos legere.	174

XXXVIII

13 septemb. 1493..... Breve domini Alexandri papæ sexti, per quod committit domino Locumtenenti ut statuta a semetipso condita de et super lectura et salario doctorum in dicta Universitate generalis studii Avinionensis legentium omnino faciat observari............ 178

XXXIX

Non. Septemb. 1493.. Bulla domini Alexandri papæ sexti, confirmationis unionis et incorporationis officiorum et tabulariorum curiarum Rectoriatus ordinariæ et appellationis civitatis Carpentoractensis et curiarum Insulæ Venaissini ac Valreaci, necnon officii curiæ Vice-Gerentiæ cameræ apostolicæ, salvis sibi et apostolicæ sedi institutione et destitutione dicti Vice-Gerentis ac medietate emolumentorum per Vice-Gerentem pro suo salario percipi solitorum 181

XL

8 Id. julii 1497 ...... Litteræ domini Juliani, episcopi Ostiensis cardinalis sancti Petri ad vincula et legati domini Alexandri papæ sexti, in civitate Avinionensi, nonnullisque civitatibus aliis et locis, quod nullus ad loca collegialia collegiorum civitatis Avinionensis recipiatur nisi prius in manibus Rectoris juraverit et se obligaverit de non recipiendo gradus aliquos in alia Universitate 188

XLI

18 jun. 1498......... Breve domini Alexandri papæ sexti, per quod doctores in Universitate civitatis Avinionensis ad lecturam deputati possint, tempore necessitatis, legere per substitutum vel etiam baccalarium....................... 192

		Pages
	## XLII	
1 Kalend. januar. 1510.	Bulla domini Julii papæ secundi, circa gubernium Comitatus-Venaissini in qua etiam de quadam in Comitatenses conservatorum Universitatis juridictione agitur..	194
	## XLIII	
5 Non, martii 1514..,	Bulla domini Leonis papæ decimi, concessionis Universitati generalis studii Avinionensis in augmentum salarii legentium, tabulariorum aliorum locorum Comitatus-Venaissini et officiorum notariorum curiæ conservatorum Avinionis, necnon confirmationis tabulariorum eidem per Sixtum IV jam concessorum ; Primicerius quoque in conservatorum Universitis numero adscribitur cum eisdem facultatibus concessis...	198
	## XLIV	
18 feb. 1514	Breve domini Leonis, papæ decimi, per quod varia ordinantur circa doctrinam in lectoribus Universitatis generalis studii Avinionensis et assiduitatem in collegiatis requisitas...............................	207
	## XLV	
Prid. Kal. apr. 1514...	Bulla domini Leonis, papæ decimi, confirmationis litterarum domini, Juliani, cardinalis sancti Petri ad vincula et Legati domini Alexandri, papæ sexti, in civitate Avinionensi, etc., de non sumendo gradu a collegiatis extra Universitatem Avinionis.....	215
	## XLVI	
6 Kalend. april. 1514.,	Bulla domini Leonis, papæ decimi, juridictionis privilegiatæ Primicerii studii generalis Avinionensis cum facultate deputandi clericum de collegio pro juridictionis exercitio in clericos dictæ Universitatis suppositos si laïcus in Primicerium fuerit electus.	218

		Pages
	XLVII	
25 august. 1514	Breve domini Leonis, papæ decimi, quod doctores, presbyteri et clerici ad solutionem gabellæ vini, de consensu tamen venerabilis archiepiscopi Avinionensis teneantur,.....	224
	XLVIII	
17 martii 1520........	Breve domini Leonis, papæ decimi, confirmationis juridictionis Vicegerentis in religiosos, doctores, monetarios cum facultate cognoscendi de causis appellationum Comitatus-Venaissini...........................	227
	XLIX	
Prid. Non. janu. 1523.	Bulla domini Clementis, papæ septimi, confirmationis privilegiorum Universitatis Avinionen, præsertim super redditibus et emolumentis curiæ Vicegerentiæ et tabelliorum Carpentoractensis, Insulæ, Valreaci, Cavallicensis, Malaucenæ, de Montilis et de Paternis, pro stipendiis doctorum et magistrorum in eadem Universitate actu legentium...............................	230
	L	
20 septembr. 1531....	Breve domini Clementis, papæ septimi, revocationis omnium privilegiorum et indultorum comitibus Palatinis aut cardinalibus, etiam legatis de latere concessorum, quoad facultatem promovendi aliquem ad gradum in civitate, diœcesi Avinionis ac Comitatu-Venaissino...................	232
	LI	
26 novemb. 1535.....	Breve domini Pauli, papæ tertii, quod liceat consilio et communitati civitatis Avi-	

		Pages
	nionensis moderari vel augere omnes et singulas gabellas tam impositas quam imponendas; teneanturque omnes cives et incolæ civitatis, scolaribus et iis a Sede Apostolica exemptis duntaxat exceptis, eas solvere; commissio quoque datur Legato Avinionis providendi super sessione consulum in funeralibus Pontificum, etc.......	238

LII

| 15 décemb. 1553..... | Breve domini Julii, papæ tertii, quod Legato Avinionis mandatur vectigal unius floreni pro quolibet vegete vini per omnes cives, etiam doctores et scholares generalis studii Universitatis Avinionensis, si ipsi videbitur, solvendum ad sex annos tum proxime futuros,............................. | 243 |

LIII

| 4 id. maii 1569....... | Breve domini Pii, papæ quinti, per quod mandatur ut pro debitorum civitatis Avinionensis solutione, quæcumque taxa Legato benevisa per Universitatem generalis studii, cives, singularesque alias personas sit solvenda........................... | 248 |

LIV

| 4 décemb. 1599....... | Sententia domini Johannis Franscisci Bordini, archiepiscopi Avinionensis, in favorem Universitatis generalis studii lata, per quam declaratur Primicerium ejusdem et doctores aggregatos exercere actu munera Universitatis prædictæ et ea de causa frui debere privilegio conservatoriæ etc., etc.......,... | 254 |

LV

| 4 décemb. 1599....... | Alia sententia domini Johannis Franscisci Bordini, archiepiscopi Avinionensis, declarans omnes dominos doctores qui doctoratus gradum in Universitate generalis stu- | |

		Pages
	dii Avinionensis sunt adepti, licet de aggregatione collegii non existant, exercere actu munera Universitatis prædictæ et frui debere beneficio conservatoriæ, exceptis tamen doctoribus in sacris ordinibus constitutis...... etc., etc........................	257

LVI

| 19 junii 1604........ | Breve domini Clementis, papæ octavi, confirmationis gabellarum a clero, et Universitate generalis studii Avinionensis pro parte solvendarum............................ | 261 |

LVII

| 26 octob. 1610....... | Breve domini Pauli, papæ quinti, quod omnes et singuli in civitate Avinionensi et illius districtu commorantes et etiam doctores, et in quavis facultate graduati, necnon professores etiam publici, ad præstationem, solutionem et contributionem vectigalium et impositionum, collectarum et gabellarum teneantur et cogi possint per sexennium... | 275 |

LVIII

| Juillet 1650......... | Lettres patentes de Louis XIV, roi de France et de Navarre, accordant à l'Université d'Avignon, la confirmation de tous les privilèges à elle concédés par Charles II, roi de Provence (1303), et voulant que les docteurs gradués dans cette Université soient reçus et admis en toutes les cours, villes et Universités du royaume de France et qu'ils jouissent d'une façon générale de tous les privilèges, honneurs et prérogatives, attribués aux gradués des plus célèbres Universités du royaume, sans qu'ils soient obligés de subir d'autres examens que ceux passés antérieurement devant l'Université d'Avignon............................ | 285 |

LIX

10 février 1652....... Lettres-patentes de Charles-Emmanuel, duc de Savoie, portant que les gradués de l'Université d'Avignon, devront jouir dans ses États des mêmes privilèges que s'ils avaient été gradués dans les Universités de son obéissance.................................. 292

LX

13 novemb. 1655..... Fundatio et dotatio ab illustrissimo domino Dominico de Marinis, Avenionis archiepiscopo, cathedræ Theologiæ in alma Universitate generalis studii ejusdem civitatis... 295

LXI

An. 1664............. Lettres-patentes de Louis XIV, roi de France et de Navarre, approuvant et confirmant les privilèges de l'Université d'Avignon... 307

LXII

9 jan. 1666.......... Fondation et dotation par Mgr Dominique de Marinis, archevêque d'Avignon, d'une chaire de philosophie scholastique à l'Université de cette ville..................... 312

LXIII

26 mart. 1667........ Breve domini Alexandri, papæ septimi, extendens ad comitatenses bullam sixtinam contra graduantes et graduatos Avenionenses in Universitate Auraicensi, et in aliis ubi non viget actu studium generale...... 320

LXIV

7 novemb. 1671...... Breve domini Clementis, papæ septimi, in quo inter multa alia civitati Avenionensi concessa, adest confirmatio privilegiorum Universitatis generalis studii............ 325

		Pages
	### LXV	
23 décemb. 1675......	Ordonnance de Louis XIV, roi de France et de Navarre, en son conseil privé, portant que les docteurs et gradués de l'Université d'Avignon jouiront de tous les droits et privilèges accordés à ceux d'Aix, conformément aux lettres-patentes de 1650 et à la transaction de 1669....................	329
	### LXVI	
7 septemb. 1680.....	Breve domini Innocentii, papæ undecimi, per quod dicit commisisse negocium Universitatis generalis studii Avenionensis super privilegiis, congregationi sacri concilii Tridentini...............................	333
	### LXVII	
23 septemb. 1684.....	Breve domini Innocentii, papæ undecimi, de aggregationis confirmatione in favorem collegii doctorum Universitatis generalis studii Avenionensis......................	343
	### LXVIII	
Avril 1698..........	Lettres-patentes de Louis XIV, roi de France et de Navarre, confirmant de nouveau les privilèges de l'Université d'Avignon et cassant le XXVIe article des statuts de celle de Valence, dans lequel la première était qualifiée d'étrangère...............	346
	### LXIX	
13 mai 1709..........	Lettres-patentes de Louis XIV, roi de France et de Navarre, maintenant à l'Université d'Avignon le bénéfice des transactions qu'elle a passées avec celle d'Aix, les 18	

		Pages
	octobre 1669 et 22 juillet 1678 et celui des arrêts du conseil du roi du 11 avril 1674 et 23 décembre 1675, portant que les gradués d'Avignon ne payeront que 15 livres pour l'enregistrement de leurs lettres à Aix.....	354

LXX

| 26 septemb. 1718..... | Ordonnance de Monseigneur Joseph Maurice de Gontieri, archevêque d'Avignon, Vice-Légat, sur la création d'un jardin botanique à l'Université d'Avignon................ | 363 |

LXXI

| 20 juin 1719......... | Fondation et dotation par révérende personne messire Etienne Millaret, prêtre, docteur en théologie et curé secondaire de la ville de Valréas, d'une régence de théologie morale dans l'alme Université d'Avignon......... | 366 |

LXXII

| 17 septemb. 1728..... | Breve domini Benedicti, papæ decimi tertii, quo declaratur Primiceriatum Universitatis generalis studii Avenionensis, tam de præterito quam in posterum constituere et constituisse titulum primordialem veræ nobilitatis ad descendentes transmissibilem et ad omnes et quoscumque effectus transmissibilem................................. | 381 |

LXXIII

| 6 Id. octob. 1745...... | Bulla domini Benedicti, papæ decimi quarti, qua privilegium fori et conservatoriæ scholaribus, professoribus, doctoribus, aliisque Universitati addictis asseritur : Primicerii et judicum conservatorum jurisdictio præfinitur....................................... | 384 |

		Pages
	LXXIV	
Mars 1775............	Lettres-patentes de Louis XVI, roi de France et de Navarre, confirmant à nouveau les privilèges dont ses prédécesseurs ont gratifié l'Université d'Avignon..............	401
	LXXV	
18 junii 1784.........	Breve domini Pii, papæ sexti, per quod conceduntur Facultati medicorum jus suffragii in electione Primicerii ac electio et nominatio antecessoris primarii medicinæ, præsidente tamen Primicerio................	406
	LXXVI	
24 janv. 1786	Breve domini Pii, papæ sexti, approbationis et confirmationis aggregationis Seminarii Sancti Caroli a Cruce Avenionensis, classibus theologiæ et philosophiæ Universitatis generalis studii ejusdem civitatis, à Primicerio et doctorum aggregatorum collegio factæ................................	417
	LXXVII	
24 jan. 1786.........	Breve domini Pii, papæ sexti, approbationis et confirmationis aggregationis Seminarii sanctæ Mariæ a sancta Custodia Avenionensis, classibus theologiæ et philosophiæ Universitatis generalis studii ejusdem civitatis, a Primicerio et doctorum aggregatorum collegio factæ...................	430
	LXXVIII	
22 august. 1788......	Breve domini Pii, papæ sexti, quo declaratur Primiceriatum Universitatis generalis studii Avenionensis solummodo in posterum constituere titulum primordialem veræ no-	

		Pages
	bilitatis ad descendentes transmissibilem, si quis aut ipse, aut pater et filius, aut alter per rectam lineam descendens, per duas disjunctas vices ad officium, hujusmodi electus, illoque functus fuerit, etc.....	436

LXXIX

| 22 janv. 1789 .... | Lettres-patentes de Louis XVI, roi de France et de Navarre, reconnaissant et confirmant l'état de noblesse provenant de la charge de Primicier de l'Université d'Avignon... | 440 |

LXXX

| 8 decemb. 1790..... | Délibération et décret du conseil municipal de la commune d'Avignon abolissant les titres de noblesse concédés à l'Université, et ce en conformité d'un autre décret de l'Assemblée nationale de France sur le même objet (1)....................... | 445 |

(1) On trouvera à la fin du 2e volume une table générale analytique des matières contenues dans les Ire, IIe et IIIe parties du Cartulaire

AVIGNON — IMPRIMERIE ADM. ET COMM. SEGUIN FRÈRES.